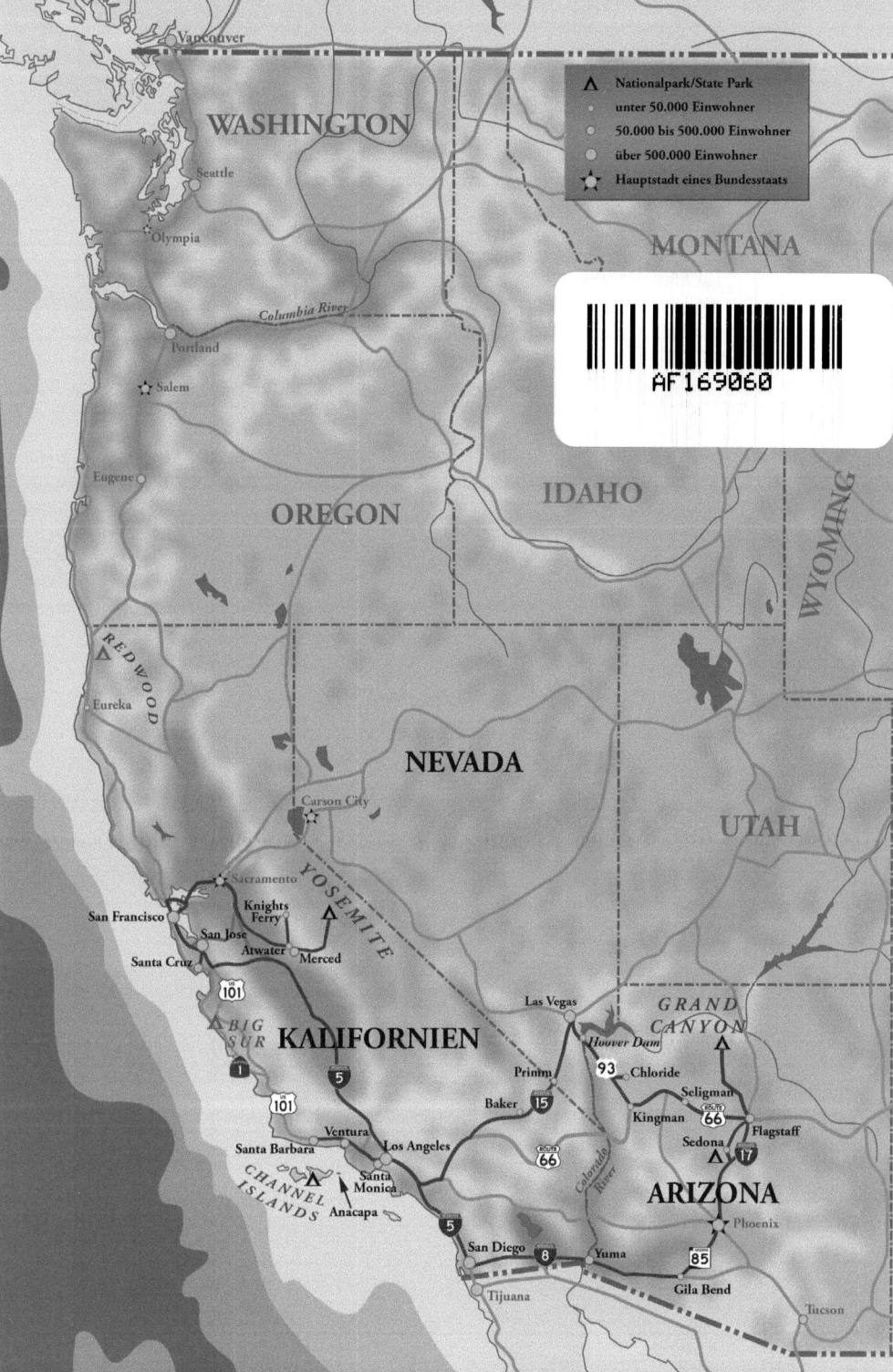

ISBN 9783734719844

»Let Your Light Shine in the World«
ist eine Buchreihe der
Tupamaros Film Productions

1. Auflage 2015
© Dennis Knickel, 2015
Umschlagdesign: Yannick Rohsmann
Foto von Dennis Knickel: Tim Stieffenhofer
Satz und Layout: Dennis Knickel
Karte: welt-atlas.de, Bearbeitung: Dennis Knickel
Herstellung und Verlag: BoD – Books on Demand, Norderstedt

Alle Rechte vorbehalten.
Kein Teil des Werkes darf in irgendeiner Form
(durch Fotografie, Mikrofilm oder ein anderes Verfahren)
ohne schriftliche Genehmigung des Autors
reproduziert oder unter Verwendung elektronischer Systeme
verarbeitet, vervielfältigt oder verbreitet werden.

www.dennisknickel.com

DENNIS KNICKEL ist mein Name. Ich werde am 27. Oktober 1983 in Mainz geboren und wachse in der rheinhessischen Kleinstadt Alzey auf. Ab 13 nenne ich mich Punk und mit 16 Jahren beschließe ich, fortan vegan zu leben. Kurz vor der Volljährigkeit lasse ich mich auf Mallorca zum Tauchlehrer ausbilden und kehre seitdem immer mal wieder zum Tauchen auf die Mittelmeerinsel zurück. 2003 mache ich Abitur und absolviere danach meinen zehnmonatigen Zivildienst.
Im Alter von 20 Jahren veranlassen mich die Erlebnisse während einer längeren Reise nach Hawaii, diese in Form meines ersten Reiseberichts festzuhalten: »Kaffee, Kiffer, Killerkatzen«. Mit 21 gründe ich die Tupamaros Film Productions und mache Kurzfilme: 2005 die schwarze Komödie »Die Treppe«, 2007 der 30er-Jahre-Gangsterfilm »Die Füchsin« und 2011 das psychologische Liebesdrama »Erinnerungen«.
Mit »Anarchistenherz« folgt 2007 mein zweites Buch. Diesmal war ich in Kuba unterwegs. 2008 ziehe ich nach Berlin. Zwei Jahre später verschlägt es mich als Backpacker für zwei Monate nach Thailand mit Abstechern nach Kambodscha und Malaysia. Mein Bericht von dieser Reise, »Curry-Competition«, ist seit Februar 2011 als Buch erhältlich.
Ab 2014 steige ich als festes Ensemblemitglied – genauer: als schauspielender Kameramann – in die kultige 20er-Jahre-Show »Lost Cabaret« ein. Als garstiger Josef Harlanski trage ich neben der Kamera auch einen politisch unkorrekten Schnurrbart durch die Veranstaltung und schneide danach beides: den Bart und die Aufnahmen.
Seit Anfang 2015 schreie und singe ich in der Punkband 6 Gramm Caratillo.
Bis Januar 2014 schreibe ich an meinem vierten Buch – diesem Buch.

Inhalt

KALIFORNIEN
San Francisco
Tag 52: Geschichten aus San Francisco ... 8
Tag 53: Drei Einladungen ... 18
Tag 54: Das Brian'sche Abendmahl ... 20
Tag 55: Dennis vs. Cedric – Der aussichtslose Kampf des Anti-Backpackers ... 30

Merced County & Yosemite National Park
Tag 56: Goldrausch ... 42
Tag 57: Yosemite – Als ich dem Tod ins wunderschöne Auge blickte ... 50

San Francisco
Tag 58: Sensenmann ... What the fuck?! ... 64
Tag 59: Vom Trampen, der Haschbutterbong und dem heiligen Hut des Jesus Freaks ... 73

Los Angeles
Tag 60: Bros reunited *oder:* Obdachlos in Hollywood ... 80
Tag 61: Walk of Fame: Die Geschichte des Hollywood Boulevard ... 85
Tag 62: Philip takes Joshua's load ... und Obdachlosigkeit sucks! ... 96
Tag 63: Kevin Michael und der Humor des Universums ... 100
Tag 64: Das große Treffen, Venice und eine Nacht in Downtown ... 106
Tag 65: Malibus Outback, Santa Monicas Pier und die Nacht von Glendale ... 115
Tag 66: Die Nerven liegen blank: Streit in der Bromance! ... 129
Tag 67: Mein Termin bei Peter Jackson ... 135

NEVADA
Las Vegas
Tag 68: Shake the glitter off your clothes ... It's Vegas, baby! *oder:* Vom Venetian bis zur Fremont Street ... 142
Tag 69: Mama, ich heirate! *oder:* Vom Mandalay Bay bis zum Aria ... 164
Tag 70: Mama, ich bin besoffen! *oder:* Vom Bellagio bis zum Mirage ... 180
Tag 71: Meine Flucht vor Jim Carreys bösem Zwilling ins böse Musical: »Evil Dead« ... 190
Tag 72: Party on! ... 201
Tag 73: Das famose Hostel Cat ... 205

Tag 74: Leaving Las Vegas … Immer der Sonne entgegen   211

KALIFORNIEN
San Diego
Tag 75: Seelöwen in der Dunkelheit   219
Tag 76: (20) Days of Cari   222

ARIZONA
Flagstaff, Sedona & Grand Canyon
Tag 77: Ab nach Arizona: Harte Kerle, Sand, Kakteen
und ein Grenzzaun   228
Tag 78: Des Teufels Brücke   234
Tag 79: Der Grand Canyon – das größte Gemälde der Welt   244
Tag 80: Die Geschichten der Route 66, einer Geisterstadt,
des Hoover Dam und eines Suchenden   256

NEVADA
Las Vegas
Tag 81: Du sollst den Tag nicht vor dem Abend loben …   280

KALIFORNIEN
Santa Barbara
Tag 82: Fuck you, Chris!   283
Tag 83: Die bunten Menschen der »Amerikanischen Riviera«   290

Ventura
Tag 84: Anleitung zum perfekten Tag
oder: Wie ich zur »German Legend of Ventura« wurde   304
Tag 85: Der mit den Seelöwen tanzt   322
Tag 86: A day in the life of Scott   329

Los Angeles
Tag 87: Clash of the bromances   337
Tage 88 & 89: Der traurigste Passagier der Welt   342

Epilog   347

Anhang
Let Your Light Shine in the World   350
Danke   352
Quellen   352
Informationen zum Buchdeckel   352

Ein Hinweis des Autors

Liebe Leserin,
lieber Leser,

auf meiner Reise habe ich unzählige Fotos gemacht und auch das ein oder andere Filmchen gedreht. Ich habe mich dazu entschieden, keine Fotos ins Buch zu integrieren, um den Preis niedrig halten zu können. Du hast aber die Möglichkeit, sämtliche Fotos und Videos sowie Karten zu sämtlichen Tagesrouten zu sehen! Schicke hierzu einfach einen Kaufbeleg (Scan oder Kopie der Rechnung) an diese E-Mail-Adresse:

info@dennisknickel.com

Ich werde Dir dann kostenfrei einen Premium-Account auf meiner Website einrichten, der Dir für ein Jahr Zugang zu den Fotos, Videos und Landkarten gewähren wird.

www.dennisknickel.com

Ich freue mich auf Deine Mail!
Und nun viel Spaß mit »Serendipity« – mit dem Buch und der Website.

Kleingedrucktes:
Deine Daten werden garantiert vertraulich behandelt und lediglich für die Einrichtung Deines Accounts verwendet. Du kannst Deinen Account jederzeit löschen. Es werden keine private Daten von Dir gespeichert.

Dennis Knickel

Serendipity

Die unverhofften Glücksfälle eines Backpackers in den USA

Let Your Light Shine in the World
Band 4 – Teil 2

Geschichten aus San Francisco
Tag 52: Montag, 31. Dezember 2012 – New Year's Eve

Der Tag des Abschieds ist gekommen. Casey hat mich bereits dazu eingeladen, auch alleine länger bei ihm zu bleiben. Also muss ich mir glücklicherweise keine Gedanken darüber machen, wo ich heute, an Silvester, unterkommen kann.
Ich stemme mir den überdimensionalen Müllsack mit Caris Bett- und Campingzeug auf den Rücken und schon geht's früh am Morgen los in Richtung Fisherman's Wharf. Melissa und ihre Familie haben dort im Holiday Inn die letzten Tage gewohnt. Gegen halb neun erreichen wir das Hotel. Das war's dann also …
»What are you going to tell your mom about our trip?«, frage ich Cari. Ihre Antwort schafft es, mich ganz schön ins Schwitzen zu bringen: »I'll tell her that I met a man who treated me better than anyone else has ever treated me before – in all my life …«
Ich küsse sie und wünsche mir dabei, dass sie nicht in dieses blöde Auto steigen und mich verlassen wird. Meine bisherigen Versuche, sie davon zu überzeugen, sind allesamt fehlgeschlagen. Cari und sogar der Müllsack passen leider problemlos ins Auto. Der Motor wird gestartet und schon sind sie weg. So schnell geht das. Ihre Schlagfertigkeit, ihr Humor, unsere blöden kleinen Competitions, die Zärtlichkeiten … Ich muss sie unbedingt wiedersehen.
Die Sonne strahlt, als ich traurig die Piers entlangspaziere. Ein Angestellter der Stadt reinigt den Boden mit einem Wasserstrahl. Sonst ist noch kaum jemand unterwegs. Ich verirre mich zu den Seelöwen. Auch bei den entspannten Tieren fehlen die Touristenmassen. Einen morgendlichen Spaziergang entlang der Piers kann ich also wärmstens empfehlen.
Ich entscheide mich spontan dazu, auf den zwar nur 84 Meter hohen, aber dafür ziemlich steilen Telegraph Hill zu steigen. Es dauert allerdings ein wenig, bis ich den Aufstieg finde. Die Kearny Street, die sich bis zur Market Street hinunterzieht, endet überraschenderweise in einer Sackgasse und wird erst auf der anderen Seite des Hügels fortgesetzt. Auch die parallel verlaufende Montgomery Street endet auf einmal vor einer Steilwand. Erst an der Ecke Greenwich und Montgomery entdecke ich einen Fußgängerweg, der sich den steilen Hügel hinaufzieht. Der Weg ist eine Treppe, die sich durch terrassenförmig angelegte Gärten zieht. Hier und da kann man die Treppe verlassen und es sich im Grün gemütlich machen. Eine Parkuhr, ein aus Stein geformter Tiger und der mit Mosaiken bestückte Globus verstecken sich zwischen den Bäumen und Sträuchern. Der Ausblick wird aber meist von den Bäumen versperrt. Ich komme relativ flott aber mit schweren Oberschenkeln oben an. Ich sollte wieder regelmäßig Sport treiben …
Der Telegraph Hill hätte ursprünglich eigentlich Semaphore Hill heißen müssen. Da jedoch vermutlich kaum ein Mensch weiß, was ein Semaphor ist, hat

man sich wohl für die populärere und weiter entwickelte Telegrafie als Namensgeber entschieden – die auch nach nur vier Jahren den dann bereits veralteten Semaphoren ablöste. Beim Semaphoren dienten bewegliche Tafeln oder Fahnen als Botschaftsübermittler. Auf dem Telegraph Hill stand von 1849 bis 1853 ein solcher Mast, der den Bewohnern der Stadt mitteilte, welche Art von Schiff mit welcher Ladung gerade in den Hafen einlief. Eine Legende besagt, dass die Signale des Semaphoren nach einiger Zeit den Bewohnern San Franciscos so bekannt waren, dass sie ein jeder verstehen konnte. Als eines schönen Tages eine Theatergruppe ein Stück präsentierte, in dem in einer Szene ein Darsteller seine Arme gen Himmel reckte und: »Oh God, what does this mean?«, ausrief, antwortete angeblich ein Zuschauer aus dem Publikum: »Sidewheel steamer!« Der Schelm im Publikum erntete daraufhin tosenden Applaus.
Auf dem flachen Gipfel des Telegraph Hill befindet sich heute der Pioneer Park. Die kleine Parkanlage – die mehr ein schick angelegter Wendehammer ist – wurde 1876, zur Hundertjahrfeier der Unabhängigkeit Amerikas, eingeweiht. 1957 spendierte die italo-amerikanische Gemeinschaft der Stadt eine bronzene Columbus-Statue, die seitdem über die Bucht wacht. Bereits 1933 wurde an der Stelle, an der einst das Haus mit dem Mast des Semaphoren beziehungsweise Telegrafen stand, ein im Art-déco-Stil gestalteter und aus unbemaltem Stahlbeton gefertigter, 64 Meter hoher Turm erbaut. Und dieser Turm hat eine sehr schöne und spannende Geschichte …

Lillie Hitchcock Coit – Das Leben der Miss San Francisco

Elizabeth Wyche Hitchcock Coit, genannt Lillie, lebte von 1843 bis 1929 und hatte ein wahrlich ungewöhnliches Leben für eine Frau jener Zeit. 1851 kam das Einzelkind mit ihren Eltern von West Point, New York, mit der *Tennessee* nach San Francisco. Lillies Vater, Dr. Charles M. Hitchcock, war ein angesehener Militärarzt.
Lillie brach schon bald die Normen jener Zeit, rauchte Zigarren, war eine leidenschaftliche Spielerin und trug Hosen. Die Hosen benötigte sie zudem, um Eintritt in die nur für Männer zugelassenen Spielhöllen von San Franciscos North Beach zu erhalten. Eine Hose war jedoch nicht genug der Verkleidung. Angeblich, so sagt man, habe sich Lillie für ihre Spielleidenschaft sogar den Kopf rasiert, damit ihre Männerperücken besser hielten. Ab und an organisierte die sehr bekannte Tochter aus wohlhabendem Hause auch mal gerne private Boxkämpfe. Hierfür mietete sie sich ein Zimmer in ihrem Stammhotel, dem eleganten Palace Hotel, und engagierte zwei Boxer und einen Ringrichter. Lillie selbst machte es sich auf einem Stuhl, den sie auf einen Tisch platziert hatte, gemütlich und beobachtete das Spektakel. Einmal, so heißt es, schlug der Ringrichter nach einigen Runden ein Unentschieden vor. Lillie winkte ab. Der Kampf solle weitergehen: »To its conclusion – a bloody knockout!«

Dieses fraglos etwas extravagante Hobby machte alsbald die Runde – weit über San Franciscos Grenzen hinaus. Der Boston Globe druckte einen Artikel, in dem man sie dafür lobte, eine Pionierin für einen »new way of life for women« zu sein. Die New York World hingegen nannte die privaten Boxkämpfe der Miss Hitchcock einen »erschütternden Schock«.

Boxen, Poker und Pferdewetten waren nicht die einzigen Passionen, derer sich Lillie voll und ganz hingab. Noch größer und bereits seit Kindheitstagen präsent, war ihre Faszination für die Feuerwehr.

Lillie und ihre Eltern lebten noch nicht lange in San Francisco, als zwei Tage vor Weihnachten ein Brand in dem Hotel loderte, in dem sie mit ihrem Vater war. Ein Feuerwehrmann der Knickerbocker Engine Company No. 5 rettete die kleine Lillie aus einem der oberen Stockwerke. Die Faszination wuchs und Lillie wurde fortan regelmäßig dabei beobachtet, wie sie ihre Helden der No. 5 beim Löschen von Bränden anfeuerte. Die Faszination von Kindern für Feuerwehrmänner war zu jener Zeit üblich. Feuerwehrmänner waren stets Freiwillige, die eigentlich Ärzte, Anwälte, Händler, Bänker und so weiter waren. Jeder, der ein rotes Hemd einer Company trug, war ein Held. Lillie selbst lebte direkt gegenüber der Company No. 4. Ihr Herz schlug aber für die Jungs der Number 5.

Als Lillie 15 Jahre alt war und sich nach der Schule auf dem Heimweg befand, begegnete sie den Feuerwehrleuten der No. 5, die ihre Station auf der unweit des Telegraph Hill gelegenen Sacramento Street, nahe der Sansome Street hatten. Die Männer wurden wegen eines Hausbrands auf dem Hügel alarmiert. Allerdings war die Feuerwehr knapp an Personal, sodass der Löschwagen nicht hinterherkam. Die Feuerwehrstationen jener Zeit standen in einem harten Konkurrenzkampf und die Männer der No. 5 konnten sich bereits ausmalen, wie erniedrigend die Freiwilligen der Manhattan No. 2 und der Howard No. 3 auf diesen Schlamassel reagieren würden. Doch es sollte anders kommen: Das Schulmädchen am Straßenrand erkannte die, im wahrsten Sinne des Wortes, brenzlige Situation, schmiss ihre Schulbücher auf den Boden, schnappte sich eine freie Stelle des Zugseils, setzte all ihre überschaubare Kraft ein und beauftragte umherstehende Passanten damit, dabei zu helfen die Löschmaschine auf den Hügel zu schieben, um noch vor den Männern der No. 2 und der No. 3 am Brand anzukommen: »Come on, you men! Everybody pull and we'll beat 'em!« Jeder half. Die Männer der No. 5 erreichten als Erste den Brand und löschten ihn. Durch diese Aktion wurde Lillie zum Inbegriff des Freiwilligendienstes und zum Maskottchen der Feuerwache 5. Und ihre Eltern konnten sie seit jenem Tag nicht mehr daran hindern, bei jedem Ertönen der Feuerglocke aufzuspringen und zum Einsatz zu rennen. Das war nicht die größte Freude für die in den höheren Kreisen der Gesellschaft verkehrenden Hitchcocks. Doch alles Naserümpfen ließ Lillie kalt. Sie lebte ihren Traum.

Eines Tages kam Lillie aus Grace Cathedral, wo sie einen Probedurchlauf als Brautjungfer für eine Hochzeit hatte. Auf der Market Street war ein Brand aus-

gebrochen, den außer den Helden der 5 auch eine andere Company bekämpfte. Auf zwei Leitern standen ein Feuerwehrmann der 5 und einer der Konkurrenz. Als der Konkurrent Lillie in ihrem schicken Dress auf der Straße erblickte, rief er höhnisch zum Kollegen der 5: »She's only a featherbedder!«, was so viel heißt wie: »Sie hat keinen Nutzen, sondern soll nur schön aussehen.«
Der Mann von der 5 wurde daraufhin wütend, drehte seinen Löschstrahl unvermittelt vom Gebäude ab und zielte auf Lillie. Obwohl sie überrascht war, reagierte sie sofort, winkte und ging gekonnt, so wie es ein Firefighter lernt, in Deckung. Der Feuerwehrmann lenkte den Schlauch wieder auf das brennende Haus und rief zu seinem Kollegen: »Told you she's no featherbedder!«
Durch ihre Jugend und ihr gleichzeitig sehr erwachsenes Auftreten wurde aus dem Mädchen, das zum Maskottchen avanciert war, eine anerkannte Feuerwehrfrau und final gar die Schutzpatronin sämtlicher Feuerwehrleute der Stadt: Es sollte keine Galaparade mehr geben, bei der sie nicht, mit Fahnen und Blumen geschmückt, auf dem Wagen der Knickerbocker No. 5 saß.
Lillie Hitchcock wurde ob ihrer eher maskulin geprägten Vorlieben nicht unbedingt von jedermann der High Society als »Lady« betrachtet. In anderen Kreisen war sie dafür umso angesehener: Obwohl sie nicht die pure Schönheit gewesen sein soll, nannte man sie im Alter von 18 Jahren die »undisputed belle of San Francisco«. Diesen Spitznamen hatte sie mehreren Faktoren zu verdanken: So galt sie als intelligent und schlagfertig gewitzt, außerdem als sehr gute Sängerin, Tänzerin und Gitarristin. Andere verbanden den Spitznamen mit dem Grundbesitz und den 60.000 Dollar, die sie 1861 von ihrem Großvater geerbt hatte. Im selben Jahr verliebte sich Lillie. Da Lillies Mutter jedoch mit den Konföderierten sympathisierte und der Sezessionskrieg gerade ausgebrochen war, schnappte sich Lillies Mutter ihre Tochter und verschwand mit ihr für einige Zeit nach Europa. Der Krieg endete erst 1865, doch Lillie und ihre Mutter kehrten bereits früher wieder zurück.
Am 3. Oktober 1863 erfuhr Lillie die – wie sie selbst sagte – größte Ehre ihres Lebens, ihr größter Stolz. Obendrein war es auch der Beweis, dass ihre Stadt und ihre Helden sie nicht vergessen hatten: Die Knickerbocker 5 ernannte sie zum Ehrenmitglied, verlieh ihr ein Rangabzeichen und eine goldene Plakette. Sie war somit die erste Frau der Vereinigten Staaten, die Mitglied einer freiwilligen Feuerwehr war. Lillie trug beide Ehrungen fortan ständig und zu sämtlichen Kostümen als Schmuckstücke. Unter ihren Kostümen trug sie zudem stets Unterwäsche, auf der eine »5« eingestickt war. Selbst in ihren Namen baute sie die »5« ein und wenn sie beispielsweise einen Fächer in Auftrag gab, beinhaltete ihr Monogramm eine »5«.
Lillie war auch für die Blumen und Tischdekorationen der jährlich zelebrierten Geburtstagsfeiern der Knickerbocker 5 verantwortlich – auf ihren eigenen Wunsch natürlich. Später am Abend erschien sie dann immer, gekleidet in einen schwarzen Seidenrock, einem roten Hemd der Feuerwehr, einer schwarzen

Krawatte und ihrem Veteranengürtel, den sie erhielt, als die freiwilligen Feuerwehren zu bezahlten Einheiten wurden. Lillie wäre nicht Lillie gewesen, hätte sie nicht zusätzlich noch … ihren Helm aufgesetzt. Selbstverständlich wurde ihr alljährlich ein Toast ausgesprochen. Man liebte sie hier.
Natürlich konnte es nicht lange dauern, bis die junge Miss Hitchcock wieder in aller Munde war. Den Mann ihrer Träume hatte sie noch nicht für sich gewinnen können, dafür das Herz eines anderen Mannes … und ein weiteres Herz eines Dritten. Angeblich soll sie sich sogar mit beiden Männern verlobt haben und – um das Gewicht ausgeglichen und fair zu verteilen – täglich die Verlobungsringe an ihrem Finger gewechselt haben. Es soll Dutzende Männer gegeben haben, die Lillies Herz erobern wollten. Doch darin war nach wie vor Platz für nur einen Mann … der Mann, den sie wirklich liebte. Dieser Mann war ein gewisser Benjamin Howard Coit, seines Zeichens an der Börse tätig. Als Lillie es endlich schaffte, ihn für sich zu gewinnen, waren dem wohlhabenden Mr. Coit die Verrücktheiten und der zweifelhafte Ruf, der an Miss Hitchcock haftete, glücklicherweise entweder egal oder er empfand sie als umso liebenswerter. 1869 läuteten anstelle der Feuerglocken die Kirchenglocken. Die beiden wurden zum Zentrum der elitären Gesellschaft San Franciscos und bereisten fortan gemeinsam die Welt. Es ist nicht überliefert, was Lillie auf ihren Reisen wieder leistete oder ob es schlichtweg ihr Vermögen und Stand in der Gesellschaft waren, aber irgendwie schafften sie und Howard es, an den Hofe Napoleons III. und vom indischen Maharadscha eingeladen zu werden. So brachten Lillie und ihr Mann die extravagantesten Geschenke und Erinnerungsstücke von ihren Reisen mit zurück nach San Francisco.
Allzu lange sollte das Eheglück aber nicht anhalten. Howard wurde untreu und betrog die verzweifelte Lillie ein ums andere Mal. Sie versuchte, ihn wieder zurückzugewinnen, scheiterte jedoch. In den frühen 1880er Jahren verließ sie ihn schließlich und zog aufs Land.
1885, im Alter von 47 Jahren, verstarb Lillies Ehemann und hinterließ ihr eine viertel Million Dollar. Genug Geld, um geliebte, alte Gewohnheiten wieder aufleben zu lassen, die in den Jahren des Kummers immer seltener stattfanden und schließlich komplett aufhörten.
Lillie, nun auch schon über 40, konnte bei Einsätzen ihrer Feuerwehr nicht mehr aktiv mitwirken. Sie verlor aber keineswegs ihre Leidenschaft für die Feuerbekämpfung. Sie konzentrierte sich lediglich mehr auf ihre Rolle als Schutzheilige, besuchte kranke oder verletzte Kollegen und leistete Beistand, wenn der Tod nahte. Lillies »Old Boys« der No. 5 dankten ihrem Engel für ihren lebenslangen Einsatz, indem sie eines Tages sogar damit begannen, auf sie zu schwören.
Zum berüchtigten Stadtgespräch wurde Lillie wieder, als sie sich nach dem Tode Howards und als Mann verkleidet, auf einen Campingtrip mit fünf Herren begab und die schäbigsten Hafenkneipen unsicher machte. Der negative Hö-

hepunkt rund um Lillies ausschweifendes Leben wurde Anfang des neuen Jahrhunderts erreicht: Ein Verwandter geriet mit ihr in Streit, da er ihre Finanzen regeln, sie somit also wohl bevormunden wollte. Lillie lehnte ab, woraufhin der Mann versuchte, Lillie zu erschießen. Ein Retter warf sich jedoch dazwischen und fing die Kugel ab. Der Mann starb. Lillie verließ ihre geliebte Stadt daraufhin wieder und kehrte nur noch sporadisch zurück.

Am 22. Juli 1929, wenige Wochen vor ihrem 86. Geburtstag starb die gute Lillie H. Coit5. Das Dienstmädchen Floride Green, das Lillie ihr komplettes Leben lang begleitet hatte, traf auf einen Feuerwehrmann, der Wache für die tote, alte Dame mit dem weißen Haar hielt. Floride fragte den Mann, von welcher Feuerwache er sei.

»Number 5«, antwortete dieser. »A guard from that company keep watch day and night while she lay there.«

Es sei eine Ehre für ihn und seine Kameraden, führte er weiter aus, dass seine Company die Totenwache für diese Frau leisten dürfe. Am Tage der Beisetzung übernahmen plötzlich die Feuerwehrmänner die Spitze des Leichenzugs und führten die Trauernden zu Grace Cathedral. Als sie die Stufen der Kathedrale erreichten, warteten dort drei der noch vier lebenden Feuerwehrmänner aus der Zeit, als noch Freiwillige – so wie Lillie – für den Brandschutz in San Francisco verantwortlich waren: Samuel Baker, Captain J. H. McMenomy und Richard Cox. Sie ernannten sich selbst zu einer speziellen Ehrengarde und führten die Träger des Leichnams zum Altar. Jemand versuchte, die alten Männer zu einem schnelleren Gang zu animieren. Doch die Alten ließen sich ihre Zeit. Vorne angekommen legte ein jeder der dreien ehrfürchtig seine Hand auf den Sarg und sprach persönliche Abschiedsworte an Amerikas erste Feuerwehrfrau.

»They felt that she belonged to them and it was exactly what she would have liked«, schrieb Floride Green später.

Nachdem der Leichnam an den vor der Kathedrale mit Helm vor der Brust Spalier stehenden restlichen Feuerwehrmännern der Stadt vorbeigetragen wurde, beerdigte man Lillie gemeinsam mit ihrem Abzeichen der Knickerbocker Engine Company No. 5 – einer goldenen »5«.

Nun sollte man meinen, dass dies der offizielle und letzte Abschied der Stadt von einer ihrer wohl schillerndsten Persönlichkeiten war. Doch Lillie sorgte auch posthum für gern entgegengenommene Probleme: Sie vermachte der Stadt, die sie so sehr liebte, ein Drittel ihres Vermächtnisses, 100.000 Dollar. Das Geld sollte »in an appropriate manner«, also in angemessener Weise, zur weiteren Verschönerung der Stadt dienen. Es wurde einige Zeit darüber gerätselt, wie Lillies »in angemessener Weise« zu interpretieren sei. Letzten Endes entschied man sich dazu, eine Statue zu Ehren der Feuerwehr zu errichten. Diese lebensechte Gruppe dreier Feuerwehrmänner steht am Washington Square. Einer von ihnen trägt ein Kind auf seinen Armen – vielleicht, um an Lillies Rettung in jungen Jahren zu erinnern. Das zweite Projekt, das man mit dem Vermächtnis der Lillie Hitchcock Coit umsetzte, ist ein 64 Meter hoher, aus unbemaltem Stahlbeton errichteter Turm im Art-déco-Stil, der auf jenem Hügel steht, auf dem die Geschichte einer außergewöhnlichen Frau begann: der Coit Tower auf dem Telegraph Hill.

Leider kostet es sieben Dollar, um mit dem Fahrstuhl zur Aussichtsplattform des geschichtenumwobenen Coit Towers zu fahren. Einen Studentenrabatt gibt es nicht. Da die Aussicht auch vom Pioneer Park sehr schön ist und ich ein wenig Geld sparen möchte, bleibe ich im kostenfrei zugänglichen, unteren Teil des Turms und schaue mir lediglich die eindrucksvollen Wandbilder an.

Die Wandbilder des Coit Tower

Die Wandbilder wurden hauptsächlich von Lehrern und Studenten der California School of Fine Arts (CSFA) angefertigt und erinnern mich an die Werke Diego Riveras. Tatsächlich gibt es auch eine Verbindung zwischen den 1934 entstandenen Wandbildern im Coit Tower und dem Ehemann von Frida Kahlo: Zur selben Zeit, in der das Innere des Coit Tower verziert wurde, ließ Nelson Rockefeller Diego Riveras Wandbild »Man at the Crossroads« im Rockefeller Center zerstören, da der Künstler Lenin darauf abgebildet hatte. Infolgedessen stellten die Künstler der CSFA Streikposten am Coit Tower auf. Es blieb nicht nur bei der Demonstration: Manche Künstler bauten ebenfalls linke Ideen in ihre Gemälde ein. So sieht man in Bernard Zakheims »Library« einen Mann, der mit seiner linken Hand eine Zeitung zerknüllt, während er mit der rechten nach Marx' »Das Kapital« greift. Auch Rockefellers Zerstörung von Riveras Kunstwerk ist in einem Zeitungsartikel an der Wand verewigt. Victor Arnautoff zeigt in »City Life« eine Zeitung, die »Daily Worker« heißt und bei John Langley Howard marschieren Arbeiter der unterschiedlichsten Ethnien einträchtig auf den Betrachter zu. Nahezu jedes Bild erweckt in mir den Eindruck, als läge San Francisco in einem Arbeiter-und-Bauern-Staat.

Ich mache mich wieder auf den Weg nach unten. Diesmal nehme ich nicht die Treppen der Greenwich Street, sondern stapfe die sehr steile Kearny Street in Richtung Süden. Dort, wo die Kearny Street die Columbus und die Pacific Avenue kreuzt, bewundere ich wieder einmal die Schönheit der Häuser. Besonders der Columbus Tower, der auch Sentinel Building heißt, sieht gigantisch aus. Ich spaziere die Columbus Avenue weiter. An der Kreuzung mit der Montgomery und der Washington Street steht – nach dem Columbus Tower – bereits das nächste Flatiron Building. Dieses ist strahlend weiß, mit schwarzen Säulen links und rechts der Eingangstür. Gegenüber befindet sich die Transamerica Pyramid. Bevor die Transamerica Corporation in die Pyramide zog, war das weiße Bügeleisenhaus der Sitz des Finanzdienstleistungs- und Versicherungsunternehmens.

Seit der Fertigstellung der Pyramide 1972 hat die Church of Scientology ihren Sitz im schicken Häuschen.
Ich drücke meine Nase an die Fenster der Tür, um zu sehen, ob Außerirdische darin umherlaufen, an UFOs geschraubt wird oder Menschen gefoltert werden. Doch ich sehe nichts dergleichen. Ich erspähe lediglich eine Dame mit einem Buch – das sicherlich von Großmeister Hubbard verfasst wurde. Als sie mich plötzlich sieht, winkt sie mich freundlich lächelnd herbei. Hätteste wohl gern. Aber mich kriegt ihr nicht!
Ich flüchte mich in die Pyramide. Gefahren und Verschwörungen gibt es in Pyramiden schließlich nie. Jetzt will ich aber doch mal hoch hinaus und die Stadt von oben sehen. Nicht zuletzt, weil Cari mir davon erzählte, dass sie es schon in eine Wohnung oder ein Büro in diesem Gebäude geschafft hat. Das will ich auch. Der nette schwarze Mann mit dem schwarzen Anzug an der hellen Rezeption will das aber leider nicht. Stattdessen packt er einen Neuralyzer aus und nennt es das »flashy thing«. Ich bin weg und finde mich kurz darauf in Chinatown wieder.
Chinatown beginnt nur wenige Meter westlich der Transamerica Pyramid. Ich spaziere durch ein kleines Lebensmittelgeschäft, das wieder einmal eher nach einer Apotheke aussieht, und beobachte eine asiatische Familie, bei der jedes Mitglied ein prächtiges Blumengesteck vor sich trägt.
Ich verlasse Chinatown, schlendere zum Union Square und esse im King of Thai Noodles House zu Mittag. Danach nehme ich den Bus zurück zum Ocean Beach. Diese Linie bin ich noch nie gefahren, aber die Endhaltestelle klingt irgendwie nicht allzu falsch. So ist es dann auch.
Casey ist noch nicht zu Hause, weswegen ich beschließe, die Nachbarschaft in Richtung Landesinneres ein wenig genauer unter die Lupe zu nehmen. Ich spaziere die Noriega Street entlang. Dreht man sich nach Westen, sieht man den Ozean, im Osten den Sutro Tower, der auf einem der beiden Gipfel der Twin Peaks in die Höhe ragt. Die 298 Meter hohen rot-weißen Stahlantennen, die für den Empfang von Fernseh- und Radiosendern errichtet wurden, sieht man von fast überall in der Stadt. Ich stelle überrascht fest, dass die Noriega Street eine weitere kleine Chinatown ist. Zwischen der 33rd und der 30th Avenue reiht sich ein asiatisches Geschäft an das nächste. Auch einen Safeway gibt es hier.
Casey meldet sich. Er ist wieder zurück. Als ich zu Hause ankomme, setzen wir uns in den Hinterhof, in dem ein recht schicker Holzpavillon steht. Casey philosophiert über Politik. Er ist erschreckenderweise eher ein Republikaner, denkt aber, dass die Tea Party die Partei kaputt oder zumindest nicht mehr wählbar macht. McCain, so meint er, war ein guter Kandidat, aber als er Sarah Palin als Vize präsentierte, wurde er unwählbar. Letztlich hat Casey Obama gewählt, findet seine erste Amtszeit aber unglücklich: »Obama has a lack of balls.«
Mein mir dennoch nach wie vor hochsympathischer Gastgeber ist durchaus stolz auf die Vergangenheit der USA, als man noch Kriege gekämpft hat, um

Gutes zu tun und nicht für Öl und andere verwerfliche Interessen. Casey war auch einmal Soldat. Das kann ich mir – bei aller Fantasie – aber nicht so wirklich vorstellen. Jetzt verdingt er sich als Schauspieler: Theater, Filmstatist und sogar bei Musicals. Das würde ich mir zu gerne einmal anschauen. Der Mann erscheint mir unberechenbar. Er hat sich die Schauspielerei und das Singen zudem selbst beigebracht. *Yeah, DIY rules!*

Heute ist also Silvester. In Amerika, erfahre ich, böllert man nicht selbst. Als ich erzähle, dass in Berlin die Raketen sogar in der Horizontalen durch die Straßen fliegen, starren mich zwölf weit aufgerissene Augen ungläubig an. Ach ja, die verheirateten Couchsurfer Jill und Manton sind mittlerweile ebenso zu uns gestoßen wie Alex – der dicke Mann mit der radikalen Diät – und ein Pärchen, deren Namen ich wieder vergessen habe. Wir bilden heute das Party-Septett. Manton ist übrigens Soldat und genießt seinen kurzen Urlaub mit seiner Frau auf der Couch in Caseys WG.

Die öffentlichen Verkehrsmittel sind heute schon wieder kostenfrei. Schließlich feiert heute die ganze Welt und da will man doch nicht zehnmal so viel verdienen wie an Durchschnittstagen. Klingt logisch? In Deutschland regieren wohl die böseren Kapitalisten. Von 20 bis sechs Uhr operiert Muni also kostenlos. Dementsprechend ist an den Haltestellen auch viel los. So viel, dass irgendwann sogar keiner mehr mitgenommen werden kann. Für diese Menschen wird es langsam knapp, noch rechtzeitig zur Feuerwerksshow am Embarcadero zu erscheinen. Die Show beginnt natürlich pünktlich um Mitternacht und soll große Klasse sein. Speziell Alex und Casey freuen sich wie die kleinen Kinder und schwärmen uns vor, dass das Feuerwerk auf die Musik abgestimmt abgefeuert wird und einfach nur gigantisch ist. Ich bin gespannt.

Es dauert ewig, bis wir endlich ankommen. Als wir aussteigen, begegnen wir unzähligen Polizisten. Ich denke zunächst, dass das die amerikanische Paranoia ist, muss dann aber feststellen, dass eine Person wohl von einem Zug erfasst wurde. Alex sagt, er habe die sehr tot aussehende Person auf den Gleisen liegen sehen. Ich sehe sie nicht, worüber ich auch froh bin.

Casey glaubt zu wissen, von wo aus wir die beste Sicht auf das Feuerwerk haben. Natürlich läuft das alles nicht ohne endlose Diskussionen mit Alex ab, der primär aber darauf hinaus will, dass er Gedränge nicht mag. Der alte Nerd meint, dass er sich wie in einem Ballerspiel fühle. Muss man sich bei solchen Aussagen Sorgen machen? Eher nicht: Er will sich auf diese Weise wohl nur beruhigen – bekanntes Terrain und so …

Wir schlagen uns in Richtung Ferry Building durch.

San Francisco Ferry Building

1898 eröffnete das in siebenjähriger Arbeit im Beaux-Art-Stil errichtete Fährterminal. Aus der Mitte des Hafengebäudes ragt ein weißer Uhrenturm, dessen vier Zifferblätter einen Durchmesser von knapp sieben Metern haben. Durch den Bau der Golden Gate und der Bay Bridge verloren die Fähren und somit auch das Terminal an Bedeutung. Das Gebäude, welches nach dem Bahnhof Charing Cross in London einst der zweitgrößte Umschlagplatz der Welt war, gewann erst ab 2003 wieder an Zugkraft, als es nach einer Renovierung mit Büros, Delikatessenläden, San Franciscos bekanntestem Bauernmarkt und auch wieder mit Fähren Besucher anlockte.

Jill muss unbedingt mal pinkeln. Hier stehen zwar gefühlte 5000 Chemietoiletten herum, aber es dauert trotzdem, bis sie und Manton wieder zurück sind. Kaum sind sie zurück, meldet sich der Nächste mit gefüllter Blase. Ob wir es wohl jemals bis an den Pier schaffen werden? Wir schaffen es. Das Feuerwerk soll über dem Wasser zwischen dem hübschen Ferry Building und der San Francisco–Oakland Bay Bridge stattfinden. Wir kommen problemlos recht weit nach vorne. Es dauert nicht lange und der Countdown beginnt: *10, 9, 8, 7, 6, 5, 4, 3, 2, 1: Happy New Year* ... und die Show beginnt!
Es ist wirklich beeindruckend und tatsächlich ist alles zur Musik abgestimmt. Fast noch eindrucksvoller sind jedoch die Reaktionen der Schaulustigen. Natürlich packt zunächst einmal ein jeder sein Handy aus und filmt. Wesentlich unterhaltsamer sind da die Jubeltiraden, die aus Tausenden von Kehlen das Knallen der Feuerwerkskörper und die Musik begleiten. Vor uns steht eine kleine chinesische Frau mit ihrem Alkoholikercowboy. Sie schreit, springt und jubelt als gäbe es kein Morgen mehr, während er versucht nicht umzukippen. Die beiden sind zwischen 50 und 60 Jahre alt und passen so überhaupt nicht zusammen – oder eben perfekt.
Nach 20 Minuten ist das Spektakel vorbei und die Massen ziehen in Richtung Market Street. Das Pärchen, deren Namen ich vergessen habe, verabschiedet sich und wir machen uns auf die Suche nach einer Bar. Sämtliche Bars, die wir finden, sind maßlos überfüllt, spielen scheiß Musik oder bieten beides. Alex und Casey schlagen vor, direkt wieder abzuhauen. Der Bus ist allerdings genauso vollgestopft wie die bisher erkundeten Bars. Außerdem müssen wir doch feiern, denke ich und schlage vor, die Oz Lounge auszuprobieren. Ich könnte mir vorstellen, dass da auch heute nicht zu viel los ist. Welcher Teenie mag schon Jazz?
Ich habe einen guten Riecher. Die Oz Lounge ist so mäßig gefüllt wie immer und die Band spielt natürlich auch – wie immer. Mein Türsteherfreund Matt hat heute dennoch einen wesentlich stressigeren Tag als sonst, weswegen wir leider keine Zeit zum Plauschen haben. Wir bleiben nicht lange. Alex und Casey scheinen keine Fans zu werden und sind zudem müde. Also geht's – sogar ohne etwas getrunken zu haben – zum Bus. Allzu traurig darüber bin auch ich nicht. Ich hatte noch nie großen Spaß an Mainstream- und Massenevents.

17

Im Bus sind einige Leute ziemlich gestresst. Einer wird sogar total wild und fordert laut plärrend, dass alle nach hinten durchrücken. An sich ja alles andere als ein blöder Gedanke. Der Mann rastet dabei aber vollkommen aus ... und keiner reagiert auf ihn. Selbst der Busfahrer bleibt ganz cool und lässt den Mann weiter fluchen und drohen. Neben mir steht ein Amerikaner asiatischer Herkunft, der offensichtlich mit mir über Politik diskutieren will. What the fuck? Auf meiner anderen Seite stehen ein Afroamerikaner, der sehr gut Deutsch spricht, aber eher langweilig ist und ein älterer deutschsprachiger Herr, der sich äußerst unwohl zu fühlen scheint – so umringt von all der Jugend. Als er aussteigt, ruft er auf Deutsch: »Darf ich bitte mal. Kann ich mal durch. Achtung!« Der Bus hält gute zehn Blocks von Casey Wohnung entfernt. Wir spazieren nach Hause, schalten wie immer »Adventure Time« ein und legen uns schlafen. Naja, das war ein eher langweiliges Silvester ...

Drei Einladungen
Tag 53: Dienstag, 1. Januar 2013

Ich verbringe den halben Tag vor meinem Computer. Ich schreibe ein wenig und mache mich vor allen Dingen auf die Suche nach einer neuen Couch. Einer von Caseys Mitbewohnern hat wohl langsam genug von der Massenbelagerung des Wohnzimmers.
Casey und ich schlendern zum Strand. Es darf geraten werden ... Richtig: Die Sonne geht unter. Casey ist ein wirklich großartiger Mensch. Ich mag seine Einstellung und die Tatsache, dass ihn anscheinend nichts aus der Ruhe bringen kann. Aus einer Emergency Couch wurden letztlich sechs Übernachtungen. Casey ist kein Ford. Ford wollte jeden Moment mit mir verbringen und mir stolz sein San Francisco zeigen. Mit ihm war ich mehr der Geführte, ein Schüler. Casey hingegen lebt sein Leben vielmehr so weiter, als gäbe es gar keine Veränderung durch die Wildfremden auf seinem Sofa. Er kümmert sich zweifellos stets darum, dass die Leute es bei ihm schön und gemütlich haben. Man fühlt sich mehr als willkommen und er unterhält sich auch gerne. Die meiste Zeit des Tages überlässt er seine Gäste aber sich selbst und zelebriert lieber einen weiteren »Adventure Time«-Marathon. Wie viele Folgen gibt es von dem Quatsch eigentlich? Zu gerne würde ich Casey einmal erleben, wenn seine Schule losgeht, der »Ernst des Lebens« quasi bei ihm Einzug hält. Trotz seiner Pfeifchen und »Adventure Time« würde ich Casey als seriösen Menschen charakterisieren: Er blödelt nicht herum, hat seine eigenen Meinungen und ist ein sehr guter Gesprächspartner. Und da schließt sich dann doch wieder ein Kreis mit Ford: Casey könnte ein echter Freund werden. Verdammt, ich will hier wohnen.
Casey macht mir in seiner Wohnküche einen Tee. Das hat er vor einigen Tagen schon einmal gemacht. Nachdem ich ihn ausgeschlürft hatte, zog ich mir mein

Hemd über den Kopf und dachte, mein Name sei Cornholio. Okay, wer »Beavis und Butt-Head« nicht kennt, denkt jetzt, dass es um Drogen geht ... Die Droge ist in diesem Fall Zucker. Caseys Tees sind so etwas von pappsüß, dass man das Gefühl bekommt, flüssigen Zucker zu sich zu nehmen und auch als Nicht-Diabetiker einen kleinen Schock bekommt: »I am the Great Cornholio! I need TP for my bunghole!«

Ich habe eine Antwort auf meine öffentlich gepostete Couchanfrage erhalten: Tracy aus Antioch lädt mich zu sich ein. Wo liegt denn Antioch? Ich suche doch nach einer Couch in San Francisco? Antioch liegt gute 70 Kilometer östlich von San Francisco. Das ist eher suboptimal. Noch suboptimaler ist allerdings die *Bedingung*, die mir Tracy zur Erfüllung stellt, um bei ihm übernachten zu dürfen: Ich soll mich – die Betonung liegt auf »komplett« – nackig machen und es mir auf seinem Massagetisch bequem machen. Das ist nämlich sein großes Hobby. Aha. Hm. Nein, lass ma' gut sein. Die Couchsurfer der Bay Area haben rund um Weihnachten und Neujahr wohl einen Hang zur körperlichen Nähe, wie es scheint ...

Wir bringen Jill und Manton zu ihrem Bus. Die beiden übernachten heute in einem Hostel in Downtown. Private Manton muss morgen früh zurück zu seiner Kompanie nach Reno, Nevada. Kaum haben wir die beiden winkend verabschiedet, meldet sich Brian bei mir: »Dennis, are you in the Bay Area?«

»I am. You're in Portland?«

»No, I'm in Hillsdale.«

»Uhm ... aha.«

»I'm at my father's house.«

»Wait, didn't you tell me that your father lived in San Francisco?«

»South of it.«

»You're in the Bay Area? How cool is that?«

Dass ich Brian noch einmal zu Gesicht bekommen würde, hätte ich nicht mehr für möglich gehalten. Ich freue mich! Großartig! Brian lädt mich dazu ein, bei ihm übernachten zu können. Fett! Allerdings ist meine letzte Möglichkeit, dorthin zu gelangen, bereits um 21 Uhr. Er selbst möchte heute nicht in die Stadt kommen. Hm, das finde ich nicht so gut. Wenn Brian im Hause seines verstorbenen Vaters sitzt, könnte das bedeuten, dass er sehr schnell wieder in seine Depression verfällt und ich plötzlich alleine dasitze, während mit ihm nichts mehr anzufangen ist. Casey meint zudem, dass im knapp 35 Kilometer entfernten Hillsdale – einem Stadtteil von San Mateo – nichts geht. Ich überlege, was ich machen soll, als Casey mir offenbart, dass der Mitbewohner, der seine Ruhe haben möchte, heute sowieso nicht da ist und ich problemlos noch eine Nacht hier im Sunset District verbringen kann. Perfekt.

Als Nächstes schaue ich mich nach Zug- und Bustickets sowie Mitfahrgelegenheiten um. Ich plane, in den nächsten Tagen San Francisco in Richtung Yosemite National Park zu verlassen. Ich will wandern, Baby! Ich checke die

Websites von Amtrak und Greyhound, durchforste die Angebote auf Craigslist, suche hier und da als auch bei bla und blub. Eigentlich hatte ich mich heute – wie auch gestern bereits – mit meinen beiden obdachlosen Freunden, den »Freebies« Joshua und Keegan verabredet. Gestern haben sie mich versetzt, heute bin ich der Arsch. Zunächst die nervige Couch- und danach die dämliche Ticketsuche dauern einfach zu lange. Dafür verabreden Joshua, Keegan und auch Brian uns für morgen. Zumindest mit Brian ist die Verabredung fix. Von Joshua und Keegan höre ich heute nichts mehr. Das ist typisch für die beiden. Entweder antworten sie direkt oder es dauert Stunden, wenn nicht sogar Tage, bis mal eine Antwort kommt.

Eine Antwort kommt auch von einer weiteren Couchanfrage: Joey aus Merced – das liegt in der Nähe des Yosemite National Park – lädt mich zu sich ein … ohne Massage oder flotten Dreier. Yeah! Jetzt sollte ich schnell ein Ticket buchen, damit ich die Einladung am 4. auch wahrnehmen kann. Die bislang einzige Einladung aus dieser Ecke Kaliforniens möchte ich nicht versieben. Ich entscheide mich für den Zug. Auf der Website von Amtrak heißt es aber auf einmal, dass ich kein Ticket online buchen kann. Meine geplante Reise sei zu kurzfristig, weshalb Amtrak mir kein Ticket mehr *zukommen* lassen könne. Im Jahr 2013 wollen die mir ein online gebuchtes Ticket mit der Post schicken? In Amerika? Eine Druckversion des Tickets gibt es nicht. Was ist das denn für ein Schwachsinn? Ich probiere die Telefonbuchung aus und scheitere kläglich an der Computerfrau, die meine tadellose Aussprache einfach nicht verstehen möchte. Boah, das nervt. Ich werde auch nicht zu einem Angestellten weitergeleitet, sondern muss die komplette Buchung mit der Computerstimme abklären. Als ich es letztlich zum letzten Punkt, der Auswahl des Zuges schaffe, bekomme ich eine ganz andere Zugnummer genannt als auf der Website. Das ist mir zu riskant. Am Ende buche ich einen falschen Zug, weil die Computerstimme mein Englisch nicht versteht. Da gehe ich besser morgen zum Schalter …

Casey macht sich auf durchaus doppeldeutige Art und Weise auf der Couch breit und schaltet »Adventure Time« ein.

Das Brian'sche Abendmahl
Tag 54: Mittwoch, 2. Januar 2013

Bei schönstem Wetter, aber sehr gemäßigten Temperaturen buche ich mein Ticket doch via Telefon. Ich kann bei Google Street View nicht feststellen, ob es am Abfahrtsort, der interessanterweise eine Bushaltestelle und kein Bahnhof ist, einen Ticketschalter gibt. Und falls es – wenn überhaupt – einen Automaten geben sollte, dürfte der Preis vermutlich höher ausfallen als über die Telefonbuchung. Nach sage und schreibe 15 Minuten ist der Spaß endlich geschafft, das Ticket gebucht. Meine Fresse. Bezahlt habe ich zudem noch nicht, sondern lediglich eine Reservierungsnummer erhalten. Die Fahrscheine werden im Bus bezahlt.

Ich packe meinen Rucksack und plane den Abflug. Ich bin mit Brian und auch mit Joshua verabredet. Keegan ist wohl ausgeflogen. Casey hat erfreulicherweise Zeit und Lust mitzukommen. Er meint, wir könnten problemlos schwarzfahren. Es würde ja doch nie kontrolliert werden. Wir haben bereits einige Haltestellen der Straßenbahn schadlos überstanden, als sich eine Stimme durch die Lautsprecher zu Wort meldet: »Be sure to have your ticket ready to show.« *Ready to show?* Casey reagiert überhaupt nicht. Ich glaube, er hat aber auch nicht hingehört, weswegen ich ihn darauf hinweise, dass das gerade so klang, als würden die lustigen Muni-Leute einen Kontrolletti *ankündigen*. Casey schaut mich in einer Mischung aus Konzentriert- und Verwirrtheit an und schlägt vor, besser mal schnellstens auszusteigen. Die Bahn hält, wir springen raus, kein Kontrolleur steigt ein – vermutlich. Na, sicher ist sicher. Und beim Schwarzfahren in Amerika muss ich nun wirklich nicht erwischt werden. Ist ja auch eigentlich Quark: Die Ticketpreise sind in Ordnung und Muni hat uns bereits zwei Tage freiwillig kostenlos transportiert.

Brian zu finden ist nicht leicht. Wir verlassen die Tram an der Embarcadero BART-Station und postieren uns vor dem angeblich hübschen Hyatt Regency an der Ecke Drumm und California. Ich rufe ihn an, um ihm zu beschreiben, wo wir uns befinden. Typisch Brian hört er mir aber nur halbherzig zu und beschreibt mir dafür, wie die Umgebung aussieht, in der er sich befindet: BART-Station. Check. Ferry Building am Ende der Straße. Check. Litfaßsäule. Ja, genau. 20 Meter weiter. Schuhputzer. Ja, zehn Meter. Wo ist der denn? Ah, er ist noch gar nicht bei der Litfaßsäule. Er sieht das alles nur. Gut, dann möge er doch bitte genau da hinkommen. Er ist auf der anderen Straßenseite. Aha. Wie?: »Wo seid ihr?« Wie meinst du das denn jetzt? Wir sind 20 Meter von der Litfaßsäule und zehn Meter vom Schuhputzer entfernt. Nein, nicht auf der anderen Straßenseite. Also, ja ... doch: Wenn du auf der anderen Straßenseite bist, dann sind wir dementsprechend auch auf der ... Ich winke. Siehst du mich winken? Du siehst uns? Nein? Also, ich ... jetzt sehe ich dich aber! Geradeaus, geradeaus ... ja, jetzt siehst du mich auch. Aufgelegt. Geschafft.

Brian kommt mit seiner geliebten und mittlerweile offensichtlich zum Markenzeichen avancierten Sonnenbrille und einem kurzärmeligen Hemd auf uns zu. Brr, das muss doch schweinekalt sein! Brian meint, dass es in Hillsdale wesentlich wärmer ist. Vermutlich war es dort auch wesentlich heller, da es bereits ein paar Stündchen her sein dürfte, dass er dort war. Die Sonne geht unter, Brian! Wärmer wird's heute nicht mehr ... Freak.

Er kündigt direkt einmal an, dass Laufen heute nicht so sein Ding ist: Da er auf die glorreiche Idee kam, in Portland von seinem Haus nach Downtown zu joggen, hat er nun fiese Blasen am Fuß. Sportschuhe hat er keine und die Strecke sind lässige zehn Kilometer. Für einen Kerl, der eigentlich nie Sport treibt, ganz

21

schön beachtlich. Dennoch stellt sich mir in großen Lettern die einzig wichtige Frage: »Why?«
»Don't know. Felt like.«
Ach, ich habe ihn vermisst. Ich drücke ihn zur Begrüßung und lasse ihn wissen, dass ich mich über dieses unerwartete Wiedersehen sehr, sehr freue. Ich stelle Brian und Casey einander vor und schon geht's los, in einen Tag mit zwei coolen und auf ihre ganz eigene liebenswerte Art und Weise vollkommen bescheuerten Jungs. Der größere Freak ist auf absolut unantastbare Weise mein Freund aus Portland. Der Riese mit dem dichten Vollbart und der dunklen Pilotenbrille ist ein Mann, der wohl aufgrund seines Intellekts, physikalischen und chemischen Wissens und nach eigener Aussage eine Atombombe zusammenbasteln könnte. Die hohe Kunst, 50 Dollar Guthaben auf sein Prepaid-Handy zu übertragen, überfordert ihn jedoch maßlos. Nachdem er minutenlang irgendwelche Tasten drückt und uns dabei ununterbrochen mitteilt, dass es nicht funktionieren will, springt Casey ein und löst das Problem ... in 20 Sekunden. Da diese Aufgabe nun also gelöst wurde, kann mir Brian endlich sein wahnsinnig tolles *audio recording tool* zeigen, das er sich auf sein Smartphone gespielt hat. Sein »Ziel« ist es, einen fetten Film zu drehen und diese Handysoftware für die Tonaufnahme zu verwenden. Meine kritisch nach oben gezogene Augenbraue ignoriert er gekonnt und führt mir die Wundertechnik vor. Ich bin noch immer nicht überzeugt, was ihn aber nach wie vor wenig juckt. Immerhin merkt er dann aber doch noch an, dass die Technik schon noch ein wenig weiter fortschreiten muss. Aber in absehbarer Zukunft, ist er sich sicher, wird man Blockbustersound mit dem Handy aufnehmen können. Irgendwie hoffe ich ja, dass es soweit nie kommen wird.
Joshua meldet sich und lässt uns wissen, dass er im Starbucks »at the Wharf« ist. Das ist ja eine tolle Ortsbeschreibung. Da gibt es doch locker drei bis fünf – wenn nicht noch mehr. Wie so oft werden meine weiteren Textnachrichten von Joshua entweder überhaupt nicht beantwortet oder so, dass keiner versteht, was er damit sagen möchte. Er kürzt Wörter zur absoluten Unkenntlichkeit ab und verwendet eine Grammatik, die von einem anderen Stern, direkt von Meister Yoda zu kommen scheint.
Casey will das Problem per Smartphone lösen und sucht nach sämtlichen Starbucks rund um die Fisherman's Wharf. Das dauert länger, als einfach mal eine Runde um den Block zu laufen. Joshua antwortet unterdessen, dass er im Starbucks bei den *trolleys*, also der Straßenbahn, in der Taylor Street ist. Laut Smartphone ist dort aber kein Starbucks, weswegen wir in die Jones Street gehen. Ich bin der Einzige in unserem Trio, der noch nie ein Smartphone besessen hat und somit auch der Einzige, der nicht alles glaubt, was das Smartphone ausspuckt.
»Shouldn't we just have a look at Taylor?«, schlage ich vor. Schließlich hat Josh uns explizit geschrieben, dass er in der Taylor Street sitzt. Die Jones Street ergibt da irgendwie keinen Sinn. Außerdem kreuzen wir die Taylor Street, bevor

wir zur Jones kommen. Keiner hört mir zu. Die App-Entwickler werden schon recht haben. Zur großen Überraschung von Brian und Casey finden wir keinen Joshua im Starbucks der Jones Street vor. Tja. Während ich ihm eine neue Textnachricht schreibe und ihn wissen lasse, dass wir ihn in der *Jones Street* nicht gefunden haben, kauft sich der mittlerweile frierende Brian den ultimativen Touristenpullover: Die Flagge Kaliforniens ziert nun seine Brust. Joshuas absolut überraschende Antwort lautet indes: »Taylor, not Jones!«

Im Starbucks an der Ecke Taylor und Bay Street finden wir Joshua schließlich. Er begrüßt mich freudig lächelnd und drückt mich an sich. Joshua war sowieso schon der ruhigste und schüchternste der drei Freebies, dennoch fällt mir sofort auf, dass er heute extrem leise spricht und ein bisschen neben der Spur wirkt. Ich sage nichts, behalte sein Verhalten aber im Auge.

Joshua will – der guten alten Zeiten Willen – in die Oz Lounge. Das finde ich mal extrem cool! Casey und Brian haben keine eigene Meinung und mir kommt's so vor, als hätte ich auch die meiste Ahnung und Orientierung in der City. Zumindest will ich die schlaueren und kürzeren Wege als Casey und sein Smartphone gehen.

Bevor wir in die Oz Lounge spazieren, wollen wir zu Abend essen. Casey schlägt das unweit vom Starbucks gelegene Kennedy's Irish Pub & Indian Curry House Restaurant vor, das den halben dreieckigen Block zwischen der Taylor und Francisco Street sowie der Columbus Avenue einnimmt. Der Laden ist – wie der knackige Name schon vermuten lässt – eine wirklich krude Mischung aus einem düsteren Irish Pub mit Billard und Darts und einem gar nicht einmal so unhübschen indischen Restaurant. Wir setzen uns zunächst an einen viel zu großen Tisch. Die Entfernungen zueinander sind so groß, dass man sich – in Verbindung mit der lauten Pub-Musik – schon gegenseitig anbrüllen muss, um etwas zu verstehen. Da Joshua heute kaum einen Pieps lauter als ein Mäuschen herausbekommt, dafür aber ziemlich gesprächig ist, schlage ich vor, den Tisch zu wechseln. Wir verlassen die Billardecke des Establishments und setzen uns in den Restaurantbereich. Joshua und ich legen unsere Rucksäcke auf den Boden, während Brian bereits an der Kasse sein Essen bestellt. Ich folge ihm kurz darauf und bestelle ebenfalls. Casey begnügt sich mit einer Vorspeise, während Joshua komplett aufs Essen verzichtet.

Wenige Minuten später serviert der Kellner das Essen – zu viel, wie es scheint. Casey, Joshua und ich rätseln noch, ob wir ihn darauf hinweisen sollen, dass er uns offensichtlich eine Vorspeise zu viel gebracht hat, als Brian irgendwann anmerkt, dass er zwei Vorspeisen bestellt hat. Oha. Da ist wohl jemand hungrig? »Not really«, reagiert Brian. Es klang nur gut und außerdem müssen ja alle satt werden. Fragende Blicke.

»Eat!«, ruft Brian und schiebt sein komplettes Essen in die Tischmitte. Wieder einmal wird mir bewusst, wieso ich diesen Kerl so gerne hab. Er teilt hier jesusgleich und ohne Trara oder jedwede Vorankündigung seine beiden Vorspeisen

und seine Hauptmahlzeit und bestellt sogar noch extra Reis nach. Der hungrige Josh ist sichtlich glücklich. Das erinnert mich so sehr an Fords Großzügigkeit. Joshuas Augen leuchten und es ist schön mitanzusehen, wie dankbar, dabei zaghaft, fast schon demütig er sich einen Happen nach dem anderen nimmt. Auf keinen Fall will er sich zu viel nehmen. Dabei weiß jeder in der Runde, dass sein Magen der am wenigsten gefüllte ist. Ich habe Brian und Casey vor unserem Treffen bereits gesagt, dass Joshua obdachlos ist. Die Info ist aber eigentlich vollkommen überflüssig – man sieht es einfach an den schmutzigen Fingern. Umso bemerkenswerter finde ich, dass Brian und Casey so vollkommen gleichgültig damit umzugehen scheinen. Kein einziger überflüssiger Blick fällt auf den selig mampfenden Joshua, kein dummer Spruch, keine überflüssige Frage. Und die Tatsache, dass Brian nicht etwa fragte, ob Joshua hungrig ist, sondern einfach bestellt hat und es dann zum gemeinsamen Verzehr in die Tischmitte stellt, ist so feinfühlig, wie ich es ihm nicht unbedingt zugetraut hätte. Ich danke Brian für diese Lektion in Sachen Menschlichkeit und Respekt. Mein Held des Tages! Joshua wird sich übrigens noch den ganzen Abend über das Abendessen freuen. In regelmäßigen Abständen wird er zu mir kommen und mich wissen lassen, dass das absolut großartig und lecker war. Zu Brian wird er es seltsamerweise nicht sagen. Ich scheine für ihn die Bezugsperson oder so etwas Ähnliches zu sein. Wohl auch deswegen wage ich es, ihn auf unserem Spaziergang in Richtung Downtown zu fragen, ob er high ist. Bekifft ist er mit Sicherheit nicht. Das sieht nach einer anderen Droge aus. Joshua plaudert aus, dass er nahezu den kompletten letzten Monat auf Meth war, nun aber schon seit einiger Zeit – was auch immer das genau zu bedeuten hat – kein Crystal mehr konsumiert hat. Ach du Scheiße. Ich lasse ihn wissen, dass ich Crystal Meth für eine äußerst beschissene Droge halte und er doch wissen müsste, was es aus den Menschen macht. Er stimmt mir sofort zu. Für mich klingt das aber eher nach dem Opportunismus eines Menschen, der einem Thema ausweichen möchte, als nach wahrer Einsicht. Nach Dana, dem sympathischen, aber orientierungslos auf der Klinge spazierenden Mädel aus dem Bordello, scheint mir Joshua der nächste Patient zu sein, der Hilfe benötigt. Mit Dana stehe ich übrigens seit vorgestern wieder in SMS-Kontakt. Sie fragte, ob ich wieder in der Bay Area bin und sie treffen mag. Eigentlich waren wir für Silvester verabredet. Sie ist aber nicht aufgetaucht. Wir werden noch des Öfteren versuchen, ein Treffen zu arrangieren. Es wird aber nie dazu kommen und ich habe keine Ahnung, was aus ihr geworden ist.
Auch bei Brian läuft es gerade nicht rund: Seine Blasen schmerzen ihn so sehr, dass er das Riesenbaby markiert und mit seinem Humpeln immens das Tempo drosselt. Ob wir die Oz Lounge wohl je erreichen werden?
Wir passieren die eindrucksvolle Saints Peter and Paul Church am Washington Square, die ulkigerweise die Hausnummer 666 hat.

Saints Peter and Paul Church

Zwischen 1926 und 1927 war die Kirche mehreren anti-katholischen Bombenanschlägen ausgesetzt. Zwei der Attentäter wurden schließlich von der Polizei erschossen. Aus dem Kino kennt man die Kirche aus dem ersten und dem fünften »Dirty Harry«, Cecil B. DeMilles »Die Zehn Gebote« und »Sister Act 2«. Außerdem heiratete Baseballlegende Joe DiMaggio in dieser Kirche – allerdings nicht Marilyn Monroe, sondern Dorothy Arnold.

Als wir an der Ecke Columbus und Kearny das schöne Sentinel Building passieren, fragt mich Casey, ob ich weiß, was sich darin befindet. Ich habe keine Ahnung, was sich in dem Flatiron befindet, das ich schon des Öfteren für seine Schönheit bewundert habe.
»It's the Coppola House.«
Wie jetzt? Das Gebäude heißt entweder Columbus Tower oder Sentinel Building. Coppola House ist mir neu. Allerdings kann ich mir natürlich sofort zusammenreimen, weswegen Casey es so nennt: »Francis Ford Coppola owns it?!«

Columbus Tower alias Sentinel Building ... alias »Coppola House«!?

Das inklusive Erdgeschoss acht Stockwerke zählende Haus wurde 1907 fertiggestellt. Der Bau zog sich aufgrund des verheerenden Erdbebens von 1906 in die Länge. Früher Mieter in der Geschichte des Gebäudes war ein Restaurant namens Caesar's, in dem man angeblich den bis heute sehr populären Salat erfunden haben soll ... An seiner schmalsten Seite geht das weiße Bügeleisengebäude in einen kupfergrünen Zwiebelturm über. Überhaupt sind es die kupfergrünen Elemente – wie die Erker und Balkone an den Längsseiten des Hauses sowie das anscheinend aus demselben Material bestehende Dach –, die das Gebäude so speziell aussehen lassen. Das komplette Erdgeschoss hat das mit roten Markisen und Filmplakaten versehene Cafe Zoetrope eingenommen, das früher einmal Cafe Niebaum-Coppola hieß. Weht daher der Wind? Der Meisterregisseur betreibt ein Café im Columbus Tower? Nicht nur: In den frühen 1970er Jahren kaufte und renovierte Francis Ford Coppola das baufällige Gebäude und zog mit der von ihm und George Lucas 1969 gegründeten Produktionsfirma American Zoetrope ein. Solch ewige Meisterwerke wie die »Der Pate«-Trilogie und »Apocalypse Now« oder auch Sofia Coppolas »Lost in Translation« wurden in diesem Gebäude produziert. Das macht das Gebäude mit einem Schlag noch schöner.

Cari schreibt mir und bittet mich, ihr noch einmal die Witze zu erzählen, die ich von Mr. Fox gelernt habe, da sie sie ihren Eltern erzählen möchte. Alles klar. Da ich keine Lust habe, jeden Witz in mein Telefon zu tippen, rufe ich sie

an, erzähle ihr kurz einen Witz und lege wieder auf. Auf diese Weise klingele ich dreimal bei ihr durch und erzähle ihr zunächst den Witz, den ich aufgrund einer Vokabel, die ich noch nie gehört hatte, lange Zeit nicht verstanden, aber trotzdem gerne erzählt habe: »Why do Hippies love corduroy?«
Also: »Warum lieben Hippies Cord?«
»Because it's groovy, baby!«
Dass Hippies: »Groovy!«, sagen, wenn sie etwas cool finden, muss ich wohl nicht erklären. Das Nomen »groove« heißt übersetzt jedoch Furche oder Rille – eben so, wie auch Cord rillig ist. Und deshalb ist dieser Witz lustig … und Witzbeschreibungen äußerst erbärmlich.
Cari bekommt als zweiten Witz den von der Vogelscheuche erzählt … und will noch einen Dritten hören. Kenne ich noch einen dritten Witz?
»Joshua! Can you tell me one of Fox' hippie jokes?«
»How do you describe hippie sex? – Fucking intense.«
Aha … verstehe ich schon wieder nicht. Diesmal liegt's nicht an den Vokabeln, sondern am Witz als solcher. Was soll's. Ich rufe Cari an, erzähle ihn und sie lacht: »Oh right! I guess I can't tell my parents that one …«
Brian hat nicht nur Blasen an den Füßen und muss heute ständig in Restaurants oder Hotels zum Pinkeln verschwinden, nein, er hat auch chronischen Husten. Den hatte er bereits als ich ihn kennengelernt habe und wer weiß wie lange davor schon. Sein chronischer Husten, der wirklich abartig klingt, meldet sich heute sehr lautstark zu Wort. Ich habe das Gefühl, dass er noch schlimmer geworden ist. In Portland konnte er damit bereits die ihn umgebenden Menschen erschrecken. Jetzt kotzt er sich schon fast die Lunge aus dem Rachen. Dass da noch kein Blut herauskommt, ist schon erstaunlich. Cari und ich hatten ihm bereits empfohlen, doch wenigstens Filter in seine selbst gerollten Zigaretten zu drehen oder am besten mal komplett mit dem Rauchen aufzuhören. Krebs habe er keinen, hat er mir nach einer seiner Attacken mal lächelnd erzählt. Das habe ein Arzt festgestellt. Wo sein Husten herkommt, konnte jedoch auch dieser nicht herleiten.
Wir sind noch immer in der Nähe des Columbus Tower, als Brian in eine Buchhandlung will. Na, warum auch nicht. Wir spazieren alle mal kurz durch den netten Laden und warten dann draußen auf den Mann aus Portland. Der kommt irgendwann mit einem äußerst krassen Nerd- und einem Notizbuch wieder heraus. Nun muss er wieder pinkeln. Werden wir denn niemals ankommen? Die 500 Meter zur Oz Lounge hält er nicht mehr aus, meint er. Also verschwindet er zum Pinkeln in einem Restaurant … und braucht Ewigkeiten. Irgendwann wollen wir nicht mehr auf ihn warten, gehen langsamen Schrittes weiter und hoffen, dass er uns von alleine wieder findet. Im Notfall hat er ja auch 50 frische Dollar auf seinem Smartphone.
Während Josh eine Kippe raucht, betreten Casey und ich einen Headshop: Ich möchte mir ein Stück Westküstenkifferkultur leisten. Wie Weinkenner beraten

wir, welche Pfeifen in die nähere Auswahl kommen. Formgebung, Farbe und Qualität des Glases werden genauestens unter die Lupe genommen. Wir bitten den etwas kritisch dreinblickende Verkäufer uns unsere drei Favoriten zur näheren Begutachtung vorzulegen. Eine der drei Pfeifen hat praktische Glasnoppen. Das gefällt uns. Speziell Casey ist hin und weg von der guten Griffigkeit des Glaswunders: alles, dank der Noppen. Das Teil wird eingetütet, als Casey auf einmal meint, dass ich ihm einen Namen geben müsse. Ich überlege kurz.
»A German name«, merkt Casey an, »I like … What's it again? *Ganzer*, I guess.«
»Ganzer? – Ah, Gunther!«
»That's it! Yeah, that's a great name.«
So soll es denn sein. Mein Pfeifchen soll von heute an »Green Gunther« heißen und treue Dienste leisten. Halleluja!
Brian hat uns wieder eingeholt. Wir entern den Tisch vor der Oz Lounge. Wegen Joshs Minderjährigkeit können wir uns nicht mit ihm hineinsetzen. Ich muss direkt feststellen, dass *bouncer* Matt heute erneut nicht da ist. Das ist schade. Heute dürfte schließlich mein letzter Abend in meiner Lieblingsbar sein. Auch Josh verbindet mit der Oz Lounge gute Erinnerungen. So schwärmt er mir vor, wie sehr er den Abend genossen hat, als wir alle bei Ford pennen durften. Er ist noch heute Ford sehr dankbar dafür und bezeichnet ihn als »caretaker«. Das freut mich. Zwar ist Matt heute nicht anwesend, dafür aber der Kellner, der an jenem Abend in der Oz Lounge gearbeitet hatte. Das ist ein lustiger Zufall, da ich ihn seit besagtem Abend, glaube ich, nur selten, wenn überhaupt noch einmal gesehen habe. Ich frage ihn, ob Joshs Dinner bereits fertig ist. Den Gag hatte Keegan ständig gebracht, als wir drei Tage vor Thanksgiving hier waren. Der junge Kellner überlegt sichtlich angestrengt und fragt: »What did he …?«, als es ihm plötzlich wieder einfällt: »Oh, yeah! I remember that! That's a long time ago …«
Oh, ja … Die Zeit vergeht einfach viel zu schnell.
Bevor ich nostalgisch werden kann, bekommt Brian einen weiteren extremen und äußerst schrägen Hustenanfall. Er ist gerade auf dem Weg in die Bar, als er zu husten beginnt. Er hält sich mit beiden Händen am Geländer für Gehbehinderte fest, das sich direkt hinter der Eingangstür befindet, und schleudert seinen Oberkörper nach vorne, während er sich die Seele aus dem Leib hustet. Das hat etwas von einem Besessenen. Sind Exorzisten anwesend? Würde ich Brian und seinen Husten nicht schon kennen … ich wäre fasziniert. Erstaunlicherweise beobachtet ihn aber nur ein einziger Tisch mit geöffneten Mündern. Alle anderen ignorieren ihn offensichtlich lieber.
Ich komme gerade von der Toilette, worüber sich Casey wegen seines immensen Blasendrucks sehr freut, und setze mich wieder neben Joshua an den Tisch, als dieser mich plötzlich völlig paranoid von der Seite anmacht: »Do you really think that I don't understand what's happening here?«
Genau genommen verstehe *ich* nicht, was gerade hier passiert, lasse ich ihn

27

wissen. Ich schaue mich um, um zu sehen, ob ich etwas nicht bemerkt habe.
»Yes, act a little bit«, raunzt er mich an.
»Josh, what's up? I don't understand.«
Er lässt mich wissen, dass er kein Depp ist und soeben sehr wohl bemerkt hat, dass erst Brian, dann ich und nun Casey innerhalb kürzester Zeit und direkt hintereinander aufs Klo verschwunden sind. Ach, daher weht der Wind. Josh denkt, dass wir uns irgendwelche Sachen reinpfeifen und ihn außen vor lassen. Herzlich willkommen, liebe Entzugserscheinungen.
»Are you on turkey, Josh?«
Ich möchte wissen, seit wann er kein Crystal mehr geraucht hat. Er will darüber nicht sprechen. Er wird sauer und fühlt sich verarscht. Ich versichere ihm, dass wir keine Drogen konsumieren und ihn auch nicht aus irgendetwas ausschließen wollen. Ich mache ihm deutlich, dass das alles ja auch überhaupt keinen Sinn ergibt. Ich erinnere ihn daran, dass er mir vor wenigen Minuten noch vom Abendessen vorgeschwärmt hat, das Brian ihm bezahlt hat. Ich labere auf ihn ein und seine Gegenargumente werden weniger und leiser. Auf mein Geheiß entfernen wir uns ein wenig vom Tisch, damit Brian und Casey von dem Schwachsinn nichts mitbekommen. Nach ein paar Minuten habe ich ihn endlich überzeugt. Er entspannt sich wieder und verspricht mir, mit dem Quatsch nicht erneut anzufangen und dass er mir glaubt. Bevor wir uns hinsetzen, geige ich ihm aber noch meine Meinung und lasse ihn wissen, dass mir schon den ganzen Abend über auffällt, dass er ganz schön paranoid und total abgekackt wirkt. Ich halte ihm eine respektvolle Standpauke, auf die so manche Eltern vor Neid erblassen würden. Er gibt noch zu, dass er gerade von Speed runterkommt und schon seit mehreren Tagen kein Meth mehr konsumiert hat. Ich hoffe, dass er sich merkt, wie scheiße er heute drauf ist und die Finger von solchen Drogen lässt – wenn es dafür nicht schon zu spät ist.
Ich muss mal wieder Bier wegbringen. Als ich vom Klo zurückkomme, erfahre ich, dass ich gerade einen Schwarzen verpasst habe, der einen Witz verkauft hat. *No way!* Das kann doch nicht sein! Ich bin hier mit Josh unterwegs, der mit dem Mann der Witze – dem fantastischen Mr. Fox – die Straßen unsicher gemacht hat … und verpasse diesen Moment? Damn!
Da der Türsteher ja heute frei hat und es keinen Ersatz für den lustigen Iren gibt, beschließen wir, uns trotz Joshuas zarten Alters reinzusetzen. Brian kramt sein frisch erworbenes Notizbuch hervor und teilt uns mit, dass dies sein Adressbuch werden soll. Ich bekomme zudem die Ehre, das Buch zu entjungfern und ihm einen Namen zu geben. Neben den Kontaktdetails muss man sich auch selbst malen. So lauten die Regeln. Ich habe vergessen, ob sie von Brian oder von mir stammen. Nachdem ich mich eingetragen habe, blättere ich zur Titelseite vor und benenne Brians Adressbuch »Das Buch der coolen Leute«. Rock und Roll.
Wir bringen Casey zu seinem Bus und suchen zu dritt nach einem Hostel.

Brian, der die letzte Bahn nach Hillsdale verpasst hat, baut mal wieder und urplötzlich tierisch ab und jammert wie ein Baby. Wir müssen uns mit dem Finden eines Hostels also beeilen. Im ersten Hostel ist kein Bett frei. Ich will gerade zum nächsten Hostel, das nur wenige Meter entfernt ist, als ich verwundert feststelle, dass Josh aus unerfindlichen Gründen zur nächsten Kreuzung gelaufen ist. Will er abhauen? Ich beobachte ihn. Er bleibt stehen, dreht sich wieder um und kommt zurück. Hm, seltsam. Während ich auf Joshua warte, ist Brian, der eben noch hinter mir stand, plötzlich spurlos verschwunden. Von was für einem Kindergarten bin ich denn hier umgeben? Ich versuche ihn anzurufen, doch er meldet sich nicht. Auf meine »Where are you?«-SMS kommt natürlich keine Antwort. Also vergessen wir ihn und suchen zu zweit weiter. Doch auch Josh dreht mal wieder am Rad und will auf einmal nicht mehr in einem Hostel übernachten. Das ist mir jetzt aber ehrlich gesagt vollkommen egal: Ich will jetzt in eine Herberge und nach Tagen mal wieder in einem Bett schlafen. Josh zeigt mir das Union Square Backpackers Hostel. Die Übernachtung im Mehrbettzimmer kostet nur 22 Dollar. Na, das ist ja mal geil. Das Hostel sieht sehr einfach aus. Nach den Erfahrungen im Adelaide benötige ich aber keine pseudocoolen Hostels mehr, bei denen man (für ein Doppelzimmer) das nahezu Fünffache zahlt und sich letzten Endes nur aufregt. Bei 22 Dollar im Stadtzentrum erwarte ich schon überhaupt nichts. Was soll da also schiefgehen? Josh meint zudem, dass die Zimmer und Betten sauber sind. Wenn er sich einmal ein Bett leisten kann, kommt er immer hierher. Das Hostel ist in der Derby Street, einer düsteren, kleinen Sackgasse, die zwischen der Geary und der Post Street von der Taylor Street abzweigt. Die Tür ist bereits mit einem massiven, schwarzen Eisengitter abgeriegelt. Ein Angestellter hört uns aber in der Gasse quatschen. Er öffnet ein Fenster in einem der oberen Stockwerke, steckt seinen Kopf raus und fragt uns, was wir wollen.

»A bed«, lasse ich ihn wissen und bekomme kurz darauf aufgeschlossen. Er teilt mir gut und gerne fünfmal mit, dass ich mein Geld nicht zurückbekomme und hochkant rausfliege, falls ich auf die Idee kommen sollte, Joshua mit ins Gemeinschaftszimmer schmuggeln zu wollen.

»I won't«, verspreche ich dem Mann.

Ich teile mir das Zimmer lediglich mit Cedric, einem Franzosen, den ich zuvor fälschlicherweise mit dem Rezeptionisten verwechselt habe. Er saß lediglich am Computer, um seine Mails zu checken, erklärt er mir. Ich stelle meinen Rucksack ab und ziehe wieder mit Josh los, weiter durch die Nacht. Gegen drei Uhr geht's dann ins Bett. Ich habe keine Ahnung, wo Josh schlafen wird. Ich soll mich morgen wieder melden, sagt er.

Dennis vs. Cedric – Der aussichtslose Kampf des Anti-Backpackers
Tag 55: Donnerstag, 3. Januar 2013

Der Morgen beginnt mit einer SMS von Brian: »U up?«
Brian, der Mann der kurzen Texte.
Ich gehe mit Cedric zum Frühstücken. Das ist in den 22 Dollar inbegriffen. Cedric reist seit eineinhalb Jahren. Er hatte auf einmal keine Lust mehr, auf was auch immer er in Frankreich gemacht hatte, hat sich einen kleinen, einen sehr kleinen Rucksack gepackt und ist losgezogen. Er ist erst gestern oder vorgestern in San Francisco angekommen und kennt die Stadt noch nicht. Ich frage den Franzosen, ob er für heute schon Pläne geschmiedet hat oder ob er mit mir abhängen und sich ein wenig die Stadt zeigen lassen möchte. Er will. Cool.
Bevor wir losziehen, versucht Cedric, der ebenfalls Couchsurfer ist, noch auf meinem Rechner eine Couch für die anstehende Nacht klarzumachen. Cedrics Rucksack ist so klein, dass dort höchstens ein Netbook reinpassen würde. Würde er ein Netbook mit sich herumschleppen, wäre aber wohl nur noch Platz für zwei Unterhosen. Ich frage mich wirklich, wie man mit so wenig Zeug so lange reisen kann. Außerdem hat er noch zwei Stangen Zigaretten aus Malaysia bei sich, die er gewinnbringend verkaufen möchte. Vielleicht hat er in seinem Kinderrucksack ja auch überhaupt keine Klamotten und trägt seit 18 Monaten dasselbe? Schräg.
Mein Tagesplan besteht aus Verabschiedungen: Ich werde heute aller Voraussicht nach meinen endgültig letzten Tag in San Francisco haben, werde Casey, Brian und – falls er auffindbar ist – Joshua verabschieden und um Viertel vor fünf in der Nacht mit dem Bus und danach mit dem Zug nach Stockton und letztlich zu meinem Zielort Merced aufbrechen. Yosemite, ich komme!
Cedric und ich verstauen unser Gepäck im *storage*, also dem Abstellraum des Hostels. Die Lagerung ist kostenfrei, dafür aber auch relativ diebesfreundlich, weswegen wir kurz überlegen, ob es wirklich die schlaueste Sache ist, die Rucksäcke dort abzustellen. Die Besenkammer befindet sich zwar direkt neben dem kleinen Rezeptionstresen, der allerdings so gut wie nie besetzt ist. Außerdem ist das Hostel so schmal und verwinkelt, dass kein Mensch mitbekommen würde, wenn jemand von draußen reinkäme, die fünf Meter zum Lager schleicht und das dort verstaute Gepäck klaut. Der Verantwortliche meint aber, dass es absolut sicher wäre und hier nichts wegkäme. Das wollen wir ihm mal glauben und hauen ohne Gepäck ab. Bis 22 Uhr müssen wir es wieder abholen.
Cedric und ich spazieren die Market Street entlang, als Brian sich wieder meldet: Er hat sich wegen der Blasen am Fuß und weil sein Wagen in Reparatur ist ein Auto gemietet und will uns aufgabeln. Feine Sache. Natürlich macht Brian es nicht unkompliziert, uns zu finden. Und das, obwohl ich ihm haargenau beschreiben kann, wie viele Meter wir hinter welcher Kreuzung auf ihn warten. Wir führen wie gestern ein aberwitziges Telefonat nach dem nächsten, bis er

endlich aufkreuzt. Wir sehen ihn, er uns aber offensichtlich nicht. Er stoppt den geliehenen Fiat direkt hinter, fast noch *auf* der Kreuzung direkt vor uns, packt sein Handy aus und ruft mich erneut an.
»Uhm, Brian. That's not the best spot for parking.«
»Oh, you see me?«
»Yes, we're like 150 feet in front of you … just like I told you.«
Brian fragt, was der Plan ist. Ich lasse ihn wissen, dass wir zum Ocean Beach müssen, um Casey aufzugabeln. Wird gemacht – aber *brianesk*: Wir fahren seltsame Wege. Brian behauptet jedoch, dass er ganz genau weiß, wo er entlanggurkt. Im Nachhinein muss ich ihm auch recht geben. Bis auf die eine oder andere Extrarunde um ein paar Häuserblocks findet er wirklich den nahezu optimalen Weg zum Ocean Beach.
Während der Fahrt frage ich ihn, wo er letzte Nacht auf einmal abgeblieben ist und wo er übernachtet hat. Die Schmerzen waren zu groß und er wollte nur noch schlafen. Die Hostelsuche hat ihm zu lange gedauert, weshalb er – vollkommen wortlos und ohne Ankündigung – einfach ins nächstbeste Hostel oder gar Hotel gegangen ist und sich ein Bett geschnappt hat. Er streichelt seinen Bart, hustet und rückt die Sonnenbrille zurecht, als wir äußerst unverhofft vor einem buddhistischen Tempel stehen, der offensichtlich in einer ehemaligen christlichen Kirche heimisch geworden ist. Ich kann es beim besten Willen nicht einschätzen, ob Brian den kleinen Zwischenstopp in der Eddy Street vorausgeplant hatte oder es purer Zufall ist, dass wir zwischen der Divisadero und Scott Street vor dem beeindruckenden Macang Monastery stehen. Eine eindeutige Antwort bekomme ich aus Brian nicht heraus: »I know this temple … I guess.«
Was soll das denn bitte bedeuten?
Ein freundlicher Priester empfängt uns am Eingang und führt uns kurz durch die große Halle. Danach schauen wir uns noch selbstständig ein wenig im hübschen Kloster um und hauen wieder ab.
Wir fahren die Fulton Street nach Westen. Die Fulton Street ist die Straße, die den Golden Gate Park im Norden begrenzt. Das Westende der Straße kreuzt den Great Highway. Als die Straße auf seinen letzten Metern bergab geht, bekommt man das Gefühl, direkt in den Ozean hineinfahren zu können.
Brian hat Hunger. Also setzen wir uns ins Beachside, wo kurz darauf Casey zu uns stößt. Gemeinsam geht's an den Strand. Brian wird plötzlich wieder unruhig. Aus unerfindlichen und nicht näher erklärten Gründen mag er diese Gegend nicht. Aha? Also, ich finde es super hier! Wie auch immer: Brian beschließt, samt Auto abzuhauen. Ich habe keine Ahnung, ob er im Laufe des Tages oder am Abend oder gar nicht mehr zurückkommt und ob dies nun unser Abschied war. Tja, so ist er nun mal.
Casey schlägt Cedric und mir vor, uns die seiner Meinung nach schönste Route durch den Golden Gate Park zu zeigen. Das klingt doch dufte. Cedric gehört eher zu jenen Menschen, die ihre Begeisterung entweder nicht zeigen können,

San Francisco

31

nicht zeigen wollen oder einfach nicht begeisterungsfähig sind. Obwohl er bislang noch herzlich wenig bis gar nichts von San Francisco gesehen hat, wirkt er unsagbar desinteressiert. Ein seltsamer Reisender ist das.
Wir spazieren zum South Lake. Enten schwimmen im kleinen See und Parkbänke säumen das Ufer. Weiter geht's in den Middle Drive West, der uns zu einem kleinen Stadion führt. Casey erzählt, dass wir uns nun in dem Bereich des Parks befinden, in dem alljährlich das kostenlose und nicht kommerzielle Hardly Strictly Bluegrass Festival stattfindet.

Hardly Strictly Bluegrass Festival (HSB)

Das HSB findet seit 2001 während des ersten Wochenendes im Oktober statt. Zunächst sollten ausschließlich Musiker auftreten, die sich dem Bluegrass verschrieben haben. Als man sich letztlich aber auch anderen Genres gegenüber öffnete, fügte man 2004 dem damals noch »Strictly Bluegrass« benannten Festival ein »Hardly« hinzu. Das HSB lockt mittlerweile eine solche Anzahl an Gästen an, die an die Einwohnerzahl San Franciscos heranreicht. 2011 wurden während der drei Festivaltage rund 750.000 Besucher gezählt. Initiator des HSB war der Risikokapitalist Warren Hellman, der 2011 im Alter von 77 Jahren verstarb. Hellman hat dem HSB so viel Geld hinterlassen, damit es noch weitere 15 Jahre nach seinem Tod ohne Sponsorengelder auskommen kann. Um den Philanthropen zu ehren, hat man die östlich an den Sportplatz angrenzende Speedway Meadow in Hellman Hollow umbenannt.

Als wir durch die bewaldete Lindley Meadow gehen, erspähen wir ein Tier, das wie ein Hund aussieht, aber recht offensichtlich keiner ist. Das Tier sieht eher wie ein kleiner Wolf aus, hat ein ungleichmäßig braunes, blondes und graues Fell. Unter der Schnauze und über der Brust trägt es weißes Fell.
»A coyote!«, flüstert Casey.
»Are you serious?«, frage ich ungläubig.
Cedric wirkt wie immer eher gleichgültig.
»Yes, they live here«, erklärt Casey. Das ist ja geil! Letzte Woche Waschbären, heute ein Kojote … San Francisco hört einfach nicht auf, mich zu faszinieren. Wir schleichen dem scheuen, wolfgleichen Tier hinterher. Der Kojote sucht den Schutz der Bäume und Sträucher. Wir nähern uns vorsichtig. Allerdings sind wir offensichtlich nicht leise oder geruchsneutral genug: Das hübsche Tier mit dem buschigen Schwanz wendet seinen Kopf und schaut uns an – nach wie vor recht entspannt, wie ich finde. Irgendwann dreht er sich sogar um und kommt wenige Meter auf uns zu, bevor er dann endgültig im Gestrüpp verschwindet.
Unser nächstes Ziel ist der Lloyd Lake, an dessen Ufer ein kleines römisch anmutendes Portal steht. Einen tieferen Sinn erkenne ich nicht, hübsch anzusehen ist es aber allemal. Eine gebückte, ältere Dame füttert die Enten und merk-

würdig hässliche Vögel mit braun-schwarzem Gefieder, weiß-schwarzem Kopf und einem feuerroten Schnabel, auf dem ein eher unästhetischer pickelartiger Knubbel vor den ebenfalls rot umrahmten Augen die Aufmerksamkeit auf sich zieht. Was sind das denn für Viecher? Wassertruthähne? Bei diesem Exemplar scheint es sich um die Moschusente zu handeln. Der Amerikaner nennt das von der Natur eher unvorteilhaft gestaltete Federvieh übrigens *Muscovy duck*.

Es geht weiter zum Stow Lake. Im See liegt eine Insel, ein Hügel, dessen Krone laut Casey der höchste Punkt im Golden Gate Park ist. Der Blick auf den Hügel im Wasser hat etwas Romantisches. Dadurch, dass die Insel komplett grün ist und auf dem rundlichen Hügel alle zehn Meter ein Baum steht, fühlt man sich ein wenig wie im Auenland. Es fehlt nur noch der Eingang zu einer Hobbithöhle und die Illusion ist perfekt. Der Hügel heißt auch noch Strawberry Hill. Wie soll man das noch toppen? Vielleicht mit einer märchenhaft mittelalterlichen Brücke? Check. Auf den Strawberry Hill gelangt man über die Stow Lake Bridge, eine steinerne Bogenbrücke mit einem zentralen Pfeiler und zwei Bogen. Die Brücke scheint aus großen Steinblöcken zu bestehen, die in unterschiedlicher Form und Größe aus der Brücke herausbrechen. Die Balustrade ist ebenso uneben und schroff.

Wir kommen an einem zu einem Holiday Tree geschmückten Nadelbaum vorbei, der ganz sicher nicht von offizieller Seite arrangiert wurde. Da hat wohl jemand auf drollige Weise seinen Weihnachtsschmuck der Allgemeinheit zur Verfügung gestellt. Hinter dem Baum geht es auf die Brücke, die aus der Nähe viel mächtiger wirkt als aus der Ferne. Die Felsen, die die Brücke links und rechts begrenzen, sind mannshoch. Ich bin mal wieder sehr angetan, Casey freut sich darüber und Cedric steht gelangweilt mit den Händen in den Hosentaschen auf der Brücke und wartet, bis wir uns »endlich« einem anderen Thema als der Schönheit des Ortes widmen.

»You wante to climbe upe se hill?«, fragt Cedric mit äußerst kritischem Gesichtsausdruck – seinem Standardgesichtsausdruck. Casey und ich schauen einander verwundert an: Natürlich wollen wir da hoch.

»But it ise dark.«

»Yes, we just missed the sunset.«

Wir zucken die Schulter und wundern uns noch immer.

»So, why do you wante to go?«

»To see the city?«

»It ise dark!«

»To see the city lights?«

Er rollt mit den Augen. Was hat der denn für ein Problem?

»Believe me«, versuche ich ihn zu überzeugen, »San Francisco looks awesome – day and night.«

Er knirscht mit den Zähnen und dackelt uns hinterher. Der Pfad zieht sich in immer enger werdenden Kreisen nach oben. Unserem entspannten Franzosen wird es offensichtlich irgendwann zu blöd und er fragt, bittet schon fast, ob wir nicht einfach querfeldein die Böschung hochklettern können, um den Weg abzukürzen. Okay, kein Problem. Kurz darauf haben wir den Aussichtspunkt erreicht. Casey und ich sind sofort begeistert, schauen uns jede Himmelsrichtung an und freuen uns darüber, wie wunderschön sich San Francisco wieder einmal präsentiert. Cedric bleibt kühl und sagt kein Wort. Trotzdem schaut er sich ausgiebig um. Da kann man ja auch nicht widerstehen: Im Norden schaut man auf den Presidio. Zwischen dem Presidio und dem Hügel auf der anderen Seite der Meerenge kann man die beiden roten Türme der Golden Gate Bridge bestaunen. Zu unseren Füßen liegt östlich von uns das dunkle M. H. de Young Memorial Museum und daneben das Gebäude der California Academy of Sciences, aus dessen bepflanzten Kuppeldach Licht ins Dunkel des Parks scheint. Im Nordosten sehen wir die hell erleuchtete und mächtig thronende St. Ignatius Church, die sich auf dem Campus der University of San Francisco befindet. Dahinter kann man die Transamerica Pyramid und die anderen Wolkenkratzer des Financial District ausmachen, während sich im Südwesten die flach angelegten, quadratischen Häuserblocks des Sunset District in die Ferne ziehen und nur vom Meer begrenzt werden. Gigantisch! Genau das lasse ich auch Cedric wissen, den aber offensichtlich all das noch immer nicht beeindruckt. Er grunzt nur kurz, woraufhin ich ihm mitteile, dass er, wenn er schon nicht die Aussicht genießen kann, doch wenigstens einmal Casey: »Danke«, sagen kann. Ein Dank dafür, dass er sich die Zeit nimmt, um uns seinen liebsten Spaziergang zu präsentieren. Das ist wohl das Mindeste.

Wir verlassen den magischen Ort wieder und lassen uns von Casey auf der anderen Seite des Hügels zurück zum Wasser führen. Dort erwartet uns ein chinesischer Pavillon. Da die Lichter der Academy of Sciences durch die Wipfel der Bäume scheinen und der Himmel sternenklar ist, bietet der Pavillon trotz der Dunkelheit einen fantastischen Blick auf das andere Ufer des von Menschenhand geschaffenen Sees. Die Lichter sind es, denen wir nun folgen. Wenige Minuten später stehen wir zwischen dem M. H. de Young Memorial Museum und der Academy of Sciences. Dass die Architektur des Museums großartig ist, muss ich weder Casey noch Cedric mitteilen. Der eine weiß es sowieso, der andere ist ein Depp.

Casey vermutet, dass die Rentiere neben der California Academy of Sciences noch da sein dürften. Rentiere? Die Tierwelt des Golden Gate Park wird immer spektakulärer. Wir werfen einen Blick in die Lobby der Academy, in der das Skelett eines T-Rex neben einem ausgestopften Eisbären steht. Links neben dem Gebäude befindet sich tatsächlich ein Gehege, in dem Rentiere auf dem Boden liegen. Verrückt.

Am Ende unseres Spaziergangs kommen wir noch am hübschen Conservatory of Flowers vorbei, dem 1878 errichteten und somit ältesten Gebäude des Parks.

Conservatory of Flowers

Das viktorianische Gebäude ist nicht nur ein riesiges Gewächshaus, sondern beherbergt auch einen botanischen Garten. Es wurde – mit Ausnahme des Fundaments – komplett aus Glas und Holz gefertigt und ist das größte hölzerne Gewächshaus der Vereinigten Staaten. An seiner höchsten Stelle, einer mittig platzierten Kuppel, misst das Conservatory 18 Meter. Die Flügel, die L-förmig links und rechts von der zentralen Kuppel abzweigen, sind 73 Meter lang. Das Gebäude wurde auf einer Anhöhe errichtet. Vor dem Zentrum führt eine Treppe hinab, die links und rechts von gepflegtem Grün gesäumt ist. Außerdem hat man den Schriftzug: »Go 49ers«, neben die Treppen gepflanzt.

Fünf Minuten später erreichen wir die Haight Street. Casey verabschiedet sich vorerst. Er muss noch was erledigen und stößt später wieder zu uns. Ich bedanke mich für die schöne Tour, während Cedric schweigend neben uns stehen bleibt und Casey ohne ein Wort des Dankes abziehen lässt. Also, spätestens jetzt mag ich den Typen überhaupt nicht mehr. Kaum ist Casey verschwunden, erreichen wir den Moment, in dem der Mann mit dem ewig mies gelaunten Gesichtsausdruck seine totale Hirnrissigkeit offenlegt: Der Froschfresser hat beim Frühstück mithilfe meines Notebooks erfolgreich nach einer Couch gesucht. Cedric hat die Adresse und die Telefonnummer vom Gastgeber, jedoch keine Ahnung, wann er bei ihm antanzen soll. Da Cedric kein Handy besitzt, will er, dass mein Handy zum Einsatz kommt. Kein Ding. Ich reiche ihm das Telefon. Er nimmt es aber nicht an. Verstehe ich nicht, lasse ich ihn direkt wissen. Ich soll beim Gastgeber anrufen, entgegnet der seltsame Franzose, der ein durchaus sehr gutes Englisch spricht. Aha. Na, dann. Ich klingel beim Couchsurfer durch und frage, im Namen meines Auftraggebers, bis wann dieser bei ihm aufkreuzen soll. Bis 21 Uhr, lässt mich sein Gastgeber wissen. Nun ist es 19 Uhr, weswegen ich Cedric wissen lasse, dass es ein weiter Weg bis zum Hostel ist und wir besser mal mit den öffentlichen Verkehrsmitteln fahren sollten, wenn er pünktlich aufschlagen möchte. Er schaut mich an, als hätte ich gerade etwas absolut Dämliches vom Stapel gelassen. Ich antworte mit einem Blick vollkommenen Unverständnisses.
»I don't want to spende money«, säuselt er. Das kann jetzt nicht sein Ernst sein.
»Do you want to sleep for free on a couch tonight or pay for another night in a hostel?«, kontere ich mit Logik.
»We will make it in time.«
»It's your couch ... or money«, resigniere ich. Ich habe mit dem Spaziergang auch überhaupt kein Problem. Schließlich bin ich ja auf Abschiedstour und genieße jeden Schritt durch San Francisco.
Ich schätze, dass wir über eine Stunde benötigen, bis wir im Hostel ankommen. Unser Gepäck wurde nicht angerührt und liegt tatsächlich ohne Verluste in der

Besenkammer neben der kleinen Rezeption. Cedric geht mir immer noch auf die Eier. Es wird sogar immer schlimmer und ich frage mich, weshalb ich so sagenhaft freundlich bin und ihn nicht einfach sich selbst überlasse und ihn in die Wüste schicke. Joshua textet mir. Großartig, das könnte meine Flucht sein. Ich frage ihn, wo er ist und ob wir uns treffen wollen. Es kommt keine Antwort mehr. Verdammt.

Mein blöder Zeitgenosse stresst. Er fürchtet, dass wir zu spät kommen werden und er somit seine kostenlose Übernachtungsmöglichkeit verliert. Ach, was. Ich teile ihm mit, dass wir garantiert zu spät kommen werden, und schlage nicht zum ersten Mal vor, dass wir uns für sage und schreibe zwei Dollar pro Nase Tickets kaufen und mit dem Bus fahren könnten. Nein, das geht nicht. Meinen Vorschlag, dass er ja auch einfach schwarzfahren könnte, lehnt er mit einem Blick ab, der einen wissen lässt, dass man gerade etwas vollkommen Unangebrachtes gesagt hat. Ich bin mir absolut sicher, dass er sich aber problemlos ein Ticket von mir kaufen lassen würde. Da hat er sich aber geschnitten: Arschlöcher supporte ich nicht. Mittlerweile amüsiere ich mich heimlich still und leise und fände es allemal gerecht, wenn der Knauser am Ende wieder im Hostel landen würde. Er heult erneut herum, dass wir zu spät kommen werden, woraufhin ich die Vermutung äußere, dass eine halbe Stunde schon kein Problem darstellen wird.

Wir laufen den Geary Boulevard in Richtung Westen. Mit dem Thema »Geld« habe ich unbeabsichtigt einen Redeschwall bei meinem nervtötenden Backpackerkollegen ausgelöst. Er redet *nur* noch von Geld – von Geld, das er nicht ausgeben möchte. Er ist stolz darauf, in zwei Monaten Indien nur 150 Euro ausgegeben zu haben. Er spart, wo es nur geht, trinkt und kifft nicht und bleibt auf seinen Reisen offenbar nie länger als drei Tage an einem Ort. Hä?!

Da sieht man einmal die radikalen Unterschiede zweier Backpacker. Wenn ich reise, möchte ich so viel wie möglich kennenlernen. Er möchte offensichtlich einfach nur so viel wie möglich hinter sich lassen, um dann wahrscheinlich damit angeben zu können, wo er schon alles war. Dass er die Orte und Menschen dabei ganz sicher nicht kennenlernt, juckt ihn augenscheinlich nicht die Bohne.

Ich habe Hunger. Also machen wir einen kurzen Einkaufsstopp bei Safeway. Den Stopp findet Cedric natürlich nicht gut. Ich kaufe deswegen umso langsamer ein, obwohl ich ganz genau weiß, dass ich wieder einmal Dave's Killer Bread und Hummus haben will. Das schmeckt, macht satt, ist gut für unterwegs und es ist so viel, dass man lange etwas davon hat. Wieder draußen setze ich mich auf eine Treppe und mache ein entspanntes Picknick. Dass sich Cedric nichts gekauft hat, muss ich wohl kaum erwähnen. Casey meldet sich auf meinem Handy und teilt mir mit, dass sich Cedrics Host bei ihm gemeldet hat. Wir hatten Caseys Telefon früher am Tag einmal benutzt, um mit Cedrics Gastgeber in Kontakt zu treten. Er lässt uns ausrichten, dass wir zu ihm kommen können, wann immer wir wollen. Rock und Roll, sollte man meinen. Da kann der Schneckenschlecker ja mal relaxen. Denkste: Ich schlage vor, dass wir nach dem Picknick kleine Umwege laufen und die Gegend ein bisschen erkunden, da der Geary Boulevard hier oben einfach nur eine doofe, große Straße ist. Cedric jammert daraufhin herum – weil er sein Gepäck loswerden will. Ich möchte an dieser Stelle noch einmal darauf hinweisen, dass sein Rucksack kleiner als jeder Schulranzen ist und ich der Typ mit dem schweren Gerät auf dem Rücken bin. So eine Flasche ist mir selten untergekommen.

Cedric wechselt das Thema: Veganismus. Kotz. Er will allen Ernstes, dass ich ihm erkläre, weshalb ich es als ethisch korrekter empfinde, keine Tiere für den Gaumenschmaus zu töten: »I woulde kille a man fore smoked salmon.« Wieso redet der Räucherlachsfresser nur so oft so eine Scheiße? Ich will mit dem Deppen nicht über Veganismus reden, er aber schon. Er bringt einen dümmlichen Spruch nach dem anderen und denkt dabei auch noch, dass er gewitzt und provokativ sei … dabei ist er nur peinlich und nervig. Nachdem er sich genug über sich selbst gefreut hat und mich als Freak darstellt, weil ich keine Leichen esse, fragt er mich zum wiederholten Male, was Hummus ist. Ein Weltenbummler, der Hummus nicht kennt? Das habe ich ihm schon beim ersten Mal nicht abgekauft und ihm auch keine Erklärung geliefert. Ich bezweifle, dass er einfach zu schnell durch die Länder gereist ist, in denen es Hummus gibt, sondern gehe vielmehr davon aus, dass er gratis etwas zu essen serviert bekommen möchte. Cedric hat über den Tag verteilt gut und gerne fünf Bananen verdrückt, ohne mir auch nur einen Bissen anzubieten – obwohl ich ihm den kompletten Tag organisiert habe und bis auf zwei Bagels zum Frühstück und diesem Brot heute noch nichts gegessen habe. Aus diesen Gründen habe ich dem Arsch auch nichts angeboten – was ich eigentlich aus purer Selbstverständlichkeit getan hätte. Als er mich schon wieder nach den Ingredienzen des Aufstrichs fragt, erkläre ich ihm, dass Hummus eine Paste aus zerdrückten Kichererbsen ist … und lasse ihn weiterhin zappeln. Er wirkt tatsächlich leicht nervös und schaukelt einige Sekunden hin und her, bis er schließlich fragt, ob er etwas von meinem Brot abhaben kann. Da ich zum Glück kein Cedric bin, darf er natürlich in die Tüte langen und sich ein paar Scheiben nehmen. Ich biete ihm auch freundlich Hummus an. Natürlich sagt er, wenn überhaupt, dann nur sehr kurz angebunden: »Thank you«, und danach nichts mehr. Kein Wort zum Hummus, den er ja angeblich noch nie gegessen hat. Scheiß Schnorrer.

Auf einmal möchte er wissen, wie ich es mir leisten kann, so zu reisen. Was heißt denn: »*so* zu reisen«, möchte ich wissen. Ich würde ständig Geld ausgeben, merkt er an. Ich habe mein Geld bislang nur für Fortbewegung, Kultur, Partys, Trinken und Essen – das ich auch teile – ausgegeben, entgegne ich. Und woher kommt das Geld? Arbeiten, Sparen und durch die Tatsache, dass ich meine Wohnung zwischenvermietet habe, erkläre ich.

»How muche do you charge fore your flate?«
»A bit more than I have to pay.«

»You charge more?«
»Of course. It's just a little bit more, but I don't know how much gas and electricity the person is using while I'm away. And she's using my stuff. So why not?«
»It's note fair! You are bade.«
Bitte, was? Jetzt will der Knauser mir alle Ernstes erzählen, dass ich ein Abzocker bin. Ich glaub's ja nicht! Ein halbes Jahr nach dieser Unterhaltung lese ich übrigens auf Cedrics Couchsurfing-Profil, dass er einem Kapitän, auf dessen Boot er übernachtet hat, 1000 Dollar gestohlen hat. So viel zu seinem Karma und der göttlichen Fähigkeit ganz ohne Geld auszukommen …
Ich schaue mir den Sack beim Verdrücken meiner Brotscheiben an und frage mich aufs Neue, warum ich versuche, diesem Spacken einen schönen Tag zu machen. Ich erinnere mich an unser Frühstück und daran, dass er meinte, noch nichts von San Francisco gesehen zu haben. Und schließlich verstehe ich endlich mein eigenes Handeln: Am heutigen Tage bin ich Ford. Ich wollte San Francisco durch die Augen eines neu Angekommenen sehen und ihm etwas Gutes tun. Ich wollte der coole Typ sein, den man zufällig trifft und der sich spontan die Zeit nimmt, einem voll Leidenschaft das zu zeigen, was er so lieb gewonnen hat. Ich wollte leuchtende Augen und ein breites Lächeln sehen und Erinnerungen prägen. Ich wollte den Spirit von Ford weitergeben und ihm somit auch ein kleines Denkmal setzen. Jeder Mensch, dem ich seit Ford begegnet bin, musste sich die Geschichte anhören, auf welche Art und Weise er mir San Francisco gezeigt hat. Sie alle mussten sich anhören, dass Ford einer der Menschen ist, denen man im Leben über den Weg laufen möchte, dass man sich ein Beispiel an ihm nehmen und mit gutem Willen, Respekt, Liebe, Freude und geöffneten Augen durch die Welt spazieren sollte. Ich habe tatsächlich von ihm gelernt! Wieso lief es dann aber heute nicht so wie erhofft? Bin ich gescheitert? Je mehr ich darüber nachdenke, desto stolzer bin ich, dass ich noch immer neben Cedric sitze und nicht aufgegeben habe. Er versteht diese Philosophie zwar garantiert nicht, aber vielleicht denkt er ja mit ein wenig Abstand über diesen Tag nach und hinterfragt die Erlebnisse von heute. Vielleicht hatte er ja sogar doch ein wenig Spaß – auch wenn ich es bezweifle. Bin ich also gescheitert? Nein. Cedric ist lediglich ein Arschloch.
Es ist bestimmt schon halb elf, als wir bei Cedrics Host in der Stanyan Street ankommen. Der Afroamerikaner ist ein lockerer und äußerst angenehmer Kerl. Ein Glück für ihn, dass er den Turbotouristen sicherlich morgen schon wieder los sein wird. *Mon copain fatigant* will sich bei couchsurfing.org die nächste Couch klarmachen. Aus unerfindlichen Gründen kann er sich aber über den Computer seines Gastgebers nicht einloggen und wird auf höchst nervige Weise nervös. Der Hausherr hat noch einen zweiten Rechner auf dem Tisch liegen, den ich nutzen darf, um meine Mails zu checken. Cedric will schauen, ob er sich auf dem zweiten Computer einloggen kann. Ich gebe ihm das Notebook, er probiert und scheitert erneut. Ich bin mittlerweile dabei, meine Mails am ersten

Rechner zu lesen, als Cedric mir auf einmal den Apparat von den Schenkeln ziehen möchte. Schließlich will er noch einmal auf dem ersten Rechner ausprobieren, ob es diesmal mit dem Einloggen klappt. Dass ich gerade am Schreiben bin, juckt ihn keinen Meter. Ich weise ihn darauf hin, dass das ja jetzt mal nicht sonderlich cool ist und er doch wohl die eine Minute warten kann, bis ich meine Mail fertig geschrieben habe. Das lässt ihn kurz innehalten, bevor er es erneut auf dem zweiten Computer versucht. Als es ihm wieder nicht gelingt, zieht er mir noch einmal den Rechner unter meinen tippenden Fingern weg und wiederholt das Schauspiel, bis ich keinen Bock mehr auf diesen Quatsch habe. Ich habe endgültig genug von Cedric und versuche ihn loszuwerden, indem ich ihn daran erinnere, dass er doch Pasta kochen wollte – ohne zuvor den Host gefragt zu haben, ob er die Küche nutzen darf. Aber das ist wohl selbstverständlich für einen Cedric. Da muss man seinen Gastgeber doch nicht um Erlaubnis bitten. Seinen Kochplan hatte er auf unserem Weg mehrfach geäußert und mir dabei neunmalklug erklärt, dass man so total preiswert reisen kann. Zum Mitessen werde ich natürlich nicht eingeladen. Unglücklicherweise geht mein Plan nicht auf. Cedrics Host muss noch arbeiten und der Franzose will nicht kochen, sondern sich mit mir wieder abseilen. Verdammt. Ohne sich bei seinem Gastgeber für die Beherbergung zu bedanken, geht es wieder in Richtung Haight Street, wo Casey jeden Moment aufkreuzen dürfte.

Am Golden Gate Park kontrollieren die Cops ein paar Leute. Wir biegen in die Haight Street ab, um dort auf Casey zu warten. Ich setze mich an der Ecke Haight und Shrader vor einem Parkplatzkassenhäuschen auf den Boden und stopfe mir ein Pfeifchen. Ein wenig Entspannung kann ich jetzt gut gebrauchen und Gras schnorrt Cedric glücklicherweise nicht. Dafür weigert er sich, sich hinzusetzen. Er will offensichtlich lieber zusehen, was die Cops 200 Meter die Straße runter so treiben. Mir kann's recht sein, da ich somit einen französischen Wachhund habe, der schön bellen wird, falls sich die Ordnungshüter in Richtung Haight Street aufmachen sollten. Ich sitze so entspannt, wie es mit einem Cedric vor der Nase geht auf dem Bordstein und genieße mein Pfeifchen, als plötzlich ein Polizeiwagen in Schrittgeschwindigkeit genau vor unserer Nase auftaucht. Ich konnte den Wagen im Sitzen unmöglich sehen und Cedric, dieser vollkommene Drecksack warnt mich nicht, sondern findet es total lustig und fängt doof zu lachen an, als ich erschreckt die Pfeife zu verbergen versuche. Die Streife fährt zum Glück weiter und ich bin jetzt stinksauer. Ich schimpfe, dass er, wenn er schon nicht in der Lage ist, zu entspannen, doch wenigstens so nett sein könnte, mich vor der Gefahr zu warnen.

»Why?«, fragt er. Er fragt tatsächlich: »Why?«

Was ist das denn bitteschön für ein – *excuse my language* – völlig bescheuerter Wichser? Ich schüttle nur mit dem Kopf und frage mich, womit ich das verdient habe. Zwei Minuten später – er steht noch immer nervtötend vor meiner Nase – kommen wieder Scheinwerfer eines Autos nah und näher. Als das Auto

höchstens noch fünf Meter entfernt sein kann, macht der Pisser auf einmal: »Cops.«
Ich kann natürlich nicht mehr rechtzeitig reagieren und zucke nur kurz, als das Auto vor mir auftaucht. Natürlich sind es keine Cops. Scheiß Witz, lasse ich ihn wissen. Versteht er nicht …
Casey lässt noch immer auf sich warten, als Brian unverhofft ein Lebenszeichen sendet und fragt, ob wir in der Nähe der Haight Street sind. Allerdings! Er sitzt in der Zam Zam Bar und wartet auf uns. Sehr gut. Ich habe ein nettes Gesicht und ein warmes Herz jetzt bitter nötig.
Die Zam Zam Bar ist in meinen Augen äußerst uncool. Sie will arabisch wirken, ist letztlich aber einfach nur ungemütlich. Casey taucht nicht allzu lange nach unserer Ankunft auch endlich auf. Wir stoßen an. Auf eine gute Zeit und auf dass wir uns irgendwann alle mal wiedersehen. Cedric müssen wir bei diesem feierlichen Moment gar nicht anlügen, da er nicht mit uns anstößt. Das kostet Geld und er kann ohne Alkohol und Drogen genauso viel Spaß haben, wie er sagt. Davon haben wir allerdings noch nichts mitbekommen. Der Saubermann fragt stattdessen, weshalb wir »Drogen konsumieren müssen«, um uns zu entspannen und locker zu werden. Wir fühlen uns wie in den 50ern, lachen und lassen den einzig Steifen in der Runde wissen, dass wir sehr wohl auch ohne Alkohol oder Gras Spaß haben – mit aber ab und an noch mehr. Wieso muss das eine das andere im Weltbild so vieler Menschen denn immer gleich ausschließen?
Er wechselt lieber schnell das Thema und erzählt uns, wo er schon alles war: Er ist vor drei Wochen auf dem nordamerikanischen Kontinent angekommen und hat es – man möge sich festhalten – schon von Montreal bis nach San Francisco geschafft. In drei Wochen! Als Backpacker ohne Rückflugticket und ohne Zeitlimit! Wir fragen ihn, ob er denn auch was von dem Kontinent gesehen hat, den er da »durchflogen« ist. Daraufhin erzählt er uns stolz, dass er an den Niagara Falls vorbeigekommen ist … sie sich aber nicht angesehen hat. Auch das kostet nämlich Geld. Als Nächstes macht sich der Weltenkenner arrogant über San Franciscos Nachtleben lustig: »I thoughted Paris ise dead at night, but San Francisco …«
Mir wird es nun zu bunt mit der freundlichen Akzeptanz eines jeden Schwachsinns, den der Kerl von sich gibt, und frage ihn deshalb direkt, worum es ihm denn beim Reisen überhaupt geht. Ganz offensichtlich findet er Städte langweilig, aber selbst bei Naturschauspielen wie den Niagara Falls fährt er vorbei, ohne auch nur einmal anhalten zu wollen. Er versteht die Frage nicht. Ich erkläre ihm, dass mein Antrieb daraus besteht, Menschen kennenzulernen, Städte zu erleben und Naturwunder zu sehen. Dass ich beispielsweise unbedingt noch zum Grand Canyon will, weil ich mir diese Landschaft einfach nicht vorstellen kann und es unbedingt mit meinen eigenen Augen vor mir sehen will, durchlaufen und anfassen möchte.

»Grande Canyon«, sagt er abschätzig, »just costs a lot ofe money. And I'm not interested.«
Der Typ ist doch ein einziger Witz.
»So, what is interesting for you? You've obviously been to so many places on this planet«, zumindest hat er den halben Tag über Länder und Orte aufgezählt, an denen er schon war, »but you always and only said how boring this was and how shitty that has been. Have you seen anything nice on this planet?«
»I tolde you thate I liked Angkor Wat!«, rechtfertigt er sich.
Wow! Die halbe Welt gesehen und auf die Frage: »Was war schön?«, kommt nur Angkor Wat? Was für ein Typ ... Irgendwann ist es endlich geschafft und er haut ab. Die Verabschiedung läuft so kühl wie nur möglich ab.
Doch nicht nur der Vollhorst ist weg, auch Brian ist mittlerweile mal wieder verschollen. Sogar sein Auto ist nicht mehr da. Den sehe ich wohl nicht mehr wieder, denke ich mir, als ich mit Casey zum Ocean Beach beziehungsweise zu ihm in die 48th Avenue laufe. Ich rechne wahrlich nicht mehr damit, aber mein Handy vibriert und eine SMS von Brian erscheint auf dem Display. Ich hatte ihm eine Stunde zuvor geschrieben: »Will you come back?«
Er kommt tatsächlich zurück.
»Really?«, wundere ich mich und texte ihm, wo wir sind. Casey und ich trinken Zucker mit Tee und Bier als Brian in der Straße aufkreuzt und an der Kreuzung auf uns wartet. Ich muss sowieso langsam mal los, damit ich meinen Bus um Viertel vor fünf nicht verpasse. Casey rührt mich noch einmal kurz, indem er mir ein Notizbuch schenkt. Er meint, dass ich genau der Richtige für ein Notizbuch bin, weil ich schließlich schreibe. Auf dem Umschlag ist ein Bär mit einem Regenschirm in den Tatzen abgebildet, der auf einem fliegenden Teppich durch die Wolken fliegt. Casey sagt, dass er das Büchlein einst wegen seines Nachnamens bekommen hat: Er heißt Bair.
Wir treffen Brian an der Kreuzung. Ich bereite mich darauf vor, gleich zwei sehr lieb gewonnene Menschen vielleicht für immer zu verabschieden, als Brian in seiner unnachahmlich trockenen und selbstverständlichen Art den Gag des Tages bringt: »I drive you to Yosemite.«
»WHAT!?«
»There you go!«, freut sich Casey.
»Yeah, I should visit my mom. Didn't see her for quite a long time«, erklärt Brian seine spontane Eingebung. Ich kann es noch immer nicht fassen und frage ihn, ob er weiß, wie weit Merced von San Francisco entfernt ist. Weiß er natürlich. Seine Mutter lebt schließlich in der Nähe.
»That's a road trip, dudes!« Casey findet den Moment offensichtlich genauso unglaublich und grandios wie ich.
»Join us!«, schlage ich vor. Das wäre die absolute Krönung.
»I'd love to, but I can't«, entschuldigt er sich, zaubert zwei Bierdosen hervor und stößt mit mir zum Abschied auf den spontanst möglichen Road Trip an, den

41

man sich vorstellen kann. Ich drücke ihn fest zur Verabschiedung und bedanke mich für die tolle Zeit, die ich bei und mit ihm verbringen durfte. Und dann geht's los! Road Trip, Baby!

Goldrausch
Tag 56: Freitag, 4. Januar 2013

Brian heizt ordentlich mit dem kleinen Fiat gen Yosemite National Park. Oder auch nicht: Ich wundere mich schon zu Beginn, warum er über die Golden Gate Bridge San Francisco verlassen will: »Shouldn't we go towards Oakland?«
»Let's go to some hot springs«, schlägt er aus heiterem Himmel vor.
»It's 4 a.m.«, merke ich an.
»They're open 24/7.«
Na, dann: Klar! Nichts wie hin da! Wo sind die heißen Quellen?
»Oregon.«
Ähm, im Norden? Mindestens fünf Stunden weit im Norden?
»Yepp«, bestätigt Brian den nun eher schrägen Vorschlag. Ich sollte gegen neun Uhr bei meinem Gastgeber Joey in Merced eintrudeln, lasse ich ihn wissen.
»Sure. You wanna go to Yosemite?«
»Yes …?«
»Okay.«
Er wird es noch zwei weitere Male versuchen, mich von einem Schlenker nach Oregon zu überzeugen. Oder will er auf einmal gar nicht mehr zu seiner Mutter? Brians Spezialität neben lungenzerreißendem Husten, plötzlichem Verschwinden und kurz angebundenen Sätzen ist auch das spontane Ändern eines zuvor besprochenen Planes.
Weiter geht's über die Richmond–San Rafael Bridge. Damit schlagen wir nun auch endgültig die richtige Richtung ein. Es geht fortan nach Osten. Ich schlafe kurz darauf sehr schnell ein und wache auf, als wir eine große Stadt passieren. Obwohl ich schlaftrunken bin, wundere ich mich über den Anblick der Großstadt. Ich habe mir auf Google Maps die Route angesehen und kann mich nicht daran erinnern, eine Stadt auf dem Weg ausgemacht zu haben.
»Where are we?«
»Sacramento.«
Jetzt wundere ich mich noch mehr. Wenn ich mich nicht vollkommen irre, liegt Sacramento gut und gerne 100 Kilometer nördlich von der optimalen Strecke nach Merced. Wir fahren einen riesigen Umweg. Ich schneide das Thema kurz an, möchte Brian aber nicht auf den Sack gehen und ihn als orientierungslos dastehen lassen. Schließlich macht er das alles primär für mich.
»I know the route. My mom lives there.«
Ich verstumme nach meiner kurzen Andeutung also wieder und lasse Brian

nicht weiter spüren, dass ich den richtigen Weg wohl besser gefunden hätte als er.
Ich wäre Brian gerne ein besserer Beifahrer, würde ihn gerne unterhalten und bei Laune halten. Außerdem möchte ich zusätzlich noch darauf achten, dass wir am Ende nicht in Nevada landen. Der gestrige Wandertag fordert jedoch offensichtlich seinen Tribut, weswegen ich kurz hinter Sacramento wieder einschlafe. Gegen halb sieben steuern wir eine Tankstelle an. Ich habe nicht den blassesten Schimmer, wo wir uns befinden. Am Horizont geht langsam die Sonne auf. Es dauert noch ein bisschen, meint Brian, während ich mir das Lachen verkneifen muss. Laut Google Maps fährt man etwas mehr als zwei Stunden von San Francisco nach Merced. Wir haben bereits drei Stunden hinter uns gebracht und sind dem Zielort offensichtlich noch nicht allzu nahe gekommen. Mich übermannt nach dem kurzen Stopp abermals die Müdigkeit.
Vor der nächsten Tankpause wache ich wieder auf. Halb neun – fünf Stunden. Mittlerweile ist das Ende unserer oder Brians Odyssee aber in Sicht: Wir betanken den Wagen in Livingston, einem Ort, der 25 Kilometer von Merced entfernt liegt. Hätte ich mich von Amtrak chauffieren lassen, wäre ich übrigens um neun Uhr in Merced angekommen. Brian ruft seine Mutter an. Sie lebt in Sonora, was noch einmal gute 100 Kilometer von Merced entfernt liegt.
»Hi mom. I'm close to Merced and … Yes. Okay. Well, enjoy. Bye.«
Das klang seltsam.
»What's up?«, frage ich Brian.
»She's leaving for some days.«
»So you won't visit her?«
»No.«
Er erzählt mir, dass das kein großes Problem für ihn ist. Seit dem Tod des Vaters ist das Verhältnis der beiden vollkommen abgekühlt und nahezu zum Erliegen gekommen.
»She doesn't like me«, merkt er in seiner typisch trockenen, nahezu analytischen Weise an, während er mit den Schultern zuckt und einen seiner Mundwinkel hochzieht. Brians Übernachtungsmöglichkeit hat sich also soeben zerschlagen. Ich trete daher mit Joey in Kontakt. Dieser dürfte mittlerweile wach sein. Wir benötigen außerdem noch seine Adresse. Ich schreibe Joey von Brians spontaner Hilfeleistung, der Entscheidung, mit mir zu reisen und frage ihn, ob er auch zwei Couchsurfer bei sich aufnehmen kann oder ob wir uns etwas anderes suchen sollen. Joey reagiert vollkommen entspannt und lädt auch Brian herzlich ein. Sehr schön. Unser Host lebt in Atwater, was noch vor Merced liegt. Wir haben also keine zehn Meilen mehr vor uns. Die Tankstelle liegt am Winton Parkway, Joey lebt in der Nähe vom Winton Way. Brian geht daher davon aus, dass wir einfach den Parkway entlangfahren sollten, bis wir den Way kreuzen. Ich bin da etwas anderer Meinung. Schließlich sind wir in Livingston und nicht in Atwater. Brian will es aber unbedingt wissen, weswegen wir in der Tanke

43

nachfragen. Ich habe recht. Brian will aus unerfindlichen Gründen aber nicht auf den Highway 99 zurück – was am einfachsten wäre –, sondern stellt unbeirrt erneut die Frage, ob wir nicht einfach den Winton Parkway bis nach Atwater fahren können.

»No«, wiederholt der Tankstellenangestellte. Wir fragen daraufhin, wo der Winton Parkway hinführt: »Uhm, I don't know. Into nowhere?«

Die Landschaft ist flach. Wäre es nicht so neblig, könnte man vermutlich sehr weit blicken. Außer Merced und den Käffern, die es umgeben, scheint es hier tatsächlich nicht viel zu geben. Dass Straßen ins Nirgendwo führen, kann ich mir also sehr gut vorstellen. Zum Glück lässt sich Brian dazu bewegen, wieder auf den Highway zurückzufahren. Wer weiß, wo wir bei Brians Orientierung sonst wieder gelandet wären.

Brian beginnt zu überlegen, ob er nicht besser direkt nach Los Angeles oder Santa Fe weiterfahren sollte. In Santa Fe hat er vom Vater ein Lagerhaus geerbt, das er sich noch nicht angesehen hat. Ich schlage ihm vor, erst einmal eine Pause zu machen. Schließlich hat er schon ziemlich lange kein Auge mehr zugemacht. Nach knapp sechs Stunden ist unser Zwei-Stunden-Trip beendet. Ich würde wirklich zu gerne wissen, wo wir alles waren. Da Brian im Schnitt nahezu 80 Meilen in der Stunde drauf hatte, müssen wir ganz gut herumgekommen sein. Wir klingeln zunächst am falschen Haus. Keiner macht auf. Vermutlich auch besser so. Als wir das richtige Haus eine Kreuzung weiter finden, entdeckt Brian eine Immobilie, die zum Verkauf angeboten wird. Er steuert direkt darauf los, während ich bei Joey klingele. Als dieser mir öffnet, habe ich Brian aus den Augen verloren. Joey ist ein ganz schön hübscher und stylisher Typ. Auch an seiner Einrichtung kann man sehen, dass der Halbmexikaner ein Mensch ist, der viel Wert auf die Dinge legt, die sein Auge erfreuen. Mir ist es zwar teilweise ein bisschen zu kitschig, dafür finde ich es aber umso besser, dass man seine »Marke« deutlich zu spüren bekommt.

»Where is Brian?«, fragt mich der 40-Jährige.

»He's buying the house on the opposite side of the street.«

Er lacht. Brian rennt mittlerweile tatsächlich mit seinem Handy am Ohr um das Nachbarhaus und verabredet lautstark einen Besichtigungstermin, bevor er zu uns stößt und sich bei Joey für die überfallartige Couchanfrage entschuldigt. Joey lächelt mit seinen strahlend weißen Beißerchen und heißt auch Brian herzlich willkommen.

Joey ist Lehrer, ein äußerst professionell agierender Hobbyfotograf und Drehbuchautor. Das ist doch mal eine Mischung. Im Flur seines Hauses, das er alleine bewohnt, hängen einige seiner Bilder. Er scheint auf fantastische und Märchenmotive zu stehen und hat so manch bekannte Szene vor seiner Kamera nachstellen lassen. Die Szene mit dem verrückten Hutmacher aus »Alice im Wunderland« gefällt mir am besten.

Wir setzen uns auf die schwarzen Ledersofas. Brian beginnt zu frieren. Er ist maßlos übermüdet und trägt nur ein kurzärmeliges Hemd und eine Cordhose. Andere Klamotten hat er auch gar nicht dabei. Kein Wunder, die Idee nach Atwater zu fahren kam ihm vermutlich erst, als er mich eigentlich verabschieden wollte. Der Kamin wird angeworfen und Kaffee gekocht, während Brian sich eine Decke schnappt und sich langlegt. Wir unterhalten uns gut. Brian hört anfangs noch zu und wirft zwischendurch auch einmal einen Satz ein, bevor er in seinen wohl verdienten Tiefschlaf verfällt.

Im Garten hinter dem Haus lebt Joeys Husky. Sasha heißt das hübsche weißgraue Tier mit den eiskalten blauen-weißen Augen. Joey schlägt einen entspannten Hike mit dem Hund vor. Da bin ich dabei. Brian hat vorher schon wegen seiner Blasen kein Interesse bekundet. Wir lassen ihn schlafen und fahren mit dem Auto nach Knights Ferry.

Knights Ferry liegt knapp 80 Kilometer nordöstlich von Atwater, in den Ausläufern der Sierra Nevada. Dass der kleine Ausflug so weit von Joeys Haus entfernt liegt, bemerke ich erst, als wir fahren und fahren und fahren … Da man sich mit Joey aber gut unterhalten kann, die Strecke abseits großer Highways und die Landschaft schön und grün ist, vergeht die Stunde sehr schnell und angenehm. Knights Ferry war einer von vielen Drehorten der Fernsehserien »Bonanza« und »Unsere kleine Farm«. Yeah.

Der Nebel des frühen Morgens hat sich längst verzogen. Die Sonne strahlt und es ist recht warm – perfektes Wanderwetter. Wir stellen den Wagen ab und spazieren in die Natur. Viel Zivilisation gibt es hier sowieso nicht. Als Erstes kommen wir an der Ruine einer Mühle vorbei.

Tulloch's Mill

Die Mauern der Tulloch's Mill stehen noch, das Dach existiert jedoch nicht mehr. Ein schweres, rostbraunes Teil einer Maschine liegt noch im Inneren der Mühle. Nachdem 1862 eine Flut die Mühle vernichtete, wurde sie wieder aufgebaut. Betreten kann man die Mühle jedoch nicht.

Hinter der Mühle erstreckt sich die mit 100 Metern längste überdachte Brücke westlich des Mississippi.

Knights Ferry Covered Bridge

Die Knights Ferry Covered Bridge wurde 1864 erbaut. Sie ersetzte die zwei Jahre zuvor von der Flut weggespülte Brücke, der auch die Tulloch's Mill zum Opfer fiel. Seit 1981 ist die aus Holz gefertigte, ehemalige Zollbrücke für den Verkehr geschlossen und ist heute eine reine Fußgängerbrücke.

Die Brücke führt über einen kleinen Fluss, der sich durch eine gewundene

Schlucht zieht. Wir folgen einem der Pfade. Es ist schön hier, so ruhig. Außer uns spazieren nur wenige andere Menschen durch die hügelige Gegend. Braune Felsen sind von Büschen, leuchtend grünem oder ausgedörrt braunem Gras umgeben. Zwischen die belaubten Bäume mischen sich auch immer wieder tote Bäume, deren fast schon versteinert aussehenden Äste teilweise von anderen Pflanzen eingenommen wurden. Es ist schon merkwürdig: Nicht allzu weit westlich von hier sind Brian und ich heute Morgen noch durch eine vollkommen flache Landschaft gefahren. Nun bin ich von Hügeln umringt in einem kleinen Canyon und morgen werde ich laut Joey im Yosemite National Park auf schneebedeckte Berge treffen.
Joey zeigt mir seinen Lieblingsbaum. Der Baum ist spektakulär auf der Spitze eines fast schon pyramidenförmig anmutenden Felsens gewachsen. Seine Wurzeln umklammern den Stein und schlängeln sich freiliegend bis zum Boden hinab, bevor sie in ebendiesem verschwinden. Wir klettern hinter dem Felsen näher zum Fluss hinab. Der Husky genießt den Ausflug sichtlich und Joey sieht man in jeder Sekunde an, wie sehr er seinen Hund liebt. Wir machen es uns auf einer kleinen Grasfläche bequem. Wenige Hundert Meter hinter meinem Rücken erstreckt sich die Brücke über den Fluss. Vor mir macht der Fluss eine Biegung. Das vollkommen ruhige Wasser ist bestimmt schweinekalt. Joey und ich bleiben recht lange sitzen, unterhalten uns und streicheln Sasha. Joey ist einer dieser extrem begeisterten Couchsurfer. Er lädt sich so oft wie möglich Gäste nach Hause ein.
Beim Zurückklettern müssen wir Sasha erst davon überzeugen, dass er die Wand auch wieder hochkommt. Joey klettert voraus und zeigt ihm, dass es für einen Hund nur ein Katzensprung ist, höhö. Amüsanterweise erhält Sasha seine Befehle übrigens auf Deutsch. Ich frage Joey, der zwar fließend Spanisch, aber eigentlich kein Wort Deutsch spricht, wie um alles in der Welt es dazu kommt. Liegt es an der Historie oder am zackigen Ton? Weder noch, lacht er. Die Hundetrainerin ist deutschen Ursprungs und meinte, dass Deutsch die optimale Sprache für Hundebefehle ist. Da steckt doch mehr dahinter, denke ich mir, während Joey und Sasha neben mir den Stechschritt üben …
Wenig später treffen wir auf zwei Mütter und deren Söhne. Wegen Sasha kommen Joey und die Mütter ins Gespräch. Ich interessiere mich vielmehr für das, was die Jungs machen: Sie suchen nach Gold! Gerade als ich mich ihnen nähere, werden sie fündig. Wie jetzt? Die Kinder sind ganz aufgebracht vor Glück. Der mexikanisch aussehende kleine Mann reckt stolz seine Hand in die Höhe. Ich schaue Joey irritiert an. Er hatte mir vorher schon erzählt, dass in dieser Gegend früher Gold abgebaut wurde. Ich klettere zu den Kids hinab und sehe tatsächlich einen kleinen goldenen Schnipsel auf dem Finger des Jungen.
»Gold!«, rufe ich und beginne ebenfalls mit der Suche. Heute werde ich reich! Ich habe in den beiden Kindern jedoch zwei Kollegen vor meiner Nase sitzen, deren Gier geweckt wurde. Das kleine, mit Wasser gefüllte Loch, in dem sie

buddeln, ist so klein, dass nur eine Hand hineinpasst.
»You already found gold«, meckert der andere Junge. Nicht ganz zu unrecht, wie ich meine. Neben der harten menschlichen Konkurrenz scheint auch ein Tier im Loch zu graben. Wir bekommen das eigentlich außer Konkurrenz arbeitende Geschöpf zwar nie zu sehen, können aber eine Bewegung im Wasser ausmachen, die eindeutig auf ein gieriges Wassertierchen hindeutet.
»What are you going to do when you find gold?«, frage ich. Will ich Frieden stiften oder versuche ich herauszufinden, wie weit die Goldsucher für ein Leben in Saus und Braus gehen werden?
»Who's getting the gold?«, füge ich gekonnt subtil, aber dennoch höchst provokativ an.
»Well, I'm gonna sell it … or keep it for my collection«, lautet die Antwort des amerikanischen Bubis mit der weißen Schirmmütze.
»Aha … for *your* collection?«, hake ich nach. Der kleine Mexikaner hält sich noch gefährlich schweigend aus dem sich anbahnenden Konflikt heraus. Auch der Junge mit der Basecap geht nicht weiter auf meine Frage ein. Ich kann seine Augen nicht sehen und empfinde ein ungutes Gefühl in der Magengegend.
»Do you see the fish?«, wird das Thema gekonnt gewechselt. Die Jungs wissen, worum es hier geht. Ich kann den Zusammenhalt der beiden Haudegen noch nicht einschätzen. Ich muss für alles gewappnet sein, fürchte ich. Plötzlich kommt Unruhe auf. Anscheinend haben wir wieder Gold gefunden. Es klebt an den Händen des mexikanisch aussehenden Dreikäsehochs. Ich versuche einen Blick auf den Fund zu werfen. Durch hektische Bewegungen der Hand und unerwartetem, fast schon einschüchterndem Aufstehen des Bengels gelingt es mir jedoch nicht, festzustellen, ob man mich hier zum Narren halten will oder ob die Ader tatsächlich noch so viel hergibt.
»No, I don't think it's gold«, äußere ich Zweifel, die ich eigentlich gar nicht habe.
»Look, it's shiny«, sagt der Goldsucher mit der Kappe. Zwei Sekunden später tun die Jungs so, als hätte ich recht und spielen mir ein aberwitziges Desinteresse am Fund vor. Der Dunkelhaarige schaut sich zwar noch ein wenig seine mit Dreck bedeckte Hand an, das Gesprächsthema wird aber erneut auf den Fisch gelenkt. Die wollen mich übers Ohr hauen. Da bin ich mir nun sicher. Ich versuche es mit einer neuen Taktik. Neben mir finde ich etwas Alufolie, die ein rauchender Umweltsünder einer Zigarettenpackung entnommen und in die Natur geworfen haben muss: »Look, I found silver!«, präsentiere ich meinen Fund.
»Is that silver?«
»Maybe …«, stottere ich. Was habe ich mir nur dabei gedacht? Wenn sie den Betrugsversuch als solchen entlarven, verspiele ich am Ende noch meine letzte Chance, an der Goldader ohne Blutvergießen beteiligt zu werden. Ich muss die Situation retten: »Maybe it is just … trash, huh?«

Der Junge mit der Mütze, den ich der Einfachheit halber »Pokerface« nenne, reißt mir die Folie aus der Hand: »Oh yeah, it's just trash.«
Keine Sekunde später liegt das Verpackungsstück wieder im Dreck. Unterschätzt zu werden ist besser, denn als Betrüger enttarnt zu werden, denke ich mir und überlege diesmal sorgfältiger meinen nächsten Schritt.
»Is it kinda hard to find gold?«, schaut mich »El Niño« mit seinen Bambi-Augen fragend an. Ist das ein Test?
»I think so«, antworte ich – meiner Überzeugung entsprechend – und füge desillusionierend an, dass ich davon ausgehe, dass man vor langer, langer Zeit bereits alles Gold gefunden und mitgenommen hat. »El Niño« will das so offenbar nicht stehen lassen und fängt an, von irgendeinem Teich zu erzählen. Ein Ablenkungsmanöver? »Pokerface« unterbricht den lahmen Vortrag glücklicherweise: Es gibt einen neuen Fund! Das Glänzen des Goldes vernebelt meine Sinne. »El Niño« erzählt weiter. Irgendetwas von seinem Vater, einem selbst gebauten Teich und einer Schaukel. Rührseliges Geschwätz.
»Hm«, reagiere ich mit gekonnt aufgesetztem Interesse. Ich habe keine Ahnung, ob er mir eine Frage gestellt hat oder worum es überhaupt ging. Seinen Augen entnehme ich, dass er mich durchschaut hat.
»Mom, I found gold!« Der kleine Yankee setzt sich in Bewegung.
»Cool!«, hallt es von weiter oben zu uns hinab. »It might be fool's gold, but it's good enough.«
Der Hosenscheißer haut mit der Beute ab. Deswegen also die Geschichte vom Vater, dem Teich und der Schaukel: Man hat mich reingelegt! »Pokerface« rennt mit der Beute zu den Erwachsenen, während ich mit »El Niño« vor der Mine sitze.
»Fool's gold?«, frage ich mich indes.
»That's gold. That *is* gold«, beschwört »El Niño«, während er erneut seine Hände inspiziert.
»Oh yeah, that's gold«, bestätige ich und zeige auf die glänzende Stelle auf seinem Ringfinger.
Kurz darauf kommt »Pokerface« wieder. Er hat sich anscheinend von seiner Mutter einreden lassen, dass er tatsächlich nur Katzengold gefunden hat – oder »Narrengold«, wie man es in Amerika unromantisch auf den Punkt bringt.
»Why did the people put fool's gold here?«, meckert »Pokerface«, während er sich desillusioniert wieder zu uns setzt.
»I also don't understand that«, gebe ich ehrlich zu. Wer macht denn so etwas? Die Mütter müssen nun einen auf erwachsen machen und entführen mir meine lieb gewonnenen Prospektoren.
Bevor wir unsere kleine und einfache Wanderung beenden, klettern Joey, Sasha und ich noch einen anderen, etwas steileren Weg entlang und spazieren einen höher gelegenen Pfad wieder zurück zu unserem Ausgangspunkt. Schön war's.
Wir kontaktieren Brian. Der hat sich mittlerweile ausgeschlafen und ist genau-

so hungrig wie wir. Wir verabreden uns mit ihm beim Mexikaner in Turlock, einem Ort, der circa 25 Kilometer nördlich von Atwater gelegen ist. Nachdem er uns endlich gefunden hat, gibt es ein Sandwich, Sweet Potato Fries und Tacos mit zwei Salsas. Lecker. Danach ziehen wir wenige Häuser weiter in die Bar der Dust Bowl Brewing Company. Ich bestelle mir für sieben Dollar fünf Probiergläser, die zusammen einen guten Liter ergeben dürften. Aus einer Liste kann man sich seine fünf verschiedenen Biere zusammenstellen. Der Geschmack der Biere wird auf der Karte erklärt. Das sieht man des Öfteren in Amerika, was ich durchaus spaßig finde: »Although an ale style, this beer is fermented relatively cold for a clean malt character: 7,6 %.« Oder: »Dark ale brewed with piloncillo sugar for a malty, slightly spicy character: 9,6 %«
Ich entscheide mich für das India Pale Ale (IPA), das Schweet, das Double IPA, das Belgian Dark und das Scotch Ale. Joey trinkt Wasser aus einem Einmachglas, während Brian, der sich von Joey Klamotten leihen durfte, ebenfalls Bier trinkt. Die Mikrobrauerei ist recht cool, die Biere aber wieder einmal größtenteils ... Geschmackssache.
Da Joey bereits ankündigte, dass mich morgen im Nationalpark Schnee erwarten wird, ich aber nur immer löchriger werdende Turnschuhe und Flip Flops aus Deutschland mitgebracht habe, versorgt mich unser sympathischer Gastgeber mit Gummistiefeln. Die haben zwar kein Profil, dafür halten sie warm und trocken. Was will ich denn mehr? Joey gibt mir auch noch einen Schlüssel für sein Haus, den ich Brian geben soll, falls er morgen ins Haus möchte. Brian wird aufgrund seiner Blasen und wegen nicht wirklich vorhandenem Interesse morgen nicht mit mir in den Nationalpark fahren. Sein Tagesplan besteht aus Hausbesichtigungen und dem Aufsuchen von diversen Maklern.
Es ist zwar noch recht früh am Tag, aber Brian und ich sind doch ziemlich geschafft. Das spielt Joey gut in die Karten, da er seine Mutter besuchen möchte. Er kündigt an, nur 30 Minuten wegbleiben zu wollen. Wir können gerne den Fernseher einschalten und einen Film gucken. Er hat »Looper«. Fett, der lief doch gerade noch im Kino. Wir schlafen beide auf dem Sofa ein und wachen gute zwei Stunden später wieder auf. Joey ist noch immer unterwegs. Das ist aber eine lange halbe Stunde. Als wir uns gerade bettfertig machen – jeder hat sein eigenes Zimmer und Bett –, kommt der Herr des Hauses zurück. Er ist vollkommen aufgelöst und teilt uns mit, dass ihn seine Schwester gerade angerufen hat. Kurz nachdem er seine Mutter verlassen hat, ist diese auf einmal erblindet. Ach du Scheiße! Natürlich muss er sofort wieder weg. Später schreibt er mir, dass er über Nacht bei seiner Mutter bleibt. So endet ein lustiger und schöner Tag ganz schön doof. Hoffentlich ist es nichts Schlimmes und Joeys Mutter erholt sich wieder ...

Yosemite – Als ich dem Tod ins wunderschöne Auge blickte
Tag 57: Samstag, 5. Januar 2013

Der Wecker klingelt um zehn nach vier. Dass ich so früh aufstehe, hat mehrere Gründe: Atwater ist noch ganze 140 Kilometer vom Yosemite Valley entfernt. Ich möchte so lange wie möglich wandern. Da die Sonne aber gegen 17 Uhr schon wieder untergeht und ich nicht damit rechne, mir einen zweiten Wandertag zu gönnen, möchte ich mit den ersten Sonnenstrahlen mit dem Hiken beginnen.

Brian, der Schatz, hat sich bereit erklärt, mich bis nach Mariposa zu fahren. Das ist gut die Hälfte der Strecke. Um Viertel nach sechs fährt mich dann von Mariposa aus ein Shuttlebus ins Valley. Da heute Samstag ist, fährt der nächste Bus erst wieder um Viertel vor zwölf. Wir dürfen diesen Bus daher auf keinen Fall verpassen.

> **Die Eintrittspreise für den Yosemite National Park (2013)**
>
> Ein Ticket für die Hin- und Rückfahrt mit dem YARTS (Yosemite Area Regional Transportation System) kostet zwölf Dollar, kann direkt beim Fahrer gekauft werden und beinhaltet die *gate fees*, also den Eintrittspreis in den Nationalpark. Will man mit dem eigenen Wagen in den Nationalpark fahren, muss man 20 Dollar pro Auto zahlen und erhält eine Woche Zutritt zum Gebiet. Sollte man zu Fuß, mit dem Motor- oder Fahrrad, einem nicht kommerziellen Bus oder auf einem Pferd ankommen – ja, auch dieses Transportmittel steht in den Statuten –, zahlt man zehn Dollar pro Nase.

Ein weiterer Grund für mein frühes Aufstehen ist mein fundiertes Wissen über Brians Schlafgewohnheiten. Vier Uhr morgens bedeutet, dass er gut und gerne zehn bis zwölf Stunden früher aufsteht als gewohnt. Ich muss mich also auf einen harten frühmorgendlichen Kampf gegen den Sandmann einstellen. Erstaunlicherweise geht es dann aber doch relativ zügig. Ich hüpfe in Joeys Gummistiefel und packe mich auch sonst gut ein. Wer weiß, wie kalt das heute wird ...

Gegen sechs Uhr erreichen wir Mariposa. Der Highway ist die Hauptverkehrsstraße des kleinen Ortes, der nur knapp 2000 Einwohner, dafür aber eine Subway-Filiale hat. Amerika. Die Bushaltestelle ist direkt vor dem Subway an der Ecke Highway 140 und 7th Street. Für einen Kaffee sind wir offensichtlich noch zu früh dran. Wir befinden uns zwar – so scheint es – auf dem Dorfplatz, aber alle Geschäfte sind noch geschlossen. Lediglich bei Subway ist schon jemand am Werken. Kaffee will sie uns aber keinen machen. Es ist bitterkalt. In Verbindung mit meiner Müdigkeit ist meine Vorfreude auf den Yosemite National Park schon fast etwas getrübt. Ich kann mit Kälte einfach nichts anfangen. Hoffentlich wird das noch. Naja, es ist ja auch noch stockdunkel. Wir warten im Auto auf den Bus. Außer mir kann ich keinen anderen Fahrgast entdecken. Daher schaue ich gebannt die Straße hinunter, um den Bus nicht zu verpassen. Es wäre zu ärgerlich, wenn er einfach weiterfahren würde, weil keiner an der Haltestelle steht. Als der Bus anrollt, bedanke ich mich bei Brian und verabschiede mich bis heute Abend von ihm. Mal sehen, ob sich mein freakiger Freund bis dahin ein Haus gekauft hat.

Der Bus benötigt knapp zwei Stunden bis ins Yosemite Valley. Ich verschlafe fast die komplette Fahrt, was aber nicht weiter tragisch ist, da draußen noch immer alles schwarz ist. Erst als wir den Nationalpark bereits erreicht haben, geht die Sonne auf. Optimales Timing also.

Als ich den Bus verlasse, fällt mir auf, dass nur noch ein paar wenige andere Fahrgäste irgendwann irgendwo zugestiegen sind. Auch hier im Valley wirkt alles sehr ruhig. Das kann mir nur recht sein, ich will schließlich möglichst unberührte Natur und keinen Wandertourismus erleben. Es mag zwar auch an der Uhrzeit liegen, macht auf mich aber eher den Eindruck, dass kein Mensch auf die Idee kommt, im Winter wandern zu gehen. Joey hatte überdies recht: Ich bin im verschneiten Winter gelandet. Bis auf die Baumwipfel und die bis zu 1200 Meter senkrecht in die Höhe ragenden Felswände, die mich in allen Himmelsrichtungen umgeben, ist im Valley alles weiß. Ja, es ist ein Tal. Egal in welche Richtung ich blicke, sehe ich Felswände. Die Macht der Berge kann im Tal schon eher bedrückend wirken. Das Yosemite Valley selbst liegt übrigens ganze 1200 Meter über dem Meeresspiegel.

Die Landschaft sieht schon reichlich genial aus und ich kann es kaum erwarten, das Tal von einem höher gelegenen Punkt zu überblicken. Trotz der immer noch eisigen Temperaturen kommt meine Vorfreude bei diesem Anblick schnell wieder zurück.

Yosemite Valley

Das Yosemite Valley ist zwölf Kilometer lang und bis zu 1600 Meter, also eine Meile tief. Das Tal ist dicht bewaldet. Die vorherrschenden Bäume sind Nadelbäume, die Berge sind aus Granit. Das Yosemite Valley macht zwar nur ein Prozent der Gesamtgröße des Parks aus, ist aber *der* Sammelpunkt für die Touristen. Nicht nur, dass man vom Valley aus die meisten Wanderwege erreicht, hier gibt es auch die größte Ansammlung an Unterkünften. Von Hotels bis Campingplätzen ist alles vorhanden.

Ich gehe zunächst in die Yosemite Lodge, um mir ein paar nützliche Tipps und Informationen einzuholen. Joey hat mir drei Pfade empfohlen: Der Bridalveil Fall Trail ist ein zwei Kilometer langer Rundweg, dessen Höhepunkt der gleichnamige, 188 Meter hohe Wasserfall darstellt. Joeys zweite Empfehlung ist auch gleichzeitig sein liebster Pfad: Der Mist Trail ist ebenfalls ein Rundweg, der nach knapp fünf Kilometern zum Vernal Fall und nach elf Kilometern zum Nevada Fall führt. Joeys dritter Vorschlag ist der Yosemite Falls Trail, auf dem man ebenfalls zwei Wasserfällen begegnet, dem Upper und dem Lower Yosemite Fall. Diese Empfehlungen will ich nun mit einem Ranger abstimmen – oder mit wem auch immer man das so macht. Meine bisher gesammelten Nationalparkerfahrungen halten sich sehr in Grenzen.

Der Mann, auf den ich am Tresen treffe, sieht nicht aus wie ein Ranger: keine braune Uniform, kein brauner Hut. Dafür gibt er mir eine Zeitung, den Yosemite Guide, auf dessen Rückseite auch eine Karte abgedruckt ist. Meine drei empfohlenen Pfade kommentiert er wie folgt: Der Bridalveil Fall Trail liegt außerhalb des Valleys. Da muss man also erst einmal hinkommen. Der Mist Trail ist im Sommer der Burner, im Winter jedoch teilweise gesperrt und somit auch kein Rundweg mehr. Der Mann legt mir nahe, den Yosemite Falls Trail zu nehmen, speziell bei diesem Sonnenschein. Während er das sagt, zeigt er aus dem Fenster. Ich folge seinem Fingerzeig. Man kann von der Lodge aus schon sehen, wie sich die beiden Wasserfälle in die Tiefe stürzen, während die mittlerweile schon erstaunlich hochstehende Sonne am nahezu vollkommen wolkenlosen Himmel episch auf die senkrechte Wand und das hinabstürzende Wasser strahlt. Das sieht ja hier unten schon grandios aus, nicke ich zufrieden. Mein nächstes Ziel heißt Frühstück. Ich setze mich in den Food Court des Valleys, esse ein wenig von meinem mitgebrachten Killer Bread und trinke einen Kaffe, damit ich noch einmal ordentlich ... bevor es losgeht.

Ich beginne mit der Suche nach dem vom Herrn am Desk empfohlenen Pfad zum Lower Yosemite Fall. Von dort soll es einen Trail hinauf zum Upper Yosemite Fall geben. So hat es der Kollege zumindest mit seinem Textmarker, auf der mit Details und Beschriftungen doch eher spärlich versehenen Karte eingezeichnet. Ich schlittere eine schmale Allee in Richtung Wasserfallbecken entlang. Die Wege sind mehr schlecht als recht geräumt und verwandeln sich ab und an in Eisflächen, über die man nur im Pinguinschritt kommt. Auf einem Hinweisschild wird anhand von Fotos gezeigt, wie sich die Yosemite Falls im Laufe der Jahreszeiten verändern. Wenig überraschend sind die Wasserfälle nach der Schneeschmelze im Frühling am eindrucksvollsten. Im Winter soll man dem Brechen des Eises lauschen. Die Wasserfälle sind aber, nicht zuletzt aufgrund ihrer Höhe, auch jetzt noch sehr beeindruckend. Besonders schön sind die Regenbogenverfärbungen, die sich im Sonnenlicht direkt am hinabstürzenden Wasser bilden.

Yosemite Falls

Die beiden ineinander übergehenden Yosemite Falls gehören mit ihren insgesamt 739 Metern nicht nur zu den höchsten Wasserfällen Nordamerikas, sondern der gesamten Welt. Der Upper Fall misst ganze 440 Meter Höhenunterschied und kommt scheinbar aus dem Nichts über die Klippe geschossen. Das reißende Wasser des Yosemite Creek erreicht danach die Middle Cascades, die generell nur schwer und vom Tal aus überhaupt nicht zu sehen sind. Die Middle Cascades sind fünf kleinere Wasserstürze, die insgesamt auf gut 200 Meter Höhendifferenz kommen. Letzten Endes fällt das Wasser noch fast 100 Meter den Lower Fall in die Tiefe, bevor es in den Merced River fließt.

Ich erreiche die Lower Fall Bridge, auf der man im Frühling das Sprühwasser des Wasserfalls abbekommen kann. Dann muss der Wasserfall aber wirklich ordentlich abgehen. Die Brücke ist nämlich noch relativ weit von der Prallzone entfernt. Ich unterhalte mich kurz mit einem Fotografen aus Seattle. Wir freuen uns beide über das schöne Seattle, das tolle Wetter, die fantastische Aussicht und unsere Kameras. Fünf Minuten später treffe ich auf einen weiteren Mann aus Seattle, den ich wissen lasse, dass er auf der Brücke, auf die er gerade zusteuert, seinen Nachbarn finden wird.

Ich verzweifle derweil leicht, weil ich einfach keinen Zugang zum Pfad finden kann, den mir der Mann von der Info eingezeichnet hat. Wo ist der scheiß Weg? Seitdem ich die Lodge verlassen habe, irre ich eine knappe halbe Stunde lang wie ein Depp im Valley hin und her, bis ich mich schließlich dazu entscheide, einfach den »very strenuous«, also »sehr anstrengenden« Upper Yosemite Fall Trail zu wagen. Dieser Pfad soll gut zwölf Kilometer lang sein. Den Pfad des Tresenmenschen gibt es vermutlich gar nicht – oder er meinte diesen Pfad, den er dann allerdings an einer komplett falschen Stelle eingezeichnet hat.

Ich versuche mit der Karte, die ich mittlerweile in die Rangliste der wohl beschissensten Landkarten der Welt aufnehmen würde, den Upper Yosemite Fall Trail zu finden. Doch nicht nur die Karte geht mir gehörig auf die Nerven, auch die sehr spärlich aufgestellten Wegweiser müssen von wahren Helden aufgestellt worden sein. So weist mir ein Schild den Weg in die Richtung, aus der ich gerade komme. Dorthin, wo garantiert kein Pfad war. Ich bin aber offensichtlich nicht der Einzige, der von den Wegweisern in die falsche Richtung gelenkt wurde. Ein anderer Wanderer hat mit einem Messer einen weiteren Pfeil in das Hinweisschild geritzt und zusätzlich noch »LEFT« dazugekratzt. Und ich dachte schon zwischenzeitlich, ich sei zum Kartenlegastheniker geworden. Der geritzte Pfeil weist mir tatsächlich den richtigen Weg. Das Umherirren hat ein Ende: In der Nähe von Camp 4, einem Zeltplatz, offenbart sich mir ein Weg. Endlich.

Der erste Teil des stetig aufsteigenden Pfads, der zunächst zum Columbia Rock führt, wurde bereits in den 1870er Jahren angelegt. Der Trampelpfad zieht sich gut eine Meile über rund 60 schmale und zu großen Teilen vereiste Kurven hinauf zum Aussichtspunkt des Columbia Rock. Bis zur Fallkante des Upper Yosemite Fall, meinem Tagesziel, sind es knapp fünfeinhalb Kilometer.

Nach rund 25 Minuten habe ich bereits den ersten imposanten Ausblick auf den Half Dome, den wohl berühmtesten Fels des Nationalparks.

Half Dome

Der Name ist Programm: Der Half Dome ist eine riesige Kuppel, deren eine Hälfte wie sauber weggebrochen aussieht. Eine komplette Kuppel ist der Half Dome aber nie gewesen, da ein eiszeitlicher Gletscher durch Frostsprengung die heute senkrechte Bergseite unterminierte. Am 28. März 2009 ist allerdings tatsächlich ein 42.000 m³ großer Teil abgebrochen. Das Spektakel ereignete sich glücklicherweise am frühen Morgen, sodass kein Mensch verletzt oder gar getötet wurde. Hunderte Bäume säbelte der Fels dennoch nieder und auch Teile eines Wanderwegs wurden darunter begraben. Glück gehabt. Auf der Richterskala wurde zudem ein Erdbeben der Stärke 2,5 gemessen.

Ich schieße meine ersten Fotos des Half Dome. Als ich mich umdrehe und wenige Meter weitergehe, steht plötzlich ein weiblicher Maultierhirsch vor mir. Wie geil ist das denn? Ich versuche so wenig Krach und Bewegung wie möglich zu machen, als ich auf einmal ein unfassbar süßes Jungtier neben der Mutter stehen sehe. Bambi und seine Mutter schauen mich eindringlich an. Maultierhirsche haben ihren Namen wegen ihrer großen Ohren, die irgendwen wohl mal an die Ohren von Maultieren erinnert haben. Es sind sehr schöne Geschöpfe, die sich zudem gar nicht von mir gestört zu fühlen scheinen. Da sie direkt neben dem Weg und in meiner Wanderrichtung stehen, nähere ich mich ihnen langsam und entdecke dabei auch Bambis Vater. Maultierhirsche sind keine Elche: Ihre durchschnittliche Widerristhöhe liegt bei gerade einmal einem Meter. Die Kopf-Rumpf-Länge misst bis zu zwei Meter. Da fallen Ohren von bis zu 28 mal 15 Zentimetern schon ganz gut auf. Die drei bleiben sagenhaft lässig, bewegen sich kaum und hören nicht auf, mich anzugaffen. Angst sieht anders aus, folgere ich und setze mich neben sie. Ich bleibe entspannte fünf Minuten bei der niedlichen Familie und halte auch mal einen kurzen Small Talk mit ihnen. Antworten bleiben sie mir zwar schuldig, aber zuhören können sie.

Es geht weiter. Bei einer Kurve habe ich ernsthafte Probleme weiterzukommen, so glatt ist der Boden. Ich hangele mich an Ästen und Steinen entlang. Das hat schon etwas vom peinlichsten Freeclimbing, das man sich vorstellen kann. Aber mich sieht ja keiner – außer den Maultierhirschen. Wenn die Tiere im Park so zutraulich sind, sollte ich mir vielleicht doch einmal überlegen, was ich mache, wenn auf einmal eine niedliche Schwarzbärenfamilie vor mir steht. Die gibt es nämlich auch im Yosemite National Park. Der *Ursus americanus* ernährte sich nur allzu gerne vom Müll der Touristen, was zu einigen unschönen Zwischenfällen geführt hat. Deswegen kann man überall im Valley auch Mülltonnen ausmachen, die »bärensicher« sind. Offene Tonnen gibt es keine und die Begeg-

nungen zwischen Mensch und Schwarzbär sind somit wohl seltener geworden. Im Winter, spinne ich weiter, läuft der Bär aber vielleicht genauso unbedacht durch die Landschaft wie ich. Außerdem habe ich von Redwood-Connor und Walt Disney gelernt, dass Bären es gerne mal mit Gemütlichkeit probieren und vom Menschen angelegte Pfade für ihre Spaziergänge benutzen. Es knackt im Unterholz, ich springe auf einen Baum und höre mich: »Bambi!«, rufen. Was ein Quatsch, geht es mir durch den Kopf, als ich das Vogelnest wieder zurechtrücke. Ist doch Winter. Da schlafen die faulen Säcke doch.
Der Wald lichtet sich, die Sonne scheint mir ins Gesicht. Es ist warm. Das ist cool. Ich entledige mich meiner Jacke und genieße den immer schöner werdenden Ausblick. Ich kann nun den Wald, aus dem ich gerade gekommen bin, überblicken. Hinter ihm türmt sich eine Hunderte Meter hohe Wand auf. Unglaublich. Der Pfad ist vielleicht zwei Meter breit. Links geht es steil nach oben, rechts gefährlich abschüssig nach unten. Das saftige Grün der Bäume glänzt im Licht der Sonne und weiß leuchtet das verschneite Tal. Der Himmel ist strahlend blau und die Kulisse … die Kulisse ist umwerfend. Hin und wieder hört man einen Donner durch das Tal krachen. Ich höre solche Donnerschläge bestimmt alle 20 Minuten. Erst, als ich an einem Hang, der sich auf der anderen Seite des Tals befindet, tatsächlich die Ursache des Donnerns sehen kann, bin ich mir sicher: Ja, es sind tatsächlich Lawinen. Solange die nicht über mir runterkommen, denke ich mir, genieße ich das akustische und seltener auch visuelle Naturschauspiel.
Ich denke ganz schön viel, während ich so den Berg hinaufklettere. Seitdem ich die Straße im Tal verlassen habe, habe ich keine Menschenseele mehr gesehen. Ich scheine der einzige Mensch zu sein, der heute diesen Pfad nimmt. Diese Ruhe, die Einsamkeit, die Aussicht, die körperliche Betätigung und die Luft: Alles ist so meditativ. Ich liebe diesen Tag!
Ich erreiche den Aussichtspunkt des Columbia Rock. Von hier aus hat man einen fantastischen Blick über das Valley und auf den Half Dome. Wenige Meter später stehe ich plötzlich vor einem Schild: »Area closed: Restoration in progress«. Was soll das denn jetzt? Und worauf bezieht sich das Schild überhaupt? Das passt mal wieder in mein bisheriges Bild der Beschilderung des Parks. Das Schild steht neben dem Pfad, weshalb ich beim besten Willen nicht ausmachen kann, ob es sich auf das Areal abseits des Pfads oder gar auf den Pfad selbst bezieht. Soll ich etwa nicht weiter? Ich überlege kurz und beschließe, dass es sich auf das Gebiet jenseits des Trails bezieht. Ich gehe weiter.
Aus einiger Entfernung sehe ich ein Douglas-Hörnchen – glaube ich zumindest. Der breite, graue Schwanz lässt mich darauf schließen. Ich passiere einen Busch, dessen Stamm und Äste auf der einen Seite eine »klassische« raue Rinde im Grauton, auf der anderen Seite jedoch eine vollkommen glatte, fast schon poliert wirkende, rote Tönung aufweist. Eiszapfen hängen von Felsvorsprüngen neben dem Weg und schmelzen in der Sonne, während ich den Half Dome auf

der anderen Seite des Valleys nicht aus den Augen verliere. Dieser Fels sieht so perfekt aus und ich freue mich über jeden noch so kleinen Perspektivwechsel, um ihn immer wieder aufs Neue zu fotografieren.

Ich muss durch einen kleinen Bach waten, um meinem Pfad folgen zu können. Nicht nur deswegen freue ich mich über Joeys Gummistiefel. Mit meinen Turnschuhen wären meine Socken schon vollkommen durchnässt und mir wäre sicherlich nicht so warm. Die Wanderung bringt mich aufgrund ihres Höhenunterschieds und der unerwartet warmen Temperaturen sogar ins Schwitzen.

Und plötzlich höre ich den Wasserfall! Eine Kurve weiter ist es dann soweit. Ich bin etwa auf Höhe der Prallzone des Wasserfalls. Von den Middle Cascades ist nichts zu sehen. Ein – nun ja – busenförmiger Schneeberg, der sich direkt vor der Prallzone aufgetürmt hat, versperrt den Blick. Dafür hat sich im Gischtbereich ein Regenbogen gebildet. Der Anblick ist sensationell.

Der Pfad führt direkt auf den Wasserfall zu, als er jählings verschwindet. Der Pfad, nicht der Wasserfall. Entweder ist an dieser Stelle eine Lawine runtergekommen oder es hat ordentlich geschneit. Da links nach wie vor eine Steilwand in den Himmel ragt und rechts unverändert der Abgrund gähnt, ist die Orientierung dann aber keine wirkliche Herausforderung: Es geht weiter geradeaus. Naja, »geradeaus«: Das Problem ist, dass der Pfad durch den vielen Schnee ein bisschen abschüssig ist. Lässige 45° ... in Richtung Abgrund. Außerdem sieht es mehr nach Eisplatte als nach Tiefschnee aus. Ja, was mache ich denn nun? So ganz dramatisch dürfte es eigentlich gar nicht mal sein, ermutige ich mich selbst. Bevor ich in die Tiefe stürze, sollte ich noch in der Lage sein, den einen oder anderen Baum zu umarmen. Davon gibt es nämlich ein paar zu meiner Rechten. Blöderweise sind diese aber zu weit vom Pfad entfernt, dafür aber zu nahe am Abgrund, als dass ich sie als Stütze zum Überqueren der gut 50 bis 70 kritischen Meter bis zum nächsten Waldstück nutzen könnte. Glücklicherweise geht es seit der letzten Kurve aber auch nicht mehr senkrecht nach unten. Zumindest nicht direkt. Da ich nicht zum Baum will, muss der Baum eben zu mir kommen, beschließe ich und suche nach einem dicken Ast, der stark genug ist, damit ich mein volles Körpergewicht darauf stützen kann. So peinlich mein Erlebnis mit der vereisten Kurve vorhin ausgesehen haben muss, so professionell und abenteuerlich komme ich mir vor, als ich den optimalen Ast finde. Yeah, damit wird's klappen. Ich stecke den Ast vor mir in den Schnee und hangle mich auf diese Weise bis zu sicheren Gefilden vor. Es klappt einwandfrei. Ich Tier.

Ich bin inzwischen auch tierisch am Arsch. Seit drei Stunden geht's bei mir nur bergauf. Und wenn es mal nicht bergauf geht, muss ich über eine Lawine klettern. Alter Walter. Mittlerweile habe ich auch den zweiten Bach durchquert. Da ich Profi kaum etwas zum Trinken mitgenommen habe, aber echt mal Flüssigkeit gebrauchen könnte, ziehe ich es ernsthaft in Erwägung, das Bachwasser zu trinken. Als ich mit ebendiesem Plan in das dritte Rinnsal springe,

erschreckt mich ein Diademhäher fast zu Tode. Richtig, das ist dieser hübsche amerikanische Singvogel mit dem blauen Gefieder, dem schwarzen Kopf und dem Beckham-Iro, den der Amerikaner *Steller's jay* nennt. *Yo!* Der metrosexuelle Rabenvogel sitzt wohl sehr knapp neben der Stelle, in der ich einschlage – ich bin tatsächlich gesprungen – und fliegt überfallartig direkt neben mir hoch. Fragt sich, wer da wem den größeren Schrecken eingejagt hat. Ich entscheide mich, das Wasser doch nicht zu trinken und lutsche stattdessen hier und da mal am Schnee und kühle meinen roten Kopf damit. Von einem Felsen tropft geschmolzenes Eiswasser auf den Pfad. Ausgezeichnet: Eine kleine Dusche kommt mir gerade recht. Wenige Minuten nach dieser wunderbar erfrischenden Abkühlung führt mich mein Weg in eine Schlucht. Rechts geht es fortan nicht mehr steil nach unten, sondern ebenfalls bergauf – allerdings nicht so radikal senkrecht wie zu meiner Linken. Die Bäume werden weniger, wodurch der Schnee tiefer wird. Es dauert nicht lange und der Pfad verschwindet mal wieder. Diesmal kann ich jedoch nicht sehen, wo er weitergeht. Da es aber nur eine Richtung gibt, folge ich meiner Nase. Außerdem entdecke ich Fußspuren – menschlicher Natur – denen ich folge. Da der Aufstieg nun endgültig ziemlich harsch wird, ist der vorgegebene Zickzackkurs meines Vorgängers der sinnvollste Weg, um nach oben zu gelangen. Einmal will ich abkürzen und klettere einfach geradeaus den Hang hinauf. Es stellt sich heraus, dass mir die vermeintliche Abkürzung keine Zeitersparnis bringt und auch nicht weniger anstrengend ist: Bei meinem Versuch, querfeldein bergauf zu kommen, sacke ich ständig in von meinem Gewicht geschaffene Löcher, die mich teilweise bis zur Hüfte versinken lassen. Der Schnee in den Abdrücken ist härter, weswegen ich nicht so tief im Weiß versinke, wenn ich der Fährte des Unbekannten folge. Ich frage mich, von wann die Spuren sind, durch die ich da mühsam stapfe. Sie sind breiter als die Spuren, die ich hinterlasse und nicht so tief. Hat da jemand Schneeschuhe an oder sind die Abdrücke schon einige Tage alt? Je höher ich komme, desto eingeschränkter wird der Ausblick hinter mir. Der Blick nach vorne haut mich auch nicht mehr vom Hocker. Natürlich ist es nach wie vor schön, aber verglichen mit den Bildern, die sich mir bis zum Wasserfall geboten haben, ist es bei Weitem nicht mehr so spektakulär. Als ich wieder nach oben schaue, sehe ich tatsächlich einen Mann mir entgegenkommen. Wenige Minuten später stehen wir einander gegenüber.
»Hi! A human!«, begrüßt er mich lächelnd.
»Yes, you're also the first one I get to see since I started in the Valley.«
»And I can guarantee you that we're the only ones up here. I camped on the summit last night. I thought I'm going to die. It was so cold!« Er schüttelt sich kurz. »Now, I'm looking forward to eat a hot soup. – Oh, my gosh. What kind of shoes are that?«
Er schaut recht entgeistert auf meine Gummistiefel.
»Uhm …«

»Did you …? Of course you did. Wow«, lacht er, »I'm quite happy that I got these.«
Er trägt Schneeschuhe. Ich will gerade anmerken, dass sich da der Mann von der Memme unterscheidet, beschließe aber, zuvor erst noch eine etwas wichtigere Information einzuholen. Außerdem ist er viel zu freundlich.
»At what time is the sun going to set?«
»Fiveish.«
Gut, gegen fünf dachte ich mir bereits. Jetzt ist es halb eins. Als ich ihn frage, wie weit es noch bis zum Gipfel ist, erklärt mir der nette Kollege, dass es eigentlich keinen wirklichen Gipfel gibt. Es gibt keinen *lookout* über das Valley und die Aussicht bleibt in etwa so wie momentan. Ich sollte noch 45 bis 60 Minuten brauchen, um oben anzukommen. Da ich aber besser als er weiß, wie sehr ich mit meinen Gummistiefeln bereits im Arsch bin, rechne ich mal noch ein paar Minütchen drauf. Wir wünschen uns noch einen schönen Ab- beziehungsweise Aufstieg und verabschieden uns. Eine warme Suppe könnte ich jetzt auch ganz gut verdrücken.
Ich sehe den Rand eines Waldes. Er ist nur einige Hundert Meter von mir entfernt. Weil es aber nach wie vor steil bergauf und durch Tiefschnee geht, rechne ich damit, ihn erst in der vom Camper veranschlagten Zeit zu erreichen.
40 Minuten später habe ich den Wald mit seinen von Moos bedeckten, grün leuchtenden Bäumen erreicht und beschließe, nun wirklich umzukehren. Ich kann einfach nicht mehr.
Bergab geht es natürlich wesentlich einfacher. Dafür lauern nun ganz andere Gefahren. Versinke ich nun mit meinem vorderen Bein im Schnee, muss ich aufpassen, nicht gleich vornüber zu fallen. Besonders fies ist es, wenn ich beim Einsinken mit meinem Fuß unter einen mit Schnee bedeckten Felsen rutsche und dabei vornüberkippe. Ich weiß, dass ich vollkommen alleine auf dem Berg bin und habe darüber hinaus bereits seit Mariposa keinen Handyempfang mehr. Knochenbrüche stellen demnach eine tödliche Gefahr für mich dar. Ich muss auch aufpassen, nicht zu stürzen und dann ins Rutschen zu kommen. Wenn ich bei diesem Abhang einmal nicht mehr abbremsen kann, ist die Gefahr hoch, gegen einen Felsen oder einen Baum zu knallen, wenn ich nicht gleich über die Klippe schlittere. Es kann fraglos ein bisschen gruselig sein, wenn man einsam, erschöpft und hungrig auf einem verschneiten Berg herumkraxelt.
Ich komme wieder ans Ende der Schlucht. Bald wird zu meiner Linken der Upper Fall auftauchen. Den Tiefschnee lasse ich langsam hinter mir. Das ist auch gut so. Meine Hosen sind mittlerweile vollkommen durchnässt. Ich laufe direkt an einer gut und gerne 200 Meter hohen, senkrechten Felswand entlang, als ich wieder einmal einen dieser Lawinendonner höre. Die Geschwindigkeit, mit der die Lawinen dem Tal entgegenstürzen, muss immens sein: Man *hört* die Brocken fallen! Dem Donnern und dem Getöse der fallenden Massen folgt immer ein Knall, der für mich wie das Einschlagen einer Bombe klingt. Ich höre

also wieder einmal ein solches Donnern. Diesmal klingt es jedoch erschreckend nahe. Ich schaue sofort nach oben ... und schließe mit meinem Leben ab. Direkt über mir kommt eine Lawine herabgestürzt. Ich habe absolut keine Zeit, um nach links oder rechts auszuweichen. Ich sehe einen kleinen Felsvorsprung, der genau vor mir aus der Steilwand herausragt. Ich setze zum Sprung an, stelle dann aber fest, dass sich genau dort, wo ich hinspringen will, ein undefinierbar tiefes Loch befindet. Fuck! Das sieht nach Knochenbruch aus, was nicht wirklich besser wäre, als sich direkt den Schädel zertrümmern zu lassen. Ich kann mich also nur mit meinen Füßen vor das Loch stellen und den Rest meines Körpers unter den Vorsprung lehnen und hoffen, dass ich somit genügend geschützt bin. Das ganze Drama spielt sich im Übrigen innerhalb von wenigen, vielleicht zwei oder drei Sekunden ab. Kaum lehne ich unter dem Vorsprung, schlagen hinter und neben mir Eisbrocken ein, deren Größe zwischen Tischtennis- und Fußbällen variiert. Der komplette Berg scheint zu wackeln. Es ist Furcht einflößend!

Nach geschätzten zehn Sekunden wird es wieder ruhig. Ich verharre noch ein paar weitere Sekunden in meiner Position, bevor ich es wage, meinen Kopf nach hinten zu lehnen und nach oben zu blicken. Es kommen nur noch kleinere, ungefährliche Steinchen, Eisstücke und Schneeflocken von oben herunter. Nichts wie weg hier, Abstand zur Wand gewinnen! Diese Sekunden waren wesentlich gruseliger als die Schießerei in Oakland und meine am Steuer schlafende Mitfahrgelegenheit nach Portland. Diesmal hatte ich echte Todesangst!

Als ich mich wieder sicher fühle, entspanne ich. Überlebt. Ein Lächeln macht sich auf meinem Gesicht breit, während ich ein kleines Freudentänzchen aufführe. *Yeah, baby: adventure time!*

Als ich die Prallzone des Upper Fall erreiche, setze ich mich, lasse das soeben Erlebte erst einmal sacken und genieße erneut den Blick auf den Wasserfall. Schon beim Aufstieg habe ich mich gefragt, ob ich dem Wasserfall nicht auch näher kommen könnte. Ich sitze vor einer Kurve, die mit weniger Schnee auch durchaus eine Abzweigung sein könnte. Sieht zumindest ein bisschen so aus und Markierungen oder Wegweiser gibt es sowieso seit dem Tal keine mehr. Warum also nicht? Der Mann am Infotresen heute Morgen hat mir außerdem einen Rundweg auf der miesesten Karte aller Zeiten eingezeichnet. Na, mein Abenteuer in Lebensgefahr hatte ich für heute schon. Da kann ich also auch mal schauen, ob dieser seltsame Abhang vor mir nicht vielleicht ein Pfad ist. Ich wate also den steilen Abhang hinab, der einmal aus rutschigen Eisplatten und dann wieder aus einverleibendem Tiefschnee besteht. Unten angekommen folge ich dem potenziellen Pfad ... und lande vor einem undurchdringbaren Gebüsch. Hm, das war also nichts. Es gibt noch einen anderen Weg, der ein Pfad sein könnte. Doch auch hier lande ich in einer Sackgasse. So ein Dreck. Jetzt muss ich den scheiß Hang also wieder hoch. Runterkommen war schon schwierig genug. Dass das Hinaufklettern sich aber als *so* schwer erweisen würde, hätte ich mir nicht vorgestellt. Ich muss mich an Ästen und – wenn ich keinen Ast greifen kann – sogar an Zweigen die Eisflächen hinaufziehen. Ich rutsche ständig ab oder versinke im Schnee. Einmal versinke ich so tief im Schnee, dass ich schon fast verzweifle. Lawine überlebt und dann im Tiefschnee stecken bleiben, oder was? Ich versuche zunächst, mich mit einfachem Abstützen aus dem Loch zu drücken. Doch mit Abstützen und Hochdrücken geht da gar nichts. Es ist unmöglich! Über mir hängt ein Ast. Das klingt jetzt stark nach Münchhausen, aber es gelingt mir tatsächlich nur mithilfe dieses Astes, mich aus dem Loch herauszuziehen! Selbst mit meinem Zopf wollte es nicht klappen. Ich bin fix und fertig. Suppe!

Wieder auf dem Pfad begegnet mir wenig später ein Pärchen, das tatsächlich noch auf dem Weg nach oben ist. Während unserer kurzen Unterhaltung erzähle ich ihnen von der Lawine, davon, dass die Weggabelung hinter mir keine Gabelung, sondern eine Kurve nach oben ist, dass sich die Aussicht innerhalb der nun auf sie zukommenden, breiten Schlucht nicht sonderlich verändert und dass sie ein Hang voll Tiefschnee erwartet. Außerdem warne ich sie davor, dass die Sonne in knapp drei Stunden untergeht.

Wenig später finde ich meinen zurückgelassenen Ast wieder, mit dem ich mich über den seitlich abschüssigen Pfad gehangelt habe, und benutze ihn erneut an besagter Stelle. Ich genieße die Aussicht und erhole mich wieder. Da es größtenteils bergab geht und ich kaum noch Fotos schieße, geht der Rückweg wesentlich schneller vonstatten.

Am Aussichtspunkt des Columbia Rock picknickt ein Pärchen. Ein paar Raben beobachten gierig die Szenerie, umkreisen sie in sicherem Abstand oder wagen auf ihren Krallen laufend den einen oder anderen vorsichtigen Vorstoß zum Käse. Das Pärchen begrüßt mich freundlich, was ich als eine Art Einladung verstehe.

Rachel und Lucas kommen aus Flagstaff. Die Kleinstadt in Arizona ist sehr schön, berichten sie, und außerdem nur eine Stunde vom Grand Canyon entfernt. Ich finde die letzte Info sehr interessant, da ich gerne noch zum Grand Canyon möchte, bisher aber noch keinen Plan entwickelt habe. Da ich natürlich mal wieder erzählen darf, wie ich reise und wo ich übernachte, bieten mir die beiden sofort ihre Couch an. Ist das schon wieder so ein Serendipity-Moment? Da begegne ich den ganzen Tag über kaum einem Menschen und zwei davon laden mich direkt auf ihre Couch nach Arizona ein. Wir tauschen auf jeden Fall einmal unsere Nummern aus. Die beiden sind mir sehr sympathisch, weswegen ich mit Freude auf das Angebot zurückkommen werde, falls ich es in die Nähe des Canyons schaffen sollte.

Ein Ranger kommt den Pfad hinauf. Rachel und Lucas begrüßen ihn: »Jim Morrison!«

Da Rachel und Lucas ihr Wochenende im Camp 4 verbringen, kennen die drei sich bereits.

»That's Jim Morrison«, flüstert mir Rachel noch einmal zu.
»That's Jim Morrison?«, entgegne ich skeptisch. Als der Mann in seiner braunen Uniform neben uns steht, mustere ich ihn genau. Außerdem freue ich mich, schließlich doch noch einen echten Ranger zu sehen. Das hat doch schon wieder etwas aus einem Film – zumindest kannte ich bis gerade eben Ranger und ihre Uniformen nur aus Filmen.
»So, you are Jim Morrison?«, spreche ich ihn an.
»Well«, er hebt unschuldig seine Schultern.
Ich versuche mir vorzustellen, wie der offiziell verstorbene Sänger der Doors mittlerweile aussehen müsste. Eher wie ein 70-Jähriger. Der Mann vor mir ist 25 Jahre zu jung und hat auch nicht allzu viel Ähnlichkeit mit dem »echten« Jim Morrison. Rachel, Lucas und der Hochstapler unterhalten sich, während ich versuche, seinen Namen auf dem Anstecker, den er an seine linke Brust gepinnt hat, zu entziffern. Das fällt »Mr. Morrison« auf. Er beginnt zu lachen und beugt sich zu mir: »Jim Robinson. I have no idea how that Morrison thing came up, but that's how they call me.«
Akzeptiert.
Rachel und Lucas erzählen, dass sie heute nur bis zu diesem Aussichtspunkt gewandert sind. Jim fragt mich daraufhin, wie weit oben ich war. Ich erzähle ihm, dass ich bis zum Waldrand innerhalb der breiten Schlucht hinter dem Wasserfall geklettert bin.
»That's far«, erkennt er an.
»Did I miss anything?«, möchte ich wissen.
Er lässt mich wissen, dass es noch eine Aussichtsplattform ganz oben an der Fallkante gibt. Dafür hätte ich noch weiter durch den Wald gemusst und wieder vor zum Upper Fall. Verdammt. Es kann aber sein, dass alles so zugeschneit ist, dass man dort gar nicht hinkommt, beruhigt er mich wieder.
»You definitely ascended a mountain. That's the summit up there«, fügt er noch an.
Das ist ja wie ein Ritterschlag! Auch wird es mir – wesentlich ausgeruhter – erst jetzt so richtig bewusst: Ja, Ich habe alleine und in Gummistiefeln einen zugeschneiten Berg bestiegen! Rock und Roll und: »Yeah!«
Die Gummistiefel kommen auch jetzt wieder kurz zur Sprache, wodurch mein Heldenstatus zusätzlich untermauert wird. Wir vier plaudern fröhlich weiter. Ich schildere mein Lawinenerlebnis und möchte von Jim wissen, ob es öfter zu Unfällen im Park kommt. Der ehrenamtlich als Ranger arbeitende Jim erzählt daraufhin so manche Geschichte, die einem das Blut in den Adern gefrieren lässt. Es kommt regelmäßig zu allen möglichen Unfällen, beginnt er. Letztes Jahr gab es drei Tote innerhalb von nur sieben Sekunden: Eine 21-Jährige klettert über einen Zaun und macht Fotos. Sie steht dabei auf einem rutschigen Stein am Ufer des Merced River, nur wenige Meter von der Fallkante des Vernal Fall entfernt. Die Frau rutscht plötzlich aus und wird von der Strömung mit-

gerissen. Ein Freund, der mit ihr auf den Steinen stand, versucht sie zu greifen, wird aber unmittelbar nach dem Start seiner Rettungsaktion selbst vom reißenden Fluss erfasst. Ein Dritter kommt hinzu … dem genau dasselbe widerfährt. Besagte sieben Sekunden später stürzen die drei, unter den Augen Dutzender Touristen, in den Tod. Der Vernal Fall ist 97 Meter hoch. Die erste Leiche kann einen Monat nach dem Unfall geborgen werden. Die Körper der anderen beiden werden erst vier beziehungsweise fünf Monate später gefunden.

In Hollywood würde man nun die offenen Münder der kleinen Wölflinge sehen, die gebannt den bösen Geschichten des pickligen Oberpfadfinders am Lagerfeuer lauschen. In der Realität sitzen aber drei Erwachsene Menschen mit demselben Gesichtsausdruck vor Jim Morrison und schütteln ungläubig ihre Köpfe. Das ist ja schrecklich!

Der gute Jim ist aber noch lange nicht fertig mit Horrorgeschichten aus dem Yosemite National Park: Momentan wird eine Person samt Flugzeug vermisst. Der Gesuchte ist vor zwei, drei Tagen aus Los Angeles kommend, irgendwo im Nationalpark abgestürzt – vermutlich. Man hat das Wrack noch nicht lokalisieren können. Im Yosemite National Park hört man aber nicht auf zu suchen, führt Jim fort. Das liegt an einer Geschichte, die sich 1992 ereignete: Ein Flugzeug stürzt im Nationalpark ab. Nach wenigen Tagen wird die Suche eingestellt. Es gibt keine Hoffnung, mögliche Überlebende jetzt noch zu finden, lautet die Begründung. Viele Monate später findet man durch Zufall die Leichen. Die Menschen sind jedoch nicht durch den Absturz gestorben. Die Insassen der kleinen Maschine haben noch ganze zwei Monate im Park überlebt. Anhand gefundener Notizen wurde dieses Drama festgestellt, das alle hier zutiefst geschockt hat. Seither wird mit dem Suchen nach Vermissten nicht mehr aufgehört.

Der Nationalpark ist mit 3081 km² übrigens größer als das 2570 km² messende Saarland. Das Areal ist vielmehr mit der Fläche zu vergleichen, die die Kleinstaaten Luxemburg und Andorra zusammen einnehmen.

»How do you know that somebody is missing?«, möchte ich wissen. Schließlich musste ich mich nirgends als Wanderer registrieren oder dergleichen. Andere Wanderer, antwortet Jim, berichten von Begegnungen mit Menschen, die dann nirgends mehr auftauchen oder Verwandte und Bekannte vermissen ihre Angehörigen und melden sich. Das kann auch schon mal länger dauern, meine ich. Gruselig.

Stichpunkt »gruselig«: Ich erkundige mich, wie viele Bären es im Valley gibt und ob man ihnen zu dieser Jahreszeit im Wald beggenen kann. Es leben 18 Bären im Valley, erklärt Jim: »Three are still awake and the other 15 hibernate right now.«

Das heißt, dass sie Winterruhe, aber keinen Winterschlaf halten. Die Atem- und Herzfrequenz wird zwar ebenfalls stark reduziert, dafür sinkt die Körpertemperatur bei Weitem nicht so stark ab wie bei einem Tier, das Winterschlaf hält.

Dass drei Bären noch immer wach sind, liegt am milden Winter: Es gibt noch Futter. Im kompletten Nationalpark gibt es 76 Bären, glaubt Jim zu wissen. Wir haben uns ganz gut festgequatscht. Es ist schon fast 16 Uhr, als wir uns gemeinsam auf den Weg nach unten machen.

Wieder im Tal angekommen, nehmen wir den Hybrid-Shuttlebus, der die Parkbesucher kostenlos zu den verschiedenen Orten des Valleys fährt. Ich steige dort aus, wo mein Tag begann: am Food Court. Rachel und Lucas bekräftigen noch einmal ihre herzliche Einladung nach Flagstaff und ich kündige an, darauf zurückzukommen.

»Bye Mr. Morrison«, und dann gibt's endlich die wohlverdiente heiße Suppe. Das tut so gut, denn mittlerweile habe ich nicht nur riesigen Hunger, sondern friere auch ganz gut. Nachdem die Sonne vor wenigen Minuten untergegangen ist, ist auch die Temperatur im Valley rapide abgesunken. Um mich herum sitzen entspannt aussehende Urlauber. Ich komme völlig durchnässt daher, habe ein von der Sonne und der Anstrengung gegerbtes Gesicht und meinen immer länger werdenden Vollbart. Yeah, ich sehe bestimmt ganz schön bärig aus. Vielleicht sollte ich mit einem animalischen Brummen die Aufmerksamkeit des Essenssaals auf mich ziehen und von der Lawine erzählen; womöglich auch Bergmannsgarn vom Yeti und von Bigfoot, mit denen ich unter dem Wasserfall gerungen habe. Also, ich finde mich gerade ziemlich *hot*. Ist das arrogant? Nein, es ist ein weiteres Kapitel im Buch meines persönlichen Strebens nach Freiheit und der Suche nach mir selbst. Und heute war ein großer Tag: Ich habe einen verschneiten Berg bestiegen, verdammt noch mal!

Ich fahre mit dem Shuttle direkt nach Merced. Das kostet sechs zusätzliche Dollar und Brian muss nicht extra nach Mariposa getuckert kommen. Die Busfahrerin hat noch kein passendes Wechselgeld und bittet mich darum, beim Aussteigen in Merced noch einmal zu ihr zu kommen und den Rest zu bezahlen. Ich verfalle mal wieder in Tiefschlaf und wache erst kurz vor der Amtrak-Station in Merced, meiner Haltestelle, wieder auf.

»You owe me six dollars!«, ruft mir die ulkige Fahrerin zu, als ich auf sie zukomme. Nun kann sie rausgeben und wünscht mir: »Big success in the world out there!«

»Likewise«, grinse ich und steige aus.

Brian holt mich ab. Es dauert aber ein bisschen, weil er den Bahnhof natürlich nicht auf Anhieb finden kann. Danach ist er abermals orientierungslos und ich muss ihm beschreiben, wie wir zu Joeys Haus kommen. Auf der Fahrt berichte ich ihm von meinem Tag.

»Nice, nice«, nickt er und streichelt dabei unentwegt seinen Bart von oben nach unten. Auch Brians Tag war: »Nice, nice.«

Er hat sich ein paar Häuser angesehen und mit verschiedenen Maklern telefoniert. Ich möchte wissen, ob er denn ernsthaft darüber nachdenkt, in diese Gegend zu ziehen.

»I don't know. Maybe. Maybe not. I don't know this area.«
Hm, vielleicht sollte er sich dann erst mal die Gegend angucken, bevor er sich ein Haus raussucht?
Joeys Mom geht's besser, aber sie wird weiterhin untersucht. Joey hatte verständlicherweise Angst und Panik, nachdem er den Anruf seiner Schwester erhalten hatte. Die Befürchtungen wurden zusätzlich noch durch das Ereignis verstärkt, dem Joey und seine Familie vor zehn Monaten ausgesetzt waren. Damals starb Joeys Vater aus heiterem Himmel an einem Herzinfarkt. Das weckt bei Brian, wie bereits im Dezember bei Joshua in Portland, eine Art Solidaritätsgefühl. Joey entspannt sich aber im Handumdrehen und macht Brian und mir einen Energy-Schoko-Drink, der eine ganze Mahlzeit ersetzen soll. Brian ist total begeistert vom gesunden Kakao: »That's awesome! I could drink it all day!«
Auch mir schmeckt er sehr gut.
Wie bereits erwähnt, ist Joey Lehrer, Fotograf und Drehbuchautor. Nun will er mir seine filmischen Ergüsse zeigen und meine Meinung als Filmemacher hören. Los geht's mit einem Kurzfilm, bei dem er auch Regie geführt hat. Er hat den Streifen wie einen klassischen Stummfilm angelegt. Es geht um eine Frau, die sich an ihrem Hochzeitstag entweder für die große Liebe oder das dicke Geld entscheiden muss. Sie nimmt die Kohle. *Bitch*. In Joeys nächstem Film geht es wieder ums Heiraten. Zuvor hat er sich bereits mehrfach negativ über Hochzeiten geäußert: Er ist Fotograf und will ums Verrecken keine Hochzeiten mehr fotografieren – obwohl es gut Asche bringt. Aber Hochzeiten sind scheiße. Für einen Mann, der Hochzeiten scheiße findet, dreht er aber viele Filme darüber, merke ich an. Er lacht und sagt, dass ihm das auch bereits aufgefallen sei und er als Running Gag in all seine Filme Hochzeiten einbauen will. Höhö. Nach den Filmvorführungen werden die Zähne geputzt. Obwohl ich todmüde sein müsste, kann ich nicht sofort einschlafen und schreibe stattdessen noch eine Zeit lang. Und dann schlafe ich doch – wie ein Baby.

Sensenmann ... What the fuck?!
Tag 58: Sonntag, 6. Januar 2013

Nachdem ich letzte Nacht noch bis fünf Uhr wach geblieben bin, wache ich kurz vor Mittag auf. Dafür, dass der Hike gestern so anstrengend war, bin ich körperlich erstaunlich fit. Kein Muskelkater? Faszinierend. Brian ist unterwegs, um sich irgendwo Kaffee und Frühstück zu kaufen, während Joey kurz nach meinem Aufstehen zu Mom und Doc abhaut.
Die spannende Frage des Tages lautet: »Wo geht's hin?«
Brian will den Road Trip mit mir fortsetzen, so viel scheint sicher. Auf ein Ziel haben wir uns aber noch nicht festgelegt: Las Vegas, Grand Canyon und Flagstaff? Zurück an die Küste? Los Angeles? Cari, mit der ich nach wie vor

Statusberichte austausche, zeigt sich nicht nur mit der Auswahl überfordert, sondern auch von der Tatsache, dass der Mann mit den üblen Blasen an den Füßen noch immer bei mir ist: »I thought Brian left? He's going on vacation with you but he can't walk?«
Ich lasse sie wissen, dass Brian die Reise offensichtlich auch zum Kauf seines neuen Zuhauses nutzen möchte. Darauf geht Cari nicht weiter ein. Sie kennt Brians Sprunghaftigkeit, wenn es um ... hm ... Sie kennt seine *charakterbildende* und *chronische* Sprunghaftigkeit. Dafür empfiehlt sie mir, unbedingt Zeit in Sedona zu verbringen, falls unser Trip uns in ihren Heimatstaat Arizona führen sollte. Das ist nicht das erste Mal, dass sie davon schwärmt. Ich weiß bislang aber nur, dass es dort wohl eine Menge Hippies geben soll und Cari gerne das eine oder andere Pilzchen verdrückt, wenn sie dort wandern geht.
Brian kommt zurück und teilt mir mit, dass er soeben entschieden hat, doch noch ein, zwei Tage länger hier bleiben zu wollen. Ähm, nein. Ich will weg. Mein letzter Monat ist angebrochen und ich habe noch so einige Orte auf meiner Liste, die ich gerne sehen möchte, bevor es wieder zurück nach Deutschland geht – und Atwater ist nun wirklich nicht gerade spannend. Was soll ich hier machen? Es ist 14 Uhr. Für einen weiteren Wandertag im Yosemite National Park ist es viel zu spät und dumm im Niemandsland rumsitzen, damit sich Brian morgen ein weiteres Haus angucken und dann doch nicht kaufen wird, ist für'n Arsch. Oje. Ich schaue im Internet nach, wie ich mit dem Zug von hier wegkomme. Das klingt vielleicht nicht ganz so fair und nett Brian gegenüber, aber bei meinem Kumpel ist einfach alles möglich. Vielleicht will er noch eine Woche in der Gegend bleiben oder er überrascht mal wieder mit einem plötzlichen Planwechsel.
Eigentlich wollen wir nur etwas essen, als Brian auf einmal sagt, dass er mich in die Bay Area fahren will. Na, da ist er ja schon: der spontane Planwechsel. Coole Sache. Von Joey haben wir uns bereits am Morgen verabschiedet. Wir deponieren den Hausschlüssel wie verabredet und starten los. Wir sind schon eine gute halbe Stunde unterwegs, als Joey bei mir durchklingelt und nach seiner Jacke fragt, die er dem gepäcklosen und halb nackten Brian geliehen hat. Ich gucke nach links, um mir Brian anzuschauen. Wenig überraschend stelle ich fest, dass er die Jacke natürlich noch trägt. Na, super.
»Uhm, Brian. You're still wearing Joey's jacket ... He wants it back.«
»Oh, shit. I can send it to him.«
Ich schreibe Joey gerade, dass wir zur nächsten Post fahren und sie ihm zuschicken können, als Brians Aufmerksamkeit auf ein paar am Straßenrand stehende Container gelenkt wird, die mit einer Telefonnummer beschriftet sind. Er drosselt das Tempo – mitten auf dem Highway – und schaut sich erneut nach den Containern um. Was hat er denn jetzt vor? Auf einmal setzt er zum U-Turn an ... *mitten auf dem Highway*. Das meint er doch nicht ernst? Eine Kolonne von fünf Wagen kommt uns auf der Gegenfahrbahn entgegen. Brian rollt weiter

gemächlich vorwärts. Wir stehen schon fast quer auf der Fahrbahn und Brian macht noch immer keine Anstalten, den Wagen anzuhalten. Die Autos kommen näher und näher und Brian rollt noch immer auf die Gegenfahrbahn zu. »Stop!«, brülle ich, woraufhin mich Brian erschreckt ansieht und hinter meinem Kopf die Autos auf uns zurasen sieht. Ich schaue nach rechts und sehe den geschockten Blick des Fahrers, der die Kolonne anführt. Wie Brian legt er eine Vollbremsung hin und kommt keine fünf Meter vor uns zum Stehen. Der wäre um ein Haar voll in uns hineingebrettert.
»Fuck«, stöhne ich, irgendwo zwischen Erleichterung und Schockzustand.
»Sorry. Thank you«, raunt Brian, wendet den Wagen nun endgültig und parkt ihn vor den Containern.
»What the hell, Brian?«
Ich bin durchaus ein bisschen sauer und mein Puls ist auf 180. Was für eine bescheuerte Aktion! Brian erklärt, dass er sich die Nummer der Containerfirma aufschreiben will, da er die Habseligkeiten seines Vaters lagern möchte, damit er dessen Haus in Hillsdale verkaufen kann.
»Wouldn't it be better to check companies that are close to San Francisco?«, unterstreiche ich meine Ansicht, dass die gerade abgelaufene Glanzleistung vollkommener Schwachsinn war. Er beginnt sich zu rechtfertigen. Ich bin aber so genervt, dass ich nicht wirklich zuhöre. Brian notiert sich die blöde Nummer und weiter geht's. Joey textet mir, dass ihm die Idee, ihm die über 100 Dollar teure Abercrombie-Jacke zuzuschicken nicht wirklich zusagt. Also kehren wir um, um ihm die Jacke und auch ein Hemd, das Brian noch trägt, zurückzubringen. Brian ist nun auch genervt und überrascht abermals mit einer Planänderung: Er hat keine Lust mehr zu fahren und will nun doch noch länger im Merced County bleiben. Toll. Ich will nach wie vor weg von hier und bitte ihn, mich zum Bahnhof in Merced zu fahren. Allerdings habe ich kaum noch Zeit, um rechtzeitig zum Zug zu gelangen. Außerdem weiß ich noch nicht, wo ich überhaupt hinfahren soll. Nachdem Brian spontan entschieden hatte, in die Bay Area zu fahren, habe ich entschieden, mich von dort die Küste entlang in Richtung Los Angeles durchzuschlagen. Heute werde ich jedoch nicht mehr weit kommen. Eine Couch muss also her: Ford ist zwar aus Chicago zurück in den Westen geflogen, hängt aber in Los Angeles fest. Anscheinend hat er kein Geld mehr, um nach Oakland zurückzukommen. Da muss ich noch mal nachfragen, was das genau zu bedeuten hat. Auf dem Weg nach Los Angeles und in einer heute noch erreichbaren Nähe zu San Francisco liegt Santa Cruz. Also schreibe ich Melissa und frage, ob ich nicht noch einmal wie im November bei ihr unterkommen könnte. Leider kann sie mich nicht beherbergen, da sie bei ihrer Mutter im Carmel Valley ist. Hm. Bei Casey möchte ich mich nicht schon wieder melden. Bis seine Schule demnächst beginnt, dürfte er nach wie vor ausgebucht sein. Außerdem will ich ihm oder vielmehr seinen Mitbewohnern nicht auf den Sack gehen. Julie kommt mir wieder in den Sinn. Die *drunk lady* muss

bis 23 Uhr arbeiten und morgen früh um sechs Uhr wieder anfangen. Sie ist sich daher noch nicht sicher, ob ich bei ihr übernachten kann. Egal, beschließe ich und entscheide mich dazu, lieber ein Ticket nach San Francisco zu kaufen, als im Merced County hängen zu bleiben.
Joey schlägt unterdessen vor, dass wir uns zum Essen in Merced treffen. Ich lasse ihn wissen, dass das ohne mich stattfinden muss, weil ich den Zug bekommen möchte. Er kündigt daraufhin an, mich am Bahnhof zu verabschieden und doch nicht ins Restaurant zu wollen. Vermutlich will er nur nicht mit Brian alleine essen gehen und sich seine Jacke direkt hier abgreifen. So sehr ich Brian auch in mein Herz geschlossen habe, sein Freakfaktor ist doch immens, womit sicherlich nicht jeder Mensch warm werden kann. Und wenn es ums Autofahren geht, fühlen sich auch seine Freunde eher unwohl bei ihm. Anarcho-Ulric ließ mich einmal wissen, dass er es vermeidet bei Brian mitzufahren – vor allen Dingen, wenn er nüchtern ist.
Ein Ticket kostet 43 Dollar und bringt mich bis Richmond. Dann muss ich noch den BART nehmen, was weitere vier bis fünf Dollar kosten wird. Uff. Ich will mir das Ticket schnell am Schalter kaufen, da ich nicht wirklich sicher bin, wo der Zug überall hält und was für mich die preiswerteste Route wäre. Der Schalter schließt jedoch zehn Minuten vor Abfahrt des Zugs. Hä? Wo ist denn da bitteschön die Logik? Also muss ich an einen Automaten. Ein Schaffner hilft mir schnell und schon muss ich in den Zug springen. Ich kann mich nur ganz kurz von Joey verabschieden, der es tatsächlich noch pünktlich zum Bahnhof geschafft hat. Brian irrt währenddessen 20 Meter entfernt umher. Ich rufe ihn und mache eine Umarmungs- und Verabschiedungsgeste. Dies könnte schließlich unser letztes Zusammentreffen sein! Brian macht derweil keine Anstalten, mir entgegenzukommen und ruft nur: »We'll call!«
Na dann. Ich gehe einfach mal davon aus, dass wir uns irgendwo und irgendwann auf diesem Trip wiedersehen. So ist er nun mal, der Brian …
Ich sitze im Zug, als mir Julie schreibt, dass ich wohl nicht bei ihr pennen kann. Na, super. Von Melissa bekomme ich zudem die Info, dass sie wieder mit ihrem Ex zusammen ist und es wohl etwas merkwürdig kommen würde, wenn sie einen anderen Kerl bei sich übernachten lässt. Das klingt einleuchtend, bedeutet aber natürlich auch, dass diese Übernachtungsmöglichkeit für immer passé ist. So langsam frage ich mich, ob ich heute so etwas wie einen Pechtag habe. Das gab's schon lange nicht mehr. Ich habe es aber eigentlich auch nicht vermisst.
Mir sitzt ein trinkender Retardierter gegenüber, der mich ständig fragt, wie groß ich bin, weil ich so lange Beine habe. Aha, interessant. Ich muss ein Riese sein, meint er. Klar, ein Riese an Reichtum und Macht, zitiere ich den bösen Berggeist aus »Schneeweißchen und Rosenrot« in meinem Kopf. Da der Trinker sicherlich keine DEFA-Klassiker aus der DDR kennt und ich auch nicht zu viel mit ihm kommunizieren möchte, behalte ich den Spruch für mich. Der zurückgebliebene Nervsack textet alles und jeden um sich herum zu und trinkt

dabei Corona. Die Leute bleiben aber total relaxed und unterhalten sich sogar mit ihm. Die Leute sind hier einfach toleranter. Mich beschäftigt außerdem viel zu sehr, was ich heute noch mache. Ich bin mit der ganzen Geschichte nicht allzu glücklich. Ich will eigentlich nicht wirklich zurück nach San Francisco. Wo penne ich heute? Noch hoffe ich ja, dass Julie mir doch noch einmal die Couch in ihrer WG anbietet. Doch dann kommt eine weitere SMS von ihr: Wir werden uns heute Abend noch nicht einmal mehr auf ein Bierchen treffen. Boah. Nach Las Vegas wäre ich heute zwar auch nicht mehr gekommen, hätte Julie mir aber früher abgesagt, wäre ich lieber direkt nach Santa Cruz gefahren. So ein Dreck ...

Im Zug gibt es kostenloses Internet. Das ist gut, da ich mich nun auf die Suche nach einer Bleibe für die Nacht machen kann. Ich schreibe auf der Couchsurfing-Website zwei öffentliche Anfragen: eine für Berkeley und eine für San Francisco. Jeder Host und Surfer in diesen Städten kann nun lesen, dass ich eine Couch oder wenigstens einen Buddy für einen netten Kneipenabend benötige. Ich erkundige mich, wohin genau der Zug eigentlich fährt. Ich bilde mir ein, irgendwas mit Oakland gehört zu haben. Das wäre besser als Richmond. Ich verpasse daher »aus Versehen« meinen eigentlichen Zielbahnhof und fahre noch eine Station weiter: Emeryville. Hier gibt's auch eine BART-Station, die knapp zehn Meilen näher an San Francisco ist. Der Schaffner taucht zum Glück nicht mehr auf, wodurch ich mir die Nummer des »überforderten Touris« sparen kann. Super gemacht: Geld gespart.

In Emeryville zeigt mir ein netter dicker Afroamerikaner, der noch knapp zwei Meilen nach Hause zu laufen hat – was er doof findet –, wo der kostenlose Shuttlebus zur BART-Station abfährt. Zwei andere nette Menschen lassen uns wissen, dass der Mann mir die falsche Haltestelle gezeigt hat. Sie selbst sind auf dem Weg zur richtigen, also folge ich ihnen. Wir müssen noch eine Zeit lang auf den Bus warten. Also rufe ich Cari an und erzähle ihr, dass Brian mich heute verrückt gemacht und uns um ein Haar umgebracht hätte. Außerdem teile ich ihr mit, dass ich wider Erwarten erneut in der Bay Area gelandet bin. Sie schlägt vor, dass ich – wenn ich schon bereits bekannte Orte wieder aufsuche – auch nach Portland zurückkommen kann. Da muss ich ihr leider absagen, frage sie aber stattdessen, ob wir uns nicht einfach in Las Vegas treffen und schnell mal heiraten sollten. Dann könnte ich länger bleiben beziehungsweise direkt nach Amerika umsiedeln und somit auch wieder in Portland vorbeischauen. Sie ist nicht so begeistert von der Idee. So ein Pech.

Ein Bus trudelt ein. Die beiden Leute, die mir die Haltestelle gezeigt haben, fragen den Fahrer, wann der Shuttlebus endlich aufkreuzt. Heute nicht mehr, lautet die Antwort. Dafür fährt dieser Linienbus zur BART-Station in West Oakland. Optimal! Ich habe das Geld für das Ticket nicht passend. An den Kassen in amerikanischen Bussen benötigt man allerdings passendes Kleingeld, da der Fahrer nicht wechseln kann. Ich frage die beiden Hilfsbereiten, ob sie mir einen

Fünfer wechseln können. Können sie nicht. Zwei Dollar haben sie aber, die sie mir spendabel schenken. Sehr geil.
Der BART fährt gerade vor, als ich ankomme. Da ich mittlerweile südlich von Berkeley bin, entschließe ich mich, nach San Francisco und nicht in die Studentenstadt zu fahren. Gegen 21 Uhr verlasse ich den Zug am Embarcadero. Ich überlege, was ich wohl am besten machen könnte, um heute irgendwo unterzukommen. Ich beschließe, die altbewährte Oz Lounge anzusteuern. Vielleicht ist da ja jemand, den ich kenne.
Ich bekomme eine SMS: »Hey Dennis. If you are still looking for a drinking bud in SF, lemme know.«
Rock und Roll! Ich *let him know* und schon schlägt er mir eine Bar im Castro vor. Cool, da war ich tatsächlich noch nicht. Es gibt also trotz der vielen Zeit, die ich in San Francisco verbracht habe nach wie vor Orte, die mir völlig fremd sind. Die Blackbird Bar dürfte einfach zu finden sein: »Market and Church«, schreibt mir der Fremde. Also spaziere ich die Market Street entlang, als plötzlich ein nach *Native American* aussehender kleiner Mann mit langen, schwarzen Haaren und Rucksack meinen Weg kreuzt: »That's a huge backpack, man!«
»Yes, it is.«
»It's awesome. What's its name?«
»Uhm ...?«
Er läuft im Kreis um mich herum und versucht den Namen – also vermutlich die Marke – meines Rucksacks herauszufinden. Ich habe keine Ahnung, wer meinen Rucksack zusammengeschustert hat. Wenige Meter später fährt ein Polizeiwagen rechts ran. Ein lautes Schlagzeug ist zu hören. Die Cops, der vermutliche Nachkomme der amerikanischen Ureinwohner und ich folgen der Musik. »Shoot them down! Shoot them down!«, brüllt der Rucksackkollege. Die Cops sind weder amüsiert noch reagieren sie genervt auf die dumme Anmache. Kurz darauf ist der kleine Mann verschwunden. Das finde ich aber soweit okay, weil er eher von der nervigen Sorte war. Die Musik spielt in der Stockton Street. Das Schlagzeug hallt nicht nur wahnsinnig laut durch die Häuserschluchten, sondern ist auch verdammt gut! Vor einem Bauzaun hat sich die Zwei-Mann-Band aufgebaut. Neben dem Drummer rockt auch ein Bassist die abendliche Straße. Es hat sich bereits eine Menschentraube vor den beiden Musikern aufgebaut. Manche filmen die Jungs, andere gehen im funkigen Rock-'n'-Roll-Rhythmus mit und wieder andere hören einfach nur regungslos zu. Das Brett, das die Jungs fahren, ist irgendwo zwischen Led Zeppelin und The Jimi Hendrix Experience einzuordnen. Der Drummer hat einen recht langen, liegenden oder besser »fliegenden« Irokesenschnitt: Der Kerl geht ordentlich ab! Der Bassist beherrscht sein Instrument auch richtig gut. Seine Show ist aber nicht so spektakulär wie die des Taktgebers. Die Jungs rocken richtig geil. Selbst die Polizisten lehnen sich erst einmal gegen die Wand und hören zu. Ich vermute, dass die beiden Musiker Zeit herausholen wollen und gehen einfach von einem Song in

den nächsten über, ohne Pausen einzulegen. Das geht gut und gerne drei Lieder so weiter. Dann tritt aber doch einer der Polizisten vor, bewegt sich zum Bassisten und flüstert ihm etwas ins Ohr. Der Bassist nickt und zeigt dem Mann in Uniform den ausgestreckten Daumen. Und dann passiert das Unfassbare: Die Cops drehen sich um … und ziehen ab! What? Wie cool sind die denn hier?
»We like to crash things. We love to rock!«, brüllt der Drummer und legt wieder fett los. Ich vergesse die Zeit sowie mein »Blind Date« und tanze – nein: rocke – bis die beiden knappe 30 Minuten später aufhören, die komplette Straße zu beschallen. Es gibt ordentlich Applaus und Small Talk mit den Zuhörern. Alle sind begeistert. Ich auch. Disko Dam nennen sie sich. Den Namen sollte man sich merken.
Auf geht's in Richtung Market und Church. Unterwegs bekomme ich eine weitere SMS, in der mir eine Couch angeboten wird. Yeah, perfekt! Die Feiertage sind vorbei und die Hosts in San Francisco werden offensichtlich wieder aktiver. Die Wohnung ist im Pacific Heights Bezirk. Und das ist ein *fancy* Bezirk. Reiche Leute wohnen dort. Ford hat mir die Gegend gezeigt, als wir auf dem Weg zum Presidio und Darth Vader waren. Erneut klingelt mein Telefon. Diesmal ist es ein Anrufer und keine Textnachricht: Ein 48-jähriger Gastgeber, der derzeit zwei Deutsche zu Gast hat, will wissen, in welche Bar ich gehe, damit er seinen Gästen die Info weitergeben kann. Ulkig. Ich ziehe weiter und stehe einige Zeit später vor der Blackbird Bar. Es handelt sich hierbei um eine »mixed bar«, schreibt mir mein fremder Trinkfreund. Was soll das denn heißen? Schwul und straight? Oder Cocktails und Bier? Ich werde ihn fragen, sobald er aufkreuzt. Für 2,50 Dollar gibt es ein PBR und drei Minuten später einen Trinkfreund: Steven heißt der Mensch, der sich mit mir trifft. Er ist – das ist sofort klar – schwul und »mixed bar« steht natürlich für homo- und heterosexuell gemischte Bar. Er lacht herzhaft, als ich ihn frage. Steven ist ein super freundlicher, 36-jähriger Afroamerikaner, der unter dem Namen Saturn Musik macht und sich erst sehr spät geoutet hat. Er bereut es, dass er so lange damit gewartet hat. Allerdings hat er durch sein Outing auch einen sehr guten Freund verloren. Na, so gut kann der homophobe Sack ja nicht gewesen sein. Steven erzählt mir vom Rassismus innerhalb der Schwulenszene, was ich ziemlich absurd finde. Ich erzähle ihm von meinen Abenteuern hier und dass ich mittlerweile bereits viermal in Lebensgefahr war.
»What?«
Steven ist schockiert und will wissen, was passiert ist.
»I got shot at …«
»What? Where?«
»Oakland.«
Er liegt vor Lachen fast unter'm Tresen. Wieso …?
»As soon as you said that somebody shot at you, I knew that it must have been in Oakland.«

Oha, interessant.
Ich erzähle ihm die komplette Story. Gleiches gilt für die Todeschancen 2, 3 und 4: Der schlafende Fahrer auf dem Weg nach Portland, der fast in eine Mauer gekracht wäre, die Eislawine in Yosemite gestern und Brians heldenhafte Aktion heute Mittag auf der Landstraße. Das macht viermal Lebensgefahr in weniger als sechs Wochen. Steven lacht sich halb schlapp und ist gleichzeitig um meine Gesundheit besorgt. Die Unterhaltung ist wirklich sehr locker und lustig, weswegen ich wohl die Zeit vergesse: Mein Couchsurfing-Host will, dass ich vor Mitternacht bei ihm eintrudele. Das schaffe ich wohl nicht mehr. Steven und ich verlassen die Bar und gehen zur Bushaltestelle. Der Bus kommt, als wir noch auf der anderen Straßenseite stehen. Ich winke dem Fahrer zu, er schaut mich an ... und fährt weiter. Sack.
Der nächste Bus bringt mich fast direkt vor die Haustür meines Gastgebers. An der Ecke Fillmore und Broadway steige ich aus. Wow, von hier oben hat man einen fantastischen Blick in die Bucht. Es geht zwei Blocks bergab und schon bin ich in der Green Street. Das Haus ist auch schnell gefunden. Ich lese kurz die Bedienungsanleitung für die Türklingel und klingele bei Apartment 14. Ich habe keine Ahnung, bei wem ich heute übernachten werde und welche Referenzen er bei Couchsurfing hat. Na, er wird schon kein Monster sein ...
Durch die Gegensprechanlage höre ich meinen Gastgeber: Im dritten Stock wohnt er. Ein Aufzug ist in der Lobby. Der Fahrstuhl ist äußerst stylish: Hinter der schweren Metalltür, die man selbst öffnen muss, verbirgt sich ein komplett in Holz gehaltener Lift, in dem man das Licht ausschalten kann! So etwas habe ich noch nie gesehen. Irgendwen muss das ziemlich angemacht haben. Zumindest hängt ein Frauenslip über dem Metallgeländer an der Fahrstuhlwand. Samt, echt.
Mein Gastgeber dürfte wenige Jährchen älter sein als ich ... und er ist Franzose. Hoffentlich ist er nicht so seltsam wie sein Landsmann Cedric. Ich werde es vorerst nicht herausfinden, weil er gerade einen *business call* hat.
»Maybe Nina will join you«, meint er nur schnell und verschwindet im Schlafzimmer.
Gut zu wissen, dass meine Verspätung – es ist schon Viertel vor eins – ihn nicht vom Schlafen abgehalten hat. Ich sitze zunächst einige Zeit alleine im Wohnzimmer und stelle fest, dass er wohl ein sehr aktiver Gastgeber ist. Überall hängen Briefe von begeisterten Gästen und am Computermonitor ist ein Couchsurfing-Aufkleber angebracht. Nach Joey in Atwater dürfte dies also der nächste Hardcore-Gastgeber sein. Besagte Nina kommt zu mir ins Wohnzimmer. Sie trägt eine seltsame Mischung aus rosa Pyjama und Bademantel, hat rote Haare und Augenbrauen und eine eckige Brille. Sie kommt aus Slowenien und surft für drei Monate die französische Couch. Drei *Monate*?
»Are you a couple?«, frage ich daher nonchalant.
»No, nothing special.«

Nina hat vor zwei Jahren die Couch des Franzosen, der übrigens Emanuel heißt, gesurft. Sie wollte zurück nach San Francisco und Emanuel fand die Idee wohl gut. Da läuft allerdings was Sexuelles, das ist deutlich. Schließlich schläft sie bei ihm im Schlafzimmer und nicht im Wohnzimmer. Die Unterhaltung mit Nina ist sehr nett. Sie fragt mich, ob ich Hunger habe. Habe ich tatsächlich. Aufgrund von Brians Chaos habe ich heute noch nichts zwischen die Kiemen bekommen. Obwohl weder Nina noch Emanuel Veganer sind, gibt's Hummus, Guacamole, diverse Salate und sogar veganen Käse.

Emanuel, Werbedesigner von Beruf, beendet sein Geschäftstelefonat und gesellt sich zu uns. Er ist seltsam – nicht wie Cedric, aber trotzdem seltsam. Er will sich weniger unterhalten, als sich vielmehr mitteilen. Er textet mich mit seiner Essensphilosophie zu und liest mir die bösen Ingredienzen diverser Fertigsuppen vor, die Surfer bei ihm zurückgelassen haben. Wahnsinnig interessant ...

Seine Art zu reden ist auch sehr nerdy: »Oh, here for example. There's sodium phosphate in it which is a [bla bla bla]. In my kitchen you only find good food which is organic. Did you know that genetically modified rat babies are up to 40 % smaller than naturally born rats?« Oder: »You know couchsurfing is very interesting. You get to know the different cultures. I would have never invited you if you weren't a filmmaker.«

»Uhm ... what?«

»Yes, every time I have bad experiences, it's with Germans.«

»Awesome.«

»The restroom for example: Every culture asks if they may use my toilet. The Germans just go. I mean, okay: It's a toilet, but ... Or when I wake up: The Germans eat my food! No other culture would go to my cupboards, open them and eat my food. Only the Germans!«

»That's a traditional thing, you know ...«

Meine Landsleute sind so lässig drauf? Klingt für mich nicht so »typisch deutsch«. Außerdem bekomme ich nun ein schlechtes Gewissen, weil Nina mich gefüttert hat – mit seinem Essen!

»Reservations!«, geht's weiter. »There are cultures that book my couch one to three days before, which is sometimes too spontaneous. Others – which is the majority – book four to six, seven days in advance. Then there are cultures that book a week or two before. But there is only one culture that books months before. My record is one and a half year before! Only one culture!«

Er schaut mich seltsam erwartungsvoll an. – »Only one!«

Ja, ich hab's kapiert. Die Froschfresser mögen die Krautfresser immer noch nicht ... Er hebt noch einmal seinen Daumen an und beendet seine Tirade. Ein Glück, das nur kurz anhält: »Another interesting thing about couchsurfing ...«

Wieso denn bloß?

»I bought this.« Er klopft an den Metallabzug seines Kamins: »This is a fireplace.«

Ach? Mach Sachen ...

»You can see around the painting that I hung here – which is part of a series – is dust. You see?«
Er fährt mit dem Finger über das schwarze Metall und ... tatsächlich: Staub!
»A surfer – which is sort of my best friend now – once wrote with his finger on it: ›My host sucks!‹«
Er macht eine dramatische Pause. Ja, auch das habe ich kapiert: Das war ein Gag seines besten Freundes ... denn er ist sein bester Freund und denkt nicht, dass er ein Depp ist. Ich reagiere nicht.
»I didn't see it immediately and hosted some guests in the meantime. It's really interesting how they reacted, so I let it there for a little bit longer!«
So ein verrückter Hund!
»Some just said nothing, but I could see that they saw it as they were looking at it all the time. They felt uncomfortable. Then there was a little family for example. They send their child into another room and wanted to talk about it. And the Germans ...«
... haben's wieder falsch gemacht.
Ich bin müde. Emanuel und Nina, die Emanuels Kussattacken jedes Mal versucht etwas auszuweichen, sind es glücklicherweise auch. Ich warte bis die beiden mit dem Zähneputzen fertig sind und Emanuel mich in sein nun freies Badezimmer einlädt. Ich will ja nicht zu deutsch wirken ...

Vom Trampen, der Haschbutterbong und dem heiligen Hut des Jesus Freaks
Tag 59: Montag, 7. Januar 2013

Gegen zehn Uhr verlasse ich die Wohnung des hilfsbereiten, aber seltsamen Gastgebers mit der Deutschphobie. Aus einer Mülltonne suche ich mir ein Stück Karton und gehe in eine Wäscherei auf der Lombard Street. Die Lombard Street gehört zum Highway 101, der sich quer durch die Stadt zieht. Die Asiaten in der Wäscherei verstehen zunächst nicht, was ich mit einem Edding will. Als ich ihnen mein Stück Karton vor die Nase halte, verstehen sie noch immer nicht so recht, geben mir aber den Stift. Als ich in großen Lettern »Santa Cruz« auf die Pappe schreibe, geht ein Raunen durch den Laden. Der Groschen ist gefallen. Nachdem ich den Laden verlassen habe, dauert es keine 30 Sekunden und schon hält der erste Wagen an. Das finde ich ziemlich erstaunlich, so mitten in der Stadt. Courtney heißt das tramperfreundliche Mädel, das schon fast ein wenig aufgeregt wirkt: Ich bin der erste Anhalter, für den sie jemals angehalten hat. Bis nach Santa Cruz kann sie mich leider nicht fahren. Sie will San Francisco gar nicht verlassen. Sie denkt aber, dass es sinnvoller für mich wäre, nahe der Auffahrt zum Freeway zu stehen. Das sehe ich genauso. Wir beratschlagen kurz, wo sie mich am besten rauslassen könnte und wenig später stehe ich an der Ecke Van Ness und Mission. Ich postiere mich an der Tankstelle gegenüber der 12th Street. Das sollte meine Chancen erhöhen, von Tankenden mitgenommen zu werden.

Auf der Van Ness Avenue dauert es etwas länger, bis sich endlich jemand erbarmt. Die Jungs, die sich meiner annehmen, wirken zudem zunächst etwas abschreckend: Die rechte hintere Scheibe ihres Wagens ist eingeschlagen. Die Scherben liegen noch auf dem Sitz. Dort darf ich mich hinsetzen und mir den Wind ungehindert ins Gesicht schießen lassen. Neben mir sitzt ein American Bulldog, der außer ein paar wenigen braunen Flecken an den Ohren und der schwarz gefleckten rosa Schnauze, komplett weiß ist. Turbo heißt der Kampfhund, dessen Fellfarbe womöglich aus rassistischen Gründen eine wichtige Rolle spielt. Zumindest heißen mich Fahrer Derrick und sein Beifahrer Nick kurz nach der Abfahrt direkt mit einem solch ekelhaft geprägten Spruch im Auto willkommen: »We would have never picked you up if you were black ... like this guy there.«

Wir fahren an einem obdachlosen Schwarzen vorbei und mir vergeht mehr und mehr die Lust, bei den beiden mitzufahren. Nick ist übrigens Asiate und Derrick kommt mit seiner Uschanka eher wie ein Russe daher. Tja, Rassismus ist ja bekanntlich auch ein Beweis für Schwachsinn. Passend dazu heizt Derrick wie ein Geisteskranker über den Freeway. Ich habe mich zwar mittlerweile daran gewöhnt, dass man in Amerika auch rechts überholt, was Derrick aber veranstaltet, ist nicht mehr feierlich. Wir fahren gut und gerne doppelt so schnell wie der Rest und quetschen uns in jede mehr oder weniger vorhandene Lücke. Einmal will uns sogar ein Truck nahezu abdrängen, als Derrick zum nächsten vollkommen gestörten Überholmanöver ansetzt. Ich friere mir derweil im Fahrtwind den Arsch ab und gehe mit Turbo auf Kuschelkurs. Der Hund ist mir bislang bei Weitem der sympathischste im Wagen – und warm ist er außerdem. Glücklicherweise scheint Turbo mit dem Streicheln und Handauf- beziehungsweise -unterlegen einverstanden zu sein.

»What happened to your window?«, versuche ich herauszufinden, ob die Jungs das Auto geklaut haben und ich mich auf eine Verfolgungsjagd mit dem nächsten Polizeiwagen gefasst machen muss. Man weiß ja nie. Der Wagen ist nicht gestohlen, versichern sie mir umgehend und ohne Umschweife.

»Do you smoke pot? Oh, we're going to make you high!«, drehen sie sich bei Tempo viel-zu-hoch beide grinsend zu mir um. Kiffende Rassisten. Diese Mischung hatte ich auf meiner bisherigen Reise auch noch nicht. Wir verlassen den Freeway in Belmont. Abgesehen von dem scheiß Spruch zu Beginn der Fahrt und der bei mir mittlerweile zur Gewohnheit werdenden verspürten Lebensgefahr, scheinen die beiden keine weiteren ernsthaften charakterlichen Schwächen und Abarten zu haben. Sie entschuldigen sich sogar dafür, dass sie mich nicht bis nach Santa Cruz fahren können. Dafür, schlagen sie mir vor, könnte ich in Belmont mit dem Caltrain nach San Jose und von dort aus mit dem Bus nach Santa Cruz fahren. Nick checkt die Abfahrtszeiten und genaue

Route auf seinem Smartphone und schreibt mir einen detaillierten Zettel. Das ist lieb und wurde noch nicht einmal von mir erbeten. Schließlich will ich heute trampen, wie ich die Jungs wissen lasse. Die beiden grinsen sich gegenseitig an. Keine Ahnung, was das zu bedeuten hat. In Belmont lenkt Derrick den Wagen in irgendwelche Straßen, die sich immer weiter vom Freeway entfernen. Was soll das jetzt? Ich beginne wieder zu überlegen, ob die Jungs vielleicht doch nicht so nett sind und mich als Nächstes ausrauben wollen. Wo wollen die hin?
»Can you drop me off closer to the freeway, please?«
Derrick lacht: »We make you high first!«
Ach so, das hatte ich ja schon fast vergessen.
»And then we'll bring you to the train station. You won't be able to hitchhike anymore after that«, legen die Jungs nach und lachen. Jetzt verstehe ich auch das vorherige Grinsen der beiden. Der Wagen wird vor einem Haus geparkt. Ein Mann mit Laubbläser wuselt hinter unserem Wagen umher, während Derrick für wenige Minuten in einer Wohnung im oberen Stockwerk verschwindet. Wir sind also beim Dealer. Als er wiederkommt, hält er eine Wärmflasche in der Hand. Falls die voll sein sollte, hat er wohl einiges an Kröten in der Wohnung gelassen.
»Did you ever smoke a hash butter bong?«
Ich rauche keine Bongs. Aber was zum Geier macht eine *Haschbutterbong* aus?
»Look at this«, grinsen mich die beiden an. Derrick kratzt mit einem Stift ein wenig Haschbutter aus der tatsächlich randvollen Wärmflasche, während Nick die Bong auspackt. Der Kopf des Chillums ist aus Metall und wirkt schon fast wie ein Topf oder eine sehr tiefe Pfanne. Das unterscheidet sie optisch schon einmal von klassischen Bongs. Hochinteressant wird die Prozedur, als Nick auf einmal einen – Achtung, es wird spektakulär – *Bunsenbrenner* auspackt und mit blauer Flamme den noch leeren Kopf erhitzt. Derrick schaut konzentriert auf den glühenden Kopf und streicht nach einiger Zeit das Messer mit der Butter daran ab. Die Haschbutter zergeht sofort und brutzelt wie Öl in einer Pfanne. Tabak befindet sich übrigens nicht im Kopf. Er zieht einmal ordentlich an der Bong, pustet aus … und ist breit. Die Zeremonie wird für Nick wiederholt und dann komme ich an die Reihe.
»Don't touch the chillum. It's hot«, lautet Derricks nette, aber unnötige Warnung, während er mir die Bong nach hinten reicht. Ich ziehe, während ich aus der vorderen Reihe gebannt angegrinst werde. Es kratzt erstaunlicherweise kein bisschen und schmeckt sogar ganz gut. Ich puste aus … und fühle mich ganz schön leicht: »Höhö«, grinse ich breit nach vorne. Die Jungs freuen sich diebisch und jubeln: »We told you that we'll make you high!«
Derrick und Nick fahren mich an den Bahnhof, wünschen mir alles Gute und fahren sehr glücklich dreinblickend von dannen. Ich war selten von einmal ziehen so breit und entscheide mich dazu, tatsächlich den Zug zu nehmen und das Trampen für heute sein zu lassen. Zug fahren klingt jetzt viel entspannter …

Am Fahrkartenautomaten schiebe ich einen 20-Dollar-Schein rein und bekomme 13 goldene Ein-Dollar-Münzen als Wechselgeld. Ich finde das wahnsinnig lustig, weil ich noch nie goldene Dollarmünzen gesehen habe. Außerdem hat sich Barney aus »How I Met Your Mother« mal über Kanada lustig gemacht, weil es dort Dollarmünzen gibt. Und jetzt das hier. Ach, ist das alles witzig. Ich fotografiere meine Hand mit den glänzenden Münzen darin, was die Aufmerksamkeit eines anderen Wartenden auf mich zieht.
»I've never seen dollar coins!«, grinse ich ihn mit einem vermutlich ziemlich breiten Gesichtsausdruck an. »Höhö, cool.«
Im Zug fotografiere ich mich mit meinem Tramperschild. Ich finde mich ziemlich cool damit – obwohl ich ja eigentlich gerade peinlich betrüge. Egal. Ich hab's drauf ... ich bin drauf. Meine Fresse, Haschbutterbong.
In San Jose will ich wieder mein Glück als Tramper versuchen. Da ich von San Jose bisher nur die Diridon Station, also den Bahnhof kenne, gibt es den zusätzlichen Anreiz, die Stadt ein wenig kennenzulernen und nicht einfach wieder in einen Bus zu steigen.
San Jose ist mit 984.000 Einwohnern hinter Los Angeles und San Diego die drittgrößte Stadt Kaliforniens und die zehntgrößte der kompletten USA. Ich mache mich schlau, wo der Highway 101 entlangführt und spaziere los in Richtung City. Ich unterquere die Brücke der California State Route 87. Unter der State Route wurde der Guadalupe River Trail angelegt. Der Spazierpfad, der am gleichnamigen Fluss und schmalen terrassenförmigen Grünflächen entlangführt, bringt eine seltsame Idylle an einen eher weniger idyllischen Ort. Der Weg zieht sich von einer Autobahnbrücke zur nächsten: Ein seltsamer Ort, um Entspannung zu suchen.
An der Ecke East San Fernando Street und South Market Street befindet sich links die Cathedral Basilica of St. Joseph.

Cathedral Basilica of St. Joseph

Die Geschichte der hübschen weißen Basilica minor mit den vier Rundtürmen, der zentralen Kuppel und der pompösen Kolonnade ist vorrangig von Zerstörung geprägt. Die erste Kirche wurde 1803 errichtet. Drei Erdbeben und ein Feuer später stehe ich heute vor dem fünften Anlauf, den römisch-katholischen Menschen von San Jose ein Gotteshaus anzubieten. Diesmal scheint es auch längerfristig zu funktionieren. Die Cathedral Basilica of St. Joseph steht mittlerweile seit fast 140 Jahren.

Gegenüber der Basilika befindet sich seit 1969 das San Jose Museum of Art, in dem vor allen Dingen Werke von Künstlern der West Coast des 20. und 21. Jahrhunderts ausgestellt werden. Direkt neben dem Museum wurde der Circle of Palms Plaza angelegt, der – naheliegend – ein kleiner Platz ist, der von

einem Kreis aus Palmen umrahmt wird. Meine Faszination hält sich in Grenzen. Der Platz zwischen dem Museum of Art und dem mächtigen Fairmont San Jose Hotel erinnert daran, dass San Jose von 1849 bis 1851 die Hauptstadt Kaliforniens war. Im Winter fährt man hier Schlittschuh. Die South Market Street teilt sich gegenüber dem Museum, dem Circle of Palms und dem Fairmont auf und bietet der Plaza de César Chávez die Möglichkeit, sich zwischen den Fahrspuren auf 9000 m² zu entfalten. Die Parkanlage wird regelmäßig für allerlei Veranstaltungen genutzt. Heute ist nichts los.
Ich gehe zur South 1st Street, dem augenscheinlichen Zentrum der Stadt. Alles in allem muss ich sagen, dass San Jose bislang eher langweilig daherkommt. Für eine Downtown bietet dieser Bereich zu wenig. Die South 1st Street ist zwar mit vielen Bäumen und breitem Bürgersteig ganz nett angelegt, das war's dann aber auch schon. Am lustigsten finde ich noch, dass es in San Jose ein Gebäude gibt, auf dem in dicken Lettern »Knight Ridder« geschrieben steht. Mal schauen, ob ich David Hasselhoff alias Michael Knight und K.I.T.T. noch treffe. Diesen mäßigen Humor habe ich wohl noch der Haschbutterbong zu verdanken. Cari kommentiert meine Erlebnis mit der Haschbutterbong übrigens folgendermaßen: »Hash butter bong?! Holy Sheeba!«
Um zum Highway 101 zu gelangen, schlendere ich die East Santa Clara Street entlang und komme an der erst 2005 errichteten San Jose City Hall vorbei.

San Jose City Hall

Die City Hall wurde von Richard Meier geplant, der auch das Getty Center in Los Angeles und das Museu d'Art Contemporani de Barcelona entworfen hat. Vor dem 18 Stockwerke hohen, postmodernen Gebäude steht eine metallene Kuppel, die wiederum von einer halbrunden Steinmauer umgeben wird – durchaus ein beeindruckender Bau. Im Turm des vom Sonnenlicht durchfluteten Hauptgebäudes hat nicht nur der Bürgermeister sein Büro. Nein, auch die Wanderfalkendame Clara und ihr Terzel mit dem greifvogeltypischen Namen Esteban Colbert sind hier Zuhause. Señor Colbert wurde vom amtierenden Bürgermeister höchstpersönlich nach dem Comedian der »Daily Show« Stephen Colbert benannt. Aha.

Während ich die East Santa Clara Street entlanglaufe, strecke ich bereits meinen Daumen den vorbeikommenden Autos entgegen. Mein Schild habe ich um einen misslungenen Smiley und »or Monterey« erweitert. Vielleicht erhöht das ja meine Chancen, mitgenommen zu werden. Hinter der South 28th Street bleibe ich stehen, da ich nun vor der Auffahrt zum Highway 101 stehe. Es ist 15 Uhr. Auf der gegenüberliegenden Straßenseite steht die Five Wounds Portuguese National Church hübsch in der Landschaft. Die weiße Kirche hat zwei Türme mit roten Zwiebeldächern und jede Menge Kreuze. Auf meiner Straßenseite

kommt mir nach einer guten halben Stunde plötzlich ein Tramperkollege entgegen, der mich mit einem Lächeln begrüßt, das von einem Ohr zum nächsten reicht. Der Grinsende trägt lange Haare, eine zerrissene Jeans und eine blaue Jacke. Sein auffälligstes Merkmal ist jedoch seine grüne Kappe. Vom Grün des Basecaps sieht man allerdings nicht mehr allzu viel, da er es über und über mit allem möglichen Zeugs bestückt hat: kleine Figuren, Würfel, Schnuller ... Mir wird sehr schnell klar, dass Justin nicht nur ein ziemlich ulkiger Freak, sondern auch ein Jesus Freak ist: »God bless you!«, begrüßt er mich. Wir kommen sofort und locker ins Gespräch. Bis auf seine regelmäßig auftretenden religiösen Sprüche nervt er nicht und ist mir sogar sehr sympathisch. Wir beschließen, unser Glück gemeinsam zu probieren, was aus rein logischer Betrachtungsweise keine schlaue Idee ist. Im sich bislang als äußerst anhalterskeptisch präsentierenden San Jose dürfte es schwer werden, als ein Team zweier (männlicher) Tramper mitgenommen zu werden.
Justin reist schon länger und hat auf seiner Reise sichtlich Erfahrungen mit der Obdachlosigkeit gemacht. Er hat die üblichen dreckigen Fingernägel und ein bisschen Schmutz im Gesicht, wobei er sonst gepflegt wirkt. Seine Haare sehen zum Beispiel frisch gewaschen aus. Justin packt sein Schild aus, auf dem »I don't bite – San Diego« geschrieben steht. Er erklärt mir, dass Humor immer gut ankommt und die Mitnahme erleichtert. Ja, mein dämlicher Smiley dürfte von eher schlechtem Humor zeugen, denke ich mir indes. Justin macht sich generell erstaunliche Gedanken über sein Erscheinungsbild. So achtet er nicht nur auf seinen Anhalterkarton, sondern bezweckt auch mit seiner Kappe, die er »The Hat« nennt, bei den Menschen, die ihm begegnen, bleibenden Eindruck zu hinterlassen und wiedererkannt zu werden. Beispielsweise beim Trampen oder wenn er auf Grasplantagen zum Trimmen fährt: Die Grasbauern sollen ihn sehen und sich wegen »The Hat« sofort an ihn erinnern: »I remember this dude's hat. He worked here last year!«
Den Kram für seine Kappe findet Justin übrigens auf der Straße.
Ja, die Straße ... Kein Arsch hält an und bis auf die Kirche und einer Menge Tauben, die auf der Ampel sitzen, gibt es nichts zu sehen. So vergehen weitere zwei Stunden mit Justin. Die Sonne geht unter und ich beschließe kurz nach halb sechs, wieder zurück zur Diridon Station zu marschieren und den Bus 17 nach Santa Cruz zu nehmen. Auf eine obdachlose Nacht, im inzwischen bei Justin und mir äußerst unbeliebten San Jose, habe ich keine Lust. Justin beschließt, es noch etwas weiter zu versuchen und später auf der Straße zu übernachten. Wir tauschen Nummern aus, drücken uns zur Verabschiedung und wünschen uns gegenseitig viel Glück.
Um lächerliche fünf Dollar erleichtert, komme ich nach einer knappen Stunde mit dem Highway 17 Express Bus gegen 20 Uhr in Santa Cruz an. Wow, es ist schon wieder 50 Tage her, dass ich hier war. Auf der Pacific Avenue kaufe ich mir im New Leaf Community Market eine Thai-Suppe und setze mich vor dem

Laden auf den Bürgersteig. Vor mir performt ein Straßenmusiker. Zwei Obdachlose setzen sich neben mich und unterhalten sich kurz mit mir. Ich will versuchen, noch eine Übernachtungsmöglichkeit zu bekommen und verabschiede mich nach der Suppe schnell wieder. Die Toilette meines »Stammcafés« – der Santa Cruz Coffee Roasting Company – ist kaputt, weswegen ich heute lieber gegenüber zu Starbucks gehe. Und das soll sich als ein weiterer Glücksgriff in meine Serendipity-Kiste erweisen: Ich schreibe bis 22 Uhr Anfragen an Couchsurfer. Zwischendurch fällt mir auch wieder ein, dass ich ja vor zwölf Tagen Demian begegnet bin: Der schweizamerikanische Künstler saß neben Cari und mir im grandiosen Herbivore Restaurant und bot mir seine Couch an, falls es mich noch einmal nach Santa Cruz verschlagen sollte. Ich krame seine Visitenkarte aus meinem Portemonnaie und schreibe ihm eine SMS.
Die Damen von Starbucks wollen den Laden schließen. Beim Einpacken meines Notebooks unterhalte ich mich kurz mit einer der Angestellten, die mich daraufhin zu einer kleinen Party von Starbucks-Angestellten in der Red Room Bar einlädt. Ja, cool! Die Mädels wollen noch einmal nach Hause, um die Starbucks-Klamotten gegen Partykleidung zu tauschen. Ich schlendere solange schon einmal alleine zur Bar an der Ecke Locust Street und Cedar Street, als Demian antwortet: Er freut sich, dass ich mich tatsächlich bei ihm gemeldet habe, und will mich sehr gerne heute bei sich aufnehmen. Rock und Roll! Ich lasse ihn wissen, dass ich uns auch schon eine Party organisiert habe und wir uns in der Red Room Bar treffen sollten.
Die kleine Party in der mit gemütlichen Sofas und einem Kamin ausgestatteten sowie komplett rot ausgeleuchteten Bar im Obergeschoss des historischen Santa Cruz Hotel ist ganz nett, aber nichts, was mir auf ewig in Erinnerung bleiben wird. Demian stellt sich als äußerst cooler Typ heraus. Es freut mich, dass das mit uns heute klappt und wir uns ein wenig kennenlernen. Zum Abschluss des Abends gehen die »Starbuckser«, Demian und ich noch zum Billard spielen ins The Catalyst. Machen wir's kurz: Das Duo Demian und Dennis verliert – welch Überraschung. Mit Demians Schrottschüssel fahren wir in sein erschreckend kaltes Häuschen. Die Kälte bezieht sich ausschließlich auf die Temperatur: An den Wänden hängen überall seine Bilder, er hat ein Schlagzeug und – typisch Westküste – ein Einmachglas voll wahnsinnig gutem Homegrow.
Als ich mich dick eingepackt zum Schlafen auf die Couch lege, überlege ich, was mein Plan für morgen sein wird. Ich habe heute auch bei Ford nachgefragt, weswegen er in Los Angeles festsitzt. Er hat tatsächlich all sein Geld in die Weihnachtsflüge gesteckt und wurde zusätzlich anscheinend von Rain mit der Miete übers Ohr gehauen, was bedeutet, dass er somit wohl sein Wohnrecht im Bordello verliert. Von Rain, einer seiner besten Freundinnen abgezockt? Das kann ich mir irgendwie nicht vorstellen. Außerdem klang Ford so locker, als wäre er gar nicht sauer. Mit Ford zu telefonieren ist aber auch immer so eine Sache: Da verstehe ich immer nur die Hälfte. Fakt scheint aber zu sein, dass

meine Bromance in Schwierigkeiten ist. Sollte ich morgen trampen, könnte ich ganz schnell im Nirgendwo hängen bleiben und damit mehrere Tage verlieren. Ich werde daher auf ein Hitchhike-Abenteuer auf dem Highway 1 mit seiner tollen Landschaft verzichten und mit dem Bus auf der Interstate 5 nach Los Angeles fahren. Dort werde ich ein Wiedersehen mit Ford feiern und, wer weiß, vielleicht reisen wir ja sogar fortan zusammen weiter …

Bros reunited *oder:* Obdachlos in Hollywood
Tag 60: Dienstag, 8. Januar 2013

Nachdem ich noch einmal kurz meinen Plan, mit dem Bus zu fahren anstelle zu trampen, durchgegangen bin, reserviere ich für 12,50 Dollar einen Platz im Megabus, der von San Jose nach Los Angeles fährt.
Die Temperatur in Demians Häuschen ist auch am Morgen noch sehr niedrig. Zum Glück hat mir mein Gastgeber einen Schlafsack zur Verfügung gestellt, sonst hätte ich mich sicherlich erkältet. Als Demian aufwacht, bereitet er ein typisch amerikanisches Frühstück zu: Es gibt *oatmeal*, also warmen Haferbrei, mit zerdrückten Früchten und Kokosmilch. Nach dem Frühstück fährt Demian mich in die Downtown. Er selbst geht heute hiken. Schade, dass sich unsere Wege so schnell wieder trennen. Aber ich muss zu Ford nach Los Angeles und schauen, ob ich ihm helfen oder ihn wenigstens moralisch unterstützen kann.
Auf der Pacific Avenue treffe ich die obdachlose Frau wieder, mit der ich mich nach meiner gestrigen Ankunft kurz unterhalten hatte. Sie heißt CJ und ist heute mit Kay und Stretch unterwegs. Wir sitzen mit Bewunderung vor einem Straßenmusiker, lauschen seiner Musik und applaudieren. CJ erzählt, wie eines schönen Tages ein Blinder über die Straße zu ihr gekommen ist, als sie gerade getrommelt hat. Als sie ihr Trommeln beendete, sagte er ihr, dass sie ihm nun helfen müsse, den richtigen Weg zu finden. All seine Sinne seien auf ihr Trommeln gerichtet gewesen, sodass er die Orientierung verloren habe. Das, so erklärt CJ, war das schönste Kompliment, das sie je bekommen hat. Sie erzählt auch, dass ihr einmal Geld angeboten wurde, damit sie nicht aufhört zu singen. Ich prahle daraufhin, dass ich in Deutschland einst in einem Zug dafür bezahlt wurde, endlich meine Sangeskünste sein zu lassen. Stretch toppt das Ganze schließlich noch mit seiner Story: Ihm wurde mal Geld angeboten, damit er sich *nicht auszieht*. Kurz darauf kamen wiederum andere und haben ihm Geld fürs nackig machen gegeben. Die, die ihn nicht nackt sehen wollten, standen derweil natürlich direkt nebendran. So läuft der Hase. CJ lacht sich einen Ast und merkt an, dass Stretch eigentlich nie etwas sagt. Wenn er aber mal den Mund aufmacht, kommen Geschichten wie diese heraus – die alle wahr sind, denn er ist verrückt.
Der Highway 17 Express fährt *high noon* nach San Jose. An der Bushaltestelle

wartet auch eine Frau, die auf lustigen Drogen zu sein scheint oder aber über die Fähigkeiten des Dr. Dolittle verfügt. Auf jeden Fall freut sie sich kolossal über ein paar Tauben: »Oh look: four pigeons!«
Sie fährt fort, lauthals von und mit den Tauben zu reden. Als die vier abheben, reißt sie jubelnd ihre Arme in die Höhe und ruft erquickt: »Yeah! You made it! Wooh!«

Kurz vor eins erreichen wir San Jose. Mir fällt wieder ein, dass ich Jesus Freak Justin gestern vom preiswerten Megabus nach L.A. und vom Highway 17 Express nach Santa Cruz erzählt habe. Als wir auf dem Vorplatz der Diridon Station ankommen, überlege ich, ob ich Justin vielleicht zufällig hier wieder über den Weg laufe. Als Fachmann in Sachen Serendipity bin ich mir tatsächlich sogar relativ sicher, ihn anzutreffen. Nennt es lustig, nennt es unglaublich, aber ich habe natürlich recht und erkenne sein unverwechselbares Basecap schon aus der Ferne. Justin steht an der Haltestelle der 17 und staunt nicht schlecht, als ich freudestrahlend den Bus verlasse und seinen Namen rufe. Justin berichtet, dass er – unschwer zu erkennen – gestern kein Tramperglück mehr hatte und nun absolut keinen Bock mehr auf San Jose hat und den Abflug nach Santa Cruz plant. Eigentlich würde er lieber mit dem Megabus nach Los Angeles fahren. Die Betreiber von Megabus akzeptieren jedoch kein Bargeld, sondern nur die Zahlung mit Kreditkarte. Er besitzt natürlich keine Kreditkarte und ärgert sich nun etwas.
»You have it in cash?«, frage ich ihn.
»Yes«, zuckt er resigniert mit den Schultern.
»So I can book for you«, schlage ich ihm vor.
Er braucht zwei Sekunden, um zu verstehen. Dann strahlt er: »Awesome!«
»We just need Wi-Fi«, bringe ich den Haken an der Sache ins Spiel.
»No problem«, winkt Justin ab. Die Diridon Station bietet tatsächlich kostenlos Wi-Fi an. Geiler Scheiß! Wir setzen uns auf den Boden vor dem Bahnhof. Ich packe schnell mein Notebook aus, während Justin in mühevoller Kleinarbeit Cent für Cent neben mir stapelt, bis er endlich bei 12,50 Dollar angekommen ist. Kurz darauf ist sein Ticket gebucht und unserer gemeinsamen Busreise steht nichts mehr im Wege. *Easy job, big success.*
Megabus erinnert an eine Fluggesellschaft: Man darf maximal 50 Pfund an Gepäck mitnehmen, sonst setzt es eine Zusatzgebühr und man bekommt *per Video* erklärt, wo man was findet, wie man ins Internet kommt und wie man sich im Notfall zu verhalten hat. Verrückt. Lediglich die Sitze können nicht vorher ausgesucht werden. Wer zuerst kommt, mahlt also auch zuerst. Justin und ich können uns eine Reihe im Obergeschoss direkt hinter dem vorderen Aufgang sichern. Das bedeutet Beinfreiheit, da wir sie über das Geländer baumeln lassen können, und gute Aussicht, da sich vor uns und der Treppe nur noch eine weitere Sitzreihe befindet. Um kurz nach halb zwei geht's los. Nach einer knappen Stunde und kurz bevor wir auf die Interstate 5 wechseln, kommen wir am San

Luis Reservoir vorbei.

San Luis Reservoir

Der künstliche See liegt in einer wahnsinnig schönen Landschaft. Weich geschwungene und von grünen Wiesen überzogene Hügel ziehen sich um den – je nach Wasserstand – bis zu 14,5 Kilometer langen und acht Kilometer breiten See. Dass die Landschaft so sagenhaft grün ist, liegt auch an der Jahreszeit. Das Reservoir sammelt Wasser vom San Joaquin-Sacramento River Delta. Das Flussdelta liegt allerdings über 100 Kilometer Luftlinie nördlich vom Reservoir. Über das California Aqueduct, einem in seiner Gesamtlänge über 1000 Kilometer langem Kanal-, Tunnel- und Pipelinesystem, wird das Wasser in die O'Neill Forebay geleitet und dann schließlich in den Stausee gepumpt. Die O'Neill Forebay liegt direkt neben dem San Luis Reservoir.

Nach knapp drei Stunden gönnt uns Megabus irgendwo im Nirgendwo, genau gesagt vor dem McDonald's in Kettleman, eine Pause. Eine halbe Stunde später geht die Sonne unter. Die Landschaft ist flach, der Blick reicht weit. Erst am Horizont kann man eine Hügelkette und mit Eintreten der Dunkelheit auch die Lichter von Siedlungen ausmachen. Diese Weiten sind wirklich beeindruckend.
Kurz vor 20 Uhr erreichen wir die Union Station in Los Angeles. Ich verabschiede mich von Justin und folge Fords Wegbeschreibung, die er mir getextet hat: Ich soll die Red Line in Richtung North Hollywood bis zur Station Hollywood Boulevard und Vine Street nehmen. Yeah, Hollywood!
Die U-Bahnen in Los Angeles sind nicht durchnummeriert, sondern mit unterschiedlichen Farben versehen. Die Red Line verbindet die Union Station – Los Angeles' Hauptbahnhof – mit Downtown und Hollywood. In Los Angeles gibt man sich umweltfreundlich und verkauft keine auf Papier gedruckten Fahrkarten, sondern »TAP cards«. Das sind Plastikkarten, die mit einem elektronischen Chip versehen und somit immer wieder aufladbar sind. Finde ich gut. Allerdings ist die Preispolitik am Automaten nicht ganz so eindeutig. Läuft das nun wie beim BART in San Francisco oder ist das Guthaben tagesgebunden? Ich bin nicht der einzige Neuankömmling, der versucht, durch Beobachten und Befragen von anderen herauszufinden, wie viele Dollarnoten man in den Automaten schiebt. Trotz ehrlicher Bemühungen bleibt es recht rätselhaft.
Zehn Stationen dauert meine Fahrt. Die abgerundete Decke in der Station Hollywood/Vine besteht aus Filmrollen. Zwei Nachbildungen alter Kameras stehen in der Eingangshalle und die Säulen, die die Decke stützen, sehen wie hässliche Palmen aus. Auf einer Tafel werden Greenhorns wie ich darüber aufgeklärt, welche Bedeutung die Ecke Hollywood Boulevard und Vine Street hat: Es ist das Herz der Welthauptstadt der Unterhaltung. Im näheren Umkreis befinden

sich Filmstudios, Fernsehsender, Tonstudios, Radiostationen und Theaterbühnen. Von 1949 bis 1959 wurde der Oscar im Pantages Theatre überreicht, das sich genau gegenüber des U-Bahnhofs befindet. Während »Hollywood's Golden Age« befanden sich einige der berühmtesten Nachtclubs, Theater und Restaurants an der Kreuzung Hollywood und Vine. Kein Wunder also, dass die umliegenden Gebäude schon seit den 1920ern und bis in die Gegenwart hinein bereits in unzähligen Filmen auftauchten.

Ja, ich bin offensichtlich im Mekka des Films angekommen, wo ich nicht nur Ford wiedersehen, sondern auch endlich meinen Kollegen Chris treffen werde, den ich auf dem Filmfestival in Marbella kennengelernt habe. Mit Chris möchte ich das Projekt »Weltkollektivfilm« starten – mein eigentlicher Grund für diese Reise. Ich habe ihm und seiner Freundin und Produzentin Grace meine heutige Ankunft bereits per Mail angekündigt und hoffe, dass sie sich schnellstens melden. Ich bin schon voller Vorfreude auf die Zusammenarbeit und die Produktion unseres bislang größten Filmprojekts.

Ich hatte in der U-Bahn keinen Handyempfang und kann Ford erst von meiner Ankunft berichten, als ich bereits den U-Bahnhof verlassen habe. Ich soll in Dillon's Irish Pub, der schräg gegenüber des U-Bahnhofs ist, auf ihn warten. Ich spaziere über die ersten Sterne des *Walk of Fame* und betrete den großen Pub, der zwei offensichtliche Gründe bietet, weshalb sehr viele Menschen darin ihre Bierchen trinken: Ein jeder Gerstensaft kostet nur drei Dollar und die Mädels hinterm Tresen sehen aus wie die Mädels hinterm Tresen aus Hollywoodfilmen. Jählings ertönt zunächst leiser, doch dann immer lauter werdend, eine Big Band hinter mir. Ich drehe mich herum, als mich eine der Bardamen vom Hocker reißt und in einen maßgeschneiderten schwarzen Anzug stülpt. Zwei Spotlights leuchten plötzlich auf. Eines ist direkt auf mich, das andere auf die Eingangstür gerichtet. Die Bardamen und schick gekleidete Männer beginnen zu tanzen. Schließlich ertönt eine Stimme und singt: »Like the wallpaper sticks to the wall, like the seashore clings to the sea, like you'll never get rid of your shadow … You'll never get rid of me! Let all the others fight and fuss, whatever happens, we've got us.«

Ich erkenne Fords Stimme sofort, und als er mit einem Mal in der Tür steht, ist mir klar, was zu tun ist. Ich schnappe mir das Mikrofon, das mir entgegengeworfen wird, und schlendere lässig und cool auf den ebenfalls im feinsten Zwirn swingenden Ford zu: »We're closer than smog to all of L.A., we're closer than Bobby is to JFK., not a soul can bust this team in two … We stick together like glue!«

Wir tanzen und singen, die Menge schreit oder fällt in Ohnmacht und eine Wand scheint aus heiterem Himmel in Flammen zu stehen. Es ist ein Schriftzug aus gleißendem Licht, der auch dem letzten Ahnungslosen im Raum die Epik des Moments erklärt: »Bros reunited!«

Als wir zur letzten Zeile ansetzen, kann keiner mehr an sich halten: Unterwä-

sche fliegt uns um die Ohren und man reißt uns jubelnd in die Höhe: »Life is gonna be we-wow-whee! For my shadow and me!«
Frank und Sammy wären auf jeden Fall stolz auf uns. Der Song ist zu Ende, die Big Band, genau wie unsere schicken Anzüge verschwunden und seltsamerweise trägt auch jede Dame und jeder Herr im Pub wieder seine Unterwäsche – vermute ich zumindest. Neben Ford stehen zudem auf einmal zwei Trolleys, die er zusammen mit einem Kleidersack auf ein Wägelchen geschnürt hat.
Wir trinken ein Bier und ich frage den unrasierten Ford, ob er zu Weihnachten kein Geld bekommen hat. Oder: Wie kommt es, dass er es sich nicht leisten kann, nach Oakland zu fahren?
»Money? From who?«, lautet seine Antwort. Danach erzählt er mir, was passiert ist: Rain hat wohl seine Miete nicht an George weitergegeben. Außerdem wird Rain in zwei Tagen aus dem Bordello ausziehen. Das bedeutet, dass Ford ein Problem hat: Sein komplettes Zeug ist in der Wohnung, die er sich eigentlich mit Rain teilen wollte. Ford hofft, dass Althippie George auf sein Zeugs aufpasst und es nicht sonst wo verschwindet. Ich schüttele ungläubig den Kopf. Was ist denn nur in Rain geraten? Ford wiegelt ab und meint, dass er es hätte wissen müssen, da Rain schließlich gerne mal Sachen klaut. Dann nippt er am Bier, zuckt mit den Schultern und sagt, dass er ihr nicht böse ist. Ich möchte wissen, wie er seit seiner Ankunft aus Chicago über die Runden gekommen ist. Er hatte noch ein wenig Geld für ein Hostel. Jetzt ist er aber kurz vor null und schläft auf der Straße. Ich frage ihn, weshalb er nicht mit Megabus nach San Jose fährt. Von dort ist es ja nur noch ein Katzensprung bis San Francisco und Oakland. Ford lächelt verträumt und erklärt, dass er sein Stranden in L.A. als eine Art Wink des Schicksals sieht: Er sollte endlich anfangen, ernsthaft an seiner Schauspielkarriere zu arbeiten. Deswegen will er in der »Stadt der Engel« bleiben und sich hocharbeiten. Morgen hat er beispielsweise zwei Auditions.
Wir lernen zwei Mädels und einen Typen kennen. Nachdem sich Stephan Fords Geschichte angehört hat, lädt er uns zu sich nach Hause ein. Ja, super! Allerdings ist Fords erstes Vorsprechen früh am Morgen, weswegen er nicht so weit von Hollywood weg will. Also entscheiden wir uns dazu, heute auf der Straße zu übernachten. Laut Ford sei das überhaupt kein Problem und ich finde es aus der Sicht eines Filmemachers auch irgendwie amüsant. Wenn ich mal meinen Oscar entgegennehme, kann ich das Erlebte in meine Dankesrede einfließen lassen: »You know, I was homeless, when I came to Hollywood for the very first time.« Bla bla. »I wanna thank the Academy.«
Das wird klasse.
Stephan, Ford und ich ziehen noch in Richtung einer anderen Bar. Ford will aber verständlicherweise Geld sparen und sich auch nicht ständig von mir einladen lassen. Außerdem sind wir beide müde. Also lassen wir Stephan alleine weiterfeiern und gehen zum Parkplatz auf dem Schrader Boulevard, den Ford als geeigneten Schlafplatz auserkoren hat. Auf dem Weg dorthin zwiebelt Ford

vor mir einen ab und sagt: »Oh my God, this is going to be stinky. I'm happy that we're going to sleep outside tonight.«
So lustig kann Obdachlosigkeit sein.
Später meldet Stephan sich wieder. Er will sich mit uns treffen. Cool, er meint es wohl wirklich ernst mit der angebotenen Hilfe. Er trifft uns auf dem Parkplatz, setzt sich und unterhält sich mit uns. Ford davon zu überzeugen, mit zu ihm zu kommen, gelingt ihm aber nicht. Auch ich lehne dankend ab und erkläre ihm, dass ich Ford so einiges schulde und ihn hier nicht alleine lassen werde. *We stick together like glue!*
Ford macht es sich während der Unterhaltung gemütlich und auch ich schlafe bald ein, wache jedoch irgendwann wieder auf. Etwas hat sich verändert. Mein Rucksack ist noch da. Nichts fehlt. Das Gegenteil ist der Fall. Ich schaue an mir hinab und sehe, dass eine Decke auf mir liegt. Wo kommt die denn her? Ich schaue um mich und sehe, dass Stephan noch immer bei uns sitzt. Neben ihm sitzt ein Mädel, das ich noch nie gesehen habe. Sie lächelt mich an und sagt, dass sie an uns vorbeigelaufen ist und gesehen hat, dass ich zu frieren scheine. Also hat sie die Decke von zu Hause geholt und mich zugedeckt. Ich darf die Decke behalten, merkt sie an. Wow, das ist sagenhaft lieb. Ich bedanke mich und schlafe direkt wieder ein. Die Frau kommt auch in meine Dankesrede ...

Walk of Fame: Die Geschichte des Hollywood Boulevard
Tag 61: Mittwoch, 9. Januar 2013

Die Nacht auf dem Parkplatz ist recht kurz und ungemütlich. Als ich aufwache, sind Stephan und das Mädel natürlich nicht mehr da. Seltsamerweise sind aber auch Ford und sein komplettes Gepäck verschwunden. Hä? Ich laufe irritiert den Parkplatz auf und ab. Von meinem Freund ist nichts zu sehen. Zwei Minuten später taucht er wieder auf. Er hat sich im Hostel, das sich direkt neben dem Parkplatz befindet, schick gemacht und für drei Dollar sein Gepäck darin verstaut. Ford meint, er habe überhaupt nicht geschlafen. Müde fährt er mit dem Bus zur ersten Audition. Ich setze mich zunächst zu Starbucks, wärme mich mit Kaffee auf und überlege, was ich heute mache. Neben mir sitzt eine gut und gerne 65 Jahre alte Russin, die gerade an ihrem Rechner verzweifelt. Ihr zu helfen, ist hinsichtlich der kyrillischen Schrift jedoch nicht so einfach. Nachdem ich der Russin mehr schlecht als recht geholfen und meinen Kaffee ausgetrunken habe, bekomme ich Hunger. In der unweit gelegenen Wilcox Avenue esse ich im Vegan House und putze mir danach im Restaurantklo die Zähne.
Ich starte einen Spaziergang über die Sterne des Walk of Fame, die seit 1960 in das Pflaster des Hollywood Boulevard eingelassen werden. Man kommt gar nicht umhin, ständig die Namen der mit einem Stern Geehrten auf dem Boden zu lesen. Neben Namen und Stern wird mit einem Symbol auch dargestellt,

aus welchem Gebiet die honorierte Person kommt: Film, Fernsehen, Radio, Musik inklusive Musikaufnahme und seit 1984 auch Theater beziehungsweise Live-Performance. Außerdem gibt es tatsächlich noch Sterne für fiktive Figuren wie Kermit der Frosch, die Simpsons, Micky Maus und sogar Godzilla. Zu guter Letzt gibt es noch die seltenen *special stars*. Mindestens vier davon sehe ich auch: Sie wurden den Mondpionieren der Apollo 11 gewidmet – und sind ausnahmsweise einmal Monde und keine Sterne. Die Monde befinden sich an allen vier Ecken der Kreuzung Hollywood und Vine und werden zur Fernsehkategorie gezählt.

Nahezu die Hälfte aller Sterne ging an Menschen aus dem Filmgeschäft.

Walk of Fame

Charlie Chaplin musste 16 Jahre lang warten, bis die bereits 1956 gefällte Entscheidung, ihm einen Stern zu widmen, in die Tat umgesetzt wurde. Der Grund dafür war wohl ein vorgeschobener: Chaplin wurde Anfang der 1940er angeklagt, eine Schauspielerin als bezahlte Geliebte gehalten zu haben. Er wurde freigesprochen. Viel wahrscheinlicher für das Aufschieben seiner Ehrung dürften seine Weigerung, die amerikanische Staatsbürgerschaft anzunehmen, und seine linkspolitischen Ansichten gewesen sein. Es war die Zeit der berüchtigten McCarthy-Ära, in der eine Reihe Prominenter wegen »unamerikanischer Umtriebe« als kommunistisch und somit verfassungsfeindlich eingestuft wurden. Als Chaplin 1952 nach Europa reiste, um dort seinen neuen Film »Rampenlicht« zu präsentieren, verweigerte man ihm die Wiedereinreise in die USA. Chaplin zog daraufhin in die Schweiz, wo er letztlich bis zu seinem Tod 1977 lebte.

Die kauzigste Geschichte verbirgt sich hinter Muhammad Alis Stern. Zunächst musste ein legitimer Grund gefunden werden, um den Boxer mit einem Stern zu ehren.

»Well, boxing is sort of a live performance«, entschied das Komitee schließlich. Nachdem das also geklärt war, meldete sich »The Greatest« höchstselbst zu Wort und merkte an, dass ihm der Gedanke missfällt, dass Leute über seinen Namen laufen. Also beratschlagte man erneut und beschloss, Alis Stern als ersten und bislang einzigen Stern an einer Wand anzubringen. Die spezielle Wand befindet sich im Dolby Theatre.

Die Sterne werden überdies nicht zufällig platziert: Personen, die mit dem Academy Award ausgezeichnet wurden, findet man gewöhnlich nahe des Dolby Theatre, Bond-Darsteller Roger Moore hat man vor dem Haus mit der Nummer 7007 verewigt, Ed O'Neill alias Al Bundy vor einem Schuhgeschäft und Michael Myers beehrte man – in Bezug auf seine Rolle als Austin Powers – mit einer Platzierung vor der International Love Boutique. *Oh, behave!*

Einen »ersten Stern« im Walk of Fame gibt es übrigens nicht. Als die Stadt Los

Angeles das Anlegen der Ehrenmeile genehmigte, wählten vier Komitees aus Tausenden Vorschlägen 1558 Künstler aus. Die viermal für den Oscar nominierte und 1958 in ihrer Rolle in »Eva mit den drei Gesichtern« einmal siegreiche Joanne Woodward wird oft als die erste Künstlerin mit einem Stern auf dem Walk of Fame bezeichnet. Das stimmt allerdings nicht. Aus den 1558 angefertigten wurden acht zufällig ausgewählte Sterne temporär der Öffentlichkeit präsentiert, damit diese sich einen Eindruck vom geplanten Projekt machen konnte. Joanne Woodward war hierbei lediglich die Erste, die mit ihrem Stern vor Fotografen posierte. Stummfilmaktrice Olive Borden und der 1948 mit dem Academy Award für die beste männliche Hauptrolle in »Ein Doppelleben« ausgezeichnete Ronald Colman gehörten genauso zu den acht Ausgelosten, wie die hauptsächlich in Stummfilmkomödien auftretende Louise Fazenda, Schauspieler Preston Foster und Regisseur, Drehbuchautor, Schauspieler und Produzent Edward Sedgwick. Schauspieler Ernest Torrence und der legendäre Burt Lancaster – der insgesamt viermal für den Oscar nominiert war und 1960 den Goldjungen für seine Rolle als Elmer Gantry im gleichnamigen Film erhielt – runden die acht Glückspilze ab. Der tatsächlich erste permanent angebrachte Stern war am 28. März 1960 der des neunmal für den Oscar nominierten, aber nie siegreichen Filmemachers Stanley Kramer, dem wir Filme wie »Das Urteil von Nürnberg«, »Flucht in Ketten«, »Die Caine war ihr Schicksal« und »Zwölf Uhr mittags« verdanken. Die Zahl der gelegten Sterne liegt mittlerweile bei rund 2500. Alljährlich werden rund 20 Sterne dem Walk of Fame hinzugefügt. Die genauen Adressen der einzelnen Sterne kann man notabene bei Wikipedia nachschlagen.

Der Walk of Fame ist von Ost nach West über zwei Kilometer lang. Die Sterne ziehen sich von der Kreuzung Hollywood Boulevard und La Brea Avenue im Westen bis zur Ecke Hollywood und North Gower Street, die sich drei Blocks östlich der Vine Street befindet. Und auch in der Vine Street erstreckt sich der Walk of Fame über drei Blocks beziehungsweise 700 Meter. Hier kann man Passanten wie mich mit interessiert gesenkten Köpfen von der Ecke Vine und Yucca Street bis zur Ecke Vine und Sunset Boulevard beobachten. Ich finde das Flanieren über die Ehrenmeile durchaus amüsant, da ich auf meiner bisherigen Reise meist nach oben schaute, wenn ich auf Entdeckungstour durch eine Innenstadt gelaufen bin.

Aus der Historie Hollywoods

Die Entwicklung Hollywoods ist schon erstaunlich: 1853 stand hier nicht mehr als eine Lehmhütte. Es wurde Landwirtschaft betrieben und um die Jahrhundertwende zählte Hollywood ganze 500 Einwohner, ein Postamt, eine Zeitung, ein Hotel und zwei Märkte. Am 27. Oktober 1911 wurde dann mit der Nestor Motion Picture Company das erste Filmstudio Hollywoods eröffnet. 15 weitere

folgten noch im selben Jahr. Der Abzug aus New York liegt darin begründet, dass an der Ostküste brancheninterne Revierkämpfe das Leben der Studios erschwerten und – vielleicht sogar wichtiger – das sonnige Wetter Kaliforniens. In der Frühzeit des Filmemachens hatte man noch kein adäquates Kunstlicht entwickelt und das Filmmaterial war noch relativ lichtunempfindlich. Bereits 1915 hatte sich Hollywood zum wichtigsten Standort der Filmindustrie innerhalb der USA gemausert. Infolge des Ersten Weltkriegs, für den Rohstoffe benötigt wurden, die auch zur Filmherstellung notwendig waren, verlor Frankreich in den 1920er Jahren seine weltweite Vormachtstellung. Sogar Importbeschränkungen gegenüber der amerikanischen Filmflut mussten erlassen werden, um die europäische Filmwirtschaft vor dem Untergang zu bewahren.
Vom landwirtschaftlichen Hollywood der Jahrhundertwende war nichts mehr übrig geblieben. Der Stadtteil der »City of Angels« war fortan die neue Welthauptstadt des Films, dem bald Radio- und Fernsehstationen wie auch die Musikindustrie folgten.

Es ist angenehm warm und mein Rucksack wegen der geschenkten Decke und Fords Pullover voller und schwerer als bisher. Allzu schön ist Hollywood trotz des hübschen Bordsteinpflasters indes nicht. Hässlich ist der Boulevard, in dem es erstaunlich wenige Hochhäuser gibt, aber auch nicht. Mit Ausnahme der Kinos und einiger weniger anderer Gebäude mangelt es schlicht an hübschen Bauten. Der Boulevard wirkt eher wie eine Touristenmeile in einem x-beliebigen Urlaubsort, mit den üblichen Fast-Food-Restaurants und unhübschen Souvenirläden, die billig daherkommen und sich in einstöckigen Flachbauten ohne jedwede Kreativität befinden. Man könnte sagen, dass sich der Ramschtourismus zwischen die Tempel der amerikanischen Filmhistorie eingenistet hat. Gleich mehrere Geschäfte unterbieten sich mit ihren Preisen für T-Shirts: fünf Shirts für zehn Dollar. In den Headshops werden die extravagantesten Wasserpfeifen angeboten und der Déjà Vu Showgirls Stripclub wirbt damit, dass in ihm Tausende wunderschöner und auch drei hässliche Mädels tanzen. Verrückt. Eher pervers denn verrückt finde ich die allseits beworbenen Bustouren, die einen zu den Häusern von über 50 Promis führen. Immerhin stört man nicht alle 50 Celebrities, da einige von ihnen schon nicht mehr unter uns weilen oder im Falle von Lindsay Lohan derzeit im Entzug sind – glaube ich zumindest. Ford hat sich schon des Öfteren über die öffentliche Demütigung von Lindsay Lohan aufgeregt und der Zurschaustellung und Anprangerung des einstigen Disney-Stars sogar ein neues Verb gewidmet: »I don't want to get lohaned!«
Im Internet wird der Begriff allerdings anders verwendet. Da bedeutet »getting lohaned«, dass man sich an einem Abend so zudröhnt, dass man Gefahr läuft, den Führerschein, die Unterwäsche und den Inhalt des eigenen Magens zu verlieren.

Die Kreuzung Hollywood und Vine

An der Kreuzung Hollywood und Vine befindet sich das zwölfstöckige Taft Building. Das neoklassizistische Gebäude wurde 1923 fertiggestellt und beherbergte schnell alle relevanten Filmstudios, die Academy of Motion Picture Arts and Sciences, Will Rogers, Charlie Chaplin und Clark Gables Zahnarzt. Es war das erste Hochhaus der Stadt, das als Bürogebäude genutzt wurde.
Genau gegenüber befindet sich das Equitable Building, in dessen Erdgeschoss Ford und ich in Dillon's Irish Pub unser Wiedersehen gefeiert haben. Das hübsche Gebäude mit dem interessanten U-förmigen Grundriss wurde Ende 1930 fertiggestellt und war somit nach dem Taft Building das zweite herausragende Bürogebäude von Los Angeles. Schauspielagent Myron Selznick zog mit seiner Agentur Joyce-Selznick, Ltd. in das Equitable Building und sorgte somit für regelmäßigen Starauflauf: Zu seinen Klienten gehörten unter anderem Vivien Leigh, Laurence Olivier, Gary Cooper, Henry Fonda, Boris Karloff und Carole Lombard. Der Bruder von Produktionslegende David O. Selznick war mit Los Angeles' erster Talentschmiede so erfolgreich, dass er Hausverbot bei 20th Century Fox bekam. Die Studiobosse fürchteten, dass er die Schauspielgehälter zu sehr in die Höhe treiben könnte.
Direkt neben dem Equitable Building befindet sich seit 1930 das im Art-déco-Stil erbaute Pantages Theatre. Amerikas erstes Art-déco-Kino war zunächst als zwölfstöckiges Gebäude mit zehn Stockwerken für Büros geplant. Aufgrund der Great Depression sparte man sich dann aber die zehn Büroetagen. Ein weiteres Opfer der Wirtschaftskrise wurden die Vaudeville-Darbietungen, die sich ursprünglich mit den Filmvorführungen abwechselten. Um Geld zu sparen, fanden die varietéartigen Shows nur noch gelegentlich statt.
Ein Jahr nachdem er RKO Pictures übernommen hatte, übernahm Howard Hughes 1949 auch das Pantages Theatre. Er selbst zog mit seinem Büro in die zweite Etage des Pantages und hieß für die folgenden zehn Jahre die Academy zur Oscarverleihung willkommen. Im Januar 1977 schloss das Pantages Theatre seine Pforten als Kino und eröffnete sie einen Monat später wieder als Theater- und Musicalbühne. Die Konzeptänderung ging auf: Die fünf Wochen mit dem höchsten Einspielergebnis eines Theaters in der Geschichte von Los Angeles gehen allesamt aufs Konto des Pantages.

Es sieht so aus, als würde der Boulevard östlich des Pantages weniger spektakulär fortgeführt. Ich biege daher links in die Argyle Avenue ab. Zu meiner linken sehe ich an der Ecke Vine und Yucca Street das runde Capitol Records Building.

Capitol Records Building

Angeblich war es purer Zufall, dass der 13-stöckige Bau wie eine Stapelung von Schallplatten aussieht. Keine Zufälligkeit verbirgt sich indessen hinter dem Rhythmus des blinkenden Lichts, das sich auf dem Turm befindet. Seit seiner Fertigstellung 1956 sendet das Capitol Records Building im Morsecode »Hollywood« über die Stadt.

Ich möchte Hollywood abseits des Boulevards erforschen und biege von der Yucca Street nördlich in den Cahuenga Boulevard ab. Ich unterquere den Highway 101 und stelle fest, dass es nördlich des Hollywood Boulevard nichts zu bestaunen gibt. Selbst die Aussicht wird, trotz des Aufstiegs, nicht besonders. Allerdings sind die omnipräsenten Werbetafeln, die einen den riesigen Einfluss und die Allgegenwärtigkeit der Filmindustrie spüren lassen, dann doch wieder faszinierend. Ich habe mir noch nie in meinem Leben so gerne Werbeplakate angesehen …

Wieder zurück auf dem Hollywood Boulevard, passiere ich das 1922 erbaute und weltberühmte Grauman's Egyptian Theatre.

Grauman & Toberman: Die Macher von Hollywood

Showman Sid Grauman und Immobilienentwickler Charles E. Toberman waren jene Visionäre, die Hollywood durch ihre Komplexe zur Kinometropole schlechthin gedeihen ließen.

Toberman hat halb Hollywood erbaut, darunter das eine oder andere Hotel und den Hollywood Bowl, ein modernes Amphitheater. Er wurde daher auch ehrfürchtig »Mr. Hollywood«, ja sogar »Father of Hollywood« getauft.

Sid Grauman leitete mehrere Theater in San Francisco und San Jose, bevor er nach Los Angeles kam und für 35 Jahre im Ambassador Hotel einzog. Grauman freundete sich mit vielen Filmstars an, die auf ihrem Weg nach oben oftmals als noch unbekannte Künstler bereits auf seinen Bühnen in San Francisco aufgetreten waren; darunter Oscarpreisträgerin Mary Pickford und Charlie Chaplin. Grauman war außerdem einer der 36 Gründer der Academy of Motion Picture Arts and Sciences. Die letzten sechs Monate seines Lebens lebte er in einem Krankenhaus. Nicht aber, weil er krank war, sondern weil er es mochte. Er ging zum Essen in Restaurants und kam zum Schlafen zurück ins Hospital.

Grauman's Egyptian Theatre

Im Egyptian fand am 18. Oktober 1922 die allererste Hollywoodpremiere überhaupt statt: »Robin Hood« mit Douglas Fairbanks. Das Egyptian war eigentlich gar nicht als ägyptisch geprägtes Bauwerk geplant. Die ursprünglich angedachte Architektur kam aus dem Hispanischen, was man auch noch am schrägen Dach über dem Haupteingang erkennen kann. Vermutlich infolge des Rummels rund um den Archäologen Howard Carter, von dem die amerikanische Gesellschaft seinerzeit angefixt war, entschieden sich die Bauherren Grauman und Toberman um und machten aus dem hispanischen Kino kurzerhand ein ägyptisches. Die bereits bezahlten Dachziegeln wurden dennoch verwendet. Zwei Wochen nach der Eröffnung des Egyptian entdeckte Carter schließlich die Grabkammer von Tutanchamun. Hollywoodreif.

Neben das Egyptian reihen sich Scientology, das Guinness Museum – in dem es um Weltrekorde und nicht um Bier geht –, McDonald's und ein Gebäude, aus dem ein comichafter T-Rex mit einer Uhr vor der Brust aus dem Dach herausschaut: Ripley's Believe It or Not! Hierbei handelt es sich um ein sogenanntes »Odditorium«, ein Museum, in dem es primär um Merkwürdigkeiten geht. Das Highlight des nächsten Blocks ist das El Capitan Theatre, das heute der Walt Disney Company gehört und dementsprechend Schauplatz für viele Premieren von Filmen aus dem Hause Disney ist.

El Capitan Theatre

Auch dieser Kino- und Theaterkomplex stammt aus den 1920er Jahren und wurde von Charles E. Toberman und Sid Grauman in Auftrag gegeben. Wie der Name schon vermuten lässt, verwirklichten Grauman und Toberman im 1926 eröffneten El Capitan schließlich ihren Plan, ein vom spanischen Kolonialstil geprägtes Gebäude zu errichten.

Auf den Brettern des El Capitan spielten Legenden wie Clark Gable und Joan Fontaine. Das wohl wichtigste Ereignis dürfte aber 1941 die Westküstenpremiere von Orson Welles' Überfilm »Citizen Kane« gewesen sein. In der Hauptfigur des Films, der von vielen als der beste Film aller Zeiten angesehen wird, erkannte sich – wohl weniger durch Zufall – der Medienmogul William Randolph Hearst wieder. Da Kane weniger eine schmeichelhafte Hommage, denn eine bitterböse Abrechnung mit dem Großkapitalisten ist, gab Hearst alles, um die Veröffentlichung des Films zu verhindern. Er versuchte die Negative von RKO Pictures abzukaufen, bezeichnete Welles in den Medien als Kommunisten, verbot Werbung für sämtliche RKO-Produktionen und sanktionierte nach seiner Uraufführung sämtliche Kinos, die den Film zeigten. Wohl weniger wegen Welles' Film, sondern vielmehr aufgrund der Großen Depression schloss das El Capitan nach der Vorführung für ein Jahr seine Pforten. Als das Hollywood Paramount Theatre ging es unter neuer Führung weiter und entwickelte sich an der Westküste zum Flaggschiffkino der Paramount Studios. 1948 mussten die Filmstudios angesichts einer kartellrechtlichen Maßnahme der US-Regierung, die Filmproduktion und Filmvorführung trennte, ihre Kinos wieder abgeben. Das berühmte Kino hatte daraufhin unterschiedliche Besitzer. Seit den späten 1980er Jahren dürfen Filmstudios wieder ihre eigenen Kinos besitzen, was schließlich dazu führte, dass die Walt Disney Company 1989 das

> Kino übernahm und es 1991 wieder unter seinem ursprünglichen Namen in Betrieb nahm.

Ich spaziere auf der gegenüberliegenden Straßenseite der Kinos, wo mir nun eine ganze Reihe interessanter Persönlichkeiten begegnen: Ein etwas zu sehr aufgeblasener Captain America im Strampelanzug macht den Anfang. Allerdings hat er irgendwo sein Schild vergessen. Dafür trägt er eine Sonnenbrille und schicke schwarze Sneakers. Geiler Typ. Kurz darauf treffe ich auf Donald und Daisy Duck, die gerade einen Plausch mit Minni Maus halten. Der nächste Kollege ist mir noch nicht bekannt. Allerdings hat er in meinen Augen das Potenzial, es in Hollywood ganz weit zu bringen. Es handelt sich um einen Gorilla mit Bierbauch, abgerissener rosa Hose und gleichfarbigem Superheldencape. Über seiner Wampe spannt ein schwarzes Shirt, auf dem ebenfalls in rosa Schrift »Hollywood« geschrieben steht. Abgerundet wird die absolute Coolness mit einer silbernen Sonnenbrille mit orangefarbenen Gläsern. Vielleicht sollte ich ihn mir schnappen und zu Marvel oder DC schleppen? Oder gibt es den Beer-Gutted Ape-Man schon? Auch Supergirl zeigt Bauch und sollte sich nicht zu sehr auf ihren roten Handschuh konzentrieren, sondern besser darauf, dass hinter ihr Ghostface, der kranke Serienkiller aus der »Scream«-Reihe umherschleicht. Captain Jack Sparrow sieht trotz seiner kleinen Schatzkiste etwas bedröppelt aus. Vielleicht hat die sexy Polizistin, die zehn Meter weiter in Hotpants für Recht und Ordnung sorgt seinen Rum beschlagnahmt? Jack gegenüber steht Spider-Man. Ich hätte ihn mir wesentlich sympathischer vorgestellt. Vielleicht hatte Peter Parker aber auch einen nervigen Schultag. Sein grauer Ranzen steht neben ihm und er selbst posiert, als hielte er sich für einen ganz Großen.
»Nolan's Batman stole your show!«, möchte man dem arroganten Teenie zurufen. Glücklicherweise verkneife ich mir diesen Ausruf, denn schon trottet gefährlich nahe der Joker mit einer Frau mit blonder Perücke an mir vorbei. Die planen offensichtlich was. Wesentlich lässiger als Spider-Man ist wiederum Kick-Ass, der irritierenderweise nicht mit Hit-Girl, sondern Wonder Woman unterwegs ist. Als er mich sieht, fordert er mich auf, gemeinsam böse Schergen zu besiegen. Ob er mich meines Bartes wegen für den noch unbekannten Bear Man hält? Meine Irritation nimmt zu, als ich einen zweiten Spider-Man und einen zweiten Captain America – diesmal mit Schild – an mir vorbeistolzieren sehe. Was ist denn hier los? Trittbrettfahrer? Ich beobachte die Stars und Helden nun kritischer: Marilyn Monroe winkt mir sexy zu, während ich mich über ihren Brustumfang und ihre riesigen Lippen wundere. Mr. T steht am Straßenrand und ist – ungelogen – einen Meter kürzer, als er eigentlich sein müsste. Schließlich überrasche ich zwei Transformers beim Austausch von vermutlich hochbrisanten Daten-CDs. Als der Dealer mich beim Fotografieren der Situation erwischt, suche ich schnell das Weite.

Ich fliehe eine Treppe hinauf in einen pompösen Hof, der von hohen Mauern und Fußgängerbrücken umgeben ist. Es handelt sich um das Hollywood & Highland Center, einer Shopping Mall mit integriertem Entertainmentkomplex.

Hollywood & Highland Center

Der Name rührt von seiner Lage: Das Center befindet sich an der Ecke Hollywood Boulevard und Highland Avenue. Die Gestaltung des Hofes wurde von der vierten Episode aus D. W. Griffiths dreieinhalb Stunden langen Stummfilmepos »Intoleranz« von 1916 inspiriert, die vom Untergang Babylons handelt: Eine riesige Pforte schließt den Hof auf der mir gegenüberliegenden Seite ab und auf zwei mächtigen Sockeln thront je ein Elefant, dessen Vorderbeine und Rüssel angriffslustig nach oben gestreckt sind. Die Ausmaße der Elefantensockel entsprechen jenen des Filmsets. Was muss das für eine mächtige Kulisse gewesen sein … *1916*. Ein Jahr vor der Uraufführung von »Intoleranz« löste Griffith mit seinem dreistündigen »Geburt einer Nation« einen Skandal aus. Auf der einen Seite handelt es sich um einen filmtechnisch famosen Film, auf der anderen Seite werden der Ku Klux Klan und die Sklaverei darin verherrlicht. »Intoleranz« hingegen hat einen pazifistischen Grundtenor und gilt als Griffith' Antwort auf die Proteste bezüglich »Geburt einer Nation«.
Der Boden des Platzes ist von einem Pflaster durchzogen, das vermutlich ein Filmband darstellen soll. Alle paar Meter unterbrechen Mosaike mit Zitaten von Filmemachern das ansonsten rote Steinband. Wer die Zitierten sind, wird nicht preisgegeben. Lediglich ihre Funktionen, wie beispielsweise »Director« oder »Script Supervisor«, stehen unter den meist amüsanten Sätzen: »I'd sneak up a hill near my house and watch drive-in movies through binoculars. That's how I found my goal in life – to make the trashiest motion picture in history.« Auch schön: »First I worked in the lab, dunking film in colored washes, then I was taught to be a camera operator. Cecil B. DeMille said I invented the soft focus, because everything I shot was blurry.«
Ein begrenzungsfreier Springbrunnen mit Wasserfontänen rundet den schicken Platz ab.

Ich mache ein Päuschen, da mir mein Rucksack mittlerweile ganz schön aufs Kreuz geht, schaue mich um und spaziere schließlich wieder zurück zum Boulevard, weiter zum Chinese Theatre … ohne zu bemerken, dass ich am Dolby Theatre vorbeischlendere. Jenem Gebäude, das Muhammad Alis Namen vor Hundekot schützt. Darüber hinaus hieß das Bauwerk bis letzten Sommer noch Kodak Theatre und ist seit 2001 der Ort, an dem die Oscars verliehen werden. Das Chinese Theatre ist hingegen leicht an seinem beeindruckenden Eingang zu erkennen.

Chinese Theatre

Wie das Egyptian und das El Capitano wurde auch das Chinese Theatre von Grauman und unter erneuter Mitwirkung von Toberman errichtet. Premierenfilm war 1927 Cecil B. DeMilles Bibelepos »König der Könige«. Drei Oscarverleihungen von 1944 bis 1946 und 50 Jahre später feierte auch »Krieg der Sterne« seine Premiere im Chinese Theatre. Im Boden vor dem Kino sind die Fuß- und Handabdrücke sowie die Unterschriften von nahezu 200 Hollywoodstars verewigt. Von manchen Stars wurden auch andere Körperteile und Utensilien im Beton verewigt, die prägnanter zu den jeweiligen Stars passen. So kann man auch die Zauberstäbe der Protagonisten aus »Harry Potter«, die Faust von John Wayne und lustigerweise auch die Zinken von Bob Hope und Jimmy Durante im Beton wiederfinden. Es gilt als gewiss überliefert, dass entweder Schauspielerin Norma Talmadge oder Grauman selbst aus Versehen in noch nicht getrockneten Beton trat. Wer daraufhin jedoch die Idee mit den Abdrücken als eine fortwährende Tradition des Chinese Theatre hatte, ist nie sicher geklärt worden. Der Brauch mit den Abdrücken vor dem historischen Kino ist übrigens lange vor den Sternen des Walk of Fame entstanden und war womöglich eine große Inspirationsquelle für das wohl berühmteste Straßenpflaster der Welt.

Ich schreite über Alfred Hitchcocks zweiten Stern, den er für seine TV-Verdienste verliehen bekam, und überquere die Sycamore Avenue. Im Block zwischen der Sycamore und der La Brea Avenue bewundere ich die stylishen Straßenlaternen, die wie Dedolights aussehen, also Leuchten wie sie in Filmproduktionen verwendet werden – inklusive Flügeltor. Ob das auch justierbar ist?
An der La Brea Avenue erreiche ich das westliche Ende des Walk of Fame. Das Ende der Ehrenstraße symbolisiert ein eiserner Pavillon, der auf einer dreieckigen Verkehrsinsel steht und den Namen »The Four Ladies« trägt.

»The Four Ladies«

Der Pavillon wurde von Regisseurin Catherine Hardwicke designt, die sich sowohl für den netten Indie-Streifen »Dreizehn« als auch für den Auftakt von Stephenie Meyers Teeniehorrorschmalzschmonzette »Twilight« verantwortlich zeigt. Die »Four Ladies« zollen den multiethnischen Frauen Hollywoods Tribut und stehen seit 1993 auf der Verkehrsinsel. Wie »Twilight« hat dieses Kunstwerk in meinen Augen jedoch wenig Ansehnliches zu bieten: Vier silberne Damen – die die multikulturellen Aktricen Dorothy Dandridge, Anna May Wong, Dolores del Río und Mae West repräsentieren sollen – fassen sich in hautengen Kleidern aufreizend an ihre Hüften, während ihnen ein Stahlgitter aus dem Kopf wächst, welches in der Mitte kuppelförmig zusammenkommt und in einem hässlichen Turm endet, auf dessen vier Seiten »Hollywood« geschrieben steht. Auf dem Turm steht, wie die Ballerina einer Spieluhr, Marilyn Monroe und lüftet wie in »Das verflixte 7. Jahr« ihr Kleidchen. Ein eher hässliches und zudem auch noch sexistisch anmutendes Werk, das den Frauen Hollywoods Tribut zollen soll? Ich weiß ja nicht.

Weiter geht's die La Brea Avenue in Richtung Süden. An den Straßenlaternen wird für die am 27. Januar anstehende Verleihung der Screen Actors Guild Awards geworben. Ja, es ist *awards season*! Müssten die Golden Globes nicht auch demnächst verliehen werden? Ich sollte mich da mal schlaumachen.
Nach drei Blocks stoße ich auf den Sunset Boulevard. Auch hier sind die Gebäude selten mehr als zwei Stockwerke hoch. Ewig lange Palmen säumen den Straßenrand und im Norden thronen die Villen der Hollywood Hills über der Stadt. Die Villen sind es nun auch, zu denen ich spazieren möchte. Nach eineinhalb Kilometern verlasse ich den Sunset Boulevard, biege nach rechts in die Fairfax Avenue ab und überquere wieder den Hollywood Boulevard. Von nun an geht es steil bergauf. Zu steil für meine vom schweren Rucksack und den warmen Temperaturen mittlerweile ganz schön ermüdeten Beine. Ich schleppe mich daher nur ein kurzes Stück nach oben. Die Fairfax Avenue endet und geht rechts weiter bergauf und links nahezu senkrecht in die Hillside Avenue über. Nee, lass mal. Ich gehe wieder zum Hollywood Boulevard und laufe zurück in Richtung Osten.
Gegen 16 Uhr setze ich mich wieder zu Starbucks. Die Russin sitzt noch immer an ihrem Tisch ... und ist noch immer am Verzweifeln. Aus dem Augenwinkel sehe ich irgendwann den »Blue Screen of Death«. Arme Babuschka.
Regisseur Chris und Produzentin Grace melden sich nach Tagen des Wartens endlich bei mir. In den nächsten Tagen sollten wir es schaffen zusammenzukommen und mit den Vorbereitungen zum Weltkollektivfilmprojekt anzufangen. Großartig!
Ford kommt von den Castings wieder. Das eine lief wohl ganz gut. Wir machen uns auf die Suche nach einem neuen Schlafplatz. Laut Ford sollte man denselben Platz nicht zu oft belegen. Klingt nachvollziehbar. Wir finden im Afton Place – drei Blocks südlich des Sunset Boulevard – eine im Hochparterre gelegene nette Terrasse vor einem Mehrfamilienhaus. Büsche und Bäume bieten Sichtschutz von der zudem noch sehr ruhigen Straße. Stühle und ein Tisch stehen ebenfalls bereit. Wir müssten uns somit noch nicht einmal auf den kalten Beton legen. Das sieht nach einer optimalen Übernachtungsmöglichkeit aus. Um zu testen, ob die Location wirklich so grandios ist, machen wir es uns bereits ziemlich früh gemütlich. Unser Gepäck umzingelt uns und wir köpfen eine Flasche Wein, die wir zuvor bei Trader Joe's gekauft haben. Ich esse außerdem mein Straßenstandardmenü – Brot mit Hummus –, bei dem Ford aufgrund seiner Glutenintoleranz leider passen muss. Er lernt dafür Texte, die er für weitere Castings einstudieren muss. So sitzen wir entspannt auf der fremden Ter-

rasse eines recht prunkvollen Mehrfamilienhauses mit schönen Laternen, einer majestätischen Pforte mit Eisentor und einer mit Efeu bewachsenen Fassade, während nach und nach die Bewohner von der Arbeit nach Hause kommen oder Besuch empfangen. Ein jeder, der uns sieht – und das tut wahrlich jeder, da wir direkt neben dem Tor sitzen – grüßt uns freundlich und wünscht uns einen schönen Abend. Niemand fragt, wer wir sind und was wir mit all dem Gepäck hier wollen. Keiner will wissen, ob wir planen die Terrasse zu besetzen und von niemandem werden wir verjagt. Alle sind sie freundlich und nett. Ja, diese Terrasse ist heute Nacht eindeutig unser *place to be*.

Philip takes Joshua's load ... und Obdachlosigkeit sucks!
Tag 62: Donnerstag, 10. Januar 2013

Am Morgen weckt uns leichter Regen. Obwohl wir auf auf den Plastikstühlen geschlafen haben, war die Nacht mal wieder nicht allzu gemütlich und trotz der Decke zudem noch kalt. Ich schlafe übrigens alleine unter dem geschenkten Stoff. Zu zweit passt man da nicht drunter und Ford meint, er bräuchte keine Zudecke. Also ich könnte noch mindestens eine weitere gebrauchen.
Übermüdet schleppen wir uns zum Starbucks an der Ecke Hollywood und Vine. Wir wollen uns mit Kaffee aufwärmen, aufs Klo gehen, Mails checken und vor allen Dingen eine Couch finden. Noch eine Nacht auf der Straße? Nein, danke: *Obdachlosigkeit sucks*.
Ford und ich sitzen vorm Rechner, als sich ein obdachloser Mittfünfziger vor uns stellt: »Hi guys, I'm Smokey. Welcome to the streets of Hollywood«, lächelt er uns an. Wow ... ähm ... okay? Da sind wir der Obdachlosen-Community offenbar bereits aufgefallen. So schnell kann's gehen. Ich habe Smokey gestern schon einmal gesehen, als ich mich kurz mit zwei Obdachlosen in meinem Alter unterhielt, die irgendeinen Deal mit ihm am Start hatten. Er scheint ganz nett zu sein, macht auf mich aber auch den Eindruck, so eine Art »Pate der Obdachlosen« zu sein. Zu viel Kontakt will ich daher nicht zu ihm aufbauen.
»Do you have a pipe?«, möchte er wissen und streckt uns seine Hand entgegen. Was kommt denn jetzt? Ich schaue Smokey kritisch musternd an, während ich ihm »Green Gunther« in die Hand drücke. Smokey greift in seine Tasche und stopft uns – mitten im Starbucks – das Pfeifchen bis zum Rand voll mit Gras.
»Welcome! Tell me if you need more«, lächelt er und geht wieder zurück zu seinem Kaffee. Ähm, cool.
Während Ford am Notebook sitzt, suche ich in meinem Rucksack nach meinem iPod – vergebens. Fuck! Ich überlege, wann und wo ich ihn zuletzt gesehen habe. Dass er mir heute Nacht geklaut wurde, schließe ich aus. Dann wären auch die Kamera und das Notebook weg. Ich muss meinen iPod gestern im anderen Starbucks vergessen oder verloren haben. Ich erinnere mich aber, dass ich

mich beim Verlassen noch einmal nach der russischen Oma und meinem Tisch umgesehen habe. Der Tisch war leer. Entweder muss da irgendein Sack extrem schnell gehandelt haben oder … Ach, scheiße! Wo ist mein iPod? Zu allem Überfluss bemerkt Ford auf einmal, dass ihm sein Handy abhanden gekommen ist. Was sind das denn bitte für äußerst seltsame Zufälle?
Ford und ich wollen die U-Bahn der Red Line in Richtung City Center nehmen. An den Schranken, die einem den Zugang zu den Gleisen versperren, wenn man keine TAP Card mit ausreichend Guthaben darauf hat, kontrolliert niemand. Neben den Schranken ist die Tür, die wohl für gehbehinderte Fahrgäste eingerichtet wurde, weit geöffnet. Ford, ein Fremder und allen voran ich benutzen anstelle der Schranken die Tür, um zu den Gleisen zu kommen. Als ich meine TAP Card vor das Lesegerät halte, leuchtet anstelle des grünen »GO!« jedoch ein rotes »STOP« auf. Na, super. Ich will wieder umkehren, um mein Guthaben aufzufüllen, als sowohl Ford als auch der Fremde: »Just go«, sagen. »No one will ever control you here.«
Hm, na dann …
In der Bahn heule ich genug herum, um auch Ford davon zu überzeugen, bei der nächsten Station wieder auszusteigen, und im Starbucks nach meinem iPod zu fragen. Ich verraffe dabei, dass wir in die entgegengesetzte Richtung gefahren sind, demnach nicht in der Nähe des gestrigen Starbucks aussteigen und nun einen weiteren Weg vor uns haben als vor unserer Bahnfahrt. Das Herumlaufen mit dem Gepäck ist speziell für Ford mit seiner selbst gebauten Rollkoffervorrichtung extrem nervig. Sobald wir vom Bordstein herunter müssen, um an Kreuzungen die Straße zu überqueren, rutscht ihm regelmäßig der Kleidersack von den beiden aufeinander geschnürten Koffern. Entweder fällt die Tasche dabei auf die Straße oder wickelt sich ungünstig vor die Räder der Rollvorrichtung. Dasselbe passiert, wenn Ford auf der anderen Straßenseite wieder auf den Bordstein hinauffährt.
»I think we're walking the wrong way«, bemerkt Ford auf einmal und hat damit wohl recht. Wir schleppen uns und unser Gepäck von der Station Hollywood und Western nicht zurück in Richtung Hollywood und Vine, sondern in Richtung Vermont und Sunset. Was soll's, wir können auch bei Starbucks anrufen und fragen, ob mein iPod gefunden wurde. Ich filme Ford stattdessen, was ihm nach kurzer Zeit ein wenig auf den Senkel geht. Er mag es nicht, gefilmt zu werden, wenn er nicht spielt. Also nimmt er mir die Kamera ab und filmt mich. Während wir uns auf dieses wichtige filmische Dokument konzentrieren, spazieren wir unversehens unter einer Leiter durch.
»Oh!«, stöhne ich laut auf und zeige nach oben.
»What's up, dude?«
»We walked under a ladder.«
»Yes, you did«, spielt Ford das Geschehene herunter.
»And you, too.«

97

»Oh, oh!«, wird schließlich auch ihm mit einem Schlag die heikle Situation bewusst. »Something bad's gonna happen …«
Dabei haben wir doch schon Handy und iPod verloren. Kommt noch mehr? Wir laufen und laufen. An der Ecke Hollywood und Mariposa offenbart sich uns ein toller Blick auf das palastartige Griffith Observatory, das auf der Südseite des Mount Hollywood thront. Endlich erreichen wir die U-Bahn-Station an der Ecke Vermont Avenue und Santa Monica Boulevard, wo wir wieder in die Bahn steigen und zur Union Station nach Downtown fahren.

Union Station

Der Hauptbahnhof der Welthauptstadt des Films macht durchaus etwas her. Als Ford und ich die Wartehalle durchqueren, weiß ich allerdings noch nicht, dass ich den Raum bereits aus mindestens einem Film kenne: Christopher Nolan drehte hierin die Szenen, in denen Scarecrow in »The Dark Knight Rises« einst hohe Tiere Gotham Citys ins Exil schickt oder zum Tode verurteilt.
Schwere Sitzreihen aus braunen Ledersesseln dominieren die lang gezogene Halle mit den runden Pforten an beiden Enden. Licht dringt durch hohe Fenster, während das warme Licht der 60er-Jahre-Kronleuchter von den ockerfarbenen Wänden fast schon gülden zurückgeworfen wird. Gar nicht einmal so ungemütlich hier.
Wir verlassen die Union Station durch den Haupteingang auf die Alameda Street. Von außen wirkt der 1939 eröffnete Bahnhof wie eine mexikanische Kirche. Ein hoher weißer Uhrenturm reckt sich mittig in die Höhe. Hinter ihm erstreckt sich ähnlich einem Kirchenschiff die Wartehalle und zu seiner Rechten ein von hohen Arkaden umsäumter, begrünter Hof, der locker auch als Kreuzgang durchgehen könnte. Auf der anderen Seite der Wartehalle gibt es ebenfalls einen Patio.

Wir passieren den spanisch geprägten Los Angeles Plaza Park und ziehen direkt weiter die Los Angeles Street entlang, am Chinese American Museum vorbei bis zur Los Angeles Mall. Zeit zum Sightseeing nehmen wir uns keine. Nachdem wir in der Mall zu Mittag gegessen haben, geht's zu Starbucks. Ford muss eine Mail an einen Produzenten versenden, bei dem er gestern vorgesprochen hat und ein netter Couchsurfer hat uns dazu eingeladen, bei ihm eine Dusche zu nehmen, die Waschmaschine und das Internet zu nutzen und gemeinsam etwas zu kochen. Sehr geil. Man merkt es am bisherigen Tagesverlauf: Wir sind, nachdem wir nun die zweite Nacht in Folge auf der Straße verbracht haben, ganz schön müde … beziehungsweise voll im Arsch. Wer hätte gedacht, dass es so anstrengend ist, obdachlos zu sein? Man friert die halbe Nacht, es ist ungemütlich und obendrauf will man nicht zu tief einschlafen, um einem möglichen Diebstahl der eigenen Sachen vorzubeugen.

Wir sitzen noch nicht lange im Starbucks, da kommt auch schon der 45-jährige Edward. Er ist einer dieser wunderlichen Hardcore-Couchsurfer, die nichts anderes zu tun scheinen, als Gäste bei sich aufzunehmen. Whatever: Nach den letzten beiden Nächten bin ich jedenfalls froh und dankbar, diesem unermüdlichen Gastgeber zu begegnen. Als wir seine Wohnung betreten, wird es allerdings etwas bizarr: Es ist verdammt warm in Edwards kleinem Ein-Zimmer-Apartment, denn die Heizung läuft auf Hochtouren. Angeblich hat er vergessen, sie auszuschalten. Er öffnet jedoch kein Fenster, sondern schaltet nur den Ventilator ein. Nach kurzem Umsehen in der Wohnung wird Ford und mir auch klar, dass Edward stockschwul ist. Überall hängen Fotos von nackten Männern. Sein Bildschirmschoner ist ein nacktes Männermodel, und als er die Maus bewegt, kann ich sehen, dass seine letzte Googlesuche »Philip takes Joshua's load« war. Lecker. Ford und ich glauben, dass Edward mit seiner »aus Versehen« laufenden Heizung nur eines will: unsere Astralkörper, die sich aus ihren ungewaschenen Klamotten schälen. In gewisser Weise bekommt er das auch von uns. Schließlich wollen wir duschen. Außerdem bleibt Edward liebenswert nett und gräbt uns in keiner Weise an. Er flirtet noch nicht einmal.

Die Dusche tut wahnsinnig gut. Ford legt sich aufs Bett und verabschiedet sich unangekündigt für die nächsten zwei Stunden ins Land der Träume, während unser Gastgeber und ich Essen machen. Ich könnte auch mal eine Mütze Schlaf gebrauchen. Mehr als knappe 20 Minuten bekomme ich jedoch nicht hin, weil ich entweder Gemüse schneide oder von Edward übers Couchsurfen zugetextet werde. Irgendwann kommt dann endlich die erlösende E-Mail: Nachdem ich unzählig viele Anfragen verschickt habe, meldet sich ein Couchsurfer und lädt uns für eine Nacht zu sich nach Little Ethiopia ein. Was für ein Glück.

Nach dem Essen fahren Edward, Ford und ich mit der Linie 720. Edward will in eine Bar, wir zu Anthony nach Klein-Äthiopien. Im Bus hängt ein Fernsehgerät, in dem auf Spanisch Dehn- und Sportübungen für den öffentlichen Nahverkehr gelehrt werden. Interessant. Danach gibt es sogar noch eine speziell für den Nahverkehr gedrehte Nachrichtensendung. Diese ist ebenfalls in spanischer Sprache und berichtet von den neuesten Neuigkeiten aus *Los Ángeles*.

An der Ecke Wilshire Boulevard und Fairfax Avenue steigen wir aus. Wir folgen der Fairfax Avenue bis zur Packard Street. Zwei Blocks weiter erreichen wir den Ogden Drive, in dem Anthony zu Hause ist. Dieser begrüßt uns freundlich und macht uns einen Tee. Aus dem Badezimmer tönen die Sangeskünste von Anthonys Mitbewohnerin zu uns ins Wohnzimmer. Sie duscht gerade. Ich hingegen bin so abartig müde, dass ich mit der Teetasse in der Hand, am Tisch sitzend ab und an wegnicke. Irgendwann beschließe ich, dass es besser ist, wenn ich mich auf die Couch lege. Ford und Anthonys Mitbewohnerin – eine Kenianerin, die sich mittlerweile zu uns gesellt hat und deren Namen ich nicht mitbekommen habe – diskutieren derweil weiter, wie man den augenscheinlich geplanten Film der jungen Frau am besten realisieren könnte. Was auch immer: Ich liege gemütlich auf einem Sofa, habe heißen Tee im Magen und ein Dach über dem Kopf. Außerdem ist Ford und mir – bis auf den Verlust seines Handys und meines iPods – nichts Weiteres passiert. Ich bin raus für heute ...

Kevin Michael und der Humor des Universums
Tag 63: Freitag, 11. Januar 2013

Als ich aufwache, ist Ford verschwunden. Obwohl ich mich kleingemacht habe, hat Ford nicht am anderen Ende der großen Couch geschlafen, sondern auf Decken, die er auf dem Boden verteilt hat – ich hätte etwas sagen sollen, bevor ich mich pennen gelegt habe. Anthony klärt mich darüber auf, dass Ford nach seinem Handy sucht, das er gestern verloren hat. Er hat allerdings absolut keine Ahnung, wo sein Telefon sein könnte und hat dementsprechend so einige Stationen abzuklappern. Na, super. Das heißt dann wohl, dass ich bei Anthony festsitze, solange Ford unterwegs ist. Telefonieren können wir ja nicht mehr. Anthony ist so lieb und macht mir Oatmeal zum Frühstück. Unser Gastgeber ist Schauspieler und stammt aus Texas. Sein bislang größter Erfolg war eine kleine Rolle in »Nobody Walks«, einem Spielfilm, der 2012 beim Sundance Film Festival für den Grand Jury Prize in der Kategorie »Drama« nominiert war. Anthony macht mir einen sehr eitlen Eindruck. Er achtet enorm auf sein Äußeres – was für einen Schauspieler wohl nicht vollkommen verkehrt ist – und fährt voll auf Italien ab. Natürlich lernt er derzeit auch Italienisch und textet mich hier und da mit übertrieben perfekt ausgesprochenen italienischen Sätzen zu – gefolgt von der Frage, ob ich verstanden habe, was er mir da gerade erzählt hat.
Anthony hat etwas zu erledigen und empfiehlt mir, mich so lange einen Block weiter ins stylishe Paper or Plastik Cafe an der Ecke Pico Boulevard und Ogden Drive zu setzen. Ohne etwas im gut besetzten Café zu konsumieren, checke ich im Internet nach neuen Übernachtungsmöglichkeiten. Anthony hatte uns bereits vor unserer Ankunft angekündigt, dass er uns nicht länger als eine Nacht aufnehmen kann. Ein Mann am Nachbartisch öffnet seine offensichtlich etwas zu gut geschüttelte Mineralwasserflasche und spritzt wild um sich. Auch sein Mac bekommt eine gute Ladung Wasser ab. Anstatt die Flasche einfach wieder zu schließen, flucht er lauthals und bewegt sie hilflos panisch hin und her. Es ist wie mit der Granate, von der man zwar weiß, dass sie explodiert, jedoch keinen Plan hat, wo man sie hinwerfen soll.
Anthony fragt mich per SMS, ob ich mit ihm in den Meditation Garden gehen will. Klar! Ich gehe zurück zu Anthonys Wohnung und wer ist wieder aufgetaucht? Ford – natürlich ohne Handy. Zu dritt geht's in die Adams Street zum Movement of Spiritual Inner Awareness. Den verdächtig nach Sekte oder ähnlichem Quark klingenden Namen erfahre ich erst, als wir uns bereits in der

weißen Villa befinden. Um in das prächtige Haus zu gelangen, musste Anthony zunächst an einem schwarzen Eisentor klingeln und sich namentlich ankündigen. Außerdem musste er auf die Frage antworten, ob dies sein erster Besuch im »Peace Awareness – Labyrinth & Gardens« ist. Ist es nicht. In der Eingangshalle werden wir von einer übertrieben freundlichen Frau begrüßt und in ihr Büro geführt. Das ist ein ziemlich schräger Weg, um in einen Meditationsgarten zu gelangen, denke ich mir. Die Dame erzählt uns, dass sie gestern erst eine tolle Hochzeit hier gefeiert hätten und es noch Reste vom leckeren Kuchen gibt. Sie schwärmt von einem Mann, der dann wohl der Guru der Gemeinde ist, und führt uns von ihrem Büro in den Saal, in dem noch der Rest der Torte steht. Anthony bekommt sogleich einen Teller in die Hand gedrückt, während Ford und ich dankend ablehnen:
»I'm gluten-free.«
»And I'm a vegan.«
Ein Haus voller Freaks.
Bei Anthony wirken die Drogen wie bei der Sekretärin: Mit übertriebener Freude teilt er der Frau mit, wie toll die Torte doch ist. Die Sekretärin nimmt sich daraufhin auch noch ein Stück – um den Level zu halten, schätze ich. Dann entlässt sie uns schließlich in den kostenlos nutzbaren Garten.
Okay, das war nun alles ein wenig fies. Ich habe keine Ahnung, ob die Damen und Herren des Hauses mit einer Sekte auch nur verglichen werden dürfen. Offensichtlich herrscht hier jedoch ein Personenkult vor und so etwas kann ich schlicht und ergreifend nicht leiden. Ich muss aber sagen, dass das Empfangskomitee wahrlich sehr freundlich war und der Garten, durch den wir nun spazieren, wirklich niedlich und gemütlich ist. Als Erstes passieren wir ein Labyrinth, das genauso aussieht wie jenes, welches Ford mir in San Francisco einst vor Grace Cathedral gezeigt hat. Diese Art von Labyrinth haben die Amerikaner wiederum von den Franzosen geklaut: In der Kathedrale von Chartres entstand im Jahre 1200 ein begehbares Labyrinth, das nach der Geometrie des Kreises konstruiert ist. Es handelt sich nicht um ein Labyrinth mit Hecken und Wänden, sondern um einen in den Boden eingelassenen Weg, der an einer Stelle des kreisförmigen Labyrinths beginnt und sich wie eine Schlange bis zum Mittelpunkt zieht. Von oben betrachtet sieht das Labyrinth wie ein in seine Viertel aufgeteilter Kreis aus. Folgt man aber dem Pfad, bemerkt man erst, wie listig versteckt die Fortführung des Weges bis zum Mittelpunkt angelegt ist. Es heißt, dass das Begehen des Labyrinths den Menschen in einen meditativen Zustand versetzen kann. Wenn mir langweilig wird, werde ich mir den Spaß einmal gönnen.
Anthony verabschiedet sich alsbald von uns und sucht sich im kleinen, zweistufigen Garten, den man schon fast als Wäldchen bezeichnen könnte, ein ruhiges Plätzchen zum Meditieren aus. Ford und ich schauen uns zunächst gemeinsam um, bevor ich mich auf eine Bank setze und Ford dabei beobachte, wie er ver-

sucht, mit den Goldfischen des Gartenteichs in Kommunikation zu treten. Da ich leicht destruktiv drauf bin, bewerfe ich Ford zwischendurch immer wieder mit kleinen Steinchen. Es dauert mindestens fünf Treffer, bis er bemerkt, dass die Steinchen von mir kommen. Um seine Scham zu verbergen, bezichtigt er mich, den Veganer, der Tierquälerei. Netter Versuch.

Genug der Blödelei. Ford legt sich in einem anderen Eck des Gartens flach. Auch ich mache es mir gemütlich und schreibe Cari eine SMS: »Oho! I'm in the Meditation Gardens! Feel the power that I'm going to send you in 2:15 minutes!«

Keine Antwort. Exakt 135 Sekunden und einige transzendentale und astralvisionäre Anstrengungen später frage ich: »How was that?«

Und um die Dringlichkeit der Frage zu unterstreichen, sende ich die SMS fünf Sekunden später noch ein zweites Mal ab. Ich warte ...

Plötzlich vibriert und klingelt es. Es ist Caris Antwort: »Uh – orgasmic?« Yeah.

Erschöpft und doch zufrieden mache ich für 20 Minuten die Äuglein zu. Nach dem kurzen Nickerchen bin ich wieder fit und beschließe, das Labyrinth entlangzugehen. Auf dem Weg dorthin kann ich Anthony sehen, der sich bei seiner Meditation unbeobachtet fühlt und äußerst lustige Stoßbewegungen zum Besten gibt. Was war nur in der Torte drin?

Das Labyrinth ist nett. In einen meditativen Zustand gerate ich allerdings nicht und erleuchtet bin ich am Ende auch nicht. Ganz im Gegenteil: Als ich am Mittelpunkt ankomme und dort den Namen des Gurus eingraviert sehe, verweigere ich sogar die ausgeschilderte Regel, das Labyrinth wieder auf dem gewundenen Pfad zu verlassen: Ich gehe einmal quer drüber. Revolution.

Ford kommt angetanzt und begeht ebenfalls das Labyrinth. Allerdings beschreitet er es weit feierlicher und seriöser betrachtend als ich. Bei jeder Kurve scheint er seine Schrittfolge zu überdenken, um noch ... wie auch immer zu wirken. Hippie.

Anthony gesellt sich zu mir auf die Bank. Gemeinsam beobachten wir Ford. Als er es nach langem Tanz endlich zum Mittelpunkt geschafft hat, möchte ich schon aufstehen und in Richtung Ausgang gehen. Doch Ford dreht sich esoterisch elegant um und erinnert mich wieder an die heilige Regel: Man darf das Labyrinth nicht auf seinem schnellsten Wege, sondern nur über den vorgegebenen Pfad verlassen. Meine Güte ...

Nachdem auch das geschafft ist, verabschieden wir uns von der netten Sekretärin. Ford ist begeistert und auch ich merke ehrlich an, dass das ein schöner Ausflug war. Und als ich auf dem Weg zu Anthonys Auto meinen Blick die 5th Avenue entlangschweifen lasse, sehe ich es an meinem vierten Tag in Los Angeles zum ersten Mal in meinem Leben live: Auf dem Mount Lee in den Hollywood Hills ragt in gut elf Kilometern Entfernung das berühmte Hollywood Sign über der Stadt. Das hat schon was ...

Mittagessen gibt's in einem Restaurant, das mir gestern auf dem Weg zu Anthonys Wohnung aufgefallen ist. Anthony lebt in Little Ethiopia und das heißt nicht umsonst so: Gut 300 Meter der Fairfax Avenue sind von äthiopischen Geschäften und Restaurants besiedelt. Eines davon, Rahel Ethiopian Veggie Cuisine, wirbt mit veganen afrikanischen Gerichten. Das klingt nicht nur gut, sondern ist auch ziemlich lecker. Das Essen besteht aus mehreren unterschiedlichen Gemüsegerichten, die alle auf einer Art riesigem Pfannkuchen serviert werden. Besteck gibt es keines. Es wird mit den Händen gegessen. Nach einiger Zeit bin ich ganz schön vollgefressen und der schwammartige Pfannkuchen scheint sich auch in die letzte Lücke meines Magens auszubreiten.

Nach dem Essen holen Ford und ich unser Gepäck ab und verabschieden uns von Anthony. Auf meine Couchanfragen hat niemand geantwortet. Für heute Nacht sieht es also mal wieder schlecht aus.

Glücklicherweise hat Ford morgen kein Casting. Er schlägt vor, dass wir nach Venice gehen. Klingt gut. Also laufen wir zum zwei Kilometer entfernten Venice Boulevard und spazieren los in Richtung Südwesten.

»Are you sure that we can walk all the way to Venice?«, frage ich Ford skeptisch.

»Sure. Shouldn't be too far.«

»I don't know. The distances in this city are so big.«

Zwei Mexikaner grillen am Straßenrand. Ich grüße sie freundlich und frage sie, wie weit es noch zum Strand ist. Sie stocken einen Moment, mustern uns: »Venice Beach? By foot?«

»Yes?«

Der eine lässt vor Lachen seine Grillgabel fast fallen, der andere klopft sich mit Tränen in den Augen auf die Schenkel: »Well, some hours, I guess.«

»Or days!«, prustet der Schenkelklopfer hinterher, bevor sie sich laut lachend in den Armen liegen.

»We should take the bus«, schlage ich Ford vor. Er stimmt mir zu.

Als wir auf den Bus warten, kommt doch noch ein Angebot von einem von mir angeschriebenen Couchsurfer. Der »Duude«, wie er sich selbst nennt, lädt uns zu sich ein. Er ist ein extrem dicker Essensliebhaber, der mit uns kochen will. Ford, der der ganzen Couchsurfing-Sache generell und noch immer eine gewisse Skepsis entgegenbringt, vermutet, dass der »Duude« wohl eher *uns* und nicht *mit* uns kochen will.

Als wir in Venice ankommen, schauen wir uns kurz die Strandpromenade im Dunkeln an. Ford erzählt mir, dass wir hier bestimmt ein Plätzchen finden werden. Lediglich mögliche Polizeistreifen könnten ihn beunruhigen. Andererseits liegen hier auch noch genug andere Obdachlose herum. Ich unterbreche Ford in seinem Vortrag und teile ihm mit, dass es viel zu kalt ist und ich ihm liebend gerne eine Nacht in einem Hostel bezahle. Er schweigt kurz, lächelt und winkt schließlich geschmeichelt ab. Ich erkläre ihm, dass ich es ernst meine und ihn heute Nacht auf keinen Fall auf der Straße schlafen lasse. Der Widerstand lässt

schnell nach und schon begeben wir uns auf die Suche.
Im Venice Beach Cotel ist eine Menge los. Es dauert, bis ich an der Rezeption, die sich im sehr weit oben gelegenen ersten Stock befindet, an die Reihe komme. Ford ist wegen seines sperrigen Gepäcks auf der Straße geblieben. Inklusive aller Steuern kostet eine Nacht im Gemeinschaftszimmer 40 Dollar … pro Person.
»Uhm, do you know another hostel? A cheaper one?«, frage ich mit heruntergelassener Kinnlade.
»There's only one more: the Venice Beach Hostel. Just around the corner on Pacific Avenue.«
Alles klar. Auf der Straße stellt mir Ford seine neue Bekanntschaft vor. Caesar hat nicht nur einen krassen Namen, sondern auch ein krasses Aussehen. Ich will ihn nicht direkt fragen für welchen Mafiaboss er als Bodyguard und Chauffeur tätig ist, sondern baue das kurze Gespräch, das ich mit ihm habe, langsam auf. Die kurze Unterhaltung kommt zustande, weil Ford mitsamt Gepäck in das Restaurant hinter uns gegangen ist, um zu checken, ob Caesars Kumpel, der Boss, heute anwesend ist. Falls dem so sein sollte, will er direkt für einen Job, den es womöglich gar nicht gibt, vorsprechen. Bevor Ford abhaut, frage ich, ob er wirklich denkt, dass es eine gute Idee ist, mit den Koffern vorzusprechen.
»Of course. When he sees that the very first thing I'm doing after arriving in Venice is applying for a job … he'll love me!«
Der Boss ist heute zwar nicht da, aber Ford schwebt bereits jetzt im siebten Himmel und träumt von einem Job an der Strandpromenade von Venice: »That would be a dream come true!«
Als mein Traumtänzer wiederkommt, gebe ich Caesar die Tommy Gun wieder, lobe seine glatt polierte Glatze sowie den modischen, schwarzen Mantel und ziehe mit Ford weiter zum Venice Beach Hostel. Das Hostel ist ganze 3,50 Dollar preiswerter und im Aufenthaltsraum – und eigentlich überall sonst auch – darf alles, was legal ist, geraucht werden.
»Uhm, do you know another hostel? A cheaper one?«, frage ich.
»There's only one more: the Venice Beach Cotel. Just around the corner on Windward Avenue.«
»Another one?«
»No.«
Ford erkundigt sich, ob das Hostel ein *Work Exchange Program* anbietet. Manche Hostels bieten an, kleinere Arbeiten in der Herberge zu übernehmen, um so den Preis zu drücken oder sogar umsonst zu wohnen. Interessanterweise wird das oftmals nur ausländischen Gästen angeboten, was Ford natürlich scheiße findet. Dieses Hostel bietet leider nichts dergleichen an. Was soll's. Da man aus irgendwelchen Gründen Amerikanern weniger zu trauen scheint als Ausländern, muss ich neben den 73 Dollar meine Kreditkarte noch mit einer Kaution für Ford und mich belasten. Meine Kaution liegt bei 25, Fords bei 100 Dollar. Meine Bromance fühlt sich wie im falschen Film, während ich vermute, dass die

US-Regierung schlichtweg genügend Material und Informationen – einschließlich des Ausreisedatums – von ihren Gästen hat, um Hostelbetreibern bei Ausländern ein sichereres Gefühl zu vermitteln als bei den eigenen Mitbürgern. Die amüsierten Mädels an der Rezeption belasten meine Kreditkarte und notieren unsere Namen, die sie von unseren Ausweisen abschreiben.
»Dennis, Kevin Michael«, nickt die Frau mit den Ausweisen uns zu, während sie sie uns zurückgibt.
»Kevin Michael?«, stoße ich irritiert aus. What the fuck …? Ich schnappe mir Fords Ausweis und lese: »Kevin Michael.«
»I go by Ford«, höre ich den Mann neben mir sagen.
»Your name is Kevin Michael?«
Er schaut mich an – irritiert: »You know that.«
»No, I don't!«
»Of course you do.«
»How? When?«
»I told you.«
»No!«
Die Rezeptionistin lacht und ich glaube, dass sie nun auch denkt, dass wir ein Pärchen sind – und ich bin dann wohl die Braut.
»Why did you change your name to Ford?«
»Because of the car: efficient, great engineering …«
Ich schüttle den Kopf und gebe ihm seinen Ausweis zurück: »Kevin Michael …«
»You knew that.«
»Nope … Anything else I need to know?«
»I'm not married.«
»Fuck you. – Where is the honeymoon dorm?«
Kevin Michael und ich belegen die letzten beiden freien Betten im Gemeinschaftszimmer. Anhand des Gepäcks und der herumliegenden Klamotten versuchen wir herauszufinden, um was für Gestalten es sich bei unseren allesamt ausgeflogenen Mitbewohnern handelt. Einer ist offensichtlich Rastafari und ein anderer gehört eindeutig zur Polohemdenfraktion. Ford geht bei der Analyse – wie ich es von ihm gewohnt bin – voll aus sich heraus und beginnt Biografien zu erfinden, die ich jedoch mit meiner wesentlich tiefgründigeren Gegenanalyse zu widerlegen versuche. Nachdem wir festgestellt haben, dass keiner unserer Mitbewohner cooler als wir zu sein scheint, machen wir uns auf, einen eher unspektakulären Nachtspaziergang durch Venice zu starten. Bis auf das Santino's sind sämtliche Bars bereits geschlossen. Wir verlassen die Pacific Avenue und steuern die Strandpromenade an, wo sich ein kleines Geschäft an das nächste reiht. Allerdings ist auch hier bereits alles geschlossen und dementsprechend nichts los. Allerdings kann man am Muscle Beach Outdoor Gym bereits erahnen, dass der Strand am Tage auch die Meile des Schaulaufens von Los Angeles' Athleten und Muskelprotzen ist. Am Ende unseres Streifzugs lernen

wir noch kurz unsere Mitbewohner kennen und dann wird endlich mal wieder in einem Bett geschlafen. Ford schläft direkt neben der Heizung und schwitzt, während ich direkt im Windzug des offenen Fensters liege und eine weitere Nacht lang friere. Tja, so kann's gehen. Oder um Ford zu zitieren: »I do believe in the universe having a certain sense of humor.«

Das große Treffen, Venice und eine Nacht in Downtown
Tag 64: Samstag, 12. Januar 2013

Die Nacht war also kühl und einer hat geschnarcht. Nachdem ich im Wohnzimmer des Hostels Anfragen an alle möglichen Couchsurfing-Hosts dieser Stadt verschickt habe, machen Ford und ich uns auf, Venice Beach am Tage zu erkunden. Das Highlight des Tages wird – nach langem Warten – um 15 Uhr stattfinden: Mein Regiekollege Chris und seine Produzentin Grace werden sich mit mir treffen. Wenn alles nach Plan läuft, werde ich – vielleicht ja schon heute – bei ihnen einziehen und mit der Vorproduktion für unseren Film beginnen. Ich bin dementsprechend schon freudig aufgeregt und kann es kaum erwarten, die beiden endlich zu treffen.
Trotz des kalten Windes ist am Ocean Front Walk viel los: Touristen, Sportler und Freaks. Ein Typ im Jeansmantel, mächtigem, schwarzen Turban und Ledertasche spielt seine psychedelisch geschmückte Gitarre – während er auf Inline Skates umherfährt, die je Schuh nur zwei Rollen haben, die eher denen eines Kinderwagens entsprechen und an den Außenseiten der Schuhe angebracht sind. Solche Skates habe ich noch nie gesehen. Ein paar Hip-Hopper wollen uns recht offensiv ihre CDs verkaufen. Ich würde ja einfach weitergehen, aber Ford ist da anders. Er fängt sofort eine Unterhaltung mit den Jungs an und schlägt vor, dass man ja zusammen an Videoclips arbeiten könnte. Er könne eine Filmcrew organisieren und so weiter und so fort. Ich schaue Ford dabei irritiert an und denke mir, dass die Jungs sicherlich nicht die Kohle haben, um sich eine Filmcrew leisten zu können. Immerhin verkaufen sie ihre CDs am Strand – wie unzählig viele andere Musiker auch. Außerdem hat Ford noch kein einziges Lied gehört. Wer weiß, ob sie die Musik, die sie hier verkaufen überhaupt selbst aufgenommen haben. Fords Enthusiasmus stößt zudem nicht auf allzu viel Begeisterung auf der Gegenseite. Die wollen sich nicht zutexten lassen, sondern verkaufen. Dennoch haben sowohl Ford als auch ich kurz darauf Kopfhörer aufsitzen und dürfen, sollen oder müssen uns ein Lied der Verkäufer anhören. Nach dem Song wollen die Kollegen natürlich verkaufen, womit sie aber keinen Erfolg haben. Welch Überraschung.
Los Angeles' Stadtteil Venice besteht aus viereinhalb Kilometern Strand, der mit allen nur erdenklichen Läden, Bars, Restaurants und Sportstätten ausgerüstet ist. Neben dem bereits erwähnten, weltberühmten Muscle Beach, gibt es noch

Beachvolleyball-, Tennis-, Paddle-Tennis-, Basketball- und Streetballplätze und vermutlich noch viel, viel mehr. Natürlich gibt es auch Skateparks und – für Amerika eher untypisch – sogar eigene Skate- und Radwege. Ich wurde auch schon einmal gefragt, ob es stimmt, dass es in Deutschland tatsächlich Radwege neben den Straßen gibt. Eine paradiesische Vorstellung für amerikanische Radfahrer.

Die Historie von Venice

Radwege sind nicht die einzigen untypischen Wege, die Venice besonders machen. Es begann im Jahre 1905, 20 Jahre bevor Venice von Los Angeles annektiert wurde, als der aus New Jersey stammende Tabakmillionär Abbot Kinney mit der Umsetzung seiner Vision eines amerikanischen Venedigs begann. Bis 1911 hieß Venice noch Ocean Park und gehörte zum wenige Kilometer nördlich gelegenen Santa Monica. Erst nachdem Kinney die politische Kontrolle erlangen konnte, wurde aus Ocean Park »Venice of America«. Es wurden Kanäle gegraben, die der Mäzen fluten und mit Gondeln samt echter venezianischer Gondolieri für die immer größer anrückende Zahl an Touristen befahren ließ. Die Touristen strömten zu Kinneys Leidwesen aber nicht nur wegen der italienischen Atmosphäre und der von Kinney stark geförderten Kultur- und Kunstszene nach Venice, sondern auch oder speziell wegen der vielen Bars und billigen Unterhaltungsshows. Als 1920 die Prohibition ausgerufen wurde, brachen die Touristenzahlen dramatisch ein, was auch zum Verfall der Kanäle und somit schließlich zum Anschluss an Los Angeles führte. Die Mehrheit der Kanäle wurde 1929 zugeschüttet und durch gewöhnliche Straßen ersetzt. Die neue, unromantischere Einnahmequelle der Stadt sollte bis 1980 in der Ölförderung liegen, was auch zur Verwahrlosung der Strandpromenade und einem neuen Spitznamen für Venice führte: »Slum by the Sea«. Der positive Nebeneffekt von zunehmender Belanglosigkeit war das Absinken der Mietpreise. Europäische Einwanderer – darunter viele Überlebende des Holocaust – und Künstler besiedelten Venice und machten es zu einem Zentrum der Beat Generation in den 50er und 60er Jahren. Das vielleicht berühmteste Ergebnis des Kreativzentrums dürften die Doors sein. Na, alleine dafür hat sich das Drama doch gelohnt.

Wir schlendern den teilweise sogar mit Wiesen begrünten Teil des Strandes entlang, beobachten Menschen, die sich in körpergroßen Reifen um ihre eigene Achse drehen und sehen Stelzenhäuser für Rettungsschwimmer mit dazugehörigen gelben Strandjeeps. Letztere Entdeckung findet Ford weit weniger sensationell als ich. Nachdem ich ihn mit Tränen der Begeisterung in meinen Augen darüber aufkläre, dass mit diesem Anblick Erinnerungen an den weltgrößten Entertainer aller Zeiten geweckt werden, schaut er mich fragend an.
»David Hasselhoff!«, jubele ich. Als Tauchlehrer wiederhole ich ganz gerne mal

Gags, die bei der Kundschaft gut ankommen. Als deutscher Amerikatourist ist es die inbrünstig vorgetragene Verehrung von David Hasselhoff, die einem mit ziemlicher Garantie Lacher beschert. Ein verschmitztes Lächeln danach sollte man sich aber doch noch gönnen, bevor man zu ernst genommen wird und der Freakfaktor eine abschreckende Wirkung erzielt. Als ich einmal »The Hoff« für den Fall der Berliner Mauer verantwortlich gemacht habe, war die Verwirrung groß. Das kann aber auch daran liegen, dass einige meiner Zuhörer entweder vom Fall der Mauer noch nichts mitbekommen hatten oder mir dieses Szenario tatsächlich abgekauft haben. Ich habe die Situation mit: »Just kidding. The Scorpions did it«, gerettet. Dass »The Hoff« in Deutschland eine große Fangemeinde hat, scheint den Amerikanern aber genauso geläufig zu sein, wie die Tatsache, dass wir uns primär von Bier, Wurst und Sauerkraut ernähren. Und all das macht uns sympathisch: Rock und Roll.

Palmen, Sonne, Strand und Meer. Es ist schön hier! Süßer als ihr Name sind die Amerikanischen Pfuhlschnepfen, die mit einigen Möwen im flachen Gewässer auf Schalentierjagd sind. Angeschwemmtes Kelp liegt auf dem feinen Sand und Formationen großer Felsbrocken sorgen hier und da für aufspritzende Gischt. Ein paar Surfer reiten auf den kleinen Wellen, während man einen Kilometer hinter ihnen den Venice Fishing Pier sehen kann, der fast 400 Meter ins Meer ragt.

Ford bittet mich, ihn zu filmen. Er benötigt die Aufnahmen für ein Casting. Das mache ich gerne, weise aber darauf hin, dass Chris und Grace in einer dreiviertel Stunde auftauchen werden und ich auf keinen Fall zu spät zum vereinbarten Treffpunkt kommen möchte.

»No problem. Takes just five minutes«, meint Ford und verschwindet schnell im Hostel, um seinen Text zu holen. Ich warte derweil im Freien und muss grinsen, als eine Gruppe junger Mädels an mir vorbeikommt: Eine von ihnen trägt ein T-Shirt, auf dem Lindsay Lohan abgebildet ist. Unter dem Schwarz-Weiß-Foto steht in großen Lettern: »Free Lohan!«

Das würde Ford gefallen, denke ich mir und halte die Girls an: »Sorry, my buddy Ford is talking all the time about the bad treatment of Lindsay Lohan and that no one should get ›lohaned‹. Can I take a photo of you and your shirt?«

Sie lacht: »Sure!«

»Can you raise your fist? Ready to fight!«

Sie hebt zwar die Faust, muss aber noch immer lachen, weshalb das Foto weniger nach Widerstand und Auflehnung aussieht. Ford wird sich trotzdem darüber freuen.

Ich habe keine Ahnung, wann und wie Ford das schon wieder geregelt hat, aber als er zehn Minuten später wieder anrückt, hat er nicht nur seinen Text dabei, sondern auch einen Drehort organisiert. Wir dürfen die Aufnahmen in der noch geschlossenen Bar des Hotel Erwin machen. Die Video-Audition läuft nicht so gut. Der Barkeeper bereitet seinen Arbeitstag vor, was mit ständigen

Störgeräuschen verbunden ist und Ford ist – nicht zuletzt aufgrund des Zeitdrucks, den ich habe – gestresst oder nervös, verhaspelt sich ständig und wirkt kein bisschen entspannt. Als ich ihm vorschlage, besser mit mir anstelle der Kamera zu spielen, wird er lockerer. Ich bin fortan der backpackende Filmemacher Georg Arschkopf und Ford spielt Kirk, einen Mann, der früher als Comedian die Welt bereisen wollte, dann aber seine Pläne gegen eine geregelte Arbeitsstelle und Familie getauscht hat. Chris textet mir, dass Grace und er 20 Minuten später kommen werden. Die Video-Audition müssen wir dennoch ein andermal wiederholen, weil der Barkeeper nun auch noch die Musik einschaltet.

Um zehn vor vier rücken Chris und Grace endlich an. Die weitere halbe Stunde, die sie uns haben warten lassen, begründen sie mit dem unberechenbaren und nervigen Verkehr dieser Stadt. Als Berliner frage ich mich allerdings, wie man auch auf die Idee kommt, mit einem Auto durch Los Angeles zu fahren. Wie auch immer: Ich freue mich, die beiden zu sehen und lasse auch keinen dummen Spruch los. Wir drücken uns herzlich und beschließen, zum Ocean Front Walk zu gehen. Chris ist ganz auf California gebürstet, trägt ein gebatiktes Hemd und eine Pilotensonnenbrille. Der Style passt nicht wirklich zu ihm, wirkt aber wegen einer gewissen Komik zweifellos sympathisch. Wir landen in einem Imbiss und besprechen, wie wir die Arbeit angehen wollen. Zunächst geht es um das Grundkonzept, mögliche Finanzierungswege und die Logistik. Schließlich wollen wir in vier über den kompletten Globus verteilten Ländern drehen. Als Nächstes geht es um einzelne Ideen für die Geschichte, die wir erzählen wollen. Ich schlage vor, einen Film übers Reisen zu drehen und erzähle Chris und Grace von meinen bisherigen Erlebnissen, um ein paar Möglichkeiten zu präsentieren. Daraufhin schlagen die beiden vor, doch einfach meine Geschichte zu verfilmen. Das finde ich zwar durchaus nett, aber auch wiederum etwas befremdlich. Ford hält sich nicht zurück und überlegt fleißig mit. Zu fleißig, wenn ich ehrlich bin. Er will uns nach einiger Zeit sogar davon überzeugen, doch lieber den Pilotfilm für eine Fernsehserie als einen eigenständigen Langfilm zu drehen. Noch spektakulärer wird es, als der »Star Wars«-Fan mit Ideen für ein bombastisches Science-Fiction-Epos daherkommt. Schließlich verpasst er es auch nicht, bei Chris und Grace nach einem Job bei ihrem nächsten Dreh zu fragen. Wenn schon nicht als Schauspieler, dann doch wenigstens als Boom Operator, also Tonassistent. Auch um Ford in seinem Eifer zu bremsen, frage ich, ab wann ich bei ihnen – oder Freunden von ihnen – unterkommen kann, damit wir mit der Arbeit beginnen können.

»Well«, entgegnet mir Chris wenig verheißungsvoll, »I'm still working on that music video. So we can't start before the end of January or February.«

Ähm, was?

»I'm leaving the 5th«, merke ich an.

»I think four or five days can also be enough to start with.«

Ursprünglich wollten wir den kompletten Januar über zusammenarbeiten.

Venice

109

Dann wurden daraus zwei Wochen und nun, da ich dachte, dass es losgeht, verschiebt er es schon wieder um zwei Wochen und kürzt unsere Arbeitszeit auf vier Tage herunter. Ich weiß nicht so recht, was ich davon halten soll, lasse es mir aber nicht anmerken: »So, when will we start? 'Cause I need to know at what day I have to be back in Los Angeles.«
Der Vorteil, mit dem ich mir die erste Enttäuschung schönrede, ist immerhin, dass ich nun weiterreisen kann.
»Let's say February 1st.«
»Fixed?«
»Fixed.«
Darauf gibt's die Hand. Na, immerhin. Hm, eigentlich – wenn ich es mir so recht überlege – finde ich es auch gar nicht so dramatisch, dass ich zum Weiterreisen gezwungen werde. Denn was gibt es denn Schöneres, als neue Orte und Menschen kennenzulernen und weitere Abenteuer zu erleben? Eben: nichts.
Gegen halb sieben trennen sich unsere Wege wieder. Allerdings nur bis morgen: Dann wird im Outback von Malibu gemeinsam mit Freunden der beiden gewandert.
Zurück im Hostel checkt Ford online, wie er zu einer Audition kommt, die morgen Mittag stattfindet. Er geht daher nicht mit Chris, Grace und mir hiken. Auch ich schaue noch einmal in mein Postfach und hoffe, dass uns ein Couchsurfer heute Nacht bei sich aufnimmt. Bingo! Rey in Downtown lädt uns zu sich nach Hause ein. Was für ein Glück. Ich schaue mir noch einmal sein Profil an. Dort empfiehlt er, dass man sich Marc Webbs Film »(500) Days of Summer« mit Zooey Deschanel und Joseph Gordon-Levitt anschauen sollte, um einen Eindruck von Los Angeles' Downtown zu bekommen. Ich kenne und mag den Film bereits und nehme mir vor, mir auf jeden Fall die berühmte Parkbank anzuschauen. Als ich eine Google-Suche nach den Drehorten des Films durchführe, stoße ich bei movie-locations.com auf eine Karte, auf der sämtliche Orte des Films samt Erklärung markiert sind. Das ist cool.
Wir sollen um 21 Uhr bei ihm zu Hause aufschlagen. Im Moment sitzt er noch in einer Bar und schaut Football. Ja, die NFL bewegt sich langsam auf ihren Höhepunkt zu. Ford und ich verlassen viel zu spät das Hostel und informieren Rey, dass wir es wohl nicht pünktlich bis zu ihm schaffen werden. Das ist kein Problem, antwortet er. Rey scheint lässig zu sein.
Wir nehmen den Bus nach Downtown. Rey wohnt mitten in der City, in der West 7th Street. Wir sollen an die Haustür klopfen, uns vom Sicherheitsmann aufmachen lassen, uns als Gäste, die über Nacht bleiben eintragen und dann mit dem Aufzug in den 14. Stock fahren. Das klingt krass. Als wir vor der verschlossenen Haustür stehen, sehen wir, dass der Tisch des Securitymannes unbesetzt ist. Da macht wohl jemand eine Pinkelpause. Eine Bewohnerin des Hauses kommt, schließt sich und uns die Tür auf und verliert dabei ihr komplettes Kleingeld. Ford und ich helfen ihr beim Aufsammeln, wofür wir zur

Belohnung einen Quarter behalten dürfen. Yeah.
Rey öffnet uns mit einem Grinsen die Wohnungstür. Sein Grinsen scheint eingemeißelt zu sein, denn er wird den Rest des Abends seine Wangenmuskulatur nicht mehr lockern. Rey ist voll okay und arbeitet ... beim Film. Er ist *assets manager* im *art department* und arbeitet an einem Projekt, das ihm – da es mindestens zu einer Trilogie ausgeweitet wurde – für die nächsten Jahre einen sicheren Arbeitsplatz beschert.
»Yeah! Congratulations! What movie is it?«
»Avatar.«
Ford fällt in Ohnmacht und bei mir verkrampfen sich ebenfalls diverse Muskelstränge im Gesicht; primär jene, die für die Schließung des Mundes verantwortlich sind. Als Assets Manager – was auch immer das genau ist – scheint man nicht allzu schlecht zu verdienen. Reys Wohnung ist super und der Ausblick aus dem obersten Stockwerk des Hauses, mit Blick auf das 1930 im Art-déco-Stil erbaute, türkisfarbene Eastern Columbia Building, der absolute Burner.
Als Ford aus der stabilen Seitenlage wieder erwacht, erkundigt er sich, wie auch er bei »Avatar« einsteigen kann. Nicht mit Reys Hilfe, lautet die zu erwartende Antwort.
Wir starten eine Tour durch die nächtliche Downtown, die laut Rey in den letzten Jahren erst wieder zur vollen Blüte gekommen ist. Rey wohnt im sogenannten Historic Core der Downtown.

Los Angeles' Downtown

Vor dem Zweiten Weltkrieg war der Historic Core das Zentrum der Stadt, die 1781 von spanischen Missionaren und Siedlern gegründet wurde. Nach dem Zweiten Weltkrieg ersetzten die aus dem Boden gestampften Freeways und die Zunahme an Autos nach und nach das hervorragend ausgebaute Nahverkehrssystem, worauf übrigens auch in Robert Zemeckis' »Falsches Spiel mit Roger Rabbit« angespielt wird. Ferner fand eine große Suburbanisierung statt und sämtliche Banken zogen einige Blocks weiter nach Westen, was die komplette Downtown zunehmend an Bedeutung verlieren ließ. Einst prächtige Häuser wurden abgerissen, um Raum für Parkplätze zu schaffen und die meisten Bewohner von L.A., die übrigens Angelenos genannt werden, kamen nur noch kurz nach Downtown getuckert, um ihre Erledigungen zu machen. In dieser Hinsicht ähnelt Los Angeles auch heute noch Frankfurt am Main: Es leben nur um die 40.000 Menschen in Downtown. Am Tage kommen allerdings über 200.000 Menschen zum Arbeiten ins Zentrum der Metropole. Doch zurück in die Vergangenheit: Der einstige Kern der Stadtmitte wurde in den 50er Jahren zum Zentrum lateinamerikanischen Entertainments. In den 60er Jahren verlor sich Downtown immer mehr im Rotlicht- und Drogensumpf, Häuser verwaisten. Die Filmpaläste, die zwischen 1911 und 1931 errichtet wurden, verkamen zu *grindhouses*, Billigkinos, in denen hauptsächlich Exploitationfilme und B-Movies gezeigt wurden. Die 70er und 80er brachten dem historischen Kern von Los Angeles keine Besserung: Streetgangs übernahmen mehr und mehr das Sagen und die Polizei verlor sich in der Relativierung des Problems. Erst Mitte der 90er Jahre schien sich die Stadt wieder für sein Zentrum zu interessieren und forciert seither das, was man auch als Gentrifizierung bezeichnen kann. Dass diese *Adaptive Re-Use Ordinance*, also die »adaptive Wiederverwendungsverordnung«, bei der beispielsweise aus einem alten Bankgebäude ein nobles Apartmenthaus wird, neben Vor- sicherlich auch erhebliche Nachteile für weniger betuchte Bevölkerungsschichten mit sich bringt, kann man sich denken. Von 2006 bis 2008, also innerhalb von nur zwei Jahren, konnte so die Population der Downtown um sage und schreibe ein Drittel erhöht werden. Um wie viel Prozent dabei wohl auch der Mietspiegel nach oben geschossen ist? Die Bevölkerung Downtowns setzt sich interessanterweise nahezu gleichmäßig aus den vier vorherrschenden Ethnien Amerikas zusammen: Weiße, Schwarze, Asiaten und Latinos.

Ford, Rey und ich spazieren in die Olive Street, wo uns Rey das prunkvolle Millennium Biltmore Hotel zeigt.

Das filmreife Millennium Biltmore Hotel

Die Glastür des 1923 eröffneten Hotels ist verriegelt, doch der Blick in die Lobby des seinerzeit größten Hotels, das es westlich von Chicago gab, ist beeindruckend: Links und rechts verlaufen Arkadengänge, in denen orientalische Glaslampen von der Decke hängen. Die Wände und Bögen aus hellem Stein werden von Lampen und zusätzlich von Lichtern, die am hölzernen Fachwerk, das den runden Mittelteil des Raumes ausbildet, in mystisch goldene Farben getaucht. Hüfthohe Raumtrenner aus Marmor sind mit edlen Vasen geschmückt. Einen Brunnen gibt es auch und am Ende der Halle führen links und rechts Treppen mit einem kunstvoll verzierten Geländer hinauf zu einem Portal, das man ob seines Prunks schon gar nicht mehr als Tür bezeichnen kann. Würde vor dem mächtigen, majestätischen und mit Reliefs veredelten Goldrahmen ein Thron stehen und die Türöffnung mit rotem Samt verschlossen, könnte man den Raum problemlos als Filmkulisse verwenden. Das Hotel war im Übrigen bereits Drehort für so manch einen Film. Ein paar Beispiele: In »Beverly Hills Cop« erschleicht sich Eddie Murphy ein Zimmer im Hotel, indem er sich für einen Reporter des Rolling Stone Magazine ausgibt und der Rezeptionistin eine Szene macht. Die Ghostbusters testen hier erstmals ihren nicht-lizenzierten Nuklearbeschleuniger und Tyler Durden alias Brad Pitt »würzt« bei einem Bankett die Hummercremesuppe.

Wir gehen einmal um den Block in Richtung Grand Avenue. Vor uns ragt der 310 Meter hohe U.S. Bank Tower in die Höhe, das höchste Gebäude Kaliforniens und das zehnthöchste der gesamten USA.

U.S. Bank Tower

Bis 2004 war der erdbebensichere Wolkenkratzer das höchste Bauwerk mit einem Heliport auf dem Dach. Bei den meisten Angelenos ist der Turm als Library Tower bekannt, da er – nachdem die Central Library auf der anderen Straßenseite 1986 gleich zweimal abgebrannt ist – Teile der Bibliothek beherbergte. Erbaut wurde der prägnante, stufenförmige Turm mit der riesigen, bei Nacht beleuchteten Glaskrone von 1987 bis 1989. Seither diente er in vielen Filmen als *establishing shot*. So bezeichnet man Einstellungen, die dem Zuschauer sofort klarmachen sollen, wo man sich befindet. Der U.S. Bank Tower eignet sich aufgrund seiner Größe und besonderen Architektur optimal dafür. In »Independence Day« ist es zudem das Bauwerk, das von den Aliens als allererstes zerstört wird. Halleluja.

Vor dem zweiten Eingang des Millennium Biltmore Hotel in der Grand Avenue stoßen wir auf die High Society: Schick gekleidete Menschen tummeln sich im Eingangsbereich und dicke Autos fahren vor. Da scheint eine Party am Laufen zu sein! Rey, Ford und ich – nicht ganz so schick gekleidet – mischen uns unter die Bourgeoisie und schauen, was im Inneren des Hotels vor sich geht.
Es ist eine Privatparty. Niemand fragt uns nach einer Einladung und am Tresen sind, im ansonsten ziemlich überfüllten Raum, sogar noch drei Hocker frei. Ein DJ legt auf, ein MC rappt dazu und das kleine Bier kostet läppische 7,63 Dollar – inklusive *tax*, versteht sich. Ein molliges Mädel gräbt Ford an und ich habe offensichtlich die Aufmerksamkeit einer verheirateten Mittvierzigerin auf mich gezogen, die mir über die Schulter ihres Mannes laszive Blicke zuwirft. Miau! Rey umklammert derweil sein Bier und grinst fröhlich vor sich hin – wie immer also. Während Ford zugetextet wird, unterhalte ich mich mit Rey, vergewissere mich dabei aber auch immer wieder mit einer sexy Kopfdrehung und gekonntem Augenaufschlag, ob mir nicht gerade von der Seite eine Keycard zugeschoben wird ... oder die Faust vom Ehemann angeflogen kommt.
Die schlauchförmige Hotelbar ist, wie auch schon die Halle auf der anderen Seite des Gebäudes, in ein fahles, goldenes Licht getaucht. Die Wände und die Decke sind edel mit Holz verkleidet. Zwei Kronleuchter hängen von der Decke und steinerne Säulen lockern hier und da die dunkle Holzwand auf. Aber selbst in solch einer noblen Bar können sie – sogar während einer Privatparty – nicht auf ihren Flachbildfernseher verzichten. Nach nur einem Bier verlassen wir die Bar wieder. Ford und ich sind aber auch froh darüber. Noch ein 7,63-Dollar-Bier hätte ich mir nicht leisten wollen. Ford hat sowieso freiwillig verzichtet und

für Rey scheint es kein Problem zu sein, für ein Bier in einer noblen Bar auch mal tiefer in die Tasche zu greifen. Vielleicht dachte er aber auch dasselbe wie ich und wollte nur nicht als Knauser dastehen. Schwer zu sagen … er grinst ja ständig.

Wir betreten den pompösen, langen und breiten Korridor des Hotels. Die Wände bestehen wie in der Bar aus Holzplatten und detailreichen Steinsäulen. Die Decke hingegen ähnelt mehr einer Kirche. Sie hat zwar dieselbe Musterung, ist jedoch bunter und mit Gemälden und Gold ausgeschmückt. Der Boden ist aus Marmor und alle 20 Meter mit schweren Perserteppichen ausgelegt. Rey zeigt uns den »Historic Corridor«, der vom großen Korridor abzweigt. Das Biltmore hat die eine oder andere Geschichte vorzuweisen: 1960 richtete JFK das Hauptquartier für seinen Präsidentschaftswahlkampf im Biltmore ein und vier Jahre später mussten die Beatles wegen der massenhaften Fans auf der Straße mit dem Helikopter auf dem Dach landen, um in die angemietete Präsidentensuite zu gelangen.

»The Biltmore«, erklärt uns Rey weiter, »also hosted the Academy Awards in its earliest time.«

Ja, an wie vielen anderen Orten wurde der Oscar denn noch verliehen?

Die Academy wurde 1927 gar im »Crystal Ballroom« des Hotels gegründet. Angeblich wurde bei jenem Bankett sogar der erste Entwurf des Goldjungen vom späteren Oscar-Designer Cedric Gibbons auf eine Serviette gebracht. Erstmals 1931 und insgesamt acht Mal wurde die wichtigste Trophäe der Filmgeschichte im Biltmore verliehen. Und daran erinnert der »Historic Corridor«: An den Wänden hängen große Panoramafotos der Veranstaltungen mit teilweise urkomischen Personen und Gesichtsausdrücken. Einer schaut böse in die Kamera, Martha Raye und Lily Pons schneiden Grimassen, wieder andere schauen in die falsche Richtung und Henry Fondas Frau blickt einfach nur erschrocken drein. Insgesamt kann man sich lebhaft vorstellen, wie die Herrschaften aufgefordert wurden, ihren Blick für das Gruppenfoto zur Kamera zu richten. Rey, Ford und ich erforschen jedes einzelne der Bilder, versuchen Persönlichkeiten selbst zu erkennen oder nehmen die Sitzpläne zur Zuordnung, die praktischerweise neben den Fotos angebracht sind.

Nachdem wir das Biltmore verlassen haben, will uns Rey die *rooftop bar* auf dem 90 Jahre alten und sehr hübsch anzusehenden Pershing Square Building zeigen. Vor dem Gebäude in der Hill Street werden wir vom Türsteher kontrolliert und zum Aufzug geschickt. Mit diesem geht es in den obersten Stock, wo wir in den nächsten Lift umsteigen müssen, um ganz nach oben zu gelangen. Verrückt. Glücklicherweise werden wir nicht zum nächsten überteuerten Drink verführt. Rey will uns lediglich die abermals fantastische Aussicht über die Downtown mit ihren eindrucksvollen Hochhäusern zeigen. Stolz zeigt er uns auch, dass man die Ecke seines Balkons von der Bar aus sehen kann. Yeah, Baby!

Der Rückweg führt uns über den Broadway, vorbei am Los Angeles Theatre.

Los Angeles Theatre

Das Innere des von außen bereits imposant im französischen Barock gestalteten Kinos soll der Wahnsinn sein. Als Inspirationsquelle diente der Spiegelsaal von Versailles. Charlie Chaplin half 1930 den Bau mitzufinanzieren, um das Kino rechtzeitig zur Premiere von »Lichter der Großstadt« eröffnen zu können. Es war der letzte große Filmpalast, der auf dem Broadway errichtet wurde, da sich die Depression breitmachte und der Hollywood Boulevard zu einer zu großen Konkurrenz wurde.

»Welcome Figaro Bistro«, steht auf der Ankündigungstafel des Kinos. Da ich dies bereits mehrfach auf dem Broadway gelesen habe, frage ich Rey, ob es sich bei »Welcome Figaro Bistro« um den neuen Film-, Musical- oder Theaterhit handelt.
»No«, antwortet Rey, »it's a bistro that just opened in the neighborhood.«
Sagenhaft. Da öffnet ein neuer Laden seine Pforten und die komplette Straße heißt ihn willkommen. This is America.
Wir trinken noch einen Absacker in Reys Nachbarhauskneipe, bevor wir im Flur auf Hal treffen. Hal ist Reys Nachbar und Fotograf. Er lässt sich überreden, mit uns noch eine Flasche Wein in Reys Apartment zu köpfen. Rey und Hal sind neugierig und wollen meinen Film sehen. Ich drifte bereits langsam aber sicher ins Land der Träume ab, bekomme aber noch mit, dass es nicht funktioniert, »Erinnerungen« vom USB-Stick zu gucken. Ob ich es noch schaffe, den Film anders zum Laufen zu bringen, weiß ich tatsächlich nicht mehr. Die obdachlosen Nächte von Hollywood stecken mir immer noch in den Knochen. Und zwar so was von …

Malibus Outback, Santa Monicas Pier und die Nacht von Glendale
Tag 65: Sonntag, 13. Januar 2013

Um acht Uhr klingelt der Wecker. Rey konnte uns keine Decken geben, weswegen Ford mir wieder einmal unsere »Obdachlosendecke« überlassen hat. Ich mache ein paar Fotos von Reys Balkon, um die beeindruckende Aussicht auch bei Tage festzuhalten, decke danach den noch tief schlafenden Ford zu und schleiche mich aus der Wohnung.
Mit dem Bus 733 geht's zur Haltestelle an der Ecke Venice Boulevard und Cadillac Avenue. Meine TAP Card kann ich auch im Bus aufladen. Mittlerweile habe ich auch kapiert, dass ich für fünf Dollar die Karte zu einer Tageskarte auffüllen kann. Wenn man sich eine neue TAP Card kauft, muss man allerdings einen zusätzlichen Dollar für die Plastikkarte investieren. Der zweite Bus lässt lange auf sich warten. Die Linie 534 bringt mich auf den Pacific Coast High-

way nach Malibu. Der PCH, wie er auch abgekürzt genannt wird, ist übrigens der Highway 1. Die gut 50 Kilometer lange Strecke nach Malibu kostet mich insgesamt knapp zwei Stunden. Als ich an der Ecke Pacific Coast Highway und Paradise Cove aussteige und in Fahrtrichtung weiterlaufe, bremst der Busfahrer noch einmal ab und ruft mir zu: »Where do you wanna go?«
»Winding Way.«
»Where's that?«
Das ist eine gute Frage: »I guess in that direction.«
»Jump back in, I bring you there.«
Ich bin ein weiteres Mal begeistert vom Service und der Freundlichkeit amerikanischer Busfahrer. Weder der Fahrer noch ich wissen aber, wo genau der Winding Way überhaupt ist. Also bitte ich den *driver*, mich doch besser wieder aussteigen zu lassen und zu Fuß weiterzusuchen. Vielleicht kommt mir ja auch mal jemand entgegen, den ich nach dem Weg fragen kann – schließlich befinde ich mich eigentlich momentan in einer Kleinstadt.

Malibu ... eine eher untypische Ortschaft

Etwas mehr als 12.000 Einwohner leben auf über 50 km² Land, das sich in einem über 30 Kilometer langen, aber an seiner breitesten Stelle nur knapp vier Kilometer schmalen Streifen zwischen der Pazifikküste und den Santa Monica Mountains von Ost nach West zieht. Ja, die Bergkette befindet sich im Norden, nicht im Osten und den Ozean haben die Bewohner Malibus im Süden und nicht im Westen vor der Haustür. Das liegt daran, dass Malibu am Nordrand der Santa Monica Bay liegt. Da sich die Grenzen Malibus, das 1991 eine von Los Angeles unabhängige Stadt wurde, zusätzlich noch fast fünf Kilometer in den Pazifik erstrecken, kommt die Gemeinde offiziell auf eine Gesamtfläche von rund 260 km² und wäre somit flächenmäßig mit Bielefeld zu vergleichen – falls es diese Stadt überhaupt gibt. Einen Ortskern scheint Malibu nicht zu haben. Der PCH ist die zentrale »Dorfstraße«. Die Villen befinden sich an der Küste oder sitzen in großen Abständen zueinander auf der Bergkette, die sich über insgesamt 64 Kilometer bis nach Hollywood zieht und zu der auch der Mount Lee mit dem Hollywood Sign gehört. Bevor die Spanier und später die Reichen und sicherlich auch ein paar Schöne mit der Besiedlung Malibus begannen, lebten im küstennahen Süden und Zentrum Kaliforniens über Jahrtausende hinweg die Chumash.

Die Chumash

Die Chumash machten sich nichts aus Ackerbau, sondern lebten als Jäger, Fischer und Sammler in Dörfern, die bis zu 1000 Einwohner haben konnten. Wie immer in der traurigen Geschichte der Entdeckung Amerikas durch die

Alte Welt verloren die Chumash mit den Neuankömmlingen nicht nur ihre Heimat. Die Spanier hatten, als sie über 200 Jahre nach der Entdeckung und Beanspruchung Kaliforniens mit der Eroberung begannen, Krankheiten und das Christentum im Gepäck, was die Population der Chumash, die 1824 revoltierten, um 1900 auf erschreckende 200 Menschen reduzierte. In ihrer Blütezeit schätzte man die Zahl der Stammesangehörigen auf bis zu 18.000. In den 1960er Jahren starb letzten Endes sogar die einzig noch verbliebene Sprache der Chumash aus. Solch eine Geschichte haben auch viele andere indigene Völker wie beispielsweise die Tongva vorzuweisen, deren Heimat unter anderem das heutige Santa Monica und Los Angeles war.

Ich erreiche das Point Dume Village, das eine besondere Spezies Mensch mit einem Warnhinweis auf sehr interessante Weise willkommen heißt: »Warning to Paparazzi!«, steht auf dem Schild. Das Betreten des Grundstücks, mit der Absicht Menschen ohne deren Erlaubnis zu fotografieren, ist verboten und wird nach dem *California Anti-Paparazzi Act* gnadenlos bestraft. Ich schiebe mir meine Kameratasche sicherheitshalber mal auf den Rücken. Spätestens hier im Point Dume Village, einer kleinen Ansammlung diverser Läden und Restaurants, bin ich mir sicher, dass ich am Winding Way bereits vorbeigekommen sein muss. Verdammt: Chris, Grace und deren Freunde wollen mich in wenigen Minuten dort treffen. Ich frühstücke schnell ein Sandwich und frage einen Polizisten, wo sich der Winding Way den Hügel hinaufwindet.
»No idea«, desillusioniert mich der Gesetzeshüter. Das gibt's doch nicht. Ich frage zwei in der Sonne Sitzende, ob sie eine Ahnung haben, wo der Weg sein könnte.
»I do«, überrascht mich der mehr nach Tourist aussehende Mann.
»Cool! Where is it?«
Die Straße befindet sich natürlich in der Richtung, aus der ich gerade gekommen bin. In meinem Kopf höre ich Cari, wie sie mich in Portland auslacht: Mit dem Smartphone wäre das nicht passiert. Dafür erlebe ich ohne die technische Hilfe wieder einmal amerikanische Freundlichkeit. Der mit der Umgebung vertraute Brandon schlägt mir und seiner Freundin vor, mich dorthin zu fahren. Ich habe hierfür weder meinen bestmöglichen Hundeblick aufgelegt noch gefragt. So sind sie eben an der Westküste. Kaum sitzen wir im Auto erzählt mir Brandon stolz, dass Freundin Sara Sängerin ist. Sara rollt mit den Augen, während er versucht, an sein iPad zu gelangen.
»What do you want?«, fragt ihn Sara.
»I'll show him ›Missing You‹.«
»Oh, come on.«
Brandon besteht darauf und auch ich werde neugierig. Also lenkt Sara ein und schaltet mir ihr neuestes Video ein. Es ist ihr unsagbar peinlich, betont sie und merkt an, dass der Clip auch nicht so wirklich geil ist.

»Yes, yes«, nicken Brandon und ich, während ich Sara das iPad aus der Hand nehme. Kurze Zeit später kann ich Sara beruhigen: Das Video ist nicht peinlich und ihre Musik schon gar nicht. Der einfühlsame Song ist *catchy* und sehr professionell arrangiert. Außerdem hat sie eine wirklich schöne Stimme.
»So, what's your name?«, möchte ich wissen.
»That's Sara Johnston from Montreal, Canada!«, übernimmt der stolze Brandon die Antwort.
»Good to know«, bedanke ich mich, als wir auf den Parkplatz abbiegen, auf dem ich mit Chris & Co. verabredet bin. Und jetzt wird's lustig: Natürlich recherchiere ich später ein wenig und sitze mal wieder mit offener Kinnlade da. Sara Johnston war vor ihrer Solokarriere Mitglied bei Bran Van 3000! Ich kann mir schon vorstellen, dass jetzt dem einen oder anderen Leser eine Augenbraue die Stirn entlang nach oben wandert, verbunden mit einem: »Aha?«
Banausen! Bran Van 3000 ist Ende der 90er mit »Glee« ein ziemlich famoses Album gelungen, auf dem sie Alternative Rock mit Electronica, Hip-Hop und Pop mischen. Lustigerweise heißt einer der Songs der Platte »Couch Surfer« und handelt von einem Schmarotzer, der jemandes Sofa bezieht, nicht mehr abhaut und sich Bezahlsender reinzieht. Der größte Hit des Kollektivs dürfte allerdings »Drinking in L.A.« gewesen sein.
Ford, dessen Handy nicht mehr aufgetaucht ist, textet mir mit Reys Telefon und beschwert sich: Ich hätte ihn aufwecken und mitnehmen sollen. Hä? Letzte Nacht hat er doch noch überprüft, wie er um zwölf Uhr mittags mit dem Bus zu seiner Audition kommt. Ich verstehe nur Bahnhof, schreibe ihm aber, dass es keinen Sinn mehr ergibt, nachzukommen, weil die Fahrt nach Malibu so lange dauert. Aber was ist denn da los? Fällt das Casting aus? Sehr seltsam. Kaum habe ich die SMS abgeschickt, meldet sich auch Chris zu Wort: Sie kommen mal wieder später als angekündigt zum Treffpunkt. Da aber auch ich bereits die abgemachte Uhrzeit nicht einhalten konnte, passt die halbstündige Verspätung optimal.
Chris und Grace haben Ashley und Kristin im Schlepptau, zwei Freundinnen von Grace. Nachdem die erstaunlich sportlich gekleideten Damen und Sonnenbrillen-Chris ihre Getränke aus dem Auto geholt und meine Jacke hineingelegt haben, geht's den ersten Anstieg hinauf in Richtung Winding Way Trail. Der Wander- und Pferdeweg, der in den anvisierten Escondido Canyon Park führt, beginnt erst nach einigen Hundert Metern. Bis wir den Pfad erreichen, spazieren wir an prunkvollen Villen vorbei. Arkadengänge, riesige Gärten mit Palmen, Swimmingpools und Steinöfen. Wer weiß, an wessen Häuschen wir hier vorbeigehen. Die Sonne strahlt, die Hänge sind grün und der Blick auf den Ozean einfach nur wunderschön. Die Insel, die wir in weiter Entfernung ausmachen können, müsste Santa Catalina Island sein.
Chris und ich reden natürlich über unser angestrebtes Projekt, während wir über Steine und Äste Bäche überqueren und der Pfad waldiger und steiler wird.

An einer Stelle hat man sogar ein Seil zwischen zwei Bäume gespannt, damit man sich daran den steilen und rutschigen Hang nach oben hangeln kann. Chris, der heute mit einem neuen Batikhemd daherkommt, offenbart spätestens bei dieser Aktion, dass Grace der sportlichere Teil des Paares ist. Je länger wir uns an Wurzeln und Steinen die Hänge hinaufziehen, desto weniger ambitioniert scheint Chris zu sein, mithalten zu wollen. Wir befinden uns nun im dicht bewaldeten Canyon. Vom Meer sieht man nichts mehr und auch die Villen, die vereinzelt auf den Hügeln auszumachen waren, entziehen sich unserem Blickfeld. Kakteen wachsen am Wegesrand und mir kommt es vor, als würden nach und nach immer mehr Brauntöne das Grün ablösen. Diese Gegend ist nicht nur wegen der hohen Anzahl prominenter Bewohner und »Baywatch« weltberühmt, sondern auch wegen der regelmäßig herrschenden Waldbrände. Rauchen ist auf dem Trail beispielsweise strengstens untersagt.
Wir erreichen einen Wasserfall, für dessen Beschreibung mir derzeit der Begriff Rinnsal passender erscheint. Wir klettern über weitere Felsbrocken immer weiter nach oben und kommen kurz darauf an einen zweiten Wasserfall. Hier fließt zwar ein bisschen mehr die Wand hinunter, als bedrohlich imposante Naturgewalt würde ich es dennoch nicht bezeichnen. Vielmehr als der Wassersturz sieht die bewachsene Wand toll aus, an der das Wasser langsam durch grüne Algen fließt, anstatt wild tosend die gut und gerne 50 Meter hinabzustürzen. Es wird noch nicht einmal Gischt aufgewirbelt, sobald das Wasser den Teich am Boden erreicht. Das Ganze sieht so entspannend aus, dass man schon fast eine Dusche nehmen möchte.
Wir sind nicht die einzigen Wanderer. Auf dem Pfad ist sogar erstaunlich viel los. Das große Gedränge bleibt aber erfreulicherweise aus.
Kristin will die Wand zum Wasserfall hinaufklettern und fragt in die Runde, wer mitkommen möchte.
»We can try«, sagt Grace, während Ashley und ich nicken und Chris aufstöhnt. Wir schauen uns die Wand genauer an. Sie ist steil, aber nicht senkrecht. Hier und da wird wohl auch ein klein wenig Freeclimbing notwendig sein. Die Mädels preschen voraus, dann komme ich und zuletzt Chris, der recht dankbar dafür zu sein scheint, dass ich ab und an haltmache, um Fotos zu schießen. Nach einigen Metern haben wir Ashley, Kristin und Grace wieder eingeholt. Ashley und Grace beratschlagen, ob sie das Klettern abbrechen sollen. Chris nimmt die Diskussion freudig auf und überzeugt die beiden, es tatsächlich bleiben zu lassen. Kristin und ich schauen uns an: »We go on?«, frage ich.
»Yeah!«, freut sich Kristin und klettert voraus.
Die Wand wird fortan steiler und ein Abrutschen hätte unschöne Folgen, da die pfadähnliche Fuge, durch die wir uns kämpfen, aus einem sandigen und somit rutschigen Untergrund besteht und es zudem kaum etwas gibt, woran man sich festhalten könnte, sollte man erst einmal ins Fallen geraten. Wirklich gefährlich kommt mir der Aufstieg dennoch nicht vor. Noch kann man mit

vorgebeugtem Oberkörper nahezu auf allen vieren klettern. Wir holen ein Pärchen ein, das vor einem Felsspalt steht und ziemlich amüsant rätselt, wie man sich durch diesen nach oben windet. Der Spalt ist wie eine kleine Höhle, die nach zwei, drei Metern endet und in einen Kamin übergeht. Nach kurzer Beratschlagung steht fest, dass wir die gute alte Türrahmenklettertaktik anwenden müssen: Entweder mit einem Bein links und einem rechts oder mit dem Rücken auf der einen und den Füßen auf der anderen Seite, müssen wir uns in den Spalt klemmen und langsam nach oben drücken. Auch diese Übung haben wir schnell gemeistert. Wenige Meter später haben wir die Wand erklommen und lassen uns von den drei Weicheiern unten feiern. Mit unseren neu gemachten Bekanntschaften wandern wir den Bachlauf entlang und schauen, wie nahe wir an den Wasserfall gehen können und wohin der Weg sonst noch führt. Auf der uns gegenüberliegenden Wand sehen wir andere Kletterer. Deren Route sieht schon etwas anspruchsvoller aus. Dementsprechend vorsichtig und angespannt versuchen sie auch wieder nach unten zu kommen. Wir enden derweil in einer Sackgasse und sind doch etwas enttäuscht. Eigentlich wollten wir um den Hügel herum und auf der besagten Wand gegenüber wieder zu unseren Leuten stoßen. So müssen wir aber den Rückzug über die altbekannte Strecke antreten und den Kamin wieder hinabklettern. Das bereitet dem neu kennengelernten Mädel leichte Schwierigkeiten. Sie steht als Erste im Kamin und weiß nicht, wie sie hinunterkommen soll. Ihr Freund, der sich als Letztes eingereiht hat, gibt schlaue Anweisungen, die sie als Klugscheißerei abtut und es irgendwann einfach so macht, wie sie es für richtig hält. Sie bricht sich nichts.
Wieder bei den Autos bieten mir Chris und Grace an, mich nach Santa Monica zu bringen. Ich nehme das Angebot dankend an und staune auf unserer Fahrt aufs Neue über die verschiedenen Villen auf den Hügeln und den Blick über den Ozean. Chris und Grace machen möglichst wöchentlich Ausflüge wie diesen. Würde ich in solch einer Landschaft leben, denke ich mir, würde ich mich auch wesentlich häufiger bewegen. Oh, California …
Im Canyon hatte ich keinen Empfang. Nun kann ich Rey wieder schreiben und frage, ob er etwas von Ford gehört hat und wie dessen Audition lief – sofern sie denn stattfand. Ich gebe außerdem die Info weiter, dass ich in Santa Monica den Pier und den Strip auf und ab laufen werde.
Chris und Grace lassen mich in der 4th Street raus. Wir verabschieden uns kurz bis in knapp drei Wochen und schon düsen sie davon. Über den Santa Monica Boulevard laufe ich in die 3rd Street Promenade, eine sich über drei Blocks ziehende, reine Fußgängerzone, was mir bislang in den Staaten noch nicht untergekommen ist. Santa Monica ist touristisch. Klar, denn die Stadt liegt direkt am Meer, hat Los Angeles im Rücken, den Pazifik vor sich und zudem noch eine Fußgängerzone sowie den weltberühmten Santa Monica Pier. Nun, die Fußgängerzone ist eine Fußgängerzone ohne besondere Höhepunkte, deren Ende der Santa Monica Place bildet. Hierbei handelt es sich um ein Einkaufs-

zentrum mit einem runden Innenhof, das von Frank Gehry entworfen wurde, dem Schöpfer des EMP in Seattle. Ich stehe generell nicht sonderlich auf Konsumtempel – auch wenn in diesem hier eine Szene für »Terminator 2« gedreht wurde. Daher sage ich: »Hasta la vista, baby«, und steuere nun den Pier an.
Neben einem gewissen Höhenunterschied wird die 90.000-Einwohnerstadt auch von einem Grünstreifen vom PCH getrennt, der – seinem Namen gerecht werdend – auch hier direkt am Meer entlangführt. Ein schwarzer Obdachloser sitzt auf der Wiese und singt fröhlich »Old MacDonald Had a Farm« vor sich hin. Ich finde das ziemlich ulkig und lächle den Mann an. Das freut ihn wiederum, weshalb er mir zuruft, dass er mir einen Witz erzählen möchte. Einen Witz von einem Obdachlosen sollte man nicht ausschlagen. Schon gar nicht, wenn sie einem kostenlos angeboten werden. Blöderweise verstehe ich den Witz nicht, lache aber trotzdem. Das überzeugt den Mann aber offensichtlich nicht, weswegen er mir noch eine Zugabe gibt: »When you're at home and you feel that you're about to die. In what room do you go?«
Hm … keine Ahnung.
»The living room! Hahaha!«
Der ist so schlecht, dass er schon wieder gut ist. Auch ich komme nun in Fahrt. Ein kleiner Witzebattle beginnt. Ich beginne mit Mr. Fox' Witz von den Cordhosenhippies: »Why do Hippies love corduroy?«
Er überlegt, aber er kommt nicht drauf.
»Because it's groovy, baby!«, antworte ich und mache mit einer Hand eine wellige Bewegung.
Er lacht laut auf. Den findet er also schon mal gut. Es folgt die Vogelscheuche, doch den kennt er bereits. Er scheint mich zu mögen, denn er bietet mir den Platz neben sich auf der Wiese und von seinem Essen an. Das ist rührend. Dennoch lehne ich dankend ab, da ich mir Santa Monica anschauen möchte, bevor die Sonne untergeht. Und so wie mein Aufenthalt im Los Angeles County bisher abgelaufen ist – vollkommen chaotisch und planlos –, fürchte ich, dass dies mein einziger Nachmittag und Abend in Santa Monica sein könnte. Ich schlendere also weiter zum Pier und passiere einen weiteren Obdachlosen, der »Jingle Bells« singt. Na, die sind ja lustig drauf hier.
Nicht zuletzt aufgrund des kleinen Erlebnisparks, der sich auf dem Pier befindet, hat sicherlich jeder irgendwo schon einmal Santa Monicas Wahrzeichen gesehen. Iron Man flog über den Pier, Roland Emmerich ließ ihn im schwachen »2012« versinken und als sich Forrest Gump aufmachte und ziellos durch die USA joggte, dabei die Slogans: »Shit happens!«, und: »Have a nice day!«, samt Smiley erfand, landete er auch auf dem mächtigen Steg. Heute erinnert an die Szene ein Restaurant der Bubba Gump Shrimp Company, der weltweit wohl ersten Restaurantkette, die durch einen Film inspiriert wurde.
Was ich bislang noch nicht wusste, ist, dass der 1909 eröffnete Santa Monica Pier auch das Ende der legendären Route 66 darstellt. Folglich kann man neben

121

allerlei Imbissen und Restaurants auch Souvenirläden mit Merchandising der »Main Street of America« finden. Das Highlight ist aber mit Sicherheit der kleine Pacific Park. In Santa Cruz empfand ich bereits die Lage des Boardwalks als äußerst spektakulär. Aber wie oft sieht man schon eine Achterbahn und ein Riesenrad auf einem Holzsteg? Neben dem Riesenrad, der Achterbahn und den üblichen Wurfspielen gibt es auch noch eine Trapezschule auf der kostenlos zugänglichen Amüsiermeile. Meine persönliche Lieblingsattraktion ist eine, die zwar für Kinder eingerichtet wurde, jedoch auch Erwachsene köstlich amüsieren kann: Als ich an dem gut sechs Meter hohen Türmchen vorbeikomme, sind fünf der sieben Plätze von Kindern zwischen fünf und zehn Jahren belegt. Sie sitzen nebeneinander auf Sitzen, die wie bunte Frösche designt sind. Die Leiste, auf der sie ein wenig wie die Hühner auf der Stange sitzen, fährt in moderatem Tempo das Türmchen hoch und lässt die tollkühnen Mitreisenden immer mal wieder ein wenig nach unten plumpsen. Die Kinder krallen sich dabei äußerst niedlich an ihren Sicherheitsbügeln fest, schreien und schauen gespannt nach oben, wenn die Maschine wieder einmal ihre Sitze nach oben fahren lässt. Hin und wieder wagen manche der Kinder es sogar, ihre Arme in die Luft zu recken ... und ich könnte mich über die Gesichtsausdrücke der niedlichen Kinder totlachen.

Vor dem Pacific Park versucht ein Straßenkünstler an Geld zu kommen. Er verliert dabei sein Ziel so wenig aus den Augen, dass er den Weg dorthin aber zu vergessen scheint. Ich glaube zumindest, dass er eigentlich mit Musik die große Kohle scheffeln will. Der Mann trägt eine hellblaue Jogginghose, dazu ein dunkelblaues Sakko, ein rotes Hemd, eine Sonnenbrille und einen »Stars and Stripes«-Zylinder. Die Passanten sind aber aufgrund seines bescheuerten Outfits primär an Fotos interessiert, was wohl auch unser Künstler bereits mitbekommen hat. Aus diesem Grund meckert er mehr über die Leute, die ihn fotografieren, ohne dafür zu zahlen, als dass er musiziert: »So, what do you want? You want my Denzel Washington side? My Brad Pitt side? Or do you want my *back side*?«

Daraufhin dreht er sich um und streckt dem Publikum seinen nicht entblößten Hintern entgegen: »Pictures are one dollar! One dollar!«

Vielleicht sollte er einfach mal singen ...

Am Ende des Piers sind die Angler. Das sieht man bereits von Weitem, da dort die Möwen nur knapp über dem Kai kreisen. Ich genieße kurz die Aussicht am Ende des Stegs und gehe wieder zurück an dessen Anfang. Hier steht seit 1922 ein Karussell mit 44 handgeschnitzten Pferden, das Millionen von Menschen in George Roy Hills filmischem Meisterwerk »Der Clou« mit Robert Redford und Paul Newman bewundern durften.

Links und rechts des Piers erstreckt sich ein ewig langer, weißer Sandstrand. Die Sonne geht langsam unter. Also gehe ich runter an den Strand und genieße, mit dem Pier als Kulisse, einen absolut grandiosen Sonnenuntergang.

Als die Sonne untergegangen ist, drehe ich mich um und wandle selig zurück in die Stadt. Erst jetzt bemerke ich, dass unglaublich viele andere Menschen exakt das Gleiche getan haben wie ich. Der Strand muss erstaunlich voll gewesen sein. Dutzende von kleinen Gruppen und hauptsächlich Pärchen verlassen mit bedächtigen Schritten den Strand und drehen sich immer mal wieder in Richtung Ozean, als warteten sie darauf, dass die Sonne noch einmal kurz auftaucht und eine Zugabe gibt. Was für ein Sonnenuntergang!
Ich möchte jemandem von diesem überwältigenden Anblick erzählen und rufe Cari an. Sie beneidet mich zu Recht und sagt, ich solle mich nicht zu sehr in Amerika verlieben. Was die Westküste angeht, kommt dieser seltsame Rat allerdings schon zu spät. Ein Junge kommt mit seinem Hund an mir vorbei. Ich weiß auch nicht, was mich reitet, aber ich rufe ihm hinterher: »I like your dog!« Cari lacht auf: »And do *not* become an American! What was that?«
Ich bin selbst noch leicht irritiert. Dieses: »I like your was auch immer«, ist so amerikanisch. Ich sammle auf diese Weise auch bereits Komplimente für meinen Bart. Ich denke, ich mag diese Art des Komplimente Verteilens einfach. Ist doch super: Man läuft die Straße entlang, denkt vielleicht, dass man eine ziemliche Lusche ist und plötzlich teilt einem ein wildfremder Mensch mit, dass man etwas trägt oder macht, was schön ist. Ist das nach europäischer Auffassung oberflächlich? Bullshit. Es ist cool.
Ich laufe den Broadway entlang und sehe im Vorbeilaufen im Fernseher einer Bar, wie ein Schauspieler eine Laudatio hält. Werden heute etwa …? Ich öffne die Tür und frage den Kellner, ob gerade die Golden Globes verliehen werden. »I think so«, ist er sich nicht ganz sicher.
Ich richte meinen Blick wieder auf den Bildschirm und sehe, wie Christoph Waltz die Bühne betritt und eine goldene Weltkugel auf einem braunen Sockel in Empfang nimmt. Es sind die Golden Globes! Und der grandiose Christoph Waltz erhält in diesem Moment bereits seinen zweiten für seine Rolle als Kopfgeld jagender Zahnarzt Dr. King Schultz in Tarantinos »Django Unchained«. Ich juble kurz auf und frage, wo die Verleihung stattfindet: »No idea.«
Mein Abendessen gönne ich mir im Restaurant Thai Dishes auf dem Broadway. Ich esse eine Tom Kha Suppe, einen sehr guten Panang Curry und – weil gerade Happy Hour ist – eine Strawberry Margarita. An meinem Nachbartisch sitzt ein Brite mit zerzausten Haaren, der nach und nach, kontinuierlich ansteigend, auszurasten beginnt. Was ist denn mit dem los? Laut eigener Aussage wartet er seit 45 Minuten auf sein Essen. Er geht kurz aufs Klo, kommt zurück und stellt fest, dass sein Essen noch immer nicht da ist. Jetzt wartet er – nach eigener lautstarker Aussage – bereits seit einer geschlagenen Stunde! Skandal! Kaum sitzt er, kommt seine Bestellung endlich. Der Chefkellner versucht während des Servierens zu erklären, dass das Essen bereits vor drei Minuten serviert werden sollte, aber in der Küche warmgehalten wurde, solange er auf dem Klo war. Das ist dem Briten nun peinlich, er entschuldigt sich herzlich und ich stelle über-

rascht fest, dass er wohl doch kein Arsch ist. Das war eine aufrichtige, lange und öffentlich vorgetragene Entschuldigung. Gegen Ende seines Entschuldigungsmonologs vergisst er dennoch nicht zu betonen, dass er sehr lange warten musste. Eine Kellnerin kommt zu mir und fragt, ob alles gut ist. Anscheinend hat sie gesehen, mit welchem Interesse ich das Schauspiel am Nachbartisch verfolgt habe. Sie fragt auch den Struwwelpeter, der in genau diesem Moment anfangen will zu essen. Mit einem Male lässt er sein Besteck wieder fallen und lehnt sich vollkommen entnervt zurück: Die Frage bringt ihn auf die Palme. Schließlich musste er so lange warten und will jetzt in Ruhe essen. Also ist *nichts* okay! Nun rastet er endgültig aus und will auch nicht mehr essen, der kleine Trotzkopf. Die Kellnerin versucht ihn zu beruhigen. Es funktioniert nicht. Der Chefkellner denkt sich derweil, mit einem recht offensichtlichen Gesichtsausdruck: »Arschloch«, und serviert ab, während der Irre noch immer das komplette Restaurant zusammenbrüllt. Und zahlen will er auch nicht. Jetzt wird's spannend, denke ich mir. Der Brite wird gleich seinen Tisch durch den Raum schleudern, während aus der Küche die Köche mit Messern bewaffnet das Restaurant stürmen und der Kellner zum Muay Thai Warrior mutiert. Der Brite – nicht unvorbereitet – wird seine abgesägte Schrotflinte aus seiner blauen Trainingstasche ziehen, die längst verdächtig nahe neben ihm auf der Sitzbank platziert wurde, und dann geht's hier ab wie in Hollywood … in Santa Monica. Ich werde Fotos machen, als plötzlich Spider-Man durchs Fenster geschwungen kommt. Der hatte aber mal wieder Stress in der Schule, stellt demotiviert seinen Rucksack ab und bestellt sich nur eine Strawberry Margarita. Es ist ja noch Happy Hour. Doch dann kommen Kick-Ass und Hit-Girl mit ihrem neuen Kumpel, dem Beer-Gutted Ape-Man, durch die Tür – und schon wird hier aufgeräumt!

Zu meiner Überraschung kommt es anders: Für den Chefkellner ist es okay, dass der Unsympath nicht zahlen möchte. Er soll sich einfach nur verpissen. Das wird zwar nicht ausgesprochen, doch der Gesichtsausdruck des Obers spricht Bände. Der Brite droht noch hohl mit seinem Anwalt und der Kavallerie, was dem Kellner ein Lächeln auf die Wangen zaubert. Er freut sich und nennt dem Schwachmaten seinen Namen, damit er ihn verklagen kann. Der nun leicht verstörte Vollpfosten entgegnet wenig kreativ, dass der Kellner von ihm hören wird und der Laden verdammt noch mal zugemacht gehört. Dann haut er endlich ab, verliert bei seiner Wutflucht aber irgendetwas und ist noch schön peinlich minutenlang vor der Tür beim Suchen zu beobachten. Die eingeschüchterte Kellnerin entschuldigt sich derweil bei mir, woraufhin ich ihr lächelnd entgegne: »It's okay, he's an idiot.«

Jetzt kann auch sie wieder lachen.

Mittlerweile habe ich von Rey erfahren, dass Ford den kompletten Tag über bei ihm zu Hause war – während er arbeitete. Oje, Ford. Hoffentlich hast du ihn nicht zu sehr genervt. Wir besprechen, dass ich im Commons Ale House auf Ford warten werde. Unser Gepäck dürfen wir noch eine weitere Nacht bei Rey verstauen. Für die anstehende benötigen wir jedoch eine neue Bleibe. Ich ahne bereits Schlimmes.

Nach meinem entspannten Abendessen gehe ich ins benachbarte Commons. Die Betreiber haben ein sehr ausgeklügeltes Werbeschild vor ihrer Bar platziert. Auf eine schwarze Tafel haben sie »Beer« geschrieben und daneben einen Pfeil gezeichnet, der auf die Tür der Kneipe deutet. Wie soll man da widerstehen? Das Team hinterm Tresen, inklusive der Chefin, ist äußerst sympathisch.

»Do you know where they celebrate the Golden Globes tonight?«, möchte ich wissen.

»Is it tonight?«

Interessiert sich denn kein Mensch im Nachbarort der Filmwelthauptstadt für die Globes?

»Yes and I wonder if there are any parties afterwards.«

»There surely are, but it's not worth going there. You won't be able to enter a party without an invitation. And if you make it, it's expensive.«

Da hat sie wohl recht. Ein halber Liter des bislang besten Bieres Amerikas, dem Pabst Blue Ribbon, kostet im Commons Ale House dagegen nur drei Dollar. Also bleibe ich eben hier. Ich bin recht lange Zeit der einzige Gast im Ale House, bis ein Typ die Bar betritt, der die Jungs von »Jackass« kennt. Ach du Scheiße. Einer seiner Kumpels hat beim neuesten Stunt der gestörten Clique mitgemacht und sich dabei sämtliche Knochen im Rückenbereich und die Rippen gebrochen. Auf dass ihn dieser Unfall wenigstens berühmt macht: Prost! Das Tresenteam sammelt weitere Coolnesspunkte: Im Commons gibt es keine Jukebox, keine MP3-Playlist und auch keinen CD-Player. Nein, hier werden von der Chefin höchstselbst noch Schallplatten auf den Plattenteller gelegt. Das ist Style pur, was ich sie auch sofort wissen lasse. Sie nickt zufrieden und bestätigt, dass dies äußerst lässig ist. Der schottischstämmige Barkeeper Colin hat Feierabend und feiert diesen an seinem Arbeitsplatz. Er setzt sich zu mir und spielt mit mir eine Runde Jenga. Da ich ihn besiege, erhalte ich die Ehre, eines der Holzstücke zu beschriften. Da muss natürlich etwas auf Deutsch verewigt werden, finde ich und setze den Stift zu einem Exkurs deutscher Philosophie an: »Wenn der Hahn kräht auf dem Mist, ändert sich's Wetter oder es bleibt, wie's ist.«

Famos.

Hinter uns gibt sich eine Runde wildgewordener Australierinnen die Kante. Was am Anfang noch ganz ulkig anzusehen ist, wird mit der Zeit zu einer ziemlich nervigen Belastungsprobe fürs Trommelfell. Hinter dem Tresen rollen die Augen … Mich mögen sie aber anscheinend im Ale House, denn die Chefin lädt mich zu einem PBR ein. Das sind wirklich sehr nette Leute hier.

Zwei weitere Gestalten betreten die Bar und fordern mich zu einer Runde Jenga heraus. Derjenige, der den Turm umschmeißt, muss eine Runde ausgeben, lautet die Devise. Könnt ihr haben, lache ich diabolisch und lasse meine Finger knacken, bevor ich geschmeidig den ersten Baustein entferne. Nach einigen Minuten stürzt der Turm nach einem amateurhaften Zug einer meiner Kontrahenten in sich zusammen. Der Verlierer schaut bedröppelt und peinlich berührt in die Runde und versucht Zeit zu schinden. Oder anders ausgedrückt: Er verweigert die Zahlung seiner Schuld. Kurz darauf hauen die beiden wieder ab – natürlich ohne mir ein Bier ausgegeben zu haben. Erbärmlich: Das Zahlen von Wettschulden ist schließlich eine Frage der Ehre!

Ford ist noch immer nicht aufgekreuzt. Ich sitze bereits seit halb sieben, sieben in der Bar und nun ist Mitternacht: Ich texte Rey und frage, wann Ford losgefahren ist: »Five minutes ago.«

Na, großartig. Die Bar will demnächst schließen, was bedeutet, dass ich knapp zwei Stunden doof vor dem geschlossenen Commons Ale House stehen und auf meinen Kumpel warten darf. In eine andere Bar kann ich nicht gehen, weil der handylose Ford mich dann nicht findet.

Als die Bar ihren Betrieb für heute einstellt und mich freundlich verabschiedet, setze ich mich auf einen Stuhl einer auf dem Bürgersteig fest installierten Sitzgruppe. Mir gegenüber sitzt ein älterer Herr. Der Afroamerikaner ist augenscheinlich obdachlos und erzählt mir und einem Kerl meines Alters, der sich ebenfalls zu uns gesellt, wie unfair er von den USA behandelt wurde. Schließlich ist er für sein Land in den Krieg gezogen, war sogar ein richtig hohes Tier beim Militär. Als müsse er uns beweisen, dass er keinen Mist erzählt, zeigt er uns ein militärisches Abzeichen. Wir lassen den Mann erzählen, bis er müde Abschied von uns nimmt. Da nun keiner mehr pausenlos am Erzählen ist, stellen wir uns einander vor. Mark kommt aus New York und ist ebenfalls Filmemacher. In dieser Ecke der Welt überrascht es einen aber schon gar nicht mehr, wenn man einen Kollegen kennenlernt. Mark scheint ein echt cooler Typ zu sein. Leider kann er mich beziehungsweise Ford und mich heute Nacht nicht bei sich aufnehmen, da er selbst nur zu Gast bei einem Kumpel ist, der selbst noch gar nicht zu Hause und momentan wohl auch nicht erreichbar ist. Mark und ich beschließen nach zu vielen Minuten des Wartens in der Kälte, in eine Bar zu gehen und Ford am Ale House eine Nachricht zu hinterlassen. Die Angestellten der Kneipe feiern noch privat in ihrer Bar und machen mir kurz auf, um mir einen Stift und Papier zu geben. Ich schreibe Ford, dass wir in der Misfits Bar sein werden, die laut Mark vermutlich auf der anderen Seite des Blocks ist. Ich lege den Zettel auf einen Stuhl, der vor der Bar steht. Colin verspricht mir zudem, dass er es Ford ausrichten wird, falls er aufkreuzt solange er oder die anderen noch in der Bar sind und Ford den Zettel übersehen sollte. Damit wäre das hoffentlich geklärt und Ford findet uns.

Mark und ich finden sowohl die Misfits Bar als auch alle anderen Bars nur geschlossen vor. Super. Wir machen uns gerade wieder auf den Weg zurück zum Ale House, als ich plötzlich Ford auf der anderen Straßenseite entdecke. Er berichtet, dass er tatsächlich vor dem Commons stand, anklopfte und von

Colin die Info und Zettel bekommen hat. Angeblich habe er Reys Wohnung bereits gegen 22 Uhr verlassen. Wieso er in diesem Fall aber fast vier Stunden benötigt hat, um nach Santa Monica zu kommen, ergibt für mich keinen Sinn. Ich bin ehrlich gesagt leicht genervt: Erst soll ich alles falsch verstanden haben und ihm deswegen anstelle eines schönen Hikes einen langweiligen Tag bei Rey aufgezwängt haben und dann muss ich auch noch ewig auf ihn warten. Zu allem Überfluss bringt er doch tatsächlich mein Notebook mit nach Santa Monica, obwohl es doch nahezu hundertprozentig sicher ist, dass uns erneut eine obdachlose Nacht bevorsteht. Unser komplettes Gepäck lagert bei Rey und ausgerechnet meine teuersten Wertgegenstände, die Kamera und mein Computer, dürfen mit uns Obdachlosigkeit zelebrieren. Ich lasse Ford wissen, dass ich nun nur noch sehr ungern im Freien schlafen möchte und es auch überhaupt nicht verstehe, weshalb er auf die Idee kommt, das Notebook mitzubringen. Nicht nur, dass es im Falle eines Diebstahls eine Katastrophe für mich bedeuten würde, nein: Da wir morgen unser Zeug erst um 20 Uhr bei Rey abholen können, muss ich den schweren Rechner somit auch den kompletten morgigen Tag mit mir herumschleppen. Ford schafft es, meine Nerven noch weiter zu strapazieren, indem er mir erzählt, dass er den kompletten Tag über mit meinem Computer im Internet gesurft ist. What? Wieso hat er mir das denn nicht vor Stunden gesagt? Er hätte eine Couch organisieren können! Um dem Spaß noch die Krone aufzusetzen, fragt mich mein witziger Freund, ob ich mit Chris über seine mögliche Anstellung als Boom Operator gesprochen habe. Im Nachhinein bin ich froh, dass Ford heute beim Wandern nicht dabei war. Macht mich dieser Gedanke zu einem schlechten Menschen?

Mark haut kurz darauf ab und wir fahren mit dem Bus in Richtung Downtown. Ford schlägt vor, dass wir direkt in das mit dem Bus knapp zwei Stunden entfernte Glendale fahren können, wo er morgen eine Audition hat. Hm, die Idee ist wahrscheinlich wirklich besser, als sich in Downtown auf die Straße zu legen. Als wir den Bus wechseln müssen, stehen wir vor einer Kirche, in der noch Licht brennt. Wir klopfen an die Tür und fragen den Nachtwächter, ob die Kirche Obdachlosen Asyl bietet. Er verneint und kann uns auch keine *shelter* nennen. Im Bus nach Glendale hilft uns ein netter Mann mit der Orientierung und gibt uns Tipps. So gibt es beispielsweise einen Zug, der die komplette Nacht hindurch im Kreis fährt und somit keine Endstation hat, an der man aussteigen müsste. Solange man ein gültiges Ticket hat, darf man es sich demnach auf den Sitzen gemütlich machen. Manch ein Obdachloser nächtigt darin, behauptet er. Wir wollen heute aber nicht mehr mit dem Zug fahren, sondern morgen früh möglichst nahe an dem Ort sein, an dem Ford sein Casting hat. Der nette Mann steigt mit uns im Zentrum von Glendale aus, macht uns kurz mit der Umgebung vertraut und überlässt uns dann uns selbst. Wir machen uns auf die Suche nach Obdachlosenasylen und Hostels. Meine Hoffnung, mitten in der Nacht noch ein Hostel zu finden, zerschlägt sich sehr schnell. Die sehr wenigen,

die es gibt, haben alle geschlossen. Optimismus keimt auf, als wir ein Gebäude der YMCA finden. Doch deren Betten sind restlos belegt. Einen Tipp kann man uns auch nicht geben. Es ist vier Uhr am Morgen, als Ford plötzlich einen Polizeiwagen anhält und ich mir nur denke: »Warum?«
Der Cop, der alleine in seinem Wagen unterwegs ist, ist sichtlich nervös, als er sein Auto stoppt, aussteigt und auf uns zukommt. Er zappelt regelrecht vor Nervosität und hat seine Hände stets nah am Gürtel. Alle zehn Sekunden flüstert er irgendwelche Codes in sein Schulter-Walkie-Talkie ... und kann uns natürlich nicht helfen. Als ich mich langsam wieder entspanne und mich bereits darüber freue, dass wir den Uniformierten gleich wieder los sind, ohne dass er unsere Personalien aufgenommen oder uns gar mit auf die Wache genommen hat, bringt Ford wieder einen Hammer, der mich nur fassungslos mit dem Kopf schütteln lässt.
»Do you know where we can find a safe place to sleep on the street?«
Was tut er da? Was tut er da nur?
»Not in Glendale«, antwortet der Polizist und haut zum Glück wieder ab.
»Well, that means: ›Piss off!‹«, erkläre ich Ford, der langsam nickt. Von nun an macht sich bei uns eine leichte Bullenparanoia breit – zu einem Zeitpunkt, an dem ich mir schon dachte, dass es auf Glendales Straßen vermutlich überall sicher sein dürfte. Tja, aber wo sollen wir jetzt noch hin? Es ist ja alles geschlossen. Wir beschließen, einfach noch ein wenig länger wach zu bleiben und umherzulaufen. Es ist kalt, also lade ich den klammen Ford auf einen Kaffee bei 7-Eleven ein. Die wenigen Menschen, die zu dieser Zeit noch arbeiten, scheinen allesamt leicht reizbar zu sein, denn auch der Verkäufer bei 7-Eleven schaut mich an, als fürchte er um sein Leben, als ich den Laden betrete. Als ich wieder zu Ford komme, erzähle ich ihm, dass der Verkäufer bei meinem Anblick verängstigt wirkte. Ford meint daraufhin, dass ich mich darüber gar nicht zu wundern brauche. Schließlich sehe ich mit meinem schwarzen Mantel, meinem Kapuzenpulli, den langen Haaren und meiner unrasierten Visage auch wie ein Amokläufer aus. Na, schönen Dank auch, Honey. Lediglich die Cordhose lässt auf friedliches Gemüt schließen, merkt er immerhin noch an.
Auf der South Central Avenue kommen wir an der St. Mary's Armenian Apostolic Church vorbei. Die Armenier sind stark vertreten in Glendale und ihr Einfluss eindeutig auszumachen. Die Stadt nördlich von Los Angeles hat 190.000 Einwohner, wovon über ein Drittel armenischer Abstammung sind. 1990 waren es nur halb so viele. Der wohl berühmteste armenischstämmige Sohn der Stadt ist der grandiose Serj Tankian, seines Zeichens Sänger einer der besten Bands der letzten Jahre: System of a Down.
Vor der Kirche steht ein Schild mit beweglichen Lettern – so wie man es von den »Simpsons« kennt. Darauf geschrieben steht momentan: »In peace I will lie down and sleep. For you alone, o Lord, will keep me safe.«
Ford und ich schauen uns an, nicken und nehmen die freundliche Einladung

an. Zur Kirche gehört ein Parkplatz, der geöffnet ist. Vor dem Gebäude führt eine Treppe ins »Souterrain«, wo – geschützt vor fremden Blicken – eine gut fünf Meter lange Bank für uns bereitsteht. Es ist bitterkalt ... aber ich habe ja neben der Decke noch meine Kamera und mein Notebook zum Kuscheln.

Die Nerven liegen blank: Streit in der Bromance!
Tag 66: Montag, 14. Januar 2013

Es ist Viertel nach sieben, also nur knappe zwei Stunden nachdem wir es uns »gemütlich« gemacht haben, als ein Typ uns vom Kirchengelände verscheucht. Ach ja, die christliche Nächstenliebe. Ford, der wie ich vollkommen schlaftrunken ist, als der Mann uns aus 20 Metern Entfernung irgendetwas entgegenbrüllt, ist sich nach unserer Flucht nicht mehr sicher, ob er uns wirklich verscheuchen wollte oder uns stattdessen ins Innere der Kirche einlud. Vielleicht hätten wir einfach mal nachfragen sollen? Obdachlosigkeit macht paranoid, fürchte ich. Es war nun meine dritte Nacht auf der Straße, in der ich vermutlich nur eine Stunde geschlafen habe. Dass es bei mäßig kalten Temperaturen kein Zuckerschlecken ist, habe ich ja bereits zur Genüge erläutert und mir auch schon von Anfang an gedacht. Dass man die »Spur der Obdachlosigkeit«, die in Form von dreckigen Fingernägeln daherkommt, aber ums Verrecken nicht loswird, hätte ich nicht erwartet. Als wir in Hollywood genächtigt haben, versuchte ich am nächsten Morgen meine Fingernägel bei Starbucks zu säubern. Die Toiletten von Starbucks dienen den Obdachlosen übrigens als Waschraum. Das einzige Hindernis ist der Türcode, den man aber auch leicht bei anderen Kunden erfragen kann, falls man nicht das Geld haben sollte, sich selbst einen Kaffee und somit auch den Schlüssel erwerben zu können. Ich habe geschrubbt und meine Fingerkuppen mehr und mehr mit Seife eingerieben ... die schwarzen Ränder wollten einfach nicht weggehen. Der Schmutz steckt tatsächlich nicht unter, sondern *in* den Nägeln. Mal sehen, wie lange es dauern wird, bis ich den Dreck wieder los bin.
Wir setzen uns in der Colorado Street in Foxy's Restaurant und trinken Kaffee. Für fünf Dollar erhalten zwei Personen so viele Refills wie erwünscht. Da wir beide vollkommen schlapp sind und frieren, ist es genau das, was wir an diesem frühen Morgen brauchen. Nach unzähligen Tassen sind wir schließlich wach. Katschung!
Wir laufen in Richtung Fords Vorsprechen, das ja bekanntlich hier in Glendale stattfinden soll; jener Stadt, in der kein Hostel des Nachts Gäste empfängt und außer einem nervösen Cop kein Mensch auf der Straße unterwegs ist. Dafür, dass wir also extra hierher gefahren sind, um am Morgen keine weite Strecke zu haben, müssen wir ganz schön weit laufen. Kaum ist die Wärme des Kaffees wieder verflogen, beginnt das Zittern von Neuem. Auch die Überdosis Koffein

verliert ihre Wirkung, was dazu führt, dass bei uns beiden die Nerven blank liegen. Nun ja, bei mir etwas mehr als bei Ford. Ich zweifle an Fords Wegplan, den er sich im Foxy's auf eine Serviette gekritzelt hat. Bei Google Maps sah das meiner Meinung nach nicht so weit entfernt aus. Ich nörgle ununterbrochen und finde mich selbst ziemlich ätzend, schaffe es aber, meine komplette Wut auf Ford zu fokussieren. Momentan empfinde ich das als fair.
Ich schlage Ford vor, den Bus zu nehmen. Ich zahle auch. Er will nicht. Kotz. Immerhin kann ich ihn zum Frühstücken in einer mies aussehenden Burgerbutze mit betonfarbener Toilette überreden.
Wir schleppen uns die San Fernando Road weiter in Richtung Norden, bis wir endlich die gesuchte Grandview Avenue erreichen. In einiger Entfernung können wir rechts von uns die Verdugo Mountains und links die Hollywood Hills sehen. Wir selbst befinden uns momentan übrigens im San Fernando Valley. Wir biegen nach links ab und fragen einen der zwei Passanten, die uns begegnen nach dem Weg. Der hat natürlich keine Ahnung. Wenig später stehen wir unerwartet vor dem Firmensitz von Dreamworks. Einlass möchte man uns aber nicht gewähren. Schade, hätte mich durchaus einmal interessiert und genügend Zeit bis zu Fords Termin hätten wir auch noch gehabt.
Wir irren planlos umher, bis ich den Einfall bekomme, noch einmal meinen Rechner einzuschalten und zu hoffen, dass Google Maps sich nicht versucht neu zu laden und unsere Route somit noch einsehbar ist. Internet haben wir auf der Straße natürlich nicht und weit und breit gibt es kein Café oder dergleichen, in dem einem kostenlos Wi-Fi zur Verfügung gestellt wird. Es funktioniert und wir können in Erfahrung bringen, dass wir hätten rechts abbiegen müssen. Als wir den kleinen Pelanconi Park erreichen, möchte Ford erneut die Route checken. Der Akku ist aber fast leer und unsere letzte Überprüfung ist gerade einmal 500 Meter alt. Es kommt, wie es kommen muss: Bei mir brennen die Sicherungen durch und wir feiern unseren ersten Krach in der Bromance. Ich mache Ford dafür verantwortlich, vollkommen im Arsch zu sein und bisher herzlich wenig von Los Angeles gesehen oder genossen zu haben.
»We've seen a lot!«, argumentiert er dagegen und beginnt mit der Aufzählung. Okay, da habe ich wohl leicht übertrieben. Aber dennoch ist es einfach nur anstrengend und ständig wird nach seinen bescheuerten Castings geplant. Ich bin kurz davor, erneut »Lost in Hollywood« von System of a Down zu singen. Damit habe ich Ford – vollkommen unbeabsichtigt – vor wenigen Tagen schon einmal kurz geärgert: »Those vicious streets are filled with strays, you should have never gone to Hollywood ...«
Der Song war einfach mein selbst organisierter Ohrwurm, als ich nach Los Angeles gereist bin. Heute lasse ich die Spitze aber stecken. Ein bisschen Kontrolle über meine Nerven scheine ich doch noch zu haben. Wir setzen uns auf eine Bank im Park. Ich schalte den Rechner ein und Ford zieht ihn mir weg. Dabei knallt mein Notebook aus sehr niedriger Höhe auf die steinerne Tischplatte vor

uns. Der Aufschlag macht mich dennoch fuchsteufelswild. Schließlich ist nach dem Verlust meines iPods die Beschädigung meines Computers das Letzte, was ich jetzt noch gebrauchen kann. Das Teil ist mein scheiß Arbeitsinstrument! Ich schreibe hier ein Buch über so tolle Tage wie diese! Ford schaut mich an, als sei ich ein Irrer. Bin ich momentan wohl auch. Meine Fresse, ich kann mich nicht erinnern, wann oder ob ich mich jemals so aufgeführt habe. Er versucht mich zu beruhigen, was ihm nicht allzu gut gelingt. Dann packt er das Pfeifchen aus und stopft das verbliebene Gras hinein.
»We need to calm down«, erklärt er.
Ich bezweifle, dass das etwas hilft, stelle aber eine Minute später fest, dass die Medizin letztlich doch eine gute Idee war. Wesentlich entspannter gehen wir unsere Probleme noch einmal durch und stellen endlich fest, dass ich mich gerade wie das letzte Arschloch verhalten habe. Wie kann ich nur Ford, dem ich so viel Gutes zu verdanken habe, solch eine Szene machen? Ich nehme ihn in den Arm und entschuldige mich.
»Hey, I love you, bro«, sagt er in einem fast schon tröstenden Tonfall und erwidert mein Drücken.
Ich bringe Ford zu seiner Audition. In einer halben Stunde geht's los. Ich biete ihm an, noch einmal mit ihm zu üben. Doch jetzt will er lieber noch einmal alleine sein und sich im Leisen vorbereiten. Ich soll den Tag genießen und etwas erleben, meint er. Später wird er sich irgendwie bei mir auf dem Handy melden, um einen Treffpunkt zu vereinbaren. Ich wünsche ihm viel Erfolg, stelle mich an der Ecke Glenoaks und Sonora an die Bushaltestelle und warte eine gefühlte Ewigkeit auf den Bus. Mit der Linie 92 geht's zur Burbank Station. In Burbank steige ich in die 155 um, um zur Universal City auf der anderen Seite der Hollywood Hills zu gelangen. Universal City besteht aus den Filmstudios, in denen schon seit der Ära des Stummfilms Touren angeboten werden, und einem seit den 1960ern konzeptionierten Vergnügungspark, in dem es neben allen möglichen Fahrattraktionen auch Stunt- und Effektshows zu erleben gibt. Klingt doch spaßig, oder?
Es kostet mich mindestens zwei Stunden, bis ich endlich am Fuße des Hügels ankomme, auf dem die Universal Studios ihre eigene kleine Stadt errichtet haben. Ich besteige den kostenlosen Shuttlebus und lasse mich hinaufkutschieren. Sowohl der Andrang am blauen Shuttle als auch auf dem Universal CityWalk, der Fußgängerzone, hält sich in Grenzen. Das liegt vermutlich daran, dass es schon kurz vor drei ist. Nun, es ist eine Konsummeile, die logischerweise für den Tourismus angelegt wurde. Dennoch finde ich es recht erbärmlich, dass es eigentlich kein einziges wirklich interessantes Geschäft zu bewundern gibt. Die Häuser der engen, aber dafür umso bunteren Straße sind zwar stylish gestaltet – hier ist ein Raumschiff in ein Haus gekracht, da hängt ein blauer Gorilla an der Wand –, aber ansonsten gibt es dann doch nur die üblichen Verdächtigen: die Bubba Gump Shrimp Company, das Hard Rock Cafe, Starbucks, Aber-

crombie & Fitch, Harley Davidson, natürlich ein Multiplex-Kino und so weiter und so langweilig. Ich verlasse den CityWalk in westlicher Richtung und stoße auf den weltberühmten Brunnen, in dem sich das Logo der Universal Studios, der Globus, dreht. Direkt daneben startet ein langer, roter Teppich, der zum Eingang des Themenparks führt, der schlicht Universal Studios Hollywood heißt. Eigentlich war es mein Plan, den Freizeitpark zu besuchen, nicht zuletzt, weil meine Eltern mir regelmäßig und voll Begeisterung von ihren Erlebnissen im Park berichten. Doch es ist bereits spät, ich bin alleine unterwegs und habe noch immer eine harte Nacht in meinen Knochen. Das sind nicht die besten Voraussetzungen. Ich schreibe Cari, dass ich vor dem Park stehe, aber wenig Lust habe, alleine reinzugehen. Da ich sowieso bereits seit Tagen versuche, sie davon zu überzeugen, dass wir unseren Road Trip fortführen sollten, lasse ich sie wissen, dass sie gefälligst herkommen soll. Die Chancen auf ein Wiedersehen stehen indes eher schlecht: Cari müsste einen preiswerten Flug und vor allen Dingen zunächst einmal einen Job finden, der dann aber auch nicht sofort losgehen dürfte, damit sie noch einmal für ein paar Tage abhauen kann. Sie antwortet: »Oh, God! I fucking love theme parks! Can we go to Six Flags instead? Or someplace with more roller coasters! Knottsberry Farm!«
»Accepted.«
»I want to *so* bad! I don't know how you figured out my dream date ...«
Oho!
Als ich kurz darauf lese, dass der Eintritt zu den Universal Studios 84 Dollar kostet, hat sich die heikle Frage, ob ich dennoch reingehen soll, schnell geklärt. Ich flaniere wieder die drei Blocks des CityWalk entlang und begebe mich in das Haus, dessen Fassade eine riesige E-Gitarre ist. Ich esse im Hard Rock Cafe eine Portion Fritten, trinke ein Bierchen und versuche mal wieder mein Glück, für Ford und mich eine Couch zu organisieren. Mein Handy klingelt. Es ist Ford, der mit seiner alten Nummer anruft. Er erklärt mir, dass er sich ein neues Billighandy besorgt hat. Sein Vater hat ihm ein wenig Geld auf seine Kreditkarte transferiert. Na, das klingt doch gut. Wir vereinbaren, uns wieder in Dillon's Pub zu treffen. Also packe ich langsam mein Zeug zusammen und gehe zur Haltestelle des Shuttles. Vom Parkplatz aus kann man über den Hollywood Freeway auf die gegenüberliegenden Hügel blicken. Dort müsste der Mulholland Drive entlangführen. Ich habe aber keine Ahnung, ob ich ihn von hier aus sehen kann.
Mit der Red Line, die direkt am Fuße des Hügels Universal City mit Hollywood verbindet, geht's zum Hollywood Boulevard. Ich beschließe, bereits an der Station Hollywood und Highland auszusteigen, um bei Starbucks nach meinem verlorenen iPod zu fragen. Telefonisch hatte ich kein Glück. Aber seitdem ich erlebt habe, wie schlecht die Verkehrsbetriebe in San Francisco auf Caris verlorenes Gepäck reagiert haben, traue ich dem telefonischen Service in den Staaten nicht mehr so recht. Vielleicht liegt mein geliebtes Gerät ja abholbereit für mich

132

hinterm Tresen. *You never know.* Machen wir's kurz: Ich habe kein Glück und meinen iPod auf ewig verloren.

»You should have never gone to Hollywood«, singe ich traurig vor mich hin, als ich das Dolby Theatre ansteuere. Mittlerweile habe ich natürlich bemerkt, dass ich vor Tagen blind daran vorbeigeirrt bin, und statte nun endlich dem Theater, das jedes Frühjahr für den wohl weltgrößten Prominentenauflauf sorgt, eine kleine Stippvisite ab. Das Spektakel hält sich in Grenzen. Ganz anders sieht es da auf der Straße davor aus: Vom Chinese bis zum Dolby Theatre werden gerade Zäune errichtet und Paparazzi bringen sich in Lauerstellung. Ich frage einen von der Security, was los ist.

»Movie premiere«, antwortet der kurz, knackig und vollkommen unaufgeregt. Ich hingegen schreie kurz auf, falle in Ohnmacht, boxe danach so eine Tussi um, die mir meinen Platz streitig machen will, und klaue ihr Autogrammalbum. Nein. Auch ich bleibe die Ruhe selbst – hatte heute schließlich schon genug Aufregung – und frage, um welchen Film es sich denn handelt, der heute Abend im Chinese Theatre Premiere feiert. Die Passanten um uns herum beginnen alle zu überlegen. Wie jetzt? Niemand weiß, welcher Film das ist und welche Promis aufkreuzen werden? Auch der Sicherheitsmann schaut mich zunächst regungslos an, zuckt dann aber kurz mit den Schultern: »Uhm … ›Last Stand‹, ›Last Standing‹ …?«

»Oh, with Schwarzenegger!«, rufe ich dazwischen, bevor er noch bei »Last Man Standing« oder »Last Samurai« ankommt.

»Yeah, there you go«, nickt er mir mit Kopf und Zeigefinger zu. Wow, das ist Governor Schwarzeneggers Comeback als Schauspieler! Es sieht aber so aus als würde es noch ein Weilchen dauern, bis die Promis anrücken. Außerdem hat man bereits jetzt durch die Absperrungen keinen guten Blick mehr und mir wurde der Spaß am roten Teppich bei meinem ersten Versuch, meine damals brandneue Kamera an Promis zu testen, bereits genommen. Was war das ekelhaft, wie die Fotografen nach den Blicken der Stars geiferten. Das ist definitiv nicht meine Welt. Also gehe ich weiter. Schließlich bin ich ja auch mit Ford verabredet.

Als ich auf Ford treffe und herauszufinden versuche, ob er vielleicht an Arnold und Johnny Knoxville interessiert sein könnte, reagiert er nur mit: »Ah, cool«, und erzählt mir von seinem Casting. So wie's aussieht, sind seine Chancen demnächst als Protagonist im Musikvideo eines armenischen Superstars Weltruhm zu erlangen, ziemlich hoch.

»Who is that Armenian superstar? Serj Tankian?«

»Who?«

Auch jetzt verkneife ich mir meinen von Serj Tankian und seiner Band gelieferten Ohrwurm und antworte simpel: »System of a Down.«

»Ah, no. That guy is famous in Armenia and all the countries around there.«

»So, you'll be a star in Armenia?«

»Yeah!«
Ich sehe es schon vor mir: Ford tourt durch Armenien, Georgien, Aserbaidschan und den Iran. Rock und Roll! Darauf stoßen wir an – mit einem Top Shock. Das ist ein Bier mit Himbeergeschmack. Brr, diese Amis.
Ford beginnt vor der Bar eine Unterhaltung mit einem der Raucher. Natürlich ist auch dieser Schauspieler von Beruf, so wie scheinbar gut 90 % der Bewohner dieser Stadt irgendetwas mit der Filmindustrie zu tun haben: unsere Hosts Anthony und Rey, Mark, den ich vor dem Commons Ale House kennengelernt habe und auch zwei Personen, die ich heute an der Burbank Station ein wenig belauscht habe. Ford drückt dem Raucher die Kassette seiner bisherigen Erfolge in der »Stadt der Engel«. Das imponiert ihm aber offensichtlich herzlich wenig. Vielleicht ist er auch gefrustet. Auf jeden Fall ergreift er mit dem Ende seiner Kippe umgehend die Flucht zurück in die Bar. Ford ist das egal. Er ist glücklich.
Wir kaufen bei Trader Joe's unser Abendessen ein und machen es uns im Hinterhof des W Hotel gemütlich, der zwischen dem Hollywood Boulevard, der Vine Street und der Argyle Avenue mit einer Art geschwungenem Zeltdach aus Licht beeindruckt. Ich bin am Mampfen, während Ford seine Oma anruft und auch ihr die Geschichte seiner bisherigen Erfolge in Hollywood drückt. Wenig später sitzen wir in der U-Bahn und fahren zu Rey und unseren Sachen in die Downtown. In unserem Zug hängt ein Plakat der LAPD und des Los Angeles County Sheriff's Department. Kinder sind darauf abgebildet. Über den Fotos steht in schweren Kapitallettern: »Love them. Don't shoot them.« Und darunter: »Please don't fire your gun into the air this New Year's.«
Interessant. Gleiches gilt für die Texte, mit denen erschreckend viele Busse in L.A. beschriftet sind. Da spielt irgendein Pharmaunternehmen auf grausame Weise mit den tiefsten Urängsten eines Mannes und betreibt damit im ach so prüden Amerika eine perfide Werbekampagne: Heiliges Kanonenrohr, ich weiß echt nicht, wie oft ich nun schon auf den Bussen dieser Stadt lesen musste, dass mit 30 Jahren das Testosteron rapide abbaut und es schwerer wird, einen hochzubekommen. Ein Glück bin ich erst 29 …
Bei Rey angekommen, suche ich im Netz nach Hostels und schlafe dabei fast im Sitzen ein. Ford sieht sich die vermutlich ziemlich amüsante Darbietung meiner Müdigkeit an, bis er Rey irgendwann einfach dreist fragt, ob wir noch eine Nacht bei ihm bleiben dürfen.
»Aber wir wollen ihm doch nicht auf den Sack gehen«, geht's mir durch den Kopf.
»Sure«, antwortet Rey hingegen sofort und: »Aha«, denke ich mir, »so einfach geht das.«
Es klingelt an der Tür. Nachbar Hal kommt mit einer Freundin vorbei und lädt uns zu sich ein. Ich springe schnell unter die Dusche, da ich sonst sofort auf Hals Sofa wegdämmern würde, und folge den anderen wenige Minuten später. Das Wasser hat dummerweise wenig geholfen. Kaum sitze ich, kämpfe ich auch

schon gegen meine immer schwerer werdenden Augenlider an. Auch der frisch aufgesetzte Kaffee hilft nicht. Ford wird derweil offenbar von Hals Freundin verarscht oder dumm angemacht. Was auch immer. Als ich beschließe, besser schlafen zu gehen, kommt Ford mit mir und regt sich lauthals über die »fucking bitch« auf – während Rey, der uns aufgeschlossen hat, gerade nebenan auf dem Klo sitzt. Ich versuche Ford zu beschwichtigen, da ich nicht will, dass Rey – nachdem er uns noch einmal aufgenommen hat – mitbekommt, dass Ford dessen Freunde als Arschlöcher bezeichnet. Ford scheint's egal zu sein. Er versucht auch schon die ganze Zeit, mich dazu zu überreden, einfach ungefragt Reys Waschmaschine zu benutzen. Ich könnte zwar wirklich eine Ladung frischer Wäsche gebrauchen und habe bei Emanuel in San Francisco gelernt, dass Deutsche das gemeinhin so machen, meine Attitüde ist das aber nicht. Und eine schlechte Referenz in meinem Couchsurfing-Profil möchte ich auch vermeiden. Außerdem könnte ich mir vorstellen, dass wir Rey, der jedoch nach wie vor selig vor sich hingrinst und einfach nur wahnsinnig liebreizend bleibt, sowieso schon ein wenig nerven. Beispielsweise sind wir heute auch wieder zwei Stunden später als vereinbart bei ihm aufgekreuzt, um – so war die Absprache – unser Zeug abzuholen und dann wieder zu verschwinden. Nein, nein: Auf die Waschmaschine spreche ich ihn sicherlich nicht an. Heute spreche ich niemanden auf gar nichts mehr an. Vor mir steht das Sofa. Plumps und schnarch ... Endlich.

Mein Termin bei Peter Jackson
Tag 67: Dienstag, 15. Januar 2013

Gegen neun Uhr wache ich auf. Rey macht sich fertig, um zur Arbeit zu gehen. Ford bekommt dies im Halbschlaf mit und springt von der Couch auf. Mit solch einer Aktion am Morgen kann man auf den Kaffee wohl verzichten. Fünf Minuten später sind wir startklar und verabschieden uns dankbar vom ewig grinsenden und äußerst relaxten Rey. Cooler Typ.
Am Pershing Square steigen wir in die Red Line und fahren zur Station an der Ecke Hollywood und Western. Zunächst wollen Ford und ich auf einem relativ ruhig gelegenen Parkplatz einige Aufnahmen für ein weiteres von Fords Castings machen. Er will aber auf einmal nicht mehr, weil er sich hier nicht wohlfühlt und auch nicht vorbereitet genug ist. Also geht's zu Starbucks: Kaffee, Wasser, Klo. Der fleißige Ford muss sich im Internet wieder einmal nach Auditions umsehen. Ich habe darauf keine Lust, lasse Ford mit meinem Computer und dem Gepäck bei Starbucks sitzen und mache mich auf in Richtung Hollywood Hills. Mein Ziel ist das Griffith Oberservatory, von wo aus man den besten Blick auf das Hollywood Sign haben soll.
Der Bus will mal wieder nicht kommen und am fernen Horizont des ewig geraden Hollywood Boulevard ist auch kein Bus auszumachen. Na, so weit können

der Griffith Park und das Observatorium nicht sein. Also laufe ich los. Da ich ja eigentlich den Bus nehmen wollte, habe ich mir bei Google Maps den Weg nicht wirklich eingeprägt. Da man das Observatorium hier und da aber auch schon zwischen den Häusern auf dem Hügel thronen sieht und der Weg auf der Karte nicht wirklich kompliziert aussah, laufe ich einfach drauflos.

Je mehr ich mich den Hügeln nähere, desto pompöser scheinen mir die Villen zu werden. Auf dem Los Felix Boulevard treffe ich auf Bill, der seine zwei kleinen weißen Hunde Gassi führt. Ich frage ihn nach dem Weg und beginne eine Unterhaltung mit dem an meinem Akzent interessierten älteren Herrn. Er ist sehr an deutscher Geschichte interessiert und teilt mir mit, dass – seiner Meinung nach – der Faschismus in Deutschland erfolgreich sein konnte, weil die Weimarer Republik von Anfang an zum Scheitern verurteilt war: Deutschland fühlte sich nach dem Ersten Weltkrieg nicht geschlagen und war zudem noch nicht allzu lange eine Nation. Dies führte laut Bill zu einem Minderwertigkeitskomplex. Schlussendlich könne man auch keiner Nation die Demokratie von heute auf morgen aufdrücken. Dies gefiel ihm auch nicht an der Bush-Regierung. Mit Kriegen Demokratien in Ländern aufbauen zu wollen, die einfach ewig weit von demokratischem Denken entfernt sind, fügt er an: »can only lead to fail.«

Wie versprochen bringt mich Bill bis zur Vermont Avenue und verabschiedet mich dort. Von nun an geht es bergauf. Ich erreiche den Griffith Park und passiere das Greek Theatre.

Griffith J. Griffith und sein Greek Theatre

Das Greek Theatre ist ein Freiluft-Amphitheater, das ausnahmsweise mal nicht von Grauman oder Toberman, sondern von einem Mann mit dem stylishen Namen Griffith J. Griffith stammt. In dem Schwimmbad, in dem ich als Kind schwimmen lernte, hieß ein Bademeister Stephan Stephan. Naja, kommt nicht ganz so geil. Griffith J. Griffith sollte »The Greek« jedoch nie zu Gesicht bekommen. Er kaufte einst das Land, welches nun Griffith Park ist, und erteilte testamentarisch den Auftrag das Theater zu erbauen. 1929, zehn Jahre nach Griffiths Tod wurde es in einem Canyon, der mit einer besonderen Akustik überzeugte, eröffnet. Der Unternehmer Griffith galt als Philanthrop, da er Land kaufte, um es der Allgemeinheit als Erholungsstätte zur Verfügung zu stellen. Seiner Frau gegenüber verhielt er sich allerdings nicht so freundlich. Ob dies generell so war oder nur an jenem Tag, an dem er ihr das rechte Auge wegschoss, als sie vor ihm kniete, kann ich jedoch nicht sagen. Genauso wenig weiß ich, ob es an seinem guten Wirken für die Allgemeinheit lag, dass dem als Abstinenzler bekannten Mann dafür lediglich zwei Jahre San Quentin und ein Alkoholentzug aufgebrummt wurden. Und weder ich noch irgendwer sonst kann erklären, wie er zum Colonel wurde oder ob er es überhaupt jemals war. Er selbst nannte sich auf jeden Fall so, bestätigen konnte dies aber niemand. Wahrscheinlich war er lediglich Major. Diesen Titel erhielt er nachweislich für Schießübungen mit der California National Guard. Ein schräger Vogel, dieser Griffith J. Griffith.

Nach einem kurzen Plausch mit einer Werbefilmcrew klettere ich eine Böschung hinauf, um den Weg abzukürzen. Wieder auf der Straße angelangt, dauert es nur noch drei Minuten, bis ich am Südhang des Mount Hollywood ankomme und vor dem zweiten Gebäude stehe, welches vom Erbe des »Ladykillers« erbaut und nach ihm benannt wurde: das Griffith Observatory. Es ist ein schönes Gebäude, das wieder einmal in der Bewegung des Art déco entstand und 1935 erstmals seine Pforten öffnete. Ich bin beileibe nicht der einzige Besucher, treffe glücklicherweise aber trotz des guten Wetters auch keine Touristenmassen an. Es ist eigentlich absurd zu beobachten, wie ein jeder – ich nehme mich da keinesfalls aus – versucht, den optimalen Blick auf den zweieinhalb Kilometer entfernten Hollywood-Schriftzug zu finden. Dem wesentlich hübscheren Observatorium gönnen die Knipsenden kaum ein Foto. Wenn sie etwas anderes als die weißen Buchstaben auf dem Mount Lee fotografieren, ist es die Büste von James Dean, die auf der Aussichtsplattform steht. Dass man James Dean hier ehrt, ergibt Sinn, da das Observatorium den vielleicht wichtigsten Handlungsort in »… denn sie wissen nicht, was sie tun« darstellt.

Ich genieße die tolle Aussicht, die man vom Observatorium aus hat: im Nordwesten das Hollywood Sign und im Osten Berge, deren Gipfel wahrhaftig schneebedeckt sind. Das müssten die San Gabriel Mountains sein, deren höchste Erhebung, der Mount San Antonio, 3069 Meter misst. Am Fuße der Hollywood Hills sehe ich – logisch – Hollywood, im Südosten türmt sich die Skyline der Downtown in den Himmel und im Westen blicke ich auf den Pazifik. Ich komme mit einem Paar aus Winnipeg ins Gespräch, das mich fragt, zu welcher Stadt die Hochhäuser im Westen gehören.

»That's Santa Monica«, antworte ich.

Die beiden sind so um die 50 und beeindrucken mich mit der Tatsache, dass sie auf einem Road Trip die komplette Küste von Kanada bis hierher gefahren sind. Ich kontere, dass ich eine Verwandte in Winnipeg habe oder hatte, die mir als Kind einen Brieffreund organisieren sollte, sich aber niemals mehr meldete. Naja. Wir fotografieren uns gegenseitig mit des jeweils anderen Kamera und wünschen uns noch eine schöne Reise.

Ich überlege, ob ich über einen der Wanderwege, auf denen vor Klapperschlangen gewarnt wird, zum Mount Lee spazieren soll. Da ich Ford aber nicht ewig mit unserem Gepäck bei Starbucks sitzen lassen möchte, breche ich das Vorhaben nach wenigen Metern wieder ab. Ich entdecke dabei aber ein kleines Waldstück, das man durch eine Holzpforte betreten kann. Auf dem Durchgang steht interessanterweise »Berlin Forest«. Wie kommt's? Los Angeles und Berlin sind seit 1967 Partnerstädte und dies ist die kleine aber feine Unterstreichung der

Städtefreundschaft. Das finde ich nett und beschließe, mich auf die Parkbank zu setzen, die im Berliner Wald einen schönen Ausblick gen Süden verspricht. Ich warte allerdings noch, bis die urkomischen mexikanischen Jugendlichen mit ihrer Fotosession fertig sind. Einer der Jungs merkt an, dass man noch Bierdosen um die Pforte verteilen müsste, um es authentischer wirken zu lassen. Der kennt sich aus, grinse ich zunächst in mich hinein, bevor mich was auch immer packt und ich ihnen zurufe: »I'm from Berlin! Do you want me to be in your picture?«
»Awesome! Yes, man!«
Also komme ich spontan mit aufs Bild. Ich soll sogar in die Mitte. Einer der Mexikaner lässt mich wissen, dass er unbedingt einmal nach Deutschland möchte und deswegen sogar schon Deutsch lernt: »Mein Deutsch ist aber noch nicht sehr gut.«
Na, das war doch schon mal perfekt. Er freut sich.
Die »Mex Gang« zieht weiter und ich mache es mir kurz gemütlich, bevor ich wieder in Richtung Hollywood Boulevard aufbreche. Cari schreibt mir, dass sie übermorgen ein Vorstellungsgespräch in einem Restaurant hat. Das Restaurant macht erst in wenigen Wochen auf. Das bedeutet, dass sie – sollte sie den Job bekommen – womöglich Zeit für einen kleinen Trip in den Süden haben könnte. Yeah! Das wäre der Hammer! Darauf trinke ich einen: In einem Grocery Store, der »Osama bin Laden is dead!«-Feuerzeuge verkauft, kaufe ich mir eine Erdbeer-Melonen-Limonade ohne Kohlensäure und begutachte die Feuerzeuge. Auf ihnen sind neben bin Ladens Porträt samt schlecht gefälschter Einschusswunde solche Phrasen zu lesen, wie »10 Years – USA – But we never give up!« oder »We got him!«
Auch ein Zitat von unser aller Lieblingspräsident George W. hat's auf eines der Anti-Terror-Feuerzeuge gebracht: »We will hunt you, we will find you, and we will kill you.«
Glückwunsch.
Als ich wieder bei Starbucks eintrudele, finde ich Ford noch immer schwer beschäftigt vor. Hm, dann haue ich halt wieder ab. Dank der Nacht auf Reys Sofa bin ich wieder bei 100 % und voller Entdeckungsdrang. Daher freue ich mich schon geradezu, dass ich wieder losziehen kann. Ich schaue schnell im Internet nach, wie ich zu den Warner Bros. Studios komme, und sitze kurze Zeit später im Bus. An der Ecke Hollywood und Vine steige ich in die 222 in Richtung Sun Valley um. Der Bus hält direkt vor den Filmstudios mit den ikonischen Hallen.

Warner Bros.

Die Warner Bros. waren tatsächlich vier Brüder, die einst ihren Vater davon überzeugen konnten, sein Pferd und seine Golduhr zu versetzen, damit man sich ein Kinetoskop leisten konnte. Mit dem neumodischen Gerät begab man

> sich auf Jahrmärkte und führte Filme vor. Dies brachte genug Asche ein, um sich schließlich selbst an Filmproduktionen zu wagen. 1918 kauften Jack, Samuel, Harry und Albert ein Filmstudio auf dem Sunset Boulevard und gründeten fünf Jahre später die Warner Brothers Pictures, Inc. 1927 produzierten die Warners mit Al Jolsons »Der Jazzsänger« den weltweit ersten Spielfilm mit Ton. Es folgten Erfolge, unverwechselbare Filmfiguren, Kooperationen und Meisterwerke, die von Bugs Bunny über »Casablanca«, nahezu sämtliche Werke von Stanley Kubrick bis hin zu »Matrix« und »Der Hobbit« reichen und unmöglich alle aufgezählt werden können.

Es ist bereits halb fünf, was bedeutet, dass ich zu spät bin, um noch bei einer der mit über 50 Dollar sowieso ganz schön teuren Touren mitzumachen. Ich will aber unbedingt auf das Gelände der Studios, da ich ein großer Fan von vielen Produktionen der Warner Bros. bin. Ich spaziere also von Gate zu Gate und frage jedes Mal aufs Neue, ob es eine Möglichkeit für mich gibt, die Studios zu betreten. Die »Ich bin extra aus Deutschland angereist, nur um einmal über den heiligen Boden zu wandeln«-Nummer zieht nicht. Verdammt. Da müssen andere Geschütze aufgefahren werden. Rund um das circa 700 mal 500 Meter große Areal sind drei bis vier Meter hohe und mit Kameras überwachte Mauern errichtet. Ich sehe also, auch wenn ich fröhlich in die Luft springe, nichts von dem, was auf der anderen Seite der Mauer passiert. Nur hier und da kann man durch das eine oder andere Fenster Leuten bei der Postproduktionsarbeit über die Schulter gucken. So kann ich auf einem Computer sogar erkennen, dass hier gerade an einer Folge von »Two and a Half Men« gearbeitet wird. Hollywood live! Nicht schlecht. Ich komme an Gate 4 vorbei, von wo aus man einen tollen Blick auf den berühmten Wasserturm hat. Ich beschließe, noch einmal in die Vollen zu gehen, um auf das Studiogelände zu gelangen. Selbstbewusst bewege ich mich auf den Sicherheitsmann zu, grüße ihn freundlich und ziehe alle Register meines schauspielerischen Könnens: »I have an appointment with …«, ich zücke einen Zettel und lese: »Peter … Jackson.«
Der Uniformierte, auf dessen Schulter nicht etwa »LAPD«, sondern sympathisch »WB« steht, schaut mich wenig irritiert an und antwortet: »Ah, yes. He's here.«
Er hat den Köder geschluckt, kauft mir die feiste Lüge ab, wird mich jeden Moment durchwinken, danach wieder zu sich rufen und sich vorsichtshalber mal ein Autogramm geben lassen.
»Did you already get your pass?«, fügt er plötzlich an. Hmpf.
»Not yet«, antworte ich und frage – noch immer in der Rolle des selbstbewussten und aufstrebenden Hobbits: »Where do I get it?«
Er sagt, ich solle ins Gebäude gegenüber und dort meinen Termin melden. So langsam kommen bei mir Zweifel auf. Will der Gute jetzt auch lustig sein oder meint er das ernst?

»Okay … I'm a tourist – just kidding.«
»I know.«
Wir lachen beide kurz, bis er mich plötzlich auffordert, es doch wenigstens einmal zu versuchen: »Well, try it!«
Ich höre auf zu lachen und überlege, während ich langsam mit dem Kopf nicke und mich verabschiede. Ich überquere die Kreuzung und denke mir dabei: »Scheiß drauf. Was habe ich denn zu verlieren?«
Also gehe ich ins Gebäude gegenüber und treffe an der Rezeption auf einen Herrn im Anzug: »How may I help you?«
»Uhm … well, I have this appointment with Peter Jackson and need a pass to enter the area.«
»Aha«, grinst er mich an.
»Yes …«, grinse ich zurück.
»Well, can I see your ID, please? I need to check at what time you have your appointment with Mr. Jackson.«
Ähm, will ich dem Mann meinen Ausweis geben? Ein kleiner Witz ist ja wohl keine Straftat. Also gebe ich ihm meinen Perso: »Sure.«
»Nickel is the last name?«
»Yepp.«
Er beginnt, auf der Tastatur meinen Namen einzugeben. K, N …
»I'm sorry. There is no appointment …«
»Hm, now I'm seriously surprised!«
Er lacht: »I already thought that it will surprise you.«
»What are we going to do now? I'm sure Mr. Jackson wants to meet me!«
»Who's your agent? He should make a better job and next time you might have an appointment.«
»Yes, I definitely need a … *better* … agent. Have a nice evening!«
»You too, Sir.«
Weitere Versuche spare ich mir. Es soll heute wohl noch nicht sein. Wenn ich bei der Oscarverleihung in meiner Dankesrede von meiner obdachlosen ersten Nacht in Hollywood und dem unbekannten Deckenengel berichte, werde ich auch anmerken, dass Peter Jackson die Chance genommen wurde, mich schon vor fünf Jahren kennenzulernen … vielleicht auch sechs oder sieben. Ich laufe so weit es möglich ist um das Gelände, mache Fotos vom Wassertank und gehe wieder zurück zur Bushaltestelle. Ein Afroamerikaner drückt mir Tickets für die »Tonight Show with Jay Leno« in die Hand.
»The show's already running«, lasse ich ihn nach kurzer Prüfung des Papiers wissen.
»That's okay. They'll let you in.«
»It's almost 90 minutes …«
»Just …«
Jetzt ist er irritiert und teilt mir fast schon wehleidig mit, dass es sein erster Ar-

beitstag als Ticketverteiler ist. Kopf hoch: Übung macht den Meister. Im Busfernsehen läuft heute ein Quiz. Vier Antwortmöglichkeiten werden vorgegeben. Die Frage lautet: »Wie viele Geschwister hat Chris Brown?« Die korrekte Antwort lautet: »One.« Schräg hinter mir sitzt ein Schwarzer, der vollkommen lässig und überzeugt: »Nico Brown«, tönt. Kaum hat er sein Wissen mit den restlichen Passagieren geteilt, erscheint die nächste Frage auf dem Monitor: »Wie ist der Name von Chris Browns einziger Schwester?« Keine der vier angebotenen Antworten ist: »Nico.«
Ups.
Ich verlasse den Bus wieder an der Vine Street. Im Pantages Theatre findet eine Theaterpremiere statt. Blitzlichter gewittern auf dem Bürgersteig. Es handelt sich um die Premiere von »Peter Pan«. Sicherheitsvorkehrungen wie bei Schwarzeneggers gestriger Premiere gibt es keine: keine Zäune, keine Security. Es liegt auch kein roter Teppich auf dem Bürgersteig. Es gibt lediglich einen kleinen Teppich unter dem Dach des Pantages, vor dem sich die Fotografen tummeln und die mir allesamt unbekannten Prominenten ablichten. Auf dem Bürgersteig ist das Gedränge rund um die bekannten Persönlichkeiten nicht zu dolle, weswegen ich mich entgegen meiner Überzeugung doch noch einmal als Paparazzo versuche. Als Erstes bekomme ich Raphael Sbarge mitsamt seiner Kinder vor die Linse. Ein Paparazzokollege erklärt mir, dass er als Schauspieler in diversen TV-Serien – momentan durch sein Mitwirken in »Once Upon a Time« – Berühmtheit erlangte. Nach der Erklärung schaut er mich kurz fragend an. Ja, ich bin der Neue. Die nächste Person, die das Interesse von uns Schmeißfliegen anzieht, ist die 14-jährige Peyton List. Sie spielte in »27 Dresses« und der Disney-Serie »Jessie« mit. Diesmal muss ich erst gar nicht fragen, da die Dame, die ihr Namensschildchen hochhält ständig: »Disney's Jessie«, ruft. Viehmarkt Hollywood. Es kommen noch eine hübsche Blondine und ein Asiate, deren Identitäten mir jedoch verborgen bleiben. Und dann habe ich auch schon wieder genug vom roten Teppich und den Paparazzi.
Ich habe den kompletten Tag über nachgedacht, wann ich Los Angeles bis zu meiner Rückkehr Anfang Februar den Rücken kehren soll. Nun, da die Sonne wieder untergegangen ist und ich es ausgeschlafen genoss, neue Orte zu entdecken und keine Lust auf eine erneute Nacht auf der Straße habe, ist mir klar, dass ich schnellstmöglich weiterreisen sollte. Mein Entschluss steht somit fest: Noch heute Nacht werde ich mit dem Megabus nach Las Vegas aufbrechen. Während der sechsstündigen Fahrt werde ich schlafen und morgen in aller Frühe und Frische das Moloch Vegas erobern. Rock und Roll!
Ford sitzt noch immer fleißig am Rechner. Meine Güte. Ich teile Ford, mit dem ich über meine Abwanderungsgedanken bereits gesprochen habe, mit, dass ich tatsächlich heute Nacht schon aufbrechen werde. Allzu tragisch und ein Abschied für immer ist das nicht, da ich in zwei Wochen ja schon wieder in Los

Angeles aufschlagen werde. Ich reserviere mir einen Platz im Bus. Die Abfahrt ist um Viertel nach zwölf. Ein Fahrschein in das über 400 Kilometer entfernte Las Vegas kostet gerade einmal acht Dollar. Es geht sogar noch preiswerter, wenn man rechtzeitig bucht. Wie weit kommt man für fünf, sechs Euro mit der Deutschen Bahn?

Ich komme mit einem Raucher namens Sean Ford ins Gespräch, was ich amüsant finde. Er erzählt mir von einem geheimen Club voller Drogen und Ausschweifungen, der die komplette Nacht über geöffnet hat. Da gehe ich dann wohl mal hin, wenn ich wieder zurückkomme und erneute Probleme mit Übernachtungsmöglichkeiten haben sollte. Als ich wieder den Starbucks betrete, sehe ich, dass Ford sein Bewerbungsfoto in DIN A4 samt seiner Kontaktdaten an die Pinnwand des Ladens geheftet hat.

»What the fuck?«, lache ich.

»Might help«, antwortet er und erklärt mir, dass auch Produzenten Kaffee trinken. Ich erinnere mich daran, wie Ford mit mir bei Lucasfilm im Presidio in San Francisco war. Dort hat er seine Visitenkarte auf Parkbänke des Campus verteilt: Man muss überall präsent sein und mit etwas Glück klappt's dann auch mal. Ich mag diese positiv naive Verrücktheit.

Wir brechen in Richtung Union Station auf und nehmen dort im Arkadengang noch sein Audition Video auf, das wir heute Vormittag schon einmal in Angriff nehmen wollten. Diesmal klappt's und Ford ist mit seiner Darstellung des nach Cinderella suchenden Prinzen soweit zufrieden. Ich drücke Ford 18 Dollar in die Hand, die er sehr dankbar aber auch leicht beschämt annimmt. Er wird sie mir zurückgeben, verspricht er mir. Ich will ihn noch zu Denny's einladen. Denny's ist eine Billigrestaurantkette, die ihr *crap food* 24 Stunden lang verkauft. Als ich zahlen möchte, zückt Ford schnell die geliehenen 18 Dollar und zahlt die Rechnung. So ein Depp. Als der Bus kommt, nehmen wir uns in die Arme: »See you in two weeks. Good luck and take care my friend …«

Shake the glitter off your clothes … It's Vegas, baby!
oder: **Vom Venetian bis zur Fremont Street**
Tag 68: Mittwoch, 16. Januar 2013

Nachdem ich mir das flugzeugtaugliche Sicherheitsvideo im Megabus reingezogen habe, schlafe ich während der nächtlichen Fahrt nach Las Vegas so viel und gut es geht. Besser und wärmer als auf der Straße ist das allemal.

Die Geschichte von Las Vegas

In der Mitte des 19. Jahrhunderts gehörte das Wüstengebiet des Las Vegas Valley noch zu Mexiko. Nach der Annektierung durch die Staaten wurde die

Gegend von Ureinwohner missionierenden Mormonen heimgesucht. Zunächst wurde nur ein Fort als Zwischenstopp für Reisende errichtet. Die Mormonen verloren relativ schnell wieder das Interesse an den Paiute und dem Valley, da die Bewegung 1857 plötzlich einen kalten Krieg mit der US-Regierung an der Backe hatte. Es gab Gerüchte, wonach sich die Mormonen mit ihren Gebieten – was hauptsächlich Nevadas östlichen Nachbarstaat Utah betrifft – von den USA abspalten und einen eigenen Staat gründen wollten. Außerdem wollte US-Präsident Buchanan »those twin relics of barbarism« verbieten: Sklaverei und Polygamie. Bis auf ein Massaker der Mormonen an 120 bis 150 Siedlern wurde in dem nicht ganz eineinhalb Jahre schwelenden Konflikt kein Blut vergossen und schließlich eine diplomatische Lösung gefunden, die den Mormonenführer und damaligen Gouverneur Brigham Young sein Amt kostete und die Trennung von Staat und Kirche in Utah zur Folge hatte.

Knapp 50 Jahre später, im Jahre 1905, übernahm die Los Angeles and Salt Lake Railroad das Valley und gründete Las Vegas als Eisenbahnsiedlung. Als durch die starke Zunahme an Bahnverbindungen Las Vegas wieder in der Versenkung zu verschwinden drohte, sorgte der 48 Kilometer entfernt errichtete Hoover Dam 1935 wieder für Aufschwung. Den bis heute spürbarsten Effekt auf die Erfolgsgeschichte der Wüstenstadt brachten aber zweifellos die Legalisierung des Glücksspiels 1931, als auch das Ende der Prohibition 1933. Ebenfalls 1931 wurde das Scheidungsverfahren vereinfacht. War eine Scheidung damals im Rest der Staaten noch eine komplizierte Angelegenheit, musste man in Nevada auf einmal nur noch sechs Wochen irgendwo im Bundesstaat verbracht haben und neun mehr oder weniger nachzuweisende Rechtsgründe aufzählen, um sich scheiden lassen zu dürfen. Am häufigsten wurde übrigens die »seelische Grausamkeit« als Scheidungsgrund verwendet. Final kamen noch durchschnittlich sechs Minuten vor dem Richter auf die Liste und schon war man im liberalen Nevada geschieden. Bis diese neuen Fakten ins öffentliche Bewusstsein rückten, sollte es allerdings noch bis zur Scheidung von Clark Gable und dessen zweiter Frau Ria im Jahre 1939 dauern. Ria feierte sechs Wochen lang ihre »finest and shortest vacation I ever had in my life«, und Ex-Gatte Clark heiratete bereits drei Wochen nach der Scheidung Carole Lombard in Kingman, Arizona. Erst jetzt wurde vielen Scheidungswilligen so richtig bewusst, dass man sich in Nevada rein theoretisch morgens scheiden lassen und abends schon wieder heiraten kann. In Kalifornien musste man beispielsweise drei Tage lang warten und zudem noch einen *Bluttest* machen, um wieder heiraten zu dürfen. Dies sollte spontane Hochzeiten im Alkoholrausch verhindern. Wenige Monate nach der Aufmerksamkeit erregenden Scheidung der Gables eröffnete mit der Boulderado Ranch das erste Etablissement, das neben herrlichen Unterkünften und Reitausflügen auch Scheidungen anbot. Der Beginn eines wahren Booms, dessen Potenzial man in Reno allerdings schon früher erkannt hatte. Es sollte noch bis in die 50er Jahre dauern, bis Vegas Reno in Sachen Scheidungen eingeholt hatte. In den 60ern gingen dann die Hälfte aller Trennungen in der neuen »Divorce Capital of the World« vonstatten. Heutzutage kommen jährlich circa 39 Millionen Touristen in die Stadt der Sünden … darunter auch viele, die sich nicht scheiden lassen oder (spontan) heiraten.

Gegen halb sechs erreicht der Megabus das RTC South Strip Transfer Terminal in Las Vegas. Das Terminal liegt direkt neben dem Flughafen. Lediglich eine Straße und ein Baseballfeld liegen dazwischen. Wegen des kleinen Stadions stehen Warnschilder an den nordseitigen Haltestellen des Terminals: »Beware of danger of flying balls from sports park next door.«
Ob wohl schon viele Reisende von der Ambulanz anstelle des Busses vom Terminal weggekarrt wurden?
Da ich Ford mein »Kleingeld« geschenkt habe, habe ich nur noch einen Hunderter einstecken. Der Ticketautomat nimmt aber keine so großen Beträge an und das Kreditkartenlesegerät ist defekt. In einer Stadt wie Las Vegas hätte ich solch technisches Versagen nicht erwartet. Dementsprechend verpasse ich den ersten Bus in die City und muss warten, bis die Wartehalle öffnet, in dem sich der zweite Automat des Terminals befindet. Im Bus selbst kann man sich kein Ticket kaufen, da die Fahrer stets bargeldlos operieren. Das schützt vor Überfällen, vermute ich mal. Die Wartehalle öffnet um sechs. Ich schlappe zum Fahrkartenautomaten und stelle fest, dass auch dieser defekt ist. Am Serviceschalter gibt man mir zudem auch kein Wechselgeld, weswegen ich gezwungen bin, neue Asche aus dem Geldautomaten zu ziehen. Meine Fresse …
Der Ticketautomat bietet ein Tagesticket für acht Dollar, den 3-Tages-Pass für 20 Scheine und für 34 Lappen ganze 15 Tage uneingeschränkten Nahverkehr an. Ich gebe der Maschine Essen für drei Tage und steige kurz darauf in den *Deuce Bus*. Der *Deuce* hält an jedem einzelnen Hotel, wodurch er gewiss nicht zu den schnellen Bussen der Stadt zu zählen ist. Da ich aber alles andere als Eile habe, gönne ich mir im gemächlichen Tempo eine erste Sightseeingtour in der vordersten Reihe des Obergeschosses des Doppeldeckerbusses. Yeah. Das verschafft einen ersten Überblick über das, was mich in den nächsten … na, mindestens *drei* Tagen erwartet.
Das Erste, was ich vom Las Vegas Boulevard, dem berühmt berüchtigten Strip, zu Gesicht bekomme, ist das stylishe Schild »Welcome to Fabulous Las Vegas«, das als eine der wenigen Konstanten der schnelllebigen Stadt bereits seit 1959 im unverwechselbaren Googie-Design die aus dem Westen kommenden Besucher in der Stadt begrüßt. Das Schild befindet sich einen Kilometer vor dem ersten beeindruckenden Hotel-, Konferenz- und Kasinokomplex des Boulevards: dem Mandalay Bay, einem selbst in der Dunkelheit bereits golden strahlenden, dreiflügligen Hochhaus mit 44 Stockwerken. Wie muss die Fassade erst reflektieren, wenn die Sonne darauf scheint? Apropos Sonne: Die scheint mir hier verdammt schnell aufzugehen. Innerhalb von zehn Minuten ist aus der

dunklen Nacht helllichter Morgen geworden. Liegt das daran, dass sich Las Vegas inmitten der Mojave-Wüste befindet, das Land flach ist und es weit und breit keine andere Stadt gibt?

Zahlen und Fakten zu Las Vegas und Nevada

Las Vegas liegt im Wüstenstaat Nevada. Nach Kalifornien, Oregon und Washington bereise ich nun also bereits den vierten Bundesstaat der USA. Obwohl Vegas die mit Abstand größte und berühmteste Stadt Nevadas ist, darf sie sich nicht Hauptstadt nennen. Diese liegt 700 Kilometer weiter nordwestlich, hat nicht einmal ein Zehntel der Einwohner, die Las Vegas aufzubieten hat, und heißt Carson City. Die Ausmaße der selbst ernannten »Entertainment Capital of the World« lassen sich sowohl in der Fläche als auch in der Einwohnerzahl mit Dresden vergleichen: Auf 340 km² – wovon 339,8 km² Land und nur 0,2 km² Wasser sind – leben über 550.000 Menschen. Zählt man die Metropolregion hinzu, die nur politisch von »Sin City« getrennt ist, ansonsten jedoch nahezu unmerklich in eigenständige Gemeinden übergeht, kommt das Ballungsgebiet auf mehr als 1,8 Millionen Einwohner und über 1200 km². Das ist eine Fläche, die fast so groß ist wie Berlin und Köln zusammengerechnet. Mir fällt auch sehr schnell auf, dass es abseits des Strip quasi kein Haus gibt, das mehr als zwei oder drei Stockwerke hat. Das erklärt, weshalb sich vergleichsweise wenige Menschen auf solch einer riesigen Fläche ausbreiten. Der komplette Staat Nevada, dessen Areal drei Vierteln von Deutschland entspricht, kommt notabene nur auf 2,7 Millionen Bürger und belegt damit gerade einmal Rang 35 im Vergleich mit den anderen 49 US-Bundesstaaten. Der »Silver State« wurde 1864 der 36. Bundesstaat der USA und steht flächenmäßig an siebter Stelle. Um noch mehr zu verdeutlichen, dass Nevada eine eher unwirtliche Umgebung ist, sei noch zu erwähnen, dass sieben der zehn größten Siedlungen des Staates zum eben angesprochenen Ballungsgebiet von Las Vegas gehören. Die anderen drei Städte – Carson City, Reno und Sparks – liegen allesamt wiederum in unmittelbarer Nähe zum Lake Tahoe. Wüste, Wüste, Wüste und lediglich zwei Ballungsräume auf einer Gesamtfläche, die größer ist als die BRD vor der Wiedervereinigung ... da bleibt genügend Platz für neue Bürger – die Population ist seit 2000 um mehr als ein Drittel angewachsen –, das Militär, Atomwaffentests und natürlich Aliens. Große Teile Nevadas sind Sperrgebiet. Die mysteriöse Area 51 dürfte jedem aufgrund der UFO-Theorien bekannt sein, die primär wegen der Tests neuer und geheimer militärischer Flugkörper entstanden sind. Weniger bekannt ist vielleicht, dass sich ebenfalls nördlich, aber weniger von Las Vegas entfernt, die Tonopah Bombing Range befindet, in der die meisten amerikanischen Atombomben getestet wurden.

Nun, in Las Vegas strahlt es mittlerweile auch. Glücklicherweise ist es nur die

Sonne, die mir heftigst auf der Carsons Avenue ins Gesicht scheint. Sie ist riesig und taucht die komplette Straße in ein gleißend goldenes Licht. Wow! Ich habe fraglos schon schlechtere Sonnenaufgänge erlebt.
In der Zwischenzeit haben wir den Strip hinter uns gelassen und ich verarbeite noch meine ersten Eindrücke. Die waren so intensiv, dass ich nicht wie geplant beim Bonneville Transit Center (BTC) aussteige, sondern bis zur kurz darauffolgenden Endstation an der Ecke 4th und Fremont Street fahre. Ja, was habe ich auf der 16 Kilometer langen und knapp einstündigen Fahrt vom RTC South Strip Transfer Terminal bis zur Fremont Street Experience alles gesehen? Da wären beispielsweise die gigantische schwarze Pyramide des Luxor oder das vollkommen bescheuerte Excalibur, das wie eine hässliche Burg aus einem Comic aussieht. Direkt daneben ist die Skyline des Big Apple in nur einem einzigen Gebäude verewigt. Zusätzlich verläuft eine Achterbahn darum. Es ist das New York-New York. Auf den Big Apple folgt das antike Rom: Caesars Palace. So hoch haben die damals allerdings noch nicht gebaut. Mit dem Mirage folgt edler Glanz. Auf diese Weise geht es weiter und weiter, vorbei an den verrücktesten Gebäuden und vielen Googie-Kunstwerken. Ich gehe stark davon aus, dass meine nächsten Tage primär darin bestehen werden, ein jedes dieser Hotels und Kasinos genauer unter die Lupe zu nehmen. Demnach sei nun einfach nur verkürzt gesagt: Diese Stadt ist beim ersten Durchqueren wahnsinnig beeindruckend und vollkommen bekloppt zugleich. Las Vegas muss total gaga sein. Ich freue mich drauf!
Da ich an der Endhaltestelle nicht rausgeschmissen werde, bleibe ich einfach im Bus sitzen und warte, bis er sich wieder in Bewegung setzt und mich zum BTC zurückkutschiert. Neben dem Bus befinden sich die überdachte Fremont Street Experience, die eine reine Fußgängerzone ist, und ein Restaurant namens Heart Attack Grill.

Heart Attack Grill

Der Schuppen darf sich zweifellos »Hoffnungen« auf den Preis für das perverseste Restaurant der Welt machen, denn der Name ist Programm: Der Gründer dieses makabren Restaurants machte es sich 2005 zur Aufgabe, Essen zu servieren, das so schlecht ist, dass es schockierend ist. Ich untermauere dieses ethische Geschäftsprinzip einmal mit Fakten: Die angebotenen Burger heißen »Bypass Hamburger« und werden wahlweise mit einer, zwei, drei, vier oder *acht* Fleischstücken belegt. Die Pommes, die zudem die einzig vorrätige Beilage darstellen, werden in reinem Schweinefett frittiert. Es werden Shakes aus Milchfett sowie massenhaft Alkohol angeboten und selbst die im Restaurant erhältlichen Zigaretten sind filterlos. Auf einem Plakat, das an der Fassade des Hauses angebracht ist, wird darauf hingewiesen, dass Gäste, die über 160 Kilo wiegen, gratis speisen dürfen. Auf dem Poster, das für das Gratisessen für Kolosse wirbt, ist ein

Mann in einem Krankenhauspatientenkittel zu sehen, der mit sportlich angestrengtem Gesichtsausdruck und auf einer Waage stehend, den Vierfach-Burger in seiner Hand anschaut. Dabei wird er von einer sexy Krankenschwester »betreut« und lüstern angeschaut. Der Mann ist nicht etwa fett gezeichnet, sondern überzeugt mit dicken Muckis. Dass die Schwester ein heißer Feger nach aller sexistischer Stereotypie ist, muss wohl kaum erwähnt werden. Nur blond ist sie seltsamerweise nicht.

»Ask about our liposuction lottery!«, steht neben den beiden Hübschen geschrieben. Was zum Geier …? Kann man in dem Laden etwa eine Fettabsaugung gewinnen? Wahrscheinlich auch noch während man sich den einen Kilogramm schweren »Quadruple Bypass Burger« reinpfeift? Besucher des Heart Attack Grill werden überdies als Patienten bezeichnet und die Kellnerinnen rennen tatsächlich als Krankenschwestern verkleidet umher. Bestellungen werden nicht aufgenommen, sondern Rezepte ausgestellt. Hat man sich seine Medikation selbst verschrieben, bekommt man ein Armbändchen angelegt, das dem nun antanzenden Doktor zeigt, wie krank man ist. Eine Stethoskopuntersuchung später kommt der Burger auf den Tisch. Jon Basso, das »Mastermind« hinter dem Heart Attack Grill, hat seinen Vorsatz in die Tat umsetzen können. Dies belegen mehrere – ich scherze nicht – Todesfälle, die sich seit der Eröffnung der ursprünglich einmal drei Restaurants ereignet haben. Die Ableger in Texas und Arizona schlossen daraufhin ihre Pforten, sodass man sich jetzt nur noch in Las Vegas die ultimative Kalorien- und Cholesterinvergiftung geben kann. Ein Indiz dafür, dass in Nevada die Uhren anders ticken?

Der Bus setzt sich wieder in Bewegung. Ich möchte zum BTC, da ich davon ausgehe, dass ich von hier aus problemlos vom Strip wegkomme und mit einem anderen Bus in eine der Wohngegenden der »Sin City« vorstoßen kann. Ich habe nämlich ein bestimmtes Ziel vor Augen: Ich muss unbedingt meine Wäsche waschen. Ich erkundige mich am Infoschalter und frage nach einem Waschsalon, der bestenfalls auch noch Wi-Fi anbietet. Zu meiner Überraschung bekomme ich anstelle eines: »Hä?«, wahrhaftig eine Antwort. Die Damen und Herren hinter der Glasscheibe beraten sich schnell untereinander und raten mir daraufhin, mit der Linie 206 East bis zur Ecke Charleston und Palm zu fahren. Fett.

Der Charleston Boulevard ist schnurgerade. Ich kann die sich mehr als elf Kilometer lang in Richtung Osten ziehende Straße quasi bis zu ihrem Ende sehen. Dahinter hört die Metropole auf und steinige, rote Wüstenhügel erheben sich. Wow, das ist eine ziemlich eindrucksvolle Kulisse. Erstmals wird mir richtig bewusst, dass ich letzte Nacht mit dem Bus quer durch eine Wüste gefahren bin und mich nun in einer riesigen, menschgemachten Oase befinde.

Wenig später, mittlerweile ist es neun Uhr, verlasse ich den Bus und habe – ohne es zu wissen oder zu bemerken – Las Vegas verlassen. Fortan befinde ich mich in Nevadas fünftgrößter Stadt, Sunrise Manor. Den Waschsalon mit dem kreativen Namen »Super Wash« finde ich schnell ... Seife dafür nicht. Der Automat, aus dem eigentlich Waschpulver kommen sollte, ist leer und außer mir ist kein Mensch anwesend, den ich freundlich anschnorren könnte. Deswegen rufe ich die »Notfalltelefonnummer« an. Der Typ am anderen Ende der Leitung entschuldigt sich und teilt mir mit, dass ich in den Supermarkt auf der anderen Straßenseite gehen und dort Waschpulver kaufen soll.

Im Supermarkt frage ich die Angestellte Barbara, ob sie auch Waschmittelrationen für Menschen wie mich im Sortiment haben – also keine ganze Gallone und für den kleinen Geldbeutel bitteschön.

»No«, beantwortet sie den ersten Teil der Frage. Dafür zeigt sie mir eine Reihe von Flaschen, die nur einen Dollar kosten. Den Rest soll ich einfach im Waschsalon stehen lassen. Irgendwer wird sich sicherlich darüber freuen. Ja, das passt. Die schätzungsweise 50-jährige Barbara ist inzwischen neugierig und will wissen, woher ich komme und was ich in Vegas so treibe. Wie ein erfolgreicher Spieler sehe ich wohl nicht aus. Ich gebe ihr einen kurzen Abriss von meinem bisherigen Trip. Das findet sie super und spricht mir prompt die Einladung aus, bei ihr und ihrem Mann zu Hause auf der Luftmatratze zu schlafen. Cool! Ich lasse mir ihre Nummer geben und verspreche ihr, darauf zurückzukommen, falls ich keine partywilligen Couchsurfer finde. *Serendipity is back, I guess.* Die Zeiten der Obdachlosigkeit sind endgültig vorbei. Das fühlt sich gut an. Meine Fingernägel sind von den drei Nächten auf der Straße übrigens immer noch dreckig. Ich fühle mich gebrandmarkt.

Wieder im Waschsalon mache ich mich so nackig wie möglich und stopfe alles, was ich an Textilien bei mir habe, plus 1,75 Dollar in die Maschine. Ich bin noch immer der Einzige im Laden, weshalb ich auch problemlos meine Unterhose wechseln kann. Oh, yeah. Wäre es nicht so kalt, würde ich noch mehr blankziehen. Stattdessen behalte ich aber sogar meinen Mantel an, anstatt ihn zu waschen und stehe nun mit dem hübsch hässlichen T-Shirt vom Monarch Film Festival, dem gestreiften Longsleeve aus Istanbul, meinen heiß geliebten roten Fisherman's Pants aus Thailand und spanischen Flip Flops nebst Socken, die politisch unkorrekt aus Bangladesch stammen dürften, vor meiner Maschine. In meiner so noch nie zur Schau gestellten Kombination fühle ich mich wahrlich speziell gekleidet – und durchaus sexy. Zu schade, dass es kein Publikum gibt.

In der Sonne ist es derweil recht warm. Lediglich im Schatten und im Waschsalon ist es noch ziemlich kühl. Daher gehe ich raus in die Sonne und präsentiere dem Charleston Boulevard die neueste Mode aus Europa und tanke Wärme. Doch auch im Freien ist niemand unterwegs. Ich gehe wieder rein und stelle fest, dass ich es mit dem Dosieren etwas zu gut gemeint habe. Mögen meine Klamotten vor der Waschung einen Hauch von Leben in ihrem Odeur getragen haben, fürchte ich nun, dass ich beim nächsten Regen Schaum schlage. Tja, zu spät. Vielleicht schmeiße ich danach einfach noch eine Maschine ohne Waschmittel an.

Ich bekomme Besuch! Zunächst gesellt sich ein Schwarzer mit einer äußerst wirr zerzausten Afrofrise im besten Homeless-Style zu mir. Ihm folgt kurz darauf eine nette ältere Dame aus Brasilien, die französische, spanische und portugiesische Wurzeln hat. Wir unterhalten uns kurz auf Spanisch und Französisch. Ich glaube, sie mag mich. Ich mag sie auch, weshalb sie mein restliches Waschmittel geschenkt bekommt. Findet sie gut.

Auf eine zweite Maschine verzichte ich schließlich doch. Dafür muss ich gleich drei- oder viermal den Trockner anschmeißen, bis endlich alles trocken ist. Der riesige 30-Pfund-Trockner kostet pro Runde einen Dollar. Meine Schuhe finden die ganze Aktion nicht so geil und lösen sich leicht in ihre Bestandteile auf. Da war eine Metallschiene drin? Sachen gibt's. Die Treter sind aber noch tragbar ... obwohl sich beim rechten Schuh eine Naht gelöst hat und mein kleiner Zeh durch ein Loch ab sofort in die große weite Welt hinausschaut.

Cari meldet sich und heißt mich in ihrer unverwechselbaren Art im Sündenpfuhl Las Vegas willkommen: »Shut up and shake the glitter off your clothes now, that's what you get for waking up in Vegas!«

Woher weiß sie nur, dass ich gerade meine Wäsche wasche?

»Have fun out there and make sure you keep it classy.«

Aber, klar doch. Wo denkst Du denn hin?

Sie empfiehlt mir, zu checken, ob im Cosmopolitan eine kostenlose Show angeboten wird. Sie habe dort einmal Jamie Lidell gesehen – wer auch immer das ist.

»Only like 15 other people were watching and it was bad ass! Also, if you still want to do the theme park thing: Circus Circus has an underground roller coaster, New York-New York has one that goes in and out of the hotel mid-level, but Stratosphere is the most epic, the tallest sky scraper in Vegas with freaky rides at the very tippy top.«

Circus Circus, New York-New York, tippy top ... Wie soll ich mir all das nur merken? Cari ist ein Fan von Vegas und vergisst nicht, mir regelmäßig mitzuteilen, dass sie mich beneidet. Dann komm endlich nach!

»I'm not positive that Stratosphere still has the needle ride that drops you down, but if they do you gotta do it – scariest ride ever! The Luxor has the best arcade though, and is still my favorite hotel just because it is so cool; kind of like the Shanghai Tunnels in Portland. There are tunnels underneath Vegas, too. People live down there, so if you ever find yourself without a place to sleep, maybe try looking for an entrance to the underground city.«

Aha.

»The Bellagio is a good place to take pictures. They have glass artwork in the ceiling. Caesars Palace has an amazing mall – the best part is the art galleries. We happened to be wandering through Caesars Palace going into random galleries, and we ended up getting to meet my favorite artist of all time: Vladimir Kush!«

Wer?

»He just happened to be showcasing his work at this gallery ... Also, we saw Jennifer Lopez.«
Yeah.
»But Vladimir Kush was fucking incredible!«
Gut.
»Too bad his paintings sell for hundreds of thousands of dollars. No matter what though, you can get drunk going to the galleries, they will all shower you with wine.«
Okay.
»Don't forget, you *never* have to pay for drinks in Vegas.«
Das hat sie mir schon des Öfteren erzählt.
»Sit at quarter slots, look like you're playing when waitresses come by, and you get free drinks.«
So wird's gemacht.
»And it's legal to drink on the street!«
Echt? Europäische Zustände? Viva Las Vegas!
»How long are you staying in Vegas?«
Na, mindestens mal drei Tage.
»I should just come. Haha!«
Ja. Ja!
Ich erzähle Cari von Barbara und meinen Schuhen. Ich soll unbedingt in der Nähe des Strip bleiben und mir neue Schuhe kaufen, empfiehlt sie mir und wundert sich, ob Barbara und ihr Mann Swinger sind. Ähm, toll. Ich schlage Cari vor, mit mir das Vegan Casino zu eröffnen, um damit die Milliarden zu scheffeln.
»Right, we just need billions in startup money. Also, I think you're forgetting that the proportions of vegans of Vegas are almost nonexistent compared to Portland ...«
»Congratulations Miss B., you just reached a new level in our brain research program! Your new status from now on is ... smartass!«
»I am definitely a smartass, if nothing else.«
Ich bitte Cari, mir im Internet herauszusuchen, wie lange die öffentlichen Verkehrsmittel in Vegas operieren. So wie's aussieht, gibt's auf dem Strip einen durchgehenden Service. Abseits davon gibt's wohl aber nur die üblichen Fahrzeiten von fünf Uhr morgens bis ein Uhr nachts.
»But you should be partying from one to five anyway. So seems like perfect timing to me! It sucks that you're alone, most people go in groups and take cabs.«
Dann muss ich mir wohl neue Freunde anlachen. War bisher ja noch das geringste Problem auf meiner Reise.
Ich fahre wieder zurück zum BTC, steige in den *Deuce* und fahre den Strip hinunter in Richtung Starbucks. Es ist mal wieder Zeit, nach einer Couch Ausschau zu halten. Ich steige am Fashion Show Drive aus. Dort habe ich vorhin

vor der Fashion Show Mall einen Starbucks gesehen. Vor der Mall steht »The Cloud«. Hierbei handelt es sich um eine Art futuristisch anmutendes Vordach, das wie ein Zeppelin aussieht, bei dem man die Luft rausgelassen hat. Das Dach schwebt in 39 Metern auf zwei Säulen und ist 150 Meter lang. Die Mall selbst zählt zu einem der größten Konsumtempel der Welt. Überrascht in einer Stadt wie Las Vegas nicht unbedingt.

Vegas ist nicht gleich Vegas

Wesentlich überraschender ist die Tatsache, dass ich mich gar nicht in Vegas befinde. Hä? Wie jetzt? Hat da einer dem Knickel lustige Drogen in den Kaffee gemischt, oder was? Nein. Das ist nämlich so: Der Großteil des Strip befindet sich gar nicht in der City of Las Vegas, sondern in Nevadas sechstgrößter Siedlung, die den schönen Namen Paradise trägt. Zu Paradise gehören auch die Fashion Show Mall und sogar der südlich des Strip gelegene McCarran International Airport sowie das »Welcome to Fabbulous Las Vegas«-Schild. Das Paradies endet einen Block nördlich der Fashion Show Mall an der Desert Inn Road. Nun beginnt das 28.000 Einwohner zählende Winchester, das eine Meile weiter nördlich an der Sahara Avenue seine Grenze zum eigentlichen, dem offiziellen Las Vegas hat. Allerdings gelten Städte wie Paradise als *census-designated place*, kurz CDP und auf Deutsch: »ein zu Statistikzwecken definiertes Siedlungsgebiet«. Dieser bürokratische Quatsch bedeutet, dass CDP nicht selbstständig sind, sondern in der Regel vom County, also dem Landkreis, verwaltet werden. Verrückt.

Ich schreibe Rachel und Lucas, dem Pärchen aus Flagstaff, das ich im Yosemite National Park kennengelernt habe. Ich teile ihnen mit, dass ich mich mittlerweile in Vegas aufhalte und als Nächstes Flagstaff ansteuern möchte. Sie antworten mir, dass sie mich eigentlich nur noch bis Freitag beherbergen können. Verdammt. So schnell kann und will ich da eigentlich nicht hin. Das heißt somit wohl, dass ich mir für Flagstaff eine neue Couch organisieren muss und die beiden nicht treffen werde. Ärgerlich, sehr ärgerlich.

Ein Norweger, der höchstens mein Alter hat, fragt vornehm, ob er sich zu mir an den Tisch setzen darf. Klar doch. Wir kommen ins Gespräch. Er erzählt mir, dass er ein professioneller Pokerspieler ist und bei einem Turnier mitmacht. Der Junge ist mir nicht wirklich sympathisch. Er wirkt wie ein hochnäsiger Spross einer britischen Adelsfamilie. Ich erkläre ihm daher im Gegenzug, dass ich professioneller Backpacker bin und noch keinen Plan habe, wo ich heute Nacht pennen soll. Daraufhin schläft die Unterhaltung etwas ein ... Er hat den Braten gerochen und will mir offensichtlich die Fragen nach dem Kasino, in dem das Turnier stattfindet und dem Hotel, in dem er seinen feinen Hintern bettet, nicht beantworten. Schnösel.

Mein viel zu langes Suchen nach einer Couch wird von Erfolg gekrönt: Ken meldet sich per SMS und will mich bei sich aufnehmen. Ich überlege: Soll ich zur Supermarkt-Barbie oder zu Couchsurfing-Ken? Ich entscheide mich für Ken, weil das, was ich auf seiner Profilseite über ihn herausfinden kann, verheißungsvoll klingt: Er zeigt seinen Gästen offenbar auch gerne mal die Natur rund um Las Vegas und weiß, wie man kostenlos an Showtickets kommt. Er will mich später am Abend abholen und schreibt lustige und lockere Textnachrichten. Ich glaube, mit Ken werde ich gut klarkommen. Bis zum Abend sind's noch ein paar Stunden. Dementsprechend beginne ich mit einer ersten Tour über den Strip. Das erste Kasino, das ich mir gebe, ist das direkt neben der Mall befindliche Treasure Island. Über eine Rolltreppe im Freien komme ich auf eine Fußgängerbrücke, die über die Spring Mountain Road zum Kasino führt. Rolltreppen, die im Freien auf Fußgängerüberwege führen ... sagenhaft.

Treasure Island (TI)

Das Treasure Island hat denselben Propellergrundriss wie das Mandalay Bay. Die drei Flügel des Gebäudes ragen 36 Stockwerke weit in den Himmel. Jedes der berühmten Kasinos der Stadt ist übrigens auch ein Hotel und versucht, mit imposanten Shows die Massen anzuziehen. Das Treasure Island kann sich damit rühmen, die erste Show des Cirque du Soleil nach Las Vegas gebracht zu haben. 1993, zwei Monate nach der Eröffnung des mit vier Sternen ausgezeichneten Hotels, wurde darin »Mystère« uraufgeführt und läuft heute noch. In Vegas werden übrigens drei Viertel des Umsatzes durch Eintrittskarten für Shows, Souvenirs und Luxusartikel eingenommen, aber nur ein Viertel in den Kasinos. Wer hätte das gedacht?

Ich betrete das Kasino. Es ist riesig und mit unzähligen Spielautomaten ausgestattet. Interessanterweise darf man in den Kasinos dieser Stadt rauchen. Auf den insgesamt 8800 m² gibt es einen riesigen Bereich für Sportwetten, der mit Sofas und natürlich massenhaften und überdimensionalen Monitoren ausgestattet ist. Überall hört man Münzen klingeln, nervige Melodien aus den Automaten ertönen und Leute jubeln, lachen und fluchen. Die meisten Menschen sitzen jedoch ruhig, geradezu gebannt vor den Automaten. Roulette, Blackjack, Poker: Es gibt nichts, was es nicht gibt, um sein Geld aufs Spiel zu setzen. Es ist recht düster im Kasino. Fenster, durch die Sonnenlicht in die Spielhölle eindringen könnte, gibt es nicht. Sämtliches Licht ist Kunstlicht, sodass man als Spieler sicherlich sehr einfach den Sinn für die Tageszeit verliert.
Die Spielbank versprüht weniger bis überhaupt nicht den Charme einer karibischen Schatzinsel. Bis auf einen Bereich, in dem man eine nicht zugängliche, zweite Etage als Piratennestkulisse inklusive Galionsfigur errichtet hat, enttäuscht die lieblose und nicht themengebundene Aufmache. Das hatte ich mir

außergewöhnlicher, bescheuerter vorgestellt. Das 450-Millionen-Dollar-Hotel war wohl auch mal abgedrehter. Allerdings entschied man sich 2003 dazu, seriöser zu wirken und verabschiedete sich größtenteils von der Piratenromantik.

»Implosion Capital of the World«

Ende 2008 wechselte das Treasure Island für lässige 775 Millionen Dollar den Besitzer. Phil Ruffin, der neue Besitzer, war neun Jahre lang der Besitzer des New Frontier, einem Hotel und Kasino, das thematisch dem Western zuzuordnen war und sich auf dem Grundstück nördlich der Fashion Mall befand. Es eröffnete 1942 und wurde 2007 mit einer Implosion dem Erdboden gleichgemacht. Dieses Schicksal erleiden viele ausrangierte Hotels, weswegen Vegas nicht nur als »Entertainment Capital«, sondern von manch einem auch als »Implosion Capital of the World« bezeichnet wird.

Größenwahn à la Vegas am Beispiel der dicken Eier des Donald Trump

Ruffin hatte vor der Zerstörung des altehrwürdigen New Frontier einen kleinen Teil des Grundstücks an Donald Trump verkauft. Die restlichen 15 Hektar des Grundstücks konnte Ruffin zu einem abartigen Rekordpreis abstoßen: 1,2 *Milliarden* Dollar! Noch nie wurde in der Geschichte des Strip so viel Geld pro Quadratmeter ausgegeben. Als ich mich im Treasure Island in den Übergang zum Parkhaus verirre, kann ich durch die – hier dann auch mal vorhandenen – Fenster das 2008 eröffnete Trump Hotel sehen. Der Turm sieht eher nach den hässlichen 1960er Jahren aus. Ein arrogant daherkommender goldener Klotz, an dessen Fassadenoberkante fett »Trump« zu lesen ist. Ein genauso hässlicher Zwilling ist bereits in Planung.
»Ich will überhaupt nicht schön oder kreativ sein«, grinst mich der Kasten fies an, »sondern mit meiner 24-karätigen Goldfassade einzig und alleine Macht, Größenwahn und dicke Eier demonstrieren.«
Ich mag ihn nicht.
Als Trump mit dem Bau des 64 Stockwerke zählenden Turms begann, machten Gerüchte die Runde, dass er tatsächlich einen auf dicke Hose machen möchte, indem er sein Hotel drei Meter höher sprießen lässt als das bis dahin höchste, bereits bewohnbare Gebäude der Stadt: das Wynn, welches sich nur wenige Meter entfernt, genau gegenüber der Fashion Mall befindet. Als man Trump jedoch darauf ansprach, dass der Stratosphere Tower mit seinen 350 Metern noch immer nahezu doppelt so hoch sei, entgegnete er: »That's not a building.«
Auf besagten restlichen 15 Hektar des ehemaligen New Frontier ist bis heute noch nichts entstanden. Eigentlich wollten die neuen Besitzer an dieser Stelle für – Achtung, es wird mal wieder abartig – fünf bis acht Milliarden Dollar das Las Vegas Plaza hinzaubern, das ein Replikat des Plaza Hotel in New York

werden sollte. Wegen der Finanz- und Immobilienkrise, die ab 2007 die USA heimsuchte, musste man das Vorhaben 2011 jedoch endgültig stoppen. Das Land liegt seither brach.

Über die nächste Fußgängerbrücke mit Rolltreppe gelange ich auf die andere Straßenseite des Las Vegas Boulevard, in den Nordflügel des Venetian, das sich selbstredend an Venedig orientiert. Vor dem Hauptgebäude, das den in Vegas offenbar üblichen Propellergrundriss aufweist, stehen originalgetreue Nachbauten des Campanile di San Marco, der Ponte di Rialto und des Palazzo Ducale. Ich kann verstehen, wenn einem dieser Anblick nicht zusagt. Ich persönlich finde es amüsant und vollauf spektakulär.

Der Teil des riesigen Komplexes, den ich betrete, ist weder Hotel noch Kasino, sondern ein edler Shoppingpalast. Die Decke ist reich mit Gemälden und zumeist aufgemaltem Stuck verziert. Die Sixtinische Kapelle lässt grüßen. Prächtige Kronleuchter, ein Boden aus Marmor und Brunnen mit Statuen darin und Löwen als Wasserspeiern lassen das Venetian ganz schön edel wirken. So richtig ins Staunen komme ich, als ich auf einmal vor einem knietiefen Kanal stehe, in dem eine Gondel mit Gondoliere an mir vorbei schippert. Das kann doch nicht euer Ernst sein? Na, immerhin singt er nicht »'O sole mio«. Die Kanäle, engen Gassen und Brücken ziehen sich wie ein Labyrinth durch den Komplex. Wie groß ist das denn bitteschön? Die Raumhöhe beträgt locker zehn Meter und die Decke ist himmelblau gestrichen – inklusive weißer Wölkchen. Das ist so herrlich bekloppt! Die Läden der Shoppingmeile, die von Swarovski bis Bulgari alles abstecken, was ich mir nicht leisten kann, sind in kleinen venezianischen »Häusern« untergebracht, die lediglich aus ihrer Frontfassade samt Balkonen als solche existieren. Die Obergeschosse dieser falschen Häuser sind für den Kunden nicht zugänglich. In jedem Fenster brennt jedoch ein Licht, was den Eindruck erweckt, sich in einer belebten italienischen Stadt zu befinden. Straßenlaternen gibt es auch. Mamma mia.

Das Venetian geht unmerklich in das Schwesterhotel The Palazzo über. Die Grenze dürfte die Piazza sein, wo aus den kleinen zusammenlaufenden Gassen ein großer Raum mit Restaurants und natürlich weiteren Luxusshops wird. Auf einem Balkon sehe ich Luciano Pavarotti stehen. Er sieht aus, als wolle er jeden Moment lossingen, ist aber genauso echt wie das Venedig, durch das ich gerade laufe.

The Venetian & The Palazzo

Das Venetian gibt es seit 1999 und ragt 145 Meter in die Höhe. Keine drei Jahre zuvor ließ man das Sands Hotel implodieren, um Platz für die italienische Romantik im Wert von 1,5 Milliarden Dollar zu schaffen. Das Kasino ist mit 11.000 m² noch größer als das Treasure Island Casino. Die derzeit präsentierte

Show ist »Rock of Ages«. Das einen Tag vor Silvester 2007 eröffnete Palazzo ist mit 196 Metern das derzeit höchste fertiggestellte Gebäude der Stadt – abgesehen vom Stratosphere Tower ... aber das ist ja kein Gebäude. Das Kasino hat eine Fläche von 9800 m². The Palazzo ist mit 645.581 m² das Bauwerk mit der größten Nutzfläche in den Vereinigten Staaten und verdrängte das Pentagon vom Spitzenplatz. Weltweit belegt es in dieser Statistik derzeit den 11. Platz. In der westlichen Hemisphäre hat nur ein Gebäude eine höhere Nutzfläche: das Blumenauktionshaus im holländischen Aalsmeer. Ich werd' verrückt. Addiert man die knapp 3000 Zimmer des 1,8 Milliarden teuren Palazzo zum Venetian, ergibt sich daraus zudem noch mit über 7100 Zimmern der größte Hotelkomplex der Welt. Impresssionante. Überhaupt befinden sich derzeit 14 der weltweit 20 Hotels mit den meisten Zimmern in Las Vegas.

Im Palazzo sind die Räume hoch, sehr hoch sogar. Ich spaziere eine Galerie entlang und blicke hinab in die beeindruckende Halle. Ich bin leicht überfordert, als ich mich selbst frage, ob ich im Obergeschoss bleiben oder den Anblick von unten bestaunen möchte. Mein Weg führt mich von einer gut und gerne 20 bis 30 Meter hohen Halle in die nächste. Hier steht ein Kunstwerk, das einen Baum in der ewigen Mandel- oder Kirschblüte zeigt und dort ein Brunnen, der von einem Arkadenring umgeben ist und eine rot beleuchtete, zehn Meter hohe Installation in der Mitte trägt. Die Kronleuchter sind nicht wie im Venetian klassisch, sondern höchst modern mit herabhängenden Glitter- und Diamantstreifen, zwischen denen kleine LEDs versteckt sind. Solch eine Lichtinstallation zieht sich dann auch mal die komplette Rolltreppe entlang. Sieht schon stark aus ...
Ich verlasse das Edeleinkaufszentrum des weltgrößten Hotelkomplexes an dessen Nordseite. Es ist kurz vor sechs. Die Sonne ist untergegangen und mit ihr die Temperatur stark gefallen. Das ist wohl das Wüstenklima. Vor dem Treasure Island steigen Rauchschwaden auf. Ich höre Kanonen knallen und sehe in lila getauchtem Licht ein Piratenschiff, das gerade auf der anderen Straßenseite ... versinkt. Okay? Vor dem Treasure Island gibt es täglich mehrmals eine kostenlose Show zu bestaunen, die sich »Sirens of TI« nennt. Die Piratenschlacht schaue ich mir bei Gelegenheit einmal genauer an.
Weiter geht's vorbei an einem kleinen Wasserfall in den flachen Vorbau des Wynn. Das Wynn misst 187 Meter, ist dynamisch sichelförmig geschwungen und hat eine beeindruckende Glasfassade mit Farbübergang: Glänzen die unteren Stockwerke in Goldtönen, geht die Farbe dezent zu einem lilaschimmernden Purpurrot in den oberen Regionen über. Der Pomp des Palazzo wird im Wynn fortgeführt, wenn nicht sogar noch übertroffen. Dieses Einkaufszentrum kann man sich wie die nobelste Indoor-Fußgängerzone der Welt vorstellen. Hohe Gänge mit Kuppeldächern, Vorhängen, Perserteppichen und Marmorfußboden. Selbst die Toiletten sind aus Marmor und die Wasserhähne golden.

Einzelne Waschbecken gibt es nicht, dafür eine stylishe marmorne Piss- ... äh, Waschrinne. Beim Anblick dieses Prunks und dem erstmaligen Erlebnis, vor Staunen mit offenem Mund gepinkelt zu haben, frage ich mich, ob ich mich tatsächlich legal in diesem Tempel bewegen darf. Ich komme mir leicht fehl am Platz vor. Gleich werden sie kommen und mich rausschmeißen ...
In Los Angeles fragte mich vor einigen Tagen jemand, was ich an den USA »weird« finde. Da mir spontan nichts wirklich Seltsames einfiel, erzählte mir mein Gesprächspartner, dass er es während seines Aufenthalts in Deutschland als äußerst merkwürdig empfand, dass man für die Nutzung öffentlicher Toiletten zahlen muss. Stimmt: In Amerika kann man überall aufs Klo gehen und bekommt überdies stets Einwegtoilettensitzabdeckungen angeboten. Somit fühle ich mich wieder sicher, wenn nicht sogar ... willkommen.
Ich komme an einer chinesisch anmutenden Bar mit wunderschönen Stofflampen vorbei. Eine halbrunde Rolltreppe führt zur Bar hinab. Ich bleibe im oberen Bereich, verlasse durch eine der Türen das Gebäude und finde mich vor einer 12.000 m² großen Lagune samt zwölf Meter hohem Wasserfall wieder, dem »Lake of Dreams«. Wieder zurück im Gebäude, spaziere ich durch einen mit Blumen geschmückten chinesischen Wald, durch den ein roter Drache fliegt. Ich verlasse den Luxusbau durch den Haupteingang. Die Auffahrt für die schweren Limousinen ist überdacht. Die Decke ist kunstvoll mit Blumen und Ranken bemalt. Ein riesiger, eher rustikal gehaltener Leuchter hängt darunter. Die Straße ist mit schwarzem und braunem Stein gefliest und ich wette, dass auch das Marmor ist.

Wynn

Das Wynn mit seinem 10.200 m² großen Kasino gibt es seit 2005. Weichen musste dafür das 1950 eröffnete Desert Inn, welches das erste Resort in Vegas war, das Howard Hughes jemals gekauft hatte. Hughes erstand das Kasino-Hotel 1967. Nachdem er im Vorjahr zu Thanksgiving eincheckte und die kompletten beiden oberen Etagen mietete, das Hotel aber mit Ablauf seiner zehntägigen Buchung nicht verließ, bat ihn die Hotelleitung, die beiden Stockwerke für die anrückenden *high roller* zu räumen. Er verschwand nicht, sondern begann mit den Verhandlungen. Drei Monate und 13 Millionen Dollar später war Hughes der neue Chef des Desert Inn, bis es ihm der damals 29-jährige Steve Wynn 1971 wieder abkaufte. 2001 ließ dieser nun 59-jährige Geschäftsmann das Desert Inn teilweise und 2004 schließlich komplett implodieren. 2005 war das Hochhaus – nach diesen Eindrücken wenig überraschend – das teuerste Hotel der Welt, das sich der Erbauer und Namensgeber lockere 2,7 Milliarden Dollar kosten ließ. Allerdings wurde es kurz darauf bereits vom über drei Milliarden teuren Empire Palace Hotel in Abu Dhabi übertrumpft. Peanuts. Ursprünglich wollte Wynn sein Hotel nach Picassos »La Rêve« benennen, das sich in seinem

Privatbesitz befindet. Schlussendlich fand er seinen eigenen Namen und seine Unterschrift als Logo wohl aber doch cooler. Dafür heißt die Show, die seit der Hoteleröffnung konstant im Wynn läuft »La Rêve«. Der Regisseur dieser und drei weiterer Shows in Vegas ist Franco Dragone, der durch den Cirque du Soleil Weltruhm erlangte und letzten Endes seine eigene Produktionsfirma, Dragone, gründete. Die Shows, die er vor »La Rêve« leitete waren »O«, »Mystère« und »A New Day ...« mit Celine Dion.

Wer ist dieser Steve Wynn?

Wynn wurde 1942 als Stephen Alan Weinberg geboren. Als Little Steve sechs Monate jung war, änderte sein Vater den Familiennamen, um antisemitischen Diskriminierungen auszuweichen. 1963 starb der Vater und hinterließ 350.000 Dollar ... Spielschulden. Bis zu seinem Tod verdiente er seine Brötchen mit der Unterhaltung mehrerer Bingo-Stuben in Maryland, die Steve nun übernahm. Offensichtlich machte dieser seine Sache als Geschäftsführer ordentlich, da er sich mit rund 25 Jahren bereits Anteile am New Frontier in seiner neuen Heimat Las Vegas aneignen konnte. Durch den Import von Wein und Schnaps sammelte sich weiterer Reichtum an, sodass er den Chef des Golden Nugget in der Fremont Street von seinem Posten verdrängen konnte und mit 31 Lenzen zum jüngsten Kasinobesitzer der Stadt wurde. Er baute die Spielhölle zu einem noblen Hotel um, was mit einem Male ein völlig neues Klientel anzog. Mit diesem Coup stieg Wynn zu einer der wichtigsten Persönlichkeiten der Stadt der Sünden auf. Das Mirage war in der Folge das erste Kasino-Hotel, an dessen Bau und Design Wynn beteiligt war. Es galt als großes Risiko, da sich das Konzept voll dem Luxus verschrieben hatte. Doch der Geschäftsmann sollte mal wieder ins Schwarze treffen: Das Mirage wurde ein riesiger Erfolg und löste einen Bauboom am Strip aus, der nicht weniger als zwölf Milliarden Dollar verschlingen sollte. Wynn baute im Laufe der folgenden Jahre noch das Treasure Island, das Bellagio und 2008 das Encore. Das 2,3 Milliarden teure Encore sieht dem Wynn sehr, sehr ähnlich und schließt direkt daran an. Es soll rund 5300 Arbeitsplätze geschaffen haben und sammelte gemeinsam mit dem Wynn so viele Forbes Five-Star Awards wie kein anderes Kasino-Resort dieser Welt. Da kann man es sich als Besitzer auch mal leisten, ein paar Millionen Dollar an Profizocker zu verschenken, um das Kasino feierlich zu eröffnen. Auch die zweimalige Scheidung von derselben Frau, mit der er über 40 Jahre verbrachte, dürfte Wynn weggesteckt oder auch selbst eingeleitet haben, indem er einfach seine wesentlich jüngere Affäre Andrea Hissom ehelichte. Dazu noch Clint Eastwood als Trauzeuge ... ach, es gibt Schlimmeres. Auch die Tatsache, dass Wynn seinen Picasso aus Versehen mit dem Ellenbogen beschädigte, als er ihn für 139 Millionen Dollar verkaufen wollte, kann man dann mal verkraften und sogar eine gewisse Symbolik reininterpretieren. Er behielt das gute Stück, ließ es reparieren, verklagte seine Versicherung, einigte sich außergerichtlich und wird es im März 2013 doch noch verkaufen ... für lässige 155 Millionen. Im Leben des Herrn Wynn lief und läuft also vieles mal so richtig gut. Serendipity.

Ich setze mich auf den obersten Balkon der Fashion Mall und lasse meinen noch immer ungläubigen Blick über den Strip streifen.
Als ich den Strip in Richtung Norden entlanggehe, will mir ein Alki eine Goldkette verkaufen. Die ist laut seiner fachmännischen Aussage eigentlich 900 Tacken wert. Er bietet sie mir aber für unschlagbare 150 an. Das ist ja geschenkt, freue ich mich und renne zum nächsten Geldautomaten. So muss sich der Gute das zumindest vorgestellt haben, als er auf mich zugetorkelt kam. Er lockert die Belagerung nicht und wankt, noch immer die Kette wild anpreisend, neben mir her. Er lässt erst locker, als ich ihm sage, dass ich ein Backpacker bin, der sich noch nicht einmal ein Hostel jede Nacht leisten kann. Mit einem lässigen Fingerzeig auf meinen dicken Rucksack, der auf meinem Rücken klebt, unterstreiche ich meine Behauptung. Sein Interesse sinkt daraufhin innerhalb von Millisekunden auf null und er zieht ab. So leicht geht das.
Ich passiere das Riviera, das mit seiner runden und mit blinkenden Lichtern überzogenen Fassade in meinen Augen ein anderes, längst nicht mehr modernes Las Vegas symbolisiert. Schön finde ich es trotzdem.

Das Riviera und die Mafia

Das Riviera gibt es bereits seit 1955, womit es eines der ältesten Kasino-Hotels der Stadt ist. Damals war es das architektonisch modernste Kasino der Stadt, da es die übliche, eher mit Motels zu vergleichende Bauweise der anderen Spielbanken brach. Im Riviera auftretende Künstler wie Dean Martin und die beiden Marx Brothers Harpo und Gummo hielten Minderheitsbeteiligungen am Riviera. Unter den verschiedenen Eigentümern des Riviera gab es aber auch den einen oder anderen, der mit der Mafia in Verbindung stand. Einer der ersten Manager war beispielsweise der Chicagoer Mafioso Gus Greenbaum, der zuvor das Flamingo nach der Ermordung von Bugsy Siegel erfolgreich übernommen hatte. Aufgrund seiner schlimmer werdenden Drogen-, Frauen- und Spielsucht verlief seine Zeit als Manager im Riviera hingegen nicht sonderlich erfolgreich, weswegen er Geld veruntreute und dafür schließlich im Dezember 1958 gemeinsam mit seiner Frau die Kehle aufgeschlitzt bekam. Der Auftrag zur Hinrichtung Greenbaums kam wohl von einem seiner früheren Chicagoer Weggefährten: Meyer Lansky oder Tony »Big Tuna« Accardo. So kann's gehen.

Ungeachtet der blutigen Geschichte des Riviera tanze ich derweil unter dem hell erleuchteten Vordach zu Cyndi Laupers »Girls Just Want to Have Fun«. Ja, ich habe Spaß und will eigentlich auch noch gar nicht weg vom Strip. Allerdings bin ich mit Couchsurfer Ken verabredet und muss zusehen, dass ich mit dem *Deuce* zum BTC komme, um den letzten Bus zu erwischen, der mich zum vereinbarten Treffpunkt, dem Westcliff Transit Center, bringt. Da der blöde *Deuce* aber einfach nicht aufkreuzt, was eigentlich alle 15 bis 20 Minuten geschehen soll, werde ich – das weiß ich jetzt schon – den Bus verpassen. Verdammt. Was nun? Ich informiere Ken, der erfreulich entspannt reagiert, und auch der *Deuce* hat mich mittlerweile doch noch aufgegabelt. Wegen der Texterei mit Ken verpasse ich mein eigentliches Ziel, das BTC. Da der Bus aber eh weg ist, juckt das nun wenig. Also springe ich bei der überdachten Fremont Street Experience ab, die ich erstmals im Dunkeln zu Gesicht bekomme und nun ein wenig erkunden kann, bis ich weiß, was Kens Plan ist.

Fremont Street Experience (FSE)

Anfang der 90er war Las Vegas' Downtown nahezu tot. 80% der Kasinos befanden sich auf dem Strip. Gute Ideen mussten her. Die erste Idee, das Raumschiff Enterprise in Originalgröße in die Stadt zu setzen, scheiterte am Boss von Paramount Pictures. Also entschied man sich für die FSE. Das Konzept ging auf und die Touristen verirren sich seither wieder in die Downtown. Das Spektakulärste der vier Blocks umfassenden Fremont Street Experience ist zweifelsohne das Dach: ein an seiner höchsten Stelle 27 Meter hohes und 460 Meter langes Tonnengewölbe, dessen Unterseite eine riesige LED-Anzeigetafel ist. Daher ist die 1995 eröffnete FSE auch erst bei Dunkelheit so richtig übertrieben. Dann nämlich verwandelt sich das gewölbte Dach in die weltgrößte Leinwand und zeigt – zumindest momentan – eine eindrucksvolle Light- und Soundshow. An Silvester findet in der Fremont Street die große Party statt, zu dessen Höhepunkt selbst das Feuerwerk animiert wird. Ob das noch romantisch ist, möge jeder für sich selbst entscheiden. Das Dach heißt »Viva Vision« und beherbergt 12,5 Millionen LEDs sowie 220 Lautsprecher, die zusammen lockere 550.000 Watt benötigen. Da in Vegas auch jedes Kasino 24/7 geöffnet ist und demnach nie die Lichter ausgeknipst werden, frage ich mich, wie viel Energie diese Stadt tagtäglich verschlingen muss.

Downtown Las Vegas

Die Fremont Street gilt also als Las Vegas' Downtown. Hier wurde 1906 mit dem Hotel Nevada, das heute Golden Gate heißt, das erste Hotel der Stadt eröffnet. Es folgten das erste Telefon, die erste befestigte Straße, die erste Glücksspiellizenz der Stadt, Vegas' erste Ampel, das erste Hochhaus, der erste Aufzug und das erste Kasino mit Teppichboden. Ein Wahnsinn. Heute kann man in der Fremont Street Stevie Wonder, Gene Simmons von KISS, einen bronzenen Cowboy oder auch die Transformers antreffen. Auf einem, im Freien stehenden

Tresen, schwingen zusätzlich noch Go-go-Girls die Tanzbeine und vor allen Dingen ihre Hüften. Und wer zu faul zum Laufen ist, kann unter der Decke, in alter Spielplatzmanier, auf einem Pendelsitz per Seilbahn zum anderen Ende der Straße schweben. Mit der temporären Attraktion »Flightlinez« legt man in knapp 18 Metern Höhe gute 250 Meter mit bis zu 50 km/h zurück. Verrückt. Der kleine Junge, der bewegungslos über mir baumelt, hat es mit dem Speed offensichtlich indes nicht so raus. Dumm gelaufen, denke ich mir und frage mich, wie er von da jetzt wieder wegkommt. Vielleicht holen sie ihn ja wieder runter, wenn die »Flightlinez« Ende Juni ihre Zelte beziehungsweise Seile abbrechen und für eine neue Attraktion Platz machen müssen.

Als ich das östliche Ende der FSE erreiche, möchte Ken wissen, wo ich nun bin. An der Ecke Fremont und Las Vegas, antworte ich.

»Oh shit.«

Hm? Er schreibt, dass ich in ein Kasino gehen soll und er dort zu mir stoßen wird. Nun bin ich etwas irritiert: Da Ken morgen arbeiten muss, will er eigentlich gegen 21 Uhr in die Heia. Jetzt ist es acht. Ist er plötzlich doch noch partywütig? Die SMS klingt auf jeden Fall mal sehr feierlaunig. Cool!

Die Fremont Street scheint entweder nicht so sein Ding zu sein oder man findet in dieser Gegend schlicht keinen anständigen Parkplatz. Daher bestaune ich nur kurz die markanten Leuchtreklamefiguren am Beginn des Fremont East District, der östlich des Las Vegas Boulevard beginnt, und marschiere alsbald und schnellen Schrittes den Boulevard in Richtung Süden, um rasch ein Kasino für unsere Kennenlernparty klarzumachen. Zwischen der Fremont Street und dem Strip finde ich wider Erwarten eine große Wüste vor. Nichts los hier! Es ist sogar regelrecht dunkel. Parkplätze und tatsächlich noch unerschlossenes oder wieder platt gewalztes Bauland umgeben mich. Wie weit muss ich denn auf einmal laufen, um endlich das zu finden, wovon ich den kompletten Tag über regelrecht erschlagen wurde? Ken schreibt wieder und fragt, in welchem Kasino ich nun bin. Hm, noch immer auf der Straße.

»Where?«

Bei der 7-Eleven-Tanke an der Ecke Charleston und Las Vegas Boulevard. Ich soll mich nicht bewegen. Also warte ich. Wenig später kommt ein weißer Wagen vorgefahren und Jim Carrey steigt aus. Er grüßt mich! Und nein, das ist doch nicht Jim Carrey ... Das ist Ken. Ich packe meinen Rucksack in seinen Kofferraum und los geht's! Ich frage mich, wo wir wohl mit unserer Party beginnen, wage es aber nicht, Ken zu fragen. Der konzentriert sich nämlich voll und ganz auf den Verkehr. Ich amüsiere mich daher eher darüber, dass er wie Jim Carrey aussieht – mit der übertriebenen Mimik wie in »Ace Ventura«, aber dezenterer Frisur.

Ken biegt hier ab, Ken biegt da ab und plötzlich geht's auf den Freeway. Hm, das sieht weniger nach Party als vielmehr nach Heimweg aus. Leider soll ich

recht behalten. Der Treffpunkt Kasino wurde nicht zum Feiern ausgemacht, sondern um mich abzuholen. Schade.
Ken hat eine seltsame Art zu reden. Er wirkt übertrieben bedacht, wenn er redet und ich werde das Gefühl nicht los, dass er versucht, besonders sexy zu wirken. Ich habe wenig Zweifel daran, dass er schwul ist. Auf jeden Fall ist er, selbst nachdem wir auf den Freeway kommen, schwer konzentriert. So dolle ist der Verkehr doch gar nicht. Ein Auto fährt auf der Spur links neben uns. Grund genug für Ken, um seltsam auszufreaken. Warum, verstehe ich nicht so recht. Er scheint zu befürchten, dass sich der Wagen vor ihm einordnen könnte: »No, you can't. You can't«, beschwört er unsinnigerweise in nach wie vor bedacht langsamer Sprache und unglaubwürdig erotischer Stimmlage den anderen Fahrer. Warum auch immer. Der Wagen neben uns macht zudem überhaupt keine Anstalten, die Spur zu wechseln. Ken bleibt unentspannt: »I'm a better driver when I'm drunk.«
»Haha!«, lache ich und frage mich dabei, ob ich langsam auch weniger entspannt sein sollte. Zweimal bin ich bislang nur haarscharf einem Autounfall entkommen. Zum Glück bin ich nicht abergläubisch.
»I'm living in Las Vegas for seven years now – and crashed six cars. I'm a horrible driver.«
»Ha ... ha.«
Der Aberglaube feixt mir ins Gesicht.
»I saw an accident on my way downtown. Right here.« Er deutet mit dem Finger auf die uns entgegenkommenden Autos. »A truck fell on a car. The guy in the car died.«
»Hm, shit.«
Letzteres denke ich mir auch jede weitere Meile, die wir uns vom Strip entfernen. Wo wohnt mein Gastgeber denn? Wir fahren und fahren ...
Ken ist seit einem knappen halben Jahr Couchsurfer und liebt es. Er hat schon über 40 Leute beherbergt. In einem halben Jahr? Nicht schlecht. Schon wieder so ein Hardcore-Couchsurfer ... Ken war mir wegen seiner SMS anfangs sehr sympathisch. Er schien lustig zu sein. Nach sehr kurzer Zeit ist er mir aber ehrlich gesagt ziemlich unsympathisch und dazu sogar noch ein wenig unheimlich. Die Unterhaltung läuft – nicht zuletzt wegen seiner übertriebenen Konzentration während der Fahrt – schleppend. Zudem erzählt er lieber von sich selbst, als eine echte Konversation zu suchen. Er berichtet, dass seine Familie ihn nicht sonderlich mag und sich alle denken, dass er gestört sei, weil er nach Vegas gezogen ist. Er hingegen freut sich, der Erste zu sein, der es aus dem Heimatkaff in eine anständige Stadt geschafft hat. Ich gehe derweil den Gedanken der Eltern durch und frage mich auch, ob Ken ein wenig gestört ist. Weiter geht's im Monolog: Diesmal geht's um Ärsche, Titten und willige Weiber. Seinen dumpfbackenen Machismo kaufe ich ihm ebenso wenig ab wie seine Heterosexualität. Anscheinend will er mir aber irgendwas beweisen, was

mir vollkommen egal ist. Was kümmert's mich, auf welches Geschlecht er steht? Homophobie ist was für Idioten.

Irgendwann ist es endlich geschafft und wir erreichen sein Haus – wo auch immer das nun ist. Die einzige Orientierung, die ich mir während der Fahrt einprägen kann, ist das Suncoast Hotel and Casino, das in einiger Entfernung aus der Landschaft ragt. Das liegt aber auch bereits Meilen zurück. Ich glaube, dass wir in einem Randbezirk von Summerlin sind. Summerlin ist eine Planstadt, die westlich von Las Vegas von der Howard Hughes Corporation aus dem Boden gestampft und nach Hughes' Großmutter benannt wurde. Quasi direkt hinter Kens Haus erheben sich karge Felshügel. Dahinter dürfte nur noch Wüste sein.

In Kens Haus erwartet uns ein ziemlich hässlicher Hund: Dilbert. Aha, interessanter Name. Noch interessanter ist jedoch, wie Ken mit seinem Hündchen kommuniziert. Das wirkt schon … seltsam. Ich würde es irgendwo zwischen grenzdebil und pervers einordnen. Er knuddelt den Vierbeiner ununterbrochen und fordert nach Küssen: »Give me a kiss, Dilbert. Kiss, Kiss!«

Oje.

»Now kiss Dennis. Come on, Dilbert. Kiss Dennis!«

Oje!

Als er aufhört, mir Dilbert ins Gesicht zu drücken, erzählt mir Ken stolz, wie er den niemals bellenden Hund bekommen hat. Dilberts Schweigen kann ich in Kens Gegenwart indes uneingeschränkt nachvollziehen. Kens und Dilberts Geschichte ist aber – ausnahmsweise – wirklich mal eine sympathische. Ken ist vor zwei Jahren in ein Tierheim gefahren und hat nach den Hunden gefragt, die eingeschläfert werden sollen, weil sich kein neues Herrchen finden ließ. Die Angestellten waren verwundert, zeigten ihm aber die armen Geschöpfe. Ken macht mir vor, wie er über die »Green Mile« stolzierte, Dilbert erblickte und sich sofort für ihn entschied. Die kurze Theatereinlage des »Strange Man Walking« ist ebenfalls leicht wunderlich. Als er fertig ist, schnappt er sich wieder den kleinen Dilbert und knuddelt ihn: »I saved your life, Dilbert. They wanted to kill you, but I rescued you. You're alive because of me …«

Oje. Vielleicht ist die Geschichte doch nicht vollkommen liebreizend. Ich werde das Gefühl nicht los, dass Ken von seiner Umwelt auf ekelhafte Art und Weise Gefolgschaft und Verehrung verlangt. Mit Dilbert scheint's zu klappen.

Wir setzen uns auf seine Couch im ersten Stock. Ken bewohnt ein komplettes Haus. Deswegen konnte er auch bereits zehn Couchsurfer auf einmal beherbergen. *Zehn* Gäste zur selben Zeit? Oje. Das war aber auch für ihn zu viel, ergänzt er. Der sich selbst als Alkoholiker bezeichnende und als Lehrer arbeitende Ken mixt sich eine Whiskey-Cola. Warum sind so viele Lehrer – offensichtlich weltweit – so trinkfreudig beziehungsweise gleich alkoholkrank? Ich habe noch eine Obdachlosenweinflasche aus Los Angeles, im Wert von drei Dollar, in meinem Rucksack und biete sie ihm quasi als Willkommensgeschenk an. Daraufhin er-

zählt er mir die Geschichte eines Couchsurfers, der ihm einst Chips und irgendeinen »crappy booze« geschenkt hat.
»I told him: ›Thank you for the chips.‹ And he said: ›I also brought you alcohol.‹ I repeated: ›Thank you for the chips.‹ He was irritated and showed me the alcohol again. So I let him know that I don't drink such a shit. – Not enough alcohol. I drink whiskey.«
Nett.
Nachdem er mit dem Mixen seines Drinks fertig ist, fragt er mich, was ich trinken möchte. Ich deute höflich auf seine Whiskeyflasche. Er reagiert nicht.
»Do you want the shit the other couchsurfer brought me?«
»Uhm …«
»Or we open your wine!«
»Okay?«
Also bekomme ich meinen ungekühlten Weißwein eingeschenkt. Keine Chance auf Whiskey-Cola. Was soll's. Ich will mir sowieso nicht die Kante geben. Dafür fühle ich mich bereits jetzt zu unwohl in Kens Haus.
»What kind of music do you listen to? Do you like Whitney Houston?«
Ähem … »I'm more into punk and hardcore«, antworte ich wahrheitsgemäß.
»I love Whitney«, entgegnet er unbeeindruckt. Wahrscheinlich hat er gar nicht erst zugehört. »Oh, and I miss her! When Michael Jackson died, five shows about his life popped up. But not a single one about Whitney. Isn't that weird?«
»Hm.«
Ken erzählt mir, dass Whitney ermordet wurde und nicht etwa – wie die Medien einen glauben machen wollen – an einer versehentlichen Überdosis gestorben ist. Ken hatte mir bereits per SMS angekündigt, dass er Sänger ist und mir etwas vorsingen wird, damit ich ihn für meinen nächsten Film engagiere. Tja, mit dem Casting möchte er offensichtlich nicht zu lange warten und legt eine Karaoke-DVD ein. Die ersten Töne erklingen und ich denke mir wenig überrascht, aber dennoch in Schock erstarrend: »Fuck. Whitney Houston.«
Neben mir sitzt ein Mittdreißiger, der wie Ace Ventura aussieht und mir zehn Minuten nach unserer Ankunft »I Will Always Love You« vorsingt. Das ist alles ein bisschen strange …
Nach fünf Minuten ist die Show endlich vorbei. Auf den Bildschirm musste er sich nicht allzu sehr konzentrieren, denn den Text kennt der Musiklehrer auswendig: »I'm working on a show. It's gonna be a huge show about Whitney.«
»Wow.«
Als Vorortmusiklehrer hat er sicherlich Kontakte in die edelsten Kreise, denke ich mir und freue mich über seinen künftigen Erfolg.
»I hosted a guy from Korea in December. We watched Whitney's last movie. I sat here – so in love – and this guy always wanted to talk!«
»I also don't like it when people talk during …«, mein Versuch aus dem Monolog einen Dialog zu machen scheitert, denn Ken plaudert einfach weiter: Jedes

Mal wenn der Koreaner seinen Mund aufmachte, drückte Ken auf den Pausenknopf und steigerte sich exponentiell in Genervtheit, bis er ihm schließlich das Reden verbot. Alles klar, die Message ist angekommen. Allerdings werde ich mich einfach nicht neben ihn setzen, wenn er sich einen Film angucken will. Ich bin doch nicht nach Vegas gekommen, um mir Whitney-Houston-Filme anzugucken!
»I saved your life, Dilbert. Now, give me a kiss ...«
Ich habe mein eigenes Bett in meinem eigenen Zimmer. Sogar ein eigenes Badezimmer bekomme ich. Ken holt Bettwäsche. Ich lasse ihn wissen, dass ich mein Bett alleine beziehen kann und er sich keinen Stress machen soll.
»We can make it together. I'm looking forward to the weekend. I have to work tomorrow, but we can make party throughout the whole weekend.«
Ach, das wird sicherlich super ... Bin ich jetzt ein Arsch, weil die Dankbarkeit fürs Beherbergen bereits in pure Ablehnung umgeschlagen ist? Ich lasse es Ken nicht spüren – hoffe und glaube ich. Wäre ich doch besser mal zu Barbara gegangen. Die wohnt auch nicht am Wüstenrand, sondern nach eigener Aussage nur unweit des Charleston Boulevard. Ach, Barbara ...
Ich schließe die Tür und träume von hässlichen Hunden, die gezwungen werden, mich sexuell zu belästigen, während Jim Carrey sich vor meiner Tierheim-Todeszelle Whiskey-Cola hinter die Binde kippt und mir mit verliebtem Blick »I Will Always Love You« vorsingt. Als ich aufwache, liege ich zerstückelt in einer Grube inmitten der Wüste. Jim singt noch immer und neben mir in der Grube liegen Whitney Houston und Kevin Costner. Na super. Vom Mitfahren bei Fremden wird in Nevada übrigens dringend abgeraten. Ein Glück, dass Serendipity für gewöhnlich auf meiner Seite ist, sonst würde ich kein Auge zubekommen. Süße Träume ...

Mama, ich heirate! *oder:* **Vom Mandalay Bay bis zum Aria**
Tag 69: Donnerstag, 17. Januar 2013

Ken weckt mich um halb sieben. Er muss in die Schule und schmeißt mich am Westcliff Transit Center raus, von wo aus ich problemlos zum Strip komme. Ich habe mich bereits schlaugemacht, wann der letzte Bus zurückfährt. Er fährt ziemlich früh – für meinen Geschmack zu früh, da ich in Betracht ziehe, mir heute eine Show anzusehen. Wenn man in Vegas ist, muss man sich auch Shows wie den Cirque du Soleil anschauen. Naja, mal sehen, ob ich heute überhaupt in eine Vorstellung gehe und welche Möglichkeiten ich danach haben werde, wieder zurückzukommen.
Ken sagt, ich solle beim Tropicana anfangen, den Strip zu erkunden. Also steige ich am BTC in den *Deuce* um und lasse mich am südlichen Ende des Strip rausschmeißen. Das Tropicana ist schon seit 1957 in Betrieb und befindet sich

an der Kreuzung mit den meisten Hotelbetten weltweit.

Die Kreuzung Las Vegas Boulevard und Tropicana Avenue

Die vier Hotels, die sich an der Ecke Las Vegas Boulevard und Tropicana Avenue befinden, kommen auf über 14.500 Gästezimmer. Das Tropicana ist mit seinen 1658 Zimmern noch das kleinste der vier Residenzen. Das New York-New York kommt auf etwas mehr als 2000 Zimmer und das Excalibur auf gut 4000, womit es weltweit den achten Rang einnimmt. Das Hotel mit den meisten Zimmern an dieser Kreuzung ist das MGM Grand. Mit seinen 6852 Zimmern ist es nicht nur nach dem Venetian Resort das Hotel mit den zweitmeisten Zimmern in Vegas, sondern sogar weltweit.

Ich betrete zunächst den Ostflügel des Tropicana, der im August 2012 vom Bagatelle Beach & Nightclub übernommen und zum Bagatelle Hotel wurde. So irre sind das Bagatelle und das Tropicana, verglichen mit den Hotels und Kasinos, die ich gestern gesehen habe, aber bei Weitem nicht. Schon von außen kann der weiße Klotz wenig faszinieren. Es gefällt mir bislang eindeutig am wenigsten.

Tropicana & Bagatelle

Die Hauptattraktion im Tropicana ist die Mafia-Ausstellung »Mob Attraction«, bei der auch Schauspieler mafiatypische Szenen in Hinterzimmern und Polizeistationen live darstellen. Dass es diese Ausstellung im Tropicana gibt, mag daran liegen, dass die ersten 22 Jahre der Geschichte des Hotels und Kasinos sehr eng mit der Mafia verbunden sind. Interessanterweise wurden in dieser Zeit sogar Szenen für Francis Ford Coppolas »The Godfather« im Tropicana gedreht. Da es erst halb neun ist, ist die Ausstellung leider noch geschlossen.
Ich blicke nicht ganz durch, wo das Tropicana aufhört und das Bagatelle anfängt oder ob es sich dabei überhaupt um zwei autonome Hotels handelt. Es gibt auf jeden Fall nur ein Kasino, das mit seinen 4600 m² Nutzfläche vergleichsweise klein ist. Die Laugh Factory, ein Comedy Club, gehört auf jeden Fall zum Tropicana und wirbt stolz für Roseanne Barrs Show. Die Laugh Factory kann man mit dem deutschen Quatsch Comedy Club vergleichen. 1979 von einem 16-Jährigen gegründet, der erkannte, dass es reiner Comedy-Bühnen bedarf, gibt es mittlerweile vier solcher Clubs in den Staaten. Laut USA Today ist die Laugh Factory der beste Comedy-Club der USA.

Ich überquere die Fußgängerbrücke, die zum Excalibur führt, und mache mich an einem Stand, der Infomaterial auslegen hat, über die Shows dieser Stadt schlau. Hm, was ist denn das? Ich blättere gerade durch einen kleinen Katalog, als mich auf einer Seite ein blutüberströmter Mann angrinst, der anstelle seiner rechten Hand eine Kettensäge hat. Den kenne ich doch? Es ist zwar nicht Bruce Campbell, aber eindeutig Ash, der Held aus Sam Raimis Trilogie »The Evil Dead«. Wie? Das kann doch nicht sein? Das ist doch ... Die Anzeige wirbt für eine Show, die ich – so viel ist sofort klar – unbedingt sehen muss: »Evil Dead: The Musical«. Heureka! Ich bin ein großer Fan der Trilogie und frage mit zittriger Stimme den Mann hinterm Stand, was dies zu bedeuten hat.

»It's a pretty bloody musical. I've heard it's fun«, antwortet er mir mit wenig Temperament in der Stimme. Ein blutiges Musical! Das muss ich sofort Cari mitteilen: »They shed blood – probably over the audience!«

»So as a punk, naturally you're excited ... But what about as a vegan?«

Hä? Sie nennt das Splatter-Musical ein Blutfest und scheint auch sonst nicht zu kapieren, was der Hintergrund dieser famosen Idee ist.

»The ›blood fest‹ is a musical based on several horror movies. Most of all obviously on ›The Evil Dead‹ by Sam Raimi. It's art!«

»Also, *obviously*? Are you trying to make me feel dumb? Because it's working ...«

»I just don't know if you're into horror movies, my little dumbass. And you talked about it as if it were a show for dumbasses! You think me dumb?«

»All you told me was the title and the fact that they spill blood. Was I supposed to assume it was for intelligent people?«

Immer eine Spitze in der Hinterhand. Also, für all die Ungebildeten, die wie Cari »The Evil Dead« nicht kennen, eine kurze Erklärung: Regisseur Sam Raimi, der spätestens seit »Spider-Man« jedem bekannt sein sollte, begann wie einst Peter Jackson seine Karriere mit Horrorfilmchen. Der erste Film, »The Evil Dead« – oder auf Deutsch: »Tanz der Teufel« –, ist ein böser, dreckiger Streifen aus dem Jahre 1981, den Raimi höchstselbst sechs Jahre später parodierte. Das muss sich ein Regisseur erst einmal trauen. »Tanz der Teufel II« ist zum Schreien komisch und war bei den Fans ein so großer Erfolg, dass 1992 mit »Armee der Finsternis« ein dritter Teil hinzukam, der die Geschichte Ashs fortführt, der aus Versehen dämonische Kräfte erweckte und flugs all seiner Freunde entledigt wurde. Ash wird in allen drei Filmen auf geniale Weise von Bruce Campbell verkörpert, der es mit der Splattertrilogie zur absoluten Kultfigur geschafft hat. Und in Vegas gibt's das Musical zur Serie! Sieht so aus, als hätte ich meinen ersten Pflichttermin.

Dass das Excalibur äußerst bescheuert aussieht, habe ich ja bereits erwähnt. Türme mit roten, goldenen und blauen Dächern erheben sich und selbst das Hauptgebäude hat Zinnen. Der Burggraben ist natürlich mit Wasser gefüllt und beherbergt ein Hexenhäuschen. Ob es im Burggraben wohl eine mit den »Sirens of TI« vergleichbare Show gibt, bei der allabendlich eine Hexe verbrannt wird? Das Hotel sieht aus, als sei es aus Lego-Bausteinen zusammengesetzt oder dem »Shrek«-Universum entsprungen – nur weniger hübsch. Nein, prachtvoll oder mächtig ist es nicht. Ulkig trifft es wesentlich besser und beim Betrachten läuft man Gefahr, sich ein chronisches Kopfschütteln zuzulegen. Kinder dürften es lieben.

Excalibur

Die weiße Burg gibt es seit 1990 und war damals gar das größte Hotel der Welt. Aus einem der Türme schaute bis 2007 Merlin auf den Strip. Vielleicht um noch bescheuerter zu wirken, wurde Merlin von Dick abgelöst, der für die Restaurantkette Dick's Last Resort wirbt. Die Comicfigur Dick hat kaum noch Haare auf dem Kopf, trägt ein Hawaiihemd und hält ein Bier neben sein mies gelauntes Gesicht. Mit der Artussage hat Dick nach meinem Wissensstand nichts zu tun. Dafür ist Dick's Last Resort dafür bekannt, dass die Kellnerinnen und Kellner sich absichtlich widerwärtig geben.

Im Inneren wird der ulkige Stil des Excalibur nur kurz beibehalten. Ziehen sich im Eingangsbereich noch Türmchen und Zinnen durch die Räume, endet auch im Excalibur das Thema des Hauses im 9300 m² großen Kasino und verkommt zu einer normalen Spielhölle. Das Kasino kommt mir jedoch dunkler vor als die bisher gesehenen, was ja dann doch wieder zum finsteren Mittelalter passt. Das Excalibur kommt gleich mit zwei Shows daher: »Thunder from Down Under« ist eine reine Männerstripshow und beim mittelalterlichen »Tournament of Kings« treten Ritter mit ihren Pferden in einem Amphitheater vor über 900 Zuschauern gegeneinander an. Die Show beinhaltet auch ein Bankett, bei dem von Leibeigenen und Weibsbildern Essen serviert wird, welches ohne Besteck zu speisen ist. *Élégance, élégance, élégance.*

Durch einen überdachten Übergang gelange ich in den südlichen Nachbarkomplex, dem Luxor – einer 111 Meter und 30 Stockwerke hohen Pyramide aus dunklem Glas.

Luxor

Das Luxor wurde 1993 eröffnet, kostete 375 Millionen Dollar und war – wie offensichtlich so einige Hotels dieser Stadt – zur Zeit der Eröffnung das höchste Gebäude auf dem Strip. 1998 rüstete man für 675 Millionen Kröten nach und baute ein Theater sowie zwei gestufte Türme mit 2000 zusätzlichen Hotelzimmern, die sich vor der Nordseite der Pyramide befinden und das Luxor zum Hotel mit den derzeit sechstmeisten Zimmern weltweit machen. Bei weiteren Umbaumaßnahmen, die noch einmal 300 Millionen Dollar verschlangen, wurde ein Großteil des ägyptischen Themenbezugs entfernt. Damit ist das Luxor nicht das erste Hotel des Strip, das erkannte, dass es mit der exotischen Themenauswahl etwas übertrieben hatte. Wahrscheinlich sind die edlen Hotels erfolgreicher als die amüsanten.

> Auf der Spitze der Pyramide befindet sich der »Luxor Sky Beam«, der der stärkste Lichtstrahl der Welt ist und allabendlich senkrecht in den Himmel leuchtet. Total bekloppt, aber vielleicht lockt es ja irgendwann die Aliens wieder zu einer Pyramide – diesmal dann eben in den Staaten. Angeblich hat der »Sky Beam« tatsächlich bereits dafür gesorgt, dass sich ein neues Ökosystem aus Motten, Fledermäusen und Eulen am »world's largest bug attractor« angesiedelt hat. Seit 2008 strahlt der »Sky Beam« nur noch mit halber Kraft, um Kosten und Energie zu sparen. Würde man bei sternenklarer Nacht in Reiseflughöhe über Los Angeles fliegen, könnte man den »Sky Beam« sehen, heißt es. Das sind 360 Kilometer Luftlinie. Insgesamt soll er in genannter Höhe knapp 440 Kilometer weit zu sehen sein. Laut Geschäftsführung wurde der »Sky Beam« wegen des alten ägyptischen Glaubens installiert, dass die Seelen der Verstorbenen in einem Strahl aus Licht zum Himmel fahren.

Ich stehe in der Pyramide und blicke nach oben. Das Atrium misst ganze 820.000 m³. Erstaunt stelle ich fest, dass sich an der Innenseite der Pyramidenwände die nach innen offenen Hotelflure befinden, die sich bis unter die Pyramidenspitze ziehen. Von den Gängen dort oben muss man eine interessante Aussicht über das Innere des Hotels haben. Es soll auch tatsächlich Aufzüge geben, die im 39°-Winkel die Wände hinauffahren. Das ist mal krass. Allerdings kann ich besagte Aufzüge nicht finden. Wahrscheinlich benötigt man eine Keycard, um sie nutzen zu können.

Innerhalb der Pyramide befinden sich ein Obelisk, eine Replik eines Tempels und weitere Gebäude mit ägyptischem Charme, die zum Konsumieren einladen. Darüber hinaus beherbergt die Pyramide noch ein 11.000 m² großes Kasino, zwei Ausstellungen – »Titanic: The Artifact Exhibition« sowie »Bodies … The Exhibition« von Körperwelten-Anatom Gunther von Hagens – und die Show »Criss Angel Believe«, die eine Kollaboration zwischen dem Magier und dem Cirque du Soleil ist und mit ziemlich miesen Kritiken zu kämpfen hat. Meine volle Aufmerksamkeit bekommt aber die erste *wedding chapel*, die ich in Vegas sehe, und die ich sogleich einmal genauer unter die Lupe nehme.

Als ich die Kapelle betrete, stehe ich vor der Anmeldung und frage die dahinter sitzende Angestellte, ob ich mir die kleine Kirche ansehen darf. Sie nickt freundlich und lässt mich gewähren. Die Kapelle bricht mit dem ägyptischen Thema und legt vielmehr Wert auf schicken Kitsch. Neben diversen Zeremonienräumen unterschiedlicher Größe gibt es auch wie Wohnzimmer eingerichtete Warteräume, die mit Sofas, Kaminen, Lampen und Blumen versehen wurden. Die Wedding Chapel ist erstaunlich groß. Ich spaziere von einem Gang in den nächsten und finde immer mehr Räume mit Kronleuchtern, weichem Teppichboden und Fenstern, die nirgendwo hinführen, durch die aber trotzdem relativ authentisches Sonnenlicht fällt. Oh, die Romantik überkommt mich. Spontan beschließe ich, dass Cari heute bei wenigstens einem ihrer beiden Vorstellungs-

gespräche Erfolg haben wird und danach nach Vegas fliegt … um mich zu heiraten. Also erkundige ich mich nach den Preisen für so eine Hochzeit. Das preiswerteste Paket kostet 295 Dollar. Ich lasse Cari wissen, dass die Kapelle nicht schlecht ist, frage nach der geschätzten Anzahl unserer Gäste und ob ich zur Sicherheit schon mal buchen soll. Irritierenderweise lacht sie nur und empfiehlt mir, in die M&M's World und den Coca-Cola Store zu gehen. What the fuck?
»I'll check some more chapels. Tell your parents that they shall prepare their trip to Vegas … Hmkay?«
»I doubt they would come«, lacht sie schon wieder.
Nimmt sie die Sache etwa nicht ernst? Ich bohre nach: »I would want to see my daughter's husband. Strange parents you have …«
»Well, they would probably assume it wouldn't last long …«
Skandal!
»Wanna go to Bali for eleven days?«, versucht Cari die Wogen zu glätten.
»2200 dollars for two people, including flights!«
»Yeah! Sure! Who pays?«
»Well, I think the bride's parents traditionally pay for the wedding, and the groom's parents pay for the honeymoon. Right?«
»Prepare your parents for the biggest and most fancy wedding, baby! We fly to Bali! We have cool parents, don't we?«
»I don't think my parents are that cool. I'll put our 300 dollars wedding at the Luxor on my credit card. Beyond that, I am powerless«
»Just come and marry me.«
»I just have to find a dress … and maybe a job.«
»Dress first!«
Wäre das also schon mal geregelt und ich um einen Pflichttermin reicher. Müssen nur noch die Eltern informiert und angeschnorrt werden. Na, die werden sich freuen. Vielleicht sollte ich sie überraschen und mit der Vermählung erst rausrücken, wenn ich darüber schreibe? Ein teuflischer Plan.
Ich verlasse das Luxor. Schwarze Statuen bewachen den Eingang und auch Anubis macht davor Sitz. Das Bauwerk ist wahrlich beeindruckend. Zwischen den dunklen Scheiben der Pyramide hat sich Sand abgelagert, was durchaus zu einer gewissen Authentizität in der Wüste Nevadas beiträgt. Palmen säumen das Gebäude und ein Weg aus gelbem Stein führt zu einem 43 Meter hohen Obelisken. Der Obelisk steht hinter den Schienen der *Mandalay Bay Tram*, einem kabelbetriebenen Zug, der kostenlos auf den etwas mehr als 800 Metern zwischen dem Excalibur, dem Luxor und dem Mandalay Bay pendelt. Dass diese drei Hotelkasinos zwischen elf und 22:30 Uhr mit einer Hochbahn miteinander verbunden sind, liegt daran, dass sie allesamt zur MGM Resorts International gehören. Die Gleise befinden sich hinter Glastüren. Als ich die Türen erreiche und mich zur Pyramide umdrehe, sehe ich, dass ich gerade aus einer 34 Meter

169

hohen Nachbildung der Großen Sphinx von Gizeh komme. Der Hoteleingang befindet sich zwischen ihren Vorderbeinen. Ich spaziere auf die Rückseite des Luxor. Hier befindet sich die Poollandschaft, die derzeit umgebaut wird. Auf einem Schild ist zu lesen, dass Kinder unter 18 Jahren am Pool doch bitte von einem Erwachsenen begleitet werden sollen – herrlich: die Amis und die Volljährigkeit.

Ich ziehe weiter zum Mandalay Bay Resort, vor dessen Hauptportal die Taxis Schlange stehen. Das Vordach des goldenen Hochhauses ist mächtig und wird von gut zwei Dutzend reich verzierten Säulen getragen. Auch im Inneren des 44-stöckigen Hotels geht es mondän weiter, wobei die Klasse des Wynn und die Epik des Palazzo bei Weitem nicht erreicht werden. Dafür hat das 1999 eröffnete Hotel ein Aquarium, in dem zwei, drei Leopardenhaie ihre Runden ziehen. Das ist krank. Das Aquarium in der Lobby wirbt lediglich für das eigentliche *Shark Reef Aquarium*, das sich im südostasiatisch orientierten Mandalay Bay befindet und in dem über 2000 Tiere hinter Glas leben.

Mandalay Bay

Das Mandalay Bay kommt gemeinsam mit dem in den oberen fünf Stockwerken angesiedelten Four Seasons Hotel und dem angrenzenden THEhotel auf über 4700 Zimmer, was das Resort zum drittgrößten in Vegas und zum viertgrößten der Welt macht. Das 2003 eröffnete THEhotel wird 2014 in Delano umbenannt und komplett restauriert. Das THEhotel besteht ausschließlich aus Luxussuiten, die zwischen 70 und 230 m² messen. Die Präsidentensuite kommt sogar auf 420 m². Alter Kamerad …

Für das südlichste Resort des Strip musste mal wieder das Vorgängerhotel implodieren. Dieses Schicksal ereilte 1996 das Hacienda, das 40 Jahre lang an der Stelle stand, an der nun also die über eine Milliarde Dollar teuren goldenen Türme des Mandalay Bay Resort die aus Südwesten einreisenden Neuankömmlinge in Vegas begrüßt.

Ab Mai wird im Mandalay Bay die Show »Michael Jackson: One« fester Bestandteil des Hotels, wofür »The Lion King« Platz machen musste.

Ich schlendere durch das 12.500 m² große Kasino und komme am äußerst cool aussehenden House of Blues vorbei. Davor stehen Bänke, die aus Autonummernschildern, Vorhängeschlössern und Kronkorken gezimmert wurden. Eine Frau hängt in alter Kinomanier mit einem Stab Buchstaben an die Programmwand: Carlos Santana wird übermorgen im House of Blues aufspielen. Ich erreiche die Einkaufspassage des Resorts, Mandalay Place. Da ich hungrig bin, gehe ich in die Burger Bar und bestelle mir Pommes aus Süßkartoffeln. Während ich am Schlemmen bin, beobachte ich, wie die Kellnerinnen rätseln, was der Satz auf den Warsteiner-Bierdeckeln wohl heißen könnte. Eine der Ladys kommt an

mir vorbei: »Do you need a German translation?«, biete ich mich an. Sie ist sehr begeistert und zeigt mir den Deckel.
»A queen amongst the beers«, töne ich ihr dramatisch entgegen. Sie ist fasziniert. Später kommt sie noch einmal zu mir, schaut mich todernst an und spricht nicht weniger theatralisch in meiner Muttersprache zu mir: »Ich bin die Königin!«
Nicht schlecht. Als ich den Laden verlasse, schwenke ich noch einmal zu ihr rüber. Sie steht mit einigen Kolleginnen beisammen. Als sie mich erblickt, verbeuge ich mich ehrfürchtig und verabschiede mich mit den Worten: »Your majesty ...«
Sie lacht, während die anderen es nicht wirklich zu verstehen scheinen und uns verwirrte Blicke entgegenwerfen.
Ich verlasse das Resort bei seinem Beach. Die Poollandschaft des Resorts scheint recht beachtlich zu sein; immerhin gewann sie sieben Jahre in Folge den Award für den »Best Pool of Las Vegas«. So gibt es unter anderem ein Wellenbad und einen Bereich, in dem Frauen oben ohne baden dürfen. Um Zutritt zu diesem Bereich zu bekommen, muss man mindestens 21 Jahre alt sein. Ich find's lustig.
Auf der Straße bekomme ich Pornobildchen in die Hand gedrückt, auf denen die Telefonnummern diverser Damen zu lesen sind. Oha. Nett. Die Verteiler der Fotos animieren die Passanten dazu, sie anzugucken, indem sie mit den Flyern seltsame Geräusche machen. Es klickt und klatscht nur so um einen herum, was es schwer macht, die Herrschaften zu ignorieren. Schaut man sie – wie ich soeben – tatsächlich an, kommen sie schnellen Schrittes auf einen zu. Nimmt man dann auch noch einen Flyer entgegen, kommen alle anderen Verteiler wie die Aasgeier auf einen zugeschossen. Wie aus dem Nichts kommen noch weitere Pornogeier in die Szenerie gesprungen und stürzen sich ebenfalls auf mich. In einer Mischung aus sexueller Entzückung und Angst, erdrückt zu werden, schreie ich ein ersticktes: »Ah!«, in die Runde. Einen Effekt hat der Ruf nicht. Nachdem sie mich mit Fotos von Brüsten zutapeziert und meine Taschen damit aufgefüllt haben, lassen mich die Werber der käuflichen Telefonliebe erschöpft und an die Wand gedrückt zurück. Hm, das Ziel der Damen und Herren scheint es zu sein, den Kram schnellstens loszuwerden. Ich fühle mich missbraucht.
Wenig später stehe ich vor dem New York-New York und beobachte andere schreiende Menschen. Es sind die Passagiere der Achterbahn, die irgendwo aus dem Gebäude herauskommt, einmal drumherum fährt und dann wieder darin verschwindet.

New York-New York

Das 460-Millionen-Dollar-Hotel ist ein wahrlich wahnsinniger Bau: Die Hommage an die New Yorker Skyline der 1940er Jahre besteht aus verschiedenen, direkt aneinanderstehenden Türmen, in denen man das Chrysler Building und das Empire State Building wiedererkennt, das sich als höchster Turm 161 Meter in den Himmel reckt. 1997 errichtet, bietet das Hotel Raum für über 2000 Zimmer und ein 7800 m² großes Kasino. Vor dem Gebäude befindet sich ein Wasserbecken, das den Hafen New Yorks darstellen soll. Links neben dem »Hafenbecken« steht eine Replik des Soldiers' and Sailors' Monument, rechts davon das Grand Central Terminal. Den Hintergrund rundet das Ellis Island Immigration Museum ab. Und was steht im Wasser davor? Na klar: eine 46 Meter hohe Kopie der Freiheitsstatue.

Das Kasino ist mir sofort das bislang sympathischste, da darin die Thematik des Gebäudes beibehalten wird. Das Kasino soll an Greenwich Village orientiert sein. Da ich noch nie in New York war, kann ich nicht objektiv über den Erfolg der Designer urteilen. Da ich es aber schon als nahezu gemütlich hier drinnen empfinde, recke ich mal meinen Daumen in die Höhe und freue mich über die niedlichen Häuserfassaden, die die Innenwände des Kasinos schmücken.
Es ist bereits 13:30 Uhr und ich bin noch nicht betrunken. So kann das nicht weitergehen. Ich beschließe, nun Caris Rat zu befolgen und mich an einen Automaten zu setzen. Skeptisch lasse ich meinen Blick durch den Raum wandern. Es dauert ein wenig, bis ich endlich mal eine Servirerin ausmachen kann. Trägt sie wirklich kostenlose Drinks zu Spielenden? Ich beschwere mich bei Cari, dass ich noch nüchtern bin.
»You obviously haven't followed my advice: Go sit at the slots. You get free drinks while you're gambling! The higher the price of the slot, the more waitresses will be around.«
Ich sehe aber niemanden mit Drinks und traue der Sache nicht. An die teuren Automaten setze ich mich indes sicherlich nicht. Ich setze mich an den äußersten Automaten einer Reihe von 1-Cent-Maschinen, denke mir aber, dass das etwas komisch aussieht – als hätte ich mich hier nur hingesetzt, um ein kostenloses Bier abzustauben. Eine seltsame, aber in diesem Moment meine Denkweise. Also rücke ich eins rüber, schaue mir den Automaten genauer an und spüre sofort: »Nein, an dem gewinne ich nichts.«
Daher stehe ich wieder auf und mache mich tatsächlich auf Automatensuche. Oh, oh. Es steckt an. Es steckt an ...
Ich setze mich an eine 1-Cent-Maschine, die »Golden Reef« heißt. Ein niedlicher Delfin und andere Freunde des Meeres sind darauf abgebildet. Klar, das ist genau mein Ding, mein Gerät zu unermesslichem Reichtum. Ich schiebe den ersten Dollar meines Lebens in einen Spielautomaten und lasse die Gelenke meiner Finger knacken. Final beschwöre ich noch den Automaten mit einem hypnotischen Blick. Ob er meine Nervosität spürt? Ich drücke auf den Knopf, auf dem »Spin« steht ... und bin sofort um 80 Cent ärmer. Was soll denn die Scheiße? 1-Cent-Maschine? Da hat einer von uns beiden wohl was falsch verstanden, mache ich die Maschine dumm von der Seite an, während ich versu-

che, Herr der Situation zu bleiben und nicht auszurasten. Innerlich koche ich. Ich atme tief durch und resümiere: Das war dann wohl mal für'n Arsch. Das Schlimmste ist jedoch, dass ich ob des immensen Verlusts, Caris Tipp mit dem Free Drink nicht ausprobieren konnte. Ich dachte, ich dürfte hier hundertmal auf den Knopf drücken. Das verbliebene Geld kommt in Form eines ausgedruckten Zettels mit Barcode, dem Voucher, aus dem Automaten. Die 20 Cent spare ich mir für später ... falls ich damit noch irgendetwas spielen kann.
»I pretend to gamble, curse out loud and throw my hat and gloves around me to get the waitress' attention ... and nobody is filling me up!«, mache ich mir bei Cari Luft. Gut gebrüllt, Löwe. Ich finde einen anderen Automaten, schiebe den 20-Cent-Voucher ein und warte auf die nächstbeste Kellnerin. Als sie mich sieht, fragt sie, ob ich einen Drink haben möchte.
»Yes«, erwidere ich – noch immer skeptisch. Tja, was soll ich sagen: Kurze Zeit später bekomme ich mein Bier auf den Automaten gestellt und muss wahrhaftig nichts, *niente, nada* dafür bezahlen. Yeah! Ich lächle zufrieden, finde heraus, wie ich weniger Geld setze, drücke auf den Knopf ... und gewinne!
»I'M WINNING! LAS VEGAS, I MAKE YOU NAKED!«
Nach einiger Zeit meldet sich Cari wieder. Ihr erstes Vorstellungsgespräch lief wohl nicht so toll: »But you're still winning, yeah?«
»No, our children will have to pay long for it ...«
Ja, das mag leicht übertrieben sein. Fakt ist jedoch, dass ich der Gier erlegen bin und das bisschen Reichtum, das ich angehäuft habe, beim Automaten der Ghostbusters wieder losgeworden bin.
Ich stelle mich an einen Tisch, an dem die Stimmung ziemlich ausgelassen ist. Die Leute am Tisch rasten regelrecht aus, was daran liegt, dass ein Spieler eine ziemlich geile Glückssträhne hat: Er gewinnt momentan für alle, die mitspielen. Ich kenne das Spiel nicht und komme deswegen mit einem anderen Schaulustigen, einem ehemaligen Polizisten aus New York, ins Gespräch, der mir kurz die Regeln erklärt. Ich glaube, das Spiel heißt Craps. Nach einiger Zeit beendet der Glückspilz sein Spiel, was auf der einen Seite bei allen Enttäuschung auslöst, auf der anderen Seite aber auch Grund genug ist, um ihm anerkennend auf die Schulter zu klopfen. Und dann zieht ein frisch gebackener Held von dannen. Auch ich mache den Abgang, schlendere durch die engen, von Restaurants und Shops gesäumten Gässchen des Greenwich Village und bin erstaunt darüber, dass mir das Kasino nach wie vor so gut gefällt. Es ist wirklich schön.
Ich will mich nach den Preisen für die Achterbahnfahrt erkundigen. Cari meint, dass ich – obwohl die Achterbahn im New York-New York nicht so toll sei – unbedingt eine Fahrt machen solle: »The cool part is when you get to see the strip from 100 feet up at 60 miles an hour. If it's less than 20 dollars, I'd do it!«
»Less than how much? Fuck! That's so expensive?«
Eine einfach Fahrt kostet tatsächlich 14 Dollar. Für 25 Dollar gibt es bereits ein Tagesticket. Cari liegt übrigens mit ihren Schätzwerten bezüglich der Höhe und

Geschwindigkeit der Bahn leicht daneben. »The Roller Coaster«, wie die Achterbahn spektakulär unspektakulär offiziell heißt, schraubt sich ganze 203 Fuß, also 62 Meter, in die Höhe und erreicht bis zu 108 km/h (67 mph). Außerdem gibt es zwei Loopings. Ich kaufe mir ein Ticket und besteige den Zug, dessen vorderster Wagen an ein altes Taxi erinnert. Der Zug selbst startet tatsächlich im Inneren des Gebäudes. Die Haltestelle soll an eine New Yorker U-Bahn-Station erinnern. Machen wir's kurz: Die Fahrt ist okay, aber viel zu kurz. Cari erinnert mich daraufhin noch einmal daran, die Achterbahn auf dem Stratosphere Tower zu fahren: »Seriously the only roller coaster that scared me.«
Schau'n wir mal.
Ich verlasse das New York-New York durch eine andere Tür, als die, durch die ich es betreten habe, und stehe mit einem Mal vor der Brooklyn Bridge. Die Brücke ist eine Alternative zum Gehweg und hat, wie im Kasino, kleinere, niedliche Häuser als Hintergrund. Auf der Fassade eines Backsteingebäudes ist beispielsweise eine Pepsi-Werbung mit alten Comic-Figuren zu sehen, die den angestrebten Stil, ein New York der 40er wiederzugeben, sehr gut symbolisiert. Die Tür, durch die ich komme, gehört wiederum zu einer Miniaturnachahmung des Whitney Museum of American Art, auf dem für die im New York-New York beheimatete Cirque-du-Soleil-Show »Zumanity« geworben wird.
Ken teilt mir mit, dass er zu müde ist, um zu mir auf den Strip zu kommen. Damit habe ich so überhaupt gar kein Problem.
Auf der anderen Straßenseite sehe ich die Läden von M&M und Coca-Cola, die laut Cari ja ganz toll sein sollen. Bei M&M gibt es alle erdenklichen Sorten der Süßware. Nach fünf Minuten bin ich wieder draußen und teile Cari meine Erlebnisse mit: »The M&M's World ... An experience I'll never forget.«
»I haven't seen it since I was like 13.«
Das erklärt einiges.
Bei Coca-Cola ist es nicht weniger langweilig. Eine interessante Sache gibt es aber doch noch zu bewundern: An einer Bar kann man sich alle weltweit erhältlichen Getränke der Coca-Cola Company in Probiergläschen kaufen. Erstaunt stelle ich dabei fest, dass Mezzo Mix als das deutsche Getränk angepriesen wird und nur im deutschsprachigen Raum und in Finnland erhältlich ist. Stimmt, Cari kannte Mezzo Mix auch nicht. Ich musste sie bereits bemitleiden, da sie noch nie in ihrem Leben Erdbeersaft getrunken hat. Es sieht so aus, als müsste ich in Deutschland ein CARE-Paket schnüren, das neben Erdbeersaft auch Mezzo Mix beinhalten wird ... Schließlich kann ich sie nicht dumm sterben lassen!
Im Hard Rock Cafe steigt gleich ein Metalcore-Konzert: Of Mice & Men sind Headliner. Ja, warum eigentlich nicht mal am frühen Abend ein bisschen Pogo tanzen gehen? Das Hard Rock Cafe befindet sich direkt neben dem Coca-Cola Store. Knapp 100 Leute mit insgesamt 25 Schamhaaren stehen vor der noch verschlossenen Tür. Auch darüber wird Cari informiert.

»Does that mean the concert was for 13 year olds or what?«
»It's obviously not only for bearded punk rockers ...«
Verdammt, ist Hardcore mittlerweile so krass im Mainstream angekommen? Die Tür des Hard Rock Cafe öffnet sich und die Kinder werden von einer Frau geregelt die Stufen zum Konzertsaal hinaufgeführt. Das ist absurd. Das Konzert hat sich also erledigt. Bevor ich mit meinem Handy-Akku in die Bredouille komme, benötige ich noch einmal Caris Rat. Da sie zu allem eine Meinung hat und ich ihre Tipps – abgesehen von der M&M's World und dem Coca-Cola Store – immer zu schätzen weiß, bin ich mir sicher, dass sie mir weiterhelfen kann: »What way too expensive show should I see?«
Der Cirque du Soleil hat zwei Shows, die mich interessieren würden: »Love«, eine Beatles-Show, die leider ohne Livemusik auskommt, und »Zumanity«, was laut meiner Mutter schlüpfrig und verdammt witzig sein soll.
»Or David Copperfield? Celine Dion is of course already booked ...«, scherze ich. Höchst amüsant.
Cari analysiert die Auswahl und berichtet, dass Melissa von »Love« schwer begeistert war. Doch auch »Zumanity« wird der Wahnsinn sein, denn: »It's Vegas! That's why they're there and can charge so much money.«
Sie selbst würde vermutlich lieber zu den Beatles gehen, meint aber, dass ich – falls ich noch nie eine Show des Cirque du Soleil gesehen haben sollte – vielleicht bei »Zumanity« besser aufgehoben wäre: »Do that over David Copperfield for sure.«
Ich sage doch, dass sie immer eine Antwort hat.
Heute werde ich jedoch in keine Show mehr gehen. Außerdem habe ich mich noch nicht wirklich entschieden, was ich mir nun ansehen möchte. Preislich und nach den bisher eingeholten Tipps und Kritiken führt mittlerweile aber »Zumanity«.
Ich steuere als Nächstes das MGM Grand an, dem, nach Anzahl seiner Zimmer und unter Berücksichtigung seiner Nebengebäude, zweitgrößten Hotel der Welt.

MGM Grand

Das bis zur Erweiterung des Venetian durch das Palazzo größte Hotel der Welt öffnete 1993 seine Pforten. Es ist propellerförmig, grün, 89 Meter hoch und hat das mit 15.930 m² größte Kasino der Stadt und des kompletten County unter seinem Dach. Ebenfalls darunter befinden sich die Cirque-du-Soleil-Show »Kà«, das Cabaret »Crazy Horse Paris«, das Hollywood Theatre, in dem David Copperfield auftritt, und die MGM Grand Garden Arena, in der fast 17.000 Menschen Platz finden, um sich Konzerte und Boxkämpfe anzuschauen. In Steven Soderberghs fantastischen »Ocean's Eleven« schaut sich Andy Garcias Charakter Terry Benedict in der Arena einen Kampf zwischen Lennox Lewis und Wladi-

mir Klitschko an, während die Bande um George Clooney dabei ist, seine drei Kasinos zu plündern: das Bellagio, das Mirage und das MGM Grand.
Für das 2,4 Milliarden teure MGM Grand musste das Marina Hotel weichen, welches aber ausnahmsweise mal nicht gesprengt, sondern als Westflügel in das neue Hotel integriert wurde. Nicht nur der Westflügel, sondern auch der Name des Hotels ist nicht neu. Das knapp eineinhalb Kilometer nördlich auf dem Strip gelegene und heute als Bally's bekannte Hotelkasino trug bis zu seinem Besitzerwechsel 1985 den Namen MGM Grand. Dass MGM für die Metro-Goldwyn-Mayer Studios steht, dürfte auch Menschen bekannt sein, die sich nicht als Filmfreak bezeichnen. Dementsprechend war das MGM nach seiner Eröffnung auch stark auf das Thema Film fokussiert. Wieder einmal entfernte man sich im Laufe der Zeit aber auch im MGM Grand von der thematischen Vorgabe, sodass bis auf den Namen und Löwen, die man überall sehen kann, herzlich wenig davon übrig geblieben ist. Bis Anfang 2012 gab es sogar noch die perverse Attraktion, bei der echte Löwen in einem Glaskäfig im Kasino gehalten wurden.

Ich betrete den Komplex an der Ecke Tropicana Avenue und Las Vegas Boulevard. Der Eingang am Strip war einst eine cartoonhafte Version von Leo the Lion, dem MGM-Löwen, durch dessen Maul man ins Innere gelangte. Da aber viele Chinesen deswegen das Kasino mieden oder nur durch den Hintereingang die Spielhölle betraten, entfernte man Leo wieder. Das Betreten des Maules eines Löwen bringt nämlich Pech. Wenn man nicht gerade ein Dompteur ist, kann man das durchaus nachvollziehen. Heute thront eine mächtige Statue von Leo an der Kreuzung. Die größte Bronzestatue der USA steht auf einem siebeneinhalb Meter hohen Podest, ist 14 Meter hoch, wiegt 50 Tonnen und vertreibt keine Chinesen.
Im Inneren stoße ich zunächst auf einige kleinere Aquarien, die von Ranken von Plastikbäumen umgeben sind. Es ist das Rainforest Cafe, in dem es auch Wasserfälle gibt, und das sich primär an Familien richten dürfte. Kurz darauf stehe ich in einer kreisrunden Halle, in der sich das Centrifuge, ein ebenso rundes Restaurant befindet. Das MGM Grand mit seinen unzähligen Löwen und Männerstatuen, die Schalen auf ihren Schultern tragen, sieht soweit ganz nett aus, vom Hocker reißt es mich jedoch nicht. Im Kasino wird es dafür umso amüsanter: Ich höre immer wieder und von allen Seiten Spieler ihre Siege mit: »Yeah!«, und: »Wooh!«, feiern. Vielleicht liegt es daran, dass es mittlerweile Abend ist und die Stimmung generell ausgelassener wird. Ich entdecke eine Maschine, die sehr retro aussieht und einen äußerst gewitzten Trashfaktor hat. Es ist ein mechanisches Pferderennen, bei dem man mit Quarters auf zwei Pferde setzt und dann hofft, dass die Wette auf Platz und Sieg von der Maschine in die Tat umgesetzt wird. Ein Geldwechselautomat, der Münzen ausspuckt, steht in unmittelbarer Nähe. Ich setze mich an einen der freien Stühle der ulkigen

Maschine und beobachte die Spieler. Das Rennen beginnt. Die Maschine gibt Geräusche von sich, die zum Aussehen der Maschine passen: Es klingt total bescheuert, wodurch es umso unterhaltsamer ist. Bei einem Pärchen läuft es ziemlich gut, worüber sie sich auch lauthals und mit regelmäßigem High five freuen. Ich sitze eine ganze Zeit lang an der Maschine und lasse mir Biere und Bloody Marys bringen, obwohl ich gar nicht spiele. Als ich weiterziehe, komme ich bei den Sportwetten vorbei. Ein Mann sitzt auf einem der Sofas und scheint einen Joint zu rollen. Dem ist aber nicht so. Als ich gegen 21 Uhr, keine Stunde später, wieder bei ihm vorbeikomme, liegt er dennoch schlafend auf dem Sofa. Auch das Pärchen von der Pferderennbahn sitzt noch immer an der alten Retrokiste. Mittlerweile sehen sie jedoch nicht mehr allzu glücklich aus und verspielen ihre letzten Münzen. So schnell kann's gehen ...
Ich habe wieder Durst und setze mich an eine Maschine, deren Regeln ich nicht verstehe. Als ein Kasinoangestellter an mir vorbeikommt, frage ich ihn kurz, ob er mir die Regeln erklären kann. Kann er nicht, erklärt er mir, ruft aber per Walkie-Talkie direkt Hilfe. Oh, das finde ich jetzt etwas übertrieben. Schließlich wollte ich sowieso nur einen Dollar reinschieben und auf die Kellnerin warten. Die Hilfe kommt in Form einer Dame, die wenig amüsiert aussieht, als sie mich und meinen Automaten sieht. Sie erklärt mir in Rekordtempo die Kiste und zischt wieder ab. Als sie geht, kommt die Kellnerin und kurz darauf mein nächstes alkoholisches Kaltgetränk. Prost.
Es müsste die Hotellobby sein, in der ich irgendwann, an einer weiteren prächtigen Löwenstatue vorbei, wieder ins Freie torkele. Obwohl ich keine Show sehen werde, will ich lieber länger auf dem Strip bleiben, als bereits so früh in Kens Vorort abzudüsen. Ich kontaktiere ihn und bekomme im Gegenzug seine Pläne für die Nacht mitgeteilt. Irgendwo findet ein Couchsurfing-Treffen statt. Er schreibt zwar, dass ich doch auch kommen soll, fügt aber direkt an, dass es recht weit vom Strip entfernt stattfindet. Ferner verschweigt er mir, wie ich da überhaupt hinkomme. Sieht so aus, als hätten wir beide keinen Bock auf den jeweils anderen. Ich beschließe also, hier zu bleiben und entweder einfach durchzumachen oder irgendwo ein billiges Hostel zu finden. Keine Ahnung, ob es in Vegas überhaupt so etwas wie ein billiges Hostel gibt. Die Zeichen stehen auf Durchmachen. Herzchen Ken wünscht mir viel Spaß auf dem Strip und schreibt, dass er auf dem Couchsurfing-Treffen nüchtern bleiben will, damit er nicht seinen blanken Arsch präsentiert. Ja, wer will den denn schon sehen? Von einem Schreckensbild komme ich zum nächsten: An der Ecke Las Vegas Boulevard und Harmon Avenue befindet sich »Eli Roth's Goretorium«, ein Haus des Horrors vom »Hostel«-Regisseur. Für 30 Dollar bekommt man Zutritt zum Delmont Hotel, in dem über 1000 Morde verübt wurden. Ich spare mir die 30 Dollar und schaue mich lediglich in der bereits sehr blutigen und mit abgetrennten Körperteilen übersäten Lobby um. In der Babydoll Lounge, einer Open-Air-Bar mit blutverschmierten Tischen und Stühlen sowie Babyköpfen

an den Wänden, hat man einen tollen Blick über den Strip: Aus der Stirnseite des Harley Davidson Cafe ragt ein übergroßes Motorrad über den Bürgersteig. Im Hintergrund sieht man das Monte Carlo, das New York-New York und das Mandalay Bay. Am beeindruckendsten ist der Blick auf The Crystals, eine Edel-Mall, in der Louis Vuitton, Prada, Gucci und Co. ihre Läden haben.

The Crystals

Das Gebäude ist seinem Namen entsprechend eindrucksvoll als Kristall designt worden. Der Architekt des Crystals ist niemand Geringeres als Daniel Libeskind, der auch das Jüdische Museum in Berlin entworfen hat. The Crystals gehört zum CityCenter, das von der MGM Resorts International in Auftrag gegeben wurde. Das Center, für das unter anderem das Boardwalk Hotel and Casino weichen musste, gibt es seit Ende 2009.

CityCenter

Zum CityCenter gehören neben dem Crystals auch das Luxushotel Aria, das 138 Meter hohe, elliptische Harmon Hotel, das aufgrund von Baufehlern nie fertiggestellt wurde und bald schon wieder abgerissen werden soll, das Mandarin Oriental, welches 164 Meter misst und seine Lobby im 23. Stock hat, das 176 Meter hohe Vdara Hotel und die beiden Veer Towers. In den verschiedenen Projekten des CityCenter haben knapp 12.000 Menschen Arbeit gefunden. Das CityCenter gibt sich zudem grün, indem es aufbereitetes Wasser benutzt und über ein eigenes Kraftwerk verfügt. Die Baukosten des CityCenter, bei dessen Errichtung tragischerweise sechs Arbeiter ihr Leben ließen, belaufen sich auf 9,2 Milliarden Dollar. In Stuttgart kriegt man für das Geld noch nicht einmal einen Bahnhof gebaut. Dafür werden hoffentlich die Arbeiter besser geschützt.

Ich schaue mir The Crystals von innen an und stelle fest, dass auch das Innere des Gebäudes beeindrucken kann. Nicht nur die außergewöhnliche Architektur wird fortgeführt, auch die Accessoires wissen zu gefallen. So stehen hier beispielsweise Bäume, deren Stämme aus rostigem Metall bestehen. Am meisten sticht jedoch Mastro's Ocean Club, ein Restaurant, heraus. Die Tische des Restaurants befinden sich in einer Art Luxusbaumhaus, das 25 Meter hoch in der Lobby des Shoppingcenters steht. Sehr stylish!
Ich verlasse The Crystals an dessen Südseite und passiere die beiden 150 Meter hohen, rot und blau beleuchteten sowie schief konstruierten Veer Towers, die Luxuseigentumswohnungen beherbergen und von Helmut Jahn, dem Architekten des Berliner Sony Center, geschaffen wurden. Ich bewege mich auf das hübsche Aria zu.

Aria

Das 180 Meter hohe Kasino-Hotel besteht aus zwei geschwungenen Glastürmen, die sich in der Mitte treffen. Der südliche Turm besteht aus 61 Etagen, wohingegen der nördliche Turm zehn Etagen weniger aufweist. Neben den 4004 Gästezimmern und Suiten gibt es noch 16 Restaurants, zehn Bars und ein 14.000 m² großes Kasino. Im Theater, in dem Platz für 1800 Zuschauer ist, wird mit »Zarkana« eine weitere Show des Cirque du Soleil aufgeführt. Das Hotel führt die grüne Linie des CityCenter fort, indem es zum Beispiel unbenutztes Licht und Elektrogeräte abschaltet und die Zimmertemperatur reguliert, wenn ein Gast das Zimmer betritt oder verlässt. Hinzu kommen noch so Späße wie die persönliche Begrüßung des Gasts ... durch das Zimmer. Selbst: »Goodnight«, flüstert einem das Zimmer zu. Daher wurde es auch schon als das vermutlich technologisch fortschrittlichste Hotel bezeichnet, das je gebaut wurde. Das Aria gilt auch als das Herzstück des CityCenter – oder, um die Namenswahl zu erklären, als die Arie in der Oper.

Ich unterquere die Schienen des *Aria Express*, der auf seiner 640 Meter kurzen Strecke, abermals kostenfrei, das Hotel mit dem Monte Carlo im Süden und dem Bellagio im Norden verbindet. Vor dem Haupteingang des Aria lasse ich mich kurz von der Installation »Lumia« faszinieren, die Wasserfontänen passend zur den Platz erfüllenden Musik abfeuert. Innen ist das Aria bis zum Abwinken durchgestylt. Es sieht toll aus! Keine Wand gleicht der anderen und keine steht einfach nur gerade da. Wie etwa die Wände der Cocktail-Bar Carta Privada, die aus mehreren Schichten transparenter, orangefarbener Glasfliesen bestehen. In der Bar selbst ist es sehr dunkel. Licht scheint nur durch die orangen Wände einzudringen und von der gelb erleuchteten Bar zu kommen, hinter der sich eine runde, orange leuchtende Wand befindet.

Im Kasino stoße ich nach kurzer Erkundungstour auf einen Mann, der wie ein Berserker vor einer Reihe Spielautomaten auf und ab zieht und dabei wahllos auf die Knöpfe drückt. Ich frage mich gerade, was der Typ da nur macht, als ich einen Kollegen meines Alters sehe, der sich mit einer Hand die Stirn hält und den Berserker mit einem vollkommen ungläubigen Blick belegt.
»What's going on here?«, frage ich den Ungläubigen und setze mich auf den Stuhl neben ihm.
»This guy is insane«, beginnt er in einer Stimmlage, die seinem Gesichtsausdruck entspricht und sogar ein gewisses Tremolo enthält. »He's doing that for half an hour already.«
Jetzt bin ich gleich doppelt erstaunt: Mein Sitznachbar gibt sich das Spektakel bereits eine geschlagene halbe Stunde?
»Is he winning?«, möchte ich wissen.
»I actually don't think he cares. This freak threw 10.000 dollars in each machine

and … I mean … look at this!«
40.000 Dollar?! Ich weiß nicht, wo ich meinen nun vollkommen ungläubigen Blick hinwerfen soll. Auf den Berserker oder auf den Kollegen auf dem Sitz neben mir. Ich entschließe mich spontan dazu, einfach noch ungläubiger zu wirken, indem ich meinen Blick zackig zwischen beiden Männern hin- und herwandern lasse. Dann müssen wir beide lachen und bestellen uns zwei kostenlose Drinks bei der vorbeikommenden Kellnerin. Der Berserker setzt derweil unbeirrt seinen Kurs fort und läuft im ständigen Richtungswechsel vor den Automaten umher, drückt hier ein Knöpfchen, drückt da ein Knöpfchen und zieht ab und an an einem Hebel. Dabei wirkt er sagenhaft gelangweilt, was ihn obercool wirken lässt. Dessen ist er sich offensichtlich auch bewusst, denn ab und an drückt er die Knöpfe auch wie ein Basketballer, der den lässigsten Korbleger aller Zeiten aus dem Handgelenk zaubert. Zwischendurch findet er auch mal Zeit für einen netten Plausch mit einer nicht minder beeindruckten Kellnerin und überlässt kurz darauf seine Automaten mal eine Zeit lang zwei Ladys, um vermutlich mal für kleine Berserker aufs Töpfchen zu entschwinden. Eine halbe Stunde später weiß ich noch immer nicht, ob er sich gerade böse verzockt oder als Millionär ins Bett geht.
Dafür weiß ich, dass Couchsurfer Ken ganz offensichtlich einen gehörigen Dachschaden hat. Um den Akku meines Handys zu schonen, habe ich mein Handy zwischenzeitlich ausgeschaltet. Als ich es gegen ein Uhr wieder einschalte, bekomme ich eine SMS: »Okay. I could not sleep worrying. I will go back to sleep. Have a good night. Maybe a better host can have you tomorrow after you get your things. Night!«
Hä? Vor drei Stunden hat er mir noch viel Spaß gewünscht und wollte selbst feiern gehen. Jetzt sorgt er sich um seinen 29-jährigen Gast und schmeißt ihn raus. Na, das hat immerhin den Vorteil, dass ich keine Ausrede mehr finden muss, um Ken zu verlassen. Aber wie bekloppt ist der Kerl eigentlich? Mir soll's egal sein. Ich spaziere lieber zum *Aria Express* und fahre rüber ins Bellagio.

Mama, ich bin besoffen! *oder:* **Vom Bellagio bis zum Mirage**
Tag 70: Freitag, 18. Januar 2013

Das Bellagio gibt sich – nach der Fassade zu urteilen wenig überraschend – pompös. Der Teppichboden ist tief und weich, Kronleuchter hängen an den Decken und alles, worum man einen Rahmen spannen kann, ist in Gold gehalten.

Bellagio

Als Inspiration für das 1998 eröffnete und 1,6 Milliarden Dollar teure Bellagio diente das gleichnamige italienische Dörfchen am Comer See, das aufgrund seiner schönen Lage bereits seit langer Zeit die Weltprominenz anzuziehen vermag. Das Hotel ist 151 Meter hoch und bietet seinen Gästen 3950 Zimmer an. Auch das Bellagio hat mit »O« eine Show des Cirque du Soleil und selbstverständlich wurde vor der Erbauung ebenfalls ein Vorgängerhotel zu Fall gebracht. Es handelt sich um das 1955 eröffnete und 1993 gesprengte Dunes.

Die Implosion des Dunes: Eine Sprenung mit Symbolcharakter

Da es allseits bekannt war, dass das Kasino-Hotel mit Mafiageldern erbaut und auch von ihr geführt wurde, hatte die Sprengung des Dunes durchaus eine symbolische Wirkung in Vegas, die das Ende der Mafiavorherrschaft im Spielerparadies darstellte. Das Ende einer Ära läutete zugleich den Beginn einer neuen ein: Steve Wynn, seines Zeichens neuer Besitzer des Dunes, machte aus der Zerstörung des Hotels ein Event, dem 200.000 Zuschauer und zahlreiche Medienvertreter beiwohnten. Das Dunes war das erste Hotel, das filmreif in Szene gesetzt, dem Erdboden gleichgemacht wurde.

Ich betrete das 10.800 m² große Kasino, das sich besonders bei professionellen Pokerspielern großer Beliebtheit erfreut. Dementsprechend groß und besetzt sind die Pokerräume, die lediglich durch eine hüfthohe Balustrade vom Rest des Kasinos getrennt werden. Dadurch fühle ich mich zum Zugucken eingeladen und positioniere mich neben einem High-Limit-Tisch, der mich schon beim Vorbeilaufen am meisten amüsiert: Es ist der »Freak Table« – zumindest für mich. Die Spieler haben Berge von orangefarbenen 10-Dollar-Chips vor sich liegen. Mein Liebling ist der dicke Rothaarige, der den zentralen Platz am Tisch eingenommen hat und meiner Einschätzung nach auch die meisten Chips vor sich liegen hat. Sein Pokerface scheint darin zu bestehen, einfach ununterbrochen auf den Fernseher zu stieren, der über dem Tisch direkt unter der Decke hängt. Lediglich zum Karten ablegen schaut er mal vor sich. Der restliche Tisch scheint ihn überhaupt nicht zu interessieren. Da in der Runde generell keinerlei Kommunikation stattfindet, macht er auch nicht unbedingt den Eindruck, der asoziale Unsympath am Tisch zu sein. Vielmehr ist er der Styler, ein echter Künstler. Zwei der am Tisch sitzenden Asiaten hören gar Musik, um sich komplett von der Runde abzuschotten. Einer der beiden lässt sich überdies auch noch den Rücken massieren. Die massierende Dame wird anschließend mit vier Chips bezahlt. Der dicke Rothaarige – da bin ich mir mit meinem mittlerweile ziemlich alkoholgetrübten, aber noch immer fachkundigen Blick sicher – wird heute noch die eine oder andere Hose ausziehen.
Meine Kehle braucht Ölung, weswegen ich mich an verschiedenen Ecken des Kasinos an unterschiedliche Automaten begebe und endgültig von Bier zu Bloody Mary umsteige. Herrlich ... und so preiswert! Ich lache diabolisch und ohne den Hauch eines schlechten Gewissens in mich hinein. Harhar. Durch meinen

Siegerblick locke ich selbstredend auch das andere Geschlecht an. Ja, ich werde gleich zweimal angeflirtet, muss aber feststellen, dass man in Vegas besser nicht erwähnt, dass man eher mittellos und ein hotelzimmerloser Backpacker ist. Was mich andernorts bislang zum Mittelpunkt des Interesses machte, schleudert mich in dieser Stadt offensichtlich ganz weit nach draußen: »Oh ... great. Bye!« Kurz darauf sprechen mich zwei Typen an. Sie prahlen damit, wie viele Hunderte von Dollar sie heute schon verloren haben. Dann komme ich mit meiner Geschichte ... und schon sind sie wieder weg. Verrückte Welt. Desillusioniert verlasse ich das Kasino. Ich erreiche eine Halle, deren Dach aus einer riesigen, sehr eindrucksvollen Glaskonstruktion besteht. Darunter steht ein Obelisk, der von chinesisch gestalteten Blumenbeeten umgeben ist. Eine goldene Schlange, die laut einem Informationsschildchen aus Seide gefertigt sein soll und gute drei Meter misst, kündigt das Jahr der Schlange an. Kessel mit falschen Räucherstäbchen, asiatische Figuren, Fontänen, Lampions und ein historisch anmutender Kutter mit roten Segeln runden den sehr schönen chinesischen Garten ab.

Da ich natürlich auch mal Menschen kennenlernen möchte, ändere ich meine Selbstdarstellungstaktik und beschließe, fortan ein bisschen dicker aufzutragen. In der Stadt der Sünden sollte das nicht weiter ins Gewicht fallen. Als mich die nächste Dame anspricht, lasse ich demnach den dicken Filmproduzenten raushängen, der es einfach voll draufhat. Tragischerweise beginne ich den Kurswechsel bei einer Dame, die bereits die 70 überschritten haben dürfte. Bevor ich mich hier zum Oma-Boy mache, möchte ich klarstellen, dass *sie mich* angesprochen hat. Die Lady textet mich damit zu, dass ihr Sohn ein Architekt vom Bellagio und *der* Architekt dieses chinesischen Gartens ist, der speziell fürs chinesische Neujahrsfest angelegt wurde, von Januar bis Mitte März zu bewundern ist und dessen Scheibenwischer im Glasdach alleine schon eine Million Dollar gekostet haben. Will die Alte mich und meine High-Budget-Filmproduktionen toppen oder was soll die Angeberei? Sie redet ohne Punkt und Komma und klärt mich unter anderem darüber auf, dass Obama ein böser Mensch ist und sie natürlich Romney gewählt haben ... also ganz Amerika. In Florida, Ohio und sonst wo gab es allerdings gefälschte Wahlmaschinen, weswegen letztlich der böse, böse, also wirklich *böse* Obama die Wahl für sich entscheiden konnte. Skandal! Dass er sich diese Taktik bei seinem Vorgänger abgeschaut haben muss, verkneife ich mir. Stattdessen reagiere ich anscheinend sympathisch schockiert, weshalb mir direkt mal ihre Tochter feilgeboten wird. So ist das in Las Vegas. Ich laufe durch eine große Halle. Hinter einem Mäuerchen sitzen zwei sehr hübsche Afroamerikanerinnen in einem Café. Die eine winkt mich plötzlich lächelnd zu ihnen. Oh là là! Als ich bei ihnen ankomme und wir uns kurz begrüßen, entbrennt sofort ein heißer Flirt: »Where do you come from, honey? And where do you stay? In this hotel?«

»Well«, überlege ich kurz, wie und ob ich überhaupt den dicken Produzenten raushängen lassen soll. Schließlich entscheide ich mich für die lustige Lüge, da

ich mir nach der Begrüßung schon sehr sicher bin, dass die beiden Süßen im horizontalen Gewerbe tätig sind.
»I didn't decide yet in which hotel I will stay.«
»This one is nice. Why don't you rent a room, order some drinks and have some party with us?«
»Hm …«, werde ich mir langsam bewusst, dass für mich dieser Gag eigentlich nur nach hinten losgehen kann. Ein Zimmer und zwei professionelle Betthupferl werde ich mir sicherlich nicht leisten können und auch nicht leisten wollen.
»Well?«, fragen die beiden mit ihrem schönsten Augenaufschlag.
»Well …« Noch immer schauen mich fragende Augen mit künstlichen Wimpern an. »I'm a backpacker and don't have …«
»Okay, bye. Bye bye!«, unterbricht mich die Hübschere der beiden Schönheiten harsch.
»What did he say?«, fragt die andere, die kurz mit ihrem Smartphone beschäftigt war.
»He's a backpacker.«
»Oh.«
Ich gehe noch einmal schnell auf eine Bloody Mary ins Aria zurück, bevor ich am 3,2 Hektar großen, künstlichen See des Bellagio vorbeischlendere. Von der Straße aus hat man einen famosen Blick auf das schöne Hotel, das sich direkt hinter dem See befindet, der für seine Fontänenshow berühmt ist.

»The Fountains of Bellagio«

Nachmittags werden die Schaulustigen alle 30 Minuten, zwischen 20 Uhr und Mitternacht gar alle 15 Minuten von den Wasserspielen begeistert. Die Mitternachtsshow ist überdies die längste und aufregendste Aufführung des Tages. Da es vier Uhr nachts ist, wird es noch ein wenig dauern, bis ich »The Fountains of Bellagio« zu Gesicht bekommen werde.

Auf der anderen Straßenseite befindet sich seit 1999 das vierflügelige Paris.

Paris

Vor dem Hotel steht eine 165 Meter hohe Replik des Eiffelturms. Ursprünglich wollte man den Turm auch in seiner Höhe exakt nachahmen. Da der Flughafen hierfür aber zu nahe gelegen ist, musste die Höhe auf knapp die Hälfte des Originals reduziert werden. Direkt unter dem Turm hat man Nachbauten des Louvre und der Pariser Oper errichtet. Auch auf den Place de la Concorde und den Arc de Triomphe wurde nicht verzichtet. Der Name des Hotels wird von einem Heißluftballon präsentiert, der dem der Gebrüder Montgolfier, den Erfindern des Heißluftballons, nachempfunden ist. Das 760 Millionen Dollar teure

Projekt verfügt über 2915 Zimmer und 7900 m² Kasinofläche. Als permanente Show gibt es das Jukebox-Musical »Jersey Boys« zu bewundern.

Das Kasino ist nahezu leer. Muss an der Uhrzeit liegen. Zwei Dinge fallen mir sofort ins Auge: Zum einen ragen die hinteren Beine des Eiffelturms durch die Decke ins Kasino hinein, und zum anderen sieht die Decke – wie im Venetian – wie ein sommerlicher Himmel aus. Schmiedeeiserne Straßenlampen und eine Pergola mit Glasdach ziehen sich durch das komplette Kasino. Unter dem Säulengang befinden sich von Blackjack über Craps bis Roulette die üblichen Spieltische. Das Kasino des Paris ist neben jenem im New York-New York das am fantasievollsten eingerichtete, da es seine thematische Ausrichtung auch in der Spielbank fortführt. Brunnen, Pavillons, Häuserfassaden und Reminiszenzen an das Moulin Rouge machen das Kasino womöglich sogar zum schönsten des Strip. Vielleicht liegt es an der späten Stunde, meinem Promillewert und den nur spärlich vorhandenen Gästen, aber das Kasino im New York-New York fühlte sich trotzdem noch sympathischer an. Als Nächstes schlendere ich durch die Ladenpassage des Hotels, die den französisch gehaltenen Stil des Kasinos beibehält. Irgendwie verirre ich mich in den Kongresszentrumbereich des Hotels. Die Gänge sehen wie der Spiegelsaal von Versailles aus. Für zu viel Bewunderung geht mir jedoch langsam die Puste aus. Ich würde mich ganz gerne einmal ausruhen und die Augen zumachen. Eine Tür zu einem großen Messesaal ist geöffnet. Der unfassbar große Raum ist komplett leer. Das hat den Vorteil, dass darin innerhalb der nächsten Stunden wohl nichts stattfinden wird. Andererseits würde mich aber auch sofort jeder, der den Saal betritt, sehen. Und ich könnte mir vorstellen, dass *loitering*, also Herumlungern, eher ungern gesehen und im schlimmsten Fall sogar die Polizei alarmiert wird. Ich setze mich trotzdem mal auf den Teppich. Auf dem Flur laufen die Leute der Putzkolonne auf und ab, was das Kampieren ziemlich erschwert. Als ich wieder aufstehe, habe ich keine Ahnung, ob ich es geschafft habe, für ein paar Minuten oder sogar länger zu schnarchen. Auf jeden Fall geht's – nicht wesentlich fitter als zuvor – wieder weiter. This is Vegas. Da muss man sich schließlich irgendwie kaputtmachen. Das habe ich von Hollywood so gelernt.

Das Hotel erwacht langsam zum Leben. Die Restaurants der niedlichen Passage füllen sich mit Frühstückenden. Die Sonne müsste gerade aufgehen, dämmert es mir. Daher schaue ich, ob ich trotz nicht vorhandener Keycard in die oberen Stockwerke des Hotels gelangen kann. Ich kann. Mit dem Aufzug geht's so weit wie möglich hinauf. Die Aussicht auf die östlich von Vegas gelegenen Wüstenhügel ist großartig und die Sonne bietet mal wieder eine beeindruckende Show: Alles ist in goldenes Licht getaucht.

Oh, die Erinnerungen verblassen. Ich bin vollkommen übermüdet und befinde mich, so scheint es mir, vor dem Spa-Bereich, wo gerade das neue Tagesgeschäft vorbereitet wird. Eine Bank, die hier offensichtlich für Wartende steht, sieht sehr einladend aus. Ich setze mich. Die Damen vom Spa können mich nicht sehen und wenn Gäste anrücken, bin ich eben beim Warten eingeschlafen. Das passt. Also mache ich noch einmal für ein paar Minütchen die Äuglein zu. Nach meinem kurzen *power nap* heißt die nächste Station Caesars Palace.

Caesars Palace

Das am Römischen Reich orientierte Luxushotel gibt es erstaunlicherweise bereits seit 1966. Man sieht dem Hotel sein Alter absolut nicht an, was daran liegt, dass von der ursprünglichen Fassade nicht mehr allzu viel übrig geblieben ist und der Komplex im Laufe der Jahrzehnte um weitere Bauten erweitert wurde. Das Hotel besteht heute aus fast 15.500 m² Kasinofläche, 28.000 m² Tagungsräumen und 3960 Gästezimmern, die sich nunmehr auf insgesamt sechs Türme verteilen. Ich gehe staunend an hohen Säulen vorbei zum Haupteingang. Dass sich das Hotel als Palast bezeichnet, scheint mir nicht übertrieben zu sein. Den Kreisverkehr vor dem Eingang ziert ein mächtiger Brunnen mit Statuen von Menschen und Pferden. Das Vordach ist stufenförmig und einfach nur als pompös zu bezeichnen. Und natürlich Säulen, überall Säulen. In der Lobby geht die Zeitreise weiter: Brunnen, Statuen, Säulen. Altbacken wirkt das Hotel aber keineswegs. Es gibt auch Flure, in denen ein wenig mit dem Thema gebrochen wird und eine anmutige Eleganz in den Vordergrund rückt. Der zugängliche Poolbereich, der sich im Freien zwischen den Hoteltürmen befindet, ist weniger der große Kinderspaß, als nochmalig eine Mischung aus Zeitreise und Pomp. Julius *himself*, der sich sicherlich über solch einen Palast nicht beschwert hätte, grüßt in Bronze und unter einem imposanten Steinpavillon stehend, von der Mitte des zentralen Pools. Ihn umgeben sechs Fontänen, der kreisrunde Pool und an dessen Außenrand wiederum acht Säulen. Die für Liegestühle angelegte Fläche um den Pool herum ist ebenfalls rund und wird von zwölf weißen Pferdeskulpturen geziert. Es gibt noch weit mehr Statuen und weitere kleinere Pools. Selbst der Hochsitz des Bademeisters sieht aus, als wäre es nicht Paules Arbeitsplatz, sondern Caesars Thron. Zu schade, dass ich keine Badehose eingesteckt habe. Es ist zwar noch kein Mensch da, aber es dürfte auch niemanden groß jucken, wenn ich eine majestätische Runde drehen würde.

Ich lasse mich durch die Räume des Hotels treiben und lande wieder in einem Tagungskomplex, in dem erstaunlich viel los ist. Menschen in Anzügen, mit Aktentaschen und Rollköfferchen bestimmen die Szenerie rund um die *ballrooms*. Dass ich übermüdet aussehe, restalkoholisiert bin sowie meinen Amokläufermantel und Vollbart trage, scheint niemanden zu interessieren. Daher mache ich es einfach wie die Tagungsteilnehmer, schnappe mir einen Pappbecher und schenke mir einen kostenlosen Kaffee ein. Frühstück. In einem Flur, in dem im Gegensatz zu den anderen Korridoren kein einziger Anzugträger unterwegs ist, mache ich es mir auf einem Sessel bequem, schlürfe meinen Kaffee und gönne mir ein weiteres kurzes Nickerchen.

Caesars Palace und die Prominenz

Nach einem Gang durchs Kasino komme ich am Colosseum vorbei, dem mit 95 Millionen Dollar Baukosten teuersten Veranstaltungsort der Stadt. Hier tritt seit 2011 und voraussichtlich bis 2019 Celine Dion knapp 70 mal pro Jahr auf. Mit ihrer Show, die schlicht »Celine« heißt, mauserte sich die Kanadierin zu Las Vegas' erfolgreichstem Musik-Act seit Elvis Presley. Naja, wem's gefällt … Von Frank Sinatra über Cher, Rod Stewart, Liza Minnelli und Paul Anka bis hin zu Elton John und Shania Twain haben seit den 1960ern viele große Stars die Bretter in Caesars Palace bespielt. 1967 ging auch Evel Knievel im Caesars auf die Bretter. Der legendäre Stuntman wollte mit seinem Motorrad über den Brunnen vor dem Hotel springen, konnte seinen 43 Meter langen Sprung jedoch nicht stehen und brach sich über 40 Knochen. Die nächsten 29 Tage verbrachte er im Koma. 1980 versuchte Gary Wells das Kunststück erfolgreicher zu wiederholen, scheiterte aber nicht minder brutal: Er brach sich den Rücken und die Beine, beide Lungenflügel kollabierten und seine Aorta riss vom Herzen ab. Er überlebte! Angeblich hatte jemand die Landerampe des Springers in der Nacht verschoben, weshalb er einen knappen Meter daneben aufkam und nicht in der Lage war, die Balance zu halten. 1989 gab sich Evel Knievels Sohn Robbie die Ehre und verlängerte den Stunt sogar auf fast 52 Meter. Es darf aufgeatmet werden, denn Robbie schaffte den Sprung und wurde frenetisch gefeiert. Caesars Palace war auch Schauplatz für viele Filme: In »Rain Man« sahnen Tom Cruise und Dustin Hoffman groß beim Blackjack ab, weil der von Hoffman gespielte Autist Raymond in der Lage ist, die Karten zu zählen. In »Ocean's Eleven« zählt Elliott Gould George Clooney und Brad Pitt die drei erfolgreichsten Kasinoraubzüge aller Zeiten auf. Am Weitesten kam demnach ein Mann, der das Caesars um einige Bündel Geld erleichtern wollte. Im Film ist zu sehen, wie er vor dem Hotel von den Sicherheitskräften des Kasinos erschossen wird. Der derzeit fühlbar populärste Vegas-Film ist Todd Phillips' »Hangover«. Überall in der Stadt sieht man Poster und T-Shirts von Zach Galifianakis' Charakter Alan, der das im Kleiderschrank gefundene Baby vor sich herträgt. Von Johnny Depps Version des Journalisten Hunter S. Thompson aus »Fear and Loathing in Las Vegas« habe ich seltsamerweise noch gar nichts entdecken können.

Ich komme in den Shoppingbereich von Caesars Palace, der abermals mit einer blauen Himmelsdecke sowie thematisch passenden Brunnen, Statuen und Gebäuden daherkommt. Mir gefällt's. Speziell die Nachbildung der Fontana di Trevi ist beeindruckend. Das Highlight der 59.100 m² großen Luxusmall ist indes die Halle mit den beiden Wendelrolltreppen. Der drei Stockwerke hohe

Raum mit den Deckenmalereien und der Glaskuppel sieht einfach nur großartig aus. Vor den Forum Shops chillt Spider-Man im Schatten, während Micky und Minni Maus, ausgestattet mit einem Bierfässchen, offenbar noch immer auf Tour sind. *Just like me.*
Mein Handy ist mittlerweile sehr kurz vor Tod, weswegen ich nach wie vor nur alle paar Stunden checken kann, ob ich neue Textnachrichten erhalten habe. Ken, den ich gebeten habe, mir zu schreiben, wann ich zum Westcliff Transit Center kommen soll, antwortet mir nicht. Was ist das nur für ein Vogel? Ob ich wohl jemals wieder etwas von ihm hören und meine Sachen zurückbekommen werde? Die Speicherkarte meiner Kamera ist mittlerweile auch schon ziemlich voll. Hin und wieder muss ich Fotos löschen, damit ich noch weiter knipsen kann. Toll. Dass ich, wie von Ken noch großspurig angekündigt, kostenlose Showtickets von ihm organisiert bekomme, kann ich getrost abhaken. Daher muss ich mich langsam einmal selbst darum kümmern. Mein Ziel ist einer der reichlich vorhandenen Läden von Tix4Tonight, in denen man Showtickets bekommt, die bis zu 50 % im Preis reduziert sind. Vor dem Laden steht ein Mann mit einer Liste, der die Wartenden über die neuesten Angebote informiert. Unterstützt wird er von Monitoren, die ebenfalls die Tagesangebote auflisten. Die Liste ist so erschreckend lang, dass die persönliche Hilfe des Mannes von uns Anstehenden nur allzu gerne in Anspruch genommen wird. Ich bin mir noch immer unsicher, welche Show ich mir ansehen möchte. Ich entscheide mich für die Veranstaltung, deren Preis noch halbwegs im Rahmen bleibt und bei der ich zudem noch einen ordentlichen Sitzplatz bekomme. Es ist die im New York-New York beheimatete Show des Cirque du Soleil: »Zumanity«. Für 80 Dollar bin ich heute Abend mit dabei. Yeah. Bei Tix4Tonight bekomme ich einen Voucher, den ich an der Theaterkasse noch gegen ein reguläres Ticket umtauschen muss.
Auf meinem Weg zum New York-New York schaue ich mir noch das Mirage an, das sich thematisch an Französisch-Polynesien orientiert.

The Mirage

Das seinerzeit mit 630 Millionen Dollar Baukosten teuerste Hotelkasino der Welt ist ein weiterer propellerförmig gebauter Komplex. Die Fensterscheiben sind mit Goldstaub getönt und von den oberen fünf Stockwerken prangt stolz die Werbung für die seit 2006 im Mirage aufgeführte Beatles-Show »Love« des Cirque du Soleil. Von 1990 bis 2003 waren Siegfried & Roy für die abendliche Unterhaltung zuständig. Nachdem Roy an seinem Geburtstag 2003 jedoch auf der Bühne von einem seiner weißen Tiger gebissen wurde, musste die Show, die nur zwei Jahre zuvor einen Vertrag auf Lebzeiten erhalten hatte, für immer beendet werden.
Das 1989 von Steve Wynn erbaute erste Luxusressort der Stadt wurde 2000

für 4,4 Milliarden Dollar – plus zwei Milliarden Schulden – an MGM Resorts International verkauft. Das Mirage bietet 3044 Zimmer und 9300 m² Kasinofläche. Hinzu kommen noch ein 16 Meter langes Aquarium an der Rezeption, eine Beatles-Lounge, jede Menge Palmen und ein künstlicher Vulkan, der täglich zu jeder vollen Stunde zwischen 20 Uhr und Mitternacht vor dem Hotel mit Piña-Colada-Aroma »ausbricht«. Das Aroma wurde dem Gas beigemischt, um unschöne Gerüche während der gefälschten Eruption zu vermeiden. In Siegfried & Roys »Secret Garden and Dolphin Habitat« kann man die arbeitslosen weißen Tiger und einige Delfine in ihrer unnatürlichen Umgebung beschauen.

Ich schaue mir das Mirage nur kurz an, da ich schnell mein Showticket abholen möchte. Ich gebe die Hoffnung nicht auf, dass Ken sich doch noch bei mir meldet. In diesem Fall müsste ich schnellstens meinen Rucksack abholen, da die Show bereits um halb acht beginnt. Das sind jetzt schon nur noch knapp fünf Stunden. Mein Zeitfenster für die Aktion ist also bereits stark eingeschränkt. Vorbei am 1996 eröffneten neoklassizistischen Monte Carlo, in dem die »Blue Man Group« residiert, geht es zurück ins New York-New York. Ich hole mein Ticket ab und erhalte endlich eine Antwort von meinem fantastischen Gastgeber. Es ist bereits nach drei, womit mir das Risiko zu hoch ist, die Show zu verpassen. Schließlich wäre ich auch auf Kens Wohlwollen angewiesen, mich wieder direkt zum Westcliff Transit Center zurückzukutschieren. Scheiß auf ihn. Mache ich eben noch eine Nacht durch. Rock und Roll.

Ich setze mich in irgendeinen Bus und fahre ein paar Stationen in Richtung Westen. Ich möchte mir Las Vegas ein wenig abseits des Strip anschauen. Im Bus fährt ein kleiner Headbanger mit seinem Kumpel mit. Die beiden dürften so um die 15 Jahre alt sein. Obwohl keine Musik läuft, schwingt der Nachwuchs-Metaller schön seinen Kopf hin und her. Die Jungs unterhalten sich über Mode im Allgemeinen und den besonderen Style zweier Mitschüler im Speziellen. Metaller in Vegas sind also offensichtlich eher *fashion victims* und keine (Bier-)Bauern wie bei uns.

Mir wird aber schnell klar, dass es jenseits des Strip nichts Sehenswertes gibt, weshalb ich doch wieder recht zügig aussteige und stattdessen den Ausblick auf den Strip von dessen »Rückseite« genieße. Der Strip ist ganze 6,8 Kilometer lang. Den Beweis dafür, wie lange man ihn nonstop von Kasino zu Kasino entlangtingeln kann, liefere ich mir derzeit selbst. Und ich bin noch nicht einmal durch.

Ich lande bei einer Lagerhalle, vor der in einem schattigen Eck ein runder Tisch samt Bank wie für mich bereitsteht. Ich überlege gerade, ob die Halle das ist, was ich denke, als sich auch schon ein Mädel zu mir setzt, um ihre Kippenpause mit mir zu verbringen. Sie bestätigt meine Vermutung: The Range 702, so der Name der Halle, ist Nevadas größte Schießanlage, in der man so ziemlich jede

Schusswaffe dieser Welt abfeuern kann. Oha. Ist ja klasse. Ich wollte schon immer mal mit einer Uzi spielen. Sie erzählt mir noch, wie sehr sie ihren Job liebt, während ich innerlich bereits mein: »Nein, danke«, vorbereite. Dann ist ihre Kippe auch schon fertig geraucht und ich wieder in Aufbruchstimmung, weshalb ich ohne eine Kalashnikov abgefeuert zu haben, weiter in Richtung CityCenter zurückmarschiere. Als ich die Interstate 15 überquere, geht hinter mir die Sonne wieder einmal filmreif zwischen zwei Hochhäusern unter. Zeit zum Abendessen. Ich setze mich im New York-New York an einen Tisch der Broadway Burger Bar und warte vergeblich auf die Kellnerin, die auch auf mein Winken nicht reagiert. Mir gegenüber sitzt eine Frau, die Ende 40 sein dürfte, und sich köstlich darüber amüsiert, wie ich ignoriert werde. Ich schaue sie wehleidig an und zucke mit meinen Schultern, woraufhin sie mir lächelnd den Platz neben sich anbietet: »She will serve you«, sagt sie und zeigt auf die Barkeeperin. Konversation und eine Angestellte, die meine Bestellung aufnimmt: Das sind Mörderargumente. Heather kommt aus Texas, wohnt im New York-New York, liebt Las Vegas, ist froh geschieden zu sein, will nie wieder heiraten, dafür aber heute Nacht feiern und tanzen – mit mir. Ich lasse sie wissen, dass ich in wenigen Minuten zum Cirque du Soleil gehe, danach aber gerne mit ihr tanzen und feiern gehe. Ich erzähle ihr von meiner Reise, meinem Leben und dass ich schon seit nunmehr ... Moment ... 37 Stunden auf den Beinen bin. Sie fragt mich berechtigterweise, auf welchen Drogen ich bin, was ich souverän mit: »Entdeckungsdrang, Abenteuerlust, Adrenalin ... Gras und Alkohol«, beantworte. Das findet sie ziemlich cool ... wenn nicht sogar *hot*. Ja, ich glaube jetzt flirtet sie endgültig mit mir. Kleine Rauchwolken poppen plötzlich auf meinen Schultern auf und ein Engelchen und ein Teufelchen schauen mich erwartungsvoll an.
»Ich habe nichts gemacht«, erkläre ich prompt und stelle fest, dass die beiden wie meine Mutter aussehen: »Mama?«
»Auf einem alten Gaul lernt man reiten«, beschwört mich die Mama mit den Hörnern und dem Dreizack.
»Den Spruch kenne ich schon«, entgegne ich gelassen. »Den hast du schon gebracht, als ich mich als 17-jähriger Tauchlehrer auf Mallorca vollkommen unschuldig mit der 30-jährigen Rezeptionistin unterhalten habe.«
Puff, der Teufel ist verschwunden. Ich drehe meinen Kopf zur Mama mit den weißen Flügeln.
»Du solltest mal schlafen gehen, Schatz.«
»Wie soll ich denn das jetzt verstehen?«
Puff!
Die hübsche Heather fragt mich, ob ich schon die »Fountains of Bellagio« gesehen habe. Ich verneine. Sie schreibt mir ihre Nummer auf und schlägt mir vor, dass wir uns um Mitternacht dort treffen. Dann küsst sie mich zärtlich auf die Wange und wünscht mir viel Spaß bei »Zumanity«. Halleluja, Miss Robinson!

Wenig später sitze ich im Theatersaal. Die Vorführung ist nicht jugendfrei, da es nackte Haut zu sehen gibt und dreckige Witze gerissen werden. Die nicht immer witzigen Zoten nehmen den größten Teil der Revue ein. Die großartige Akrobatik kommt meiner Meinung nach leider zu kurz. Höchst unterhaltsam ist indes das Publikum, welches bei manchen Nummern miteinbezogen wird. Ein Mann beißt einem Darsteller eine Banane ab, die natürlich aus seiner Hose kommt, und eine Frau wird für eine Art Orgie auf die Bühne geholt. Ist sie am Anfang noch peinlich berührt und lässt sich nur widerwillig auf die Bretter zerren, haben die Verantwortlichen später richtigen Stress, die dicke Dame wieder von ihren gestählten Darstellern herunterzubekommen. Zwischendurch bekommt die Frau immer mal wieder ein Mikrofon unter die Nase gedrückt, um von ihrem Befinden zu berichten. Mehr als ein immer lüsterner werdendes Lachen und Stöhnen bekommt sie jedoch nie heraus. Die Menge jubelt, lacht und feiert, was zu einer wirklich tollen Atmosphäre im Saal beiträgt. Nein, es macht wirklich Spaß, erfüllt meine Erwartungen dennoch nicht ganz. Das kann aber auch daran liegen, dass mein Körper rebelliert und mich ständig die Müdigkeit übermannt. Mir fallen nicht nur einmal für wenige Sekunden die Augen zu.

Als die Show endet, wandere ich ausgeruhter als zuvor in Richtung Bellagio. Ich kenne das Wasserspektakel bisher nur aus der finalen Szene aus »Ocean's Eleven«, wo sie bereits sehr beeindruckend rüberkommt. Ich bin also gespannt. Es haben sich bereits viele Menschen zur Mitternachtsshow versammelt. Heather kann ich folgerichtig nicht finden und der Akku meines Telefons lässt es auch nicht zu, mehr als eine SMS zu schreiben und nur kurz auf Antwort zu warten. Die Musik beginnt und der See leuchtet auf. Zu »Singin' in the Rain« schießt das Wasser rhythmisch in die Höhe. Die Fontänen können bis zu 140 Meter hoch in den Himmel jagen. Unfassbar. Die Menge – mich einberechnet – ist begeistert. Es ist einfach nur wunderschön und schwer romantisch.

Die Show ist vorbei und eine weitere lange Nacht steht mir bevor. Also schlendere ich besser mal ins nächste Kasino und bestelle mir eine Bloody Mary, bevor ich wieder vollkommen nüchtern werde …

**Meine Flucht vor Jim Carreys bösem Zwilling ins böse Musical: »Evil Dead«
Tag 71: Samstag, 19. Januar 2013**

Meinen Alkoholpegel erfolgreich aufrecht zu erhalten gelingt mir problemlos. Mit Bill's Gambling Hall & Saloon entdecke ich einen recht coolen Laden mit Livemusik. Ich bin scheiß müde und tue so, als würde ich Tennis gucken. Somit kann ich meinen ergatterten Sessel zur Wand mit den Fernsehern drehen und falle nicht gleich als Abkacker auf. Ich schlafe so vermutlich eine gute Stunde, bis mich zwei von der Security wecken: »You're too tired to stay here, Sir.«

Ich springe sofort und mit vermutlich ziemlich geschockt irritiertem Blick auf und verlasse den Laden umgehend. Ich spüre sehr schnell, dass mein Körper gerne weiterschlafen würde. Daher schleppe ich mich ins Riviera und pflanze mich auf einen Sessel der Sportwettensektion. Da bei den Sportwetten des Öfteren die Leute einfach einschlafen, sollte ich auch hier nicht sofort auffallen. Mir hingegen fällt umgehend auf, dass um mich herum noch wenigstens zwei andere tatsächlich Obdachlose dieselbe Idee verfolgen. Zu dritt schlafen wir also eine Runde, bis schließlich wieder die Security um uns herumsteht und mich und die beiden anderen »Penner« rausschmeißt. Ach, aber das tat gut. Die Nacht ist vorbei als ich im Riviera auf die Waffenausstellung der NRA stoße. Die Waffenfreunde bieten freien Eintritt in ihre Knarren- und Messerausstellung – wenn man spontan Mitglied wird.
Apropos erschießen: Ich probiere abermals mein Glück bei Ken. Erstaunlicherweise erhalte ich – obwohl es noch sehr früh am Tag ist – eine schnelle Antwort. Ich kann zum Westcliff Transit Center kommen. Er holt mich ab. Endlich. Mein 3-Tages-Ticket ist heute Morgen um sechs Uhr abgelaufen. Verdammt. Ich habe keine Lust, mir ein neues Ticket zu kaufen und ziehe einfach mein Ticket mit souveränem Blick, als wäre es noch gültig, durch das Lesegerät. Das übliche Geräusch, das ertönt, wenn ein valides Ticket durch die Maschine gezogen wird, bleibt bei mir aus. Stattdessen fiepst der fiese Ton der Ungültigkeit aus dem Gerät. Die Busfahrerin scheint aber abgelenkt oder gegenüber dieses grässlichen Tons immun zu sein und reagiert in keiner Weise. Grandios, ich fahre kostenlos.
Als ich am Westcliff Transit Center ankomme, textet mir Ken lakonisch und emotionslos: »At the parking lot.«
Ken öffnet mir die Autotür, redet wieder bescheuert mit seinem Hund Dilbert und grinst mich in bester Ace-Ventura-Manier an. Er tut so als sei nichts gewesen. Ich fühle mich derweil wie ein kleiner Bub, der von Papa vom Fußballtraining abgeholt wird, nachdem er Scheiße gebaut hat. Papa will mit seinem übertrieben gut gelaunten Verhalten an das schlechte Gewissen des Kleinen appellieren und ihm so eine Entschuldigung oder was auch immer rauspressen. Da ich aber kein schlechtes Gewissen habe, da ich in meinen Augen nichts falsch gemacht habe, entfleucht mir nichts. Jim Carreys *evil twin* zieht seine verwirrende Taktik aber eiskalt durch und gibt mir ebendieses Gefühl. Ekelhaft.
»Did you have some nice *days*?«
Ich habe keine große Lust mit ihm zu kommunizieren und erzähle ihm nicht, dass ich rein körperlich mittlerweile auf dem Zahnfleisch laufe: »Yes.«
An Kens Rückspiegel hängt ein Rosenkranz. Der ist mir vorher gar nicht aufgefallen. Vielleicht hat er den auch nur für mich und diese Fahrt aufgehängt. Soll ich beichten? Um Vergebung bitten? Er erzählt mir, dass der Rosenkranz aus einem echten katholischen Kloster kommt und nicht an irgendeinem Straßenstand erworben wurde. Wahnsinn. Er hat den Priester gefragt, ob er noch einen

weiteren Rosenkranz für seine krebskranke Freundin bekommen kann. Klaro. Nun hängt also ein echter katholischer Glasrosenkranz über dem Bett der Erkrankten. Niemand darf das Kettchen anfassen und sie glaubt daran.
»She's much better now. Positive thinking, you know«, spricht er in seiner typischen »tiefgründigen« Art, bei der es einem eiskalt den Rücken runterläuft. Das Couchsurfing-Treffen auf dem er war, war weit weg von Downtown, irgendwo in einem Randbezirk. Und ich frage mich erneut, wie ich da je hätte hinkommen sollen.
Natürlich fahren wir nicht direkt zu Ken nach Hause. Da er mich nicht fragt, kann er ja auch nicht wissen, dass ich zwei Nächte nicht geschlafen habe. Nein, wir müssen erst mal Gras kaufen gehen. Da er aber diesen Monat noch kein Geld bekommen hat, müssen wir erst einmal zu seinen Freunden fahren – einem Pärchen: Sie hat Krebs und einen echten katholischen Rosenkranz. Ich werde nicht gefragt, ob ich im Auto bleiben oder mitkommen möchte. Also bewachen Dilbert und ich Herrchens Auto. Ich setze mich auf den Bordstein und lüfte meine über 50 Stunden nonstop getragenen Schuhe und Socken. Im Umkreis von drei Blocks verbiegen sich die Bäume, Blumen verwelken. Als Ken zurückkommt, erklärt er mir, dass seine Freunde ihm ihre Kreditkarte anvertraut haben: »I would never give my credit card to anybody«, sagt er und freut sich diebisch. »They seem to trust me.«
Es sind seine *Freunde*, denke ich mir und bezweifle nicht zum ersten Mal, dass Ken auch die Fähigkeit besitzt, ein netter Mensch zu sein. An einem *ATM Drive Up* von Wells Fargo, also einem Geldautomaten, den man mit dem Auto anfährt, hebt Ken das Geld für sein Gras ab. Sachen gibt's. Aber hatten wir so eine Vorrichtung nicht auch mal in meinem Heimatstädtchen Alzey? Ich habe so etwas auf jeden Fall noch nie in meinem Leben gesehen … nur in Las Vegas und in Alzey. Ähm … ja. Ken wird plötzlich nachdenklich und ernst. Mit um Fassung ringender Stimme erzählt er mir von einem Mord, bei dem die Mörder in ein Hotel eindrangen und eine Frau ermordeten. Die Mörder seien auf den Überwachungskameras zu sehen. Es müsste so leicht sein, sie zu überführen. Ich kann ihm nicht folgen und frage ihn, wovon er da redet. Wurde in Vegas eine Frau in ihrem Hotelzimmer ermordet, als ich einen auf Odysseus gemacht habe? Was habe ich denn da nicht mitbekommen?
»I'm talking about Whitney«, schaut er mich verwundert an.
Ach so. Ja, ich Depp … wovon sollte er auch sonst palavern?
Kens nächste tolle Geschichte handelt von einer Lehrerin aus seinem Kollegium, mit der er eine Affäre hatte. Sie ist die Frau seines besten Freundes – seines ehemals besten Freundes. Denn der Gehörnte mag Ken nicht mehr. Welch Wunder. Philanthrop Ken mag im Gegenzug auch ihn nicht mehr. Dafür aber die *titties* von dessen Frau. Irgendwann wird sie den Arsch verlassen, träumt er, um sich dann nur noch von ihm durchnudeln zu lassen. Was für ein Widerling. Als ich denke, dass er da keinen mehr draufsetzen kann, bietet mir mein neuer

Lieblingsmensch an, noch etwas länger bei ihm bleiben zu können. Der Typ hat sie doch nicht mehr alle! Erst schmeißt er mich raus, lässt mich ohne meine Sachen und eine Beschreibung, wie ich zu seinem Haus zurückfinde, zwei Tage und Nächte durch Vegas gammeln und dreht es sich danach auch noch so zurecht, als hätte ich das Ganze forciert. Nein, ich will nicht noch länger bei ihm bleiben und lehne höflich dankend ab. Ob er mich um 17 Uhr nach Downtown fahren soll, möchte er wissen, während er seine Haustür aufschließt. Er müsste sowieso in die City, da er sich mit einem anderen Couchsurfer trifft. 17 Uhr? Nein, ich möchte schnellstens wieder weg, wenn's recht ist. Ich gehe duschen, putze mir die Zähne, gehe kurz ins Internet, leere die Speicherkarte der Kamera, lade die Akkus sämtlicher Elektrogeräte auf, packe mein Zeug zusammen und bearbeite meine Füße: Ich habe Blasen auf meinen Blasen!

Ken fährt mich zurück zum Westcliff Transit Center. Geschlafen habe ich noch immer nicht. Auf dem Parkplatz verabschiedet mich Ken mit weisen Worten, bei denen ich wieder mal beispiellose Körperkontrolle beweise – andere würden kotzen: »Couchsurfing is about communicating, doing something together.«

Hallo? Ich habe es doch ständig versucht! Er ist ja an seinem Partywochenende nicht rausgekommen beziehungsweise geht auf ein Treffen, das ich ohne seine Hilfe oder das Internet nicht finden kann. Er hätte ja auch nach Downtown oder auf den Strip kommen können. Dann hätte ich auch mit nach Hause gekonnt und wäre mal zum Schlafen, Duschen und zum Wechseln meiner Unterwäsche gekommen. Spacko. Zu guter Letzt trägt er noch einmal richtig dick auf: »But I'm not angry with you.«

Ja, ich wüsste auch nicht weshalb er mit mir ... Er wiegt behutsam seinen Kopf hin und her und verdreht dabei seine Augen zu einem mehr als seltsamen Hundeblick. Soll ich ihn jetzt streicheln und ein Küsschen geben? Ich denke, er vergibt mir in diesem Moment meine Sünden. Ich fühle mich gleich viel besser. Und tschüss!

Ich versuche – wie schon auf der Hinfahrt – einfach mit abgeklärter Bedienung des Ticketlesegeräts lässig die Schwelle in den Passagierbereich des Busses zu überwinden. Dieser Busfahrer ist jedoch aufmerksamer: »Do it again, please. Slower.«

Verdammt. Also noch einmal mit aller Gelassenheit.

»You're expired.«

Ich bin ... geschockt: »Oh, it's six *a.m.* not p.m.? Damn ...«

Der Fahrer greift über seinen Stuhl und greift nach etwas: »Try this one.«

Hä?

»It's my test ticket.«

Hä?

»You can have it.«

Echt jetzt? Ich bekomme vom Busfahrer ein Tagesticket geschenkt? Was für ein äußerst cooler Typ! Serendipity und Rock und Roll!

Gegen 15 Uhr bin ich wieder in Downtown. Ich mache einen Abstecher durch die Fremont Street Experience und schlendere an der Wee Kirk Wedding Chapel vorbei. Die niedliche, weiß und lila gestrichene Holzkapelle gibt es seit 1940, womit sie Las Vegas' älteste Hochzeitskapelle darstellt. Als Nächstes steht der Stratosphere Tower auf dem Programm.

Stratosphere Tower

Das Nebengebäude des Turms ist ein Hotelkasino mit 2427 Gästezimmern und 7400 m² Kasinofläche. Von den ganzen Kasino-Hotels des Strip ist der Stratosphere Tower übrigens das Einzige, das sich tatsächlich in Las Vegas und nicht in Paradise oder in Winchester befindet. Man kann sich aber auch darüber streiten, ob es sich um den Las Vegas Boulevard, nördlich der Sahara Avenue, überhaupt noch um den Strip handelt oder ob dies bereits Downtown ist.
Bob Stupak, ein Poker spielender Unternehmer und Kasinobetreiber, konzipierte den Turm einst als das höchste frei stehende Bauwerk der Welt, welches zu jenem Zeitpunkt noch Torontos CN Tower war. Wie auch schon bei der Eiffelturm-Replik wurde jedoch auch Stupak von der Luftfahrtaufsichtsbehörde ein Strich durch die Rechnung gemacht. Mit 350 Metern ist der 1996 erbaute Stratosphere Tower das höchste Bauwerk der Stadt. In den Staaten ist er zudem der höchste frei stehende Aussichtsturm. Las Vegas wäre nicht Las Vegas, wenn die Aussichtsplattform einfach nur eine Aussichtsplattform wäre. Nein, auf dem Stratosphere Tower schaut man nicht nur schön in die Landschaft, sondern gibt sich auch dem Nervenkitzel hin. Hierfür sorgen vier Attraktionen: Da wäre zunächst der »Big Shot«, bei dem man mit einer Spitzengeschwindigkeit von 72 km/h fast 50 Meter senkrecht nach oben geschossen wird. Auf 281 Höhenmetern beginnend, ist er das höchste Fahrgeschäft der Welt. Der zweithöchste *thrill ride* nennt sich »Insanity«. Am ehesten lässt sich diese kranke Geschichte noch mit einem Kettenkarussell vergleichen, bei dem sich das Karussell über den Rand des Turmes bewegt und die Mitfahrenden in 270 Metern Höhe bei gut 65 km/h im Kreis rotieren lässt. 2005 ging gleich zweimal etwas schief, was zur Folge hatte, dass die Fahrgäste für nahezu 90 Minuten in der Luft hingen. Passiert ist glücklicherweise niemandem etwas. Kaum zu glauben, aber wahr: Auch das dritthöchste Fahrgeschäft der Welt befindet sich auf dem Stratosphere Tower: Beim »X-Scream« schießen die Adrenalinjunkies auf einer 20 Meter langen Schiene dem Abgrund entgegen beziehungsweise sogar acht Meter darüber hinaus. Sobald man denkt, dass die Zeit zum letzten Gebet gekommen ist, bremst der Wagen. Die Schiene hebt sich wie eine Wippe an, woraufhin man den gleichen Spaß noch einmal rückwärts mitmachen darf. Damit es sich noch ein wenig nach Fehlfunktion und echter Gefahr anfühlt, ruckelt der Wagen zusätzlich noch ein bisschen. Last, but not least gibt es noch den »SkyJump«, bei dem man von der Aussichtsplattform, an einem Seil hängend, den Turm hinab-

> springt und unten wieder landet. Guess what: Einen höheren kommerziell betriebenen Absturz gibt es nirgendwo. Seit der Erbauung des Turms haben fünf Menschen freiwillig auf das Seil verzichtet ... und somit 110 Dollar gespart. Die Achterbahn, bei der sich die 13-jährige »Bad Ass Cari« fast ins Höschen gepieselt hätte, gibt es indes nicht mehr.

Um auf den Turm zu gelangen, muss man notabene 18 Dollar blechen. Die Fahrattraktionen auf der Aussichtsplattform kosten natürlich noch einmal extra. Da ich gestern bereits so viel Geld für »Zumanity« ausgegeben habe und für heute Abend auch schon einen etwas teureren Plan habe, spare ich mir die Fahrt auf die Aussichtsplattform und gehe lieber neben dem Turm in einem abgeschmackten Asia-Restaurant mit Spielautomaten etwas essen. Man kann hier dem Glücksspiel einfach nicht entkommen. Während ich am Schmatzen bin, telefoniere ich über eine Stunde lang mit Cari. Sie hat heute eine Audition als Karaoke-Host. Ich drücke ihr die Daumen, dass sie den Job bekommt, und mir, dass sie noch nicht sofort anfängt zu arbeiten, sondern genug Zeit findet, um zu mir zu stoßen.

Ich passiere den Bonanza Gift & Souvenir Shop, der sich selbst als den »World's Largest Gift Shop« bezeichnet. Auf 3700 m² kann man sich jeden Ramsch kaufen, den man sich als Tourist nur vorstellen kann. Den Geschenkartikelladen gibt es seit 1980, der weltgrößte ist er aber nicht. Wenig später komme ich am nördlich des Riviera gelegenen Fontainebleau Resort Hotel vorbei, das nach dem Stratosphere Tower gegenwärtig das höchste Bauwerk der Stadt ist.

Fontainebleau Resort Hotel

Mit dem Bau des Resorts wurde 2007 begonnen. Ende 2009 erreichte das Objekt mit 224 Metern seine geplante Höhe. Auch die Fassade wurde zu großen Teilen installiert, bevor der Bau im Frühjahr 2010 gestoppt und bis heute nicht mehr fortgeführt wurde. Deswegen gilt das Palazzo nach wie vor als das höchste Gebäude in Las Vegas. Auf dem Dach des Milliardengrabs stehen nach wie vor zwei Baukräne. Zukunft: ungewiss.

Mit dem *Deuce* fahre ich zur Fashion Show Mall, um mir bei Tix4Tonight ein Ticket für »Evil Dead: The Musical« zu kaufen. Als ich den Bus besteige, bekomme ich noch das Ende einer merkwürdigen Konversation zwischen dem Fahrer und einem Fahrgast mit.
»Are you going to call the police?«, fragt der Gast.
»No.«
Der Mann verlässt daraufhin den Bus. Ich positioniere mich derweil an der hinteren Tür, als in diesem Moment der Typ plötzlich wieder vor mir steht und mir ein Zeichen gibt, dass ich bloß nicht weitergehen soll. Ich bleibe stehen, worauf

er gebückt auf die Stelle hinter der letzten Sitzreihe vor der Tür schleicht. Da will einer offensichtlich auf Teufel komm raus umsonst mitfahren. Dumm nur, dass der Busfahrer Kameras hat. Vollkommen entnervt steht der Fahrer auf und brüllt: »Ey!«

Der Schwarzfahrer springt erschrocken auf und verlässt fluchend und wild gestikulierend den Bus. Nun sitzt er wie ein heulendes Kind auf dem Boden vor einem Werbeschild. Hätte er es mal besser so wie ich gemacht. Ich alter Charmebolzen, ich.

Ich kaufe mir für 36 Dollar mein Ticket für das Splatter-Musical, was die beiden Angestellten in Verzückung versetzt: »It's hilarious! You will love it.«

Ich frage mich, ob die beiden die Show überhaupt jemals gesehen haben. Also erkundige ich mich ganz nonchalant.

»Yes, sure! It's great!«

Gemeinsam freuen wir uns noch eine Runde, was die Leute in der Schlange hinter mir sicherlich dazu animiert, ihre gefassten Pläne noch einmal zu überdenken: »Celine Dion? Ach was, ich hätte gerne dasselbe wie der Kerl mit dem dicken Rucksack.«

»Einmal Kettensäge und Blutgespritze also ...«

Man empfiehlt mir, für weitere zehn Dollar in die *Splatter Zone* upzugraden. Ich weiß leider noch nicht, wo ich heute Nacht schlafen und wie ich nach der Splatter Zone aussehen werde. Die beiden bestätigen mir, dass ich danach wohl sehr nass sein dürfte. Bevor ich in der kalten Nacht eine Lungenentzündung riskiere und am Ende vielleicht auch – blutüberströmt – nicht vom Busfahrer mitgenommen werde, verzichte ich schweren Herzens lieber auf den Spaß. Die beiden sind locker drauf, also frage ich sie, ob sie preiswerte Hostels kennen. Für die Suche nach einem neuen Couchsurfer ist die Zeit zu knapp, auch wenn das Musical erst um 23:30 Uhr beginnt. Sie empfehlen mir das Hostel Cat, das die preiswertesten Betten der Stadt anbietet. Klingt super.

Um 19 Uhr sitze ich im Starbucks. Ich teile mir den Tisch mit zwei Arbeitslosen, die sich – soeben erst kennengelernt – schnell politisch und somit auch auf menschlicher Ebene sehr sympathisch sind. Sean ist ein Securitymann in meinem Alter, der umschulen will. Der andere Kollege ist Schriftsteller. Er hat 15 Jahre für Anwälte gearbeitet. Nächste Woche versucht er sein Glück in Los Angeles. Er erinnert mich an Brian. Auch er hustet ständig sehr laut und schräg. Er scheint mir ebenso ein sehr intelligenter Zeitgenosse zu sein; einer von jenen, denen man es nicht unbedingt ansieht. Er hat Journalismus studiert und findet es ganz okay in Las Vegas zu leben. Lediglich die Frauen sind scheiße, weil sie alle dumm sind. Kellnerin, Barkeeperin, Tänzerin, Dealerin ... Das sind die einzigen Jobs hier! In Vegas leben seiner Meinung nach nur Frauen, die nur die Highschool beendet haben. Aber keine von ihnen war je auf einer Universität. Ich lasse die beiden weiter schwadronieren und schaue auf airbnb.com nach dem Hostel Cat. Da ich bei einer Buchung über die Website erst auf eine Reaktion des Hostels warten muss, beschließe ich, lieber direkt dorthin zu fahren. Das Hostel befindet sich auf dem Strip. Damit hätte ich nicht gerechnet. Es liegt zwischen dem Las Vegas Boulevard und der 4th Street, einen knappen Kilometer nördlich des Stratosphere Tower. Die Nacht im Sechsbettzimmer kostet 18 Dollar zuzüglich zehn Dollar Pfand. Mir gefällt das Hostel auf Anhieb. Neben der Rezeption befindet sich die Küche. Dahinter kommt der Aufenthaltsraum. Um zu den im ummauerten Hof gelegenen Bungalows zu gelangen, verlässt man das Gebäude durch die Hintertür. An der Tür zum Hof gebe ich den erhaltenen Zahlencode ein und suche den Bungalow, in dem ich übernachten werde. Die Hofmauern und die Bungalows sind mit bunten Graffitis verziert. Die Türen sind mit den Flaggen diverser Nationen bepinselt. Schaut man über die Mauer in Richtung Süden, grüßt einen die große Werbetafel des Nachbargrundstücks: »Strippers« ist darauf zu lesen.

Ich lege meinen Rucksack ab und mache mich kurz darauf schon wieder auf den Weg in Richtung Planet Hollywood Resort & Casino, wo das Musical beheimatet ist. Auf dem Weg zum Bus komme ich an der Chapel of the Flowers vorbei, die zur ersten Kapelle wurde, die anfing, Hochzeiten als Live-Stream über das Internet anzubieten. Wenn man es als geladener Gast nicht persönlich zur Zeremonie schafft, bietet die kleine Kirche gar die »Skype Wedding« an, bei der bis zu vier Gäste via Skype die Zeremonie verfolgen können. Kein Witz. Las Vegas' Rushhour ist offensichtlich um 22 Uhr. Es dauert eine dreiviertel Stunde, bis ich endlich am Planet Hollywood ankomme.

Planet Hollywood, formerly known as The Aladdin

Das Planet Hollywood öffnete 2007. Wieder einmal musste ein anderes Hotel per Implosion weichen: 1963 als Tally-Ho eröffnet, hieß es kurz King's Crown, bevor es von 1966 bis 1998 als The Aladdin bekannt war. 1967 ehelichte Elvis Presley seine Priscilla im Aladdin und 1981 gaben Iron Maiden darin ihr allererstes US-Konzert. Nach dem Wiederaufbau hieß das Hotel von 2000 an The New Aladdin. Es dauerte nur drei Jahre und schon war das Hotel pleite, was nicht nur daran lag, dass professionelle Spieler das Kasino am Eröffnungswochenende dank der unerfahrenen Angestellten böse schröpften. Die ikonische Wunderlampe, die früher das Hotel zierte, steht nun in der Fremont Street. Das heutige Hotel verfügt über 2600 Gästezimmer. Auf 9300 m² wird gezockt und auf über 44.000 m² in der 1,9 Kilometer langen Passage der Miracle Mile Shops konsumiert. In der Miracle Mile, deren Decke ein weiteres Mal wie ein Himmel gestaltet ist, befindet sich auch das V Theater, in dem das Musical und auch noch reichlich weitere Shows stattfinden.

Vor dem Theater sitzen bereits andere blutrünstige Gäste und warten darauf, dass das Theater seine Pforten öffnet. Schon durch die Art des Wartens wirkt die Show wesentlich alternativer als normale Musicals. Es fühlt sich eher an, als würde man auf den Einlass zu einem Konzert harren. Ich bin ja so gespannt! Auf einem Warnhinweis steht, dass man auch außerhalb der Splatter Zone was abbekommen könnte. Es wird daher empfohlen, sich für vier Dollar einen Schutzponcho zu holen. In der Splatter Zone sind die Ponchos verboten. Danach wird das Schild höchst amüsant. Da wäre zunächst der Hinweis auf möglicherweise vorkommende Kraftausdrücke: »Get over it. This ain't Cirque du f***in' Soleil.« Danach wird noch darauf hingewiesen, dass das Filmen oder Fotografieren der Show mit Konfiszierung und Löschung bestraft wird. Doch dabei bleibt es nicht. Die Macher der Show sind knallhart: »Any personal porn collected will be posted online.«

Ein paar wild fluchende Dämonen rücken an und lassen uns Wartende mit geifernden Stimmen wissen, dass sie die *fuckin'* Türen gleich öffnen werden und man sich ja schon mal *fuckin'* anstellen kann. Die Dämonen kontrollieren die Karten und jubeln jedes Mal laut, wenn jemand mit einem Ticket für die Splatter Zone vor ihnen steht. Diese Helden bekommen ein T-Shirt überreicht, das ihre Klamotten vor den schlimmsten Blutflecken schützen soll. Laut Werbung verspritzen sie davon eine ganze Menge. Ob da so ein schlaffes T-Shirt groß was nützt? Ich wage es zu bezweifeln. Mir gefällt das Anstehen. Die Reaktionen der ständig fluchenden Dämonen auf Menschen der Splatter Zone ist urkomisch und ich fühle mich schon fast ein bisschen uncool. Dementsprechend verspüre ich mehr und mehr den Drang in mir, auch ins Blutbad zu wechseln. Denn wenn das Schlangestehen schon so viel Spaß macht, wie genial muss es dann erst in der Splatter Zone sein? Mal überlegen: Ich habe heute Nacht ein Dach über dem Kopf. Erfrieren muss ich also schon mal nicht. Das Hostel ist allerdings gut sechs Kilometer vom Planet Hollywood entfernt. Wenn mich kein Busfahrer mitnehmen sollte ... Wenn, wenn, wenn. Schwachsinn: Mein zweiter Name ist Serendipity! Natürlich werde ich nicht pitschnass sechs Kilometer zu meinem Bett marschieren müssen. Überredet. Ich gehe noch einmal zu dem Dämon, der bereits meine Karte abgerissen hat, und frage, ob ich noch einmal schnell zur Kasse gehen kann.

»Sure, you little fuck!«

Nice.

Ich lasse die Dame hinterm Tresen wissen, dass ich ein krasser Typ bin und heute Nacht in Blut baden möchte. Sie gibt mir daraufhin ihre Handynummer. Quatsch. Sie lässt mich wissen, dass das Upgrade 20 Dollar kostet. Um es in der allgegenwärtigen Sprache zu formulieren: *Fuck*. Hätte ich schon bei Tix4Tonight die Splatter Zone gebucht, hätte es nur einen Zehner gekostet. Hätte, hätte, Sägekette: Ich mach's ... und bekomme den Rabatt, als ich frage, ob ich auch nur zehn zahlen kann, da ich mein Ticket bei Tix4Tonight gekauft habe. Geiler Scheiß! Mit meinem Upgrade schlendere ich breitbeinig zum Dämon zurück und halte ihm mein neues Ticket unter die verweste Nase.

»Al-fuckin'-right, we've got a real man here!« Er drückt mir ein viel zu großes T-Shirt in die Hand: »Enjoy the fuckin' show!«
»Fuck yeah!«, antworte ich gerührt und mit Tränen in den Augen, als mich ein anderer Dämon zur VIP-Bar führt, wo kein kostenloser Drink auf mich wartet. Scheiß knausrige Höllenhunde. Nach einiger Zeit des Wartens werden wir in den ziemlich dunklen und auch recht kleinen Theatersaal geführt. Auf Stühlen, die speziell für die Show direkt vor der Bühne auf einer Plastikplane aufgestellt wurden, werden wir auf das Bevorstehende instruiert. Ich sitze zentral in der ersten Reihe. Fett. Der Kartenabreißer stellt uns zunächst den Fotografen Don vor, der angeblich ein verdammtes Arschloch ist und von uns daher immer schön mit gestrecktem Mittelfinger und: »Fuck you, Don!«, angemacht werden soll. Habe ich schon erwähnt, dass das Musical keine Jugendfreigabe hat? Er erklärt uns weiterhin, dass wir einen *fuckin'* Fehler begangen haben und heute scheiße viel Blut abbekommen werden. 40 Gallonen, um genau zu sein. *150 Liter?* Alter Walter. All unsere Habseligkeiten, die nicht in Blut getränkt werden sollen, können wir unter die Plane schieben. Als Nächstes will der Dämon wissen, ob Ausländer anwesend sind. Das Paar neben mir und ich zeigen auf.
»Where the fuck do you come from?«
»Canada.«
Es folgt ein dummer Spruch über Kanadier. Das Publikum johlt.
»And what about you?«
»Germany.«
»Hell, yeah! We've got a real Nazi sitting here!«
Die Masse tobt ... ond äch räge mäch förchterläch auf! Der Dämon verschwindet. Die Show geht gleich los. Um mich herum beginnen die Kollegen aus der Splatter Zone ihre Sachen unter die Plane zu stopfen. Hm, was stopfe ich denn alles drunter? Ich überlege kurz und beschließe, einfach alles außer meiner Unterhose und dem neuen T-Shirt darunterzuschieben. Die Kanadier finden das eher befremdlich. Ich erkläre ihnen, dass das ganz schön schlau ist und ich nach der Show komplett trockene und saubere Klamotten haben werde – wenn die Plane hält, was uns versprochen wurde. Außer mir zieht sonst niemand blank. Na, ihr müsst wissen, was euch wichtiger ist.
Mit locker einer halben Stunde Verspätung beginnt die Show. Ich mache es kurz: Es ist großartig und unglaublich lustig. Es wird munter aus den Filmen zitiert, was – wie bei der »Rocky Horror Picture Show« – den Effekt mit sich bringt, dass das Publikum bei den bekanntesten Zitaten emsig mitgrölt. Es wird nicht nur fleißig zitiert, sondern auch parodiert, was das Musical zur Parodie der Parodie des ursprünglichen Horrorfilms macht. Verrückte Sache und ziemlich brillant. Die Darsteller haben es zudem drauf, versprühen Charme, können singen und präsentieren wunderbar überzogene Charaktere. Das Bühnenbild ist sehr einfach, worüber sich auch auf der Bühne lustig gemacht wird. Man nimmt sich erfreulicherweise also kein bisschen ernst. Es ist professioneller

Trash allererster Güte.
Es dauert ein wenig, bis das erste Blut spritzt, was die Spannung in den vorderen Reihen von Minute zu Minute steigen lässt. Als es dann losgeht und immer heftiger um beziehungsweise auf uns spritzt, ist es jedes Mal aufs Neue überraschend, von wo die warme, rote Flüssigkeit angeschossen kommt. Da das Theater so düster ist, kann man die Spritzen, aus denen das Blut herausgesprüht wird, nämlich nicht sehen. Kein Wunder also, dass jedes Mal aufgeschrien wird, wenn auf der Bühne jemand abgemetzelt wird. Die Darsteller, die sich gegenseitig abschießen, erstechen, die Eingeweide rausreißen und – im Falle von Protagonist Ash – sich mit einer Kettensäge die Hand absägen, werden auch nicht verschont. Das muss man auch erst einmal hinbekommen: singen, tanzen und dabei mit Blut zugeschüttet werden.
Nach fast zwei Stunden ist Pause. Ja, Pause. Insgesamt geht die Show gute drei Stunden. Mein einziger Kritikpunkt ist die Raumtemperatur. Es wird doch empfindlich kalt so vollkommen durchnässt. Der Karten abreißende Dämon, der auch als Statist mitwirkt und – wie ich später erfahre – Sirc Michaels heißt und der Produzent und Regisseur der Show ist, erscheint wieder auf der Bühne. Er lädt das kanadische Paar dazu ein, von »Fuck You Don« neben der Bühne fotografiert zu werden. Die beiden freuen sich, positionieren sich neben der Bühne, recken ihre Mittelfinger und brüllen: »Fuck you, Don!«, während ein Darsteller ihnen von hinten einen Messbecher Blut über den Kopf schüttet. Damit haben die beiden nicht gerechnet. Sie freuen sich aber. Der Dämon erzählt, dass das Publikum gerne einen *fuckin'* Drink zu sich nehmen kann und ... plötzlich schaut er mich an und stockt in seiner Rede. Er ringt kurz um Fassung und brüllt: »Is the German dude sitting there without fuckin' pants? Are you fuckin' naked?«
Ich lehne mich lässig zurück, strecke mein linkes Bein in die Luft und lasse zärtlich meine Hände vom Unterschenkel zu meiner Hüfte streichen.
»The dude is naked! What a freak! Applause!«
Das komplette Theater zollt mir seinen Respekt und selbst der ungehobelte Dämon bezeichnet mich als »fuckin' smart«.
Nach der Show streife ich mir in der Toilette meine wahrhaftig vollkommen trocken und sauber gebliebenen Klamotten über meinen knallrot gefärbten Körper, hole mir noch einmal den Respekt für meine glorreiche Entscheidung beim kanadischen Pärchen ab und lasse mich mit der Crew fotografieren, die sich für die Gäste noch einmal vor dem Theater zum lustigen Shooting positioniert hat. Also, ich kann die Show nur jedem empfehlen und behaupte sogar, dass dies die neue »Rocky Horror Picture Show« werden wird. Die Songs, das Drehbuch und der Spaßfaktor taugen allemal dazu. Großartig! Sirc Michaels arbeitet derzeit übrigens an einem weiteren kultverdächtigen Musical: »The Texas Chainsaw Massacre«.
Ich habe – trotz blutverschmierten Gesichts – keine Probleme, in den Bus zu

kommen. Als ich nach vier Uhr morgens das Hostel erreiche, entscheide ich mich dazu, dass ich auch morgen früh noch duschen kann. Ich will jetzt einfach nur endlich mal wieder richtig schlafen ... nach 70 Stunden.

Party on!
Tag 72: Sonntag, 20. Januar 2013

Ausgeschlafen und seit Längerem auch mal wieder vollkommen nüchtern wache ich auf und wasche mir das Blut der Nacht vom Leib. Das Wasser färbt sich knallrot. Ja, da habe ich gestern offensichtlich den einen oder anderen Liter abbekommen.
Ich überlege, wie meine Reise weitergehen soll: Bleibe ich noch eine weitere Nacht im Hostel oder suche ich mir einen neuen Couchsurfer? Ich denke, dass es in Las Vegas besser ist, nicht auf einen Host angewiesen zu sein, der womöglich morgen arbeiten muss und deswegen nicht ausgehen kann oder will. Außerdem fühle ich mich im preiswerten Hostel sehr wohl und habe mit der aus Melbourne kommenden Australierin Rachel und dem aus Colorado stammenden Adam soeben zwei nette Mitbewohner kennengelernt. Ich bleibe also. Zu dritt fahren wir mit Adams Auto auf Abendessenssuche. Im Internet wird das Lotus of Siam als das beste Thai-Restaurant der Stadt angepriesen. Also fahren wir zum Village Square Commercial Center in der Sahara Avenue. Im Lotus of Siam herrscht jedoch so ein Andrang, dass man uns mitteilt, eine bis – Achtung – *drei* Stunden warten zu müssen, bevor man uns einen Tisch anbieten könne. Das Essen muss also wahrlich lecker sein. Zum Warten sind wir zu hungrig, suchen weiter und landen letztlich im Palace Station Hotel & Casino ... bei Subways. Das abseits vom Strip und jenseits der Interstate 15 gelegene Kasino sieht wie ein schöner, alter Bahnhof aus, ist weit weniger touristisch und scheint mehr die Anwohner anzuziehen. Prunkvoll ist es auf jeden Fall nicht. Dafür steht das 1976 eröffnete Kasino in seiner Größe den Kasinos auf dem Strip in nichts nach. Besonders drollig ist ein großer Raum, in dem hauptsächlich ältere Damen zu Werke sind: Hier wird Bingo gespielt.

Die eher unglückliche Geschichte des Palace Station

Die meisten Kasinos in Vegas können mit blutigen Mafia-Vergangenheiten oder bunten Promi-Geschichten aufwarten. Das Palace Station scheint in dieser Disziplin – frei nach Andi Brehme – eher »die Scheiße am Schuh« zu haben: 1992 wurde ein Kassierer überfallen, 1998 entfachte ein Blitz ein Feuer im 21. Stock und 2009 gab es einen bewaffneten Raubüberfall auf dem Parkplatz. Das »Highlight« stellt indes ein Überfall dar, der sich 2007 ereignete: Eine Gruppe bewaffneter Männer stürmte das Hotelzimmer zweier Dealer von wertvollen

> Fanartikeln und zwang diese zur Herausgabe von Erinnerungsstücken. Der Kopf der Bande wird später behaupten, dass ihm die Gegenstände zuvor von den beiden Sammlern gestohlen wurden. Es sollte nichts nützen, was vielleicht auch daran lag, dass man den Anführer 13 Jahre zuvor wegen Mordes angeklagt hatte, aber wieder laufen ließ. Am 3. Oktober, exakt 13 Jahre nach dem Mord an seiner Frau, wurde er schließlich wegen des Raubüberfalls zu 33 Jahren Gefängnis verurteilt, das er, bei guter Führung, auch nach neun Jahren wieder verlassen könnte. Der Mann heißt O. J. Simpson. Die anderen Personen, die am Überfall beteiligt waren, sind alle wieder auf freiem Fuß.

Rachel, Adam und ich schätzen in einem größtenteils touristenfreien Kasino die Gewinnchancen höher ein als auf dem Strip. Also schieben wir je einen Dollar in einen Spielautomaten. Wenig später freut sich Adam über 2,50 Dollar, Rachel geht mit fünf Scheinen nach Hause und ich … scheiß Abzocke.

Ich mag Adam und Rachel. Rachel hat zwar einen grässlichen Akzent, wie ich ihn noch nie zuvor gehört habe, dafür einen guten Humor und das Herz am rechten Fleck. Adam ist Anfang 30 und hat eine aufwühlende Lebensgeschichte: Früher war er ein radikaler Christ, der sogar Missionsarbeit auf Hawaii leistete. Irgendwann bemerkte er allerdings, dass er sich weniger für Frauen, sondern für Männer interessierte. Das war ein Schock für ihn, denn Homosexualität betrachteten er und seine Gemeindemitglieder als eine Krankheit. Er ließ sich dementsprechend von einem Geistlichen »behandeln«, was glücklicherweise nicht von »Erfolg« gekrönt war. In seinem Leid überdachte er sein Weltbild und kam zu dem Entschluss, dass er sich in keiner Weise krank fühle und vielmehr Homophobie als das Übel zu betrachten sei. Als sein Priester – ein Mann mit großem Wirkungskreis, der während George W. Bushs präsidialer Amtszeit wöchentlich mit ebendiesem telefonierte – dann auch noch seine Frau mit einer Verheirateten betrog, löste er sich endgültig von den Scheinheiligen seiner Gemeinde. Doch damit nicht genug: Er fiel komplett von seinem Glauben ab und sucht nun nach einem neuen Ort, an dem er ein neues Leben als freier Schwuler beginnen kann. Er schüttelt seinen Kopf und lacht: »I can't believe that I'm still living in the middle of nowhere, having missed to live my own life – so far.«

»So let's party!«, lautet der gemeinsame Konsens, den wir, zurück im Hostel, in die Tat umzusetzen beginnen. Am Schwarzen Brett steht, dass um 22 Uhr Trinkspiele auf der Tagesordnung stehen. Außer uns dreien und zwei weiteren Jungs aus Melbourne findet sich aber niemand im Aufenthaltsraum ein, um uns in irgendwelche Trinkspiele einzuführen. Also übernehmen die beiden Australier das Zepter, packen Karten aus und bringen uns ihr Spiel bei: Zunächst muss die Farbe, der Wert, rot oder schwarz erraten werden. Liegt man daneben, muss man einen Schluck aus seinem Glas trinken. Die gezogene Karte wird dann auf dem Hals einer Flasche balanciert. Jede weitere Karte wird so auf die vorige Karte gelegt, dass sich ein immer breiter werdendes Blumengebilde auf dem Flaschenhals ausbreitet. Natürlich wird die Konstruktion mit jeder weiteren Karte wackeliger und instabiler. Wer die Kartenblume umschmeißt, muss sein aufgefülltes Getränk auf Ex leeren. Die Blume lässt sich erstaunlich weit aufschichten. Die Nervosität wächst. Das Spiel endet, als eigentlich keiner damit rechnet, wodurch es noch viel lustiger ist: Einer der beiden australischen Jungs öffnet gerade eine weitere Bierdose, was den Tisch zwar nur leicht, aber dennoch ausreichend erschüttert, um die Karten vom Flaschenhals zu fegen. Obwohl er überhaupt nicht an der Reihe war, darf er sein frisch geöffnetes Bier direkt wieder abpumpen.

Dan, ein langhaariger Riese, der zum Hostel gehört, kreuzt auf und fragt, wer mit ihm auf Club- und Kasinotour in die Downtown ziehen möchte. Optimales Timing. Mit einem Dollar Spritgeld sind wir dabei und schon geht's auf einer Matratze, die auf der Ladefläche des hosteleigenen Vans liegt, in die Fremont Street. Ich teile mir den sehr alternativen Rückbankersatz mit Adam, Rachel, einem Popper namens Jaret und einem schlecht Englisch sprechenden Japaner, der einen Namen hat, den keiner von uns je zuvor gehört hat. Kurz vor Mitternacht stehen wir gemeinsam mit Elvis Presley und »Hangover«-Alan samt Baby unter dem riesigen LED-Dach. Um Schlag zwölf beginnt allabendlich die große Show, die uns Dan präsentieren möchte. Die heutige Vorstellung auf der 460 Meter langen Anzeigetafel heißt »Area 51« und handelt – na klar – von Außerirdischen, die die Welt angreifen. Darunter flitzen immer mal wieder Fahrgäste der »Flightlinez« über unsere Köpfe hinweg. Einer Asiatin ergeht es dabei wie vor vier Tagen dem Jungen, der mittendrin hängen blieb und nicht mehr vorwärts kam. Der Kleine baumelt übrigens nicht mehr am Seil, was sich durch das Auftauchen eines Angestellten der Attraktion erklärt, der zur Asiatin schwingt und sie mit einem Seil und Karabiner an sich bindet. Da er höher sitzt als die Gäste der Attraktion, kann er mit seiner Hand das Kabel umfassen und somit sich und die Asiatin wieder zurück zur Station ziehen. Den Krieg gegen die invasorischen Aliens gewinnt glücklicherweise nach etwas mehr als fünf Minuten die Menschheit. Wir lachen überlegen und folgen Dan in ein Kasino. Rachel zockt fleißig Craps und Blackjack. Wie ich am nächsten Tag erfahre, gewinnt sie dabei 20 Dollar. Da hat's wohl jemand drauf. Dass bei Rachel das alte Sprichwort zuschlägt und sie aufgrund ihres Glücks im Spiel, automatisch Pech in der Liebe haben muss, kann ich – zumindest wenn es um die körperliche Liebe geht –, nicht bestätigen. Denn irgendwann steht Jaret neben mir und lässt mich wissen, dass er heute Nacht Rachel abschleppen will. Ich habe keine Ahnung, weshalb er mir das mitteilt, wünsche ihm aber alles Gute bei seinem Vorhaben. Nein, Rachel und ich haben nicht geflirtet. Ich hänge viel mehr mit Adam herum, mit dem ich auch nicht flirte, der mir aber immer mehr ans Herz wächst. Irgendwann wird er sogar pathetisch und teilt mir mit, wie froh er ist, mich kennengelernt zu haben, weil auch ich die Freiheit als das höchste Gut im Leben definiert zu haben scheine. Ich kann mich zwar nicht erinnern, von der Freiheit gepredigt zu haben, kann mich mit dieser Charakterisierung jedoch gut identifizieren. Ein weiteres Mal finde ich es toll, dass die Amerikaner einem einfach ins Gesicht sagen, was sie von einem denken. Das dürfte viele Missverständnisse vermeiden, ist ehrlich und tut gut – solange es bei positiven Mitteilungen bleibt. Über fehlende Komplimente muss ich mich auf dieser Reise wirklich nicht beklagen. Also, liebe Menschen in Deutschland, lasst uns doch bitte einmal ein Beispiel an den Amerikanern nehmen und nicht ständig nur meckern, Neid und Missgunst säen. Motivieren ist schöner als desillusionieren, fördert das allgemeine Wohlbefinden und ist verdammt noch mal wesentlich sympathischer. Und jetzt kommt mir bloß nicht mit dem Klischeeargument der »Oberflächlichkeit«. Das sollten wir mal ganz schnell umdefinieren. Ich lasse mich wesentlich lieber von einem Fremden bestärken als anzweifeln. Wenn ich in Deutschland jemand Fremdes von meinem Lebensentwurf erzähle, werde ich regelmäßig zweifelnd angeschaut und gefragt, wie ich das denn meistern möchte. Ist das nicht genauso »oberflächlich«? Doch, ist es. Der Unterschied liegt darin, dass die Amis einem die Erfüllung der eigenen Ziele eher zu gönnen scheinen und nicht infrage stellen. Lasst uns die Aversion gegen Motivation eintauschen! Ich hoffe wirklich, dass dies eine Eigenschaft ist, die ich mir auf dieser Reise so verinnerlichen kann, dass ich sie wieder zurück nach Deutschland bringen und auch dort beibehalten kann.

Als die Gang langsam weiterziehen möchte, ist Adam verschwunden. Ich vermute ihn auf der Toilette und suche dort nach ihm: »Adam?«, rufe ich in Richtung der Kabinen. Keine Antwort.

»Adam?«, versuche ich es erneut. Jetzt höre ich etwas. Ist er das? Ich probiere es ein weiters Mal: »Adam?«

Ich kann wieder etwas vernehmen, bin mir aber ziemlich sicher, dass es nicht Adam ist, der da auf mein Rufen reagiert. Da ich beschwipst genug bin, um die Situation amüsant zu finden, rufe ich noch ein paar Mal: »Adam? Adam, Adam?«, und versuche die Geräusche zu deuten. Eine der Kabinentüren öffnet sich. Ein Afroamerikaner im schicken Anzug und Schal steht darin. Er grinst mich fett an, zeigt mir feierlich einen Blunt und macht eine einladende Bewegung. Fett. Sekunden später stehe ich mit dem Fremden vor der Kloschüssel und rauche in Zigarrenpapier gewickeltes Gras: »I just wanted to find my gay friend and now I end up in a toilet with you«, lache ich. Das Lachen zieht sich, bis der Blunt fertig geraucht ist. Der Anzugträger und ich klopfen uns schwer lachend auf die Schulter und verlassen die Kabine. Der komplette Raum ist mit süßlichem Rauch geschwängert, den man auch noch fünf Meter ins Kasino hinein riechen kann. Der Kollege verabschiedet sich freundlich und sagt, ich solle um fünf nach zwei noch einmal zur Toilette kommen, weil er dann mit Koks anrücken wird. Dann zieht er ab. Jaret kommt auf mich zu und fragt, was ich so lange auf dem Klo gemacht habe und warum es hier so nach Gras riecht. Ich lache mich noch immer schlapp und erzähle ihm die Geschichte. Ich sehe ihm an, dass er da gerne dabei gewesen wäre. Also sage ich ihm, dass er nur bis fünf nach zwei zu warten braucht und dann mit dem Typen eine Nase durchziehen kann. Das findet er geil. Also warten wir die zehn Minuten auch noch ab. Adam war im Übrigen gar nicht auf der Toilette und auch der Anzugträger taucht zu Jarets Leidwesen nicht mehr auf.

Unser nächstes Etappenziel heißt *gay club*. Der Japaner findet die Idee nicht so lustig, woraufhin ihn die komplette Mannschaft davon überzeugt, dass man auch als Hete in eine Schwulenbar gehen kann, ohne aufgefressen zu werden. Obwohl er sich zwar sichtlich mit dem Gedanken noch immer nicht anfreunden kann, will er auch kein Spielverderber sein und ruft eher unlässig: »Party on!«

»Yeah!«, entgegnet ihm die feierwütige Meute.

Das Krave befindet sich im Neonopolis, einer Mall, die sich direkt am östlichen Ende der Fremont Street Experience befindet. Der Mix aus Gras und definitiv zu viel Alkohol bekommt mir nicht gut, was ich kurz nach Betreten des Krave feststelle. Ich setze mich zum Luftschnappen nach draußen, was selten gut geht. So auch heute Nacht: Ich schlafe um die Ecke des Clubs ein, wache irgendwann wieder auf, kotze und schleppe mich zurück ins Hostel. So macht man das.

Das famose Hostel Cat
Tag 73: Montag, 21. Januar 2013

Adam ist heute Morgen abgereist und ich sitze vorm Computer, um meine Weiterreise zu organisieren. Ich möchte ins 400 Kilometer entfernte Flagstaff. Die Stadt in Arizona liegt zwischen dem Grand Canyon und Sedona, zwei Orte, die ich unbedingt besichtigen möchte. Flagstaff soll daher die Basis für meine nächsten Erkundungen werden. So wie es aussieht, ist meine einzige Möglichkeit, um von Vegas nach Flagstaff zu kommen, das Mieten eines Autos. Eine Fernlinienbusstrecke zwischen den beiden Städten gibt es nicht. Auf dollar.com finde ich die preiswertesten Angebote für Mietwagen. Heute buche ich allerdings noch kein Auto, sondern inseriere erst einmal auf der Couchsurfing-Website und Craigslist, um Mitfahrer für morgen zu gewinnen. Außerdem schreibt mir Cari, dass sie heute ihre erste Schicht angeht. Moment mal: erste Schicht? Soll das heißen, dass sie plötzlich einen Job hat? Sie ist sich selbst nicht so sicher, vermutet, dass es sich zunächst einmal um eine Probezeit handelt. Hm, auf jeden Fall scheint es unsere Chancen, uns wiederzusehen, gegen null sinken zu lassen. Verdammt.

Ich teile der Rezeption mit, dass ich noch eine Nacht bleiben werde und bekomme, wie übrigens schon gestern, ein neues Zimmer zugewiesen, weil mein Bett der letzten Nacht bereits an einen neuen Gast vergeben wurde. Ich lande die zweite Nacht in Folge in einem Achtbettzimmer, was mir vollauf entgegenkommt, da es mit zwölf Dollar noch preiswerter ist als das Sechsbettzimmer der ersten Nacht.

Am frühen Nachmittag spaziere ich zum gestern Abend so voll besetzten Thai-Restaurant. Zu dieser Tageszeit ist das Lotus of Siam noch nicht überfüllt. Das Restaurant befindet sich in einem gelben, flachen und nur aus einem Erdgeschoss bestehenden Gebäude, das einen Parkplatz umgibt. Das vollkommen unscheinbare Restaurant ist auch in seinem Inneren nichts Besonderes. Das Einzige, das auf den Hype rund um das Restaurant schließen lässt, sind die vielen Fotos prominenter Persönlichkeiten, die seit 1999 hierin diniert haben. Selbst die Clintons und Bushs waren schon da.

Als ich wieder im Hostel ankomme, lerne ich Karmell, eine Afroamerikanerin, und eine namenlose Native American kennen. Ich mag die beiden sofort. Also beschließen wir, in die gegenüber des Hostels gelegene Little White Wedding Chapel zu gehen und zu heiraten. Mal sehen, ob sie in Nevada auch Mehrfachehen schließen. Man kann's ja mal versuchen, immerhin hat Vegas ja eine Mormonenvergangenheit. Falls es nicht klappen sollte, hoffen wir, dass gerade irgendwer heiratet und wir Zeugen einer echten »Vegas Wedding« werden können. Cari hat dies bereits probiert, musste aber feststellen, dass sogar in Las Vegas Hochzeiten privat sind, als sie und ihre Freunde fast aus der Kapelle geschmissen wurden. Daraufhin baten sie den Bräutigam höflich, sich die Hochzeit mit ansehen zu dürfen. Der australische Mann hatte nichts gegen Publikum und lud sie spontan dazu ein, der Zeremonie beizuwohnen. Cari vermutet, dass es sich um eine »Greencard Wedding« handelte. Ziemlich magisch sei sie dennoch gewesen, obwohl die Braut den »look of terror« in ihrem Gesicht hatte, als sie die Fremden auf den Bänken sitzen sah. Sie dachte wohl, sie sei auf der falschen Hochzeit gelandet.

Little White Wedding Chapel

Vor der Little White Wedding Chapel befindet sich der »Tunnel of Love«, ein mit Engelchen und pathetischen Sprüchen bemalter, gut 40 Meter langer Pavillon, unter dessen Dach ein rosa Cadillac steht. Ein Strauß Pepsi-Dosen hängt an der hinteren Stoßstange und auf dem Nummernschild steht »2Elvis«. Der King selbst wirbt auf einer gemalten Werbetafel für die 1951 eröffnete kleine Hochzeitskirche, in der unter anderem auch Michael Jordan, Joan Collins, Slash, Britney Spears, Sinéad O'Connor, Bruce Willis und Demi Moore, Paul Newman und Joanne Woodward sowie Frank Sinatra und Mia Farrow ihre Hochzeiten feierten.

Kurz bevor wir die Kapelle betreten, erkläre ich meinen Bräuten den Plan: Wir müssen einfach nur vollkommen souverän auftreten, keine Miene verziehen, nicht lachen, sondern furztrocken dem Priester mitteilen, dass wir drei heiraten

wollen.
»No problem«, grinsen die beiden. Ich weiß nicht, ob ich ihnen das glauben soll. Andererseits haben sie in den wenigen Minuten, die wir uns nun kennen, schon den einen oder anderen Brüller losgelassen. Es könnte also doch klappen. Wir betreten die niedliche Kapelle. Meine beiden Damen trinken aus Dosen. Karmell trinkt ein Alkoholmixgetränk, die Namenlose offenbar nur Saft. Ein sehr freundlicher Angestellter kommt auf uns zu und fragt, ob er uns helfen kann. Verschwörerisch und natürlich auch verliebt zugleich lasse ich meinen Blick zunächst zu den beiden Mädels wandern, bevor ich mich souverän wieder zum Angestellten drehe und: »Uhm …«, stottere. Der Angestellte sieht mich irritiert an und fokussiert als Nächstes Karmell. Die süße Frau mit der dicken Sonnenbrille und den kurzen Locken öffnet ihren Mund: »Uhm …«
Letztlich wird meine zweite Braut gemustert, die den Karren endgültig an die Wand fährt: »Uhm … Believe it or not: We're not even drunk!«
Wir wünschen dem Mann, der viel zu nett ist, um unseren perfiden Plan durchzuziehen einen schönen Tag, suchen das Weite und lachen uns ins Wohnzimmer des Hostels zurück.
Das Hostel Cat bittet am Abend zum Barbecue. Für fünf Dollar gibt es ab Viertel vor sieben ein »All You Can Eat«-BBQ mit Beef- und Veggie-Burgern. Ohne einen weiteren Cent zahlen zu müssen, geht's danach auf Tour. Die Crew des Hostels will uns herumführen, uns kostenlose Shows und die besten, weil preiswertesten und coolsten Kasinos zeigen. Wir sollen unsere Kameras und eigenen Alkohol mitbringen. In Vegas darf man nämlich nicht nur auf der Straße Alkohol trinken, sondern auch selbst mitgebrachten Suff mit in die Kasinos nehmen. Verrückt. Das Hostel hat zudem Deals mit ein paar Clubs, was uns kostenlosen Zugang verspricht. Das alles für fünf Dollar? Ich bin fasziniert. Das Hostel bietet an jedem Abend der Woche Erlebnisse an: Dienstags geht's in die Bars der Fremont Street, mittwochs auf Kasinotour, donnerstags wieder auf Kneipentour in die Downtown, freitags steht Clubbing an, samstags steht eine Limousine für die Club-Tour bereit und sonntags wird wieder in der Fremont Street gefeiert.
Chandler, der äußerst sympathische Chef des Hostels, erklärt mir am Abend seine Philosophie: Die meisten Menschen denken, man müsse in Vegas viel Geld ausgeben, um eine gute Zeit zu haben. Mit seinem Hostel will er dem entgegenwirken und mit preiswerten Betten in sehr guter Lage Touristen mit schmalem Geldbeutel anlocken und ihnen eine optimale Zeit in der Stadt der Sünden bereiten. Die Idee dazu kam ihm, als er fünf Jahre lang alleine umherreiste und sich in ein Hostel verliebte, das nicht nur Betten anbot, sondern auch seine Gäste dazu animierte, sich kennenzulernen und gemeinsam Dinge zu unternehmen. Das erinnert mich ein wenig an mein bisheriges Lieblingshostel, dem Giant Guest House im thailändischen Chiang Mai. Wenn ich es mir recht überlege, schaffen Chandler und sein Hostel Cat es durchaus, dem Giant große

Konkurrenz zu machen. Sein locker gehaltener Vortrag ist zudem absolut überzeugend und beweist, dass er seinen Job liebt und voller Leidenschaft das bunte Hostel betreibt. Als Gast spüre ich das zu jeder Sekunde. Da ist sie schon wieder: Serendipity! Es dürfte äußerst schwer sein, einen Couchsurfer zu finden, der so cool ist wie das Hostel, seine Gäste und die Angestellten. Ein Glück, dass ich hier gelandet bin.

Beim Grillen sind neben Chandler, Karmell und mir unter anderem auch Rachel und der Riese Dan von gestern, drei Finnen, Bianca aus Hannover, der deutsche Sören sowie Ezana anwesend. Ezana gehört auch zur Hostelcrew und teilt mir nicht nur einmal mit, dass er meinen Bart liebt. Ja, der ist klasse, wird länger und länger. Nachdem sich jeder den Bauch mit Burgern vollgestopft hat, geht's mit dem weißen Van des Hostels zum Parkhaus des Treasure Island. Chandler parkt den Wagen auf dem Dach, von wo aus man einen sehr schönen Blick über den Strip hat. Zügig geht's hinab vor das Hotel, wo jeden Moment die kostenlose Piratenshow »Sirens of TI« startet. Die Show beginnt und ich weiß von der ersten Sekunde an: Das ist total bescheuert. Aus den Boxen dröhnt laute Musik. Eine Frau, Pardon, Sirene erscheint und tanzt auf dem Schiff, das im Becken vor dem Hotel platziert ist. Die Musik tritt in den Hintergrund. Die Sirene spricht zu uns. Nein, tut sie doch nicht. Es ist eindeutig Play-back, die Sirene bewegt nur die Lippen. Die Story ist bis zum Abwinken banal: Es gibt das Schiff der Sirenen und das Schiff der bösen Piraten. Natürlich stehen sie sich feindlich gegenüber. Es wird getanzt und gekämpft. Schließlich knallen die Kanonen und gluck, gluck, das Schiff der Piraten säuft mit Rauch, Licht und Knalleffekten ab. Dabei neigt sich das Piratenschiff mit den roten Segeln tatsächlich nach unten. Die Mechanik der kostenlosen Show ist also tatsächlich beeindruckend. Am Ende gibt's noch ein Feuerwerk. Die hübschen Ladys ziehen triumphierend ab, während die waschbrettbäuchigen Piraten sich mit gesenkten Köpfen verneigen. Die Show kann man sich getrost sparen.

Unseren nächsten Halt machen wir beim Casino Royale. Vor der Tür stehen Spielautomaten, die ich auf meiner Odyssee bereits bespielt habe. Der Clou bei diesen Automaten ist, dass sie kostenlos sind und man garantiert gewinnt. Richtig gelesen. Man gewinnt immer einen Voucher über 50 Dollar, den man im Inneren des Kasinos nur an ganz bestimmten Automaten verzocken darf. An diesen Automaten heißt es dann: »Jackpot knacken oder ohne einen Cent wieder abzischen!«

Den Jackpot hatte ich – wann auch immer ich hier war – natürlich nicht geknackt. Allerdings habe ich auch nicht das Kleingedruckte gelesen, auf das uns Chandler aufmerksam macht, der wohl zur Wiedererkennung im Getümmel einen roten Schal trägt. Das Kleingedruckte weist darauf hin, dass man sich mit dem Voucher auch zwei Biere für einen Dollar mitnehmen kann. Demnach verspielt keiner den Voucher, sondern tauscht ihn an der Bar gegen die Biere ein. Bepackt mit den Flaschen ziehen wir in die Forum Shops des Caesars ein.

Vor den Wendelrolltreppen macht Chandler Fotos von der Gang. Erst sollen wir möglichst sexy gucken und uns danach gegenseitig würgen. Jeder drückt Chandler für das lustige Shooting seine Kamera oder Smartphone in die Hand. Da er nicht alle festhalten kann, legt er einige auch neben sich auf den Boden. Ein paar Betrunkene torkeln an ihm vorbei und treten dabei aus Versehen gegen Sörens Handy. Obwohl nichts passiert, ist Sören fortan angepisst. Er hat zuvor schon bewiesen, dass er eher zu den verkrampften Menschen dieser Welt zu zählen ist. Außerdem erinnert er mich zu sehr an den typisch deutschen Touristen, der stets alles kritisch hinterfragt und an allem etwas Herumzumäkeln hat. Ganz anders ist da Bianca, die locker und lustig eine absolute Bereicherung für die Gruppe ist. Rachel und Karmell sehen das auch so, weswegen wir sie direkt in unsere Mädchengang mit aufnehmen. Olli, einer der drei Finnen, der mir bis knapp über den Bauchnabel geht, findet Bianca wohl auch ganz wunderbar und entfernt sich mehr und mehr vom Dunstkreis seiner finnischen Kollegen zu uns. Auch Ezana, der von meinem Bart nicht genug bekommt und irgendwann sogar anfängt, ihn ständig streicheln zu wollen, gehört zum coolen Kern der Gruppe. Ich glaube übrigens nicht, dass Ezana schwul ist. Da ich ihn vor diesem Abend aber noch überhaupt nicht wahrgenommen habe, er meinen Bart nach eigener Aussage aber schon seit meiner Ankunft bewundert, ist er mir doch noch etwas suspekt. Sympathisch finde ich ihn dennoch.

Chandler führt uns in eine Galerie, in der Gemälde von Vladimir Kush ausgestellt werden. Den Namen kenne ich doch? Natürlich! Cari hält den Maler für den größten Künstler unserer Zeit und traf ihn einst in dieser Galerie persönlich. Heute ist er nicht persönlich anwesend. Dafür gibt es kostenlosen Wein. Auch davon hatte Cari berichtet. Ich schreibe ihr, dass ich mich in der Galerie befinde, woraufhin sie mir schreibt, dass sie möglicherweise erst am Freitag mit ihrem Job anfangen muss und morgen zu mir fliegen könnte. *What?* Das habe ich nicht mehr zu hoffen gewagt! Sofort texten wir uns eine SMS nach der anderen zu, um ihren Trip zu planen. Meinen bisherigen Plan, morgen mit einem Mietwagen nach Flagstaff zu fahren, muss ich über den Haufen werfen, da sämtliche Flüge von Portland nach Arizona zu teuer sind. Cari könnte entweder nach Las Vegas oder nach San Diego in Südkalifornien kommen. San Diego scheint die preiswerteste Variante zu sein. Allerdings kann sie noch nicht buchen, da sie vorher die Bestätigung ihres neuen Chefs braucht, erst wieder am Freitag arbeiten zu müssen. Ich lasse sie wissen, dass ich morgen so früh wie möglich wissen muss, ob es klappt und wohin sie fliegen wird. Damit verabschieden wir uns bis morgen. Jetzt heißt es: »Daumen drücken!«

In Amerika heißt es übrigens *cross your fingers* und nicht *press your thumbs*, wie ich von der neunmalklugen Cari lerne.

Der sich mittlerweile in guter Partylaune befindliche Tross des Hostel Cat zieht weiter zur Wassershow vor dem Bellagio. Einige »Ah!« und »Oh!« später finden wir uns in Bill's Gambling Hall & Saloon wieder. Seltsam. Entweder habe ich vorgestern in einem anderen Laden mein Nickerchen gemacht oder das Kasino hat noch eine separate Kasinobar. Ich erkenne den Laden auf jeden Fall nicht mehr wieder. Oje. Egal. Das Highlight dieses Kasinos ist zweifellos die »Beer Pong Area«. Sofort werden Unmengen an Bier gekauft und auf den langen, schmalen Tischen aufgestellt. Chandler und einer der Finnen melden sich zudem noch bei der zweiten coolen Einrichtung des Ladens an: Sie werden in wenigen Minuten beim Karaoke ein Duett vorführen. Bis es soweit ist, schmeißen wir uns gegenseitig Tischtennisbälle in die Bierbecher und lassen uns vom Karaoke-Host persönlich begrüßen: »Hostel Cat is in the house!«

Bis auf Sören grölen alle jubelnd zurück. Yeah! Kaum hier, fühlen wir uns bereits wie etablierte Stammgäste! Aus mir selbst unerfindlichen Gründen habe ich einen guten Tag zum Beer Pong spielen erwischt. Ich treffe mit nahezu jedem Wurf, was mir vor allen Dingen den Respekt von Chandler einbringt, der – zu seinem Unglück – zum gegnerischen Duo gehört. Ich lasse es mir nicht nehmen und pose wie ein ganz Großer. Als ich mich gut und gerne drei Meter hinter dem Tisch in Position bringe, um einen weiteren Ball zu versenken, lacht mich Chandler höhnisch aus: »You'll never make this one, you poser.«

Ich visiere die wenigen verbliebenen Becher von Chandler und seinem Partner an, werfe meiner Partnerin Rachel ein selbstsicheres Lächeln zu ... und versenke den Ball. Chandlers Kinnlade fällt bis zu den Knien, während ich mir an die Hoden greife, animalisch: »Uh, uh, uh!«, brülle und dabei äußerst maskulin auf und ab springe. Den in Rheinhessen so populären Eiertanz scheint man in Vegas nicht zu kennen. Was soll's: *I'm the man!*

Chandler und der Finne singen ihr Duett und der Rest spielt fleißig weiter mit den Tischtennisbällen oder tanzt zu den gar nicht einmal so schrägen Tönen. Nur Sören scheint wenig bis keinen Spaß zu haben. Irgendwann will die Gruppe weiterziehen. Der kleine Finne Olli und ich gehen noch einmal schnell aufs Klo. Bianca wartet vor der Toilette auf uns, was bei mir fix geht, bei Olli jedoch eine halbe Ewigkeit dauert. Dadurch verlieren wir dummerweise die Gruppe, vermuten aber, dass sie wieder zurück zum Van stolpert. Schließlich ist es schon spät. Demnach ziehen wir zurück zum Treasure Island, stellen aber fest, dass der Van noch auf dem Parkhausdach geparkt ist und weit und breit keine Hostelbewohner zu sehen sind. Wir setzen uns ins Kasino, stauben noch einen Drink ab und warten auf die Meute. Die kreuzt jedoch nicht auf. Nach einiger Zeit des Wartens beschließen wir, den Rückzug zum Hostel anzutreten. Als wir nach einem längeren Fußmarsch dort ankommen, stellen wir fest, dass auch der Van mittlerweile angekommen ist. Groß verpasst dürften wir also nichts haben – und müde sind wir mittlerweile auch. Das war ein äußerst unterhaltsamer Abend, der dank Chandlers Masterplan tatsächlich kaum mehr als 15 Dollar gekostet haben dürfte. Was für ein cooles Hostel: Rock und Roll!

Leaving Las Vegas ... Immer der Sonne entgegen
Tag 74: Dienstag, 22. Januar 2013

»Good morning! I want news!«
Nervös warte ich auf Caris Antwort.
»He hasn't called back yet ...«
Ich schalte schon einmal den Computer an und warte darauf, dass sich Caris neuer Boss meldet, um ihr hoffentlich mitzuteilen, dass sie noch ein paar wenige Tage Zeit hat, bevor sie ihren Job antreten darf. Das Angebot auf dollar.com ist noch genauso niedrig wie gestern. Das ist doch schon einmal etwas Positives. Ich buche einen Mietwagen für eine Woche. Das kostet gerade einmal 172 Dollar mit unbegrenzten freien Meilen. Unglaublich. Mein Telefon klingelt: »I can come!«
Nachdem wir uns gegenseitig in den Hörer gejubelt haben, müssen wir uns schnell und dennoch wohl durchdacht um die Logistik unseres Wiedersehens kümmern. Zunächst einmal geht es um die wichtigste Frage: Wo treffen wir uns? Wir gehen noch einmal die Angebote durch und entscheiden uns für San Diego. Cari wird um 19 Uhr in der Stadt an der mexikanischen Grenze landen. Ihr Rückflug ist bereits am frühen Freitagmorgen.
Da Cari keine Kreditkarte besitzt, man Flüge aber nur damit buchen kann, muss ich ihr meine Daten durchgeben.
»What is your ›verified by Visa‹ password?«
Äh, keine Ahnung.
»You animal!«
Und was hat das zu bedeuten?
Sie klärt mich darüber auf, dass meine selbst gewählte Begrüßung bei Visa »Dennis, du Tier!« lautet. Oha. Ja, das kann sein ... ups. Durch die Suche nach dem richtigen Passwort und sicherheitshalber auch nach alternativen Zahlungsmöglichkeiten, steigt der Stress und schwindet die Zeit. Ich muss schließlich auch irgendwann einmal losfahren, damit Cari nicht stundenlang am Flughafen auf mich warten muss.
Gegen 13 Uhr breche ich vom Hostel Cat auf. Ich werde überraschend liebevoll von den Leuten verabschiedet, die ich ja eigentlich kaum kennengelernt habe. Speziell Karmell und Ezana, der Kerl, der meinen Bart so toll findet, sind zuckersüß.
Erst verpasse ich fast den Bus und dann fehlt mir das nötige Kleingeld. Als ich vor dem Fahrer stehe und meinen Zwanziger zücke, frage ich in den Bus, ob mir jemand den Schein kleinmachen kann. Sämtliche Insassen schauen mich amüsant doof dreinblickend an. Was für ein Bild. Da die Amis sonst so kommunikationsfreudig sind, habe ich nicht damit gerechnet, dass diese Frage solch eine Verwunderung auslösen könnte. Wie dem auch sei: Keiner will meinen Schein gegen Kleingeld eintauschen. Wehleidig blicke ich den Busfahrer an, der

daraufhin eine gleichgültige Handbewegung hinter sich wirft: »Come on, it's just two fucking bucks. Get inside.«
Cool!
Der Bus fährt auf der östlichen »Rückseite« des Strip entlang, was eine stellenweise interessante Aussicht auf die Skyline zulässt. An einer Haltestelle kommt ein aussteigender Afroamerikaner auf mich zu und drückt mir sein Tagesticket in die Hand. Schon wieder: Cool! Am Flughafen angekommen, übergebe ich das geschenkte Ticket wiederum einem anderen Afroamerikaner, der mit zwei Dollar bewaffnet, gerade einsteigen will. Er freut und bedankt sich, während ich mich über gewonnene Karmapunkte freue.
Es gibt einen Bus, der die Kunden der Autoverleiher zu deren Terminal in der Gilespie Street, südlich des Flughafens, fährt. Dort angekommen reihe ich mich in die Schlange vor meinem Anbieter an. Hoffentlich dauert das nicht so lange. Ich will endlich los! Am Schalter angekommen, begrüßt mich der Dollar-Mann zunächst freundlich, schafft es kurz darauf aber, mir meine komplette Stimmung zu versauen. Der Witzbold klärt mich darüber auf, dass ich noch die *Nevada tax* von 36% zu zahlen habe. Davon war bei meiner Buchung auf der Website nirgendwo etwas zu lesen. Darüber hinaus muss ich plötzlich auch noch eine Versicherung abschließen. Auch davon stand nirgends etwas. Er fragt mich, ob ich den Wagen mit vollem oder leerem Tank verliehen bekommen möchte. Er empfiehlt, das Auto vollgetankt zu mieten, da der Benzinpreis bei ihm billiger ist als an jeder Tankstelle. Außerdem kann ich den Wagen mit leerem Tank zurückgeben. Okay. Als Nächstes muss ich wählen, welche Art von Versicherung ich abschließen möchte. Ähm, keine?
»You have to.«
Was soll das denn jetzt schon wieder? Diesmal bin ich mir aber nicht sicher, ob bei der Onlinebuchung etwas von einer bereits mitgebuchten Versicherung stand oder ob ich schlichtweg auf den ältesten Trick der Autovermieter reingefallen bin. Ich habe in meinem Leben noch nicht allzu oft Autos gemietet. Ich entscheide mich natürlich für die preiswerteste Versicherung, woraufhin ich mir schlechte Horrorgeschichten anhören muss: Im Prinzip übernimmt meine gewählte Versicherung einen Scheiß. Klar, der Sack will, dass ich mir eine noch teurere Versicherung leiste. Lass mal gut sein: 23,50 Dollar pro Tag kotzen mich schon zur Genüge an und ein unfallfreier Fahrer bin ich obendrein. Außerdem steht mir Serendipity zur Seite. Wobei es im Moment ja nicht so geil läuft …
Bevor ich überhaupt groß zu rechnen beginne, druckt der Mann mir meine Rechnung aus: 422 Dollar.
»What?!«
Ich mache den Mann darauf aufmerksam, dass bei meiner Onlinebuchung »estimated grand total« zu lesen war. Wie kann es also sein, dass der »geschätzte Endpreis« sich mal eben mehr als verdoppelt? Das ist doch wohl die reinste Verarschung! Toll, was soll ich denn jetzt machen?: » Hi Cari. Wie war dein Flug?

Sorry, aber das Auto ist mir doch noch zu teuer geworden. Mach dir ein paar schöne Tage in San Diego. Kuss!«
Quatsch. Ich überlege angestrengt, während sich der dummdreist lächelnde Typ auf der anderen Seite des Tresens unwissend in akute Lebensgefahr begibt. Ich könnte ihn erwürgen! Wenn ich nun durch das Terminal renne und die Preise der anderen Anbieter vergleiche, verliere ich wertvolle Zeit und lande letztendlich vermutlich überall in derselben Preiskategorie. Man lebt nur einmal, Geld ist nur Geld und die Welt war noch nie übermäßig gerecht. In Rheinhessen sagt man: »Druffgeschisse.«
Sekunden später ist mein Konto belastet und ich schwöre mir, bei meiner Rückkehr noch einmal auf die Kacke zu hauen, um mein Geld wiederzubekommen. Damit hake ich das Thema ab, suche mir irgendeines der freien Autos und düse los. Aber wohin eigentlich? Vor lauter Hektik habe ich doch tatsächlich vergessen nachzuschauen, wie ich mit meiner mal wieder erstaunlich dicken Karre nach San Diego komme. Cari muss helfen und schickt mir die wohl simpelste Wegbeschreibung, die man sich für eine knapp 520 Kilometer lange Strecke nur wünschen kann: »Take I-15 South for 320 miles. Take exit 12 for CA-163 South and take that for ten miles. You should be in San Diego then!«
Um 15 Uhr lasse ich die Stadt der Sünden hinter mir, zünde mir trotz ausdrücklich ausgesprochenen Verbots durch den Penner vom Verleih erst einmal eine Kippe im Wagen an und fahre voller Bewunderung durch den Wüstenstaat Nevada. Was für eine Landschaft! Weit und breit ist keine Siedlung, kein Haus, einfach nichts zu sehen. Verkehr ist außerdem so gut wie keiner vorhanden, sodass ich während der lockeren Fahrt mit Tempomat unzählige Fotos der beeindruckenden Wüstenhügel schießen kann. Kakteen stehen am Straßenrand, die Telefonmasten sind aus Holz und die Hügel entweder rund und mit trockenen Pflanzen bewachsen oder aus scharfkantigem Gestein. Manchmal entfernen sich die Hügel bis zum Horizont und machen Platz für ewig weite Sand- oder Steinwüsten. Da ich in Richtung Westen fahre und es bereits Nachmittag ist, fahre ich immerzu der Sonne entgegen. So macht Autofahren Spaß!
Es dauert nicht lange, bis ich die Grenze zu Kalifornien erreiche und auf Zivilisation treffe. Im Grenzstädtchen Primm steht das ziemlich beeindruckende, aus rot gestrichenem Holz errichtete Buffalo Bill's Resort & Casino, um das sich eine der höchsten und mit gut 130 km/h schnellsten Achterbahnen der Welt zieht – in einem Dorf mit knapp 1000 Einwohnern. This is America ...

Die Geschichte von »Whiskey Pete«

Auch typisch amerikanisch ist die Historie Primms: In den 1920er Jahren betrieb Pete MacIntyre eine schlecht laufende Tankstelle an der Staatsgrenze. Schließlich wechselte er das Business und wurde als »Whiskey Pete« zum Schnapsbrenner. Als Whiskey Pete 1933, dem Jahr, in dem die Prohibition aufgehoben wurde, starb, war es sein Letzter Wille, aufrecht stehend und mit einer Flasche Selbstgebranntem in der Hand begraben zu werden. Anscheinend geriet das unmarkierte Grab irgendwann in Vergessenheit. Als man Jahrzehnte später eine Brücke zwischen dem Bufallo Bill's und dem auf der anderen Seite der Interstate 15 gelegenen Kasino baute, exhumierte man Pete aus Versehen. Das Kasino auf der nördlichen Seite der I-15 trägt lustigerweise den Namen Whiskey Pete's. Petes Leichnam wurde an anderer Stelle wieder begraben. Diesmal fand er seinen Frieden in einer der Höhlen, in denen er früher seinen Schnaps brannte.

Ich passiere die Abzweigung nach Needles und frage mich, ob sich der Ort früher vielleicht einmal mit zwei »S« geschrieben hat. »Überflüssig« dürfte zumindest das Schicksal so mancher Wüstenstadt geworden sein, als sich die Eisenbahn zurückzog.

Nach einer knappen Stunde erreiche ich ein anderes kalifornisches Wüstenkaff namens Baker, das an den südlichen Ausläufern des Death Valley liegt, aus einer einzigen breiten Straße besteht, die parallel zur Interstate verläuft und dessen Hauptattraktion das weltgrößte Thermometer darstellt. Dieser Ort lebt von der Interstate. Von was auch sonst? Ich habe heute noch nichts gegessen, weswegen ich im Kaff haltmache. Baker entspricht so manch einem Klischee, das man von amerikanischen Wüstenstädtchen hat. Schwere Trucks fahren auf und ab und riesige Vögel – die allerdings keine Geier, sondern Krähen sind – spazieren über den staubig trockenen Boden oder landen erschreckend laut auf dem rissigen und mit Sand bedeckten Beton der Straße. Da bekommt man ja fast schon Angst. Jedes zweite Geschäft in Baker macht den Anschein geschlossen zu sein. Die Scheiben sind mit Staub bedeckt und die Werbetafeln – falls überhaupt noch vorhanden – sind schon seit den 70ern nicht mehr erneuert worden. Das Thermometer nehme ich als solches ehrlich gesagt gar nicht wahr, was vermutlich daran liegt, dass ich etwas ganz anderes als die Attraktion Bakers ausmache: ein Shop, in dem primär Trockenfleisch verkauft wird. Was soll das denn für eine bescheuerte Attraktion sein? Nun, das Spektakuläre an dem Laden lässt sich bereits von seinem Namen ableiten: Alien Fresh Jerky.

Alien Fresh Jerky

Das Logo des Geschäfts ist – wie könnte es auch anders sein – der Kopf eines grünen Aliens. In der Fassade des gelben, flachen Gebäudes klemmt ein UFO. Da hatte es jemand im Landeanflug wohl etwas zu eilig. Direkt vor dem Eingang des Ladens dürfen nur Aliens parken. Ich empfinde das als diskriminierend. Wer bis zu unserem Planeten fliegen kann, sollte auch in der Lage sein – wie ich – 20 Meter zu laufen. Naja. Im Gegensatz zu den meisten Behindertenparkplätzen sind zwei der Alienparkplätze auch belegt. Auf dem einen parkt ein UFO und den anderen belegt der silberne Schlitten der Galaxy Peace Patrol. Die grünen Schützer des galaktischen Friedens sitzen gerade in ihrem Vehikel, als ich staunend an ihnen vorbeiziehe. Mit Aliens hatte ich heute nicht mehr gerechnet. Der Außerirdische auf dem Beifahrersitz dreht musternd seinen Kopf zu mir, während der Kollege auf der Rückbank freundlich seine Hand samt Zigarre zum Gruß hebt. Der Blick des Fahrers bleibt indes konzentriert auf die Straße gerichtet. Die Herren der IGF, der Interplanetary Galactic Federation, sind sowohl mit schweren Waffen als auch mit Flügeln ausgerüstet und die Reifen haben tiefe Profile, damit man auch mal offroad intergalaktische Verbrecher jagen kann. Ich fühle mich gleich sicherer und sorge mich auch nicht länger wegen der Aliens, die auf dem Dach des Ladens sitzen. Wenn das die IGF nicht juckt, sollte es mich auch nicht länger belasten. Das Innere des Ladens enttäuscht mich aber leider. Das angebotene Dörrfleisch stammt gar nicht von Aliens, sondern von so irdischen Geschöpfen wie der Kuh und dem Schwein. Langweilig. Auch bei den Oliven wird erst gar nicht versucht, sie als Alienhoden oder einer ähnlich exotischen Leckerei zu verkaufen. Da hatte ich mir etwas mehr Kreativität erwünscht. Was gibt es sonst noch? Ein Alien mit Turban, das in einem Glaskasten sitzend die Zukunft voraussagt. Langweilig. Ansonsten werden noch T-Shirts, die »Hottest Fucking Nuts«, Thermosflaschen und so weiter und so lahm angeboten.

Keine drei Minuten später verlasse ich den Shop wieder. Ich habe es aber sowieso eilig, weswegen ich nun auf die andere Straßenseite zu Subway spurte und mir schnell ein fußlanges Sandwich kaufe. Subway gehört zur Spezies der *Schnell*restaurants. *Fast* Food. In der Mojave-Wüste scheint Subway entweder einen anderen Rang zu haben oder man hat die Definition nicht wirklich verinnerlicht. Vielleicht bin ich aber auch der erste Mensch (oder Außerirdische), der sich seit Ewigkeiten mal wieder in den Food Court der Valero Tankstelle verirrt. Der Verkäufer ist auf jeden Fall irgendwo hinten am Herumrödeln und nimmt mich nicht wahr. Irgendwann kommt er dann doch mal wieder nach vorne, sieht mich und nimmt meine Bestellung mit größter Motivation entgegen: Er redet so leise, dass ich ihn kaum verstehe und immer wieder nachfragen muss. Ich frage ihn, ob es auch eine scharfe Soße gibt: »No.«
Auf der Scheibe seiner Zutatenbar klebt hingegen groß ein Aufkleber, der auf die brandneue *hot sauce* hinweist. Ich zahle mit meiner Kreditkarte.
»Credit or debit?«, flüstert der junge Mann hinterm Tresen.
»Credit«, antworte ich in einer normalen Konversationslautstärke.
»Credit or debit?«, wiederholt er seine Frage.
»Credit«, entgegne ich erneut und auch leicht irritiert.
»Credit or debit?«
Ja, will der mich denn verarschen?
»Credit!«, rufe ich. Diesmal klappt's. Ich schnappe mir mein Sandwich und

entdecke zu meiner Verwunderung eine Wand voll Auszeichnungen, die diese Filiale bereits eingeheimst hat. Irgendwie muss man seine Sklaven in der Wüste ja motivieren, denke ich mir, kaufe mir noch eine Coke und setze mich für die erste Hälfte meines Sandwiches in den Essensbereich des Food Courts. Da ich noch ein gutes Stück Weg vor mir habe, verdrücke ich die zweite Hälfte während der Fahrt und genieße den Blick auf die sensationell schön untergehende Sonne.

Kurz vor San Diego muss ich tanken. Cari ist bereits gelandet und fragt, wie weit ich noch zu fahren habe. Ich bin in Mira Mesa, einem Vorort von San Diego und müsste demnach bald da sein, vermute ich, obwohl ich noch kein einziges Schild gesehen habe, das zum Flughafen weist. Ich will mit meiner Kreditkarte direkt an der Zapfsäule zahlen und mit dem Tanken loslegen. Das gelingt mir aber nicht, da ich meine Postleitzahl eingeben soll. Hm. Ich gehe zum Tankwart, dem ich mitteilen muss, für wie viel ich tanken möchte. Mal überlegen: Beim Autoverleih habe ich für 40 Dollar den Tank komplett aufgefüllt bekommen. Der Preis pro Gallone ist billiger als an jeder Tanke und nun ist mein Tank schon sehr leer. Mir wurden schon die Meilen angezeigt, die ich mit meiner aktuellen Füllung noch vorankomme. Viele waren das nicht. Ich wurde sogar schon nervös, noch eine Tankstelle zu finden, bevor ich mitten auf dem Freeway stehen bleibe.

»40 bucks«, sage ich dem Tankwart also und frage, ob ich mir bei ihm auch noch die Hände waschen kann. Ich habe mit dem übervollen Sandwich doch ordentlich herumgesaut.

Mein Tank ist nach 33 Dollar wieder randvoll. Moment mal: Das darf doch gar nicht sein! Die Gallone kostet an der Tankstelle mehr als beim Verleih und dennoch bekomme ich meinen nahezu leeren Tank hier für sieben Dollar weniger wieder komplett aufgefüllt? Ich erkläre der Dollar Thrifty Automotive Group hiermit den Krieg. Und was passiert eigentlich mit den übrigen sieben Dollar, die bereits von meiner Kreditkarte abgebucht wurden? Ich gehe relativ entnervt zum Tankwart und frage nach. Der Mann teilt mir mit, dass ich mir keine Sorgen machen muss und der überschüssige Betrag wieder auf mein Konto zurückgebucht wurde. Die Maschine erkennt das. Dann ist ja alles gut.

Wieder auf dem Freeway frage ich mich, ob der Flughafen vielleicht gar nicht auf dieser Strecke liegt und Cari mir die Route zur Innenstadt geschickt hat. Ich rufe sie an und lasse sie anhand der Ausfahrten wissen, wo ich mich befinde. Gleichzeitig versuche ich Flugzeuge am Himmel auszumachen, um zu sehen, wo sie landen oder von wo sie gerade abheben. Ich glaube, ich bin falsch. Cari widerspricht. Ich bin auf dem richtigen Weg und soll nach wie vor die I-15 am Exit 12 verlassen und auf die 163 South wechseln. So wird's gemacht. Noch immer ist weit und breit nichts vom Flughafen zu lesen. Wie weit ist das denn noch? Ich will endlich ankommen! Nun soll ich auf die I-5 North wechseln und … ah! Endlich wird der Flughafen ausgeschildert. Eine Ausfahrt weiter darf

ich die Interstate schon wieder verlassen. Links auf die Hawthorn Street … und schon stehe ich mitten in der City und sehe keine Flughafenschilder mehr. Hä? Ich fahre auf den Hafen zu. Die haben ihren Flughafen doch nicht neben dem Hafen, mitten in der Stadt errichtet? Ich frage einen Radfahrer, der mir mitteilt, dass ich tatsächlich am Hafenbecken nur noch einmal nach rechts abbiegen muss und wenige Meter später schon direkt den Airport erreiche. Verrückt.
Cari teilt mir mit, dass sie vor dem Terminal 2 auf mich wartet. Ich kann nirgends parken und vor mir stauen sich die Autos. Ich werde noch bekloppt! Dann sehe ich sie. Sie trägt eine nur knapp unter dem Hintern abgeschnittene Jeans, schwarze Stiefel mit weißen Kniestrümpfen und offenes Haar. Sie ist tatsächlich da! Die Autos stauen immer noch. Egal. Ich stelle den Motor ab, springe aus dem Wagen, renne auf Cari zu und falle ihr um den Hals …
Cari findet mein Parkmanöver äußerst cool und irrwitzig: »You can't park that way, you geek!«
»Freak«, verbessere ich sie mal wieder und schüttle meinen Kopf: diese Amis … immer so überkorrekt und regelkonform.
Wir brauchen ein Hostel: »Yelp might help«, stößt Cari ihre Lieblingswerbezeile aus, die, soweit ich weiß, noch nicht einmal der offizielle Slogan des Unternehmens ist. Vielleicht sollte es Cari mal in der Werbung versuchen. Dank der App finden wir das nahe gelegene und recht preiswerte R.K. Hostel. Wir kündigen uns per Telefon an, müssen aber erst noch einen Parkplatz finden. Das gestaltet sich als erschreckend schwierig. Überall ist entweder kein Platz vorhanden oder der *sweeping service*, die Straßenreinigung, kommt heute Nacht und verlangt leere Straßen; sonst drohen Strafzettel.
Der Rezeptionist des Hostels, ein grauhaariger Mann Mitte 50, ist maßlos überfordert. Seine Unfähigkeit, uns einfach ein Zimmer zu vermieten, schiebt er auf die Tatsache, dass er bereits seit fünf Uhr morgens am Arbeiten ist. Alles dauert ewig und plötzlich werden aus den angekündigten 35 Dollar 40, was Cari und ich nicht wirklich lustig finden. Wenn die es mit der Preisauskunft verkacken, sollen die auch dafür haften und nicht wir. Der Mann ist nicht diskussionsfreudig und erklärt uns lieber, wie wir die Haustür aufbekommen. Sonderlich kompliziert ist das zwar nicht, doch Cari soll trotzdem probeweise einmal versuchen, die Tür alleine aufzuschließen. Den Sexismus seiner Aktion versucht er zu verstecken, indem er behauptet, dass dies nur der Sicherheit dient, falls sie einmal alleine und in Gefahr sein sollte. Aha. Muss ja eine schlimme Gegend sein. Depp. Jetzt sollen wir noch fünf Minuten warten, da unser Zimmer noch geputzt werden muss. Boah. Aus den fünf werden mehr als 15 Minuten, weshalb wir uns von einem anderen Typen zum Zimmer führen lassen. Der Rezeptionist, der wahrhaftig noch am Schrubben ist, fragt seinen Kollegen, ob wir nicht warten konnten.
»No«, antwortet der.
Cari ist sehr genervt von den Angestellten und auch ich finde es langsam ziem-

lich albern. Die beiden Helden erklären uns mehrfach, dass unser Zimmer wegen des Blicks auf den Hafen eines der besten ist: »It's so amazing!«
So wahnsinnig ist's nicht, aber auf jeden Fall nett. Auch nett ist die Tatsache, dass die sich im Anflug befindlichen Flugzeuge fast direkt über das Hostel jagen. Was spektakulär aussieht, uns aber leichte Sorgen bezüglich der Nachtruhe macht, stört später aber tatsächlich überhaupt nicht. Es scheint ein Nachtflugverbot zu geben.
Und dann ist es endlich vollbracht: Wir sind zusammen, haben ein Zimmer und sind endlich alleine. Cari hat mir so gefehlt ...
Wir ziehen los und schauen uns die Gegend an, in dem sich unser Hostel befindet: Little Italy. An den Straßenlaternen hängen Bilder von im Filmbusiness erfolgreichen Italo-Amerikanern. Von Martin Scorsese bis Roberto Benigni sind sie alle dabei, wobei ich mich frage, was an Benigni amerikanisch sein soll. Das Viertel sieht süß aus. Blöderweise ist es aber bereits Mitternacht und alles geschlossen. Mit dem Craft & Commerce finden wir in der Beech Street dann doch noch eine sogar sehr schöne Bar, die uns zwar freundlich mit einem Schild begrüßt, auf dem »You Look Good« geschrieben steht, jedoch dummerweise in 15 Minuten dichtmacht. Schade, denn die Mischung aus grünen Ledersofas und rustikaler Bücherregalwand, gepaart mit vielen Kerzen, schweren Holztischen und Planken an den Wänden ist wirklich sehr gemütlich. Man empfiehlt uns stattdessen The Lion's Share, ein Gastropub, der sich einen Kilometer weiter südlich auf dem Kettner Boulevard befindet. Im Nachbarbezirk von Little Italy, dem Marina District, kommen wir am Downtownableger des Museum of Contemporary Art vorbei. Das Hauptgebäude befindet sich im mehr als 20 Kilometer nordwestlich der Innenstadt gelegenen La Jolla. In Leuchtbuchstaben laufen Gedichte und Weisheiten an der Fassade des Gebäudes entlang, was uns kurz stoppen und lesen lässt.
Wie zuvor das Craft & Commerce, kann auch The Lion's Share mit sehr viel Style überzeugen: Tolle Gemälde hängen an den Wänden im sonst eher schlicht und damit ziemlich cool ausgestatteten Lokal. Obendrein serviert man uns hier auch noch zur späten Stunde Speis und Trank. Für je acht Dollar gibt es drei Scheiben Bruschetta und den Winter Salad mit Pistazien. Die Pommes aus eigener Herstellung, die obendrein in Erdnussöl frittiert werden, gibt es für weitere fünf Scheine. Lecker! Speziell der Salat kann überzeugen.
Gegen zwei Uhr genießen wir noch den Ausblick unserer Dachterrasse, die wir für uns alleine zu haben scheinen. Überhaupt macht es den Eindruck, als ob außer uns kein anderer Gast im R.K. abgestiegen ist. Es gibt Schlimmeres, als das Gefühl zu haben ein Hostel komplett alleine zu bewohnen. Die Aussicht auf den fünf Blocks unter uns gelegenen Hafen ist schön, Palmen umsäumen unsere Terrasse, der Mond leuchtet hell am Himmel und ich kann es noch immer nicht glauben, dass Cari und ich wieder zusammen sind. Ich bin glücklich ...

Seelöwen in der Dunkelheit
Tag 75: Mittwoch, 23. Januar 2013

Der Himmel ist wolkenverhangen. Sonderlich warm ist es auch nicht. Wir frühstücken in letzter Sekunde vor Schließung der Küche und schauen uns noch ein, zwei Flugzeuge an, die direkt über das Hostel brausen und auf dem nebenan gelegenen Flughafen landen. Von der Terrasse aus können wir die Flieger sogar noch auf der Landebahn aufsetzen sehen. Trotz des miesen Wetters fahren wir in den Stadtteil Pacific Beach an den Strand. Cari war natürlich schon einmal hier. Ich kann der Frau einfach nichts Neues zeigen ...

Wir stellen den Wagen ab und flanieren die schöne Strandpromenade, den Ocean Boulevard, entlang. Der Strand und die Promenade ziehen sich über mehr als fünf Kilometer. Wir erkunden den nördlichen Teil zwischen dem Pacific Beach Drive und der Grand Avenue. Hoch erfreut stellt Cari fest, dass dies exakt der Strandabschnitt ist, an dem sie schon einmal im Banana Bungalow Hostel wohnte. Das muss sie mir natürlich direkt mal zeigen. Also klingeln wir und schauen uns das hippiemäßige Hostel, das direkt am Strand liegt, von innen an. Da wir – speziell Cari – mit dem R.K. Hostel nicht sonderlich glücklich sind und uns nach einem preiswerteren Hostel umsehen wollen, ergibt dieser Besuch gleich doppelt Sinn. Blöderweise ist das Banana Bungalow Hostel – ein Hostel für Backpacker – noch teurer als das R.K. und bietet zudem nur noch Betten in Schlafsälen an, weshalb es bei der kurzen Besichtigung und Caris Schwelgen in der Vergangenheit bleibt.

Nur einen Block weiter treffen wir am Ende der Thomas Avenue auf einen Sandkünstler. Wir wundern uns über ein Schild, das er neben sich und seinen beeindruckenden Figuren aufgestellt hat. Auf der weißen Tafel sind seine Arbeitsstunden vermerkt. Arbeitet der Freak schon seit zwölf Stunden hier? Jetzt ist es 13 Uhr. Wir sprechen den jungen Mann an. Er heißt JT Estrela und erklärt uns, dass er nicht bereits seit Mitternacht auf der Promenade sitzt. Nein, seine Figuren halten erstaunlicherweise mehrere Tage. Die Figur ganz rechts, die, wenn ich das richtig sehe, eine Chemietoilette darstellt, deren Abfluss in ein Fass Coors Beer mündet, ist bereits drei Tage alt. Demnach kann man auch die eine oder andere Spur des Verfalls ausmachen. Für drei Tage sieht das Gebilde dennoch sagenhaft intakt aus und dürfte wohl noch einige Tage länger überstehen. Sechs Stunden hat er an der über einen Meter hohen Bierkritik gefeilt. Daneben stehen ein alter Stiefel, der um *tips* bittet, und ein stylisher Roboter. Momentan arbeitet er an einem Diamantring. Cari und ich beobachten ihn einige Minuten dabei. Es muss verdammt schwierig sein, eine Sandfigur mit einem Loch darin zu bauen. Der Gedanke ist kaum fertig gedacht, da fällt der Ring auch schon in sich zusammen. Ein Raunen geht über die Promenade. JT nimmt es mit Fassung und lächelt in die Runde.

Gegen fünf machen wir es uns auf der Dachterrasse des Pacific Beach Ale House

gemütlich. Das Ale House ist eine Mikrobrauerei mit einer nicht sonderlich schönen Aussicht auf das Viertel und Stahlfässern im Erdgeschoss. Es wird also vor Ort gebraut. Wir beginnen mit weniger guten, aber dafür ordentlich reinhauenden Cocktails, bevor der *happy hour mug* angeboten wird: ein Bierkrug, der locker mal zwischen 0,6 und 0,75 Liter Bier fasst. Nicht schlecht.
Vom Sonnenuntergang bekommen wir aufgrund des schlechten Wetters leider nichts mit. Die Surfer macht der relativ hohe Wellengang indes umso glücklicher. Die Gischt zieht weit über den Strand und lässt die südlich von uns ins Meer ragende Landzunge fast schon wie eine schwebende Insel wirken.
Zurück am Auto, entschließen wir uns zur La Jolla Cove zu fahren. Die Bucht gehört zum San Diego-La Jolla Underwater Park und steht daher unter besonderem Naturschutz. Kajaks, Surfbretter und sogar Luftmatratzen sind in der kleinen Bucht verboten. Zum Tauchen soll die Bucht sehr schön sein, da es in ihr ungewöhnlich viele der orangefarbenen Garibaldifische, dem offiziellen Staatsfisch Kaliforniens gibt. Offizielle Staatsfische ... was es nicht alles gibt. Uns fasziniert am heutigen Abend jedoch etwas ganz anderes: Seelöwen! Es müssen mehrere Dutzende sein, die sich auf den Felsen breitgemacht haben. Dummerweise sehen wir herzlich wenig von ihnen, weil es mittlerweile stockdunkel ist. Auch mit dem Fotografieren der Tiere will es nicht funktionieren, weil die Luft von Salz durchsetzt ist. Wir können die Tiere zwar nicht wirklich sehen, sie zu überhören ist dafür unmöglich: Die Geräuschkulisse der Tiere ist außerordentlich. Die Robben werden in ihrer Zahl noch einmal um ein Vielfaches von den anwesenden Vögeln geschlagen. Die schwirren in Massen umher und kacken die Felsen zu.
Cari und ich sind die Einzigen, die gerade am sehr kleinen Strand ankommen. Die wenigen anderen Besucher befinden sich auf dem Rückweg zu ihren Autos. Auch im grünen und ebenfalls eher kleinen Scripps Park, der sich oberhalb des Strandes befindet, läuft kaum noch ein Mensch umher. Wir haben also den Strand ganz für uns alleine – von den Seelöwen einmal abgesehen. Unten am Strand peitschen die Wellen hoch in den Sand hinein. Zweimal müssen wir vor ihnen fliehen. Beim zweiten Mal kann ich gerade noch so auf ein Treppengeländer springen, ohne bis zu den Knien durchnässt zu werden. Wir suchen uns einen sicheren Felsen und genießen die Aussicht auf die Lichter La Jollas, das Brüllen der Seelöwen und das Rauschen des Meeres ...
Nach einiger Zeit steigen wir wieder die Treppen empor in den Park. Auf der Westseite des Grüns fallen die Felsen gut 20 Meter steil ins Meer hinab. Durch die Parklaternen ist das Meer leicht beleuchtet, was einen schönen Blick auf die Wellen zulässt. Nachdem wir nach den akustischen nun auch unsere optischen Reize befriedigen konnten, machen wir uns auf den Weg zu unserem neuen Hostel, das wir am Nachmittag mithilfe von Caris Smartphone entdeckt und gebucht haben.
Das Lucky D's Hostel liegt in der 8th Street und somit im East Village, das

direkt an das Gaslamp Quarter angrenzt, dem wahren Zentrum San Diegos. Das vierstöckige und auf internationale Backpacker ausgelegte Hostel gefällt uns auf Anhieb. Im Eingangsbereich hängen viele Bilder, eine Ampel leuchtet in all ihren Farben vor sich hin und Masken hängen an den Wänden. Dies ist lediglich das Treppenhaus. Die Rezeption befindet sich im ersten Stock, wo sich der Style des Erdgeschosses nahtlos fortsetzt. Rockmusik hallt bis 22 Uhr durch die Flure und zu den Bildern an den Wänden gesellen sich noch einige Spiegel. Die Rezeption ist zudem noch mit Geldscheinen aus aller Welt zutapeziert. Wie das Hostel Cat bietet auch das Lucky D's Exkursionen wie den *pub crawl* an. Wir beziehen im obersten Stockwerk unser Zimmer, das mit einem sehr merkwürdigen Hochbett ausgestattet ist, und begeben uns wieder einmal sehr spät auf Abendessenssuche.

Auf der Market Street, direkt um die Ecke des Hostels, ist Valentine's Mexican Food, eines der wenigen Lokale, das kurz vor 23 Uhr noch warme Speisen zubereitet. Valentine's ist eine seltsame Mischung aus einem typisch hässlichen Fast-Food-Restaurant und einer durchaus ansehnlichen, mexikanischen Kantine mit dunkler Holzdecke. Außerdem wirbt die Gaststätte damit, vollkommen authentisch zu sein, was mir meine »Arizona Desert Rose« auch direkt als glaubwürdig versichert. Wir freuen uns also auf echte mexikanische Küche. Doch wenige Minuten später kippt die Stimmung: War ich im R.K. Hostel noch der Entspanntere von uns beiden, ändert sich dies leider in diesem Saftladen. Was regt mich der Typ am Tresen auf! Ich bestelle mir eine Horchata, ein Erfrischungsgetränk, dessen Name sich vom valencianischen »Orxata de Xufes« ableitet, was ins Deutsche übersetzt »Erdmandelmilch« bedeutet. Dazu ordere ich mir einen Potato Wrap und für Cari und mich gemeinsam Guacamole Tacos. Währenddessen kommt es bestimmt zehnmal zur Sprache, dass ich Veganer bin. Das ist nicht übertrieben. Ich kenne mich ja aus und weiß, dass das bei nur einmaligem Erwähnen gerne einmal überhört wird. Als wir unsere Bestellung wenige Minuten später abholen, drückt er mir die Horchata in die Hand und sagt: »With milk.«
»With milk? Cow milk?«, frage ich.
»Sí.«
»I don't drink cow milk.«
Keine Reaktion. Zurücknehmen möchte er das Getränk auch nicht. Was soll das denn? So etwas habe ich noch nie erlebt. Zurück am Tisch rege ich mich bei Cari über den Deppen auf, als sie darauf hinweist, dass ich laut Rechnung noch Avocadostücke als Zusatzzutat zu meinem Wrap berechnet bekommen habe. Die habe ich aber nie bestellt. Außerdem fehlen die Guacamole Tacos. Meine Fresse. Ich marschiere also wieder zurück zum Tresen und frage, wo unsere Tacos sind und weshalb ich Avocadostücke bezahlen muss. Tacos hätte ich nicht bestellt, teilt er mir trocken mit, während er sich zur Küche umdreht und die Köchin fragt, ob sie mir Avocadostücke mit in den Wrap gewickelt habe. Hat

sie. Also muss ich sie auch bezahlen.
»I never ordered avocado pieces, but tacos.«
»Do you want to order tacos now?«
Nein, Arschloch. Eine Entschuldigung gibt es natürlich nicht. Stattdessen schlägt mir der hasserfüllte Blick der Köchin entgegen, weil ich der Meckerdepp bin. Cari versucht derweil neben ihrem Getränk auch die bescheuerte Horchata zu meistern, was irgendwann eine temporäre Übelkeit durch Völle auslöst. Immerhin ist der scheiß Laden aber sensationell preiswert.
Neben Cari kann man glücklicherweise nicht lange schlecht gelaunt bleiben. Außerdem haben wir auch gar nicht genug Zeit zusammen, um uns unnötig über Kleinigkeiten aufzuregen. Kurz nach Verlassen des Restaurants ist alles wieder in Ordnung und die Nacht im Lucky D's schön und gemütlich ...

(20) Days of Cari
Tag 76: Donnerstag, 24. Januar 2013

Am Morgen bringe ich Cari ein paar deutsche Vokabeln bei.
»What is ›stop‹ in German?«
»Stopp.«
Langweilig. Als ich es ein wenig »deutscher« betone, gewinnt das Wort aber doch noch an Reiz und Cari johlt: »Schtopp!«
Weshalb auch immer inspiriert es mich, ihr die deutsche Variante von: »Shut the fuck up!«, beizubringen.
»Halt dein Maul!«
»Holt doin Mowl?«
Ach, zuckersüß.
»And what is: ›I want a kiss‹?«
Nach dem Frühstück geht's auf Stadterkundung. Am Ende unserer Straße, der 8th Avenue, sehen wir den Petco Park, San Diegos Baseballstadion. Baseballstadien sehen schon seltsam aus: Zum einen sind sie trapezförmig und zum anderen öfter mal auf einer Seite offen. Das heißt, dass wir vom Eingang des Hostels aus ins Stadion blicken können. Würde dort ein Spiel stattfinden, kann man sich also mit einem Stuhl auf die Straße setzen und sich problemlos die Fans der größten Tribüne des knapp 42.000 Zuschauer fassenden Stadions ansehen. Verrückt. San Diegos Profimannschaften – egal welcher Sportart – sind übrigens verflucht. Seit 1963 konnte kein Team aus San Diego einen wichtigen Titel gewinnen.
Nur zwei Blocks vom Hostel entfernt beginnt das Gaslamp Quarter, das historische Herz San Diegos, das sich vom Broadway bis zum Harbor Drive und von der 4th zur 6th Avenue, insgesamt über 16 ½ Blocks zieht und auch das Zentrum des Nachtlebens darstellt.

Wie aus einer spanischen Siedlung eine Metropole der USA wurde

1542 wurde die Gegend um das heutige San Diego vom portugiesischen Entdecker Juan Cabrillo zum Eigentum der spanischen Krone erklärt und rund 200 Jahre später besiedelt. Die Festung und die Mission bildeten 1769 die ersten europäischen Siedlungen im heutigen Kalifornien, wodurch die heute noch immer schnell wachsende Stadt die Wiege des »Golden State« ist. 1821 wurde San Diego vom nun unabhängigen Mexiko annektiert und erst 1850, zwei Jahre nach dem Ende des Mexikanisch-Amerikanischen Kriegs, Teil der USA. Bis Mexiko ist es aber nach wie vor alles andere als weit: Die südlichen Ausläufer San Diegos erreichen sogar die Grenze und vom Zentrum sind es gerade einmal 30 Kilometer bis zur Stadtmitte Tijuanas. Die Architektur San Diegos ist also, wenig verwunderlich, stark mexikanisch geprägt.
Die Entwicklung zum kulturellen Dreh- und Angelpunkt begann 1867. Damals kam ein Mann namens Alonzo Horton von San Francisco in die seinerzeit noch kleine und eher unbedeutende Stadt. San Diego hatte zu jener Zeit den Ruf, aufgrund seiner Lage eine aufstrebende Gemeinde werden zu können. Horton verkaufte all sein Hab und Gut, um aus San Diego eine prosperierende Stadt zu machen. Zu Hortons Verwunderung beschränkten sich sämtliche Bemühungen, San Diegos Aufstreben voranzutreiben, auf die Gegend rund um die binnenländisch gelegene alte spanische Festung an der Mündung des San Diego River. Entlang der San Diego Bay gab es hingegen keine größeren Bebauungen, obwohl sämtliche Schiffe, die die Stadt ansteuerten, dort anlegten. Hortons anfängliche Verwunderung wich großer Freude, denn dem Bauherren war schnell klar, dass er hier am Meer das Potenzial hatte, um aus San Diego seine angestrebte Metropole machen zu können.
In den 1880er Jahren entwickelte sich das Gaslamp Quarter schließlich zum Vergnügungsviertel mit Bars, Bordellen und Kasinos, von denen drei dem Revolverhelden Wyatt Earp gehörten.
Mittlerweile ist San Diego mit rund 1,3 Millionen Einwohnern die achtgrößte Stadt der USA und nach Los Angeles die zweitgrößte Kaliforniens.

Mir fällt auf, dass es in der Downtown, verglichen mit anderen US-amerikanischen Städten, kaum Hochhäuser gibt. Die wenigen Hochhäuser, die an die Downtown angrenzen, sehen zudem anders aus als jene, die ich in den bisher bereisten Städten zu sehen bekommen habe. Sie sind verspielter und farbenfroher. Generell ist San Diegos Downtown bunt und schön. Im Gaslamp Quarter mischt sich die hispanische zudem noch mit sehr ansehnlicher viktorianischer Baukunst. Von den namengebenden Gaslampen scheint es jedoch nur noch vier Stück an der Kreuzung 5th Avenue und Market Street zu geben.
An der Ecke Market und 4th kommen wir an einem Hooters vorbei. Hooters, erklärt mir Cari, ist eine Restaurantkette, die dafür berühmt ist, dass aus-

schließlich vollbusige Schönheiten in engen Blusen und kurzen Höschen servieren – die »Hooters Girls«. Nach kurzer Beratschlagung legen wir uns darauf fest, dass wir beide Hooters als sexistische Kackscheiße empfinden, und ignorieren daher das Restaurant mit der knallorange leuchtenden Markise eiskalt.
»Sexistieshe Kockshoise.«
»Perfect, sunshine. Perfect.«
Am südlichen Ende der 5th Avenue, die die zentrale Straße des Viertels darstellt, werden die Gäste mit einem viktorianischen Schild, das wie eine Pforte über der kompletten Straße hängt, im Gaslamp Quarter willkommen geheißen. Der vielleicht einzige Schönheitsmakel, den wir heute an San Diego ausmachen, ist die Tatsache, dass es zu viele Filialen der üblichen großen Fast-Food-Ketten gibt. Für Cari und mich gibt es natürlich keinen Burger, sondern ein anständiges Mittagessen im Royal Thai Cuisine Restaurant an der Ecke Island und 5th Avenue. Ich lasse mir von der Kellnerin den ihrer Meinung nach besten Curry ihrer Küche empfehlen.
»Green Curry«, sagt sie ohne Umschweife. Hm, das ist eigentlich der Curry, den ich am wenigsten liebe, antworte ich ihr, woraufhin sie schweigt.
»How is the Panang?«, frage ich.
»Hm, yeah ... is okay.«
Das klingt ja nicht sonderlich überzeugend. Sie verweist noch einmal auf den leckeren Green Curry und überzeugt mich endgültig, diesen zu probieren. Er ist superlecker! Dazu gibt's noch Prosecco. Zwei Genießer lassen sich nicht lumpen.
Unser nächstes Ziel ist der Balboa Park, für dessen Entstehung ebenfalls Alonzo Horton verantwortlich war. Auf dem Weg zum 490 Hektar großen Park treffen wir auf das klassische Baseballfeld neben der Straße, auf dem ein paar Jungs die Keule schwingen. Damit ist dieses typisch amerikanische Bild also auch erfolgreich abgedeckt. Der Park fängt direkt hinter einer Brücke an, die über die Interstate 5 führt.

Balboa Park

Wie ein typischer Park erscheint das nach einem spanischen Konquistador benannte Areal aber nicht. So besteht der Park nicht einfach aus großen Grünflachen oder Wäldern, sondern beherbergt auch über ein Dutzend Museen, mehrere Theater, Restaurants und den Zoo der Stadt. Das erste auffällige Gebäude auf unserem Weg ist das alte Navy Hospital, das mit seinen beiden Türmen wieder sehr spanisch wirkt und seit 1917 in Betrieb ist. Schräg gegenüber stoßen wir auf den runden Bau des World Beat Center, einem bunten Reggae-Kulturzentrum, in dem unter anderem Konzerte stattfinden. Der Gärtner des Zentrums wirkt passenderweise extrem verstrahlt. Mit seinem Gartenschlauch in der Hand und einem Lappen auf der Schulter *sitzt* er auf dem Rindenmulch

und gießt die ihn umgebenden Büsche.
Auf das World Beat Center folgt mit dem Centro Cultural de la Raza ein weiterer flacher Rundbau. Darin dreht sich alles um die Kunst und Kultur der Mexikaner, anderer lateinamerikanischer sowie indigener Völker und der Chicanos. Chicanos sind die in den USA lebenden Mexikaner.

Wir machen es uns auf der Wiese hinter dem Centro Cultural de la Raza gemütlich – in der Hoffnung, dass die Wolken doch noch Platz machen und uns einen schönen letzten gemeinsamen Sonnenuntergang gönnen. Kaum zu glauben, dass Cari morgen in aller Frühe bereits wieder wegfliegt. Wir versuchen die Traurigkeit aber nicht durchdringen zu lassen, sondern vielmehr die letzten verbleibenden Stunden zu zweit voll zu genießen. Allzu leicht fällt es mir nicht, nicht daran zu denken, dass wir uns nach morgen früh wer weiß wie lange, definitiv aber bis zu meiner Abreise, nicht mehr sehen werden. Und auch die Wolken haben kein Erbarmen mit uns …
Nach gut und gerne zwei Stunden des Kuschelns spazieren wir wieder zurück in Richtung City. Den Spielplatz im Balboa Park, speziell seine Rutschbahn, nehmen wir dabei selbstverständlich noch voll mit.
Ich erzähle Cari von Los Angeles und davon, dass ich mir die Bank aus »(500) Days of Summer« ansehen wollte, aber leider verpasst habe, obwohl ich bei Ray quasi direkt um die Ecke übernachtet habe. Redet man von »(500) Days of Summer«, kommt man irgendwann automatisch auf eine der besten Szenen des Films zu sprechen. In dieser Szene fordert die von Zooey Deschanel gespielte Summer Joseph Gordon-Levitt dazu heraus, abwechselnd das immer selbe Wort zu wiederholen. Mit jeder Wiederholung muss man das Wort lauter von sich geben – bis man es brüllt. Wer als Erstes klein beigibt, hat verloren. Ich weiß nicht, wer von uns auf die grandiose Idee kommt – vermutlich sind wir es beide gleichzeitig –, aber wir benötigen unbedingt wieder eine Competition, um festzustellen, wer von uns denn nun die coolere Sau ist. Also fordern wir uns gegenseitig heraus und laufen wenig später breit grinsend sowie immer lauter brüllend durch die Stadt. Obendrein erweitern wir das Spiel auf zwei Wörter:
»PENIS!«
»VAGINA!«
Meine Anmerkung, dass eigentlich ich derjenige bin, der: »Vagina«, und sie vielmehr: »Penis«, schreien müsste, ignoriert Cari mit einem Grinsen und plärrt mir: »Vagina!«, ins Gesicht. Einen Sieger können wir nicht ermitteln.
In der 5th Avenue essen wir bei New York Pizza zu Abend. Die Pizzeria ist eher ein unscheinbarer Imbiss, von dem wir nur erwarten, dass er unsere Mägen füllt. Der junge Koch, der zugleich auch kellnert, ist wahnsinnig sympathisch und zuvorkommend. Er checkt, ob die Nudeln aus Ei oder Hartweizengries bestehen, und serviert uns zur Begrüßung kostenloses Knoblauchbrot. Als ich ihn frage, ob es vegan sei, entschuldigt er sich. Wenige Minuten später stellt er

mir plötzlich freundlich lächelnd ein extra für mich zubereitetes Brot auf den Tisch – noch immer kostenlos und ohne von mir darum gebeten worden zu sein. Dementsprechend überrascht und dankbar bin ich. Er denkt sich wohl auch, dass Cari nicht alleine nach Knoblauch riechen sollte. Das Essen ist zwar äußerst unspektakulär, aber unsere niedrigen Erwartungen wurden durch den lieben Kerl alleine schon übertroffen.

Die 5th Avenue ist San Diegos ziemlich coole Barmeile. Die Straße ist voll von Partywilligen, was ich an einem Donnerstagabend nicht erwartet habe. Eine junge Frau macht Werbung für den »Tattoo Thursday«, was bedeutet, dass man sich heute im Laden hinter ihr für 40 Dollar ein Tattoo stechen lassen kann. Cari bekommt von der Werbung erst gar nichts mit. Als sie mich fragt, was das Mädel wollte, lüge ich: »They want to tattoo you for free.«

»What?«

Schon machen wir kehrt und Cari steuert zielstrebig die Werbende an. 40 Dollar findet sie immer noch super, weswegen wir Sekunden später mit den Mappen der Künstler vor uns auf dem Sofa des Studios sitzen. Ich weiß bereits nach zwei Sekunden, dass ich mich von keinem dieser Künstler tätowieren lassen würde. Erst recht nicht, als sie uns zeigen, was sie an ihrem »Tattoo Thursday« anbieten und heute erst entworfen haben. Vom schlecht gemalten Anker bis zum schlecht gemalten Disney-Vögelchen ist so ziemlich jedes klischeehafte Bildchen dabei – und obendrein eben noch hässlich gezeichnet. Cari hat mir schon des Öfteren von ihrem Traumtattoo erzählt, was mich jedes Mal schmunzeln oder laut auflachen lässt. Ich habe noch nie einen Menschen kennengelernt, der wie Cari so leidenschaftlich bescheuerte Ideen propagieren kann: Sie will Gras um ihre Knöchel tätowiert bekommen, damit es so aussieht, als würde sie immer auf einer Wiese stehen. Cari hat diesen Wunsch bereits dem Mädel vor dem Laden mitgeteilt, die die Idee total genial findet und so etwas auch noch nie gehört, geschweige denn gesehen hat. Ich finde die Idee übrigens auch äußerst süß und lustig. Typisch Cari eben. Der dicke Tätowierer mit den fehlenden Zähnen findet's auch nicht schlecht und sagt, dass er ihr für 40 Dollar pro Knöchel die Wiese auf die Beine zaubert. Innerhalb von zweieinhalb Sekunden – nein, ich übertreibe keineswegs – hat er einen ersten Entwurf fertig und zeigt ihn uns in einer Mischung aus Stolz und affektiert künstlerischer Konzentrationsmiene. Ich hoffe, dass Cari nicht auf die Idee kommt: »Yes«, zu sagen und überlege bereits, wie ich ihr in diesem Falle, ohne die Gefühle der Tätowierer zu verletzen, verklickern soll, dass die Jungs es mal so überhaupt nicht draufhaben. Sie verhandelt mit dem Tätowierer über den Preis. Sie will für 40 Dollar beide Knöchel bepflanzt bekommen. Cari, das kann doch nicht dein Ernst sein! Ich tippe vorsichtig mit den Fingern auf dem Tisch herum, um ihre Aufmerksamkeit darauf zu ziehen, lasse den gestreckten Daumen nach unten zeigen und … sie bemerkt es nicht. Hilfe! Letztlich entscheidet sie sich von ganz alleine dagegen. Was für ein Glück! Wieder draußen lasse ich sie wissen,

dass ich die Leute da drin für äußerst unbegabt halte, worin sie sofort und ohne mit der Wimper zu zucken mit mir übereinstimmt. Aber wieso hat sie dann so lange diskutiert? Während ich mir diese Frage stelle, schaue ich ihr ins Gesicht und kenne die Antwort, ohne die Frage gestellt zu haben. So ist sie eben. Das ist Cari.
An einer Kreuzung steht ein Wrestler mit dicker Wampe, Gesichtsmaske und einer Hantel in der Hand. Soll das etwa ein Straßenkünstler sein? Oder hat er lediglich den Schuss nicht gehört? Wieder kommt jemand mit Flyern auf uns zu. Diesmal bekommen wir »Pay One – Get Two«-Gutscheine für eine Bar namens The Tipsy Crow in die Hand gedrückt: also nichts wie hin da!
Die Bar ist sehr cool. Da es uns im Erdgeschoss zu laut und überfüllt ist, suchen wir uns im ersten Stock ein gemütliches Plätzchen. Erstaunlicherweise sitzt niemand auf den Sitzkissen vor dem romantischen Kamin. Jackpot! Die Barkeeperin meint später zu mir, dass wir die besten Plätze des Ladens ergattert haben. Sehen wir genauso und wundern uns noch immer darüber, dass ausgerechnet diese Plätze in der mehr als gut besuchten Bar noch frei waren. Vielleicht liegt es daran, dass wir keinen Tisch haben und eben auf dem Boden sitzen.
The Tipsy Crow ist keine gewöhnliche Bar. Sie ist nicht nur sehr stylish mit alten und schweren Möbeln eingerichtet, sondern auch eine Börse: Die Getränkepreise variieren. Der aktuelle Kurs eines jeden Getränks wird auf einem großen Monitor über der Bar angezeigt. Irgendwann kommt es zum »Börsencrash«, was zur Folge hat, dass für kurze Zeit alles so preiswert ist, wie es sich die Betreiber erlauben können. Ich trinke zwei Bloody Mary, Cari einen Whiskey Soda und einen sehr leckeren Long Island Iced Tea.
Es ist wunderschön mit Cari vor dem Kamin zu sitzen, sich mit ihr zu unterhalten und zu knutschen. Ich überlege schon seit Längerem, ob ich Cari wissen lassen soll, was ich für sie empfinde. Kennen wir uns dafür schon lange genug? Ergibt es an unserem letzten Abend überhaupt Sinn und wie wird sie reagieren? Ich will Cari auf jeden Fall wiedersehen. Nein, nicht nur das. Ich will viel mehr von ihr. Ich will mit ihr zusammen sein. Auch wenn ich keinen Plan habe, wie das zu bewerkstelligen sein soll, wenn ich erst einmal wieder zurück in Deutschland bin. Ach, vergiss das rationale Denken. Vielleicht gibt es ja eine Chance? Cari will schließlich 2014 nach Europa kommen. Da ist etwas Besonderes zwischen uns. In einem bis auf die Musik sehr romantischen Moment schaue ich Cari tief in ihre wunderschönen Augen. Das Blau ihrer Iriden wird von einem dunklen Kreis umrahmt. Außerdem trägt Cari immer einen Glanz in ihren Augen, der einem sofort klar macht, dass diese Frau das Leben liebt.
»I don't know if it's too early to say …«, starte ich vorsichtig.
»It's not«, lächelt sie.
»Ich liebe dich.«
Sie schließt ihre Augen und küsst mich lange und innig …
Durch einen Korridor gelangt man in den hinteren Bereich der Bar, in dem ein

Billardtisch steht. Ich fordere eine Revanche für meine Niederlage in Portland. Ich nehme es vorweg: Es ist knapp, aber sie gelingt! Allerdings muss die Revanche erst noch auf sich warten lassen, da gerade zwei Typen den Tisch bespielen. Wir kündigen an, die nächste Runde spielen zu wollen, was mit einem Nicken bestätigt wird. Als sie fertig sind, werfe ich einen Dollar in den Tisch, baue auf und staune über die unsägliche Dreistigkeit des einen Vogels. Er nimmt sich den Queue, eröffnet das Spiel und versenkt direkt eine der bunten Kugeln. Was soll das denn? Ich sage ihm, dass er gerne einen weiteren Dollar einwerfen darf, damit wir die Kugel wieder bekommen, was er irritierenderweise auch sofort macht. Ford hatte wohl recht und ich wirke wahrhaftig gefährlich genug, staune ich in mich hinein. Erst kurz darauf verstehe ich, dass wir zu einem Duell gegen die zwei Jungs verpflichtet sind. Ups. Ein Spiel gegen die Kerle war von uns nicht geplant und auch nicht gewollt. Aber wenn das die Hausregeln sind, müssen wir da wohl durch. Die Jungs sind gut, aber auch ordentlich besoffen. Einmal spielt einer der beiden anstelle der weißen Kugel eine seiner gestreiften an. Dennoch verlieren wir, wenn auch knapp. Vielleicht liegt es auch daran, dass Cari zwischendurch noch von einem Mädel angegraben wird. Verwirrung von allen Seiten quasi.

Und so endet unser letzter von insgesamt 20 gemeinsamen Tagen. Ich halte Cari die gesamte Nacht über in meinen Armen. In meinen Träumen endet diese Nacht nicht. Niemals.

Ab nach Arizona: Harte Kerle, Sand, Kakteen und ein Grenzzaun
Tag 77: Freitag, 25. Januar 2013

Gegen fünf Uhr beginnt der neue Tag – der traurige Tag des Abschiednehmens. Wir packen unsere Sachen, wobei ich meine gestern noch getragene Unterhose nicht mehr finden kann. Ich frage Cari, ob sie sie vielleicht als Souvenir eingepackt hat. Letzte Nacht fragte sie mich, ob ich ein solches Andenken schön fände. Bevor ich überhaupt antworten konnte, lachte sie bereits laut und ließ mich wissen, dass sie das sehr *awkward* fände. Sie grinst mich an und schüttelt den Kopf. Wo ist sie denn aber nur?

Auf dem Weg zum Flughafen wird mir zudem neuerlich bewusst, dass nicht nur die wunderschöne Zeit mit Cari, sondern mein kompletter Trip auch schon bald wieder zu Ende sein wird. In einer Woche werde ich schon wieder in Los Angeles sein und dann hoffentlich meine letzten Tage in den Staaten mit Chris am Drehbuch für unseren Film arbeiten. Nur noch eine Woche reisen und keine Cari mehr. Zum Glück bin ich noch vollkommen übermüdet, sonst wäre mir vermutlich nach Heulen zumute.

Die Verabschiedung verläuft surreal. Wenn ich ehrlich bin, erinnere ich mich eigentlich überhaupt nicht mehr daran, was äußerst seltsam ist, wenn man einen so lieb gewonnenen Menschen auf unbestimmte Zeit verabschiedet. Immerhin werden wir wie bisher im Telefon- und SMS-Kontakt bleiben. Vollkommen aus meinem Leben verschwunden ist sie also noch nicht. Es fühlt sich dennoch scheiße an.

Ich sitze apathisch im Auto und wünsche mir neben Cari auch meinen verlorenen iPod zurück. Auch ich werde San Diego gleich hinter mir lassen und in Richtung Arizona fahren. Mein Tagesziel heißt Flagstaff und ich habe noch keinen Plan, wie ich dort hinkomme. Die logische Konsequenz ist ein Besuch bei Starbucks in der City. Der Kaffee weckt mich auf und das WLAN zeigt mir den Weg in Richtung Grand Canyon. Um kurz nach acht verlasse ich San Diego. Hätte ich mehr Zeit, wäre ich gerne noch länger in der Stadt geblieben und auch mal nach Mexiko gefahren – allerdings ohne Mietwagen. Im Ausland dürfte meine aufgezwängte Versicherung wohl kaum greifen. Am Montag muss das Auto aber wieder in Vegas sein und ich will mir neben dem Grand Canyon nach Caris endloser Schwärmerei auch Sedona mit seinen roten Felsformationen ansehen. Der Trip ist bereits knapp genug berechnet: Alleine bis Flagstaff sind es schon 800 Kilometer. Ein reiner Reisetag steht mir bevor, der allerdings mit grandiosen Landschaften aufwarten soll.

Hinter San Diego ist es grün und hügelig, außerdem regnet es. Im Hintergrund werden die Hügel höher und massiver. Je weiter ich auf der Interstate 8 in Richtung Osten vorstoße, desto trockener wird die Landschaft und die Hügel felsiger. Als sich die Hügel irgendwann direkt neben der Straße türmen, bemerke ich, dass sie fast schon wie aufgeschüttet wirken. Sie bestehen aus Tausenden losen Felsen und Steinen, die mit ihrer gelblich-orangen Farbe bereits die vor mir liegende Wüste ankündigen.

Aus dem grünen Südwestkalifornien wird Prärie. Der Regen weicht der Sonne. Die Hügel werden rauer, dann flacher und verschwinden schließlich vollkommen unter astreinem Wüstensand. Wie schon in Nevada oder auf der Busfahrt von San Jose nach Los Angeles, kann ich ewig weit blicken. Die Landschaft sieht aber erneut vollkommen anders aus. Irgendwo am Horizont erheben sich wieder Hügel und Berge, doch um mich herum zieht sich nur gelber Wüstensand. Es gibt nichts: keine Orte, keine Parkplätze, keine Tankstellen. Lediglich Strom- und Telefonmasten geben einem das Gefühl, doch noch auf ein Stück Zivilisation zuzufahren. Ab und an stehen riesige Wohnmobile im Wüstensand. Unweit davon cruisen dann Quads über die Dünen. Das sieht nach Spaß aus. Ein Zug schlägt sich durch die Wüste. Er ist kilometerlang! Solch einen langen Zug habe ich noch nie gesehen.

35 Kilometer vor Yuma führt die Straße nur wenige Hundert Meter an der mexikanischen Grenze vorbei. Woher ich das weiß? Nun, auf einmal schlängelt sich ein Zaun mitten durch die Wüste. Das ist er also, der berühmt berüchtigte Grenzzaun, der die Staaten von Mittelamerika trennt; ein durchaus bedrückendes Gefühl. Wenig später erreiche ich die Staatsgrenze nach Arizona, die von der

Polizei kontrolliert wird. Bei Polizeikontrollen fühle ich mich immer unwohl. Speziell, wenn sie in einer Stadt wie Yuma durchgeführt wird, die ich – Hollywood sei Dank – mit einem Todeszug verbinde. Folglich zähle ich bis drei und bete. Die Uniformierten winken mich jedoch einfach durch und wünschen mir dabei sogar noch einen: »Nice day«.
50 Kilometer später muss ich tanken. Der Ort scheint Coyote Wash zu heißen. Ob hier auch Menschen leben oder das Fleckchen nur aus einer Tankstelle und einem Schnellrestaurant besteht, kann ich nicht sagen. Ich vermute eher, dass diese künstliche Oase nur zur Versorgung von Reisenden besteht, denn ich habe hier ein äußerst wahnsinniges Erlebnis für meine Sinne: Ich verlasse mein Auto, um mir den Tankrüssel zu schnappen und bemerke dabei, dass etwas nicht normal ist. Für einige Sekunden stehe ich regungslos neben meinem Auto und staune einfach nur. Ich schaue mich um: Ich bin mitten in der Wüste Arizonas. Sand, trockene Pflanzen, nicht allzu weit entfernt ragen spitze braune Hügel in die Höhe und auf dem Highway, von dem ich gerade gekommen bin, ist kein einziges Auto unterwegs. Es ist nicht die Schönheit der Landschaft, nicht die pure Einsamkeit und Weite. Nein, zum ersten Mal in meinem Leben stehe ich mitten am Tag im Freien – und höre *nichts*. Absolute Stille …
Ist. Das. Krass.
Die mittlerweile am häufigsten auftretende Pflanze ist der Saguaro, der Riesenkaktus mit den gen Himmel gerichteten Armen, die die Pflanze wie einen Armleuchter aussehen lassen. Das Wissen, dass man diese tatsächlich zur Gattung der Kandelaberkakteen gehörende Pflanze Saguaro nennt, habe ich Cari zu verdanken. Wenn sie von Arizonas Landschaft erzählt, kommt das Wort mehr als nur einmal vor. Ich habe bei ihren Beschreibungen immer schlau genickt, bis sie das unbekannte Wort zum x-ten Mal wiederholte und ich letztlich meine Unwissenheit preisgeben und fragen musste, was zum Geier ein »sagu-somehting« sein soll. Spätestens jetzt habe ich die absolute Gewissheit darüber, dass es sich tatsächlich um die coolsten Kakteen überhaupt handelt. Ich meine, wie cool ist das denn bitte: Ich fahre mit dem Auto durch die Wüste und sehe die Klischeekakteen aus jedem Western am Wegesrand stehen. *Yeehaw!*
140 Kilometer hinter Coyote Wash und inmitten von Saguaros erreiche ich Gila Bend, ein kleines Wüstenkaff, das nach einer 90°-Kurve im Gila River benannt wurde und ein Ortsschild hat, das Neuankömmlinge darüber informiert, dass hier 1700 freundliche Menschen und fünf alte Griesgrame leben. Der Ort steht auf meiner kurzen Wegbeschreibung nach Flagstaff, da ich hier von der I-8 auf die Arizona State Route 85 in Richtung Norden wechseln muss. Ich halte an der Texaco-Tankstelle, um mir etwas zum Knabbern und zum Trinken zu kaufen. Soweit so unspektakulär. Doch als ich den Shop, der auch allen möglichen Kitsch anbietet, wieder verlasse, steht nur wenige Meter von mir entfernt ein mexikanisch aussehender Cowboy in kariertem Hemd, brauner Jeans, rotem Halstuch und gelbem Cowboyhut. Colts hat er keine, dafür aber seltsam futu-

ristisch anmutende Sneakers mit neongrüner Sohle. Als ich ihn für einen kurzen Augenblick von der Seite sehe, bilde ich mir ein, die mexikanische Variante von Tommy Lee Jones in ihm zu erkennen. Sein komplettes Gesicht bekomme ich jedoch nicht zu sehen, da er in lässiger Haltung mit dem Rücken zu mir steht. Ein echter Cowboy eben: mysteriös und spannend.
Hinter Gila Bend, nun also in Richtung Norden, drücke ich ein wenig auf die Tube. Der Wagen vor mir tut es mir gleich, was mir den – Verzeihung – Arsch rettet: Unsere beiden Wagen sind weit und breit die einzigen Vehikel auf der State Route. Doch plötzlich kommen aus dem Nichts, genauer aus einer versteckten Straße zwischen zwei Dünen, die Cops auf die Straße geschossen, schalten das Blaulicht und signalisieren dem Fahrer vor mir, dass er anhalten soll. Der Mann reagiert *sofort*. Das ist dann wohl die Angst vor der Staatsgewalt. So schnell habe ich noch nie jemanden rechts heranfahren sehen. Er wird wissen warum und ich freue mich über mein erneutes Glück: Serendipity.
Da mein Tag so früh anfing, ich offline bin und Couchsurfer niemals Telefonnummern anrufen, um potenziellen Gästen mitzuteilen, dass sie bei einem übernachten können, habe ich für heute Nacht noch keinen Schlafplatz. Am Naheliegendsten ist daher der Versuch, es noch einmal bei Rachel und Lucas, meiner Bekanntschaft aus dem Yosemite National Park, zu probieren. Als ich an Phoenix vorbeifahre – leider bekomme ich nichts Interessantes von der Stadt zu sehen – schreiben sie mir, dass sie dummerweise heute auf ein Frisbeeturnier fahren … nach Phoenix natürlich. Sie schlagen vor, dass ich auch einfach in Arizonas Hauptstadt kommen soll. Hm, ich überdenke kurz die mögliche spontane Planänderung und versuche mir dabei noch einmal die Landkarte Arizonas vorzustellen. Außerdem helfen mir die Verkehrsschilder, die Entfernungen besser einschätzen zu können. Von Phoenix nach Flagstaff sind es gut 240 Kilometer. Sedona liegt südlich von Flagstaff, auf jeden Fall aber näher an Flagstaff als an Phoenix. Der Grand Canyon liegt nördlich von Flagstaff. Das würde bedeuten, dass ich auf jeden Fall zuerst nach Sedona fahren, aufgrund der Entfernung aber auch wesentlich früher aufbrechen müsste. Ich wollte es auch vom Wetter abhängig machen, ob ich morgen den Grand Canyon oder Sedona besuche. Ausschlafen wäre auch nicht verkehrt, da beide Tage sicherlich viel abverlangen werden. Und was mache ich in Phoenix? Sind die beiden in Partylaune oder müsste ich mir Leute beim Frisbeespielen anschauen? Und was um alles in der Welt ist überhaupt ein Frisbeeturnier?
Ich entscheide mich gegen Phoenix und für ein Hostel oder Serendipity in Flagstaff. Kaum habe ich den beiden meine Entscheidung geschrieben, bekomme ich auch schon die Antwort, dass es ihnen so leidtut und sie mir deswegen ein preiswertes aber gutes Hostel organisieren werden. Das ist ja mal total lieb! Für 22 Dollar reservieren sie mir ein Bett in einem Vierbettzimmer des Grand Canyon Hostel. Die Rezeptionistin ist eine Freundin von Rachel. Von Sonntag auf Montag, schreiben sie mir, könnte ich womöglich doch noch bei ihnen

State Route 85

231

übernachten und sie wiedersehen. Dass Menschen, mit denen man eigentlich nur eine Stunde seines Lebens verbracht hat, sich solch eine liebevolle Mühe geben, erlebt man auch nicht allzu oft. Amerikanische Oberflächlichkeit *my ass*. Nördlich von Phoenix ändert sich abermals die Landschaft. Aus Wüste wird Prärie: Es wird wieder grüner, hügeliger und sogar wolkiger. Meinen nächsten Stopp lege ich am Sunset Point im Yavapai County ein. Es handelt sich hierbei um eine Raststätte mit einer netten Aussicht. Fast noch aufsehenerregender als der schöne Blick über die hügelige Landschaft sind in meinen Augen indes die Toiletten. Da hat nämlich offensichtlich jemand die falschen Kabinentüren geliefert. Diese müssen für einen Kindergarten konzipiert worden sein. Die Zwergentüren reichen nur knapp bis zur Schulter, sodass ein jeder, der die Toiletten betritt, problemlos darüber hinweg in die Kabinen sehen kann.
Das. Ist. Weird.
Eine dreiviertel Stunde später bin ich todmüde. Obwohl es nicht mehr weit bis Flagstaff sein kann, entschließe ich mich dazu, die Straße zu verlassen und ein kurzes Nickerchen zu machen. Ich bin bereits zweimal in Sekundenschlaf gefallen. Einmal wird es dabei ziemlich gruselig. Als ich meine Augen wieder öffne, drifte ich bereits auf den Seitenstreifen. Da hilf es auch nicht, bei einem der vielen guten Rockradiosender mitzusingen, die mir den Verlust des iPod zwar nicht ganz so schwer machen, es aber nicht mehr vermögen, mich wach zu halten. Also nichts wie runter hier. Ich parke den Wagen neben einem bunten Trailerpark, der mal wieder aus einem Film entnommen zu sein scheint. Ein Rocker in Lederkluft, Piratentuch und großem Köter steht neben seinem Bike und unterhält sich mit einem Herrn in Anzugshose, weißem Hemd, rosa Krawatte, Goldkette, Ringen, Schnurrbart und blondierten Haaren. Seine Schläfe ist tätowiert, sieht wie ein Schmetterling aus. Vielleicht hat es im Knast seine Gangzugehörigkeit symbolisiert. Zuzutrauen wäre es ihm. Die beiden geben auf jeden Fall ein heißes Bild ab: ein Pärchen wie im Märchen.
Als ich eine knappe Stunde später wieder aufwache, düse ich weiter, ohne noch einmal meinen Tank zu checken. Oh, oh. Der ist nahezu leer, wie ich erst zu spät bemerke. Jetzt ist Zittern angesagt, was zusätzlich durch die anscheinend stark gesunkenen Außentemperaturen an Symbolkraft gewinnt: Ich befinde mich bei der Abfahrt nach Sedona zwischen 1500 und 1800 Metern über Null. Und plötzlich liegt überall Schnee! Das kann doch nicht wahr sein, fluche ich innerlich. Die Sonne ist untergegangen, die Temperatur gestürzt, kein Mensch auf dem Highway unterwegs, um mich herum nur Wald und mein Tank so leer, dass ich jeden Moment stehen bleiben könnte. Zu allem Überfluss geht's auch noch ständig bergauf und seltener auch mal wieder bergab. Jetzt fahre mal mit einer Automatikkutsche spritsparend ... Nach 15 Meilen Herzstillstand erreiche ich jubelnd die Shell-Tankstelle von Munds Park.
30 Kilometer später trudele ich in Flagstaff ein.

Ein paar Fakten zu Flagstaff

Die fast 70.000 Flagstaffians leben in 2100 Metern Höhe. Die Stadt wurde nach einem Fahnenmast benannt, den ein paar Jungs aus Boston 1855 aus einer Pinie schnitzten. Soll einer mal behaupten, dass nur Seattle ein paar seltsame Geschichten in seiner Historie zu bieten hätte. Bis sich Leute rund um den Fahnenmast einnisteten, sollte es noch 21 Jahre dauern. Wenige Jahre später wuchs die Siedlung und wurde auch für die Eisenbahn interessant. Obwohl Flagstaff innerhalb kürzester Zeit zur größten Siedlung zwischen Albuquerque und der Westküste wurde, hielt sie sich mit ihrem Charme noch etwas zurück. Ein Journalist schrieb um 1900, dass der Ort wie ein drittklassiges Minencamp wirke und nur mit überteuerten Preisen Eindruck schinden könne. Die Höhenlage machte den Ort 1894 für Astronomen attraktiv, die ein Observatorium errichteten, von dem aus 1930 Pluto entdeckt wurde. Flagstaff wird auch »Dark Sky City« genannt. Die Dunkelheit fiel mir – noch ohne dieses Wissen – übrigens tatsächlich direkt auf. Es ist rabenschwarze Nacht.

Dank Rachel habe ich eine Wegbeschreibung zum Hostel. Die Herberge in der San Francisco Street ist süß und die Rezeptionistin weiß schnell, wer ich bin. Als ich ihr erkläre, dass ich nicht bei Rachel und Lucas übernachten kann, fragt sie sofort, ob sie wieder auf einem Frisbeeturnier sind. »Yes«, antworte ich, noch immer nicht kapierend, wie man Frisbee als Turniersport ausüben kann. Ich frage das nette Mädel vom Empfang, ob es noch preiswertere Betten gibt, als jenes, das mir Rachel und Lucas organisiert haben. Sie verneint, bietet mir aber an, umsonst wohnen zu können, wenn ich morgen zweieinhalb Stunden arbeite. Das klingt nicht verkehrt. Allerdings wird mein Tag schon kurz genug. Denn nicht nur, dass die Sonne nicht allzu spät untergeht, nein: In Arizona ist man auch eine Stunde voraus, was ich erst jetzt mitbekomme.

Es ist also bereits 19 Uhr als ich mich auf die Suche nach Abendessen und eine erste Stadterkundung mache. Ich bin in Flagstaffs verschneiter Altstadt. Die Route 66 führt durch sie hindurch. Ich habe sie sogar schon ein paar Meter befahren und fühle mich dementsprechend cool. Auch ewig lange Züge rattern durch Flagstaff. Einer davon lässt mich auch gleich mal mehrere Minuten neben dem alten Bahnhof warten, bevor ich die Route 66 überqueren kann und den Kern der Altstadt betrete. Die Rezeptionistin hat mir das Swaddee in der East Aspen Avenue als bestes Thai-Restaurant der Stadt empfohlen. Die Altstadt ist sehr klein und quadratisch. Das nett aussehende Restaurant ist also schnell gefunden. Auf der Speisekarte werden fünf Schärfestufen angeboten. Ich wähle meinen elf Dollar teuren Yellow Curry natürlich mit Stufe fünf ... und merke ein leichtes Kribbeln. Wo die Schärfe nicht unbedingt überzeugen kann, sticht der Geschmack positiv heraus. Meine Güte, ist das ein leckerer Curry!

Nach dem Essen arbeite ich noch ein wenig am Computer und lausche den Tönen eines ganz cool klingenden Konzerts in der gegenüberliegenden Cocktail Bar. Ich bin versucht, auf einen Drink ins Mia's zu gehen, bin aber von der letzten viel zu kurzen Nacht noch erschlagen und will morgen früh raus. Es ist schlechtes Wetter angekündigt, was für den Grand Canyon gar nicht gut sein soll. Es geht also nach Sedona.

»I might have found your underwear …«, schreibt mir Cari auf einmal. Also doch!

Des Teufels Brücke
Tag 78: Samstag, 26. Januar 2013

Der Wecker klingelt um halb acht. Mein einziger Mitbewohner lässt sich davon nicht stören und schläft entspannt weiter. Nach dem Frühstück checke ich aus. Wer weiß, was der Tag bringt. Vielleicht kann oder will ich woanders übernachten. In diesem Fall müsste ich nicht mehr herkommen und mein Zeug abholen. Außerdem spare ich mir so die Gepäcklagerungsgebühren. Die Rezeptionistin meint, dass ich die I-17 nehmen soll. So könnte ich Sedona unmöglich verpassen. Bei strömendem Regen geht es los. Nein, Glück mit dem Wetter habe ich heute wahrlich nicht. Es wird den kompletten Tag über Bindfäden regnen. Auch unglücklich ist die Tatsache, dass ich auf die Rezeptionistin höre. Als ich Flagstaff verlasse, sehe ich ein Schild, das Sedona über die State Route 89A ausschildert. Ich nehme trotzdem die Interstate und bereue dies gründlich: Als ich gestern im Internet die Entfernungen überprüfte, hieß es, dass Sedona nur knapp 50 Kilometer von Flagstaff entfernt liegt. Nach allerspätestens 50 Kilometern auf der Interstate wundere ich mich aber, dass ich noch nicht einmal die Ausfahrt nach Sedona erreicht habe. Wie kann das sein? Bin ich etwa falsch gefahren? Auf einer geraden Strecke ohne Abzweigungen? Oder ist die andere Strecke so viel kürzer? Ich muss falsch gefahren sein. Wann drehe ich wieder um? Nein, nein. Das kann ja alles gar nicht sein. Ich bin doch gestern ebendiese Interstate 17 in Richtung Flagstaff gefahren und habe dabei die Ausfahrt nach Sedona passiert. Da, nach über 70 Kilometern auf der verdammten I-17, ist endlich das blöde Schild.

Nachdem ich die Ausfahrt nach Sedona weitere zehn Kilometer hinter mich gelassen habe, erreiche ich gegen neun Uhr endlich eine Ortschaft. Village of Oak Creek heißt das rund 5200 Seelen zählende Nest. Bis Sedona sind es noch acht Kilometer. Oh, ein wahrlich ganz toller Tipp der Rezeptionistin …

Die roten Sandsteinfelsen, die Sedona so berühmt und beliebt machen, gibt es bereits rund um Village of Oak Creek – und sie sind der absolute Wahnsinn! Entspannung macht sich breit und ich beginne die Schönheit der Landschaft zu genießen. Nur wenige Meter hinter dem Ortsende biege ich rechts auf einen

Parkplatz ab. Hier beginnt der Bell Rock Trail. Ich habe mich gestern ein wenig schlaugemacht, welche Felsen und Wege die schönsten und berühmtesten rund um Sedona darstellen. Der glockenförmige Bell Rock gehört dazu. Das einzig Blöde ist wirklich das Wetter. Im Sonnenlicht soll das Rot und Orange der Felsen nahezu wie Glühen aussehen. Heute hängen die Wolken jedoch so tief, dass ich die Gipfel der Formationen oftmals noch nicht einmal zu sehen bekomme. Dafür hat der Regen einen Effekt auf die Sandsteine, der auch nicht von schlechten Eltern ist: Die Felsen wirken durch die Nässe fast schon weich. Ich behaupte also, dass man Sedona bei jedem Wetter unbedingt einen Besuch abstatten sollte. Ich bin jedenfalls restlos begeistert.

Um auf dem Parkplatz am Bell Rock Trail das Auto abstellen zu können, ohne einen Strafzettel zu riskieren, benötigt man einen Parkschein. Einen Automaten sehe ich nicht. Ich glaube, dass man sich einen Schein bei der Touristeninformation kaufen muss. Da will ich sowieso hin, da ich keine Ahnung habe, wie lange beispielsweise der Bell Rock Trail ist. Es wäre unsinnig, auf einem Pfad zu wandern, der womöglich zu lang ist und mich am Ende an einer komplett anderen Stelle, weit vom Auto entfernt, wieder in die Zivilisation entlässt. Ich brauche demnach eine Karte und den einen oder anderen Tipp. Wenige Kilometer des Staunens später passiere ich die Ortseinfahrt.

Sedona – Die Frau des Postmeisters

Sedona liegt in circa 1300 Metern Höhe, hat 10.000 Einwohner, wurde 1902 gegründet und nach der beliebten, weil gastfreundlichen und fleißigen Frau des Postmeisters benannt. Dieser hatte um 1899 seiner Station einen Namen gegeben, der der Postverwaltung zu lang war. Zum Glück entschied sich der Postmeister bei der Umbenennung für den ersten Vornamen seiner Frau und nicht für den gemeinsamen Nachnamen, der zuvor Teil des zu langen Namens war. Sonst würde Sedona heute womöglich Schnebly heißen. Da klingt Sedona wahrlich verlockender.

Bevor ich eine Touristeninformation finde, mache ich die Chapel Road aus. Dort muss sich die Chapel of the Holy Cross befinden, von der ich gelesen habe. Die Kapelle ist ein römisch-katholisches Gotteshaus, das in den Felsen gebaut wurde.

Chapel of the Holy Cross

Der Kopf hinter dem faszinierenden Objekt war die ortsansässige Viehzüchterin und Bildhauerin Marguerite Brunswig Staude. Als sie 1932 erstmals das Empire State Building sah und von einem bestimmten Blickwinkel aus ein Kreuz zu sehen glaubte, das sich durch das Gebäude zieht, kam ihr die Idee. Zunächst wollte sie die Kapelle in Budapest errichten. Der Ausbruch des Krieges vereitelte jedoch den Plan und brachte sie, nach einigen Jahren des Stillstands, auf den Gedanken, dass auch die Amerikaner eine anständige Kirche gebrauchen könnten. Innerhalb von nur 18 Monaten wurde die Kapelle für insgesamt 300.000 Dollar schließlich im Jahre 1956 fertiggestellt.

Ich parke den Wagen am Fuße der Kapelle, deren Fassade von einem einnehmenden Kreuz dominiert wird, und marschiere die lang gezogene Kurve zu ihr hinauf. Die Lage der Kirche ist wirklich beeindruckend: Hinter ihr türmt sich eine halbrunde rote Wand auf und vor ihr erstreckt sich das Tal. Ich habe also eine wunderbare Aussicht über die wie Inseln in der Landschaft stehenden roten Hügel und die grünen Bäume, die sie umgeben. Ich blicke auf den fast schon filigranen Bell Rock sowie den benachbarten massiven Courthouse Butte und kann Sedonas vermutlich berühmtesten Fels, den Cathedral Rock, mit seinen einzelnen Säulen erkennen.

Das spartanische Innere der düsteren Kapelle fasziniert mich weniger. Spätestens als ich im Souvenirshop lande, zieht es mich wieder zurück zum Auto und auf die Suche nach einem Touristenbüro.

Ich nähere mich dem Ortskern. Man sieht der Kleinstadt mit dem unfassbar schönen Panorama an, dass sie mit den jährlich zwei bis drei Millionen Besuchern ganz gut lebt. Die Straßen beispielsweise wirken wie neu. Abgesehen von einer irrsinnig pompösen Villa, die man von der Kapelle aus sehen kann, scheinen die Bewohner Sedonas aber bescheiden geblieben zu sein.

Die Geschichte Sedonas

Über Jahrtausende hinweg wurde die Gegend von unterschiedlichen indigenen Völkern wie den Apachen bewohnt. Ende des 16. Jahrhunderts verirrten sich spanische Goldsucher nach Sedona, die anstelle von Gold Kupfer fanden. Bis zur mexikanischen Unabhängigkeit 1821 gehörte die Region zu Spanien. Mit dem Ende des Krieges gegen die USA musste Mexiko das Territorium an die Siegermacht abtreten. Als 1876 die ersten Siedler eintrafen, wurden die rund 1500 Personen zählenden Stämme der Apachen und der Yavapai gewaltsam in ein fast 300 Kilometer entferntes Reservat vertrieben. Hunderte starben bei der Deportation. Die Überlebenden wurden 25 Jahre lang im Reservat interniert. Der Wahnsinn dieser Maßnahme wird noch deutlicher, wenn man bedenkt, dass sich im Jahre 1902 gerade einmal 55 weiße Siedler im Verde Valley niedergelassen hatten.

Die offizielle Touristeninformation ist ausgeschildert und eine weitere an der Ecke State Route 179 und Canyon Drive noch schneller gefunden. Ich bekomme eine Karte und eine Zeitung mit einer weiteren Karte darin in die Hand

gedrückt. Obendrein gibt es noch Tipps und Hinweise. Es gibt zum Beispiel Pfade, für die man den kostenpflichtigen Red Rock Pass benötigt. Die meisten Trails sind jedoch frei zugänglich. Die junge Frau empfiehlt, dass ich mir den Sonnenuntergang von der Airport Road aus angucken soll. Ist ja ein super Vorschlag, denke ich mir und mustere das Mädel hinterm Tisch. Ob sie heute wohl schon mal zum Himmel hinaufgeschaut hat? Die Wolken hängen so tief, dass man sich beim Laufen fast strecken möchte, um zu prüfen, ob man nicht sogar in sie hineingreifen kann. Die Tipps sind generell eher bescheiden und die lose Karte macht der aus dem Yosemite National Park ernsthafte Konkurrenz. Die in der Zeitung des US Forest Service ist schon besser. Der Knaller ist sie aber auch nicht. Kartograf müsste man sein. In dieser Sparte scheinen die USA nämlich unter einem echten Fachkräftemangel zu leiden. Zumindest leide ich darunter. Zum Glück habe ich die wunderbare Cari mit ihrem immer bereiten Smartphone in Portland sitzen. Die Frau, die schon die komplette Westküste gesehen zu haben scheint, aus dem »Grand Canyon State« stammt und zudem zu allem eine eigene Meinung hat, kann mir sicherlich auch hier weiterhelfen. Natürlich kann sie: Ich soll unbedingt zum New Frontiers Natural Market, der mit Unmengen an Biofood und veganen Desserts überzeugen kann. Aha. Außerdem gibt es dort noch ein Café mit unglaublichem Essen und tonnenweise veganen Optionen. Okay? Obendrein bekomme ich dort auch all die verrückten Hippies zu sehen, die in Sedona leben. Und was ist mit den Wanderwegen? »Any trail you see will be awesome!«
Nun, das macht die Auswahl leicht. Ich beschließe, zu Devil's Kitchen zu wandern. Der Pfad beginnt in der Soldiers Pass Road, die wiederum nur einen Block von Caris empfohlenem New Frontiers Natural Market entfernt beginnt. Also statte ich dem Supermarkt einen ersten Besuch ab. Cari hat nicht maßlos, aber schon ein bisschen übertrieben. Klar, der Biomarkt hat ein tolles Sortiment, übertrumpft aber auf den ersten Blick nicht alle bisher gesehenen. Als Cari das letzte Mal hier war, lebte sie auch noch nicht in Portland. Der Deli sieht wirklich gut aus – speziell der Vegan Chocolate Cake –, weshalb ich es in Betracht ziehe, später wiederzukommen. Für meine anstehenden Regenwanderungen möchte ich mir jetzt aber nur schnell … Und da hat er mich dann doch. Zur Erklärung: Spätestens seit Portland, Cari und Melissa habe ich eine neue kleine Sucht oder Vorliebe – je nach dem. Clif Bars sind Energieriegel, die es in diversen Geschmacksrichtungen gibt: Peanut Toffee Buzz, Chocolate Chip Peanut Crunch, Oatmeal Raisin Walnut, Crunchy Peanut Butter, Chocolat Brownie, White Chocolate Macadamia Nut, Chocolate Chip und Carrot Cake. Das sind die mir bislang bekannten Sorten. Im New Frontiers Natural Market von Sedona jedoch – Halleluja! – singen plötzlich die Englein, Trompeten ertönen und sowohl die Wolkendecke als auch die des Supermarkts brechen kurz auf. Ich stehe vor dem Clif-Bar-Regal und zücke mit weit geöffnetem Mund mein Handy: »There are 13 different Clif bars?! Holy shit!«

Cari weiß sofort, wo ich mich befinde und lacht: »That store is so awesome ...«
Ich decke mich mit Clif Bars ein und wandle glücklich zum Auto zurück. Ein
großer Erfolg.
Kurz darauf weicht mein Gefühl der großen Errungenschaft leichter Genervtheit. Ich gurke die recht lange Soldiers Pass Road und all ihre Seitensträßchen auf und ab, kann jedoch nirgends den Devil's Kitchen *trailhead*, also den Beginn des Pfades, entdecken. Wegweiser gibt es keine und ich habe keine Lust, den halben Tag mit Suchen zu vergeuden – es ist bereits elf Uhr. Dann wandere ich eben auf einem anderen Pfad. Ich weiß auch schon auf welchem: der Devil's Bridge Trail, der in der Dry Creek Road beginnen soll. Irgendwie machen mich die satanischen Wanderwege heute besonders an. Das liegt allerdings daran, dass ich bei Wikipedia ziemlich coole Bilder von des Teufels Brücke und des Teufels Küche gesehen habe.
Die beiden Karten helfen mal wieder herzlich wenig, um den genauen Startpunkt des Weges ausfindig zu machen. Von der Dry Creek Road zweigt nach einiger Zeit eine unbetonierte, rote Straße ab. Hm, ist das der Beginn des Pfads? Um dies herauszufinden, hilft nur eins: Ich parke den Wagen und schaue nach. Auf Wegweiser hat man wieder einmal verzichtet. Die unbetonierte Straße ist gesperrt: »Unsafe for travel«. Gilt das nur für Autos? Im Yosemite National Park stand ich vor einem ähnlichen Schild ... und wurde später fast von einer Lawine erschlagen. Ich beschließe, dass das Schild für Autos, nicht aber für Fußgänger gilt. Mit dem Mietwagen wäre ich ohnehin nicht über diese Piste gefahren. Das wirkt doch schon sehr offroad.
Cari hat mir erzählt, dass der Boden in Arizona hart und trocken ist. Somit habe ich wohl eine der üblichen Ausnahmen erwischt, denn der rote Schlamm zieht mir fast die Schuhe aus. Bei jedem Schritt habe ich das Gefühl, die Zehen wie bei Badelatschen krallen zu müssen, damit ich meine Treter nicht verliere. Sollte dies geschehen und ich meinen nackten Fuß in den Schlamm setzen, wäre dies immerhin kein Drama: Durch die Löcher, die ich mittlerweile in meine Schuhe gelaufen habe, hat sich der Schlamm sowieso schon innerhalb kürzester Zeit im kompletten Schuh verteilt. Dass ich dreckig werden könnte, muss ich also nicht mehr befürchten: Ich bin es bereits nach den ersten 20 Metern. Nach gut zwei Kilometern frage ich mich, ob die Karte mal wieder versagt. Die matschige Straße ist doch erschreckend lang und auch kein wirklicher Pfad, sondern eher die viel zu lange Zufahrt zu einer Baustelle. Unerwarteterweise kommen mir bei dem Sauwetter auf einmal zwei Jogger entgegen, die auch noch den Weg kennen: Ich bin keine 50 Meter mehr vom Trailhead entfernt – und ein Schild sowie Hinweistafeln und Karten gibt es dort zudem auch noch. Ab sofort macht das Wandern im Regen Spaß. Ich weiß, dass ich nun auf dem richtigen Weg bin, und bekomme außerdem wieder das »Yosemite-Feeling«: Ich bin komplett alleine irgendwo in der wilden Natur Amerikas. Außer den beiden Joggern werde ich niemand anderes mehr sehen. Ein weiteres Erlebnis bringt mir die Er-

innerungen an Yosemite zurück: Ich höre ein lautes Krachen, sehe aber nichts. Erfahren, wie ich mittlerweile bin, weiß ich, dass dies eine Steinlawine war, die vom Rock gegenüber heruntergekracht ist. Und ich bin wirklich froh, diesmal nicht darunter zu stehen. Ich bekomme jetzt noch einen kalten Schauer, wenn ich an den Anblick der Lawine denke. So viel sei verraten: Heute bekomme ich lediglich wegen der phänomenalen Landschaft eine Gänsehaut ... und ein bisschen wohl auch wegen des Regens. Die roten Berge wirken magisch und – so sehr ich es auch bedaure, nicht bei strahlendem Sonnenschein durch das Red Rock Country zu wandern – auch die schweren Wolken leisten ihren Beitrag, um der Gegend diesen Hauch des Übernatürlichen zu verleihen. Es gibt nur grau, grün und rot. Das ist schon fast wie beim Tauchen, als ob manch eine Farbe in dieser Umgebung überhaupt nicht mehr existieren könnte. Monoton wirkt das Ganze dabei überhaupt nicht. Ganz im Gegenteil. Die Farben – allen voran die verschiedenen Rottöne – sind so kräftig, dass man auch ohne LSD freudig umherspringen möchte.

Ich steige über Bachläufe, die es an regenfreien Tagen vermutlich überhaupt nicht gibt. Andernorts sieht der Weg aus wie ein Flussbett, dem ausgerechnet an diesem Regentag das Wasser fehlt. Mal sehen, ob ich mich auf dem Rückweg unverhofft vor einem reißenden Strom wiederfinde. Eine wohl vom Wasser abgerundete Stufe tut sich vor mir auf. Ist das Stein? Ein Baumstamm? Ein versteinerter Baumstamm? Ich klettere über Steine, die aussehen, als seien sie eben erst aus der Erde nach oben gebrochen und steige Treppenstufen empor, die offensichtlich von Menschenhand geschaffen wurden. Diese Gegend ist zeitlos, eben weil es pure Natur ist. Ich erreiche wieder eine Anhöhe, genieße die Aussicht und lausche der Stille. Alles, was ich höre, ist der Regen. Kein Mensch, kein Tier, keine Maschine. Nur der Regen und mein Atmen.

Der Devil's Bridge Trail ist nicht lang. Nach etwas mehr als einem Kilometer erreiche ich die von der Natur geformte größte Sandsteinbrücke Sedonas. Ich hätte den roten, gut 35 Meter hohen Torbogen noch ein wenig länger erwartet. Nichtsdestotrotz sieht er toll aus. Was leben wir doch in einer verrückten Welt. Fast sieht es so aus, als habe sich ein Riese eine Scheibe vom Berg abschneiden wollen. Wie bei einem Brot hat er das Messer aber zu nah an der Bruchstelle angesetzt, weswegen das weiche Innere einfach weggebröckelt ist. Anstatt weiterzuschneiden, hat er das Messer wieder weggelegt und so eine etwas vom restlichen Laib abstehende Scheibe hinterlassen. Die Brücke steht also nicht vollkommen frei in der Landschaft, sondern ist tatsächlich von einer Seite aus zugänglich. Erstaunlicherweise wachsen auch Bäume und Sträucher aus dem Stein. Einer davon erinnert mich an einen Baum aus dem Yosemite National Park. Sein Stamm und die Äste sind auf einer Seite klassisch braun, auf der anderen Seite jedoch knallrot. Durch den Regen scheint die rote Seite noch mehr zu leuchten.

Kaum habe ich die Brücke erreicht, schickt mir Cari gleich drei Nachrichten,

in denen sie mich über die unglaubliche Fortführung von Joshuas Geschichte informiert: Caris ehemaliger Mitbewohner und Vermieter der Hawthorne Rose sitzt im Knast. Es geht weiter: Sein wahrer Name ist Jeshua, nicht Joshua.
»And he was on meth.«
Ich überlege, ob es mich überrascht, dass er ein Junkie ist. Eigentlich nicht.
»And he was a con artist.«
Ein Trickbetrüger? Meine Augen werden ungläubig groß. Laut Cari hatte er noch sage und schreibe 20 weiteren Personen Zimmer in der Hawthorne Rose vermietet. Sie alle hätten im Januar einziehen und im Voraus die Miete zahlen sollen. Was ist das für ein bescheuerter Plan? Zu guter Letzt hat er noch jemanden zusammengeschlagen, der ihn dabei erwischt hat, wie er gerade irgendwelche Autoreifen abgestochen hat.
Ich weiß jetzt gar nicht, was ich davon halten soll? Ist das dramatisch? Ist das lustig? Ich bin auf jeden Fall froh, dass ich die Mädels in den meisten Nächten, die sie bei dem Freak verbracht haben, nicht alleine gelassen habe. Jetzt wirkt er doch so gefährlich, wie ich es zwischenzeitlich in Seattle befürchtet hatte. Kurz darauf denke ich schon wieder sehr pragmatisch und beglückwünsche Cari dazu, dass sie so wohl wieder an ihr Geld kommen dürften, das er ihnen nicht mehr zurückgeben wollte, nachdem er sie mit seiner Flirterei und seinen Ausrastern zum Auszug gezwungen hatte. Es geht dabei immerhin um 1200 Dollar pro Nase. Oder hat er das schon komplett für Crystal Meth ausgegeben? Cari weiß nicht, ob sie ihr Geld wiederbekommen. Andere Leute wollen ihn wohl verklagen, wodurch Melissa und sie einfach mit einsteigen könnten. Wunderbar! Dann kann sie mich ja schon bald in Deutschland besuchen kommen!
Ich versuche mithilfe des Selbstauslösers ein Foto von mir auf der Brücke zu machen. Ich habe zehn Sekunden, um den Knopf zu drücken und auf die Brücke zu sprinten – was gar nicht so einfach ist. Ich will nicht hirnlos über den nassen Stein preschen, da ein Ausrutscher unschöne Folgen hätte: Entweder würde ich tief stürzen oder mich verletzen und alleine in der Wildnis herumliegen. Nach einigen erfolglosen Versuchen stelle ich fest, dass der Stein gar nicht mal so rutschig ist. Also lege ich noch eine Schippe drauf ... und schaffe es letzten Endes irgendwann. Das sind die Momente, in denen das Alleinereisen ein wenig anstrengend ist.
Ich verlasse die offiziellen Pfade und schlage mich durch die Wildnis, um Klapperschlangen zu jagen und Abenteuer zu erleben. Nach wenigen Minuten löst sich der Trampelpfad im Nichts auf. Ich sollte wohl besser umzukehren. Außerdem haben mir Cari, mein Host Joey aus Atwater, Regiekollege Chris, seine Freundin Grace und ich weiß nicht, wer noch alles, diverse Horrorgeschichten von einer Pflanze namens *poison oak* erzählt. Ich weiß noch immer nicht, wie die giftige Pflanze aussieht, die wohl die übelsten Hautreizungen auslöst, die sogar tödlich enden können. Auf meiner kleinen Wanderung abseits der Pfade muss ich mich bisweilen auch durch Gestrüpp schlagen. Also gehe ich wieder

zurück und schaue mir die Brücke von unten an.
Zurück am Auto versuche ich so wenig Dreck wie möglich ins Auto zu schleppen. Leicht ist das nicht. Der Matsch geht mir bis über die Knöchel und verfärbt sofort alles. Ich klopfe so gut es geht den Matsch von meinen Schuhen und Klamotten ab, wechsle die vollkommen durchnässten Socken und sattle von meinen kaputten Turnschuhen auf meine Flip Flops um. Im Fußbereich des Beifahrersitzes lege ich Papier aus, um den Teppich nicht rot zu färben. Perfekt läuft es nicht, aber ich musste auch nur unterzeichnen, dass ich im Auto nicht rauche. Von rotem Schlamm stand da nichts.
Ich suche den Pfad zum Cathedral Rock. Die Karte ist mal wieder zum Verzweifeln. Es ist noch nicht einmal ersichtlich, von wo aus der Pfad überhaupt starten soll. Das kann doch nicht wahr sein. Zunächst fahre ich – wenig überraschend – falsch beziehungsweise zu einem Trail, der zu dieser fortgeschrittenen Stunde einfach zu lang ist. Es ist halb drei, als ich den Baldwin Trail erreiche, der in der Verde Valley School Road startet. Der einfache Weg ist etwas mehr als zwei Meilen lang. Bei diesem Wetter, womöglich auch wieder mit bremsendem Matsch, nahender Dunkelheit und komplett alleine ist das nur mäßig antörnend.
Ich studiere die Karte noch einmal und stelle fest, dass der Cathedral Rock Trail wohl auf der anderen Seite der Felsformation in der Back O' Beyond Road startet. Nach einigen Metern auf der Straße mit dem interessanten Namen kommt ein Schild: »Don't enter when flooded«
Nun, hinter dem Schild ist die Straße tatsächlich überflutet. Hm. Ach scheiß drauf: Ich fahre durch den reißenden Fluss. Als ich 2007 in Kuba war, stand ich einmal vor demselben Problem. Alles verlief glimpflich und auch diesmal denke ich mir, dass das Auto es schon schaffen wird. Allzu tief wird es schon nicht sein. Ich behalte zum Glück recht und durchfahre kurz darauf noch zwei weitere Überflutungen. Alles kein Problem und dazu sogar noch ein großer Spaß. Ich frage mich nur, ob die Straße noch passierbar sein wird, wenn ich zurückkomme ...
Ich parke den Wagen am Trailhead des Cathedral Rock Trail und schlüpfe wieder in meine nassen und rot gefärbten Schuhe. Nach gerade einmal 20 Metern endet der Pfad auch schon wieder ... in einem reißenden Flüsschen, welches die Fortführung der Straßenüberflutung darstellt und das es laut Karten und wie ich später bei Google Maps feststelle sogar eigentlich gar nicht gibt. Es gibt kein Durchkommen und somit auch keinen Hike zum grandios aussehenden Cathedral Rock. So ein Mist.
Es ist fast halb vier und somit zu spät, um noch einen anderen Pfad zu finden. Der Bell Rock Trail ist zu lang und der Fels sowieso zur Hälfte von einer Wolke umhüllt. Zudem bin ich vollkommen durchnässt und mir wird es langsam ein wenig kühl. Die Autoheizung leistet derweil gute Arbeit. Der negative Nebeneffekt ist indes der Gestank, der durch die trockene, warme Luft aus meinen

nassen Socken herausgekitzelt wird. Es ist die Hölle ...
Zum Wandern ist es also zu spät. Daher fahre ich mit dem Auto durch Sedonas Seitenstraßen, suche nach schönen Aussichten und fotografiere fleißig. Fast komme ich mir dabei wie ein japanischer Bustourist vor: hinfahren, parken, rausspringen, Foto machen, jubeln, einsteigen, weiterfahren.
Ein Auto fährt an mir vorbei, auf dessen Heckscheibe ein Aufkleber prangt, für den man in Amerika sicherlich hier und da riskiert, ebendiese Scheibe eingeschlagen zu bekommen: »9-11 was an inside job.«
Vielleicht ist aber gerade Sedona der Ort, an dem man mit solch provokanten Verschwörungsthesen nicht unbedingt aneckt. Denn Sedona ist ein Zentrum der New-Age-Bewegung. Dementsprechend dürften – wenn das Wetter gerade nicht so ätzend ist wie heute – viele Esoteriker und Hippies durch den Ort rennen. Cari hat dies ja ebenfalls angedeutet, und als ich wieder auf dem Weg zum New Frontiers bin, fällt mir auch sofort wieder das bunte Gebäude auf, auf dem »Center for the New Age« geschrieben steht. Das lila Haus, in dem man Fotos seiner Aura schießen lassen kann, befindet sich direkt hinter der Brücke, die über den Oak Creek führt, dem Flüsschen, das auch wenn es *nicht* regnet, durch Sedona fließt. Am Biomarkt entdecke ich nun auch eine unfassbar coole Bronzestatue des Künstlers John Soderberg, die den Magier Merlin darstellt. Auch dies unterstreicht aufs Neue den Status der Esoteriker und Hippies in Sedona. Wo sieht man schon Statuen von Merlin? Der Grund für das große Vorkommen spiritistischer Menschen in Sedona sind natürlich die Felsformationen, von denen übernatürliche Kräfte ausgehen sollen. So stellt der Bell Rock bei Einigen beispielsweise entweder ein Portal in die Erde oder ein Tor in eine andere Dimension dar.
Ich habe Hunger. Wie zu erwarten war, gibt es im Deli des New Frontiers nicht das preiswerteste Essen. Ich esse für vier Dollar eine recht gute, aber zu wenig gewürzte Kartoffel-Spinat-Suppe, dann noch mit 4,50 Dollar maßlos überteuerten, weil viel zu wenig Tofu mit veganer Mayonnaise und schließlich ein Stück der leckeren Torte, die mir am Vormittag schon ins Auge gefallen ist – für weitere fünf Dollar. Bemerkenswerte Hippies sitzen leider nicht mit mir im Deli. Dafür denkt eine Frau, ich sei ein Bekannter von ihr, ein Flötenspieler. Interessant. Ich sage ihr, dass der Flötist wohl ein kosmischer Zwilling von mir sein muss, da ich nicht aus dieser Gegend stamme.
Gegen 17 Uhr geht irgendwo hinter der Wolkendecke die Sonne unter, als ich Sedona gerade über die State Route 89A verlasse. Das ist jene Straße, die ich aufgrund des famosen Tipps der Rezeptionistin heute morgen nicht genommen habe. Die State Route ist – wie sich schnell herausstellt – ein *scenic drive* durch den Oak Creek Canyon, von dem ich aufgrund der aufkommenden Dunkelheit leider herzlich wenig habe. Und das ist schade, denn das, was ich noch zu sehen bekomme, ist beeindruckend: Der Oak Creek hat sich aufgrund des Regens in einen reißenden Fluss verwandelt. Wildwasserrafting dürfte hier ziemlich spa-

ßig und gefährlich sein. Der Fluss scheint so sehr über seine eigentlichen Ufer getreten zu sein, dass viele Bäume nun mitten im Fluss stehen! Ein vom Regen sicherlich noch einmal um einiges vergrößerter Wasserfall stürzt imposant aus großer Höhe ins Tal und die zerklüfteten Felsformationen und Steilhänge an der Seite der Straße sind einfach nur spektakulär. Wirklich zu schade, dass es schon dunkel ist …

Die Serpentinen werden enger, der Schnee nimmt zu, das Streufahrzeug vor mir donnert mit erstaunlichem Tempo in Richtung Flagstaff und aus dem Radio dröhnen Konzertaufnahmen von Rockklassikern. Zum ersten Mal im Leben finde ich Billy Idol so richtig geil: »It's a nice day for a white wedding.«

Ich stelle fest, dass trotz des miesen Wetters und Caris physischer Abwesenheit mein Tag in Sedona großartig war. Ein Tag ist außerdem viel zu wenig. Ich hätte auch gut und gerne eine Woche lang staunend zwischen den roten Felsen umherwandern können.

Ich übernachte eine weitere Nacht im Hostel und habe Room No. 4, das Vierbettzimmer, mittlerweile sogar für mich alleine. Yeah! In der Lobby habe ich noch eine seltsame und eine nette Unterhaltung. Die seltsame Konversation habe ich mit der Rezeptionistin, die mich darauf anspricht, dass ich gar nicht wie ein Dennis aussehe. Aha. Und wonach sehe ich aus?

»You look different … like a Klaus.«

»Klaus? Great … Why?«

»Because it is a typical German name!«

Toll. Ich sehe also typisch deutsch aus. Das wurde mir in Pacific Grove schon einmal gesagt – weil ich mir meinen Pulli um die Hüfte gebunden hatte. Hä? Die wesentlich erfreulichere Unterhaltung habe ich mit zwei Mädels aus München und Leipzig. Sie waren heute beim Grand Canyon, was maßlos enttäuschend gewesen sein soll. Wegen der niedrig hängenden Wolken habe man nichts gesehen. Nur hier und da sollen die Bergspitzen aus der Decke geschaut haben. Als sich kurz darauf noch eine Norwegerin mit grausamer Piepsstimme zu uns gesellt, bekomme ich noch den Fotobeweis geliefert. Oh, oh. Hoffentlich wird das morgen anders sein. Als ich den beiden Deutschen erzähle, dass ich übermorgen mein Auto in Vegas abgeben muss, empfehlen sie mir, die Route 66 zu nehmen. Darüber hatte ich noch gar nicht nachgedacht. Hell yeah! Ich werde in meinem Nissan Versa zum *easy rider*!

Ich gehe noch auf ein Gute-Nacht-Bier auf die andere Straßenseite ins Mia's … und werde nicht reingelassen.

»Sorry?«

»You're a foreigner. I need to see your passport.«

»Thanks for making me feel so young again.«

»It's not my law. It's the law of Arizona.«

Hab ja nur Spaß gemacht, wobei ich es schon lächerlich finde. Also tapse ich in meinen Flip Flops wieder zurück ins Hostel, hole meinen Reisepass und lausche

243

kurz darauf noch ein paar Liedern der heutigen Liveband. Bevor ich vor Müdigkeit vom Hocker kippe, ziehe ich mein PBR ab und verabschiede mich wieder. Bitte kein Regen morgen!

Der Grand Canyon – das größte Gemälde der Welt
Tag 79: Sonntag, 27. Januar 2013

Als ich aufwache, regnet es noch immer. Verdammt.
Die Küche des Hostels ist genauso niedlich rudimentär und familiär wie mein Schlafzimmer. An einem großen Tisch frühstücke ich mit einer Italienerin, ihrem britisch-kanadisch-italienischem Partner und einem Romand mit chilenischen Wurzeln. Es gibt Oatmeal und die üblichen Konversationen, die Hostelgäste am frühen Morgen so führen: Es geht um die Herkunft, darum, wo man schon alles war, wie lange man reist und so weiter. Kurz darauf schlüpfe ich in meine von gestern noch vollkommen verdreckten und stinkigen Schuhe. Ich hatte keine Ahnung, wie ich die hätte säubern und bis heute wieder trocken bekommen sollen. Meinen Mantel hatte ich über Nacht in den Heizkörper der Lobby gestopft, was dennoch nicht vollkommen ausgereicht hat. So viel Wasser wie gestern habe ich selten in meinem Leben aufgesogen.
Ich schwinge mich ins Auto und düse den Highway 180 für 130 Kilometer in Richtung Norden. Der Weg ist wie immer total einfach: geradeaus, geradeaus, geradeaus. Irgendwann mal nach rechts – spätestens da weisen aber auch Schilder auf den Canyon hin – und schon ist man da. Wie üblich ist die Strecke aber keineswegs langweilig. Die Landschaft ist bewaldet, bei Flagstaff zudem noch unter einer weißen Schneeschicht. Je näher ich dem Canyon komme, desto weniger verschneit ist der Boden und – vermutlich wichtiger – desto weniger Wolken nehmen den Himmel ein. Das Wetter wird also besser und besser, farbintensive Regenbogen schmücken das Firmament und am Ziel ist der Regen sogar gänzlich verschwunden. *Yes!*
Der Eintritt mit eigenem Auto kostet 25 Dollar und gilt für eine komplette Woche. Fußgänger und Radfahrer bekommen bereits für zwölf Dollar einen Wochenpass. Ich lenke den Wagen zum recht leeren Parkplatz des *visitor center*. Meine Eltern haben den Canyon vor einigen Jahren besucht und waren begeistert. Immer wieder erzählten sie mir, dass der Anblick nicht nur vollkommen überwältigend, sondern auch absolut irreal anmutet.
»Hollywood spielt uns einen Streich«, war ein Satz, den meine Mutter regelmäßig zur Verbildlichung benutzte: der Canyon ein *matte painting* und kein Naturereignis. Solche Beschreibungen machen neugierig. Ich will daher die volle Wucht des »giant hole« – wie Cari den Grand Canyon nennt – erleben und bewege mich mit gesenktem Kopf und den Blick auf meine Füße fixiert auf die Kante des Canyons zu. Als ich das Geländer erreiche, hebe ich meinen

Blick und ... bin überwältigt. Das ist schlichtweg unmöglich! Vor mir tut sich ein Loch auf, dessen Größe und Tiefe ich absolut nicht einschätzen kann. Und die Landschaft sieht wahrhaftig wie ein Gemälde aus. Ein Gemälde, das so nah erscheint, als könne man es anfassen. Streckt man seine Hand danach aus, ist es dann aber doch unbeschreiblich weit weg. Es ist die natürlichste Reizüberflutung, die ich je erlebt habe.

Der Grand Canyon in Zahlen

Die am Eingang erhaltene Zeitung und Karte geben Aufschluss über die Ausmaße dieses Phänomens: Ich befinde mich am South Rim, der südlichen Kante des Canyons. Die nördliche Kante ist an meiner aktuellen Position knappe 16 Kilometer Luftlinie vom South Rim entfernt. Um mit dem Auto dort hinzugelangen, muss man allerdings einen 356 Kilometer langen Weg entlang des östlichen Rands auf sich nehmen. Eine Wanderung durch die Schlucht ist rund 40 Kilometer lang. Durch das gigantische Loch ziehen sich noch unzählige weitere Canyons. Außerdem durchfließt ihn der insgesamt 2330 Kilometer lange Colorado River, der sich in Millionen von Jahren auf seinem Weg von den Rocky Mountains zum Golf von Kalifornien in Mexiko durch das Gestein des Colorado-Plateaus gegraben und dem Canyon eine Länge von abartigen 446 Kilometern gegeben hat. Um dies mit deutschen Strecken zu vergleichen: Ich stehe vor einem Loch, das von Hamburg bis Bonn reichen würde! Erstaunlicherweise stellt der Grand Canyon im weltweiten Vergleich aber keine Rekorde auf. Er ist weder der größte noch der tiefste Canyon unseres Planeten. Da seine Steilwände aber so wenig, nahezu überhaupt nicht bewachsen sind, kann man in ihm wie nirgendwo sonst die geologische Geschichte der Erde erleben, die einem wie eine natürliche Zeitleiste im Gestein präsentiert wird.

Bevor ich von diesen Fakten und Zahlen wusste, machte ich mir noch Gedanken, ob ich zum South Rim oder zum North Rim fahren soll. Die Entscheidung zugunsten der südlichen Kante kam vielmehr dadurch zustande, dass das North Rim im Winter geschlossen ist. Das South Rim liegt in knapp 2100 Metern Höhe. Dass ich mich so weit oben befinde, habe ich übrigens nicht bemerkt. Der Weg vom in gleichen Höhen gelegenen Flagstaff hierher fällt eher flach aus. Das North Rim liegt rund 300 Meter höher und die Temperaturen rund 6 °C niedriger. Im Sommer beträgt die Temperatur an der Südkante 10 bis 30 °C, im Winter liegt sie bei -7 bis 10 °C. Nun ist der Canyon aber nicht nur lang und breit, sondern auch tief.

Die Mission des García López de Cárdenas

Der Anblick ist so erhaben, dass es kein Wunder ist, dass die über Jahrtausende hier lebenden indigenen Völker den Grand Canyon als Pilgerstätte ehrten.

Wie muss sich der spanische Konquistador García López de Cárdenas gefühlt haben, als er mit seinen Mannen um 1540 plötzlich vor diesem Naturwunder stand? Nach einiger Zeit dürfte er auf jeden Fall ziemlich genervt gewesen sein: Sein Auftrag war es, einen großen Fluss zu finden, von dem die Ureinwohner erzählt hatten. Den Fluss fand er. Allerdings glaubte er nicht, dass das Rinnsal, das er von der Südkante aus erblickte, tatsächlich ein großer Fluss sein sollte. Der Führer, den die Hopi ihnen mitgegeben hatten, versicherte den europäischen Soldaten, dass es sich bei dem Gewässer nicht um einen Bach, sondern um einen mächtigen Fluss handele. Ich kann die Zweifel der Spanier verstehen. Auch ich sehe den Fluss und kann den Texten auf den Tafeln, die den Wanderweg säumen, auch nur mit einem vor Erstaunen geöffneten Mund folgen: Der Fluss, der wahrlich nicht groß aussieht, befindet sich rund vier Kilometer Luftlinie nördlich und eineinhalb Kilometer *unter* mir. Nach drei Tagen intensiver Suche hatten die Eroberer noch immer keinen Weg in den Canyon gefunden. Die Hänge des South Rim sind einfach zu steil! Drei Mutige wagten schließlich den Abstieg, mussten aber nach einigen Stunden wieder umkehren, da der Weg hinab immer steiler und das Wasser immer knapper wurde. Es sollte 200 Jahre dauern, bis sich wieder ein Europäer zum »giant hole« verirrte.

Ich spaziere staunend die Kante entlang. Durch den Regen der letzten Tage strahlen die unterschiedlichen Farben der Sedimentschichten noch stärker als an trockenen Tagen, höre ich einen Ranger einer Touristengruppe erklären. Jeder Farbunterschied in den Felsen steht für eine andere Epoche der Erdgeschichte. Wir blicken also zurück in die tiefste Vergangenheit unseres Planeten. Eine Ehrfurcht erweckende Vorstellung, die durch Regenbogen an Dramatik verliert und an Schönheit gewinnt.

»Double rainbow«, höre ich mich mehrfach grinsend flüstern und schüttele freudig und ungläubig meinen Kopf. Ich weiß nicht, ob ich jemals so viele Regenbogen gesehen habe, die sich dann auch noch teilweise übereinander spannen. Ganz sicher bin ich mir aber, dass ich noch nie welche *unter* mir gesehen habe. Was ist das nur für ein magischer Ort? *Double rainbow* ...

Die Sicherheitsvorkehrungen sind, wie schon in Sedona und im Yosemite National Park, erfreulich unvorhanden. Zäune gibt es wenige und die wenigen Mäuerchen sind einfach zu überwinden. Schilder, die einem den Zugang zu den Kanten verbieten, gibt es keine, höchstens welche, die darauf hinweisen, dass man abstürzen könnte. Dementsprechend tummeln sich die Besucher des Canyons auf den Vorsprüngen und fotografieren sich gegenseitig an gefährlich anmutenden Positionen. Ich habe keine Ahnung, ob das Fehlen von Schildern zu mehr Unfällen führt, aber auf jeden Fall wird die Landschaft nicht verschandelt. Die Schilder, die man aufgestellt hat, sind indes wirklich interessant. So bekomme ich die Namen der einzelnen Felsformationen samt ihrer Entfernung zu meinem Standort und ihre Höhenlage genannt. Mein Spaziergang vom Mather

Point zum Yavapai Point in Richtung Westen wird durch die Zahlen noch eindrucksvoller. Am Yavapai Point gibt es eine *observation station*, ein Häuschen, in welchem dem geneigten Besucher die verschiedenen geologischen Gegebenheiten erklärt werden. Da ich weniger studieren als vielmehr entdecken möchte, halte ich mich nicht allzu lange im fraglos interessanten Yavapai Point Trailside Museum auf. Ich lese aber beispielsweise genug, um zu erfahren, dass der Colorado River seinen Namen 1776 vom spanischen Missionar Fray Francisco Garces aufgrund seiner roten Farbe erhalten hat. Ich erfahre, dass die klitzeklein anmutende Kaibab Bridge, die ich von hier aus sich über dem Fluss spannen sehe, über 130 Meter lang ist und dass es einen kompletten Tag dauert, um zum Colorado River zu wandern. Einen kompletten Tag? Bis zum Fluss sind es 16 Kilometer Weg. Bis zum North Rim sind es dann weitere 22,5 Kilometer, für die der durchschnittliche Wanderer einen bis zwei weitere Tage benötigt. Ich sehe im Laufe des Tages auch mehrere Schilder, die vor der leichtsinnigen Idee warnen, den Weg zum Fluss und wieder zurück an nur einem Tag meistern zu wollen. Das ist doch unfassbar! Ich habe in meinem Leben den einen oder anderen Urlaub in den Bergen gemacht. Allerdings hatte ich nie das Gefühl, dass ein so nah erscheinender Ort so weit weg ist. In den Grand Canyon hineinzuspazieren und dann in einem riesigen Wüstenloch umherzurennen ist zudem noch einmal ein anderes Gefahrenkaliber, als in Bayern von Gunzesried nach Oberstdorf zu wandern. Da das Einschätzen von Entfernungen so schwer ist, würde ich das riesige Loch sowieso eher mit dem Meer als mit dem Gebirge vergleichen. Schließlich geht es von meinem Standpunkt aus ja auch nach unten und nicht nach oben. Als habe man dem Bodensee den Stöpsel gezogen. Apropos Wasser: Will man den Colorado River vom östlichen Beginn des Canyons bis zu seinem westlichen Austritt mit einem Ruderboot entlangtuckern, benötigt man zwei bis drei Wochen. Mit einem Motorboot ist man in sieben bis zehn Tagen durch.
Ich sehe recht weit entfernt einen Vogel durch den Canyon fliegen. Einen weißen Vogel. Moment mal ... Wie weit ist der Vogel denn von mir entfernt? Wie groß ist das Vieh? Ich nehme die Objektivkappe von meiner Kamera und zoome das UFO heran. Das gibt's doch nicht: Der Vogel ist tatsächlich ein Helikopter! Der Hubschrauber ist so weit entfernt, dass man nichts von ihm hört. Ohne den Zoom hätte ich ihn auch niemals als das, was er ist, identifizieren können. Und ich habe sehr gute Augen. Unglaublich.
Meine Güte: Ich bin schon seit über zwei Stunden unterwegs und habe – wenn ich mir so die Landkarte ansehe – noch gar nichts vom Canyon gesehen. Ich bin gerade einmal etwas mehr als einen Kilometer weit gekommen! Wieder im Freien bleibe ich dennoch nur wenige Meter später erneut an einer Informationstafel hängen: Im Winter kann man aufgrund der geringeren Luftverschmutzung – eine der geringsten in den USA – zwischen 210 und 400 Kilometer weit blicken. Ein menschliches Auge kann 400 Kilometer weit blicken? Okay, doofe

Frage. Im Sommer beschränkt sich die Aussicht auf durchschnittliche 152 Kilometer. Als Beispiel für die aktuelle Sicht dient auf der Tafel Mount Trumbull, ein Berg, der 100 Kilometer Luftlinie von meiner aktuellen Position entfernt liegt. Ich schaue in Richtung Westen und erkenne in der Tat klar und deutlich den 2,4 Kilometer hohen Berg. Verstehe ich das richtig und der 100 Kilometer entfernte Berg ist gerade einmal 300 Meter höher als der Flecken, an dem ich momentan stehe? Und da kann ich ihn sehen? Mir geht's bei jeder zweiten Information, die ich wissbegierig aufsauge, wie meinen Eltern: Da will mich doch wer verarschen? Unser Planet und der menschliche Körper faszinieren mich heute wahrlich sehr. Was ein Spaziergang an einer riesigen Schlucht so alles bewirken kann: großartig!

Ich beschließe, mit dem kostenlosen Shuttlebus zurück zum Parkplatz zu fahren und mein Auto abzuholen. Die auf der Karte eingezeichneten Aussichtspunkte sind allesamt recht weit voneinander entfernt und der Shuttlebus kann einen durchaus warten lassen. Auf dem westlichsten Teilstück des befahrbaren South Rim, der Hermits Road, operiert der Bus zudem von Anfang Dezember bis Ende Februar überhaupt nicht. Der Zugang mit dem eigenen Fahrzeug ist gestattet. Ja, und wozu habe ich auch schließlich das Auto? Die Zeit verfliegt – mittlerweile ist es schon über drei Stunden her, dass ich den Nationalpark betreten habe – und ich möchte so viel wie möglich vom Canyon sehen. Am liebsten würde ich auch in ihn hinabsteigen. Ob dafür die Zeit ausreicht? Ich bin mir jetzt bereits sicher, dass ein Tag zu wenig ist, um den Grand Canyon auch nur ansatzweise zu erforschen. Nicht zum ersten Mal kommt es mir so vor, als ob meine drei Monate für diese Reise zu kurz seien. Oje, bloß nicht wieder an das Ende der Reise denken. Keine zehn Tage mehr. *Final countdown.* Verdammt. Ich fahre mit dem Auto die einzelnen Aussichtspunkte ab, staune und fotografiere. Ich erreiche das 1901 mit dem Eintreffen der Eisenbahn gegründete Grand Canyon Village.

Grand Canyon Village

Im zentralen Ort des South Rim gibt es die größte Ansammlung an Gasthäusern und Geschäften sowie das 1905 eröffnete und sehr schön anzusehende Hopi House, in dem Kunst, Handwerk und Teppiche der Hopi verkauft werden. Im Village leben rund 2000 Menschen, die – wenig verwunderlich – größtenteils im Nationalpark oder den Hotels und Lodges beschäftigt sind. Schon wesentlich beeindruckender finde ich, dass immerhin noch rund 20 % der Bewohner amerikanische Ureinwohner sind.

Den noch sehr original aussehenden Bahnhof gibt es auch heute noch und ein Zug, auf dem groß »Grand Canyon« geschrieben steht, macht wahrhaftig etwas her. Ich mache Halt auf der Market Plaza, einem Parkplatz, der von Geschäften umzingelt ist. Im Deli des Supermarktes bestelle ich mir einen Wrap und bezahle zwei. Als ich den Verkäufer auf den Irrtum aufmerksam mache, ist es zu spät und meine Kreditkarte bereits belastet. Bar kann er mir das zu viel abgebuchte Geld nicht auszahlen, sagt er. Angeblich wird der Supermarkt mir das Geld aber anstandslos zurücküberweisen. Hm. Ich quatsche noch kurz mit einem Kerl meines Alters, der seit Monaten mit seinem Fahrrad durch die USA reist und nun einen Job im Nationalpark angenommen hat. Er empfiehlt mir, den Bright Angel Trail oder den Hermit Trail hinabzusteigen. Für Ersteren werde ich auf keinen Fall genügend Zeit haben. Der Pfad führt zum Colorado River, eine Strecke, für die ich ja bekanntlich einen kompletten Tag bräuchte. Außerdem habe ich mich nun zur Genüge rund um den Trail bewegt – wenn auch viele Hundert Meter weiter oben. Der Trail sieht auf jeden Fall sehr cool aus. Im Zickzackkurs schlängelt er sich in die Schlucht, wird dann gerade und führt zu einem Plateau, von wo aus man einen sicherlich beeindruckenden Blick auf den Fluss hat. Bis zum Plateau sind es 19,6 Kilometer, die ich komplett vom Rand des Canyons aus überblicken kann. Wahnsinn. Ein weiteres Schild warnt erneut davor, das Plateau an nur einem Tag erreichen zu wollen. Auf der Tafel wird auch darauf hingewiesen, dass alljährlich Wanderer ihre Fähigkeiten überschätzen und krank werden oder bei ihrem Abenteuer gar sterben.

Trotz des Reizes des Bright Angel Trail denke ich, dass es besser ist, den Hermit Trail zu erkunden. Der Pfad beginnt am westlichsten Punkt des mit dem Auto erreichbaren Teils des South Rim. So weit gen Westen bin ich noch gar nicht vorgestoßen. Die Gegend ist mir demnach noch völlig unbekannt. Darüber hinaus favorisiert meine kurze Bekanntschaft vom Deli sogar diesen Pfad. Somit wäre das entschieden.

Auf der Hermits Road, auf der es derzeit keinen Shuttleservice gibt, entdecke ich zwischen den Aussichtspunkten Mohave Point und Pima Point ein kleines Tier auf der Straße. Zunächst halte ich es für ein Vögelchen, da es höchstens zehn bis 15 Zentimeter groß und total dünn ist. Als ich mich mit dem Wagen nähere, erkenne ich aber, dass es sich um ein Nagetier handelt. Ich glaube es ist ein Antilopenziesel, ein Erdhörnchen. Süß.

Je weiter ich nach Westen komme, desto besser und schöner wird der Ausblick auf den Colorado River. Oh, hätte ich doch nur mehr Zeit! Wie gerne würde ich mir diese Landschaft noch länger gönnen. Doch morgen muss der Mietwagen wieder in Las Vegas abgegeben werden und ich muss langsam aber sicher wieder in Richtung Los Angeles, um mit Chris am Drehbuch zu arbeiten.

John Wesley Powell und die Geschichte der Erde

John Wesley Powell, der wahre erste westliche Erkunder des Grand Canyon, nahm sich 1869 mehr Zeit: Gemeinsam mit neun Männern schipperte er den Green und den Colorado River entlang. Nach fast drei Monaten und 1500 Kilometern erreichte er sein Ziel und hatte somit die erste bekannte Durchquerung des kompletten Grand Canyon unternommen. Zwei Jahre später wiederholte er den Trip, um die Gegend zu kartieren. Diese Expedition sollte eineinhalb Jahre dauern. Powell wurde aus wissenschaftlichen Gründen angetrieben: Für ihn war der Grand Canyon ein offenes Buch, in dem die Geschichte der Erde niedergeschrieben steht: »The book is open and I can read as I run.« Als ich dieses Zitat lese, stehe ich am Pima Point. Ich habe von Geologie keine Ahnung. Die Verfärbungen der Steine, speziell hier, lassen aber selbst dem absoluten Laien die verschiedenen Epochen unserer Erde leicht sichtbar werden. Das nenne ich einmal spannendes Lernen. Powells Zitat gefällt mir jetzt noch besser.

Ich erreiche Hermits Rest. Hier beginnt der Pfad in den Hermit Canyon.

Hermit Trail

Bereits 1911 wurde von der Santa Fe Railroad im Canyon ein Camp für Touristen eingerichtet. Da sich der unweit des Bahnhofs beginnende Bright Angel Trail seinerzeit jedoch in Privatbesitz befand, mussten die Eisenbahner ihren eigenen Pfad, weit vom Bahnhof entfernt errichten, um Nutzungszöllen aus dem Weg zu gehen. Den einsamen Namen »Hermit«, was zu Deutsch Eremit heißt, hat diese Ecke des Canyons aber notabene nicht aufgrund seiner Abgeschiedenheit, sondern wegen des kanadischen Goldsuchers Louis Boucher, der 1891 für mehrere Jahre alleine in der Nähe lebte und den ersten Pfad in den Canyon grub. Ein Soziopath soll der gute Louis wiederum nicht gewesen sein.

Drei Schilder bilden den Auftakt zum Pfad. Auf den ersten beiden wird an ein vorsichtiges Verhalten appelliert und der Aufbau des Trails erklärt: Nach 12,6 Kilometern erreicht man das historische Camp und nach 14,3 Kilometern den Fluss. Zwischendurch kann man auch auf diverse Nebenpfade wechseln. Allzu ausgiebig studiere ich das Schild nicht. Ich will nur ein wenig nach unten spazieren und werde rechtzeitig umkehren, um vor Einbruch der Dunkelheit wieder oben anzukommen. Die Tafel erinnert auch daran, dass bergauf Wandern anstrengender und zeitintensiver ist als der Abstieg. Außerdem soll man Wanderungen bei großer Hitze vermeiden, nicht abstürzen, genügend Essen und Trinken mitnehmen, Haustiere und Fahrräder oben lassen und auf keinen Fall alleine wandern. Ja, warm ist's heute nicht. Die zweite Tafel ist wesentlich fieser: »Could You Run the Boston Marathon?«
Ich wundere mich kurz, wieso man hier eine Werbetafel aufstellt und will schon weitergehen, als mich doch noch die Neugierde packt. Auf dem Plakat, das man hinter Glas auf die Pinnwand gesteckt hat, wird die Geschichte der 24-jährigen Margaret Bradley erzählt.

Margaret Bradley

Die junge Frau schaffte 2004 den Marathon in etwas mehr als drei Stunden. Drei Monate später machte sich die Sportlerin gemeinsam mit einem Freund auf den Weg in den Canyon. Die beiden planten einen 24 Kilometer langen Hike, den sie an einem Tag meistern wollten. Sie führten keine Karte mit sich und machten sich unbewusst auf einen Marsch, der 43 Kilometer in Anspruch nehmen sollte. An jenem Tag herrschten 41 °C im »Kochtopf« Grand Canyon. Bis auf eineinhalb Liter Wasser, zwei Energieriegel und einen Apfel hatten die beiden keine Lebensmittel bei sich. Am frühen Nachmittag erreichte die Hitze ihren Höhepunkt. Die beiden verbrauchten ihr letztes Wasser und gerieten in Stress. Margarets Partner war am Ende seiner Kräfte. Tragischerweise entschieden sie sich, fortan getrennt voneinander nach Hilfe zu suchen. Margarets Kollege ruhte sich aus und schaffte es, den Canyon wieder zu verlassen, während sie weiter in den Canyon vorstieß. Zwei Tage später fanden Parkranger ihre Leiche. Sie starb an Dehydrierung.

Das beklemmende Gefühl, das ich nach dem Lesen dieses Plakats verspüre, verdränge ich dennoch recht schnell wieder. Schließlich plane ich eine simple und – tageszeitbedingt – leider auch nur recht kurze Wanderung, die mich auf demselben Weg wieder aus dem Canyon hinausführen wird. Verirren dürfte also eher schwer werden und dehydrieren werde ich sicherlich nicht – eher in der Nacht erfrieren.
Der Hermit Trail ist schon zu Beginn unfassbar schön. Ich verliere aufgrund der Schönheit aber auch sehr schnell meinen zeitlichen Orientierungssinn. So kann's also doch passieren. Als ich nach oben blicke, bin ich überrascht, wie tief ich doch schon in den Canyon hineinspaziert bin. Auch die Soundkulisse ist wegen des durch die Felsen pfeifenden Windes eindrucksvoll. Die Aussicht sowieso. Ich ärgere mich, dass ich nicht viel früher den Abstieg angegangen bin. Vielleicht ist es aber auch gut so, da ich am Ende nicht mehr hätte umdrehen, sondern immer tiefer gehen wollen. Im Übrigen bin ich mal wieder komplett alleine. Auf dem Parkplatz am Trailhead steht außer meinem Wagen nur noch ein Jeep, dessen Insassen mir direkt am Beginn des Trampelpfads, keine halbe Minute nach Wanderungsbeginn, bereits entgegenkommen sind.
»How much longer did it take to hike uphill?«, habe ich die drei mit den roten Köpfen gefragt.
»About twice as long as downhill«, lautete die Antwort, die ich auch auf dem Plakat von Margaret Bradley gelesen hatte. Dann wird's wohl stimmen und ich werde deshalb nicht länger als 45 Minuten nach unten marschieren können.
Ähm, stimmt die Rechnung? Ich rechne noch einmal nach: Es war Viertel vor vier, als ich losgelaufen bin. Jetzt bin ich seit … ah, was für eine Aussicht! Das Wetter im Canyon ist wirklich ungewöhnlich. Von der Bergkante aus

konnte ich schon mehrere unterschiedliche Wetterbegebenheiten in der Schlucht bewundern. Im Canyon selbst sorgt der Wind für das große Spektakel: Geht man einmal um eine Ecke, wird man vom ziemlich krassen Luftzug fast weggeweht. Die Wolken ziehen in einer abartig schnellen Geschwindigkeit am Himmel entlang. Zwischendurch nieselt oder schüttet es sogar mal ganz kurz. Dann hört der Spaß wieder auf, ich stehe in der Sonne und es ist knackig warm – obwohl es Winter ist. Die Wettervorhersage für die Nacht liegt übrigens bei -5 °C. Tagsüber sollte es nicht wärmer als 4 bis 5 °C werden, mit einer sogar noch niedriger gefühlten Temperatur. Ich glaube indes, dass es weder so kalt ist noch dass es sich so kalt anfühlt. Wenn ich mir den Canyon und sein Wetter so ansehe, kommt es mir eher vor, als sei eine Vorhersage ähnlich einer Lotterie. In Flagstaff sagte mir die Rezeptionistin bereits, dass man das Wetter hier nur schwer korrekt vorhersagen könne. Überrascht mich wirklich nicht. Als wesentlich überraschender empfinde ich die Tatsache, dass es im Canyon kein Echo gibt. Ich pfeife ein paar Mal laut: nichts. Verrückt. Je tiefer ich in die Schlucht vorstoße, desto wärmer wird es. Das hatte ich auch bei der Wettervorhersage gesehen: Unten ist es immer 5 bis 10 °C wärmer als oben, was ich hiermit bestätigen kann – speziell, als ich auf einer sehr schrägen Felsplatte ein Sonnenbad genieße. Dieser gemütliche Fels ist auch mein Umkehrpunkt. Nachdem ich mich mehrfach selbst dazu überredet habe noch bis zu dieser Kurve oder zu jenem verdörrten Baum zu marschieren, beschließe ich nun wirklich die Rückkehr. Wie es Menschen trotz mieser Vorbereitung immer tiefer in das gigantische Loch treibt, kann ich bestens nachvollziehen. Wie schon im Yosemite National Park, entwickelt sich in meinem Hirn eine Art Wanderungs- und Entdeckungsrausch.
Nach einer dreiviertel Stunde des Abstiegs mache ich mich an den voraussichtlich 90-minütigen Aufstieg. Es wäre dann 18 Uhr. Die Sonne geht eine knappe viertel Stunde zuvor unter. Mal gucken, ob ich in die Dunkelheit gerate. Vielleicht treffe ich dabei ja einen Berglöwen?
Puh. Man darf nicht vergessen, was ich vergessen habe: Der Grand Canyon befindet sich in einer nicht zu verachtenden Höhe. Ich laufe seit zehn Minuten wieder bergauf und schnaufe wie ein fettes Gänschen. Uff. Das mit den 90 Minuten könnte wahrscheinlich hinkommen. Oje. *Could I run the Boston Marathon?* Derzeit: *definitely not.* Mittlerweile bin ich ziemlich froh, dass ich nicht schon viel früher in den Canyon hinabgestiegen bin. Wenn ich mir vorstelle, dass ich drei, vier Stunden oder noch länger hätte bergauf laufen müssen. Meine Fresse … Ich frage mich, wie die Leute das im Sommer machen?
Okay, nur die ersten zehn Minuten waren wirklich hart. Seit einigen Minuten geht es nicht mehr so steil hinauf und ich bin wieder entspannter. Ich glaube auch nicht mehr, dass ich tatsächlich 90 Minuten benötigen werde, um oben anzukommen. Auf dem Weg nach unten habe ich schließlich Fotos gemacht, was bestimmt fünf bis zehn Minuten, wahrscheinlich sogar noch mehr Zeit in

Anspruch genommen hat.
Hm, entweder bin ich ein unglaubliches Tier, sportlich ohne Ende, ohne es zu wissen, oder das Adrenalin, das sich freigesetzt hat, als ich mir vorgestellt habe, in der Dunkelheit im stockfinsteren Canyon entlangspazieren zu müssen, hat mich angetrieben. Denn, überraschenderweise, komme ich bereits kurz vor fünf wieder am Trailhead an. Das ist doch wirklich schräg: Ich benötigte eine dreiviertel Stunde für den Weg nach unten und nur eine halbe für den Weg nach oben. Ich Meister aller Klassen!
Ich beginne zu überlegen, wo es wohl am besten wäre, um sich den Sonnenuntergang anzusehen. Ich denke, dass der Pima Point – der Aussichtspunkt direkt neben Hermits Rest – der magische Ort ist, als mir plötzlich ein Bus mit der Aufschrift »Sunset Tour« entgegenkommt und genau dorthin abbiegt. Na, das sieht also wahrhaftig gut und richtig aus. Ich folge dem Bus, um den Busfahrer zu fragen. Der Mann meint, dass Hopi und Mohave Point die beiden besten Aussichtspunkte für Sonnenuntergänge seien. Er zeigt auf die Wand, auf der sich der Mohave Point befindet. Die Aussicht soll von dort schöner sein, da er höher liegt als der Pima Point. Außerdem glaubt er, dass wir heute einen schönen Sonnenuntergang haben dürften, nachdem der gestrige aufgrund der Bewölkung und dem Nebel so katastrophal gewesen ist. Die armen Leute, die gestern hier waren. Ich hatte heute mal wieder Glück: Serendipity.
Auch auf die Gefahr hin, dass ich eine Standardphrase dieser Reise zum x-ten Mal wiederhole, muss ich nochmals anmerken, dass der Sonnenuntergang absolut wunderschön und episch ist. Alleine wegen dieser Sonnenuntergänge will ich dieses Land nicht mehr verlassen. Cari sagt, dass Arizonas Sonnenuntergänge für ihre Schönheit berühmt seien. Glaube ich ihr sofort. Dafür ist der Wind nun bitterkalt. Das ist untertrieben: Er ist arschkalt! Da will man nicht allzu lange im Freien sein. Demnach fliehe ich wie die anderen wenigen Sonnenuntergangsanbeter um mich herum schnell wieder ins Auto und genieße – nachdem ich am Mohave und danach auch am Hopi Point genügend Fotos gemacht habe – für die restliche und erstaunlich lange Show den Schutz des Autos. Der Sternenhimmel und die Milchstraße sollen über dem Grand Canyon toll sein. Also warte ich … und warte … und warte. Die Sonne geht mittlerweile seit einer Stunde unter. Gut, es ist dunkel, am Horizont sieht man sie aber noch immer. Dementsprechend sind die Sterne noch nicht wirklich sichtbar. Es muss wieder an der Höhenlage liegen, dass der Sonnenuntergang wesentlich länger dauert als an der Küste. Ich bin wieder einmal beeindruckt, muss aber auch mit dem Rechnen anfangen: Ich benötige gut 90 Minuten, um wieder nach Flagstaff zu kommen – und ich habe Hunger wie Sau! Also beschließe ich doch früher zu fahren, bevor das leckere Thai-Restaurant schließt. Darauf habe ich nämlich jetzt noch mehr Lust als auf einen grandiosen Sternenhimmel. Ich habe auf meiner Reise ja auch schon so manch wunderschönen Sternenhimmel gesehen. Ich werde es verkraften.

Ich verlasse den Nationalpark und fahre wenig später durch finsterste Dunkelheit. Lichtverschmutzung gibt es rund um den Canyon wirklich keine. Verkehr genauso wenig, weshalb ich während der Fahrt problemlos die Sterne und den vollen Mond am Himmel genießen kann. Seitdem ich in Amerika bin, hatte ich bereits zwei-, dreimal den Mond mit beeindruckender Korona gesehen. Jetzt aber setzt der Mond von Arizona noch mal einen drauf: Dumm guckend fahre ich unter einem Mond daher, um den sich ein Ring spannt, der sämtliche Farben des Regenbogens abdeckt! Was zum …? So etwas habe ich noch nie gesehen. Ein kreisrunder Regenbogen, der sich wie zu groß geratene Saturnringe um den Mond spannt. Wunderschön.

Nicht nur der Einsamkeit der ewig geraden Straße, sondern auch der Cruise Control habe ich es zu verdanken, dass ich während der Fahrt meine Stinkefüße aus dem Fenster halten, und so etwas Luft an sie heranlassen kann. Wunderbar … und bitter notwendig. Würg.

Das Swaddee Thai Restaurant verwöhnt mich heute mit einer Tom Kha Suppe und Panang Curry. Was ist das lecker! Speziell die Suppe. Außerdem hat man mir heute verdammt viel Tofu ins Essen gemischt. Ist das ein Gruß der Küche, weil ich erneut gekommen bin? Erkannt hat man mich zumindest sofort und sehr lieb begrüßt.

Ich wohne nicht mehr im Hostel! Rachel und Lucas sind wieder aus Phoenix zurück und laden mich zu sich ein. Ich bin nach meiner taglangen Wanderung und dem Essen ganz schön müde, schraube die Rücklehne des Fahrersitzes in eine angenehme Liegeposition und mache ein kurzes Verdauungsnickerchen. Dass ich einschlafe, war, nachdem ich mit Lucas abgeklärt habe, wie ich zu ihnen komme, eigentlich nicht geplant. Ups. Als ich wieder wach werde, stelle ich erleichtert fest, dass es nicht bereits drei Uhr nachts ist, und düse los in die North San Francisco Street. Ja, Rachel und Lucas wohnen tatsächlich nur fünf Minuten von der Historic Downtown entfernt, in der nördlichen Fortführung derselben Straße, in der sich auch das Hostel befindet. Lucas öffnet mir die Tür. Drei Wochen nachdem wir uns zum ersten und bislang einzigen Mal gesehen haben, sehen wir uns nun also 1000 Kilometer weiter westlich wieder. Das ist durchaus ulkig und ich bin dem sympathischen Pärchen wirklich sehr dankbar. Lucas hat vier Mitbewohner: drei Jungs und ein Mädel. Rachel wohnt nicht in dem Haus, das auch als das »Frisbee House« bekannt sein soll, da darin ständig Frisbeespieler wohnen. Da ich nach wie vor nicht verstehe, was es mit dieser Frisbeepassion auf sich hat, lasse ich mir nach der herzlichen Begrüßung von Lucas und Rachel erklären, was Ultimate Frisbee ist.

Ultimate Frisbee

Ultimate Frisbee ist ein Mannschaftssport, den man am ehesten noch mit Fußball oder Rugby vergleichen kann. Auf einem Spielfeld treten zwei Mannschaften gegeneinander an, die sich weitestgehend berührungslos versuchen das Frisbee abzujagen und mithilfe von Pässen die Scheibe in der gegnerischen Endzone zu fangen, um zu punkten. Schiedsrichter gibt es keine, da das Fair Play die wichtigste Regel beim Ultimate Frisbee ist.

Rachel, Lucas und die restlichen Bewohner scheinen wahrlich große Fans ihres Sports zu sein, denn überall an den Wänden hängen die runden Scheiben. Das Frisbeeturnier, zu dem Rachel, Lucas und wohl auch alle anderen Frisbeespieler Flagstaffs nach Phoenix gereist sind, ist im wahrsten Sinne des Wortes ins Wasser gefallen. Stattdessen wurde ordentlich gefeiert. Die Reise wird also keineswegs bedauert.

Mitbewohner Adam gesellt sich zu uns. Ich mag den großen Kerl mit der sich andeutenden Platte auf dem Schädel, den intensiven Augen und dem Vollbart von Anfang an. Wir kommen sofort ins Gespräch. Zunächst erzähle ich von meinem Tag am Grand Canyon, woraufhin er mir von seinen Erlebnissen dort berichtet. Er erzählt von einem Dorf von Native Americans im Canyon, das man nur nach einem neun Stunden dauernden Hike erreichen kann. Das von der Außenwelt komplett abgeschottete Dorf sei paradiesisch, meint er. Alternative Möglichkeiten, um dorthin zu gelangen, seien lediglich der Helikopter oder ein Eselsritt. Ich erzähle von Margaret Bradleys Schicksal im Canyon, was bei Adam Erinnerungen an ein selbst erlebtes Abenteuer in Alaska weckt: Gemeinsam mit Freunden wanderte er durch den am dünnsten besiedelten Bundesstaat, um zum legendären Bus von Chris McCandless alias »Alexander Supertramp« zu gelangen, der durch das Buch und Sean Penns Film »Into the Wild« zur weltberühmten Aussteigerkultfigur wurde. Als Gruppe haben sie den Fluss durchquert, den Chris nicht bewältigen konnte. Das Durchwaten des Flusses sei nur gemeinsam und mithilfe der »Schlangentechnik« möglich gewesen: Hierfür hält sich jeder am Rucksack oder Rücken des Vordermanns fest, sodass sich der Tross wie eine Schlange langsam, Schritt für Schritt durchs kalte Wasser ziehen kann. Laut Adam war diese Aktion ziemlich hart und gefährlich. Es folgt die Geschichte, bei der sich Adam, Lucas und sieben weitere Freunde einst bei einem Hike in Utah verliefen. Die einzige Chance der Natur zu entfliehen, berichten die beiden dramatisch, war es, den Sternen nach Westen zu folgen, weil dort irgendwo die Straße sein musste. Adam war der Einzige, der wohl durchgehend cool geblieben ist. Lucas gibt zu ein bisschen Panik geschoben zu haben, besteht aber darauf, dass die anderen wesentlich verzweifelter waren. Nach kurzer Diskussion stimmt Adam ihm zu, während Rachel die Story mit weit geöffnetem Mund und Kopfschütteln zum ersten Mal hört und ungläubig verdaut: »Why did you never tell me about that?«, fragt sie ihren Freund fassungslos.

Der aus Jerusalem stammende Adam repariert und verkauft Fahrräder und bereits seit Kindheitstagen Trödel und Sammlerobjekte. Er erzählt stolz von einer wunderschönen Säge, die er entdeckt hat. Riesengroß sei diese und vermutlich aus dem 19. Jahrhundert. Da hat jemand eine echte Leidenschaft entwickelt. Man erzählt mir, dass es nahe Flagstaff ein Skigebiet gibt. Mir sind zuvor schon die Skiverleihe in der Stadt aufgefallen. An diesem Wochenende wurden aufgrund fehlender Skitouristen Skipässe samt Ausrüstung und Transport für *einen* Dollar angeboten! *What?* Hätte ich das mal früher gewusst ... und ein, zwei Tage mehr zur Verfügung. Der Abend im »Frisbee House« ist wirklich cool. Ich fühle mich in dieser WG nicht wie der Fremde, der zu Besuch ist, sondern vielmehr wie ein alter Freund, den man länger nicht gesehen hat und mit dem man nun die neuesten Geschichten seit dem letzten Wiedersehen austauscht. Wir starten noch eine philosophische Diskussion übers Sterben, bevor sich Adam verabschiedet und Lucas und Rachel mir offenbaren, dass sie sich unbedingt eine Folge »Game of Thrones« ansehen müssen. Kaum läuft die Serie trete ich meine letzte Wanderung für heute an. Nach einem großartigen Tag geht es ins Tal der Träume ...

Die Geschichten der Route 66, einer Geisterstadt, des Hoover Dam und eines Suchenden
Tag 80: Montag, 28. Januar 2013

Am Morgen steht Rachel vor mir im Wohnzimmer. Sie macht sich für die Arbeit fertig und mich darauf aufmerksam, dass es schneit – ordentlich sogar. *Holy Shit!* Passend zu diesem Gedanken betritt die 16-jährige WG-Hündin sehr gemächlichen Schrittes den Raum und sagt: »Guten Morgen«, indem sie zwei übelste Fürze neben mir abdrückt. Ich muss fliehen und erzähle in der Küche nach Luft schnappend Lucas davon. Er kennt die Mörderfürze der Hündin und entschuldigt dies mit ihrem hohen Alter. Auf einmal bellt das Tier mit den hängenden Backen und den traurigen Augen. Lucas führt fort, dass die Hündin sich generell nicht mehr allzu gut unter Kontrolle hat und zudem vollkommen taub ist: Sie hört beispielsweise ihr eigenes Gebell nicht.
Nachdem wir Rachel verabschiedet haben, gesellt sich Lucas' Mitbewohnerin Genevieve zum Frühstücken zu uns. Danach brechen auch wir auf. Ich biete Adam an, ihn samt seiner Ski zu einer Shell-Tankstelle zu bringen, von wo aus es per Bus weiter in Richtung Skigebiet geht. Lucas muss zur Uni. Die Straßen in Flagstaff wurden noch nicht geräumt, doch unser Weg zur Tanke und zur Northern Arizona University führt selbstverständlich nur bergab. Es ist die reinste Rutschpartie mitsamt Diskussionen, welche Route am schlauesten wäre, ohne unkontrolliert irgendwo dagegenzudonnern. Während die beiden lustig debattieren, fällt mir ein, dass ich ja noch einen Wochenpass für den Grand Canyon National Park einstecken habe, von dem ich keinen Gebrauch mehr machen werde. Das ist doch ein nettes Abschiedsgeschenk. Also krame ich den Pass aus meinem Portemonnaie und überreiche ihn feierlich meinen neuen

Freunden. Ab sofort wird nur noch darüber diskutiert, wann man diese Woche zum Canyon fahren könnte.
Die Verabschiedung von den beiden verläuft herzlich. Mit dieser Clique hätte ich liebend gerne noch wesentlich mehr Zeit verbracht. Wirklich tolle Leute.
Ich verlasse Flagstaff in Richtung Westen über die Route 66, die gut sechs Kilometer später zur Interstate 40 wird. Die I-40 ist zu großen Teilen die alte Route 66 oder verläuft nahezu parallel zur historischen Strecke. Ich überlege, ob ich schon bei Exit 161, knapp 50 Kilometer hinter Flagstaff auf den Old Highway 66 wechseln soll. Ich entscheide mich dagegen, da mein Zeitplan für heute bereits knapp genug bemessen ist: Um 20 Uhr muss das Auto in Vegas sein und ich habe bis dahin noch einiges vor. Knapp zwei Kilometer hinter Exit 161 bin ich sehr froh, die Ausfahrt nicht genommen zu haben, da ich mich plötzlich im tiefsten Schneegestöber wiederfinde. Es geht nur noch langsam voran und die Interstate ist mit Sicherheit besser geräumt als die verkehrsstrategisch heute unwichtige Route 66. Ich habe mir vorgenommen, die Kultstrecke ab der Ausfahrt 139, Crookton Road, zu nehmen. So wird's dann auch gemacht.
Je weiter ich nach Westen komme, desto mehr verabschiede ich mich von der rund zwei Kilometer hohen Höhenlage. Der Schnee sieht mittlerweile mehr nach Regen aus und links und rechts neben der Fahrbahn ist es nicht mehr so weiß. Es sieht nicht so aus, als müsste ich im Schneckentempo in Richtung Vegas trotten und dann im schlimmsten Fall sogar noch einen zusätzlichen Tag Miete für den Wagen blechen. Dafür weist die Straße ab und an ganz schön heftige Schlaglöcher auf, die einen dann doch wieder zum Abbremsen und vorsichtigeren Fahren zwingen. Ja, sind wir hier in Kuba, oder was? An der Beschaffenheit der Straße merkt man, dass die I-40 die weit wichtigere Straße ist und die »Mother Road«, die sich von Santa Monica durch insgesamt acht Staaten bis Chicago zieht, wohl eher für Touristen und Nostalgiker weiterhin von Bedeutung ist.
Auf meiner Fahrt von San Diego nach Arizona und auch in Flagstaff habe ich schon sehr lange Züge gesehen, aber das Teil, das auf einmal neben mir auftaucht und mich kilometerweit begleitet, sprengt alles bisher Gesehene. Ich kann das Ende des Zuges noch nicht einmal am Horizont ausmachen! Das ist abartig ... Auch abartig ist die Tatsache, wie die Amis streuen. Ich fahre über Tausende, ach was: Millionen schwarzer Steinchen. Ich hoffe mal sehr, dass der Lack nicht darunter leidet beziehungsweise, dass meine Billigversicherung streuungsbedingte Lackschäden deckt. Oje.
Knapp 30 Kilometer nachdem ich auf die Route 66 gewechselt bin, erreichen der Zug und ich ein Örtchen namens Seligman. Seligman hat noch nicht einmal 500 Einwohner und doch kenne ich das Dorf irgendwoher. Richtig! Meine Eltern sind vor einigen Jahren hier gewesen und haben mir davon berichtet. Ich verstehe auf Anhieb, weswegen die beiden von Seligman erzählt haben, denn der Ort ist äußerst bunt. Hier dreht sich alles um die Route 66. Der Ort scheint

wie die »Main Street of America« in der Zeit stehen geblieben zu sein. Seit den 70ern dürfte hier nichts mehr groß verändert worden sein. Das erste Gebäude, das mir direkt ins Auge springt, ist Delgadillo's Snow Cap. Die weiße Fassade des Hauses ist mit allerlei Essen – vornehmlich Softeis und Hotdogs – bemalt sowie mit »Shakes«, »Root Beer«, »Tacos«, »Burritos« und amüsanterweise auch »Cheeseburger with Cheese« und »Dead Chicken« beschriftet. Bunte, dreieckige Fähnchen und natürlich der »Star-Spangled Banner« flattern im Wind. Orangefarbene und blaue Plastikschalenstühle sind vor den Drive-in geschraubt und selbst eine historisch anmutende Zapfsäule, die so aussieht, als müsse man noch selbst pumpen, findet sich neben dem Gebäude.

Delgadillo's Snow Cap

Der Drive-in wurde 1953 von Juan Delgadillo erbaut und eröffnet. Da sein Budget stark limitiert war, nutzte er zum Bau des Hauses vornehmlich Altholz, das er von der Santa Fe Railroad bekam. Delgadillo wollte Aufmerksamkeit auf den am heutigen Montag leider geschlossenen Laden ziehen, indem er einem Chevrolet das Dach abflexte, ihn mit allerlei Farbe bepinselte und mit reichlich Hupen sowie einem künstlichen Weihnachtsbaum im Kofferraum ausstattete. Seine Exzentrik übertrug sich auf seine Speisekarte, auf der auch im Jahr 2013 noch – wie ja ebenfalls an der Fassade zu lesen ist – »Cheeseburger with Cheese« oder eben »Dead Chicken« angeboten werden. An der Eingangstür gibt es zwei Türknaufe: einen links und einen rechts. Nur einer der beiden öffnet die Tür, wenn wieder einmal »Sorry, we're open« im Fenster zu lesen ist. Der Witzbold hinter diesem bunten Laden verstarb leider 2004. Das Geschäft wird seither von seinen beiden Kindern fortgeführt.

Angel Delgadillo, »The Father of the Mother Road«

Delgadillos elf Jahre jüngerer und noch lebender Bruder Angel spielt ebenfalls eine wichtige Rolle in der Historie Seligmans. Als 1984 die nur einen Kilometer Luftlinie von Seligman verlaufende I-40 fertiggestellt wurde, verlor die seit 1926 existierende, aber erst seit 1938 komplett betonierte Route 66 an Bedeutung und wurde 1985 sogar offiziell vom United-States-Highway-System entfernt, welches durch das modernere Interstate-Highway-System ersetzt wurde. Dies hatte zur Folge, dass die Strecke teilweise noch nicht einmal mehr auf Landkarten ausgewiesen wurde. Der Verkehr verschwand somit quasi komplett aus Seligman und bedrohte die Existenzen der Einwohner. Angel Delgadillo gründete daraufhin 1987 die Historic Route 66 Association of Arizona, die sich dafür einsetzte, die »Mutter aller Straßen« mit den berühmten »Historic Route 66«-Schildern auszustatten und den Mythos zu erhalten. Die anderen betroffenen Staaten folgten diesem Beispiel, schützten unter dem Namen »Historic Route 66« die Straße und ließen Angel letzten Endes so zum Helden werden. Durch seinen Erfolg trägt der alte Herr nun so ehrfürchtige Spitznamen wie »The Father of the Mother Road«, »The Guardian Angel of Route 66« und »The Ambassador«. Noch heute zollen viele Biker dem »Paten« der Route 66 ihren Respekt, indem sie sich vom nahezu 50 Jahre als Friseur tätigen Angel in einer originalen Messerrasur samt Lederriemen zum *baby face* machen lassen. Ich weiß nicht, wie es an anderen Tagen in Seligman aussieht, aber heute scheine ich der einzige Easy Rider zu sein, der den Ort durchquert – und das auch noch ohne Harley.

Die anderen Gebäude Seligmans sind entweder Motels, Restaurants oder Souvenirläden, die größtenteils aussehen wie ehemalige Tankstellen aus alten Filmen und wie das Snow Cap mit bunten Farben, Lichtern sowie coolen, alten Autos und abgedrehten Statuen wie aufgespießten Motorrädern auf sich aufmerksam machen. Und natürlich sieht man überall das ikonenhafte Schild der Route 66. Ich gehe in den amerikanisch-mexikanischen Grocery Store, um mir Verpflegung für die weitere Fahrt zu kaufen. Der Minimarkt ist sehr rudimentär und frei von großen Werbetafeln und Plastikaufstellern. Die mexikanische Verkäuferin wird von einem älteren Herrn zugetextet. Die putzige Szene grenzt schon fast ans Flirten. Ich finde nur Getränke und Chips. Für alles andere bräuchte ich einen Herd oder gekochtes Wasser.
Weiter geht die Reise. Der Mammutzug verlässt Seligman ein wenig früher als ich. Als ich die Verfolgung aufnehme, stelle ich den Tempomaten auf 70 mph. Es dauert über zwei Minuten, um den Zug zu überholen, der meiner Vermutung nach 45 bis 50 mph draufhaben dürfte. Die Mathematiker unter euch mögen nun bitte die Länge des Zuges errechnen …
Hinter Seligman geht die Route 66 einfach nur ewig lange straight geradeaus. Keine Kurve, nichts. Die Landschaft ist weit. Gelb leuchtende Gräser ziehen sich bis zu den, den Horizont einnehmenden, leicht bewaldeten Hügeln. Von Verkehr kann eigentlich keine Rede sein. Als Seligman bereits 20 Kilometer hinter mir liegt, sind mir erst ein Auto und ein LKW entgegengekommen. Die Wolken werden dünner und machen immer öfter Platz für die Sonne und das Blau des Himmels. Kein Verkehr, immer besser werdendes Wetter, eine gerade und schön anzusehende Strecke und dazu finde ich stets irgendwelche Classic-Rock-Radiosender, die die üblichen Verdächtigen spielen: Ja, ich habe Spaß! Ich stelle fest, dass sich in Amerika wohl ein paar neue Bands für die Riege des Classic Rock qualifiziert haben. So laufen bei jedem dieser Sender regelmäßig Soundgardens »Black Hole Sun«, Pearl Jam und Nirvana. Ist Grunge der neue Classic Rock? Verrückt. Zu den Grunge-Helden gesellen sich noch Metallica und Guns N' Roses: »Nothing Else Matters« und »November Rain« werden ständig gespielt. Wunderbar! Dank Radio und Cruise Control singe und fotografiere ich mich im Schneidersitz Richtung Westen.

Mir fällt auf, dass alle paar Meilen auf Privatgrundstücken am Straßenrand alte Trucks aus den 50ern vor sich hingammeln. Die Trucks sind allesamt hochgebockt. Bereift sind sie nicht mehr. Wie klischeehaft ist das denn bitte? Ach, ich sag's ja: Nach dieser Reise glaube ich Hollywood viel mehr als zuvor. Es ist also keine unrealistische Hinterwäldlerromantik, die Hollywood erfunden hat, um coole Wracks ins Bild zu packen. Nein, es gibt sie wirklich.

Langsam ändert sich die Landschaft. Aus der eher monokulturellen Agrarlandschaft mit Gräsern wird eine steppenartige mit vereinzelten Sträuchern, Büschen und Bäumen. Es wird noch trockener und die bewaldeten Hügel entfernen sich mehr und mehr. Auf einmal wird die Straße kurviger und verläuft in einer Schlucht neu auftauchender Hügel. Diese Hügel sehen anders aus als jene, die zuvor den Horizont ausmachten. Es sind Geröllhügel. Diese trockenen Steinberge machen es deutlich, dass ich mich mehr und mehr dem Wüstenstaat Nevada nähere.

Ich passiere einen Ort und frage mich, wie man auf die Idee kommt, sich hier niederzulassen. Im Hintergrund zieht sich eine Hügelkette am Horizont entlang. Zu Füßen der Hügel befindet sich jenes merkwürdige Dorf – oder Städtchen? Die Größe ist wirklich schwer einzuschätzen, da sich die Siedlung sehr weit durch die Prärie zieht. Zunächst denke ich, dass es sich um Wohnwagen handelt, die dort ein Happening, Festival oder was auch immer veranstalten. Erst bei genauerem Hinsehen bemerke ich, dass es sich um Häuser handelt, die relativ weit voneinander entfernt diese sonderbare Siedlung bilden. Der Verkehr nimmt zu. Wie groß ist das Kaff?

Ich fahre an Wegweisern vorbei, die den West Grand Canyon ausschildern, von dem man von der Route 66 aus übrigens nichts sieht. Dennoch lösen die Schilder ungläubiges Staunen bei mir aus: Seit über drei Stunden fahre ich westwärts und habe dabei ständig den Canyon nördlich von mir! Wenig später bin ich wieder baff und dazu noch höchst erfreut: Yeah, Klischee! Ich fahre ganz lässig durch die Prärie, als aus dem Nichts tatsächlich vier Steppenläufer – diese rund geformten, trockenen Büsche, die man aus Western kennt – über die Straße wehen. Ich bin begeistert.

Als ich im Mohave County die 28.000-Einwohner-Stadt Kingman erreiche, wird es Zeit zu tanken. Die Gallone Sprit kostet nur 3,10 Dollar. Bis Vegas soll es nur noch 70 Minuten dauern. Da bin ich ja flotter unterwegs als erwartet. Von der Route 66 wechsle ich auf die State Route 93. Bevor ich zu Cari nach San Diego aufgebrochen bin, erzählten mir ein paar Jungs aus dem Hostel Cat, dass ich mir unbedingt einen Ort anschauen soll, der an der State Route 93, knapp 90 Kilometer vor der Grenze zu Nevada liegt: Mein nächstes Ziel heißt daher Chloride.

Nach etwas mehr als 30 Kilometern fahre ich von der 93 rechts ab, auf den County Highway 125: Chloride Road. Ein hübsch gestaltetes Schild weist auf die historische Minenstadt hin. Keine fünf Kilometer westlich der US-93 endet der County Highway in meinem Zielort. Schon die ersten Meter dieses Städtchens machen mir bewusst, dass Chloride ein besonderer Ort ist. Am Ortseingang wird auf Brettern über die Grundpfeiler des Ortes aufgeklärt. Die Schrift ist in alter Wildwestmanier in die Planken eingeritzt. Laut den Brettern leben 352 Menschen im 1860 gegründeten Ort. Andere Quellen datieren die Gründung auf das Jahr 1863. Es gibt unter anderem eine freiwillige Feuerwehr und eine Baptistenkirche. Wenige Meter später tuckere ich in Schrittgeschwindigkeit an einem antiken rostfarbenen Truck vorbei. Das Wrack ist tatsächlich noch bereift und steht vor einem ebenfalls noch mit Reifen ausgestatteten, nicht wesentlich jüngeren aber genauso verrosteten Traktor. Ein alter Pflug, ein verrosteter orangefarbener Container und eine dieser typisch amerikanischen Windmühlen auf drei Beinen vervollkommnen die Szene. Auf der Stelle will ich eine Rockabillyband gründen. Das passende Cover für unsere erste Platte sehe ich gerade live vor mir. Ich behalte die Schrittgeschwindigkeit bei. In diesem Ort möchte man links, rechts und vor sich einfach nichts verpassen: Chloride ist von trockenen, orange-braunen Hügeln umrahmt. Die Häuschen sind allesamt aus Holz. Jedes hat eine andere Farbe, aber keines ein zweites Stockwerk. Die Zäune sind entweder aus verrostetem Metall oder sichtlich altem Gebälk. Würde mich nicht wundern, wenn der eine oder andere noch aus der Gründungszeit Chlorides stammt. Kuhschädel hängen an den Zäunen und Häusern. Es folgt eine mit roten und grünen Holzkacheln geschmückte Tankstelle. In den kleinen Fenstern hängen weiße Vorhänge. Funktionieren diese Zapfsäulen noch? Die Schläuche sehen zumindest noch gut aus, die Säulen jedoch mehr nach Museum. Was für eine hübsche Tanke! Irritierenderweise verlaufen Schienen um das Haus. Führen sie zu einer alten Mine? Ich nähere mich sichtlich dem Zentrum. »Digger Dave« macht mit zahlreichen selbst bepinselten Schildern auf seine angeblich weltberühmten Burger aufmerksam. Ein alter Wassertank, der auf vier Holzbeinen steht und wie so vieles in dieser Ortschaft nach Wildem Westen aussieht, heißt noch einmal Greenhorns wie mich in Chloride willkommen. Das 1873 gegründete, seit 1893 durchgehend betriebene und dadurch mit das älteste, stetig arbeitende *post office* des Staates Arizona, und das 1928 errichtete Haus daneben sind die ersten gemauerten Gebäude, die ich sehe. Würde mich nicht wundern, wenn das mit Russell beschriftete Gebäude einst der Saloon der Stadt war. Die Häuser dieses Blocks sind mit einem hohen Bordstein miteinander verbunden. Zusätzlich schützen Wellblechdächer die Passanten vor Regen oder hier wohl vielmehr vor der Sonne. Ja, ich wiederhole mich, tue es aber gerne: Es sieht aus wie in einem Western. Ich biege ab. Die Straße wird zunächst nur staubiger, dann kommen immer größer werdende Kieselsteine hinzu und schließlich endet hier und da sogar der Asphalt. Ich entdecke einen meiner zwei eigentlichen Gründe, die mich nach Chloride fahren ließen: Die Jungs aus dem Hostel berichteten, dass es in Chloride eine echte Geisterstadt aus Cowboyzeiten geben soll. Es gibt sie. Ich parke den Wagen auf dem staubigen Boden und sehe im Rückspiegel einen kleinen Jungen, der mit einem Stock umherrennt und Cowboy spielt. Wäre dies ein Film über einen Backpacker, würde ich jetzt sagen: »Komm schon. Das ist zu viel. Ist eine Geisterstadt nicht schon dick genug aufgetragen? Muss ausgerechnet jetzt auch noch ein Junge daherkommen, der mit einem Stock um sich schießt?«

Es tut mir leid, aber ich lüge nicht und trage noch nicht einmal dick auf. Als ich den Wagen verlasse, hüpft zudem noch eines dieser kleinen Erdhörnchen, wie ich es bereits im Grand Canyon gesehen habe, an mir vorbei. Und es wird noch besser: Neben der *ghost town* befindet sich ein Spielplatz mit einem hässlichen weißen Metallzaun drumherum und unbetoniertem Boden, der mit brauner Erde und Steinen bedeckt ist. Außer einem Basketballkorb samt – hier dann doch – grau betoniertem Feld, Wippen und Schaukeln aus den 60ern gibt es nichts auf dem Spielplatz. Zwei Kinder sitzen auf den Schaukeln. Selbstverständlich. Was fehlt noch? Natürlich: Die Spielgeräte quietschen unentwegt und bei jeder Bewegung. Außer den quietschenden Schaukeln und den ab und an quiekenden Kindern hört man nur Vögel. Vögel, Kinder, Schaukeln. Ansonsten herrscht totale Stille. Ich wiederhole es noch einmal: Dies ist nicht die Ortsbeschreibung aus meinem neuen Neo-Western-Drehbuch. Dies ist Chloride, wo ein weiteres Mal Film zur Realität wird und ich mich zusätzlich frage, ob sich die Definition »Geisterstadt« eigentlich nur auf dieses Westernsträßchen hinter mir oder auf den kompletten Ort bezieht. Die Bewohner Chlorides wollen offensichtlich die Definition nicht auf sich übertragen wissen und haben daher ein Schild angebracht, welches das Gässchen gegenüber des Spielplatzes als ebenjene Ghost Town ausweist. Ich drehe mich um und blicke erstmals in die aufgegebene Stadt. Ich atme tief ein und nehme voller Genuss diese unglaubliche Atmosphäre auf. Wenige Meter neben mir startet ein Motor und durchbricht in dem Moment die sensationelle Geräuschkulisse, als ich die Geisterstadt betrete. Die Scheibe des Wagens wird heruntergekurbelt und ein Mann ruft mir entgegen: »Sorry, we just closed.«

Ich weiß nicht, was gerade geschlossen wurde und deute fragend auf die Geisterstadt.

»No, no. The gift shop.«

Er deutet auf das zweite Gebäude auf der rechten Seite der Geisterstraße. Damit kann ich leben. Ich nutze noch schnell die kurze Chance, um mich beim Fachmann ein wenig schlauzumachen. Er erklärt mir, dass die Geisterstadt echt ist. 1976 brannte jedoch die linke Seite des Westerndorfes nieder. Wenn ich es richtig verstehe, war er selbst es, der die Häuser wieder aufbaute. Die fünf Häuser auf der rechten Seite sind tatsächlich noch die originalen Häuser aus Wildwestzeiten. Im vordersten dieser Häuser führt der Mann seinen Souvenirladen. Die Wände der Originalhäuser seien aber so dünn, sagt er, dass man es bei kaltem Wetter darin nicht ewig aushält. Während er dies sagt, deutet er mit seinem Daumen und seinem Zeigefinger eine Wanddicke von höchstens zwei

Zentimetern an. Die Sonne scheint mittlerweile zwar schön, doch ja: Warm ist es wahrlich nicht. Auch ich trage meine fingerlosen Handschuhe und meinen Mantel. Bevor er fährt, erzählt er mir noch, dass sogar einmal ein Film in diesem Sträßchen gedreht wurde.
»Really? What's its name?«, frage ich.
»Serendipity«. Feel free to have a look at everything and enter the houses!«, sagt er, reitet davon und lässt mich mit offenem Mund zurück. Serendipity? Ich berichte Cari von diesem unfassbaren Ort.
»You're still in a movie!«, bestätigt sie meine Gefühlslage.
Ich mache ein Lagerfeuer, haue mir ein paar Bohnen hinter die Kiemen, stecke mir eine Selbstgedrehte zwischen die Lippen, lasse das Kojotengeheul aus »Zwei glorreiche Halunken« erklingen und tue breitbeinig wie mir vom »Gift Shop Man« geheißen: Ich betrete den Wilden Westen. Als ich gleich beim ersten Haus durchs Fenster schaue, sehe ich eine alte Zeitung auf dem Boden liegen, die wahrhaftig so aussieht, als sei sie aus dem 19. Jahrhundert. Allerdings liegt sie in einem der Häuser der linken Seite, welches obendrein kein Dach hat. Die Überschriften passen aber so dermaßen ins Bild, dass die Illusion passt. Ein Artikel handelt von Bass Reeves, der von 1838 bis 1910 lebte, vermutlich Amerikas erster Schwarzer war, der es vom Sklaven zum U.S. Marshal schaffte und dessen Leben später vermutlich als Inspiration für die Erschaffung des fiktiven Lone Ranger diente. Später recherchiere ich ein wenig: Bei der vergilbten Zeitung handelt es sich um die Territorial News, eine aktuelle Zeitung, die sich lustigerweise in der Tat mit dem Wilden Westen auseinandersetzt. Das Exemplar in Chlorides Geisterstadt wurde 2008 gedruckt.
Wie es sich gehört, weht ab und an ein Lüftchen durch die Geisterstadt, wodurch eine Tür in Bewegung gerät und die Totenstille mit einem fiesen Knarren untermalt. Wie das Post Office und Russell Building sind selbstredend auch hier die Häuser mit einem überdachten Steg miteinander verbunden. In der Ghost Town ist natürlich alles aus Holz. Ein Post Office gibt es auch und an der Wand des Hotels sehe ich ein Plakat, das darauf hinweist, dass Banditen die Postkutsche überfallen und 5000 Dollar erbeutet haben. Auf die Bank folgt der Dead Ass Saloon. Witzig. Ich betrete den Saloon durch die Schwingtür. Bis auf den geköpften Klavierspieler ist kein Arsch da. Ist ja auch eine Geisterstadt. Dafür funktioniert das Klavier noch – zumindest die meisten der Tasten. Unter dem Tresen liegt eine Spielkarte: Herz-Sechs. Hinter der Bar stehen noch schön aufgereiht die alten Whiskeyflaschen. An den Wänden hängen Fahndungsplakate, die Bill of Rights und die Unabhängigkeitserklärung. Ein Bier kostet fünf Cent, Whiskey 25. Erhängt werden ist kostenlos. Es hat teilweise den Anschein, als wäre die Westernstadt vor nicht allzu langer Zeit erst verlassen worden. Die Wanduhr ist stehen geblieben: ein Uhr. Die Zeit ist stehen geblieben und das trockene Wetter Westarizonas konserviert die Relikte der Vergangenheit. Gegenüber des Saloons, und somit auf der rechten Seite, befindet sich das Silver

Belle Playhouse. Sogar ein Theater hatten sie also in Chloride. Rauchen, Spucken und Fluchen waren per Verordnung darin verboten. Neben dem Saloon steht ein Außenklo, in dem auch eine Rolle Klopapier hängt. Am Ende der Sackgasse befindet sich das Gefängnis, daneben natürlich direkt der Sheriff, der Hufschmied und der Totengräber. Ich entdecke ein Fahndungsplakat von Butch Cassidy und frage mich, ob dies Kopien der echten Plakate sind. Zumindest sehen sie sehr authentisch aus und sind reizvoll zu lesen. So wird bei Butch Cassidy eine genaue Personenbeschreibung genauso angeführt, wie seine Verbrechen, wo er überall gesucht wird und dass er bereits eingesessen hat, jedoch begnadigt wurde. Am amüsantesten sind allerdings die Grabsteine des Totengräbers: »Here lies Netta Pearl, a very social girl. Lived her life in mortal sin, ate poisoned peaches from a tin.« Oder: »Jay Brown was a man of great renown. A coward filled him full of led, and on the street they found him dead.« Und der beste Spruch: »Little Jenna Lee fell from an old oak tree. No doctor came to her small bed, the undertaker came instead.«

Die Chloride Historical Society betreibt ein Museum in der Geisterstadt, das heute ebenfalls geschlossen ist. Im Souvenirladen kann man sich darüber hinaus einen 30-minütigen Film über Chlorides Westernhistorie ansehen. Ich beschließe meine Runde beim Ye Ole Shoppe, dem Souvenirladen. Darin bekommt man offenbar auch Hilfe in Computerfragen. Zumindest hängt eine drollig beschriftete Tafel neben der Eingangstür: »Now available: Windows 8 upgrades! Easier than you think! Happy New Year 2013!«

An einer Tafel steht zudem geschrieben, was der Mann aus dem Souvenirladen sonst noch alles anbietet. Meine Güte, ein Multitalent in einem ... ähm ... vielseitigen Geschäft. Das Angebot reicht von Computerreparaturen über Souvenirs, Webdesign, Videoerstellungen für YouTube, Autoaufklebern, DVD-Verleih, Kopien und Faxen, Kabeln, Landkarten bis hin zu ... Hundewelpen. Es gibt Sachen, die gibt es gar nicht.

Hinter dem Laden befindet sich der vermutlich nicht echte kleine Friedhof der Geisterstadt. Hier liegen in kärglich mit Steinen umrandeten und ungepflegten Gräbern ein 1882 erhängter Pferdedieb, namenlose Bürgerkriegsveteranen und Big Jim, der laut Grabstein doch allen gesagt hat, dass er krank sei ... So kann's gehen.

Als ich zufrieden die Geisterstadt verlasse, begegne ich einer sehr freundlichen, vermutlich 50-jährigen Anwohnerin. Es dauert nicht lange bis ich davon ausgehe, dass sie im Yesterdays arbeitet, einem Restaurant, das sich hinter dem Spielplatz befindet. Nun, sie erzählt mir zumindest sofort die Geschichte des Ladens, was ich als eine sehr ansprechende und im Übrigen in keiner Weise aufdringliche Werbung verstehe.

Das Yesterdays war früher ein *stagecoach stop*, also eine Haltestelle der Postkutsche, an der die Räder gewechselt, die Pferde getränkt und die Besatzung und ihre Passagiere für die Weiterreise gestärkt wurden. Die Frau erzählt mir weiter, dass Chloride heute beschauliche 250 Einwohner hat. Also noch einmal 100 weniger, als am Ortseingang geschrieben steht. Dauerhaft leben sogar nur 150 Menschen im Ort.

So this is Chloride: Vom Goldrausch, den Hualapai und der Eisenbahn

Zu seiner Blütezeit zwischen 1890 und den 1920er und 1930er Jahren lebten laut der Chloride Chamber of Commerce bis zu 3000 Menschen im Ort. Eine Zahl, die unrealistisch anmutet. Früher hatte Chloride aber einen anderen Stellenwert: Nachdem man um die 1840er in der Gegend zuerst auf Silber und später auf Blei, Türkis und Gold stieß, brach der Gold- und Silberboom aus. Der Name des Ortes kommt notabene vom als Erstes entdeckten Silberchlorid. Es kam zu Tumulten mit dem Volk der Hualapai, die die Ausbeutung der Hügel beträchtlich erschwerten. Erst 1870 wurde ein Vertrag zwischen den Parteien unterzeichnet, der den Zwist beilegte. 1899 wurde die älteste Minensiedlung Arizonas an das Schienennetz angeschlossen. Später sollte die Strecke den Bau des Hoover Dam unterstützen, was letztlich an der dann doch zu großen Distanz scheiterte und der Strecke anstelle einer Expansion in den 30ern die Einstellung bescherte. 1917 lebten nur noch rund 2000 Menschen in Chloride und 1944 konnte man den Ort schließlich fast als Geisterstadt bezeichnen.

Die freundliche Frau trägt mir auf, dass ich mir die Galerie einer alten Künstlerin ansehen muss, die am Ende des Dorfes wohnt und den Zaun am Ortseingang gestaltet hat. Der ist mir bei all diesen schönen Eindrücken, die sich mir beim Betreten Chlorides boten, gar nicht aufgefallen. Vorher soll ich mir aber unbedingt noch die »Chloride Murals« ansehen. Die hatte ich aber sowieso schon eingeplant: Die »Murals« sind nämlich neben der Geisterstadt der zweite Grund meines heutigen Besuchs.

Roy Purcells »Chloride Murals«

In den 60er Jahren verirrten sich für kurze Zeit einige Hippies und Andersdenkende ins Wüstennest. Einer von ihnen, Roy Purcell, hinterließ bei seinem Campingintermezzo in den östlichen Hügeln glücklicherweise die »Chloride Murals«: Felsmalereien. 2006, 50 Jahre nachdem er die Felsen bemalte, kam der Künstler zurück, um die Gemälde zu erneuern.

Seit Purcell und den anderen Hippies haben sich so manche Künstler im Ort niedergelassen. Eigentlich besteht Chloride nur aus Freaks. Das sagt meine Begleitung zwar so nicht, lässt es aber in ihren Erzählungen durchschimmern. Außerdem erwarte ich gar nichts anderes von den Bewohnern dieses famosen Kaffs.

Bevor ich zu den Felsen und der alten Künstlerin aufbreche, trinke ich erst einmal eines der 115 Biere, die das Yesterdays im Angebot hat. Meine neue Bekanntschaft ist – welch Überraschung – die Serviererin, eine weitere Dame die Köchin. Natürlich soll ich ein regionales Bier probieren. Eine Bitte, der ich nur allzu gerne nachgehen möchte. So richtig »local« ist mein Bier dann doch nicht, dafür kommt es aus Caris Heimatstadt Tucson.

Eine Wand des Yesterdays besteht aus einem ewig langen Gemälde. Dieses sollte ursprünglich im Desert Inn in Las Vegas hängen, jenem Kasino, das Howard Hughes gehörte und in dem das Rat Pack und all die anderen Großen ihrer Zeit auftraten. Als das Kasino dichtmachte und implodierte, wurde die Inneneinrichtung versteigert. Die Besitzer des Yesterdays, Bonnie und John, kauften das Gemälde und die Kronleuchter des Kasinos, weshalb mir nun die Kellnerin stolz erzählen kann, dass der ganze Spaß so schön in diesen Raum passt und den Anschein macht, als sei er speziell für dieses Haus gemacht worden. Die Einrichtung ist wirklich schön und verleiht dem ehemaligen Postkutschensaloon eine fast schon edle Aura inmitten des künstlerischen Wüstendorfes. Bonnie und John haben aber nicht bei all ihren im Restaurant platzierten Verschönerungen Klasse und Eleganz bewiesen. Neben meinem hohen Rundtisch, an dem ich mit einem Barhocker Platz genommen habe, sitzt der geliebte Hund der beiden ... ausgestopft in einer Glasvitrine. Anscheinend stiere ich das große Tier lange genug an. Zumindest erfahre ich kurz darauf, dass der Hund nicht ausgestopft, sondern *deep-frozen* ist. Bitte, was? Was genau das bei toten Tieren, die man sich in ein Restaurant stellt, zu bedeuten hat, möchte ich gar nicht erst wissen. Oder vielleicht doch? Hat der etwa noch sämtliche Eingeweide? Kotz.

Ich beschäftige mich lieber mit der Einladung, die vor mir auf dem Tisch liegt: Jimmy Hoffer wird 100 Jahre alt. Juchhe! Das Yesterdays richtet die Party aus und lädt alle herzlich dazu ein. Jimmy hat zudem angekündigt, dass auch er auf seiner Fete vorbeischauen wird. Geschenke möchte er aber keine. Die Gäste sollen lieber Essen für die *food bank* spenden. Mit 100 hat man eben schon alles. Im Nebenhäuschen, das mit dem Yesterdays durch eine Tür direkt verbunden ist, hat der Felsenkünstler Roy Purcell eine Galerie mit weiteren Gemälden eingerichtet, in die mich die Kellnerin natürlich sofort hineinzerrt. Als ich mir die psychedelischen Bilder anschaue, wird mir klar, dass ich schnellstens zu den Felsen aufbrechen sollte, bevor die Sonne untergeht. Es wird langsam knapp. Ich verdrücke also schnell meinen Burger, pumpe das Bier aus Tucson ab und mache mich auf den Weg. Beim Bezahlen warnen mich die beiden Damen noch vor der Straße dorthin, die ich mit meinem Mietwagen wohl nicht nehmen könne. Na, super. Zum Laufen wird es wegen der untergehenden Sonne nun wirklich etwas eng. Ich sehe mich schon joggen ...

Entgegen der Ankündigung der Ladys ist die Straße gar nicht so schlimm. Es ist zwar stellenweise ein wenig wie Hindernisparcours fahren, aber letzten Endes handelt es sich bei der Straße doch nur um einen etwas rustikaleren Feldweg.

Die »Murals« sind durch auf Fels gemalte Pfeile ausgewiesen und leicht zu finden. Als ich den Motor ausschalte und aus dem Wagen steige herrscht absolute Stille. Ich erinnere mich an die Tankstelle auf meinem Weg von San Diego nach Flagstaff, wo es auch so unfassbar ruhig war. Schon wieder Arizona. Wer also mal Ruhe benötigt, dem sei hiermit Arizona empfohlen.

»The Journey: Images from an Inward Search for Self«

Die bunten Farben, die Roy Purcell den Felsen hinter Chloride verliehen hat, sind kräftig und durch die naturgegebene Ungleichmäßigkeit der Felsen entsteht eine beeindruckende Dynamik. Jeder Fels hat ein eigenes Motiv. Diese sind entweder psychedelisch oder mit kryptischen Zeichen versehen. Mal stellen sie einen Minenschacht dar, dann scheinen sie wiederum von den Ureinwohnern höchstselbst zu stammen – es gibt in der Gegend übrigens tatsächlich auch Petroglyphen der Hualapais. Der Schwanz einer riesigen Schlange wird zu den Klauen eines Vogels, vielleicht eines Adlers, und bedroht eine Siedlung. Wenige Meter daneben ist vermutlich selbige Siedlung unter friedlich idyllischem Sonnenschein und Schäfchenwolken zu sehen. Fußspuren, Yin und Yang etc. pp. Den Namen des Gesamtkunstwerks hat Purcell auf einen anderen, sehr zentralen Felsen geschrieben: »The Journey: Images from an Inward Search for Self«.

Ich entdecke Kojotenspuren im Boden – oder Spuren von irgendeinem anderen Tier. Ach, das sind bestimmt Kojotenspuren. Ich klettere die Felsen hinauf, um zu sehen, ob Purcell auf dem Hügel noch weitere Steine bemalt hat. Hat er nicht. Dafür ist die Aussicht toll ... und die Sonne schon auf dem Weg nach unten. Mist. Felsen, Kakteen und auf dem weit höheren Hügel gegenüber sehe ich plötzlich ein Pferd. Was für ein Bild. Cowboyromantik. Leider ist mein Tagesprogramm noch nicht abgearbeitet, weswegen ich mich, für meinen Geschmack etwas zu überstürzt, wieder auf den Weg zurück ins Dorf mache.
Dort sehe ich den Verkäufer des Gotta Stop, dem Nachbarladen des Yesterdays, mit Cowboyhut vor seinem Laden stehen. Erst jetzt fällt mir auf, was in diesem Laden angeboten wird: Hufeisen und Sattel. Yeehaw! Als ich langsam vorbeituckere, bemerkt der Cowboy meinen interessierten Blick und grüßt mich stilgerecht: Er hebt seinen Zeige- und Mittelfinger lässig an die Krempe seines Kopfschmuckes und bewegt sie in einer schnellen Bewegung grüßend in meine Richtung. Geiler Scheiß ...
Ich suche nach dem Shop der alten Künstlerin, von der mir im Yesterdays erzählt wurde. Zunächst lande ich am südlichen Ortsausgang, der einen über ein Viehgitter direkt in die weite Prärie entlässt. Dies ist die Fortführung des County Highway 125, der wieder nach Kingman führt. Bis zur Stadt kreuzt die Straße keine Ortschaft, nichts mehr. Betoniert ist sie auch nicht oder schlichtweg

seit Jahren nicht mehr gereinigt worden und unter einer dicken Dreckschicht verschwunden. Ich suche weiter nach der Künstlerin und entdecke dabei ein hoffentlich nicht allzu ernst gemeintes Warnschild der Marke Eigenbau, welches davor warnt, zu nahe an die Minenschächte zu treten: »Stear clear the deep pit – Or your bones will be in it!«
Ob man im Wilden Westen wirklich immer so schön gereimt hat? Darüber hängen ein Totenschädel und zwei Knochen – aus Plastik. Als Nächstes passiere ich die Baptistenkirche, für die Sergio Leone sicherlich gleichfalls eine anständige Verwendung gefunden hätte. Nicht nur, dass sie mit einem starken mexikanischen Flair, rundem Giebel und rot-weißem Anstrich daherkommt, nein: Mir gefällt vor allen Dingen das Holzkreuz daneben. ¡Dios mío! Noch mehr Spaghettiwestern geht ja gar nicht! In derselben Straße, der Pay Roll Avenue, finde ich keine 200 Meter weiter schließlich den gesuchten Laden: Shady Ladies Attic Antiques. Und wie cool ist das denn bitte schon wieder? Auf der gegenüberliegenden Straßenecke türmen sich Steine. Blumen und Kakteen sind darauf und dazwischen drapiert. Auf einem dünnen, alten und sehr zerbrechlich aussehendem Regal stehen Einmachgläser. Altmetall liegt wie wahllos zwischen den getürmten Mauern und aufgestellten toten Bäumen. Eine Vogelscheuche darf ebenso nicht fehlen und final schnürt sich ein roter Lichtschlauch um das Gesamtwerk. Und das war nur die Ecke gegenüber des Ladens! Vor dem Laden geht der Spaß genauso weiter: Altmetall, ein kaputter, alter Planwagen, Räder, Windmühlen, eine Reminiszenz an Pipi Langstrumpfs Limonadenbaum – diesmal mit alten Eimern und Kannen – und ein Schild, das mich neugierig auf mehr macht: »Shop Open!«
Ich parke den Wagen und bewundere gleich das nächste künstlerische Konstrukt: Auf jeden Zweig eines verdörrten Busches hat die »Shady Lady« etwas Gläsernes gestülpt; vornehmlich bunte Gläser, die von der Flasche bis zum Lampenschirm reichen. Ich öffne das mit Hufeisen und Pistolen verzierte Tor und betrete das Grundstück. Vorbei an allerlei geschmackvollem Gerümpel, schlage ich mich zur Haustür vor. Im Haus geht es unverändert weiter: Alles ist zugestellt. Ein Messie haust hier aber nicht. Da stecken Sorgfalt, Liebe und System dahinter. Ich schaue mich um und komme mir – so vollkommen alleine – irgendwie seltsam vor. Wo ist denn die alte Dame? Ich laufe mehr oder weniger durch das komplette Haus. Es läuft zwar Musik und die Lichter sind an, aber es scheint weit und breit niemand zu sein. Nun gut, denke ich mir, soll ja eine alte Frau sein. Vielleicht ist sie gerade nicht da, macht ein Nickerchen oder bekommt schlicht und ergreifend nichts von mir mit. Auf jeden Fall bekomme ich bis zum Ende meines Rundgangs niemanden zu Gesicht. Als ich das Haus wieder verlasse, komme ich auf die glorreiche Idee, einfach einmal um das Haus herumzugehen, um zu sehen, ob hier auf die Künstlerin oder Antiquitätenhändlerin treffe. Nein. Stattdessen treffe ich auf einen großen bellenden Hund, der sofort auf mich zugesprintet kommt. Argh! Ich drehe mich herum und

erinnere mich daran, wie ein Junge aus meiner Nachbarschaft einmal von einem Schäferhund um ein Haar kastriert wurde, als wir als Kinder auf der Straße Fußball spielten und dem Wachhund wohl zu schnell unterwegs waren. Daher renne ich nicht zum Grundstückstor zurück, sondern gehe lediglich schnellen Schrittes ... sehr schnellen Schrittes. Kurz bevor ich am Tor ankomme, realisiere ich die Lage, in der ich mich befinde: Der Hund ist schneller und ich werde entweder gleich gebissen oder freudig über den Haufen gesprungen. Auf keinen Fall werde ich rechtzeitig durch das Tor fliehen können. Tja, was soll man da noch machen? Ich ergebe mich daher meinem Schicksal – ging ja bisher immer ganz gut – und versuche Freund zu sein. Glücklicherweise funktioniert das auch direkt. Der Hund stellt sich als sehr netter Wachhund heraus, der mich nur als Gast höflich begrüßt. Dabei vermag er es aber zweifellos, dem Fremden Respekt einzuflößen. Alter Walter! Nach zwei Sekunden des: »Ja, fein. Guter Junge. Ja«, wundere ich mich selbst darüber, wie ich vor solch einem süßen und offensichtlich lieben Tier Angst haben konnte. Um dem zuckersüßen Moment noch die Krone aufzusetzen, schickt Mutter Natur plötzlich noch einen Kolibri in die herzzerreißende Szene. Kein Witz.

Ich verabschiede mich von Chloride und düse los in Richtung meines letzten Punktes auf der Tagesordnung: dem Hoover Dam. Auf dass ich ihn noch vor Sonnenuntergang erreiche ... Ich wage es zu bezweifeln. Ach ja, Chloride ist übrigens unfassbar cool. So klein der malerische und schrullige Ort auch sein mag: Hier hätte ich es problemlos mehrere Tage lang aushalten können.

95 Kilometer später erreiche ich den Hoover Dam. Gut, zunächst komme ich an eine flughafenähnliche Sicherheitsinspektion, die nach den Anschlägen vom 11. September eingerichtet wurde. Ich werde gefragt, was der Grund meines Besuchs ist und ob ich diese oder jene verbotene Ladung im Auto habe. »Nope.«

Ein *officer* schaut noch schnell mit einem Spiegel unter den Wagen und das war's. Leider werde ich noch darüber informiert, dass ich zu spät komme. Nicht nur, dass die Sonne bereits untergegangen ist, nein, im Dunkeln ist die Staumauer auch nicht begehbar. Lediglich auf den Parkplätzen hinter dem Wall dürfen Fotos gemacht werden. Na, immerhin darf ich über die Talsperre zurück nach Arizona fahren. Ach ja, der Hoover Dam ist gleichzeitig auch die Staatsgrenze zwischen Nevada und Arizona. Wenige Kilometer zuvor habe ich Nevada bereits auf der parallel zur Mauer verlaufenden Interstate betreten. Übrigens gilt in Nevada wieder die Pacific Time, was bedeutet, dass es eine Stunde früher ist als in Arizona. Dies ändert leider nichts am Stand der Sonne, höhö.

Eine kurvige Straße führt hinab in den Black Canyon, durch den sich die Talsperre zieht. Der Hoover Dam ist 221 Meter hoch und 379 Meter breit. Ich muss ehrlich gestehen, dass er mir wesentlich kleiner vorkommt, als ich ihn erwartet habe. Dies mag daran liegen, dass der Canyon recht schmal ist und ich auf meinem Weg hinab nicht die erhoffte Panoramaaussicht auf ihn offenbart bekomme. Vielmehr versuche ich so langsam wie möglich zu fahren und mich gleichzeitig so weit wie möglich aus meinem Sitz zu drücken, um über die Mauer möglichst tief in den Canyon hineinblicken zu können. Zunächst will es mir nicht wirklich gelingen und dann taucht hinter mir tatsächlich auch noch ein Wagen auf, dem mein Tempo zu lahm zu sein scheint. Als ich auf Höhe des Bauwerks ankomme, flankieren Schilder die Straße, die einem mitteilen, dass man gefälligst weiterfahren und nicht anhalten und aussteigen soll. Über solche Hinweise könnte man ja mal hinwegsehen … wenn an der Strecke nicht mehr als genügend Polizwagen positioniert wären. Also fahre ich weiter und übe mich nach wie vor im aus dem Sitz Drücken. Ein, zwei Mal funktioniert diese Taktik schließlich doch noch ganz gut und ich kann die komplette Mauer hinabsehen. Aber ich weiß nicht … irgendwie haut er mich noch immer nicht von den Socken. Vielleicht liegt es daran, dass ich gestern noch eine Meile in einen Canyon hinabsehen konnte oder sich das Bauwerk wegen Filmen wie »Auf der Flucht« mit Harrison Ford oder »Beavis und Butt-Head machen's in Amerika« in meiner Vorstellung größer manifestiert hat. Oje, ich bin versaut. Was für ein absurder Gedanke! Ich fahre über eine Mauer, die fast 20 Meter höher ist als die Aussichtsplattform des Berliner Fernsehturms. Und über den staune ich heute noch! Außerdem haben die verrückten Amis die Mauer in den Lauf des Colorado River bereits in den 1930er gebaut: von 1931 bis 1935, um genau zu sein. Dahinter staut sich der Colorado River zum Lake Mead, Amerikas größtem Stausee, der Tiefen von mehr als 150 Meter erreichen kann und mit seinen 640 km² sogar noch einmal gut 100 km² größer als der Bodensee ist. Alleine welchem Druck muss die größte Staumauer ihrer Zeit demnach ausgesetzt sein?

Lake Mead

Lake Mead wurde 1936 fertiggestellt und ist neben dem größten auch der wichtigste Stausee der USA: Er ist Wasserkraftwerk, Habitat für bedrohte Tierarten und Speicher für die Trinkwasserversorgung sowie den Bewässerungsfeldbau Arizonas, Nevadas und sogar Südkaliforniens – was San Diego und Los Angeles miteinbezieht.
Der heute Leben spendende und die Wüste blühen lassende Bau hat aber auch seine tragische Geschichte, die den Tod von mehr als 110 Menschen bedeutet. Eine exakte Anzahl der Todesopfer gibt es nicht wirklich.

Die Toten des Hoover Dam

Der erste Tote, der mit der Talsperre in Verbindung gebracht wird, war ein Landvermesser, der neun Jahre vor Baubeginn, auf der Suche nach dem perfekten Entstehungsort, ertrank. Es mutet absurd an, dass ausgerechnet sein Sohn auf den Tag genau 13 Jahre später als letztes Todesopfer den tragischen Teil der

Geschichte des Baus abschließt. Für die traurige Statistik nicht berücksichtigt wurden indes sage und schreibe 42 Männer, die an den Folgen einer Lungenentzündung starben. Es liegt die Vermutung nahe, dass diese als Lungenentzündung deklarierten Todesfälle vielmehr die Folge von Kohlenmonoxidvergiftungen waren und somit allemal mit dem Bau in Verbindung zu bringen sind. Ein wichtiges Indiz für diese Theorie dürfte die Tatsache sein, dass während des Baus der Talsperre kein einziger Mensch im angrenzenden Boulder City an einer Lungenentzündung starb, der nicht am Bau beteiligt war.

Beim Überqueren der Talsperre ist es mir leider unmöglich, aus dem Auto heraus einen anständigen Blick über die Brüstung zu werfen. Die Krone der Stauanlage ist 14 Meter breit. 220 Meter unter mir beträgt die Dicke der geschwungenen Mauer unfassbare 200 Meter. Ich folge der Straße, bis ich 500 Meter später den ersten kleinen Parkplatz erreiche. Außer mir ist nur noch eine Gruppe Spanisch sprechender Touristen anwesend. Ich mache Fotos und nähere mich dabei langsam wieder dem Wall. Somit lenke ich die Aufmerksamkeit der Polizei auf mich, die gerade Patrouille fährt und mich unter spontanem Einsatz ihres Blaulichts und mit recht rüdem Ton dazu auffordert, mich nicht weiter der Anlage zu nähern, sondern wieder zurück zur Barriere zu gehen. Ich frage mich, wo hier eine Barriere sein soll, zeige mich aber devot kooperativ. Zusätzlich markiere ich noch den doofen Ausländer und frage mit aufgesetzt schlechtem Englisch, ob es nicht möglich wäre, kurz auf den …
»Back to the parking lot!«, bellt mich der Cop an.
Schon gut, schon gut. Hab's verstanden. Das Blaulicht hätten sich die Herren im Übrigen sparen können, da sie direkt neben mir halten. Was für eine Show. Die Legitimation liegt darin begründet, dass der Hoover Dam seit dem 11. September zu den gefährdetsten Objekten der USA gezählt wird. Denn neben seiner Funktion als Lebensquell ist der Wall ebenso Symbol amerikanischer Macht und Größe. Auch aus diesem Grunde wurde die Interstate als Umgehungsstraße errichtet. Die Straße, die über den Wall führt, ist heute eine Sackgasse. Der einzige Zugang zur Talsperre befindet sich in Nevada.
In den folgenden Minuten kommt es mir so vor, als hätten mich sämtliche Cops der Hoover Dam Police genau im Visier. Ich fotografiere und fotografiere, ärgere mich ein wenig, dass mir die spektakulärere Seite vorenthalten bleibt, und erfahre erst im Nachhinein, dass Besucher der Talsperre auch auf die Interstatebrücke gehen können. Dass diese für Fußgänger passierbar ist, wusste ich aber genauso wenig, wie sich mir erschloss, wie ich überhaupt auf den Parkplatz hätte kommen können, von welchem aus man als Fußgänger auf die Brücke gelangt. Sich die Mauer von dort aus anzugucken, dürfte – nach dem direkten Blick in die Tiefe von der Krone selbst aus – aber sicherlich das beste Bild abgeben.
Vom See sehe ich ebenfalls nicht viel. Das liegt weniger daran, dass er enorm an

Tiefe verloren hat, was die von Mineralienablagerungen weiß gefärbten Felsen verdeutlichen, sondern daran, dass dieser erst hinter einer Kurve den Canyon verlässt, um sich in all seiner Größe aufzutun. Schön ist der Anblick der Staumauer von der Seeseite aus dennoch: Aus dem Wasser ragen vier Türme, die mal wieder des Amerikaners Vorliebe für Art déco unter Beweis stellen. Die Lichter der weißgrauen Staumauer lassen die schroffen Felsen des Canyons aufleuchten. Durch die Farbgebung des Walls und die Kurvatur wirkt der Hoover Dam in dieser Umgebung fast schon als zärtliches Gegenstück in die raue Landschaft gezeichnet. Die schöne Brücke der Interstate im Hintergrund und der famose Sternenhimmel tun ihr Übriges, um mich auch mit dem Ergebnis dieses Ausflugs zufriedenzustellen.

Mir geht schon wieder der Sprit aus und das wird langsam gruselig. In Kingman wollte ich nicht zu viel tanken, da ich dem blöden Mietwagenunternehmen, nachdem sie mich so böse abgezockt haben, keinen Sprit schenken möchte. Der freundliche Polizist am Sicherheitsstopp lässt mich wissen, dass es keine fünf Kilometer hinter der Talsperre eine Tankstelle gibt. Dort angekommen frage ich den älteren Tankwart, wie viel Sprit ich seiner professionellen Meinung nach ungefähr bräuchte, um gerade so die letzten 45 Kilometer nach Vegas zu schaffen. Der Mann schaut mich irritiert an und fragt mich, wieso ich nur »gerade so« nach Vegas kommen möchte. Also erzähle ich ihm die Geschichte der abzockenden *rental company*. Als ich fertig bin, versteht er mich noch immer nicht. Schließlich sei es doch das Wichtigste, anzukommen. Wenn es kalt ist, philosophiert er los, schaut man ja gleichermaßen zu, dass man genügend Decken hat. In diesem Land schaut man zu, dass man genug zu Trinken hat. Und wenn man irgendwo ankommen möchte, schaut man wiederum zu, dass man genügend Sprit im Tank hat. Äh, ja. Klar, aber … Ich versuche es noch einmal. Er hört mir jedoch noch weniger zu, als er es zu Beginn meiner Geschichte schon getan hat, sondern würgt mich mit einem unerwarteten Vergleich ab: »You're like my wife. She's sometimes strange, too.«

Da fehlen mir erst einmal die Worte. War das nun, ähm … liebevoll? Seine nächste Frage ist die nach meiner Herkunft.

»Germany, but they are not all like me«, versuche ich die Ehre meiner Landsleute zu retten. Ich habe mich nämlich offensichtlich nicht allzu beliebt gemacht.

»Oh yes, they are.«

Na super. Sorry. Es folgt natürlich eine Geschichte über seltsame Deutsche: Einmal seien 40 deutsche Biker bei ihm angedonnert, von denen ein jeder für lediglich einen, maximal zwei Dollar getankt haben soll. Mein Verhalten sei demnach typisch deutsch.

»We, the Americans«, führt er weiter aus, »made Germany again what it is today. We built it up again!«

Oje, worauf läuft das denn jetzt hinaus? Er erklärt mir, dass er – wäre er ein Land – Amerika den Krieg erklären, sich von den Staaten zerbomben und da-

nach schön wieder aufbauen lassen würde. So liefe es doch ständig! Mir wird es langsam zu blöd. Hat er es am Anfang noch geschafft, mich selbst wie einen nörgelnden Doofdeutschen fühlen zu lassen, hat er es mit seinem verqueren Kriegs- und Geschichtsverständnis wieder eingerissen – oder besser: zerbombt. Was für ein Gelaber ... und was für eine weitere coole Situation. Haha! Yeah! Kaum hat man den Hoover Dam hinter sich gelassen, begegnet man in Nevada übrigens was? Genau: einem Kasino. Das Kasino irgendwo im Nirgendwo bietet kostenlose Zimmer für Truckfahrer und zwei Abendessen zum Preis von einem, wenn man Soldat ist. So sind sie, die Amis. Was die Amis tatsächlich ebenfalls machen, ist Musik im Radio zu zensieren. Jedes Mal wenn das schöne Wörtchen »fuck« erklingen müsste, wird durchaus geschickt, also nicht etwa mit einem dominanten Piepton, das böse, böse Wort ausgemerzt.
Wenige Minuten nach der Tankstelle durchfahre ich das Städtchen Boulder City.

Boulder City

Boulder City wurde 1931 speziell für den Bau des Hoover Dam aus dem Boden gestampft. Da im Städtchen damals neben einer Mitgliedschaft in einer Gewerkschaft auch Glücksspiel und Alkohol verboten waren, trug der Bau der Talsperre mit dazu bei, dass Las Vegas zu der Metropole wurde, die sie heute ist. Und bis heute ist Boulder City eines von nur zwei Städten in Nevada, in dem Glücksspiele verboten sind.

Hinter dem Ort geht es bergauf. Als ich die Kuppe überschreite, tun sich mit einem Male die Lichter von Las Vegas vor mir auf und nehmen den kompletten Horizont ein. Was für ein Anblick! Aber Moment mal: Sollen das, laut einem Schild, an dem ich gerade vorbeigefahren bin, nicht noch 19 Meilen, sprich 30 Kilometer sein? Ich sehe deutlich den Stratosphere Tower und erkenne den kompletten Strip. Das können doch nie im Leben noch 30 Kilometer sein! 25 Kilometer später hat es Amerika wieder einmal geschafft, dass ich verwundert mit dem Kopf schüttle, denn ich fahre noch immer auf die Kulisse zu, ohne sie erreicht zu haben. Unglaublich. Außerdem fasziniert es mich ungemein, dass außer den Gebäuden des Strip Las Vegas wirklich komplett flach ist. Da ragt kein anderes Haus, kein Block oder Viertel weiter als vier Stockwerke nach oben – wenn es kein Kasino ist. Der Strip aber sticht heraus – und das ist ein sagenhaftes Bild.
Ich stelle das Auto am Flughafen in einer Reihe mit anderen Mietwagen ab. Sofort kommt ein Dollar-Angestellter und fragt nach dem Mietvertrag und den Schlüsseln. Natürlich schaut er sich das Auto flugs auf offensichtliche Schäden an und liest den Meilenstand ab. Ich bin in den letzten sieben Tagen – man möge sich festhalten – 1674 Meilen oder – metrisch – 2694 Kilometer gefah-

ren. Wow! Ich halte mich nicht allzu lange mit der imposanten Zahl auf, da ich einen Plan verfolge: Ich frage den Mann, wo ich hingehen muss, um mich wegen der Abzocke bei der Abholung des Wagens zu beschweren. Er weist mir den Weg zum Büro, wo gleich die Hölle losbrechen wird. Ich will mein Geld zurück! Mal gucken, wie gut das funktioniert ...
Ich befürchte einen heißen, teils unfreundlichen Schlagabtausch. Um den Dollar-Leuten gleich zu Beginn den Wind aus den Segeln zu nehmen, beschließe ich, einfach höflich und erschreckend cool, also möglichst stressfrei aufzutreten. Gleichzeitig demonstriere ich Selbstbewusstsein, was den Pennern Angst und Schrecken einjagen und mir folglich das zu viel abgeknöpfte Geld wiederbringen wird. Vielleicht gebe ich mich sogar als Autor von Lonely Planet aus und drohe mit Verriss. Ha, die haben keine Chance! Der Mann vom Parkdeck schickt mich genau an den Tresen, an dem ich letzte Woche den Wagen angemietet habe. Der Kollege, der meinen Mietpreis mal eben um über 100 % angehoben hatte, ist nicht anwesend. Stattdessen komme ich zu einem großen, muskulösen, schwarzen Teddybär. Mal im Ernst: Was soll denn jetzt die Scheiße? Hat der Mann vom Parkdeck etwa angerufen und gesagt: »Langhaariger Europäer mit Vollbart zwecks Beschwerde im Anmarsch. Stellt den Wellenbrecher auf!«
Ich will damit sagen, dass vor mir ein Mensch steht, bei dem die einen dahinschmelzen würden und die anderen eigentlich nur alles falsch machen können. Mit ihm anlegen? Vergiss es. Der Mann hat Unterarme wie andere Oberschenkel. Laut werden? Dafür hat er ein viel zu liebes Gesicht. Als er mich zur Begrüßung anlächelt, schmelze auch ich ein wenig dahin. Wie Schokolade in der Wüste ... Ich lächle mit Teddy um die Wette. Deine Zähne mögen weißer sein, dafür habe ich keine einzige Plombe. Ich schildere Adonis freundlich, aber bestimmt und mit einer Prise Genervtheit mein Problem und offenbare direkt mein Anliegen. Er lächelt weiter, zwinkert verständnisvoll mit einem Auge und lässt mich mit tiefer zarter Stimme wissen: »You better talk to the manager.«
Ich schaue ihn mit durchdringendem Blick an. Was kommt jetzt? Was hat das zu bedeuten? Wieso muss ich nicht nach und nach lauter und genervter werden und letztlich mit wutschnaubendem Blick und Faust auf den Tresen schlagend selbst nach dem Manager verlangen? Ich erkläre nur kurz, was los ist und zack: Der Manager nimmt sich Zeit für mich?
»Linda?«, fragt plötzlich der schöne Schokobär – seit »Scrubs« dürfen Weißbrote das sagen. Eine Tür öffnet sich und eine sympathisch aussehende Frau Ende 40 kommt auf mich zu.
»Hi, I'm Linda«, begrüßt mich die Managerin freundlich. Linda ist extrem zuvorkommend, scherzt, lächelt und versucht erst gar nicht mit mir zu verhandeln oder sich herauszureden. Ich muss ihr lediglich erzählen, was passiert ist, dies danach schriftlich zu Protokoll geben und unterzeichnen. Sie gibt mir in allen Punkten, die ich angebe, recht: Es ist nicht preiswerter, sich den Tank

von ihnen auffüllen zu lassen. Dass der Mann mir die Frage dreimal mit: »Yes, it is cheaper«, beantwortete, war schlichtweg falsch. Als ich ihn fragte, ob es irgendeine Möglichkeit gäbe, den Preis zu senken, antwortete er: »No chance«, was ebenso wenig stimmt, da man beispielsweise keine der Versicherungen abschließen muss, die er mir aufgebrummt hat. Wobei ich hier ... nun ja ... heute ein bisschen flunkere.
»You don't need an extra insurance if you already have an international insurance«, erklärt mir Linda. »Do you have an insurance that covers car damages and accidents in other countries than Germany?«
»Uhm, yes. Of course I do.«
Natürlich habe ich keine solche Versicherung. Ich unterschreibe mein selbst verfasstes kleines Protokoll, gebe es Linda und zittere. Was, wenn sie nun meine Versicherung sehen will und ich nichts anderes als: »Well, uhm ... hehe«, entgegnen kann. Glücklicherweise muss ich nichts vorzeigen. Weder jetzt noch irgendwann später. Da dem Wagen nichts zugestoßen ist, juckt es bestimmt noch weniger. Linda packt ihren Taschenrechner raus, tippt ein wenig und erklärt mir, dass sie mir leider nicht alles Geld rückerstatten kann. Was sie machen kann, ist, mir 228 Dollar zurückzugeben. Aus den 172 Dollar aus dem Internet wurden bei Abholung des Wagens 422 und nach meinem Gespräch mit Linda letzten Endes 194 Dollar. Damit kann ich leben. Sehr, sehr gut sogar.
»Wow, you made my day!«, bedanke ich mich überschwänglich und zudem äußerst übertrieben, da der komplette Tag auch vor Linda schon total super war. Linda und Teddy vom Kundenservice sind überdies einfach nur superfreundlich, was mein Bild von der Dollar Thrifty Automotive Group wieder gerade rückt. Man kann also doch bei dollar.com preiswert Autos mieten. Man muss nur ein wenig auf die Hintertürchen und Tricks der Verleiher achten. Zur absoluten Krönung kommt es, als ich eine Woche später feststelle, dass mir das Unternehmen aus unerfindlichen Gründen weitere 87 Dollar überwiesen hat, wodurch sich die einwöchige Miete des Wagens für gerade einmal 107 Dollar doch wirklich mehr als gelohnt hat. *Don't mess with Mr. Serendipity!*
Mit dem Shuttlebus geht's vom McCarran Rent-A-Car Center zum Airport. Ich bin der einzige Passagier im Bus, was den Fahrer dazu animiert, sich mit mir zu unterhalten. Er stammt aus Äthiopien und möchte wissen, aus welchem Land ich komme.
»Ah, Germany!«, antwortet er begeistert. Gerade heute hat er in seinem Psychologiekurs etwas über deutsche Kultur gelernt. Mein äthiopischer Busfahrer besucht Psychologiekurse, in denen man die deutsche Kultur analysiert? Wie cool ist der denn?
»So, what did you learn?«, möchte ich wissen.
»The differences between German and American culture.«
»What differences are there?«
Er erklärt mir, dass Amerikaner auf der Straße zu wildfremden Menschen: »Hi«,

sagen, wohingegen man in Deutschland nur Leute grüßt, die man auch kennt. Ich stimme ihm zu und werde abermals wehmütig: Ich mag das. Aber in einer Woche grüßt mich keiner mehr auf der Straße. Der Busfahrer studiert die amerikanische Kultur seit acht Jahren, seit seiner Ankunft in Amerika. Dann ist die schöne Unterhaltung mit dem netten Kerl leider schon vorbei, da wir den Flughafen erreichen. Er zeigt mir noch, wie ich zu meinem Bus komme. Das heißt, er hupt und deutet in die andere Richtung als die, die ich gerade eingeschlagen habe.

Im Linienbus schiebe ich zwei Dollar in den Automaten und frage den Busfahrer verwundert, wieso kein Ticket herauskommt. Da ich für zwei Dollar ja nur eine Fahrt bekomme und der Busfahrer gleichzeitig der Kontrolleur ist, erübrigt sich die Frage eigentlich. Ein freundlicher Afroamerikaner hört mein Fragen jedoch und deutet dies offensichtlich so, dass ich eher einen *day pass* als ein Einzelticket benötige. Als er aussteigt, kommt er deswegen noch einmal kurz zu mir und schenkt mir sein Tagesticket – was mir in Vegas nicht zum ersten Mal passiert.

Der Bus fährt nicht den Strip entlang, sondern irgendwo parallel dahinter. Abseits des Strip fällt mir nicht zum ersten Mal auf, dass es in Las Vegas eine Unmenge an Anwälten zu geben scheint. Nach den üblichen Gastronomie-, Hotel- und Kasinojobs muss das der Job schlechthin in Vegas sein. Die Stadt ist wahrhaftig zugepflastert mit Werbung für Advokaten. In Gegenden wie diesen ist die Dichte an Kanzleien zudem so hoch wie die von Kneipen in der Düsseldorfer Altstadt. Die Leute haben's hier wohl nötig. Kaum ist der Gedanke zu Ende gedacht, sehe ich eine der stets erniedrigend ablaufenden Polizeikontrollen. Ein junger Kerl steht gefesselt und kerzengerade im Scheinwerferlicht des Polizeiwagens und darf sich nicht rühren, während die Cops seine Personalien checken. Es sieht absurd aus und die Handschellen sind vermutlich eine maßlos übertriebene Maßnahme. Dann doch lieber etwas Liebe:

Viva Las Vegas Wedding Chapel

Die Viva Las Vegas Wedding Chapel wirbt damit, dass Erin Brockovich dort geheiratet hat, UB40 mal da waren und Elvis *in the building is*. Natürlich ist dies auch laut dominant angebrachter LED-Tafel die »Best Wedding Chapel in Las Vegas«. Von wem und wann das Zitat stammt, wird nicht eingeblendet. Neben den traditionellen Hochzeiten gibt es natürlich noch Themenhochzeiten, wie beispielsweise die »Rocky Horror Wedding«. Ja, ich würde auch gerne in Strapsen heiraten.

Im 7-Eleven kaufe ich mir etwas zu trinken. Als ich mich mit: »Have a nice evening«, verabschiede, antwortet die Verkäuferin: »You too, baby.«
Ich checke wieder im Hostel Cat ein und mache mir darüber Gedanken, was ich

morgen machen könnte. Ich würde ja gerne ins Death Valley fahren. Aber wie komme ich da hin? Mit einem normalen Mietwagen ist es nahezu unmöglich, die von der Hitze aufgeplatzten Pisten des Nationalparks zu befahren. Ende Januar ist es dort zwar bei Weitem nicht so heiß wie im Sommer, die interessanten Straßen sind dennoch Gift für jeden Reifen. Ich könnte mir mit anderen Interessierten aus dem Hostel einen Geländewagen mieten. Die kosten aber auch gleich wieder eine gute Stange Geld. Das größere Problem dürfte derweil sein, jetzt am Abend, noch Menschen zu finden, die spontan genug sind, mitzumachen. Ich frage kurz in die Runde und erhalte nur Kopfschütteln als Reaktion. Das Death Valley kann ich mir abschminken. Mal sehen, ob mir noch etwas einfällt oder ob ich bereits morgen nach Los Angeles zurückkehren werde. Drei Tage habe ich noch zum Reisen, bevor ich ab 1. Februar für meine letzten vier Tage mit Chris am Drehbuch arbeiten werde. Cari empfiehlt mir nach meinen Lobeshymnen auf Chloride, noch einmal nach Arizona zurückzufahren und die Geisterstadt Jerome und das Minenstädtchen Bisbee aufzusuchen. Witzig. Jerome liegt bei Sedona und Bisbee schon fast in Mexiko.
»Why don't you go to Mexico? Not enough time?«
Not enough time. Ach, ich würde liebend gerne noch drei weitere Monate dranhängen ...
Heute wohne ich in Zimmer 4, in dem ich auf Jana aus Pforzheim treffe. Sie will heute zeitig schlafen gehen, da ihr Flieger morgen früh um vier Uhr geht. Na, dann gute Nacht. Ich breche auf in Richtung Downtown.
Kurz nach Mitternacht erreiche ich die Fremont Street Experience und sehe mit »Area 51« dieselbe Show wie schon einmal. Ich gehe in ein Kasino und verspiele einen Dollar, wofür ich eine Bloody Mary bekomme. Zwischendurch komme ich mal auf 2,55 Dollar, doch die Gier ... die Gier.
Ich verlasse die Fremont Street Experience und gehe über den Las Vegas Boulevard in den Fremont East District, wo ich im Salon of Beauty – ja, der Laden hat tatsächlich diesen bescheuerten Namen – die wahrscheinlich grässlichste Karaokesängerin aller Zeiten entdecke. Deswegen und weil der Laden echt prollig aussieht, betrete ich ihn erst gar nicht. Als Nächstes gehe ich zum Triple B, dem Backstage Bar & Billiards, das sich selbst auch als »Downtown Las Vegas' Premier Rock and Roll Bar ... with Balls!« bezeichnet. Meine Fresse. Ich öffne die Tür und sehe in die geradezu erschreckten Gesichter der Barkeeper. Also mache ich die Tür wieder zu. So viel Buchstaben und leere Worte für eine Bar, die es schafft, mich noch in der Türschwelle wieder zum Umdrehen zu bewegen? Nun, es liegt immerhin primär nur daran, dass sich außer den Barkeepern und mir niemand anderes in dem doch recht großen Laden befindet. Das sieht also eher langweilig aus. Der Style ist zudem nicht so wirklich mein Ding – trotz Rock 'n' Roll.
Hinter der 7th Street ist Downtown auch schon wieder vorbei. Zumindest befinden sich auf der rechten Seite nur noch Brachland und Baustelle. Nach einer

allzu aktiven Baustelle sieht dieses Bauland allerdings nicht aus. Es stehen zwar ein paar Maschinen herum, die hingegen kaum ausreichen dürften, um hier ein weiteres Kasino-Hotel hinzuzaubern. Es ist also nichts los, weshalb ich beschließe, zum Hostel zu schlendern und ins Bett zu gehen.

Als ich gegen halb zwei das Hostel erreiche, treffe ich auf einen jungen Afroamerikaner, den ich zunächst überhaupt nicht zuordnen kann. Ihm gelingt die Zuordnung wesentlich besser, nämlich auf Anhieb. Ich will nicht übertreiben, aber er freut sich beileibe tierisch, mich wiederzusehen. Es ist der Kollege, der im Hostel arbeitet und meinen Bart so liebt. Als er diese Liebe nach der Begrüßungsumarmung noch einmal manifestiert, weiß ich zum Glück in etwa auch wieder, wer er ist. Er ist mit seinem Kumpel Mark unterwegs, einem sehr klein gewachsenen Afroamerikaner, dem er mich wie einen Helden vorstellt. Ich möchte die Lobhudelei entschuldigen, aber so hat er mich nun mal präsentiert: Mein unbekannter Freund sagt, dass ich der *most humble* Mensch sei, den er seit Langem oder überhaupt jemals getroffen habe. Er fügt noch an, dass er von meiner Entspanntheit so begeistert sei. Ja, ich scheine wahrlich einen Fan zu haben. Peinlich nur, dass ich mich zwar wieder daran erinnere, dass er meinen Bart und anscheinend auch mich toll findet, aber absolut keinen Plan mehr habe, wie der Junge heißt. Erst später, als ich ihn frage, wie er seinen Namen eigentlich buchstabiert, kann ich dies in Erfahrung bringen.

»E – Z – A – N – A.«

Ah! Und ja, ich weiß: Das ist geschickt. Ich bin nur froh, dass er nicht Joe heißt. Ezana und Mark haben Hunger. Als wir den 7-Eleven betreten, vor dem mich Jim Carreys böser Zwilling einst abholte, sieht es so aus, als hätten wir Las Vegas' inoffizielles Obdachlosenasyl entdeckt. Der Kassierer steht recht entnervt hinter seinem Tresen, während vor ihm zwei Obdachlose einfach nur so dastehen und ein Dritter in seinem Rollstuhl sitzt und vor sich hin flucht.

Wir beschließen, uns gemeinsam ein Sixpack zu kaufen und gehen gegenüber zu Walgreens. Ezana ist noch keine 21, weswegen ich den Kauf abwickeln muss. Er will dabei unauffällig an der Seite stehen, was das Ganze jedoch auffällig macht. Wir kaufen ein Sixpack Blue Moon – laut Ezana Amerikas bestes Bier – und unterhalten uns im Hof des Hostels. Mark trinkt nicht mit und haut auch schnell wieder ab. Das Bier schmeckt übrigens nicht gut und Ezana ist ein weiterer Amerikaner, der staunt, als ich ihm erkläre, dass PBR Amerikas bestes Bier zu sein scheint. Abgesehen von der Bierphilosophie führen wir eine für diese Uhrzeit überraschend anspruchsvolle Unterhaltung über Gott und das Universum. Ezana überrascht mich. Nachdem er mir vor einer Woche nur ständig den Bart kraulen wollte, hätte ich nicht gedacht, dass der Junge so tiefgründig, intelligent aber auch melancholisch ist. Aus heiterem Himmel teilt er mir mit, dass er mein *inner light* sehen könne, was ziemlich beeindruckend sei. Das ist ein merkwürdig vertrauter Moment. Ezana führt weiter aus und erklärt, dass zwar jeder das Licht in sich trägt, allerdings nur wenige es zum Scheinen bringen können. Ich

lächle geschmeichelt und weiß sofort, woran mich dieser Moment erinnert. Es ist wie damals, 2004, als Zohreh, die ältere iranische Hippiedame aus Hawaii, die mich beim Trampen mitgenommen hatte, mir den Auftrag gab: »Let your light shine in the world!«
Ich gebe mein Bestes. Ab und an scheint es zu funktionieren.
Ich möchte wissen, wer mein neuer Kumpel ist. Also erzählt er mir seine Geschichte:

Die traurige Ballade des jungen Ezana

Ezana kommt aus Washington, D.C. und arbeitete vor Kurzem noch auf einem Ölfeld in Texas. Der Job sei super bezahlt worden, dafür körperlich ohne Ende anstrengend gewesen. Er hatte einen Vertrag für eine 28 Tage lange Schicht à zwölf Stunden unterschrieben. Die Kollegen seien krass drauf gewesen, was an der abartigen Arbeit und den äußeren Zuständen gelegen habe. Er lebte inmitten der Wüste in einem Trailer. Es sei bitterkalt gewesen. Ezana berichtet, dass man am Tage zwölf Stunden lang auf dem Feld ackert, am Abend in seinen Trailer kommt und den eingeatmeten Chemieschlamm der letzten Stunden heraushustet. Das kann nicht gesund sein, dachte er sich, brach nach 17 zermürbenden Tagen ab und floh regelrecht. Ein Kollege habe ihn nach San Angelo, die nächstgrößere Stadt, gefahren. Wenige Tage später habe er sein Gehalt bekommen und ist »somehow« nach Las Vegas gekommen. Irgendetwas muss Ezana auf dieser Reise passiert sein. Was es ist, will er mir nicht erzählen. Allerdings deutet er mehrfach an, dass etwas geschehen sei. So wie er es betont, wie er mitten im Satz stockt und nach einem Weg sucht, die Geschichte fortzuführen, ohne doch wieder auf diese Erlebnisse zu sprechen zu kommen, kann es nichts Gutes gewesen sein. Er tut mir leid. Auch, wenn ich nicht weiß, wofür ich ihn bemitleiden muss. Ezana ist einer von den Guten. So viel steht fest. Er wächst mir heute Nacht wirklich ans Herz. Er ist cool, smart, tiefgründig, offen und hat schon so einiges erlebt. Hier spricht einer aus Erfahrung, aus dem Herzen. In Vegas angekommen hat er sich zunächst ein Zimmer genommen und dann über Craigslist den Job im Hostel Cat bekommen. Wo er hin will und was er machen möchte, weiß er selbst noch nicht. Er sucht. Als er fertig ist, fügt er hinzu, dass seine Eltern stets an ihm zweifeln, was ihn sehr belastet und ein Grund dafür war, aus Washington abzuhauen. Er fragt mich, wie mein Verhältnis zu meinen Eltern ist. Ich erkläre ihm, dass meine Eltern mich voll unterstützen und ich sehr viel Liebe von ihnen erfahre. Ich sei ein glücklicher Mensch, sagt er. Da hat er wohl recht.
Fünf Wochen nach dieser Unterhaltung schreibt mir Chandler, der Besitzer des Hostels, dass Ezana ohne Vorwarnung abgehauen und verschwunden sei. Er glaubt gehört zu haben, dass Ezana einen neuen Job bekommen hat. Im Hostel soll er indes anderen seine Schichten aufgedrückt und jemandes Computer

> zerstört haben. Daraufhin habe er sich in seinem Zimmer eingesperrt, was recht seltsam gewesen sein soll: »Odd he was the one to make such a positive impression on you, but I'm glad he did. He's a good kid otherwise, I suppose.«
> Ich hoffe, ihm geht's gut.

Als ich zurück ins Zimmer komme, ist darin noch absolute Partystimmung. Die Jungs im Zimmer sind am Feiern und machen bei eingeschaltetem Licht ordentlich Krach. Seltsam, dass wir im Hof davon gar nichts mitbekommen haben. Das Mädel aus Pforzheim liegt sehr müde, aber nicht genervt aussehend, im Bett. Dass die Jungs Partytiere sind, hatte sie mir bei unserer Unterhaltung direkt nach meiner Ankunft im Zimmer bereits erzählt. Gestern Nacht war es wohl schon genauso. Man teilt mir mit, dass mein Bett verflucht sei. Derjenige, der darin schläft, müsse saufen ohne Ende. Aha. Als ich kurz aufs Klo gehe, liegen auf einmal alle in ihren Betten. Hä? Abkacker. Da ich das Bett direkt neben Tür und Lichtschalter habe, werde ich gebeten, das Licht auszuschalten. Im Dunkeln gehen die Unterhaltungen weiter. Ich verstehe aber nichts. Also melde ich mich verärgert zu Wort und teile den Jungs mit, dass der größte Fluch dieses Bettes wohl der ist, dass es sich direkt neben der lauten Heizung befindet und man daher kein Wort von dem versteht, was im Raum gesprochen wird. Mit einem Lacher endet dieser vollkommen coole Tag …

Du sollst den Tag nicht vor dem Abend loben …
Tag 81: Dienstag, 29. Januar 2013

Als ich am Morgen aufwache, versuche ich, das Gesicht ins Kissen gedrückt und mit einer Hand suchend, saubere Unterwäsche in den Tiefen meines Rucksacks zu finden. Die Suche nach einer sauberen Unterhose verläuft zunächst erfolglos, dafür stoße ich aber auf etwas, das ich im Leben nicht in meinem Gepäck vermutet hätte. Ich taste mich blind durch den Rucksack, als ich auf einmal etwas flaches Rechteckiges in der Hand halte. Das ist doch …? Nein, das kann nicht sein. Ich ziehe die Hand aus meinem Rucksack, drehe meinen Kopf auf die Seite und zwinge mein rechtes Augenlid nach oben. Nein, nein, nein! Es ist tatsächlich … mein iPod! Unfassbar. 19 Tage, *19 Tage lang* bezichtige ich im Geiste Starbucks-Angestellte oder böse Mitmenschen des Diebstahls. Stattdessen trage ich meinen iPod die gesamte Zeit über im Rucksack spazieren! Aber es kommt noch besser: Direkt neben meinem iPod spüre ich Plastik. Es fühlt sich an wie eine zerrissene Plastiktüte, die um etwas gewickelt ist. Der Plastikball ist klein, wiegt kaum etwas. Hä? Wieder ziehe ich meine Hand aus dem Rucksack, öffne mein rechtes Auge und stelle fest, dass ich einen Klumpen Gras in der Hand halte. Yeah, yeah, yeah! Kann ein Tag denn besser beginnen? Haha! Unglaublich! Nachdem ich in Gedanken laut jubelnd durchs Zimmer gehüpft bin – für wahre körperlich emotionale Ausbrüche bin ich noch viel zu müde –, beruhige ich mich wieder, lege mich auf den Rücken und überlege: Woher um alles in der Welt kommt der Klumpen Gras? War es ein Geschenk von Connor aus Eureka? Hat mir Leo in Seattle was zugesteckt? Ford? Ein Fremder, als ich in Hollywood auf der Straße gepennt habe? Ich habe absolut keine Ahnung, wo das Gras herkommt. So vertrocknet wie es aussieht, liegt es schon eine ganze Weile im Rucksack.

Apropos bescheuerte Geschichten: Brian, mit dem ich übrigens nahezu täglich in Kontakt bin, meldet sich mit einem neuen freakigen Plan. Er schaut sich noch immer Grundstücke an, mittlerweile zwischen San Jose und Santa Cruz. Jetzt hat er eins gefunden, das sich in einem Redwood-Wald befindet. Ich soll mich melden, falls ich einen Film mit Ewoks oder Hobbits drehen möchte. Er selbst möchte dort eine Baumhaussiedlung errichten. Also lasse ich Cari, die Brian immer etwas kritisch gegenüberstand, wissen, dass sie sich besser mit ihm anfreunden sollte. Das hippe Hippiemädchen träumt nämlich davon, in einem Baumhaus zu leben. Sie bezweifelt sowohl, dass sie und Brian Freunde werden als auch die Tatsache, dass Brian diesen Plan zur Abwechslung mal in die Realität umsetzt. Nach meinen Erfahrungen mit Brian bezweifle ich dies ebenfalls: »I also don't believe in it as he's changing his plans more often than his underwear, I'd say.«

»Is that a German expression or are you just a genius?«

Okay, das ist also keine gebräuchliche Redewendung in Amerika. Daher: »Genius, baby.«

Ich freue mich dennoch über die Neuigkeiten. Hm, jetzt fragt er mich, ob Zentauren ebenfalls nur auf drei Monate beschränkte Visa bekommen. Da ist heute wohl jemand gut drauf? Dito!

Wie bereits erwähnt, benötige ich frische Unterwäsche. Während meine Klamotten in der Waschmaschine des Hostels gereinigt werden, suche ich am Frühstückstisch noch einmal nach Leuten, die spontan mit mir ins Death Valley fahren. Vergeblich. Da mir kein anderer Plan für den heutigen Tag einfällt und meine Wäsche irgendwann von der Waschmaschine in den Trockner und dann in meinen Rucksack gepackt werden muss, beschließe ich, heute einen ruhigen Tag einzulegen und einfach nur zu schreiben. Heute Nacht werde ich dann den Megabus nehmen und nach Los Angeles abhauen.

Nach getaner Arbeit möchte ich mir am Abend irgendwas Essbares für die Mikrowelle kaufen. Ich habe keine Lust auf richtiges Kochen. Außerdem dürfte ich schon gar nicht mehr im Hostel sein, da ich keine weitere Nacht mehr bleiben werde. Glücklicherweise sehen Chandler & Co. das aber sehr locker und sprechen mich noch nicht einmal darauf an, dass ich eigentlich schon seit elf Uhr gar nicht mehr hier sein dürfte.

Obwohl die Mikrowellennudeln von Barilla sind, schmecken sie einfach nur scheußlich und erinnern mich an die zwei Gründe, weswegen ich mir auf meiner Reise nie im Hostel Essen gemacht habe: Zum einen ist es verdammt schwer überhaupt an anständiges Essen heranzukommen, da es meistens schlicht keine Supermärkte in der Nähe gibt. Märkte wie 7-Eleven oder Walgreens bieten nur Junkfood an und anständige Shops befinden sich in der Regel in weit entfernt liegenden Malls oder sind so selten vorhanden, dass man sich erst einmal einen halben Tag lang auf die Suche machen müsste. Der zweite Grund für meine Kochfaulheit sind die Preise. Im Supermarkt ist es nicht wirklich preiswerter als in Restaurants. Ich spare mir zudem den Stress, in einer Gemeinschaftsküche herumzufuhrwerken und bekomme mein Essen sogar serviert.

Von Ezana habe ich heute seltsamerweise rein gar nichts gesehen oder gehört, wodurch es auch zu keiner Verabschiedung kommt. Schade. Dafür verabschiedet sich plötzlich jemand, von dem ich es zwar bereits befürchtet, aber eigentlich nicht mehr erwartet habe: Ich habe Chris gefragt, ab wann ich bei ihm in Los Angeles unterkommen kann oder ob er, jetzt da ich zwei Tage früher komme, mir eine andere Übernachtungsmöglichkeit organisieren kann. Seine Antwort auf diese SMS lässt mir die Zornesröte ins Gesicht steigen: Ich kann gar nicht zu ihm kommen, weder morgen noch übermorgen und auch nicht zu unseren fest vereinbarten und als garantiert deklarierten Terminen. Der gute Chris hat heute einen Job bei einem Dreh angenommen und ist bis zum 8. Februar nicht in Los Angeles. Ich fliege bekanntlich am 5. nach Deutschland zurück. Das alles schreibt er mir so, als sei dies überhaupt kein großes Ding. Er witzelt sogar noch ein wenig herum. Wir können ja mailen und skypen, außerdem würde er sich zur Not sogar wieder bei Facebook registrieren. What the fuck? Kapiert dieser Arsch denn nicht, dass er mein einzig legitimer Grund war, Deutschland für drei Monate zu verlassen? Wir wollten ursprünglich mal *einen Monat lang* zusammen am Konzept und Drehbuch unseres Films arbeiten! Und jetzt sägt er mich einfach komplett ab? Was für ein Penner. Ich schreibe ihm, dass ich sein Verhalten als respektlos und unehrlich erachte. Außerdem hätte er mir seine Entscheidung gegen den Film sicherlich schon früher mitteilen können. Daraufhin beginnt Chris mich in 15 wütenden Nachrichten zu beschimpfen. Hm, ist das nicht hochgradig amüsant? Letzte Nacht noch erzählt mir Ezana, dass ich ein *bright shining inner light* habe und heute muss ich mir anhören, dass ich ein *bully* bin. Willkommen in der verrückten Welt des Dennis Knickel! Es können einen nun mal nicht alle lieben. Ich werde übrigens nie wieder etwas von Chris oder seiner Freundin Grace hören.

Und was mache ich jetzt? Ich habe mir überhaupt keine Gedanken darüber gemacht, bis zu meinem Abflug irgendetwas anderes als Filmarbeit zu machen. Naja, im Grunde genommen muss ich nicht groß nachdenken, was ich mit der unverhofft gewonnenen Reisewoche anstellen soll, denn Ideen, um diese Reise auf Jahre zu dehnen, habe ich zur Genüge. Ich werde wohl an die Küste – nach Santa Barbara – fahren und dort endlich einmal tauchen gehen. Vielleicht mache ich auch Whalewatching oder traue mich sogar Fallschirm zu springen. Auf

jeden Fall werde ich aller Voraussicht nach zu viel Geld ausgeben. Yeah! Ich denke aber, dass Sonne, Strand und Abenteuer eine gute Lösung sein dürfte, um mich die komplette letzte Woche nicht über Chris aufzuregen. Ja, ich sollte es positiv sehen: Ich habe vier Reisetage gewonnen! Rock und Roll!
Mein Megabus startet nachts um halb eins. Als ich mich zu später Stunde zum Flughafen aufmache, stelle ich fest, dass der Bus der Linie SDX – anders als der *Deuce* – herzlich wenige Stationen anfährt und dementsprechend schnell zum Flughafen gelangt. Das bringt die Nachteile mit sich, dass ich länger am Airport stehen muss und dass das Ticket sechs anstelle von zwei Dollar kostet. Sechs Dollar für eine Fahrt zum Flughafen? Der Megabus von Vegas nach L.A. kostet mich gerade einmal 12,50 Dollar. Na, da fahre ich doch besser schwarz. Als ich viel zu früh am Terminal ankomme, fällt mir wieder ein, wie glorreich dieser Tag begann. Also packe ich meinen iPod aus … und stelle fest, dass ich meine Kopfhörer im Hostel liegen gelassen habe. Das kann doch nicht wahr sein. Ich bin verflucht …

Fuck you, Chris!
Tag 82: Mittwoch, 30. Januar 2013

Der Bus kommt am frühen Morgen an der Union Station an. Wir erreichen Los Angeles sogar noch früher als geplant, da niemand beim planmäßigen Zwischenstopp Riverside aus- oder zusteigen wollte. Der Stopp wurde demnach einfach übersprungen. Ich gehe zu Starbucks, um zu checken, was ich als Nächstes machen werde. Auf Los Angeles habe ich keine wirkliche Lust: Die Stadt konnte mich nicht vollends überzeugen und ich würde mir vermutlich die nächsten Tage nur noch über Chris Gedanken machen. Nein, es ist wirklich besser, wenn ich woanders hinfahre. Meine gestrige Idee, nach Santa Barbara zu fahren gefällt mir auch am frühen Morgen noch gut. Santa Barbara ist nicht weit, rund 150 Kilometer, ich kenne es noch nicht und es klingt nach Urlaub. Nur dumm, dass sich kein einziger der Couchsurfer, die ich gestern noch angeschrieben habe, zurückmeldet. Ein Ticket nach Santa Barbara kostet normalerweise 30 Dollar. Um zehn nach zehn fährt aber ein Zug, der nur 19 Dollar kostet. Optimal. Ich bestelle mir ein E-Ticket. Das ist preiswerter. Nur habe ich keinen Drucker. Also gehe ich zum Amtrak-Ticketschalter und erkläre mein Problem. Kein Ding. Sekunden später halte ich ein frisch gedrucktes Ticket für den *Coast Starlight* in der Hand. Ich frage, wo der Zug eigentlich abfährt. Ein Fahrplan wie man ihn aus Deutschland kennt, hängt nirgends. Die Amtrak-Dame sagt, ich solle mich in die Lobby setzen und die Anzeigetafel im Auge behalten. Ungefähr eine Stunde vor Abfahrt sollte der Zug ein Gleis zugewiesen bekommen.
Ich gebe Ford Bescheid, dass ich für kurze Zeit in der Stadt bin. Leider ist er

zu weit weg, um schnell vorbeizukommen. Wir sehen uns aber auf jeden Fall noch einmal, bevor ich in den Flieger steige. Ich mache mich auf die Suche nach Frühstück, was zu dieser Zeit nicht ganz einfach ist. Gegenüber der Union Station befindet sich der hübsche Los Angeles Plaza Historic District oder auch kurz und knackig El Pueblo. Dies ist das historische Zentrum der Metropole, in dem auch das älteste Gebäude der Stadt, das Avila Adobe, zu finden ist.

El Pueblo

Das unscheinbare Lehmhaus wurde um 1818 erbaut und steht in der Olvera Street, einer gemütlichen Gasse mit alten Backsteinhäusern, durch die sich ein mexikanischer Markt mit vielen bunten Holzbüdchen zieht, die um diese Uhrzeit leider noch geschlossen haben. Das Herz des historischen Los Angeles, das 1780 gegründet wurde, bildet The Plaza, ein ganz netter kleiner Platz, in dessen Mitte ein Pavillon installiert wurde, der heute noch für Veranstaltungen genutzt wird.

Antonio Aguilar, »El Charro de México«

Östlich der Plaza steht eine bronzene Statue Antonio Aguilars und seines Pferdes. »El Charro de México«, der mexikanische Cowboy, lebte von 1919 bis 2007 und war Musiker, Autor, Schauspieler sowie Filmproduzent. Ich muss gestehen, dass ich noch nie etwas von ihm gehört habe. In Mexiko muss er aber eine große Nummer gewesen sein, was 25 Millionen verkaufte Platten bei wohlgemerkt 150 Alben beweisen. Er spielte mit John Wayne und Rock Hudson und tourte durch die Welt. Seine Shows waren dabei eine Mischung aus Konzert und Reitshow mit Cowboys und tanzenden Pferden. Er ist der einzige lateinamerikanische Künstler, der es fertigbrachte, den Madison Square Garden in sechs aufeinanderfolgenden Nächten auszuverkaufen und war einer der ersten Mexikaner, der mit einem Stern auf dem Walk of Fame bedacht wurde. Ich lese weiter auf der Gedenktafel und meine mehr und mehr, dass ich solch einen Mann eigentlich kennen sollte. Jetzt wird's nämlich erst so richtig aufregend: Der gute Toni verbrachte drei seiner ersten Nächte in der »Stadt der Engel« obdachlos auf der Straße. Na, wie ich! Wenn das mal kein gutes Zeichen ist. Er verbrachte seine Nächte allerdings hier, im historischen Viertel, in dem offenbar heute noch viele Neuankömmlinge ihr Glück in Los Angeles beginnen möchten. Zumindest liegen auf der Wiese gegenüber einige Männer mit Decken und Einkaufswagen.

Ich frühstücke bei Subways und sehe einen hoch professionellen Werbefilmdreh vor dem Bahnhof. Viel zu sehen gibt es aufgrund der Security aber nicht. Berühmte Darsteller soll es keine geben, behaupten sie. Also setze ich mich in die

Lobby vor die Anzeigetafel. Während ich so dasitze und warte, kommt auf einmal ein Kerl auf mich zu, der nur wenige Jahre jünger als ich sein dürfte. Kaum sitzt er neben mir, teilt er mir mit, dass er meinen Bart mag: »Most people don't appreciate a good growing beard.«
Ich lach' mich schlapp. Mein Bart muss ja wirklich prächtig aussehen. Ständig diese (vermutlich) nicht-homoerotischen Komplimente vom gleichen Geschlecht ... Also gewohnt bin ich das nicht. Ich wusste noch nicht einmal, dass heterosexuelle Männer anderen Männern Komplimente bezüglich des Aussehens oder Styles geben. Wir kommen ins Gespräch. Er möchte wissen, mit welchem Zug ich fahre.
»Coast Starlight«, antworte ich, zeige auf die Anzeigetafel, auf der noch immer kein Gleis angezeigt wird, und erkläre ihm, dass dieser Zug offensichtlich in der Lobby abfährt. Daraufhin lacht plötzlich der Mann, der links neben mir sitzt. Er will auch mit dem Zug fahren, der übrigens bis nach Seattle hinauffährt. Hm, soll ich noch mal schnell in Portland vorbeischauen? Die einfache Fahrt dauert über 29 Stunden ... Das wird nichts.
Die Anzeigetafel spricht zu uns! Erst wenige Minuten vor der Abfahrt erscheint endlich die Gleisnummer. An der Zugtür steht der Schaffner, kontrolliert die Tickets und verteilt Sitzplatznummern. Faszinierend. Im Zug werde ich fast von einer Zugbegleiterin umgerannt. Sie ruft ein lustiges: »Whoops!«, aus und schiebt diesem direkt ein: »What is your seat number?«, nach.
»Eleven.«
»This way.«
Kaum sitze ich, rücken zwei Polizisten an, die jeden einzelnen Fahrgast fragen, wohin es denn gehen soll. Das finde ich befremdlich. Immerhin lächeln die Cops dabei und wirken eigentlich eher wie Animateure und weniger wie die Staatsgewalt. Ich komme an die Reihe.
»Oh, Deutschländ!«, ruft der männliche Cop freudig durch den kompletten Waggon. »I've been living in Idar Oberstein for seven years.«
»Nice, that's close to where I'm coming from«, gebe ich zurück.
»Really?«
»Yeah, and Bruce Willis was born there.«
Der dicke Cop lacht laut auf und erzählt mir daraufhin vom Kebab, den er so lecker findet. Er war auch mal in Kurdistan, dort sind die Döner aber anders, nicht so gut. Klar, der Döner kommt ja auch aus Berlin und wird in Japan als deutsche Spezialität verkauft. Die Kollegin des Dicken will mitreden und teilt uns allen mit, dass ihre Schwägerin ebenfalls aus Deutschland kommt: »She's from Ham-something ... *Hamburg?*«
Interessanterweise kennen viele Amis die Hansestadt nicht. Zumindest ist dies nicht das erste Mal, dass ein Ami »Hamburg« nicht aussprechen kann und sich so verhält, als habe er oder sie noch nie etwas davon gehört. Oder liegt es schlicht daran, dass sich die Amerikaner nicht vorstellen können, dass es eine

Stadt mit solch einem komischen Namen gibt? Der dicke Cop beendet fast schon enttäuscht den Plausch mit mir, da man nun weiter müsse. Außerdem ist er hungrig. Seit einer Woche muss er nun schon diese vegane Diät machen und verliert ein Pfund nach dem anderen. Kann ihm nicht schaden, denke ich mir. Auf der anderen Seite des Ganges sitzt eine asiatisch aussehende Amerikanerin, die mich auf einmal anspricht. Sie ist ebenfalls auf dem Weg nach Santa Barbara, zieht aber bald nach Frankfurt, um Deutsch zu lernen. Da sie ständig auf Deutsch singt, müsse sie die Sprache auch sprechen können, meint sie. Ich frage sie, ob sie eine Opernsängerin ist. Volltreffer. Jetzt hat sie eine Audition an der University of Southern California, bleibt kurze Zeit bei einer Freundin und haut dann wieder zum nächsten Vorsingen ab. Die Stimme des Bistrobosses ertönt aus den Lautsprechern und erklärt die Regeln des Zugs. Die Sprache des Chefkochs ist entspannt und cool. Jedes dritte Wort ist »folks«: »If you folks go to the toilet, please wear your shoes. It's for your own safety, folks. Folks, if you need something to drink ...«

Den nächsten Auftritt hat wieder die Schaffnerin, die sich nun jedem Einzelnen vorstellt, fragt, ob man schon einmal mit einem Amtrak-Zug gefahren ist und einem dann erklärt, wo man was im Zug findet. In Amerika fahre ich wirklich gerne mit dem Zug. Das ist pures Entertainment, gepaart mit Service und Freundlichkeit.

Meine Entscheidung, ans Meer zu fahren, zahlt sich schnell aus. Hinter Oxnard fährt der Zug direkt an der Küste entlang. Ich lehne mich zurück und genieße den Ausblick aus dem Fenster. Rechts die hügelige Landschaft Kaliforniens, links der Ozean. In der Ferne ragen die Channel Islands aus dem Meer, hier und da sitzen Surfer im Wasser auf ihren Brettern und auf den vielen Erdbeerfeldern, die sich neben der Schiene auftun, wird fleißig gepflückt. Zwischendurch riecht es sogar im Zug nach Erdbeeren. Kein Wunder, dass diese Route als eine der schönsten Zugstrecken des Landes gilt.

Nach nicht ganz zweieinhalb Stunden erreichen wir Santa Barbara. Der hübsche, gelb gestrichene kleine Bahnhof sieht mit seinem Arkadengang sehr mexikanisch aus. Neben dem Gebäude steht ein alter Zugwaggon, der an die goldenen Zeiten der Eisenbahn in Santa Barbara erinnern soll, als Reisende in Waggons wie diesen Urlaub machten, den man heute am ehesten mit Campingwagenurlaub vergleichen kann. Am Ticketschalter schnappe ich mir einen Stadtplan und spaziere zum West Beach und zum Hafen. Als ich am schönen Strand ankomme, lasse ich meinen Blick über das Meer wandern. Da stehen doch tatsächlich mehrere Bohrinseln in Sichtweite. Bereits im Zug fielen sie mir auf. Hinzu kamen noch Pumpen, die des Öfteren die Wegstrecke säumten. Sachen gibt's ...

Ich suche nach Tauchschulen, kann aber nur eine einzige finden. Die Truth Aquatics wirken ganz sympathisch, obwohl ich sie mit meinem Auftritt, glaube ich, zunächst etwas irritiere. Anscheinend kommt nicht jeden Tag Kundschaft

mit einem dicken Rucksack vorbei, die tauchen will, ohne einen Tauchschein dabei zu haben. Da ich aber meine Divemaster-Nummer kenne und die Tauchschule mich auch problemlos über die PADI-Website als Taucher identifizieren kann, wäre es mehr als lächerlich, falls dies ein Problem darstellen sollte. Nicht allzu überraschend stellt es tatsächlich kein Problem dar. Preislich ist das Angebot der Tauchschule ebenfalls auszuhalten: Ein um vier Uhr morgens beginnender Tauchtag mit vier Tauchgängen inklusive Essen und Luft kostet 132 Dollar. Für das Equipment, das ich komplett dazumieten muss, sind noch einmal 88 Dollar zu berappen. Außer dem Angebot, für 220 Dollar vier Tauchgänge zu machen, bietet man mir noch an, für 178 Dollar drei Tauchgänge zu machen. Bei beiden Angeboten ist eine kostenlose Übernachtung auf dem Boot inbegriffen. Das ist cool, da ich wohl oder übel aufs Neue nur die Wahl haben werde, auf der Straße oder in einem Hostel zu pennen – wenn nicht gerade wieder mal Serendipity zur Seite springt. Apropos Serendipity: Ich frage zur Sicherheit, ob ich einen Rabatt gegen Mitarbeit bekommen kann. Genügend Erfahrung habe ich schließlich. Darüber lacht der Kollege hinterm Tresen jedoch nur. Schade. »Well, worth a try«, lache ich zurück.
»Worth a try«, wiederholt er amüsiert und denkt sich wahrscheinlich dasselbe wie der Tankstellenmann vom Hoover Dam: »Diese geizigen Deutschen …«
Ich denke bereits darüber nach, ob ich direkt buchen oder mich erst noch einmal weiter umsehen soll, als man mir den Haken offenbart: Sie haben bisher noch nicht genügend Buchungen, um mir garantieren zu können, dass der Trip auch stattfindet. Das ist schlecht. Ich reserviere unverbindlich und mache mit den Jungs aus, dass wir deswegen noch einmal telefonieren werden. Dann verabschiede ich mich und laufe weiter am Hafen entlang. Auf der anderen Seite des Hafenbeckens befindet sich das Maritime Museum, um das sich auch eine kleine Infrastruktur von Geschäften zieht. Ich betrete einen Laden, den ich zunächst für eine ziemlich cool aussehende Tauchschule halte. Dann fällt mir auf, dass der Laden auch voll mit Angeln und Harpunen ist. Gut, das war die Tauchschule seltsamerweise auch. Wie man eine Tauchschule mit Hochseefischen verbinden kann, ist mir schon seit jeher ein Rätsel. Ich komme mit dem leicht skurrilen und sehr netten Verkäufer des Blue Water Hunter Dive Shop ins Gespräch. Er gibt mir eine Zeitschrift mit, in der sämtliche Telefonnummern und garantierten Tages- und Mehrtagestouren der umliegenden Tauchschulen aufgelistet werden. Na, das ist doch mal praktisch. Er empfiehlt mir, auf der *Peace* in Ventura mitzufahren. Dieses Boot gefällt ihm persönlich am besten. Mein Favorit nach meiner gestrigen Internetrecherche ist derweil die *Spectre* von Cal Boat Diving. Die Tauchschule hat super Kritiken und ist zudem noch am preiswertesten. Die Cal Boat Diver starten ebenfalls im 55 Kilometer östlich von Santa Barbara gelegenen Ventura. Als ich dort anrufe, bekomme ich auf mein Anfragen sofort garantiert, dass ein Trip stattfinden wird. Es werden nur Tauchtage mit drei Tauchgängen angeboten, was mir bei den höchstwahr-

scheinlich ganz schön knackigen Wassertemperaturen indes vollkommen ausreicht. Für 190 Dollar ist neben Equipment und den Tauchgängen ebenfalls eine Übernachtung auf dem Boot in der Nacht vor dem Tauchtag inklusive.
Ich beschließe zur Uni zu gehen, deren grüner Campus sich direkt hinter dem Hafen befindet, um zu versuchen, dort ins Internet zu kommen. Zunächst kaufe ich mir in der Mensa etwas zu essen. Dabei erlebe ich eine Szene wie man sie aus Knastfilmen kennt: Der Student bei der Essensausgabe schöpft mir einen Löffel Tofugemüse auf den Teller, den ich ein wenig ärmlich finde. Ich schaue ihn fragend an und lasse ein flehendes: »Please … a bit more«, samt Hundeblick auf ihn los. Sofort macht er mit seiner Hand eine Bewegung, die mir signalisiert, dass ich die Klappe halten soll. Er schaut nach links, schaut nach rechts und gibt mir geradezu konspirativ einen kleinen Nachschlag. Sehr nett.
Ich stelle fest, dass die Uni so manches Filmklischee bedient: So sitzt der fette Nerd mit den strähnigen langen Haaren alleine am Tisch, während die gestylten Chicken an einem anderen laut gackern, als die Sportler vorbeiziehen. Ich setze mich auf die Terrasse hinter der Mensa. Dort ist allerdings die Internetverbindung viel zu schlecht, um auch nur eine Seite zu öffnen. Eine nette Studentin gibt mir ihre Zugangsdaten. Damit sollte es funktionieren. Sollte, tut es aber nicht. Zumindest nicht auf der sonnigen Terrasse. Ich ziehe daher in die Bibliothek der Uni um, wo es schließlich klappt.
Bei jedem Dritten, der die Bibliothek verlässt, piept die Sicherheitsschleuse. Der eine oder andere Auslöser des Alarms dreht sich kurz irritiert im Kreis, die meisten spazieren jedoch einfach weiter. Und auch in der Bibliothek selbst juckt den Alarm keinen Menschen. Da ich dank Bushs Politik der Angst seit dem 11. September Amerikaner vor meiner Reise eher als übertrieben panisch charakterisiert hätte, empfinde ich diese Gleichgültigkeit durchaus als positiv symbolisch für meinen Irrtum. Wie viele meiner Vorurteile sind in den letzten Monaten nicht alle zerbröselt! Fühlt sich gut an.
Ich mache mir noch ein paar letzte Gedanken zum Tauchen und buche schließlich um kurz vor 17 Uhr. Somit steht fest, dass ich übermorgen auf der *Spectre* übernachte und am Samstag meinen lange ersehnten Tauchtag haben werde, den ich hiermit von meiner – wie Cari es mir beigebracht hat – *bucket list* streichen kann. Der Begriff kommt übrigens vom Englischen *to kick the bucket*, was wir Deutschsprachigen am ehesten mit »den Löffel abgeben« oder »ins Gras beißen« übersetzen würden. Oder wie Cari es mir einst erklärte: die Liste, die man abarbeiten möchte, bevor das Leben zu Ende ist.
Nachdem dieser Punkt also von der Liste gestrichen werden kann, frage ich mich, ob ich nicht auch die Eier und ebenso das notwendige Kleingeld habe, um nicht zusätzlich noch den auf meiner Liste stehenden Fallschirmsprung abzuhaken. Auf jeden Fall recherchiere ich, wie viel *skydiving* kostet: rund 200 Dollar. Ich checke bei sämtlichen Fallschirmschulen, von wo aus sie überhaupt starten. Die Witzbolde tragen nämlich alle irgendwelche Namen, die »Santa Barbara«

enthalten, ihre Abflugorte aber allesamt zwischen 50 und 100 Meilen von Santa Barbara entfernt liegen haben! Was soll das? Als ich mit einer dieser Schulen telefoniere, frage ich, ob sie einen Shuttle von Santa Barbara zu ihrem Flugplatz anbietet. Nein, ich muss selbst irgendwie dorthin kommen. Super. Ich will schon fast aufgeben, als ich letztlich tatsächlich noch den preiswertesten und obendrein noch nächstgelegenen Anbieter entdecke: Skydive Coastal California befindet sich in Camarillo, was tatsächlich nur unweit von Ventura gelegen ist. Da muss ich sowieso wegen des Tauchens hin. Ich beschließe, bloß nicht allzu lange darüber nachzudenken, ob ich es mir wirklich zutraue aus einem Flugzeug zu springen. Außerdem denke ich mir, dass dem Fallschirmsprung auch eine gewisse Symbolik zuteil wird. Frei nach dem Motto: »Fuck you, Chris! Du ängstlicher Wicht hattest ja schon bei unserer kleinen Kletteraktion in Malibu die Hosen gestrichen voll! Und ich werde dir nun grinsend meinen Mittelfinger entgegenstrecken, wenn ich mit annähernd 200 Sachen aus drei Kilometern Höhe auf die Erde zurase. Das sind 120 Meilen pro Stunde aus 10.000 Fuß! Sage ich sicherheitshalber mal dazu, da du sicherlich das metrische System nicht beherrschst.«
Ich lache dreckig in mich hinein, rufe bei der Schule an und buche verbindlich. Der Mann am Telefon fragt, ob ich direkt zahlen oder die Option behalten möchte, einen Rückzieher zu machen. Im Falle eines feigen Rückzugs würde ich jedoch nicht alles Geld zurückbekommen. Ich lasse den Mann wissen, dass ich tragischerweise ein wenig aufs Geld achten muss und er daher sofort meine Kohlen behalten soll, damit ich bloß nicht auf die Idee komme, abzusagen. *No way back, Baby!* Er lacht und bucht das Geld von meiner Kreditkarte: 189 Dollar für meinen ersten Sprung aus einem Flugzeug – exklusive Pampers. Am Freitag Vormittag um halb elf geht's los. Rock und Roll!
Ich packe meine Sachen und verlasse die Bibliothek. Die Sonne ist bereits untergegangen. Zwei Sicherheitsmänner mit Golfcart falten in guter alter Patriotenmanier die soeben vom Mast geholte US-Fahne zusammen. Ein skurriles Schauspiel.
Ich spaziere in die Downtown und komme dabei an einem in Flutlicht getränkten Baseballplatz vorbei. Um den Platz herum stehen ein gutes Dutzend Jungs, die ihre Keule durch die Luft schwingen. Trockenübungen, die sportlich gemeint sind, aber so im Dunkeln bei einem Europäer doch auch irgendwie brutal daherkommen. Ich kaufe mir ein Bier im mexikanischen Santa Cruz Market und lasse mich auf einer Bank in der State Street auf eine Unterhaltung mit einem Schnurrbartträger ein, der Santa Barbara wegen der sexy Frauen so liebt, als die einheimische Couchsurferin Alison sich auf meinem Handy meldet. Yes, reagiert also doch noch jemand auf meine Anfragen! Beherbergen kann sie mich zwar leider nicht, doch dafür will sie mich treffen. Ist auch in Ordnung. Ich soll ins The Neighbourhood, einer Kneipe, kommen, an der ich vorhin zufällig schon einmal vorbeigekommen bin. Wenig später treffen wir uns.

Sie hat noch eine Freundin mitgebracht. Es ist sehr nett, doch ich werde aus unerfindlichen Gründen unfassbar müde. Eine Einladung auf Alisons Couch kommt leider nicht, doch auf der Straße wollen sie mich auch nicht pennen lassen. Also schauen sie in ihren Smartphones nach, wo man in Santa Barbara möglichst preiswert übernachten kann. Das ist schwer, sagen sie, finden dann aber doch noch ein Hostel, in dem die Übernachtung 30 Dollar kostet. Naja. Da ich absolut keinen Bock auf die kalte Straße habe und mich auf keinen Fall vorm Tauchen noch erkälten möchte, stimmt die Vernunft dem Plan zu.

Das AAE Santa Barbara Guest House ist klein. Alison und ihre Freundin verabschieden mich lieb und hauen wieder ab. Ich unterhalte mich stehend k.o. noch kurz mit dem Kollegen an der Anmeldung. Er ist großer Fan von Chiang Mai, der fantastischen Stadt in Nordthailand. Also quatschen wir ein bisschen über das Land des Lächelns, bevor ich mich todmüde in mein Mehrbettzimmer verkrieche. Ich teile mir das Zimmer mit einem leeren Bett und einem Bett, auf dem ein Mädel aus Rio liegt, das außer: »Hi«, kein Wort mit mir wechseln will und mich keines Blickes würdigt. Das Bett quietscht außerdem. Beides ist mir derweil so was von egal. Ich bin ja so müde …

Die bunten Menschen der »Amerikanischen Riviera«
Tag 83: Donnerstag, 31. Januar 2013

Meine brasilianische Mitbewohnerin behält auch am Morgen ihre Ignoranz bei, würdigt mich weder eines Blickes noch eines Wortes. Seltsamer Mensch. Der Kollege vom Hostel hat eine sehr stark nach Marihuana riechende Aura. Mit ihm arbeitet heute ein Mann um die 50 am Rezeptionstisch neben der Eingangstür, der mir, als er hört, dass ich nach Ventura will, eine Galerieeröffnung ans Herz legt, in der Bilder ausgestellt werden, in denen es um Bärte geht. Und da ich solch einen beeindruckenden Vollbart im Gesicht trage, wäre das doch passend für mich, meint er. Was haben die bloß alle mit meiner Gesichtsbehaarung?

Ich verlasse das Hostel und spaziere in Richtung Downtown. Das Wetter ist super: Am Himmel ist kein Fitzelchen einer Wolke auszumachen und die Temperatur dürfte bei rund 23 °C liegen. Sehr angenehm.

Beim Biosupermarkt Fresh & Easy gibt's für fünf Dollar Brot und Hot Jalapeños Hummus. Frühstück und Sonnenbad nehme ich – umgeben von reichlich Obdachlosen – auf der grünen Plaza de Vera Cruz in der Haley Street ein.

Santa Barbara ist eine weitere Stadt Kaliforniens, die in meinen Augen ein sehr mexikanisches Flair ausstrahlt. Nicht nur, dass ich gestern in einem mexikanischen Supermarkt war, auch die Architektur sieht für mich typisch mexikanisch aus: kleine Häuser mit Türmchen, geschwungenen Erkern und halbrunden Fenstern mit hüfthohen Gittern, sobald sie bis auf den Boden reichen. Selbst die Schaufenster laufen halbrund zusammen. Ab und an verzieren blaue Mosaike die zumeist strahlend weißen Fassaden. Hier und da ein Arkadengang, Balkone. Der Bürgersteig ist mit roten Steinen ausgelegt. Palmen und Blumenkübel säumen die Straße. Darüber hinaus ist die Schrift auf den Straßenschildern äußerst ... nennen wir es mal »extravagant«. Sonderlich gut ausgewählt ist sie allerdings nicht. Nein, das erinnert zu sehr an COMIC SANS in Kapitallettern. Ein unästhetischer Schauder läuft mir über den Rücken. Vom typografischen Fauxpas abgesehen ist Santa Barbara aber schön, idyllisch und vollauf ferientauglich.

Ich komme am Metro 4 Theatre vorbei. Geiler Scheiß: In Santa Barbara findet ein Filmfestival statt! Sehr schnell leuchtet mir ein, dass der kurz aufkeimende Gedanke, schnell reinzurennen und wild mit den Armen wedelnd: »Here! Here! Take this! The newest sensation from Germany: Me!«, zu rufen, wenig Sinn ergibt. Die Filmauswahl wurde begreiflicherweise vor Monaten getroffen und teils horrende Einreichgebühren verlangen die Amis obendrein. Erst viel später erfahre ich, wie groß das Santa Barbara International Film Festival außerdem ist. Hätte ich zu diesem Zeitpunkt indes gewusst, dass Quentin Tarantino gestern Abend persönlich einen Preis entgegengenommen hat und vielleicht sogar noch zugegen ist ... vielleicht wäre ich ja doch mal ins Kino gerannt.

Ein Anzugträger kommt auf mich zu und fängt direkt eine Unterhaltung mit mir an. Wie sich – für mich recht spannend – nach wenigen Sekunden herausstellt, ist Dylan Filmemacher und mit seinem Werk im Wettbewerb vertreten. Weniger erfreulich für ihn stellt sich zwei Sekunden danach heraus, dass der Typ mit der Kamera – das bin ich – und dem riesigen Rucksack auf dem Rücken – auch das bin ich – ein Backpacker und kein Pressefotograf ist, der scharf darauf ist, ihn abzulichten. Er bleibt aber freundlich und nervös, unterhält sich noch kurz mit mir und verabschiedet sich artig, als ich ihm viel Erfolg für den Wettbewerb wünsche.

Seit dem Schnurrbartmann von gestern Abend weiß ich, dass es in Santa Barbara viele hübsche Frauen geben soll. Nun bekomme ich mit, dass sich momentan auch viele Filmemacher hier tummeln und wenige Meter später stelle ich erfreut fest, dass es auch Punks im Städtchen gibt. Immer dort, wo man sie am wenigsten erwartet. Und auf meiner sich zum Ende neigenden Reise habe ich wenige, erschreckend wenige meiner Irokesenbrüder gesehen.

Ich stehe vor dem The Habit Burger Grill, einem Fast-Food-Restaurant, vor dem ein paar »Freebies«, also primär freiwillig obdachlose Jugendliche sitzen. Ich bin durstig und frage die Jungs, wo ich preiswert Getränke kaufen kann. Ich kann nämlich mal wieder keinen Supermarkt finden – das ewige Problem in den Staaten. Die Obdachlosen sagen mir, dass es im Grill kostenlose Getränke gibt. Klingt super ... und unglaubwürdig. Also setze ich mich zu ihnen vor das Fast-Food-Restaurant und lasse mir erklären, was genau das bedeuten soll. Man weiht mich ein, dass man, sobald man einen Becher hat, auch das Recht auf

Refills bekommt. Und da der Zapfautomat im Freien und zudem so bescheuert aufgestellt wurde, dass keiner der Angestellten sehen kann, wer sich wie oft bedient, sind die Getränke eben umsonst. Außerdem, so die Jungs, würde das auch eh niemanden jucken. Ich bleibe also bei den Jungs sitzen und beobachte, wie sich der Erste seinen wer weiß wievielten Refill holt. Das klappt tatsächlich, obwohl er quer über die Terrasse laufen muss. Der Automat steht eigentlich direkt neben der Essensausgabe, jedoch wahrhaftig so, dass keiner, der hinterm Tresen steht, ihn im Blick hat. Einer der Jungs drückt mir seinen Becher in die Hand und animiert mich, es ruhig ebenfalls zu versuchen. Ein Kinderspiel. Und da ich als Europäer darauf verzichte, mir die Hälfte des Bechers mit Eiswürfeln aufzufüllen, stibitze ich vermutlich noch am dreistesten von allen.

Der blonde Logan ist das Zentrum der Gang. Zumindest begrüßen alle, die neu zu uns stoßen, zunächst einmal den Surferboy mit dem kurzen Zöpfchen. Diese Wertschätzung scheint mir aber nicht darauf zu beruhen, dass er der Drogenboss oder Ähnliches in der Clique ist. Nein, der Ire mit dem auffallenden Tattoo auf der Wade ist einfach nur schwer sympathisch. Mit ihm zu kommunizieren ist einfach und nett. Das Bild, das seinen Unterschenkel ziert, ist übrigens die Karte Kaliforniens samt des Schriftzugs »SoCal«, also Southern California. Auf dem Fingerglied seines kleinen Fingers steht überdies noch »FAITH«. Alles an diesen Tattoos ist schlichtweg schlecht gemacht. Ob er wohl beim »Tattoo Thursday« in San Diego war?

Neben Logan sitzt Monkey. Ich gehe mal stark davon aus, dass seine Eltern ihn nicht so getauft haben, sondern vielmehr sein Erscheinungsbild für diesen Spitznamen verantwortlich ist. Monkey ist ein Riese, der aber mit seinen dunklen langen Haaren und dem Bart sehr eingeknickt auf dem Betonquader vor dem Habit Burger Grill sitzt. Er ist ein total ruhiger Zeitgenosse mit Hunde- oder eben Affenblick – wie auch immer. Ein Kerl, dem man wegen nichts böse sein kann, der einfach nur lieb und vielleicht auch ein bisschen doof ist. Einer, den man gerne als Kumpel hat, wenn's mal Ärger gibt. Denn, so Teddybär er auch erscheinen mag, austeilen kann er bestimmt auch. Augenblicklich teilt er auch aus. Allerdings keine Schläge und Tritte, sondern liebliche Botschaften. Der Hüne, dessen Obdachlosigkeit durch das Tragen viel zu vieler schwarzer Pullover deutlich wird, hält ein Schild vor sich, auf dem »Hungry Hippies« geschrieben steht. Sobald mehr oder weniger hübsche Frauen an ihm vorbeiflanieren, schaut er sie noch herzzerbrechender an und dreht das Schild um. Auf der nun für die auserwählten Damen zu sehenden Rückseite steht ein liebes »You are beautiful« geschrieben. Ach, wie süß. In der Highschool war Monkey nach eigenen Angaben ein ziemlich guter Footballspieler. Er kommt aus San Francisco und trägt eine 49ers-Mütze. Der 47. Super Bowl steht am Sonntag an und die 49ers sind mit von der Partie. Das interessiert ihn jedoch herzlich wenig. Er ist nämlich gar kein Fan mehr. Der komplette Sport geht ihm am Allerwertesten vorbei. Ich glaube, das sind alte Wunden.

Captain Chunk hat seinen Spitznamen wegen seiner Ähnlichkeit und – nach eigener Aussage – auch seiner Liebe zu dem fetten Kind aus »Die Goonies«. Er kommt aus meinem geliebten Portland, lebt mit seiner angeleinten schwarzen Katze auf der Straße und trägt ein »Turtles«-T-Shirt. Zuhause ist er öfter mal als »superhero after work« aufgetreten, berichtet er grinsend. Das sah dann so aus, dass er ein halbes Superheldenkostüm anhatte und durch die Straßen zog. Was er dabei gemacht hat, bleibt mir ein Rätsel. Die Leute fanden's auf jeden Fall lustig, strahlt er. Nach dieser Geschichte erzähle ich ihm von Fantastic Mr. Fox. Ich denke mir, dass ein Junge, der sich selbst Captain Chunk nennt, Mr. Fox' Geschichte interessant finden dürfte. Ich gebe den Cordhosenwitz zum Besten und berichte Chunk, dass dies Mr. Fox' Art ist, zu schnorren: »A joke for a smoke, a buck or a beer!«

Erst reagiert Chunk in keiner Weise auf meine Erzählung. Als kurz darauf aber ein paar Mädels vorbeikommen, beugt sich Chunk zu ihnen und fragt äußerst unbeholfen: »Uhm, excuse me? Can I tell you a joke and therefore get maybe a buck or a ...?«

Wenig erstaunlich wollen sich die beiden Hübschen keinen Witz von diesem unsicheren Jungen erzählen lassen und laufen ihn vollends ignorierend einfach weiter. Chunk redet derweil – zu uns oder einfach nur zu sich selbst – leise weiter: »No, of course I'm not allowed, because I'm not a human being ...«

Chunk will sich meinen Pass anschauen. Pässe, speziell jene von Ausländern, findet er wegen der ganzen Stempel so cool. Als er so am Blättern ist, stoppt er auf einer Seite, runzelt die Stirn und liest fragend: »Kingdom of Cambodia?«

»Yepp«, antworte ich.

»I've never heard of that before ...«

Er schaut mich fragend an, weshalb ich ihm ein wenig vom Königreich aus dem Fernen Osten erzähle. Ein paar noch jüngere Kids als der höchstens 18-jährige Captain Chunk rücken an. Ich glaube, es sind Skatekids aus der Stadt, die sich nur ein bisschen Gras bei Chunk kaufen wollen. Chunk haut kurz mit den Jungs ab, was Logan dazu animiert, mir zu erzählen, wie nervig der Dicke ist. Auf die Dauer glaube ich ihm das auch. Umso erstaunlicher demonstriert diese Situation den Zusammenhalt der Jungs. Anderswo werden Nervsäcke einfach zum Teufel gejagt. Gemeinsame Schlafplätze scheinen sie indes nicht zu haben. Wenn ich es richtig mitbekomme, schläft Logan beispielsweise derzeit auf der Ladefläche eines Pick-ups. Der Besitzer weiß und akzeptiert dies.

Außer Logan, Monkey und Captain Chunk sitzen noch eine hübsche Mexikanerin, die wohl zu Monkey gehört, und Logans Zwillingsbruder im Geiste mit uns auf dem Betonblock. Er ist ein wenig ruhiger, aber sichtlich Logans bester Kumpel in der Runde. Ein weiterer Freund Logans ist mir weniger sympathisch und wirkt ganz schön schräg. Er hat fett »Et Spiritus Sanctus« auf seine Haut tätowiert, trägt eine Sonnenbrille, ein weißes T-Shirt, schwarze fingerlose Handschuhe, eine ¾-Jeanshose sowie weiße Socken, die er sich bis zu den Kni-

en hochgezogen hat. Die nackten Waden sind also trotz der recht kurzen Hose nicht zu sehen. Was für ein Outfit. Neben ihm sitzt seine sehr fette afroamerikanische Freundin im Rollstuhl und hört sich noch am andächtigsten seine präsentierten Knastgeschichten an. Was für ein Typ.
Logan und seine Gang, allen voran der Kopf der Gruppe selbst, haben die Angewohnheit, Frauen auf einer Skala von 0 bis 10 zu bewerten. Die Jungs machen ihr Spielchen dabei im Geheimen; die Frauen bekommen von den Wertungen also nichts. Hin und wieder kommt es dabei jedoch zu hitzigen Diskussionen in der Jury. Die Debatten über das Äußere der soeben vorbeimarschierten »7« beziehungsweise »4« werden nahezu niveauvoll geführt und sind daher äußerst ulkig mitanzuhören.
Eine verwirrt wirkende ältere Frau kommt vorbei und regt sich weshalb auch immer tierisch über Monkey auf. Der ignoriert sie einfach, um keinen Tumult auf offener Straße auszulösen. Scheint mir ebenfalls die klügste Taktik zu sein, die obendrein mal wieder beweist, dass das Klischee vom jugendlichen, obdachlosen Vollassi, der sofort zurückpöbelt, eben nur ein Klischee ist, welches nicht unbedingt bedient werden muss. Alle Obdachlosen, die ich an der Westküste kennengelernt habe, waren bedachte, höfliche und zumeist auch recht schlaue Menschen. Weshalb regt sich die Alte nun aber so auf? Hat Monkey ihr sein »You're beautiful«-Täfelchen nicht gezeigt? Nachdem sie noch eine Zeit lang in gewissem Abstand wütend vor sich hinblökt, gibt sie die Provokation auf und zieht endlich weiter. Dafür rückt Filmemacher Dylan plötzlich an, den ich sofort freundlich grüße, was mit einem sehr verwirrten Blick entgegnet wird. In Rekordzeit dürfte mein Rang vom interessanten Pressefotografen über den uninteressanten Kollegen zum obdachlosen Dummschwaller herabgesunken sein. So kann's gehen. Für einen Künstler ziemlich intolerant, oder?
Logan empfiehlt mir, mit dem VISTA und nicht mit Amtrak nach Ventura zu fahren. Der Bus kostet nur drei Dollar, wohingegen der Zug mit 14 Dollar zu Buche schlägt. Der nächste Bus fährt in einer dreiviertel Stunde. Das ist zu lange zum Warten und zu kurz, um mir Santa Barbara entspannt anzuschauen. Ich entscheide mich daher, den Bus um zehn nach vier zu nehmen. Das ist erst in knapp eineinhalb Stunden.
In Santa Barbara gibt es Paseos, niedliche kleine Fußgängerzonen, die sich meist durch einen, manchmal auch durch mehrere Blocks ziehen. Die erste dieser kleinen Oasen entdecke ich, als ich mir den Weg zur Bushaltestelle anschaue. Der Paseo Nuevo geht von der State Street ab und führt mich auf die auf der anderen Seite des Blocks gelegene Chapala Street. Hier, an der Ecke Chapala und Figueroa, wird also mein Bus, der *Coastal Express* abfahren.
Ich spaziere wieder in Richtung State Street und spüre zufällig das nächste Gässchen auf. In diesem Paseo, La Arcada, hängen alle möglichen Flaggen von den Häuserwänden und putzige Delfinstatuen säumen das Sträßchen. Dass man in Santa Barbara Delfinstatuen aufstellt, leuchtet ein, was jedoch das bronzene

»Mozart Trio« hierher verschlagen hat, bleibt mir ein Rätsel. Schön anzusehen ist das klassische Trio auf dem Minibrunnen allemal. Weiter hinten in der Passage leben Schildkröten in einem sonnendurchfluteten Brunnen. Trotz eines Hinweisschildes haben ein paar Minderbemittelte dennoch Münzen ins Wasser geworfen. Der Paseo spuckt mich vor dem im spanischen Kolonialstil erbauten County Courthouse in der Anacapa Street aus.

Santa Barbara County Courthouse

Das pompöse weiße Gebäude mit dem riesigen Torbogen und dem 26 Meter hohen Uhrenturm stammt aus den späten 20er Jahren. Zuvor stand an dieser Stelle ein im griechischen Stil gehaltenes Gerichtsgebäude, welches durch ein Erdbeben 1925 zu schwer beschädigt wurde, um gerettet zu werden. Dies könnte sich für Santa Barbara allerdings zum Glück im Unglück entwickelt haben, da es heißt, dass das neue Gerichtsgebäude, welches von manchen sogar als das schönste öffentliche Gebäude der USA bezeichnet wird, den spanisch anmutenden Baustil der kompletten Innenstadt maßgeblich geprägt habe.

Hinter der beeindruckenden Arkade offenbart sich ein Rasen, auf den jeder Engländer neidisch sein darf. Mit »Sunken Garden« ist obendrein noch der Name ziemlich lässig und auch der Gärtner scheint über ein gewisses Maß an Humor, verbunden mit Hingabe zu verfügen: Ein gelbes Seil ist um den Rasen gespannt und auf einem Schild steht des Gärtners Bitte: »Please watch the grass grow. Refrain from walking on it. Thank you.«
Von der Poesie des Augenblicks angesteckt, breite ich meine Arme aus und deklamiere: »Dios nos dio los campos, ...« Ich lege eine dramatische Pause ein und ende schließlich mit: »... el arte humana edificó ciudades.«
Ich verbeuge mich, schwinge meinen Zopf nach hinten und mache eine möglichst arrogante Bewegung mit dem Kinn, bevor ich von dannen ziehe, den Torbogen durchquere und nachschaue, ob ich die Inschrift darüber auch richtig wiedergegeben habe: »Gott gab uns Felder, doch die Fertigkeit des Menschen baute Städte.«
Yeah, Baby.

Die Geschichte Santa Barbaras

Die Gegend um das heutige Santa Barbara wurde schon vor Tausenden von Jahren besiedelt. Als 1542 der portugiesische Entdecker João Cabrilho als erster Europäer durch den Santa Barbara Channel segelte, bewohnten an die 10.000 Chumash die »Amerikanische Riviera«. 1602 bedankte sich ein spanischer Konquistador beim lieben Gott für das Überleben eines Sturmes und benannte die bei Europäern noch namenlose Gegend nach der Heiligen, deren

Gedenktag dem unheilvollen Tage folgte: Barbara von Nikomedien. Es dauerte weitere sage und schreibe 180 Jahre bis sich die ersten Soldaten und Missionare an jenem Ort ansiedelten, der heute auch den Spitznamen »Silicon Beach« trägt. In der Folgezeit wurden die Chumash zu großen Teilen von den Pocken dahingerafft und die spanische Siedlung mitsamt ihrer Mission 1812 von einem Erdbeben samt Tsunami dem Erdboden gleichgemacht. Das Wasser drang damals bis zum soeben besuchten Gerichtsgebäude hinauf, welches mehr als zwei Kilometer Luftlinie vom Ozean entfernt liegt. 1822 wurde Santa Barbara Teil des nun unabhängigen Mexiko. Man hatte jedoch nicht allzu lange Freude an Santa Barbara und verlor es 1846 an die Amerikaner. Zwei Jahre später wurde Santa Barbara offiziell von den USA annektiert.

Aus den Lehm- wurden Holzbauten, die Bevölkerung wuchs rapide an und mit dem Goldrausch wurde aus dem beschaulichen Küstenstädtchen eine gesetzlose Oase für Gangster und Spieler. Einer von ihnen, Jack Powers, wurde gar zum Herrscher über Santa Barbara und Kontrolleur der Straße nach San Luis Obispo. Der Camino Real erlangte durch die Überfälle der Powers Gang die fragwürdige Berühmtheit, die gefährlichste Straße des gesamten Staates zu sein. Erst ein Trupp von 200 Mann konnte Powers aus Santa Barbara vertreiben. Er floh nach Mexiko, wurde für kurze Zeit Farmer und letzten Endes wegen eines Streits um eine Frau Schweinefutter. Was für eine Karriere.

Nur drei Jahre nachdem mexikanische Schweine Powers verspeist hatten, bekamen ihre Kollegen aus Santa Barbara 1863 eine verheerende Dürre zu spüren, die die Ära der Farmer an Kaliforniens Küste beendete. 1870 wurde Englisch zur offiziellen Sprache Santa Barbaras ernannt und zwei Jahre später mit Stearns Wharf der längste Tiefwasserpier zwischen Los Angeles und San Francisco eröffnet, welches den Wohlstand der Stadt nach der Dürre wiederherstellte und sie für Touristen attraktiv werden ließ. 1887 kam noch die Eisenbahnstrecke nach Los Angeles und 1902 auch nach San Francisco hinzu. Als man dann zusätzlich noch Öl entdeckte, stand dem Aufschwung nichts mehr im Wege.

In den späten 30er Jahren besuchte ein Mann namens Kozo Nishino, seines Zeichens Skipper eines japanischen Öltankers, das nahe der Stadt gelegene Ellwood Oil Field. Peinlicherweise stolperte der Gute und landete mit dem Popöchen in einer Opuntie. Das ist ein Kaktus. Als sich der stolze Käpt'n die Stacheln aus den Backen ziehen ließ, konnten ein paar Ölarbeiter nicht an sich halten und lachten den Armen aus. Was ist das bekanntermaßen Schlimmste, was einem Asiaten passieren kann? Richtig: das Gesicht zu verlieren. Nishinosan hatte dieses Gefühl der Erniedrigung offensichtlich noch immer nicht verdaut, als er wenige Jahre nach der stachligen Angelegenheit zurückkehrte und US-amerikanische Geschichte schrieb: »Rache ist ein Gericht, das am besten kalt serviert wird«, wussten bereits die Klingonen und auch Kozo Nishino mag Ähnliches durch den Kopf gegangen sein, als er am 23. Februar 1942 mit dem U-17, einem japanischen U-Boot, vor der Küste Santa Barbaras auftauchte.

»Ich setze Santa Barbara in Flammen«, meldete der Rachsüchtige nach Tokio und eröffnete die Götterdämmerung, die den ersten Angriff feindlicher Truppen auf das amerikanische Festland seit dem Britisch-Amerikanischen Krieg von 1812 darstellte. Wer weiß, ob nicht der Chef persönlich, mit Schaum vor dem Mund, innerhalb von 20 Minuten bis zu 25 Schüsse auf die verdammten Öltanks des verfluchten Ellwood Oil Field abgab. Was man auf jeden Fall weiß, ist die Tatsache, dass die bloße Präsenz des U-Boots wesentlich mehr anrichtete, als der Held, der fürs Abschießen der Kanone verantwortlich war. Denn, nun ja, kein einziger Schuss landete im Ziel. Nein, die Geschosse landeten entweder im Wasser oder flogen kilometerweit ins Landesinnere und richteten dort einen Schaden von immensen 500 Dollar an. Selbst die an alldem schuldige Opuntie überlebte die Attacke und steht noch heute gesund und munter auf einem Golfplatz herum. Rache geglückt? Sieht nicht so aus. Das weitaus tragischere Resultat des Angriffs war, dass viele Küstenbewohner aus Angst vor weiteren, verheerenderen Angriffen die Flucht ergriffen. Darüber hinaus wird mit dem Beschuss des Ölfelds auch der Beginn der Internierung japanischstämmiger Menschen in Verbindung gebracht. Tatsächlich unterzeichnete Präsident Roosevelt bereits vier Tage *vor* Nishinos Rückkehr die *Executive Order 9066*, die ebendieses legitimierte. Dieser Vorfall mag die Realisierung der Deportationen jedoch beschleunigt haben. Für'n Arsch, Nishino-san. Für'n Arsch.
Seit Kriegsende durchlebte die Stadt mehrere zerstörende Waldbrände und eine Ölkatastrophe, die 1969 die komplette Küste und die Channel Islands verseuchte. Ansonsten wuchs Santa Barbara einfach nur rapide an: 10.000 Neubürger bis 1950, 14.000 bis 1960 und 12.000 bis 1970. 1975 beschlossen die Stadtherren schließlich, den Zuwanderungsboom zu stoppen, indem sie die maximal geduldete Einwohnerzahl Santa Barbaras auf 85.000 beschränkten. Das Bevölkerungswachstum ebbte ab und die Preise stiegen an – extrem. Heute ist Santa Barbara die teuerste Wohngegend der gesamten USA. Der Durschnittspreis für ein Häuschen an der »Amerikanischen Riviera« beträgt lässige 1,3 Millionen Dollar und somit mehr als doppelt so viel wie der kalifornische Schnitt. Mittlerweile leben 90.000 Menschen in Santa Barbara.

Ich entdecke einen weiteren Paseo, der vielmehr ein überdachter Korridor ist und an einem noblen Innenhofrestaurant und einem merkwürdig platzierten Zimmer vorbeiführt, das mit seiner reich verzierten Holzbank, Marmortisch und Kamin wie ein Warteraum aus der Kolonialzeit aussieht. Verrückt. Der Paseo gehört zum Casa de la Guerra, in dem einst der fünfte Kommandant der hiesigen Garnison lebte. Ich lande in einem Hinterhof, von dem aus ein Gang wieder auf die Straße führt, wo sich die De La Guerra Plaza vor mir auftut. Als ich den Rasen des gemütlichen Platzes betrete, entdecke ich die verwirrte Alte wieder, bei der Monkey so in Ungnade gefallen war. Glücklicherweise erkennt sie in mir keinen der »bösen« Jungs wieder und lässt mich in Ruhe. Dafür nervt sie ein Pärchen, das nur wenige Meter neben ihr auf der Wiese platzgenommen hat und mit dem ich Sekunden zuvor eine Unterhaltung begonnen habe. Kaum sitze ich, plärrt die Durchwindete, dass sie Wasser für ihre Pillen benötigt. Das Pärchen erklärt ihr, dass es nur wenige Meter neben dem Platz einen Trinkwasserbrunnen gibt. Die Alte schaut hektisch in sämtliche Himmelsrichtungen, sieht aber nirgendwo einen Brunnen. Also wird sie wieder unruhig, wenn nicht sogar gereizt. Die zwei beschreiben der Frau, dass sich die Trinkstelle hinter jenem roten Auto dort befindet, was die verrückte Oma vor das nächste Problem stellt: Sie kann weder ihr Zeug einfach so auf der Wiese liegen lassen noch kann sie es aufheben und mitnehmen. Äh, was? Die nicht wirklich Rüstige steht mühsam auf und beginnt, nach vorne gebückt, wie ein Pendel über ihrem Hab und Gut zu torkeln. Dabei kommt sie der Verzweiflung näher und näher. Bevor sie explodiert, bieten wir drei ihr an, auf ihre Sachen aufzupassen. Damit kann sie leben, kippt nicht um, sondern wackelt mit ihren Pillen zum roten Auto. Mamma mia.

Die Unterhaltung mit dem sympathischen Paar kann nun endlich beginnen. Wie er heißt, weiß ich nicht. Ich bekomme nur mit, dass er Lateinamerikaner und meiner Vermutung nach der Freund der hübschen Frau neben ihm ist. Diese beginnt auch gleich, mir Fragen zu stellen. Sie möchte wissen, ob die ganzen Flaggen auf meinem Rucksack bedeuten, dass ich all diese Länder bereist habe. Ich bejahe dies und ergänze, dass die eine oder andere Flagge wie beispielsweise Kuba jedoch fehlt.

»Cuba?«, fragt sie.

Dass ich in Kuba war, findet man in Amerika immer spannend. Sie bittet mich, ihr vom Karibikstaat zu erzählen. Sie möchte wissen, wo ich alles war und wie ich das Land empfunden habe. Also erzähle ich: Ich berichte davon, dass das Land mich eher geschockt denn begeistert hat. Von Umberto, dem Oppositionellen, den ich gleich am ersten Tag kennenlernte und der meinen Blick auf Kuba nachhaltig prägt. Ich lasse sie wissen, dass das, was man in Kuba als Sozialismus bezeichnet, herzlich wenig mit meiner Auffassung dieses Begriffs zu tun hat. Nein, allzu schön war es nicht, aber interessant, höre ich mich noch sagen und unterbreche alsdann abrupt meinen Vortrag. Ich schaue der Frau, die mir die gesamte Zeit über sehr aufmerksam zugehört hat, in die Augen und bemerke darin etwas. Oh, verdammt. Ich begreife sofort. Naja, also *jetzt* begreife ich *endlich* sofort: »You're Cuban, aren't you?«

»Yes.«

Ich kneife peinlich berührt meine Augen zusammen, beiße mir auf die Lippen und möchte mich gerade dafür entschuldigen, dass ich so viel an ihrer Heimat kritisiert habe, als ihr Grinsen noch breiter wird und sie mir glücklich mitteilt, dass sie ihre verlorene Heimat soeben wie in einem Film vor Augen gesehen und so vieles aus ihren Erinnerungen wiedererkannt hat, wie schon lange nicht mehr. Wow, das ist rührend. Ich blicke zu ihrem Freund, der mich anlächelt,

als hätte ich gerade eine wirklich gute Tat vollbracht. Kurz darauf verabschiedet er sich und ich vertiefe mich mit Maydel, bei der ich nun offensichtlich einen Stein im Brett habe, in eine wirklich schöne Unterhaltung. Die Kubanerin mit dem regenbogenfarbenen Stirnband und dem roten Sweatshirt hat sich vor ein paar Monaten scheiden lassen und ist seitdem obdachlos. Sie führt anarchistische Schriften mit sich herum, glaubt auch daran, möchte sich aber nicht als Anarchistin bezeichnen. Ich erzähle ihr, dass ich morgen Fallschirmspringen werde, was sie mit einer dramatischen Geschichte aus ihrem Leben erwidert: Vor acht Jahren flog sie mit ihrer damals zweijährigen Tochter von der West- an die Ostküste, als die Maschine plötzlich abstürzte. Die Passagiere begannen zu schreien, zu beten oder zu fluchen, wohingegen ihre kleine Tochter Maydel breit angrinste: »Mama, this is a fun ride!«
So dachte sich Maydel, dass Mutter und Tochter – wenn sie nun schon sterben müssen – doch wenigstens die letzten Augenblicke genießen sollten. Also hatten die beiden Spaß an ihrem Absturz, rissen die Arme in die Höhe und verhielten sich wie auf einer Achterbahn. Plötzlich gewann der Pilot wieder die Kontrolle über die Maschine und der »fun ride« war vorbei. Sie empfiehlt mir, morgen an diese Geschichte zu denken, falls ich vor dem Sprung Angst haben sollte.
»This is a fun ride!«, wiederholt sie und lässt ihr schönes Lächeln wieder aufblitzen.
Na, ich werde es versuchen. Ich bin schon gespannt, wie nervös und ängstlich ich morgen sein werde. Noch geht es, was sicherlich daran liegt, dass ich mir die Situation schlichtweg noch überhaupt nicht vorstellen kann. Ich springe morgen aus einem Flugzeug?
Ich könnte noch Stunden mit Maydel reden, doch leider muss ich meinen Bus bekommen. Wir umarmen uns und wünschen uns gegenseitig alles Gute. Bevor ich abhaue, lasse ich sie noch wissen, dass sie morgen gegen elf Uhr einfach einmal daran denken soll, dass möglicherweise in diesem Moment ein Typ aus drei Kilometern Höhe der Erde entgegenrast und – wenn er es gebacken bekommt – dabei an sie und ihre Geschichte denkt. Kommt ja nicht alle Tage vor und ist doch ein Gedanke, der durchaus reizvoll erscheint. Daraufhin drückt sie mich noch einmal an sich.
Als ich im Bus sitze, setzt die Dämmerung ein und färbt die hügelige Küstenlandschaft zwischen Santa Barbara und meinem neuen Ziel Ventura in ein goldenes Licht. Die Aussicht ist großartig und der Bus irgendwie putzig. So recht will das ein wenig klapprig wirkende Gefährt nicht in das reiche Bild der Stadt passen. Zudem ist der Anteil an hispanischen Passagieren weit höher als auf den Straßen.
Nach 70 Minuten verlasse ich den Bus in Downtown Ventura, an der Ecke Santa Clara und Oak Street. Die Mitreisenden vor und hinter mir haben mir diesen Ausstieg als Venturas zentralsten genannt. Es ist kurz vor halb sechs und die Sonne senkt sich immer tiefer. Ich will daher keine große Zeit verlieren und

marschiere die California Street in Richtung Strand hinab, um meiner an der Westküste angeeigneten Sonnenuntergangssucht zu frönen. Über eine Brücke überquere ich den an der Küste entlangführenden Freeway und erreiche den hässlichen, orange-gelben Plattenbau des Crowne Plaza Hotel. Ab hier beginnt der Fußgängerbereich und bei mir das Grübeln: Wo übernachte ich heute? Ich gehe davon aus, dass Ventura nicht wesentlich preiswerter als Santa Barbara ist und mich ein Hostel pro Nacht wieder 30 Dollar aufwärts kosten wird, was bei meinen Ausgaben der nächsten Tage langsam schmerzhaft wird. In einer Mischung aus: »Geil, Sonnenuntergang!«, und: »Verdammt, was mache ich denn nun?«, lasse ich mich weiter wie eine Motte vom immer röter werdenden Licht der Sonne anziehen. Gerade als ich die Promenade erreiche, kommen mir drei angenehm erscheinende junge Menschen entgegen. Ich denke mir, dass man es ja mal probieren kann, und spreche sie höflich an: »Excuse me?«
Die drei – zwei Jungs und ein Mädel – bleiben stehen. Der Längste von ihnen mustert mich von oben nach unten. Nicht aufdringlich, aber ich merke schon, dass er mich ein wenig unter die Lupe nimmt: lange Haare und ungestutzter Vollbart, ein schwarzer Mantel mit einem roten Stern auf der linken Schulter, ein roter Schal um den Hals, ein schwerer Rucksack auf dem Rücken, fingerlose Handschuhe, völlig zerfetzte Schuhe, aus denen mindestens ein Zeh heraussteht … so ganz taufrisch sehe ich nach drei Monaten nicht mehr aus.
»Do you know if there's a hostel around here?«, stelle ich meine Frage.
»A hostel?«, fragt mich der Lange. Die drei schauen sich kurz gegenseitig fragend an, bevor sie mich mitleidvoll und kopfschüttelnd angrinsen. Der Lange ergreift wieder das Wort und gibt mir die Antwort, die ich als Worst-Case-Szenario befürchtet, aber bei meinem Serendipity der letzten Monate nicht zu träumen gewagt habe: »This is Ventura. There are only hotels where a night's between 60 and 80 bucks.«
»Oh shit.«
Der Lange mustert mich wieder kurz: »You have an accent. Where do you come from?«
»Germany.«
Es ist nicht übertrieben, wenn ich sage, dass nur eine Sekunde seit meiner Antwort vergangen ist, als ich zum zweiten Mal am heutigen Tag in ein Augenpaar blicke, in dem vom einen auf den anderen Moment etwas passiert. Diesmal sind es die Augen des Langen. Er macht eine wischende Handbewegung und sagt: »Fuck it. You can crash at my place.«
»No way! Really?«, kommt es aus mir heraus. Das ist ja … das ist doch … was ist denn hier los? *Serendipity rules! Rock und Roll! Yeah!*
Mein Mainzer Freund Alex hat mir vor Jahren einmal gesagt, dass ich ein Buch über mein Glück schreiben sollte. In den letzten Jahren war mir das aber bei so manchen Dingen etwas abhandengekommen. Auf dieser Reise, mein lieber Alex, scheint es wieder zurück zu sein. Vielleicht schreibe ich ja gerade un-

planmäßig das Antibuch für jeden Misanthropen, Pessimisten und Depressiven dieser Welt: »Das Glück des Dennis K.«
Der Lange streckt mir seine Hand entgegen und stellt sich vor: »Hi, I'm Scott.« »Dennis«, erwidere ich die Begrüßung.
Die anderen beiden heißen Lauren und Kevin.
»Let's go drink a beer«, schlägt Scott vor und spaziert vorneweg zum 250 Meter entfernten Pier. Bei Eric Ericsson's kostet das Bier in der Happy Hour nur 2,50 Dollar. Scott besteht darauf, die Runde zu zahlen. Wie cool ist der denn bitte?
Scott ist 27 Jahre alt und arbeitet saisonal als Feuerwehrmann. Er bekämpft die riesigen Waldbrände, die es auch regelmäßig in unsere Nachrichten schaffen. Krass. Kevin und Scott sehen sich heute erstmals seit einem Jahr wieder. Kevin hat einen Dreitagebart und lebt als Biobauer außerhalb der Stadt auf seinem eigenen Hof. Er will expandieren und auch medizinisches Marihuana anpflanzen. Lauren ist ein blonder, hübscher Sonnenschein und doch nicht Scotts Freundin. Zumindest formulieren die zwei es so. Die beiden haben aber was miteinander. Da bin ich mir sicher.
Ich mag meine neuen Freunde jetzt schon. Sie fragen mich über meine bisherige Reise aus und wollen wissen, was mich nach Ventura verschlagen hat. Ich gebe fleißig Auskunft, erzähle von meinen Abenteuern, von Ford und Cari sowie davon, wie sehr ich Sonnenuntergänge lieben gelernt habe und eigentlich nur deswegen den dreien in die Arme gelaufen bin. Scott lacht und beichtet, dass er eigentlich dachte, dass ich einer der Strandjunkies sei, der sie nur nach einer Kippe anschnorren wollte. Umso erstaunlicher finde ich es, dass er nach diesem ersten Eindruck so schnell zu seiner Einladung zu sich nach Hause umgeschwenkt ist. Der Mann gefällt mir!
Scott teilt mir mit, dass er und seine Eltern noch zu Oma und Opa zum Abendessen eingeladen sind. Er verspricht mir, mich später anzurufen und mich abzuholen. Kevin stößt dazwischen und kündigt an, dass er sich in der Zwischenzeit um mich kümmern wird. Das klingt doch super. Scott und Lauren verabschieden sich kurz darauf und Kevin strahlt mich an während er ein Pfeifchen auspackt: »Let's go to the beach!«
Ich verbringe gut 25 Minuten mit Kevin am Strand und rauche zwei Pfeifchen mit ihm. Währenddessen schwärmt er mir in den allerhöchsten Tönen von Scott vor: Laut Kevin ist Scott einer der, vielleicht sogar *der* beste Surfer Venturas. Sie alle drei – Kevin, Lauren und Scott – surfen natürlich. Aber Scott ist der King. Dass sein Freund mich zu sich nach Hause einlädt, zeige wieder einmal die Größe dieses Kerls. Sie selbst sehen sich viel zu selten, bedauert er. Er kennt Scott nun aber schon lange genug, um mir versichern zu können, dass ich dem besten Menschen, dem ich überhaupt hätte begegnen können, über den Weg gelaufen bin. Er wird mich morgen sicherlich auch zum Flughafen bringen oder es mir auf jeden Fall sehr erleichtern, dorthin zu kommen. Ja, fett!

Das wäre natürlich der Hammer!
Am Horizont leuchten vier illuminierte Bohrinseln im Meer … und am Strand vier rot verstrahlte Augen. Heidewitzka! Das Biogras der »Amerikanischen Riviera« hat's in sich. Ich hätte nie gedacht, dass ich den Anblick von Bohrinseln mal romantisch finden würde. Heute Abend tue ich es. Außerdem wundere ich mich darüber, wie nahe die Inseln doch sind. Habe ich denn jemals zuvor Bohrinseln live gesehen? Ich glaube nicht.
»Yeah …«, stimmt mir Kevin nickend zu. Keine Ahnung zu was, aber es wird schon passen. Wenig später beschreibt mir Kevin, wie ich in die Downtown komme und haut ab.
Die Küstenstadt ist so, wie man es sich vorstellt: Überall rennen Surferboys herum. Als ich an eine Ampel komme, nähern sich zwei Skateboarder, die zu spät bemerken, dass die Fußgängerampel rot leuchtet: »Oh fuck«, stoßen sie aus, schmeißen ihre Boards auf den Boden und brettern hochgradig lässig über die Straße, bevor Sekundenbruchteile später die Autos vorbeirauschen. Auf der anderen Seite steigen sie nicht mehr von ihren Boards ab, sondern unterhalten sich im Fahren weiter. *That's Ventura, Baby!*
Die Downtown besteht offensichtlich lediglich aus der Main Street, in der kein Haus mehr als ein Obergeschoss hat. In der Main Street befindet sich außer »Things from Heaven – An Angel Store« auch die 1782 gegründete hübsche, weiße Mission, die der Namensgeber Venturas war. Offiziell heißt die 106.000-Einwohner-Stadt nämlich City of San Buenaventura. Eine Straße bergauf – in der Poli Street – thront die pompöse City Hall, vor der Ventura dem Missionsgründer Junípero Serra eine Statue errichtet hat.
Nachdem ich die Straße zweimal auf und ab gelaufen bin, setze ich mich vor eine Bar, in der eine Bluesband spielt. Scott taucht irgendwann auf und sammelt den äußerst breiten Dennis ein.
Scott lebt in einer WG. Auf dem Weg dorthin frage ich ihn, ob er und Lauren nun ein Paar sind oder nicht. Er verneint es etwas halbherzig und klärt mich darüber auf, dass er sich vor Kurzem erst nach neun Jahren von seiner Freundin getrennt hat. Sie waren sogar ein Jahr lang verlobt. Etwas Neues möchte oder kann er eigentlich gar nicht anfangen. Lauren sei aber großartig und er liebt die Zeit, die sie miteinander verbringen. Auf mich wirkten die beiden ebenfalls sehr harmonisch.
In der WG leben fünf oder – die ewig präsente Freundin des einen mitgerechnet – sechs Leute. Alle surfen. Was 'ne Überraschung. Die Clique bewohnt nur unweit der Downtown ein komplettes Haus. Im Wohnzimmer steht ein Schlagzeug. Gibt es irgendein lässigeres Utensil, das man sich in ein WG-Wohnzimmer stellen kann? Ich wage es zu bezweifeln. Scotts Mitbewohner sind allesamt cool. Da wäre zum einen das Pärchen. Er ist primär Taucher. Neben dem Gerätetauchen praktiziert er auch *free diving* … und *spear diving*. Hm. Surfen kommt erst an zweiter Stelle. Damit ist er der große Außenseiter in der

Hemlock-Street-WG. Was sowohl er als auch seine Freundin hingegen mit den anderen gemeinsam haben, ist die Tatsache, dass sie verdammt gut aussehen. Vom Kollegen, der sein Zimmer direkt hinter der mir anvertrauten Couch hat, bekomme ich nicht viel mit. Er scheint mir der Ruhigste der sechs zu sein. Ich lerne noch Casey kennen, der in meinen Augen wie der junge Henry Rollins aussieht. Er ist ebenfalls ein ganz schönes Tier, hinterlässt aber nicht annähernd einen solch wütenden Eindruck wie die Punklegende.
Scott fragt mich, ob ich nicht auch zum Surfen nach Ventura gekommen bin, was ich fast schon peinlich berührt verneine: »I've been to Hawaii for ten weeks and I'm traveling the West Coast for three months now, but I never even managed to try it once.«
»You never surfed?«
Ich schüttle mit dem Kopf.
»Well, we gotta change that«, bestimmt er und lädt mich ein, morgen früh mit ihm surfen zu gehen und mich danach zum Flughafen zu fahren. Sind nur 15 Minuten *one-way*, erklärt er. Überdies hat er zurzeit sowieso keine Arbeit und dementsprechend nichts zu tun. Somit kann er mir auch das Surfen beibringen und mich danach zu meinem Fallschirmsprung fahren. Was für ein genialer Typ!
Wir sitzen in einer wirklich tollen Runde beisammen, als mit einem Mal der Strom ausfällt und wir im Dunkeln hocken. Das irritierte Schweigen wird von Casey gebrochen: »Oh yeah, sorry guys. That reminds me on something: I forgot to tell you that I got a call. We will have electricity interruptions tonight. – Did anyone else get that call?«
Die Runde bricht in großes Gelächter aus. Offensichtlich hat niemand sonst einen solchen Anruf erhalten. Schnell werden ein paar Kerzen ausgepackt und Scott schlägt vor, dass ich mein Notebook einschalte und der Runde »Erinnerungen« präsentiere. Schließlich habe man nicht jeden Tag Besuch von einem europäischen Filmemacher. So wird's gemacht. Irgendwoher kommt die Info, dass der Strom bis morgen früh um sieben wegbleiben wird.
Später, als alle schon in ihren Betten liegen, kommt mit Steve noch der letzte Mitbewohner nach Hause, der nur mal kurz die stromlose Lage checken möchte und mit dem ich nicht viel mehr als ein: »Hi«, austausche. Dann schließe auch ich die Augen, freue mich über diesen großartigen Tag, über Scott, Kevin, Lauren, die WG und meinen morgen anstehenden Abenteuertag. Das Einzige, was mich beunruhigt, ist mein Hals, der mir seit heute schmerzt. Ich fürchte, ich habe mich erkältet, was knapp 30 Stunden vor meinem Tauchtag natürlich ein äußerst schlechtes Timing darstellt. Zum Glück muss ich nicht auf der Straße schlafen oder 60 bis 80 Dollar für ein Hotel blechen. *Thank Scott ...*

Anleitung zum perfekten Tag
oder: **Wie ich zur »German Legend of Ventura« wurde**
Tag 84: Freitag, 1. Februar 2013

»Some surfing before I fly … Life's good!«
»YOU ASSHOLE!«
Genau das wollte ich von Cari hören, bevor ich mich nach dem Surfen aus einem Flugzeug stürze. Ja, heute ist der große Tag: Ich werde zum ersten Mal surfen und danach erstmals mit einem Fallschirm auf dem Rücken aus einem Flugzeug springen.
Der Tag beginnt gegen acht Uhr mit von Scott zubereitetem Oatmeal. Nach dem Frühstück führt er mich durch den recht großen Garten, der sich hinter dem Haus erstreckt, in Richtung Holzschuppen. Es sieht so aus als würden die Jungs ihren Garten tatsächlich pflegen. Neben einigen sukkulenten Pflanzen gedeihen darin auch ein Mandarinen- und ein Avocadobaum. Traumhaft! Vor dem Holzschuppen parkt darüber hinaus noch das Boot des tauchenden und fischenden Mitbewohners. Ein eigener kleiner Kutter … Auch das hat was. Je mehr ich von der WG mitbekomme, desto mehr festigt sich mein Eindruck, dass die Jungs in paradiesischen Verhältnissen leben. Es wird noch besser: Als Scott den Schuppen öffnet, kenne ich ihn bereits. Ja, so sehen Holzschuppen von Surferboys in Hollywoodfilmen aus: Der gesamte Schuppen – und der ist groß, locker 30 m² – ist bis unter die Decke mit Surfbrettern und Neoprenanzügen vollgepackt. Scott stellt sich wie ein Weinliebhaber, mit Daumen und Zeigefinger am Kinn, vor die Bretter und überlegt, welcher Tropfen, äh, welches Brett denn zu mir passen müsste: keines. Hä? Scott erklärt mir, dass es noch weitere Bretter in der Garage seiner Eltern gibt. Dort wäre ein geeigneteres für mich.
Wir beladen Scotts Truck. Mein neuer Kumpel ist in äußerst putziger Weise total stolz auf seinen kürzlich erworbenen Isuzu, der wohl aus den 80ern stammen dürfte. Die hintere Stoßstange ist von einem Unfall des Vorbesitzers komplett eingedrückt und muss – damit sie nicht abfällt – mittels einer Wäscheleine an das Fahrzeug gebunden werden. Auch sonst wirkt das Vehikel nicht mehr allzu taufrisch, doch Scott liebt die hässliche Kiste. Von wegen durchtrainierte Surfer stehen nur auf schicke Autos, um einen auf dicke Hose zu machen. Überhaupt fällt mir auf, dass Scott unfassbar unprätentiös und uneitel ist. Was er auch macht: Er wird mir von Minute zu Minute sympathischer und sympathischer. Als wir bei Scotts Elternhaus ankommen, begrüßt uns seine Mutter stürmisch. Nun ja, sie begrüßt Scott mit einer liebevollen und erleichterten Umarmung: »You're alive!«
Ich glaube, mir den Gefühlsausbruch selbst erklären zu können, doch Scotts Mutter lässt es, meine Hand schüttelnd, sich nicht nehmen, mir den Grund ihrer Freude zu offenbaren: »Excuse me, but Scott told us last night that he invited

you to his place without knowing anything about you. And as a mom ... You know?«
Ich lache, was bei Scotts Mutter ebenfalls zu einem noch breiteren Lächeln führt: »Ah, but you're obviously a nice guy!«
»Thank you«, freue ich mich und empfinde auch Scotts Mom sofort als sehr liebenswürdig. Scott erklärt seiner Mama, dass wir uns nur schnell das nötige Equipment aus der Garage nehmen und zu meiner lebensersten Surfstunde an den Strand fahren werden.
»Awesome!«, freut sie sich mit mir – oder uns – und fügt an, dass sie ebenfalls gleich runterkommt. Die Frage, ob sie auch surft oder nur kommen will, um mich auszulachen, spare ich mir lieber. Ich will meinen Status als »nice guy« nicht ruinieren, indem ich eine 50-jährige Frau beleidige, die am Ende vielleicht schon seit 45 Jahren surft und währenddessen achtmal Weltmeisterin wurde. Es kommt mir nämlich mehr und mehr so vor, als hätten die Menschen der »Amerikanischen Riviera« Biografien, die für unsereins zu fantastisch klingen. Immerhin kann ich in Erfahrung bringen, dass sie Schulbücher in Blindenschrift transkribiert.
Mutter und Sohn unterhalten sich leidenschaftlich über Wellen und sonstiges Surfergarn, während ich staunend danebenstehe und mir absolut sicher bin, dass diese Mutter ihrem Sohnemann niemals vorwerfen würde, zu viel zu surfen und somit seine Zukunft zu vernachlässigen. Surfen, das wird mir gerade mehr als deutlich, ist eine Lebenseinstellung, und diese beiden haben sie offensichtlich verinnerlicht.
Nun geht's in die Garage zum Ausrüsten. Bis auf die Tatsache, dass diese Garage eine klassische Garage und kein großer Gartenschuppen ist und außerdem ein Auto beherbergt, ähnelt die Ausstattung doch sehr derjenigen der Surfer-WG: Surfbretter, Neoprenanzüge, Leinen, Surfbretter. Scott wählt ein erschreckend langes Brett für mich aus. Das Teil ist bestimmt zweieinhalb Meter lang.
»Is this the beginner board?«, frage ich ehrfurchtsvoll.
»It's an easy one and it fits to the waves we have.«
Ich habe keinen Plan, woher er weiß, wie die Wellen heute aussehen. Doch er ist der Fachmann. Vermutlich hat er auf dem Weg zum Haus der Eltern in den weit entfernten Schaumkronen gelesen, es am Salzgehalt der Luft erschnuppert oder am Geräusch des Windes gehört. Vielleicht hat uns seine Mama auch die Wellen beschrieben, während ich gedankenverloren danebenstand und erst einmal damit klarkommen musste, wie lässig die zwei sind. Außer dem Brett bekomme ich einen Neoprenanzug und eine *leash* in die Hand gedrückt. Die Leash ist ein Knöchelband, das man sich per Klettverschluss an das auf dem Brett hinten positionierte Bein bindet. Die Leine hat zwei Funktionen: Sie soll verhindern, dass man das Brett in der Brandung oder Strömung verliert und sie soll der Orientierungslosigkeit entgegenwirken, die man bekommen kann, wenn einen eine Welle wie durch die Waschmaschine im Kreis schleudert. Da

das aus Hartschaum bestehende Surfbrett Auftrieb hat, bekommt man durch den Zug der Leash mit, in welcher Richtung oben ist. Gleichzeitig kann die Leine jedoch auch dafür sorgen, dass das Brett zurückschnellt und einen k.o. schlägt ... bilde ich mir zumindest mal ein.

Wir parken den klapprigen Isuzu auf dem Parkplatz vor dem Crowne Plaza. Auch Casey rückt gerade mit seinem Wagen und Board an. Gemeinsam wachsen wir die Bretter. Das dient der Griffigkeit. Am Strand legt Scott sein Board auf den Sand und erklärt mir, was ich gleich im Wasser zu tun haben werde. Er legt sich auf sein Board und paddelt mit den Armen über den Sand. So schwimmt man raus. Das hätte ich sogar selbst gewusst. Diese Bewegung, erklärt er weiter, macht man auch, um auf die Welle zu kommen. Sobald die Welle kommt, soll ich so kraftvoll wie möglich in Richtung Strand paddeln und im richtigen Moment – dabei wird er mir helfen – aufspringen. Beim Aufrichten sei es wichtig, dass ich weder den Kopf noch die Schultern über das Brett hinaus bewege. Um die Balance halten zu können, muss alles über dem Brett bleiben. Alles klar: Daran wird's scheitern. Das weiß ich jetzt schon. Trotzdem nicke ich natürlich und versuche mir mein Grinsen zu verkneifen. Hoffentlich enttäusche ich meinen Coach nicht zu sehr.

»Repeat it!«, fordert er mich auf, räumt das Brett und deutet mit dem Finger darauf. Ich lege mich auf den Bauch, paddle über den Sand und springe auf. Yeah, wie ein Pro.

»Okay, that's interesting«, höre ich Scott auf einmal sagen.

»Huh?«

»Are you left handed?«

»Ah«, verstehe ich und kann sogar kurz angeben, »I'm goofy.«

Scott ist natürlich schwer beeindruckt und fragt, ob ich Erfahrungen mit dem Skate- oder Snowboard habe. Ich verneine. Gut, ich habe Snowboarden mal ausprobiert, fand's aber verglichen mit Skifahren zu lahm und meinen Hintern irgendwann zu nass. Außerdem ist das schon ewig her. Zehn Jahre? Dennoch weiß ich, dass Linkshänder beim Surfen, Boarden und Skaten in der Regel ihren rechten Fuß und Rechtshänder ihren linken Fuß in Fahrtrichtung vorne stehen haben. Da wir in einer sinistrophoben Welt leben, diskriminiert man meine Minderheit, indem man die Standardposition der Majorität als »regular« und die unsere als »goofy«, also albern oder dämlich, bezeichnet. Wenn ich: »I'm goofy«, sage, so geschieht dies voll Selbstbewusstsein und mit einer gehörigen Portion Angriffslust. Linke Faust nach oben: Revolution!

Zurück zum eigentlichen Thema: Ich soll Scott noch ein, zwei weitere Male den Bewegungsablauf vormachen, bevor er ihn als praktisch anwendbar abnickt und mit mir zum Wasser stapft. Das Board ist überraschend schwer und wegen seiner Länge auch ziemlich doof zu tragen. Ein weiteres Mal merke ich, dass ich unbedingt mal wieder regelmäßig Sport treiben sollte. Ist ja peinlich.

Wir paddeln hinaus. Obwohl ich lange Zeit Schwimmer und in meiner Alters-

klasse sogar mal Vize-Rheinland-Pfalz-Meister über 100 Meter Schmetterling war, hängt Scott mich ab. Das liegt daran, dass seine Armmuskeln deutlich ausgeprägter sind als meine, und daran, dass einem das Wissen, wie man schnell schwimmt, herzlich wenig hilft, wenn man auf einem Brett liegt, das so breit ist, dass eigentlich nur die Unterarme ins Wasser tauchen. Mit Schwimmen hat das wenig zu tun. Ich will aber nicht nach Ausreden suchen. Ganz im Gegenteil: Scott weckt meinen Ehrgeiz. Spätestens jetzt merke ich auch, dass ich beim Surfen eine gute Figur machen möchte und nicht wie damals in der Inlineskating-AG, wo ich es als weniger erbärmlich empfand, möglichst bescheuert und mit viel dummem Gelächter zu stürzen, anstatt den Sport richtig zu lernen und seriös auf die Schnauze zu fallen. Nein, heute will ich auf Wellen reiten! Als ich bei Scott ankomme, versuche ich mein schon ganz schön lautes Schnaufen zu unterdrücken. Alter, bin ich aus der Form. Scott bleibt der charmante Kerl, der er schon die gesamte Zeit über ist, und spart sich einen dummen Spruch. Und das, obwohl ich wahrscheinlich mit hochrotem Kopf vor ihm im Wasser treibe und leidlich »goofy« dabei wirke, krampfhaft nicht zu japsen.
»Okay, you remember the steps? Paddle, get up at the right moment and don't go over the board with your head or shoulders.«
Klingt simpel, krieg ich hin. Ich nicke.
»Good«, nickt auch Scott und schiebt mich in Position. Er sagt, dass er mir Starthilfe geben und: »Now!«, brüllen wird, sobald der Moment gekommen ist, an dem ich mich aufrichten soll. Alles klar. Die Welle kommt. Wie hoch ist sie? Vielleicht einen halben Meter? Scott schwimmt hinter meinem Brett und hält es fest. Plötzlich drückt er das Brett und ruft: »Paddle, paddle, paddle!« Ich hacke meine Unterarme so kraftvoll und schnell wie möglich ins Wasser.
»Faster, faster!«
Ich hacke meine Unterarme noch kraftvoller und noch schneller als eigentlich möglich ins Wasser.
»Harder!«
Ich ... boah!
»Now! Now! Get up!«
Ich springe auf und ... falle direkt nach hinten um. Verdammt!
Ich kenne das Gefühl noch von früher, als ich meinem strengen Schwimmtrainer entgegengeschwommen bin, nachdem ich versagt habe. Gleich fliegt mir eine Badelatsche ins Gesicht. Doch Scott ist anders. Liegt vielleicht an der fehlenden DDR-Leistungssportvergangenheit des Kaliforniers.
»Yeah, was actually quite okay. Remember to keep your head over the board. And you also don't have to jump. Get up slow and concentrated. Keeping the balance is the important part.«
Wir bringen uns beziehungsweise mich wieder in Position. Diesmal werde ich eins zu eins das machen, was Scott mir gesagt hat. Diesmal wird es klappen! Die Welle kommt. Scott drückt. Ich paddle. Scott feuert mich an. Ich paddle.

Scott gibt das Zeichen zum Aufrichten. Ich stehe langsam und bedacht auf. Ich stehe, die Welle unter mir. Ich stehe. Ich bleibe stehen. Ich stehe noch immer. Irgendwo hinter mir höre ich Scott jubeln. Ich schaue nach vorne, sehe den Strand. Der kommt immer näher, denn, ja: Ich reite die verdammte Welle! Wie geil ist das denn? Ich habe keine Ahnung, wie oder ob ich verkrampft aussehe, aber Fakt ist, dass ich die Welle bis zum Strand durchreite und lässig im knöcheltiefen Wasser absteige. Wie krass! Ich drehe mich um und sehe Scott weit hinter mir im Wasser die Arme in die Luft strecken und jubeln.

»Yes!«, rufe ich ihm mit geballter Faust zu, schnappe mir mein Board und paddle zu ihm zurück.

»Awesome!«, empfängt er mich. »Now let's see if this was a coincidence or if you're gifted.«

Ich grinse, bin aber von der Paddelei schon wieder ganz schön fertig. Die Welle kommt. Wir machen es wie gerade eben. Ich richte mich auf …

Machen wir es kurz: Ich versuche mich an insgesamt sechs Wellen. Bis auf die erste Welle, reite ich jede weitere bis zum Strand durch. Scott und ich kommen aus dem Jubeln nicht mehr heraus, wobei ich nach der dritten oder vierten Welle ohne meine Arme juble, da ich sie kaum noch hoch bekomme. Casey gesellt sich zu uns. Wie ich beim Verlassen des Wassers von Scott erfahre, fragt er ihn bei einem meiner Höllenritte, ob er auch davon ausgeht, dass ich ein Betrüger sei, der lediglich kostenlos an Surfausrüstung kommen wollte und sich daher als Anfänger ausgibt. Als Scott mir die Verschwörungstheorie mit einem Lächeln darlegt, fühle ich mich zunächst einmal sehr geehrt und kichere kurz auf. Dann erkenne ich aber, dass darin auch eine mehr oder weniger subtil gestellte Frage im Raum steht: Hast du uns verarscht, Dennis? Mein stolzes Kichern geht in lautes Gelächter über, während der Stolz über meine offenbar unglaubliche Leistung wächst und wächst.

»No!«, lache ich und schwöre, dass ich mich noch nie zuvor auf einem Surfbrett probiert habe. Scott lächelt zufrieden, während Casey den Kopf schüttelt: »I don't believe you a single word.«

Nun muss ich losprusten: »Was it so spectacular?«

Scott schaut mich an: »I've never seen a beginner riding five out of his first six waves. – You're Germany's best surfer.«

Mittlerweile habe ich vor Lachen Tränen in den Augen: »How many German surfers do you know?«

Jetzt kann auch Scott nicht mehr an sich halten: »That's why you might be the best!«

Er glaubt mir, wohingegen Casey mehr als skeptisch bleibt.

Als wir die Autos erreichen, kommt Kevin vorgefahren: »You're still with Scott?«, begrüßt er mich überschwänglich.

»He stood five of his very first six waves«, weiht Scott Kevin in meine Meisterleistung ein.

»What? No way! You're a liar!«
Letzteres richtet er an mich und reiht sich in Caseys Verschwörungstheorie ein. Ich schwöre erneut, dass es der Wahrheit entspricht und ich selbst davon überrascht bin, Deutschlands bester Surfer zu sein: »The German Legend of Ventura«.
Wir verlassen den kostenpflichtigen Parkplatz. Casey fährt als Erstes durch die Schranke. Um Geld zu sparen, heizen die Jungs immer mit zwei Wagen direkt hintereinander durch die offene Absperrung. Gerade als Scott und ich unter der Schranke stehen, kommt diese plötzlich wieder auf uns runter. Wir brüllen beide auf: »Argh!«
Kurz bevor der Fallbaum auf unser Dach knallt, bemerkt der Sensor den Blechhaufen und stoppt die Schranke haarscharf über uns. Da wir mittlerweile sehr geübt darin sind, jubeln wir wieder.
»That has never happened before«, schmunzelt Scott und drückt aufs Gas. Wir müssen auch langsam los: Wie Scott mir gestern Abend versprach, fährt er mich zum Camarillo Airport. Auf die erste Surfstunde folgt nun also der erste Fallschirmsprung. Erstaunlicherweise rutscht mir mein Herz noch immer nicht in die Hose. Nein, ganz im Gegenteil: Ich bin so was von scharf darauf, endlich aus einem Flugzeug zu springen! Ich werde mir selbst schon fast ein wenig unheimlich. Hat das Surfen in mir so viel Adrenalin, Endorphin oder gar Überheblichkeit freigesetzt? Egal, mir geht's einfach nur verdammt gut. Während mir diese Gedanken durch den Kopf gehen, bemerke ich, dass auch Scott über irgendetwas grübelt. Als er merkt, dass ich ihn beobachte, schaut er zu mir rüber: »You know«, fängt er an, »it was such a pleasure to watch you surfin' for your very first time ...«
Scott richtet seinen Blick wieder nach vorne und erklärt mir, wie er unseren Morgen am Strand wahrgenommen hat: Obwohl er selbst heute keine einzige Welle gesurft hat, sei dies eines seiner schönsten Surferlebnisse an seinem Hausstrand gewesen. Ich verstehe nicht so recht, lasse ihn aber einfach ohne Zwischenfragen weiterreden. Als er 15 war, fährt er fort, kam er nach Ventura und hatte sein erstes Surferlebnis an genau derselben Stelle wie ich gerade. Doch bis vor einer Stunde konnte er sich daran eigentlich gar nicht mehr erinnern. Dank mir war er nun aber in der Lage, all das noch einmal zum ersten Mal zu erleben. Er hat durch meine Augen gesehen, wie es ist, Ventura erstmals vom Wasser aus zu sehen. Er erinnerte sich, wie es ist, sich erstmals vom Brett zu erheben, die Balance zu halten und die Welle unter sich zu sehen. Wie sich die Freude in einem aufbaut, weil man stehen bleibt und bis zum Strand reitet.
»You inspire me, Dennis.«
Ich schaue ihn etwas ungläubig an.
»No, really!«, widerspricht er meiner stummen Skepsis und erklärt sich: »You're doing what you want to do in life. You want to make movies, so you make them. You want to write books: You write them. You don't want to exploit ani-

mals: You become a vegan. You want to see the world: You go. That's fucking awesome, Dennis.«
Was soll man da sagen? Ich hauche ein leises: »Thank you«, und bin froh, dass er keine weitere Reaktion von mir erwartet, sondern noch einen drauflegt: »And as I'm so happy that we met and this day is so great ... I'll jump with you.«
»No way!«, brüllt es aus mir heraus, während ich gefühlt einen halben Meter von meinem Sitz abhebe und mit Scott in die nächste Jubeltirade verfalle. Sekunden später parken wir den Wagen auf dem Flughafenparkplatz. Ich habe mit meiner Anmeldung einen Code für das Türschloss zum Flugfeld zugeschickt bekommen, den ich mir natürlich nicht aufgeschrieben habe. Ich überlege also, ob ich den Code noch hinbekomme, während Scott mir erzählt, dass er schließlich schon immer einmal Fallschirmspringen und sein geliebtes Ventura schon immer einmal von oben sehen wollte: »I'm here since high school, but I even didn't know that you can do skydiving here.«
Auch das klingt wie ein an mich gerichtetes Kompliment. Würde ich ihm jetzt noch erzählen, was ich an ihm alles cool finde ... Rosamunde Pilcher würde vor Neid erblassen. Es sieht so aus, als bahne sich eine neue Bromance an.
Erstaunlicherweise habe ich mir den korrekten Zahlenschlüssel gemerkt und öffne uns die Tür zum Flugfeld. Das Office von Skydive Coastal California erinnert an eine Tauchschule. Es gibt einen Anmeldetresen, der Bereich, in dem die Ausrüstung vorbereitet wird und mehrere Sofas, auf denen es sich die Gäste gemütlich machen können. Der Bereich für die Ausrüstung ist ein vom restlichen Raum durch ein Mäuerchen abgetrennter Flur, auf dessen Boden zwei Fallschirme liegen, die von einem Mitarbeiter verpackt werden. Ein unverschämt niedliches Hündchen schläft entspannt auf einem der Sofas, was auf so manchen Gast sicherlich eine beruhigende Wirkung hat. Bei Scott und mir regieren derweil noch immer die Endorphine und das Adrenalin, was mich nach wie vor leicht verwundert. Ich trete an den Tresen, lasse das Mädel dahinter wissen, dass ich der Termin für halb elf bin und frage sofort, ob es im Flieger noch einen Platz für Scott gibt. Normalerweise buchen die Leute zwei Wochen bis Monate im Voraus, erklärt mir die Anfang 20-Jährige mit den grün gefärbten Haaren. Da ich erst vorgestern gebucht habe, bin ich der Einzige im Flieger. Von daher ist es kein Problem, Scott noch mitzunehmen. Yeah!
»Do you wanna have photos or a video of your jump?«
Das Video ist mit 99 zusätzlichen Dollar zwar unverschämt teuer, aber ein Video vom ersten und vielleicht ja sogar einzigen Fallschirmsprung des Lebens bekommt man eben nur einmal. Von daher: aber hallo! Scott verzichtet.
Eine Gruppe glücklich aussehender Menschen betritt den Raum. Sie haben ihren Sprung hinter sich. Sieht so aus, als gäbe es wirklich keinen Grund nervös zu werden. Wir bekommen unsere Tandempartner vorgestellt. Mein Kollege heißt Brandon, Scotts Dan. Brandon ist ein etwas dickerer Kerl, dessen dicke Backen und Gesichtsausdruck mich an einen Biber erinnern. Dan hat schulter-

lange dunkle Haare, ein rotes Stirntuch und ein Lippenpiercing. Die Jungs mit den roten T-Shirts entsprechen da schon eher dem Klischee der überzogenen Trendsportfreaks als der ruhige und entspannte Scott. Nichtsdestotrotz finde ich die beiden ganz ulkig. Auch wenn sie ständig Sprüche à la: »Do you really think this is a good idea?«, oder: »Are you ready to get *extreme*?«, von sich lassen. Scott wird sich später ständig darüber lustig machen und die Jungs bei jeder Gelegenheit mit übertriebener Stimme nachäffen. Die blonde Pilotin finden wiederum sowohl Scott als auch ich sehr ... ähm, ansprechend.
Mit einiger Verzögerung geht es gegen halb zwölf endlich los. Auf dem Weg zur braun-gelben Cessna, die uns auf drei Höhenkilometer bringen wird, frage ich Brandon, ob man als Skydiver auch Logbuch führt beziehungsweise, ob er weiß, wie oft er sich bereits aus einem Flugzeug gestürzt hat.
»Sure«, antwortet er, klickt ein, zwei Knöpfe seiner Armbanduhr, streckt sie mir entgegen und sagt: »This will be number 8877.«
Heiliger Bimbam! Spätestens jetzt müsste ich mir wirklich keinen Kopf mehr machen ... wenn ich es denn mittlerweile mal täte. Ich frage, wie viele Gäste einen Rückzieher machen.
»Few, very few«, lautet die doch überraschende, vielleicht auch nur psychologische Antwort. Wenn, erklärt Brandon, bleiben die Leute direkt auf dem Boden. Sobald sie im Flieger sitzen, springt eigentlich jeder. Außerdem lassen sie den Gästen keine Zeit zum Nachdenken, sobald die Tür geöffnet ist. Ob das nun psychologisch wertvoll war, lasse ich mal dahingestellt. Wir vier aber bleiben locker, flachsen miteinander. Brandon fragt, wie wir auf die Idee kamen, mit dem Fallschirm abspringen zu wollen. Ich erzähle ihnen meine Geschichte: Dass ich seit drei Monaten reise und von Chris ausgeladen wurde. Dass ich in Ventura gelandet bin, um mir die letzte Woche meines Trips nicht mit Wutgedanken zu versauen, sondern sie mit Leben und Abenteuer zu füllen und dabei auf den besten Menschen getroffen bin, der mir nur hätte begegnen können. Scott schaltet sich ein und erzählt, dass ich heute Morgen zum ersten Mal ... Die Story ist nun hinlänglich bekannt.
Ich möchte von Brandon wissen, ob es möglich ist, mit der an seinem Handgelenk befestigten Kamera auch Scott zu filmen. Er wiegt den Kopf hin und her und erklärt, dass dies nur bedingt möglich ist, und auch nur dann, wenn Scott und Dan zuerst springen. So soll es denn sein.
Brandon spreizt seinen Arm seltsam in die Höhe. Das heißt wohl, dass er jetzt mit der Handgelenkskamera filmt. Er fragt, ob ich nervös bin, Angst davor habe, mich aus 10.000 Fuß in die Tiefe zu stürzen. Ich markiere den doofen Europäer und lasse ihn wissen, dass ich nur das metrische System beherrsche und mir »10.000 Fuß« daher keinen Schrecken einjagen können.
»3000 meters! 3000 meters«, fällt er mir ins Wort.
Das hätte er mich besser nicht wissen lassen, schauspielere ich, greife mir nervös an die Blase und trete den Rückzug an.

Camarillo

311

»Now he's scared!«, freut sich Brandon und fordert mich auf, noch ein paar »letzte Worte« an meine Freunde und Familie in die Kamera zu sprechen: »Enjoy your life. Have fun.« – Wow, kreativ.
»Exactly. Alright man. Let's go do this!«
High five und lässig den Daumen sowie den kleinen Finger abspreizen. Das Zeichen kenne ich seit meiner Hawaiireise: *Hang loose*. Brandon macht das alle zwei Minuten. Aus Gewohnheit spreize ich jedoch immer den Zeigefinger anstelle des Daumens ab. Bin nun mal ein harter Hund.
In der Cessna gibt es nur einen Sitz und der ist für die Pilotin. Brandon und ich setzen uns auf den Boden dahinter, Dan und Scott machen es sich zwischen Tür und Pilotin gemütlich. Die Maschine startet, der Propeller beginnt zu rotieren und die Cessna, Baujahr 1965, setzt sich schaukelnd in Bewegung. Alleine der Flug in der kleinen Maschine macht schon Spaß. Scott und Dan versuchen, mit weiteren Sprüchen für Unruhe zu sorgen, was ihnen jedoch nach wie vor nicht gelingt. Ich erzähle stattdessen, dass ich die Idee hatte, mir mit Edding: »Fuck you, Chris!«, auf die Hand zu schreiben, diese in die Kamera zu halten und Chris, dem Feigling, das Video zukommen zu lassen. Brandon und Dan brechen unisono in begeistertes Grunzen aus und fragen die Pilotin vehement, ob sie einen Edding oder wenigstens einen Kugelschreiber einstecken hat. Sie hat keinen. Dafür habe ich das Gefühl, dass Scott und ich die Sympathien der beiden Jungs nun vollends auf unserer Seite haben. Kein schlechtes Gefühl, wenn man jemand Fremdes sein Leben anvertraut. Aber habe ich schon erwähnt, dass ich noch immer keine wackligen Knie, kein flaues Gefühl in der Magengegend und keinen Schweißausbruch habe?
Schon hoch in der Luft fällt mir erst auf, dass Brandon und Dan uns gar nicht erklärt haben, wie man überhaupt landet. Bisher wissen wir nur, dass wir den Rücken durchdrücken, den Kopf in den Nacken legen, die Beine leicht anwinkeln und bis zum Zeichen – einem Schulterklopfer – die Hände am Gurt behalten sollen. Aber wie landen wir?
»It's like walking down stairs«, kämpft Brandon lautstark gegen das Rotorengeräusch an. Aha? »Well, you just make a step down ... like walking down stairs.« Okay. So simpel ist also Fallschirmspringen.
»You're still sure this is a good idea?«, plärrt Brandon zum gefühlt zehnten Mal.
»Yes«, rufe ich zurück – wie immer.
»So let's get extreme. EXTREEEME!«
Wir erreichen die 10.000 Fuß und bekommen hässliche Schutzbrillen. Brandon und Scott springen mit Sonnenbrille. Klar, die sind ja auch extrem. Ohne dass ich es mitbekomme, werde ich mit vier Karabinern an Brandons Gurt gebunden. Die Tür öffnet sich. Scott und Dan drehen sich zur Öffnung. Der Wind weht in die Maschine. Scott hebt seine Füße aus dem Flieger und schwupp ... So schnell habe ich noch nie zwei Menschen verschwinden sehen. Brandon und ich robben uns rückwärts auf dem Hintern zur Tür. Von Scott

und Dan ist nichts zu sehen. Ich halte mich am Rahmen fest und stelle meinen Fuß außerhalb des Fliegers auf eine Stange. Von einem flauen Gefühl fehlt noch immer jede Spur. Ist das geil. Brandon hat nicht zu viel versprochen. Ich sitze keine zwei Sekunden, als mein Tandempartner uns einen kleinen Ruck gibt und wir kopfüber aus der Maschine stürzen. Noch am Boden fragte mich Brandon, ob ich lieber einen Salto vorwärts oder rückwärts aus der Maschine machen möchte.

»Whatever is cooler«, gab ich zurück, woraufhin er mich noch einmal fragte. »Give me the crazy shit«, untermauerte ich noch einmal meinen Wunsch nach Spektakel. Wer weiß, ob ich davon überhaupt etwas mitbekomme, wunderte ich mich. Jetzt kann ich sagen: Ich habe keine Ahnung, wie oft und in welche Richtung wir uns drehen ... aber es ist genial. Ja, der Sprung aus dem Flieger ist das vielleicht aufregendste, beste, legendärste Körpergefühl, das man sich jenseits eines Orgasmus vorstellen kann. Ich bin davon ausgegangen, das typische Achterbahngefühl zu bekommen: Die Eingeweide schieben sich in Richtung Hals, der Körper fühlt sich schlaff an. Aber nein: Die Innereien bleiben, wo sie hingehören und der Körper ... Ich fliege! Ja, ich fliege! Selbst vom dicken Brandon auf meinem Rücken merke ich nichts. Würde er nicht wie ich vor Freude den einen oder anderen Schrei loslassen, würde ich mich vermutlich sogar fragen, ob die Karabiner nicht gehalten beziehungsweise er sie überhaupt festgemacht hat. Es ist das Gefühl völliger Freiheit und es macht süchtig! An bewusst gespürte Angst erinnere ich mich nicht.

Nach 30 Sekunden des freien Falls zieht Brandon die Reißleine, der Fallschirm geht auf und der Sturz wird abgebremst. Schmerzvoll oder unschön ist auch das nicht. Nein. Wir werden in die Vertikale gezogen und das Hirn setzt wieder an, logischer zu funktionieren. Erst jetzt genieße ich das Bild der Landschaft: die grünen Hügel, das blaue, endlose Meer, die Sonne am strahlend blauen Himmel.

»What do you think of that?«, fragt Brandon.

»Rock and roll!«

Der Flug mit dem Fallschirm dauert knapp fünf Minuten. Brandon drückt mir die Lenkseile in die Hände und zeigt mir, was man für lustige Dinge mit so einem Fallschirm machen kann. Zieht man das linke Seil stark nach unten, dreht man sich, wesentlich schneller stürzend, im Kreis nach links. Zieht man rechts, geschieht das Entsprechende andersherum. Er übernimmt die Seile wieder. Mir fehlt vom Surfen auch noch ein wenig die Kraft in den Armen. Und die benötigt man für die Navigation oder zumindest für die Spielchen, die Brandon am Himmel mit mir macht. Er zieht an beiden Seilen, was zu einem Moment der Schwerelosigkeit und somit doch zu einem ähnlich ekelhaften Gefühl wie beim Achterbahnfahren führt. Ich lache und schüttle mich. Brandon zieht beide Seile in die andere Richtung, wodurch wir uns wieder mehr in die Horizontale bewegen und an Fahrt aufnehmen. Das macht ja alles so viel Spaß! Ich entdecke Scott

und Dan, weit entfernt am Himmel fliegen. Die beiden sind weiter oben als wir. Wie kommt denn das? Brandon behauptet, dass es daran liegt, dass wir mehr Scheiß machen. Mag sein. Vielleicht liegt es aber auch daran, dass er 30 Kilo mehr wiegt als Dan. Wir nähern uns einem Baseballfeld. Ich bin fasziniert, wie genau Brandon navigieren kann. Ich meine, wir sind irgendwo drei Kilometer weiter oben gestartet und landen nun zielgenau. Das Landen entspricht tatsächlich nur einem Schritt nach unten. Allerdings ein Schritt, bei dem man leicht das Gleichgewicht verlieren kann. Wir kommen also torkelnd auf dem Feld an und ich stehe auf einmal losgelöst von Brandon auf dem Rasen. So schnell kann man die Karabiner lösen? Schon irgendwie gruselig. Wir geben uns die obligatorischen High five, freuen uns und schauen zu, wie wenige Sekunden später auch Scott und Dan auf dem Acker neben unserem Baseballfeld landen. Ein klein wenig peinlich berührt, verrät mir Brandon, dass wir zum einen ein bisschen zu viel herumgespielt haben und zum anderen da oben ein ganz schöner Wind wehte, der uns vom eigentlichen Ziel, dem Acker, hat abkommen lassen. Oha. Kein Problem. Dass es doch ein kleines Problem ist, merke ich erst, als Brandon mir mitteilt, dass er keinen Plan hat, wie wir den umzäunten Platz wieder verlassen sollen. Jetzt muss ich lachen. Eine Frau kommt auf uns zu. Lustiger- und glücklicherweise macht nämlich eine Schulklasse gerade ein Picknick unter einem Dach neben dem Baseballfeld. Die Lehrerin grinst und lobt uns für diese unerwartete Showeinlage. Sowohl die Schüler als auch sie hätten ganz schön gestaunt, als wir plötzlich auf dem Grün landeten. Dann zückt sie einen Schlüssel und öffnet uns die Tür des Sportplatzes. Vor dem Zaun stehen Scott, Dan und ein weiterer Angestellter der Sprungschule. Nur glückliche Gesichter. Scott und Dans Landung war nicht minder spektakulär. Die beiden wurden von einer Bodenböe erwischt und landeten auf dem Hintern. Doch nicht nur das. Der Windstoß blies den Schirm noch einmal auf und zerrte die beiden einige Meter über das Feld. Der Kollege, der gekommen ist, um uns abzuholen, wollte helfen, griff sich ein Seil des Schirms und wurde ebenfalls über den Boden gezerrt. Auch Scott ist durchweg begeistert vom soeben Erlebten.
»What do I have to do to get licensed?«, frage ich Brandon und Dan.
»You already made the tandem jump ...«
Wie jetzt? Ich müsste keinen weiteren Tandemsprung mehr machen? Das ist krass.
Wenige Minuten nachdem wir den Hangar wieder erreichen, in dem sich die Sprungschule befindet, werden uns unsere Videos vorgespielt. Obwohl Scott vor dem Sprung bereits ankündigte, sich weder Fotos noch das Video kaufen zu wollen, wurde sein Erlebnis ebenfalls mit einer Kamera an Dans Handgelenk aufgezeichnet. Während der Vorführung fotografiere ich dreist dreimal den Monitor, damit auch Scott eine kleine Erinnerung an seinen ersten Skydive mit nach Hause nehmen kann. Nach der Vorführung des Rohmaterials empfiehlt man uns, eine Snackpause im benachbarten Way Point Cafe einzulegen, da der

Schnitt meines Videos locker eine halbe Stunde dauern wird. Ja, der Sprung wird tatsächlich von einem Cutter geschnitten, der hinter dem Anmeldetresen einen eigenen Schnittplatz eingerichtet hat. Nicht schlecht und eine kleine Legitimation für den enormen Preis des Videos – wobei ich den Spaß lieber selbst schneiden würde. Daher erkundige ich mich, ob es möglich ist, neben der geschnittenen Fassung ebenso das Rohmaterial zu bekommen. Den zusätzlichen Rohling gibt es für weitere fünf Dollar.

Das Café wird von unzähligen Soldaten belagert. So wie es aussieht, würde es alleine eine dreiviertel Stunde dauern, um sich etwas bestellen zu können. Scott lädt mich daher auf eine Runde frischer Pistazien aus lokalem Anbau ein, die er in seinem Truck spazieren fährt. Ich liebe Pistazien und diese sind der absolute Wahnsinn!

Nachdem wir den Parkplatz zur Genüge mit den Schalen der Pistazien geschmückt haben, schlendern wir wieder in Richtung Flugschule. Ein Mann steht sich am Kopf kratzend vor dem Tor mit dem Zahlenschloss.

»Do you need help?«, frage ich den blonden Mann.
»I forgot that damn code«, erklärt er überflüssigerweise.
»You're here for skydiving?«, fragen wir ihn.
»Yes, first time.«

Wir öffnen ihm die Tür und erzählen ihm auf den 80 Metern zur Schule, wie großartig es ist.

Mein Video ist fertig, doch seltsamerweise wird meine Kreditkarte nicht akzeptiert. Hä? Was ist denn da los? Ist die etwa überzogen? Ich habe noch 40 Dollar in bar bei mir, muss aber insgesamt 99 Dollar berappen. Ich lege mein Bargeld auf den Tresen und bitte die Grünhaarige mit den Piercings und der Hipsterbrille, zu versuchen, die restlichen 59 Dollar von meiner Kreditkarte zu quetschen. Ein Glück, das funktioniert! Ah, das Rohmaterial! Das wären weitere fünf Dollar, die doch hoffentlich noch auf meiner Habenseite zu finden sind. Fehlanzeige. Meine Kreditkarte ist völlig leer. Wie konnte das denn passieren? Selbst ein Hundeblick kann die Lady nicht erweichen, um mir den blöden Rohling als Geschenk draufzupacken. Ich grüble: In Deutschland ist jetzt Freitagabend, was bedeutet, dass eine Überweisung von meinem Konto auf meine Kreditkarte mindestens bis Montag dauern wird. Verdammte Scheiße. Erst jetzt dämmert mir, dass ich demnach bis Montag keinen Cent mehr zur Verfügung haben werde. Uff. Der blonde Mann vom Eingangstor öffnet neben mir sein Portemonnaie, holt fünf Dollar raus und reicht sie der Grünhaarigen.

»Oh, no! You don't have to ...«, wedle ich mit meinen Armen.
»It's only five bucks for a great memory«, lächelt der Mann mich an.

Dan kommt auf uns zu und drückt mir seine Telefonnummer in die Hand. Er und Brandon wollen sich später mit uns auf ein Bier treffen. Cool!

»Do you wanna get ... EXTREME?«, grölt Scott, als wir wieder im Isuzu sitzen. Hab's kapiert: Ihm sind die beiden zu prollig.

Scott trommelt auf dem Lenkrad und meint, dass wir einen passenden Song brauchen. Er schaut mich fragend und zugleich auffordernd an. Ich hätte da eine Idee und Scott weiß, dass ich meinen iPod dabei habe, den man an sein Autoradio anschließen kann.
»Do you know Refused?«, frage ich meinen neuen besten Freund.
»I love Refused!«
Ich verbinde den Player mit dem Radio, scrolle zu Refused, »The Shape of Punk to Come«, Lied sechs: »New Noise«. Das Gitarrenintro setzt ein.
»Yes!«, freut sich Scott und dreht die Anlage voll auf. Die Drums setzen ein. Der Song driftet in seinen Drum-and-Bass-Part ab und kurz darauf brüllen Dennis Lyxzén, Scott und ich: »CAN I SCREAM?«
Vergesst »Wayne's World«: Scott und ich zelebrieren pure Lebensfreude, während wir mit dem grandios passendstens Lied für diesen Moment über den Highway 101 zurück nach Ventura brettern. Was für ein Tag! – Dabei ist gerade einmal ein wenig mehr als die Hälfte des Tages vergangen. Dementsprechend logisch und zugleich auch erfreulich legt Scott wieder los: »This day is so awesome! What shall we do next?«
»What are our options?«
Scott überlegt kurz: »We could go to Ojai and hike through the hills.«
Ich nicke zustimmend.
»There are hot springs.«
»Hell yeah!«
Wir fahren wieder bei Scotts Mama vor, um meine Surfausrüstung zurückzubringen. Sie empfängt uns vor der Garage, wo Scott ihr sofort erzählt, was ich im Wasser geleistet habe. Dies zaubert der Frau einen ehrlichen Ausdruck des Respekts aufs Gesicht. Nicht nur das: »I saw you when I was surfin'«, merkt sie fast schon achtungsvoll an. Sie surft also tatsächlich ebenfalls. Ich muss wohl wirklich gut gewesen sein, denn Scott – so viel sei verraten – wird die Geschichte meiner ersten Surfstunde in unserer gemeinsamen Zeit vielen, eigentlich jedem erzählen. Wie ich von Scott lerne, sagt und schreibt man in Kalifornien übrigens »surfin'« und nicht »surfing«. Hat was mit kalifornischer Coolness zu tun.
Während Scott das Auto entlädt, pflückt seine Mutter sämtliche Erdbeeren aus ihrem Vorgarten und drückt sie mir feierlich in die Hand: »They are for you.«
Scott ist mit dem Ausladen fertig und erzählt ihr die nächste Geschichte des Tages. Ich habe mich schon gefragt, ob er ihr den Fallschirmsprung verheimlichen möchte. Er hat bislang noch kein Wort darüber verloren.
»Dennis didn't only come for surfin'. He actually never planned to surf here. We just came back from Camarillo Airport: Dennis booked skydiving.«
»Oh my gosh! That's so cool!«
»And as I had so much fun with Dennis at the beach ... I jumped with him.«
»What? That's insane!«, lacht Scotts Mom laut auf und drückt ihren Sohn an

sich. »How was it?«
Scott berichtet schnell und lässt sie wissen, dass wir nun wandern wollen. Die Mama freut sich noch einmal darüber, dass wir einen grandiosen Tag erleben und ich ihren Sohn letzte Nacht nicht ermordet habe. Zur Verabschiedung drückt sie mich fest an sich. Ich mag diese Frau.
Vor einem Hike muss man sich stärken. Daher steuern wir den Nature's Grill in der Main Street an.
»I might not be able to pay«, erinnere ich Scott peinlich berührt.
»Come on«, grinst er. »What do you want?«
Ich bestelle Tamales, scheitere abermals mit meiner Kreditkarte und lasse mich von Scott einladen. Ich sage ihm, dass ich ihm nur allzu gerne versprechen würde, ihm das Geld am Montag zurückzuzahlen. Allerdings habe ich keinen Plan, wo ich am Montag sein werde.
»When is your flight home again?«
»Tuesday.«
»What other plans do you have besides scuba diving?«
Hm. Da muss ich selbst erst mal überlegen. Heute Nacht schlafe ich auf der *Spectre*, dem Tauchboot. Wie und wo es danach weitergeht, weiß ich noch nicht.
»What's on your bucket list?«, hakt Scott weiter nach.
Ich schmunzele: »Well, I wanted to do some pogo dancing in Portland, but ended up on a hippie rock show.«
»Pogo dancing?«, lacht Scott auf. Darüber hat sich Cari schon regelmäßig lustig gemacht.
»I mean moshpiting … no, uhm, moshing. How do you call that?«
»I like ›pogo dancing‹.«
Ja, Cari gefiel das auch.
»So let's find a punk rock show this weekend! Shouldn't be a problem in Ventura.«
Ich schaue ihn verlegen an. Weder habe ich mich bislang getraut zu fragen, ob ich noch einmal die WG-Couch belegen kann, noch hat mich Scott bisher dazu eingeladen. Unausgesprochen steht die Frage nun im Raum.
»You can stay as long as you want to«, unterbricht er wie selbstverständlich das kurze Schweigen.
Wir fahren zu Scotts Heim, wo die halbe WG einen Live-Podcast von einem Surfwettkampf aus Hawaii verfolgt. Die Jungs geben dabei äußerst lustige Töne von sich, die vom bewunderndem: »Wow!«, bis hin zum schmerzvollen: »Ouch!«, die komplette Palette abdecken.
Casey entscheidet sich dazu, uns bei unserer Wanderung zu begleiten. Außerdem stößt noch Brad zu uns, mit dessen weißen Truck wir vier in das Hinterland bei Ojai aufbrechen. Brad ist – wie könnte es auch anders sein – ein gewinnender Zuwachs. Zu Beginn wundere ich mich allerdings, was der Mann, der ein wenig wie der leicht pferdegesichtige Jake Gyllenhaal aussieht, für ein

seltsames Problem hat. Ständig greift er nach einer Plastikflasche und spuckt hinein. Würg. Obendrein ist die Spucke auch noch braun. Die Lösung heißt Kautabak, was das Ganze wieder lässiger erscheinen lässt. Eklig bleibt es trotzdem. Da Scott von der Mucke auf meinem iPod schwärmt, komme ich mit Brad in ein Gespräch über Musik. Wir liegen auf einer Wellenlänge, weshalb Brad erklärt, dass er eine Kopie der »magic German playlist« benötigt.

Die Fahrt durch die überraschend grünen Hügel ist wirklich schön. Kaum zu glauben, dass die Gegend im Sommer so trocken ist, dass sie alljährlich von mächtigen Waldbränden bedroht ist. Die Straße ist kurvenreich. Casey erzählt, dass er früher öfter mal mit Kumpels auf Longboards die teils ziemlich steile Piste entlanggeheizt ist. Mindestens einer der Freunde musste dabei immer im Wagen vorweg fahren, um die Boardenden durch Hupen vor nahendem Gegenverkehr zu warnen. Derb.

Wir parken Brads GMC in einer Kurve. Ein anderer Truck parkt ebenfalls in der unbetonierten, staubigen Haltebucht. Wir befinden uns irgendwo im Nirgendwo. Abseits der Straße erstrecken sich nur noch Hügel und Wälder. Kaum haben wir den Pfad betreten, hören wir ein Motorrad auf uns zukommen. Es ist der Besitzer des zweiten Trucks, der über den sehr schmalen und buckligen Pfad donnert. Nachdem er an uns vorbeigeholpert ist, herrscht wieder natürliche Ruhe. Auf der Straße war schon so gut wie kein Verkehr und jetzt, wo wir uns immer tiefer in die Natur schlagen, wird es sogar noch entspannter. Das Grün der Hügel besteht nicht aus hohen Bäumen, sondern vielmehr aus dünnästigen Büschen. Das hilft dann doch nachzuvollziehen, wieso die Brände in den Hügeln sich so rasch und dramatisch ausbreiten können. Scott bleibt bei einem dieser Büsche stehen, pflückt Teile der Pflanze ab und drückt sie mir in die Hand.

»This is Spanish Sage«, erklärt er. Nun kennt er sich auch noch mit Pflanzen aus, staune ich. Ich soll eine Handvoll des Lavendelblättrigen Salbeis mit meinen Handflächen zerreiben, Nase und Mund daran halten und tief einatmen. Laut Scott öffnet dies die Lungen. Er hat recht. Scott zeigt mir noch einen weiteren Strauch, der denselben Effekt, nur mit anderem Aroma vorweist. Nicht schlecht, Scott.

Die Wanderung ist entspannt und die Aussicht schön. Als die Sonne langsam untergeht, erreichen wir wieder den Truck. Der nächste Stopp sind die *hot springs*. Wir stellen den Wagen wieder am Straßenrand ab und klettern einen Pfad hinab. Als die Luft immer mehr nach Schwefel riecht, ist klar, dass wir die natürlichen Becken mit dem warmen Wasser erreicht haben. Casey und Brad bleiben direkt da, während Scott mich auffordert, mit ihm zunächst noch ein wenig weiterzuklettern. Wir erreichen ein Feld großer, weißer Steine, die wie massenhaft Eier daliegen. Vielleicht ist es ein ausgetrocknetes Flussbett. Keine Ahnung. Hinter diesem Feld fließt tatsächlich noch ein Flüsschen. Das Wasser ist arschkalt, warnt Scott mich vor. Ich verstehe: Bevor es ins warme

Wasser geht, gönnen wir uns die Schocktherapie. Die Sonne ist mittlerweile verschwunden, was das Entkleiden und dabei nichts verlieren etwas anspruchsvoller gestaltet. Obendrein ist es dadurch auch außerhalb des Wassers schon relativ kühl. Ich halte meinen Zeh ins kalte Nass und ziehe ihn sofort wieder raus. Alter! Generös lasse ich Scott den Vortritt, der todesmutig ins Wasser steigt und sich die absolute Dröhnung gibt. Er taucht unter und ich bin froh, dass ich durch das helle Mondlicht und das vollkommen klare Wasser erkennen kann, dass er keinem Herzinfarkt zum Opfer gefallen ist – denn Scott taucht nicht mehr auf. In Embryonalhaltung, mit den Knien nach unten und dem Kopf und Ärschchen in der Höhe, verharrt er eine beachtlich lange Zeit abgetaucht im hüfttiefen Wasser. Als er nach gefühlten fünf Minuten wieder auftaucht, sehe ich Begeisterung in seinem Gesicht: »You have to do that! That was insane! It felt like I could feel life leaving my body. That was like a … like a meditation!« Ich muss gar nichts: »Ah, it's okay. I believe you.«

»No, come on! Get inside.«

Er klettert an mir vorbei ins Freie und trocknet sich ab. Naja, wenn ich schon mal hier bin … Außerdem lief an diesem perfekten Tag alles optimal. Ich will Scott also mal glauben und steige wie ein Held ins eisige Wasser – wie ein weinender Held, dessen Hoden gerade auf Erdnussformat schrumpfen. Ich schaffe es nur bis zur Hüfte und will eigentlich wieder raus, als Scott mich noch ein letztes Mal dazu animiert, gefälligst abzutauchen. Okay. Drei, zwo, eins … Buah! Den Kopf bekomme ich zwar nicht nach unten, der Schockeffekt stellt sich dennoch ein und die Sehnsucht nach den heißen Quellen wächst ins Unermessliche. Ich klettere schnellstmöglich und dennoch mit großer Vorsicht aus dem scheißkalten Nass, schnappe mir meine Sachen und stolpere mit Scott abenteuerlich über die im mittlerweile Stockdunkel liegenden weißen Felsbrocken.

Die heißen Quellen bestehen aus drei Becken, die alle um die 40 °C messen. Hat man sich einmal an den Schwefelgeruch gewöhnt, ist der Ort wirklich wunderbar. Am vollen Sternenhimmel und der Ruhe kann man erkennen, dass man weit genug von der Zivilisation entfernt ist. Wir sitzen entspannt auf dem sandigen Boden des größten Beckens, als eine dunkle Gestalt ins Becken steigt und sich hinter Scott und mich setzt. Alles, was ich von dem Fremden erkenne, ist, dass er lange Haare hat. Er grüßt uns freundlich. Kaum sitzt er, beginnt er zu reden. Nein er schwafelt vielmehr. Es ist der übliche Hippietalk über die Einheit von Mensch und Natur, unserer Herausforderung, ebenjene zu schützen und so weiter und so fort. Scott dreht sich zu ihm um und fragt plötzlich: »What do they call you?«

»*What do they call you?*«, frage ich mich. Haha, Scott! Du Freak. Ich beiße mir auf die Lippen, um nicht loszulachen, als der Hippie reagiert und alles noch viel schlimmer macht. Vollkommen ernst antwortet er: »They call me … Treesiah.«

Ich bilde mir trotz der Dunkelheit ein, auch bei Brad und Casey einen Kampf gegen das Losbrüllen ausmachen zu können, wohingegen Scott dem Mann schön artig: »Nice to meet you«, entgegnet. Damit ist dieser Moment glücklicherweise überstanden und der Hippie mit dem vermutlich selbst erdachten Hippienamen setzt seinen Monolog fort. Ich lehne mich zurück, genieße den Blick auf die Sterne und bemerke auf einmal, dass ich Treesiah immer interessierter zuhöre. Ja, unvermutet ist mir das, was er da von sich gibt, vertraut. Er redet vom Leben. Davon, dass das Leben eine Reise ist. Eine Reise, der man sich nicht verschließen soll. Denn nur wenn man die Reise zu schätzen und zu erleben weiß, begegnen einem auch die Menschen und Ereignisse, die einen glücklich machen, die einen weiterbringen.

»Serendipity«, fügt er abschließend noch wie eine Zauberformel an, woraufhin ich mich umdrehe und ihm vielleicht etwas zu schwungvoll und euphorisch zustimme. Zumindest bemerke ich, dass ich die anderen drei mit meinem: »Yes, man! You're so damn right!«, schon fast ein wenig erschrecke. Mir ist das in dem Moment egal. Treesiah hat es doch tatsächlich fertiggebracht, ein Resümee meiner Reise, fast schon ein Schlusswort zu formulieren. Ich wünschte, ich hätte mir den kompletten Text und nicht nur einen zusammengefassten Bruchteil davon merken können. Der Mann hat immerhin gut und gerne fünf Minuten über mein neues Lieblingswort, über Serendipity, referiert. Für mich ist das der perfekte Abschluss des perfekten Tages. Wenig später erhebt sich Treesiah, verabschiedet sich und verschwindet auf nimmer wiedersehen in die Dunkelheit der Nacht. Magische Hippiekacke! Ich bin begeistert.

Als ich später Scott frage, ob er sich noch daran erinnern kann, was genau Treesiah von sich gegeben hat, wird mir klar, dass ich der Einzige im Pool war, den der Vortrag ab einem bestimmten Zeitpunkt gefesselt hat: »He said something about all energy being part of the same and time not existing and being brothers and sisters ... The regular high hippie shit.«

Casey funkt dazwischen: »And why the fuck did you ... *What* did you say to him?«

Scott prustet los: »I don't know why I asked him like that. It just came out the way I said it.«

»What do they call you?«, äfft Brad Scott nach. Endlich können wir uns alle lauthals über diesen Moment bepissen. *What do they call you ...?*

Wieder in Ventura besucht Lauren die WG, die aus dem Staunen über unseren Tag nicht mehr herauskommt. Besonders das Video vom Fallschirmsprung erfreut sie. Höchst amüsiert bescheinigt sie mir, der erste Mensch zu sein, der 18 verschiedene Emotionen binnen einer Sekunde in sein Gesicht zaubern kann. Besagte Sekunde ist der Moment des Absprungs. Ja, da sehe ich wirklich ein wenig bescheuert aus. Scott und ich können es ebenfalls kaum glauben, wie genial dieser Tag war. Zu allem Überfluss fällt mir noch auf, dass ich heute meinen nie wirklich zelebrierten »veganen Geburtstag« habe. 13 Jahre vegan, Baby! Scott ist davon ehrlich fasziniert und gratuliert mir herzlich: »Happy Ve-

gan Day!«
Zur Feier dieses grandiosen Tages, verkündet er, möchte er nun vegan für uns kochen. Hört, hört! Das gelingt ihm auch sehr gut. Steven, der einzige Mitbewohner, der momentan mit uns im Haus ist, und einen auf ewig mürrischen und harten Metalfreak macht, holt seinen Teller nur ab und verschwindet gleich wieder. Später komme ich noch ein wenig mit ihm ins Gespräch. Da Scott ihm erzählt hat, dass ich auch ein Metalfreak sei, merke ich, dass er sehr gerne eine Bindung zu mir aufbauen möchte. Allerdings enttäusche ich ihn gleich zu Beginn unserer staksigen Unterhaltung, als ich ihm mitteile, dass ich aus der Punk- und Hardcore-Ecke und weniger aus der Metal-Szene komme. Wir wollen beide trotzdem nicht aufgeben. Der Funken springt dennoch nicht über. Casey stößt später wieder zu uns. Ich habe Scott zuvor erzählt, dass Casey in meinen Augen große Ähnlichkeit mit dem jungen Henry Rollins hat, was er ihm natürlich direkt mal unter die Nase reiben muss. Super.
»And you, Sir«, räche ich mich, »you look like Miroslav Klose.«
»*Meewowav* ... What?«
»Miroslav Klose. Another German legend ...«
Als ich von der Toilette wiederkomme, sitzt Scott seltsam dreinblickend vor meinem Notebook, während Lauren jauchzend fast vom Stuhl kippt. Ich frage die beiden, was los ist, als Scott mir erklärt, dass er versucht, Miro Kloses Blick nachzuahmen, um von Lauren zu erfahren, ob er tatsächlich so aussieht. Bescheuerterweise hat der Fußballgott auf dem ersten Foto der Google-Bildersuche einen, nennen wir es mal, leicht verkniffenen Blick, der Scotts Augen vor urkomische Herausforderungen stellt. Nichtsdestotrotz stimmen mir die beiden zu: Es gibt eine gewisse Ähnlichkeit.
Gegen 23 Uhr beginnt Scott mir ein Lunchpaket zu schnüren. Der Kerl ist zu süß. Ich bekomme diese mütterliche Umsorgung, da er, genauso wie ich, davon ausgeht, dass es auf der *Spectre* morgen kein veganes Essen geben wird, was an einem Tag mit drei Tauchgängen hart werden dürfte. Also packt er mir Mandarinen, Avocados, Pistazien, Mandeln, Studentenfutter, asiatisches Gebäck und Kokoscracker in eine verschließbare Plastiktüte. Anschließend fährt mich das Pärchen zur *Spectre*, die im Ventura Harbor liegt, wünscht mir Spaß und verabschiedet mich bis morgen.
Auf dem Boot ist nicht allzu viel los. Ich melde mich kurz an, woraufhin ich mir eine Koje aussuchen darf. Während ich mich bettfertig mache, denke ich mir, dass ich von heute an, ohne rot zu werden, behaupten kann, einen perfekten Tag erlebt zu haben: der 1. Februar 2013. Kaum liege ich, schlafe ich auch schon selig und glücklich ein ...

Der mit den Seelöwen tanzt
Tag 85: Samstag, 2. Februar 2013

Der Tag auf der *Spectre* beginnt um sechs Uhr. Ich werde vom regen Treiben der erst am Morgen auf dem Boot erscheinenden Taucher geweckt, die ihr Gepäck im unteren Bereich des Bootes verstauen. Es ist noch dunkel als ich müde in die Kajüte hinaufklettere, in der bereits ein gutes Dutzend Taucher in ihrem Kaffee rühren. Ich schätze, dass ich so ziemlich der Einzige bin, der ohne einen Tauchpartner gekommen ist. Sobald ich ein wenig wacher bin, sollte ich mir also Gedanken machen, wie ich an einen Partner komme, der nicht erst vorgestern seinen Tauchschein gemacht hat. Unter Umständen hat die Tauchschule selbst bereits Buddyteams geplant und ich muss mir gar keinen Kopf machen. Wäre mir momentan auch am liebsten. Sechs Uhr ... meine Fresse.
Viele der Taucher scheinen mir Einheimische zu sein, was fraglos von Vorteil sein dürfte. Vielleicht tauchen die alleine und meine Gruppe wird dadurch nicht so riesig. Insgesamt sind nämlich gut und gerne 30 Pressluftschnüffler an Bord. Wie viele davon Tauchlehrer von Cal Boat Diving, der organisierenden Tauchschule sind, weiß ich noch nicht. Eine Vorstellung der Crew gab es noch nicht. Lediglich die Dame, die sich um das Frühstück kümmert, ist, neben dem einen oder anderen Matrosen, der sicherlich später auch zum Tauchführer wird, als auf der *Spectre* arbeitend zu erkennen.
Um sieben Uhr ist die Sonne aufgegangen. Pelikane schwimmen im Hafenbecken. Einer der Tauchlehrer stellt sich kurz vor und teilt jedem Taucher mit, wo er sein Equipment findet. Kurz darauf setzt sich die *Spectre* in Bewegung. Über dem sich langsam entfernenden Festland liegt leichter Nebel und hinter den grünen Bergen erhebt sich immer noch gemächlich die Sonne. Großartig, denke ich mir, während ich nach Ventura blicke. Endlich wird wieder getaucht. Meine Halsschmerzen der letzten beiden Tage sind nahezu verschwunden. Probleme sollten sie mir keine machen.
Mein geliehener Neoprenanzug misst sieben Millimeter. Mein Anzug, mit dem ich die letzten Jahre in Spanien gearbeitet habe, war genauso dick. Das sommerliche Mittelmeer, verglichen mit dem Pazifik Anfang Februar, ist jedoch fast doppelt so warm. Zum Anzug gehören daher auch Handschuhe und eine Kopfhaube. Es wird richtig kalt, befürchte ich.
Unser Ziel ist Anacapa Island, eine Vulkaninsel, die circa 26 Kilometer südwestlich vor Ventura liegt.

Anacapa Island

Anacapa ist eine der acht Channel Islands und Teil des gleichnamigen Nationalparks, zu dem fünf der Inseln und rund um ebendiese sechs Seemeilen Meer gehören. Anacapa Island besteht eigentlich aus drei Inselchen, die sich, von

West nach Ost, über eine Länge von acht Kilometern Luftlinie ziehen. Acht Kilometer westlich von Anacapa liegt mit Santa Cruz Island die größte der acht Kanalinseln. Nicht nur unter Wasser scheint die Insel interessant zu sein: So lebt beispielsweise auf ihr eine Mausart, die es weltweit ausschließlich auf dieser Insel gibt. Auf sechs der acht Inseln – und nur dort – lebt der bedrohte Insel-Graufuchs. Weitere Endemiten des Nationalparks sind eine Echsen- und 20 Pflanzenarten.

Nach einer knappen Stunde bricht an Deck freudige Unruhe aus: Delfine sind auf die *Spectre* aufmerksam geworden und begleiten uns ein Stück des Weges. Wie es bei Delfinen üblich ist, schwimmen die lieben Tierchen dem Boot voraus, wobei sie nur wenige Dezimeter vom Bug entfernt die Richtung vorzugeben scheinen und hin und wieder aus dem Wasser springen. Ein gefundenes Fressen für jeden, der seine Kamera parat hat.

Die Tauchführer haben sich noch immer nicht zur Einteilung der Gruppen geäußert. Dementsprechend habe ich mich auch noch nicht um einen Partner bemüht, da ich keine Ahnung habe, wer überhaupt in meiner Gruppe tauchen wird. Ich denke mir, dass ich mich eben überraschen lasse, als ein weißhaariger Mann mit ebenso weißem Vollbart sowie einer fetten Kamera mit Unterwassergehäuse und daran installierten imposanten Lichtern unterm Arm auf mich zukommt.
»You don't have a buddy yet, do you?«, fragt er mich.
»Take me! Take me!«, will es aus mir herausbrüllen. Ich behalte aber die Contenance und nicke lächelnd.
»The guys told me you're a Divemaster.«
»Yes, I am«, nicke ich erneut.
»Well, my buddy let me down today and I need a new one.«
»Awesome!«, freue ich mich. »My name is Dennis.«
»David«, erwidert der Mittfünfziger meinen Handschlag. Das ist doch schon wieder so ein Glücksfall: Ich komme als Einziger ohne Tauchpartner und bekomme ausgerechnet einen ortsansässigen Taucher mit der dicksten Kamera und vermutlich jahrzehntelanger Taucherfahrung als Buddy. Obendrein mag ich ihn von der ersten Sekunde an: ein tiefenentspannter Kollege. Genauso, wie man sich Tauchpartner wünscht. Wunderbar. Ich frage David, ob er weiß, wer sonst noch mit uns tauchen gehen wird.
»Nobody. Just you and me.«
Es gibt keine Gruppe? Kein Stress mit Tauchanfängern, die Sand aufwirbeln und die Flasche nach einer viertel Stunde leergepumpt haben? Kein Gedränge mit sechs oder acht anderen Tauchern? Ich werde mit meinem persönlichen Kameramann als Duo umhertauchen? Wie geil ist das denn? Die Tauchschule kümmert sich ausschließlich um ihre Schüler. »Fun Diver« wie David und mich fährt man nur zum Tauchspot, überlässt sie dort aber sich selbst. Es wird ledig-

lich vor dem Sprung ins Wasser registriert, dass man abtaucht und nach dem Tauchgang gecheckt, ob man auch wieder an Bord ist, bevor es zum nächsten Tauchplatz geht.

Gegen Viertel vor neun erreichen wir East Anacapa. Kormorane fliegen durch die Luft. Die Insel ist schroff und macht einen sehr unwohnlichen Eindruck: ein braungrauer, mit Vogelkot bedeckter Tafelberg, der bis zu 76 Meter senkrecht aus dem Meer gewachsen ist. Auf dem Felsen steht seit 1932 ein weißer Leuchtturm. Neben dem Leuchtturm ist das auffälligste Merkmal der Insel der Arch Rock, eine natürliche, steinerne und zwölf Meter hohe Brücke, die sich direkt neben der Insel im Meer befindet.

Kurz vor neun springen David und ich ins kühle Nass. Oh ja, es ist kühl ... nein, kalt. Und ich frage mich, wie ich drei Tauchgänge überstehen soll, die voraussichtlich je 45 bis 60 Minuten dauern dürften – für Warmwassertaucher wie mich eine echte Belastungsprobe.

Es geht hinab. Tief hinab geht es nicht, was mir aufgrund der Wassertemperatur von knapp 13 °C allerdings schnurz ist. Ich versuche, weniger Gedanken an die Kälte zu verlieren, und stattdessen das zu genießen, was mir die Unterwasserwelt in diesem Teil der Erde bietet. Da wird schließlich gerade ein kleiner Traum wahr: Ich tauche durch die berühmten Kelpwälder Kaliforniens! Ja, ich bin umgeben von Pflanzen, die, dicht nebeneinander, vom Grund des Meeres bis an die Wasseroberfläche wachsen.

Der kalifornische Tangwald

Der Tangwald ist ein idealer Lebensraum für Fische, wirbellose Tiere und selbst für so manch eine Vogelart. Dank der Artenvielfalt können Tangwälder als Regenwälder der Meere bezeichnet werden, in denen Biologen noch heute unentdeckte Arten, primär Mikroorganismen, entdecken. Wie bei Bäumen teilt sich der Aufbau einer Großalge in drei Teile, die jeweils von verschiedenen Lebewesen benötigt werden. An der Oberfläche schwimmen die blattähnlichen Wedel, darunter streckt sich der biegsame Stängel und Bodenhaftung bieten die Rhizoide: Wurzeln, die keine wirklichen Wurzeln sind und deren primäre Aufgabe die Verankerung ist.

Es ist toll durch die Algen zu tauchen und erinnert tatsächlich in mehreren Facetten an einen Waldspaziergang. Das Licht bricht sich in Wasser und Blattwerk und je tiefer wir tauchen – es werden gerade einmal acht Meter – desto düsterer wird es.

Unmittelbar vor dem Tauchgang an der Cathedral Cove kündigte David an, dass er auch mich gerne fotografieren möchte. Wenn es soweit ist, wies er mich ein, soll ich auf keinen Fall in die Kamera, sondern daran vorbeischauen. Das sieht professioneller und eleganter aus, fügte er an. Ich weiß nicht, ob er mir dies mitteilte, damit ich mich am Riemen reiße und ihm nicht nach spätestens 20 Minuten entnervt auf die Schulter tippe. Ich muss mich auch wirklich in Geduld üben, denn David fotografiert und fotografiert und fotografiert. Für jedes einzelne Foto muss er sich natürlich in Stellung bringen, die Kamera konfigurieren und gegen die Dünung ankämpfend ein scharfes Foto hinbekommen. Das dauert dementsprechend lange und lässt mich mehr und mehr frieren. Schön ist es dennoch: David hat selbstverständlich ein gutes Auge und kann mir einige schwere Hummer zeigen. Die zahlenmäßig herausstechenden Bewohner des Kelpwaldes dürften die mannigfaltigen Schnecken sein, die wirklich überall farbenfroh an den Blättern und Felsen hängen. Wir begegnen unter anderem dem Garibaldifisch, dem strahlend orangefarbenen *state fish* Kaliforniens. Nach 53 Minuten beenden wir den ersten Tauchgang. Von den angekündigten Seelöwen bekommen wir leider keine zu sehen. Andere Teams hingegen waren glücklicher. Vielleicht haben die sich auch nur weiter wegbewegt als David und ich. Der nächste Tauchspot befindet sich auf der anderen Seite der Insel und heißt Sea Lion Beach. Das klingt doch schon mal super. Als wir am Tauchplatz ankommen, stellt sich heraus, dass der Name Programm ist: Am gut und gerne 200 Meter langen Strand liegen ungelogen Hunderte Seelöwen. Unser Käpt'n stellt sich an den Bug, lächelt uns vorfreudige Taucher an und klopft plötzlich lautstark mit einem großen Metallstab gegen den eisernen Anker. Mit einem Male recken die Seelöwen ihre Hälse, fallen in ein ohrenbetäubendes Heulkonzert, robben schnellstmöglich aufs Meer zu und schießen torpedogleich unter die Wasseroberfläche. Von diesem Schauspiel so eingenommen, überprüfe ich nicht, ob ich der Einzige bin, der mit offenem Mund dasteht.

»Have fun«, sehe ich noch den Captain grinsen, bevor ich mir die Flasche auf den Rücken wuchte und mit noch viel größerer Freude ins Meer springe. Unter Wasser wird das Realität, was ich mir beim Anblick der ins Wasser jagenden Seelöwen erhofft habe: Sie sind überall und nicht minder neugierig als ich. David schießt wieder fleißig Fotos, was bei diesem Tauchgang natürlich absolut großartig ist! Ich spiele mit den neugierigen Tieren, indem ich versuche, stets in den größtmöglichen Schwarm hineinzuschwimmen und ihnen so nahe wie nur möglich zu kommen. Es ist ein riesiger Spaß! Die am Lande so schwerfällig wirkenden Robben schießen wie Raketen durchs Wasser und hinterlassen dabei eine Spur von Luftblasen. Sie drehen und verrenken sich, schießen in sämtliche Richtungen und beäugen mich dabei von allen Seiten. Nicht selten komme ich ihnen so nahe, dass ich – wäre ich so schnell wie sie – nach ihnen greifen könnte. Ab und an fletscht eines der Tiere kurz mit den Zähnen, was gefährlicher klingt und aussieht, als es vermutlich ist. Angst, dass eines der Tiere tatsächlich zubeißt, bekomme ich nicht. Viel zu ausgelassen wirkt der Tanz. Es kommt mir schon fast so vor, als wollten die Seelöwen uns in ihrem Refugium begrüßen. Außer den Seelöwen gibt es an diesem Tauchplatz auch nichts weiter zu sehen. Der Boden ist sandig, Felsen oder gar ein Riff gibt es nicht. Nur hier und da wächst ein wenig Kelp. Dieser Tauchgang besteht vielmehr aus Sport denn der üblichen meditativen Ruhe, womit auch die Wassertemperatur zu ertragen ist. 42 Minuten lang wirbele ich mit den Löwen durchs maximal sieben Meter tiefe Wasser und bin doch sehr beseelt, als die Reise ins Reich der Seelöwen endet. Was für ein Erlebnis!

Um halb eins tauchen wir an der Landing Cove zum dritten und letzten Mal. Der Tauchplatz ähnelt der Cathedral Cove. Diesmal geht es dafür auf 14 Meter Tiefe. Es ist bitterkalt, weshalb ich nicht unglücklich bin, als David und ich nach 37 Minuten beschließen, den Tauchgang zu beenden. Für das letzte Foto drückt David mir unerwartet seine Kamera in die Hand. Na, es ist mir eine Ehre, denke ich mir und amüsiere mich darüber, wie bewusst David nicht in die Kamera schaut.

Wieder an Bord entledige ich mich schnellstens des nassen Neoprens und springe mit sieben anderen in die glücklicherweise vorhandene heiße Wanne.

Am Hafen haben sich die Konföderierten breitgemacht. Oder sind das die Yankees? Schwer zu sagen. Auf alle Fälle spazieren David, die Schubkarre, die er sich von der *Spectre* geliehen hat, um sein Equipment zu seinem Auto zu transportieren, und ich an einer Wiese voll historisch gekleideter Soldaten und Zivilisten vorbei. Sie haben Zelte errichtet und sogar eine Kanone angeschleppt. Eine erlebbare Geschichtsstunde.

David bietet mir an, mich nach Hause zu fahren. Ich lehne dankend ab, da ich mit Scott und Lauren den Deal habe, Lauren auf ihrem Arbeitsplatz, dem Brophy Bros. Restaurant, hier im Hafen zu treffen.

An einer dieser, an Touristenorten üblichen Fotowände, durch die man seinen Kopf steckt, um Teil einer bescheuerten Szene zu werden, treffe ich auf drei Frauen, die sich lauthals schlapplachen. Es handelt sich um ein Schwesterpärchen um die 50 und deren 70- bis 80-jährige Mutter. Auslöser der Freude ist besagte Fotowand, durch die die Ladys abwechselnd ihre Köpfe stecken. Da mich die *Spectre* ganze zwei Stunden früher als angekündigt wieder zum Hafen gebracht hat, setze ich mich auf eine der Parkbänke und beobachte das Treiben. Nach einer Weile – mittlerweile lache ich herzlich mit, da die drei wirklich lustig sind – frage ich schließlich, welche der drei Damen mir die Ehre erweist, mit mir für meine Kamera zu posieren. Kelley, eine der Töchter, ist sofort Feuer und Flamme und stellt sich mit mir hinter die Wand.

»Who do you wanna be?«, fragt sie mich.

»The mermaid of course!«

Und so kommt es, dass ich zur bärtigen Meerjungfrau werde, die Kelley als Taucherin im Arm hält. Romantisch.

»Let's go to the soldiers«, schlägt Kelley ihrer Mutter vor und greift wie ihre Schwester einen Arm der alten Frau.

»Not if they're Yankees!«, meckert die Alte und bringt ihre Töchter damit zum Lachen. Ich denke mir nur meinen Teil und verabschiede mich.

Im Restaurant umarmt mich Lauren zur Begrüßung und meint, dass ich hungrig sein müsste. Ich würde zwar trotz Scotts köstlichen Lunchpakets noch was reinbekommen, bin mir aber bewusst, dass ich nach wie vor keinen Zugriff auf mein Geld habe. Daher lehne ich dankend ab, was Lauren nicht akzeptieren möchte und mir im Fischrestaurant einen Salat und ein Bier auf Kosten des Hauses spendiert. Im Hafen knallt es plötzlich. Ein historisches Segelschiff kommt an und feuert Salutschüsse ab. Na, hier ist was los.
Danach fahren Lauren und ich zum Strand, da sie von der Straße aus bereits erkennen konnte, dass die Wellen heute großartig zum Surfen sein müssen. Ihre Freude darüber ist dementsprechend riesig – obwohl sie keine Ausrüstung dabei hat, um die Wellen zu erobern. Alleine der Anblick des »perfect set of eight waves« versetzt sie in pure Verzückung. Natürlich muss sie Scott darüber informieren, der am Telefon ihre Begeisterung in gewohnt ruhiger Manier erwidert und Lauren zugleich in eine Mischung aus Stolz und Neid übergehen lässt ... denn er kommt wenig überraschend in diesem Moment aus dem Wasser und belädt gerade seine Schrottkiste.
Wir holen Scott auf dem Parkplatz des Crowne Plaza ab, zahlen selbstredend die Parkgebühr für nur einen Wagen und fahren zurück in die WG.
Als ich mich in der WG ins Netz einloggen möchte, bekomme ich unter anderem das Netzwerk »Secret Batcave« angezeigt. Wohnt der also auch hier. Scott meint, dass ein anderes benachbartes Netz »Sweaty Balls« heißt. Auch nicht schlecht. Ich möchte herausfinden, wie es dazu kommen konnte, dass meine Kreditkarte nicht mehr funktioniert. Kurz darauf erfahre ich, dass sie überzogen ist, weil das Mietwagenunternehmen aus Vegas mir zunächst doch 420 anstelle der 190 Dollar abgebucht hat. Großartig, ihr Idioten.
»I also made a movie«, grinst Scott auf einmal verschmitzt.
»Really? Can I see it?«
»Sure.«
Er legt eine DVD ein und erklärt, dass er die Aufnahmen während der letztjährigen Waldbrandsaison gemacht hat. Die Bilder sind unglaublich: Ich bekomme Feuerwehrleute zu sehen, die durch dickste Rauchschwaden laufen, innerlich brennende Bäume fällen und gegen eine rote Wand aus Feuer ankämpfen. Das sieht nach ultrabrutaler Arbeit unter extrem krassen Bedingungen aus. Ich mache keinen Hehl aus meiner Bewunderung, was Scotts Brust stolz anschwellen lässt.
Metalhead Steven stolziert durch die Wohnung. Jedes Mal, wenn ich ihn sehe, arbeitet er übrigens an seinen Muskeln. Was die Eitelkeit angeht, entspricht er von allen Bewohnern des Hauses bei Weitem am ehesten dem Bild des Standardsurfers. Gleichzeitig ist er wiederum zu düster und überzogen böse, um dem Klischee zu entsprechen. Er springt im Korridor an die Klimmzugstange, zieht sich ein paar Mal daran hoch ... und rutscht plötzlich ab. Mit einem gewaltigen Schlag knallt er mit dem Rücken auf den Boden. Für einen Mo-

ment herrscht absolute Stille, bis Steven selbst sich zu Wort meldet: »Ah, fuck. I … I just fell. But, argh, I'm okay. I'm okay.«
Niemand kann sich das Grinsen verkneifen und ich glaube nach wie vor, dass auch Steven durchaus bewusst lustig klingt. Richtig schlau werde ich aus ihm jedoch noch immer nicht.
Scott und ich werden von Lauren zum Abendessen eingeladen. Sie möchte in ihrer Wohnung für uns kochen. Sie macht eine verdammt leckere Guacamole und serviert dazu Hummus und Tacos. Während wir den sehr gesund schmeckenden Gemüseteller verputzen, erzählt Scott, dass er sich nun ernsthaft überlegt, ob er nicht einen Zusatzkurs als Feuerwehrmann machen sollte, der ihm und Casey bereits angeboten wurde. Darin würde er dazu ausgebildet werden, mit einem Tank und einem Fallschirm auf dem Rücken in einen Brandherd zu springen, um diesen von innen heraus zu bekämpfen. Alter Walter! Wenig später erwähnt er beiläufig, dass er sich selbst als unfassbar langweilig empfindet, woraufhin ich ihn unterbreche: »Wait, wait wait. Scott, that's complete bullshit. I mean … you're one of the coolest guys I've ever met! You might even be on top of the list. You're a surfer and a goddamn firefighter. You're modest, nice to everybody, not at all arrogant. You host a complete stranger, teach him surf and jump with him out of an airplane. And you have drums in your living room! You're not cool? Haha! You're the definition of ›cool‹, Scott!«
Scott weiß nicht so recht, wie er reagieren soll: »Really?«, fragt er zaghaft und mit der Bescheidenheit eines Miroslav Klose. Lauren greift nach seiner Hand, strahlt zunächst mich freudig und danach Scott verliebt an: »I think so, too!«
Um die rührende Atmosphäre aufzulockern, gebe ich mein Sortiment an Hippiewitzen zum Besten. Ich erzähle auch einen, den ich noch immer nicht verstanden habe. Da ich mich vor den beiden nicht zu schämen brauche, lasse ich sie auslachen und frage dann nach: »I never got that one. Can you explain it to me?«
Daraufhin bricht das Gelächter erst richtig los, denn Scott kann es nicht fassen, dass ich einen Witz erzähle, den ich selbst nicht verstehe.
»How do you describe hippie sex? – Fucking intense.«
Ja, soweit so verständlich … aber eben überhaupt nicht lustig. Gespannt blicke ich in Scotts Augen und warte auf die Aufklärung.
»Okay«, er unterbricht, weil er wieder lachen muss. »You can understand it in two ways. You can say: ›fucking intense‹, or you can say: ›fucking – in – tents‹.«
»Ah!« – Mysterium enträtselt.
Scotts selbst auferlegte Mission ist es, vor meiner Abreise meine Bucket List abzuarbeiten. Daher checken wir online nach pogotauglichen Konzerten … und werden fündig! Im Billy O's spielen heute bei freiem Eintritt zwei Punkbands: French Exit aus Los Angeles und ¡La Vasa! aus Santa Barbara rocken zu Ehren des uns unbekannten Geburtstagskindes KG den Saloon.
Wir parken den Wagen auf dem Parkplatz hinter dem Laden. Die Bar ist gut

besucht, richtig Stimmung mag aber noch nicht so wirklich aufkommen. Als die zweite Band anfängt, dreht sich Scott grinsend zu mir: »You wanna do some *pogo dancing* in America, right?«
»That's how it's written on my bucket list.«
»So let's go!«
Kaum hat er ausgesprochen, haut er mir auch schon fast meine PBR-Dose aus der Hand und stößt mich in die nur leicht zum Rhythmus zappelnde Menge. Yeah, Baby! Auf meinem Weg zurück zu Scott und Lauren stoße ich so viele Menschen wie möglich an, schnappe mir die beiden und schon geht's los. Scott und ich haben dummerweise gleichzeitig die Idee Lauren anzutanzen, weswegen wir sie gleich wieder zwischen den Barhockern hochziehen müssen. Sah brutaler aus, als es tatsächlich war. Lauren schreit entzückt auf, reißt ihre Arme hoch und haut uns beide weg. Das ist dann auch gleich eine Art Startschuss für den Rest der Kneipe: Binnen weniger Sekunden prügeln sich 30 bis 40 Menschen zum Takt der Musik. Scott, Lauren und ich haben den Pogo in die Hütte gebracht, der auch bis zum Ende der Show nicht mehr abebbt: umgeschmissene Lautsprecher und Mikrofonständer, Stagediving und Bierduschen. Das ist Punkrock und Roll!
Als die Show endet, nehme ich Lauren und Scott glücklich in die Arme. Was bin ich froh, die beiden getroffen zu haben. *Bucket list accomplished.*

A day in the life of Scott
Tag 86: Sonntag, 3. Februar 2013

Da die Wellen nach wie vor so genial sein dürften, kündigte Scott letzte Nacht an, dass er früh am Morgen surfen gehen möchte. So beginnt der neue Tag bereits wieder um sechs Uhr – nachdem der vorige erst um drei Uhr endete. Als ich Scott gestern Nacht fragte, ob ich mitmachen kann, verneinte er: »You may be Germany's best surfer, but those waves are too big for a beginner. It's too dangerous.«
Dass ich dennoch auf meinen Schlaf verzichte, um ihn beim Surfen zu beobachten und zu filmen, macht ihn fröhlich und ringt ihm einen gewissen Respekt ab. Als er mich aufweckt, wird mir klar, weshalb ich auch vollkommen zu Recht allen Respekt verdiene. Boah, bin ich noch müde. Total bekloppt. Da feiert und säuft man ordentlich und steht dann drei Stunden später wieder auf, um ein paar Wellen zu surfen. Das ist wahre Leidenschaft.
Mit Scotts wesentlich besserem und weniger kaputtem älteren Wagen und Refused im laut aufgedrehten Radio geht's ans Meer, zwölf Kilometer außerhalb von Ventura. Ich glaube, er hat sich die »neue« Schrottschüssel gekauft, weil da das eine oder andere Brett besser hineinpasst oder die Versicherung billiger ist. Eine andere Erklärung für den Kauf des Isuzu finde ich zumindest nicht.

Je näher wir dem Surfspot kommen, desto freudig aufgeregter wird Scott. Regelmäßig schaut er aus dem Fahrerfenster, um die Wellen abzuchecken. Dann geht immer mal wieder sein Daumen nach oben: »Looks good! Great!«
Scott schaltet zwischendurch die Musik aus, um die Wettervorhersage im Radio zu hören. In Kalifornien wird nämlich auch viel über den Wind und somit auch über Wellen berichtet. Wichtige Informationen für Surffreaks wie Scott.
Je näher wir dem Spot mit dem unkreativen Namen »Park Number Three« kommen, desto höher wird das Aufkommen von am Rand geparkten Wagen. Es sind primär Camper und Pick-ups von Fischern und Surfern. Der Surfspot selbst ist ein Parkplatz direkt am Wasser mit einem noch geschlossenen Häuschen, an dem man sich später am Tag mit Nahrung versorgen kann. Der Ort ist ein Rastplatz.
Bevor Scott seinen Neoprenanzug anzieht, schauen wir uns die Wellen an. Scott möchte sehen, ob sie es auch wert sind, geritten zu werden. Sie sind es. Wir sind nicht die Einzigen, die auf dem Felsdeich stehen und die Wellen inspizieren; ein leicht absurd wirkendes Spektakel, morgens bei schönstem Sonnenaufgang um kurz nach halb sieben.
Scott erzählt, dass er eine Zeit lang genau hier lebte. Ich denke zuerst, dass dies eine Metapher dafür ist, dass er so oft zum Surfen herkommt und er diesen Spot als sein zweites Wohnzimmer betrachtet. Tatsächlich war es jedoch so, dass sich seine Eltern noch keine sichere Existenz aufgebaut hatten, als sie nach Ventura zogen und sich demnach zunächst als Imbissbudenbetreiber an diesem Platz verdingten. Es war eine gute Zeit, nickt Scott. Außerdem hatte er somit optimale Voraussetzungen, um das Surfen zu lernen und schließlich – laut Lauren und Kevin – zum besten Surfer Venturas zu werden. Ich weiß nicht, ob er sich überhaupt darüber im Klaren ist, diesen Status zu haben. Spräche ich ihn darauf an, würde er sicherlich nur verlegen abwinken, charmant lächeln und es bescheiden bestreiten.
Als Scott aufs offene Meer hinauspaddelt, steigt die Sonne über das hügelige Hinterland und lässt das Wasser golden aufleuchten. Pelikane fliegen, meist in kleineren Gruppen, direkt über den Wellenkämmen. Es sieht so aus, als würden selbst die Vögel mit den lustigen Schnäbeln auf ihre Weise mit den Wogen spielen. Ich filme Scott und bekomme ungefragt einen Zigarillo mit Vanillegeschmack von anderen Zuschauern angeboten, die neben mir stehen, mit denen ich zuvor jedoch noch kein Wort gewechselt habe. Sehr nett.
Die Wellen sehen für mich eigentlich gar nicht mal sonderlich Respekt einflößend aus. Als wir vor wenigen Minuten das Meer beobachtet hatten, sah es noch fast nach einem Ententeich aus. Da ich ein guter Schwimmer bin, wäre ich selbst als Anfänger angstfrei hinausgepaddelt. Als ich Scott und die anderen Surfer wenig später jedoch die Wellen reiten sehe, wird mir klar, wie hoch die Wogen dann doch noch geworden sind. Das ist durchaus erstaunlich und zeugt davon, wie sehr Scott den Pazifik lesen kann. Auch die Distanz zum Ufer wird

erst dadurch wirklich deutlich, wenn man einen aufrecht stehenden Menschen als Maßstab zur Verfügung hat. Naja, okay. So legendär meine Surfskills auch schon sein mögen: Diese Wellen sind dann tatsächlich doch nichts für Anfänger wie mich. Darüber hinaus brandet das Wasser nicht auf einen feinen Sandstrand, sondern in eine gefährliche Ansammlung mittelgroßer Felsbrocken. Wenn man dort unkontrolliert hineinrauscht, kann es eigentlich nur schmerzhaft und mit Knochenbrüchen enden. Die Wellen werden darüber hinaus mit der Zeit immer höher und für sieben Uhr ist im Wasser bereits erstaunlich viel los. Ich staune ein ums andere Mal, dass die Surfer sich nicht gegenseitig über den Haufen fahren.

Plötzlich wird das Wasser wieder ruhiger. Ich wundere mich nur kurz, da mir einfällt, was ich am Vortag von Lauren gelernt habe. Sie sprach gestern von einem »set of eight waves«, was ich nicht verstand und mir daher erklären ließ: Wellen kommen immer in Intervallen, die der Surfer »Set« nennt. Gestern Abend sah dies so aus, dass nacheinander acht Wellen mit halbwegs regelmäßigem Abstand zueinander aufs Land zugerollt kamen. Nach der achten Welle blieb das Wasser für eine gewisse Zeit ruhig und ließ schließlich das nächste Set, erneut acht Wellen, sich am Ufer brechen. Verrückte Natur. Als hier und jetzt die Wellen abflauen, reagieren die Surfer, indem sie sich auf ihre Bretter setzen, vermutlich leise die Sekunden zählen und gebannt auf das nächste Set warten. Die erste Welle eines Sets sollte man übrigens nicht unbedingt reiten. Die nachfolgenden Wogen sind in der Regel besser. Außerdem brechen nicht so viele Wellen über einen ein, falls einen gleich die erste eines Sets umhauen sollte.

Nach 40 Minuten kommt Scott wieder an Land gepaddelt. Er verlässt das Wasser mit einem Surfer, der zwischen 45 und 55 Jahre alt sein muss. Er stellt ihn mir als seinen Onkel vor. Ob es in dieser Familie wohl auch jemanden gibt, der nicht surft? Ich wage es zu bezweifeln.

Gegen halb zehn sitzen Scott und ich im Garten der Surfer-WG und frühstücken. Das Gartenmobiliar würde vermutlich auch dem Hutmacher aus »Alice im Wunderland« gefallen. Der rostige Tisch ist zwar keine lange Tafel, dafür aber – wie auch die Stühle – eigentlich viel zu hoch und lässt uns wie kleine Kinder am Erwachsenentisch aussehen. Auf Barhockerniveau und bei schönstem Sonnenschein genießen wir die nahrhafte Mahlzeit, die aus einem Bagel, Oatmeal, einem Gemüseschnitzel, einer frischen Avocado und Kombucha besteht. *Welcome to Scott's paradise.*

Nach dem Frühstück treffen wir im Garten auf Steven, der Scott von seinem eitrigen Pickel an äußerst unangenehmer Stelle erzählt. Ich kann mir genauso wenig wie Scott ein Grinsen verkneifen, wohingegen Steven unbeirrt seinen chronisch mies gelaunten oder einfach nur ultracoolen Gesichtsausdruck beibehält. Steven textet Scott weiter zu und nachdem verschiedene Möglichkeiten einer Therapie besprochen sind, greift Scott brüderlich nach Stevens Schulter, bedankt sich ironisch für seine Offenheit und rät ihm zur Geduld. Steven reagiert nahezu ergriffen, erwidert die freundschaftliche Geste und sagt: »Thanks for listening, man. You're a real friend.«

Scott möchte mir zeigen, dass es außer dem Hinterland, dem Hafen, der Strandpromenade und der Main Street noch mehr Sehenswertes in Ventura gibt: den Grant Park zum Beispiel. Wir parken den Wagen und schlagen einen der vielen Pfade ein. Der Grant Park ist keine flache, grüne Wiese, sondern ein trockener Hügel, der Ventura im Norden begrenzt und zum Wandern einlädt. Scott führt mich zum Father Serra Cross, einem schlichten Kreuz, welches zu Ehren des Missions- und folglich Stadtgründers Junípero Serra errichtet wurde. Rund um das Kreuz hat man eine kleine Grünfläche angelegt. Das Highlight ist eindeutig die Aussicht auf die Stadt und den Ozean. Die Luftfeuchtigkeit, die die Wellen mitbringen, zieht sich wie ein nebliger Schleier über die Stadt und in der Ferne ragt Santa Cruz Island aus dem Meer. Wir genießen für einige Minuten die Aussicht und die Sonne, treffen auf eine Echse und spazieren wieder zurück zum Auto. Ein netter kleiner Ausflug.

Wieder zurück in der Hemlock Street zieht es Scott zu seinen Boards im Schuppen hinter dem Haus. Es ist wieder Zeit zum Surfen! Die Wellen konnten wir sogar vom Grant Park aus sehen. Casey und Scott wollen sich das Meer aus der Nähe ansehen. Nachdem die Wogen gestern Abend so genial waren, vermuten sie, dass sie jetzt wenigstens genauso hoch sein dürften – vielleicht sogar noch höher. Scott hofft gar auf den »surf of the winter«. Damit es schnell geht, wollen die Jungs mit dem Fahrrad ans Meer düsen. Da ich mitkommen soll, organisiert Scott mir ebenfalls einen Drahtesel. Mein Fahrrad sieht äußerst lustig aus: Es ist klein, rostfarben, überall rund, hat orange Reifen und sowohl lila Lenkergriffe als auch eine lila Fahrradkette. Scotts Bike ist mit seinen dünnen Rädern an Uncoolness nicht zu übertreffen und Casey kommt mit einem baugleichen Rad wie ich daher, allerdings in Schwarz und mit einem weit gebogenem Beach-Cruiser-Lenker. *I win.*

Ich muss wohl nicht erklären, dass es mit zwei Surfern, wovon einer gerne auch mal mit einem Longboard durch die Serpentinen des Hinterlandes düst, schnell und riskant den Berg zum Strand hinunter geht. Um Scott und Casey mache ich mir keine Sorgen, doch bin ich wegen meiner eigenen Knochen froh, als wir kurz darauf heil auf der den Highway 101 überspannenden Fußgängerbrücke ankommen. Ähm, nein, ich habe das Rennen nicht gewonnen. Scott und Casey schauen sich fachmännisch die Wellen an und beratschlagen sich. Ich verstehe wegen des Freeways kein Wort, gehe aber mal davon aus, dass sie überlegen, mit welchen Boards sie die Wellen reiten wollen. Dass sie es wert sind, darauf zu surfen, sehe ich auch als Anfänger, denn die Wogen, die durch die Pfähle des Ventura Pier preschen, sind locker drei bis vier Meter hoch.

Wieder in der WG schlüpft Scott bis zur Hüfte in seinen Neoprenanzug und schnappt sich ein recht kurzes Brett mit orangefarbenem Rand und Unterseite. Steven betritt den Raum. Ich vermute, dass er gerade Eiswürfel gepinkelt hat.

Er setzt sich mit Basecap und dunkler Sonnenbrille hinters Schlagzeug und beginnt darauf herumzuhämmern. Mein Talent zum Surfen stufe ich höher ein als seine musikalischen Fähigkeiten. Unter unrhythmischem Geballer verlassen Scott und ich das Haus. Scott schafft es dabei erstaunlicherweise sogar, halbwegs passend zu Stevens Geknüppel zu tanzen. Moment mal, bin nicht eigentlich ich der Punk von uns dreien?
Ich packe wieder meine Kamera aus. Nachdem ich die letzten drei Monate zwar massenhaft Fotos, aber viel zu wenig Videos aufgenommen habe, möchte ich dies am heutigen Tage etwas ausgleichen. Mein ehrgeiziges Vorhaben, eine kleine Doku über einen Tag in Scotts Leben zu drehen, wird zwar aufgrund mangelnder Technik und zu viel Kamerabewegung sicherlich kein Meisterwerk, Spaß macht es dank Scott dennoch.
»What are you going to do?«, frage ich ihn bei laufender Kamera.
»We're gonna get *extreme*!«
»EXTREME?«, brülle ich zurück. Ja, die Jungs vom Skydiven haben uns einen Running Gag beschert.
»Extreme! We jump out of airplanes, we go surfing ... We do everything to the *max*!«
»Sure you wanna do that? Sure that's a good idea?«, folge ich weiter der Fallschirmlehrerdevise.
»Yeah, it is!«
Scott lächelt in die Kamera, legt einen Schritt zu und beginnt zu lachen. Wenig später kommen wir an einem Orangenbaum vorbei. Scott pflückt sich im Vorbeigehen eine Frucht und spaziert weiter. *California Dream*. Wenig später setze ich zum nächsten Interview an: »Where are you going to surf?«
»We're going to surf California Street in sunny California.«
Er berichtet, dass eine drei bis vier Meter hohe Welle auf den Strand zurollt und irgendwas mit: »285 degrees west.«
Ich vermute, dass sich dies auf den Wind bezieht. Er fährt damit fort, dass irgendwas »roping« genannt wird. Da ich noch von den »285 degrees west« irritiert bin, verpasse ich es, ihn zu fragen, was zum Geier das nun wieder zu bedeuten hat.
»Let's go see if we can make it happen and try to go through those vibes blowin' throughout Mother Ocean«, beendet er philosophisch seinen Exkurs in die Surfersprache. Und selbstverständlich grinst er wieder.
»Nice«, kommentiere ich weniger tiefgründig, was ihn kurz auflachen lässt. Als er denkt, dass ich die Kamera ausgeschaltet habe, erklärt er mir, dass es hart ist, vor der Kamera natürlich zu bleiben: »It's like this faked person, you know? Like some stranger you're talking to.«
Ich glaube, dass es unmöglich ist, diesen Kerl nicht zu mögen. Ein weiterer Punkt, der in meinen Augen Scotts Bescheidenheit widerspiegelt, ist sein Gang. Mein neuer Freund ist muskulös, sieht aus wie Miro Kloses hübscherer Bruder

und zählt als Surfer sicherlich zur coolen Gang Venturas. Dennoch tapst er wie ein gedankenversunkener Achtjähriger, leicht nach vorne gebeugt und das Surfbrett unter den Arm geklemmt, mit hängenden Schultern umher. Dabei sieht er interessiert um sich – meist natürlich in Richtung Meer. Ich bin mir absolut sicher, dass er keinen Gedanken daran verschwendet, was für einen coolen Eindruck er am Strand hinterlassen könnte. Nein, Scott ist lediglich von der Vorfreude auf die nächste Welle getrieben. Passend dazu setzt er auch – kaum haben wir Sand unter unseren Füßen – zu einem Sprint an und rennt ans westliche Ende des Strandes. Außer Scott sehe ich keinen einzigen weiteren Surfer rennen. Im Wasser paddelt er auf seinem Brett den Wellen entgegen und reitet auf einer von ihnen spektakulär bis zum Pier. Wow, das sind mal richtig hohe Wellen!

Vorgestern habe ich Scott eine Freude gemacht, indem er sich durch mich an seine ersten Surfversuche erinnert fühlte. Und heute freue ich mich nicht weniger darüber, in ihm den Genuss am Leben beobachten zu können. Ventura vermag als Stadt nicht wirklich zu überzeugen, der Lifestyle, den die Menschen pflegen, die ich hier kennenlernen durfte, erscheint mir hingegen äußerst gesund zu sein – denn sie sind glücklich. Also schreibe ich Cari, dass wir von mir aus auch gemeinsam nach Ventura ziehen können: »I met so cool people here, the nature is great, skydiving available and they think it's funny that I call moshpiting ›pogo dancing‹. Good vibes here.«

Als Scott wieder aus dem Wasser kommt, unterhält er sich mit den Rettungsschwimmern, die gleich mit mehreren Wagen parat stehen und eigentlich die Leute wegen der hohen Wellen aus dem Wasser raushalten wollen. Scott scheint seinen Status als Topsurfer aber auch bei den Damen und Herren von »Baywatch« zu haben, weswegen sie lediglich freundlich plauschen und erst gar nicht auf die Idee kommen, Scott davon abzuhalten, wieder loszusprinten … was er im Anschluss an das Gespräch selbstredend wieder macht. Bloß keine Welle verpassen! Als er sich einmal für wenige Minuten eine Auszeit gönnt und sich zu mir setzt, strahlt er verträumt aufs Meer hinaus, stets die Wellen beobachtend. Ja, dieser Mann ist verliebt.

Ich frage Scott, was das für seltsame Surfer sind, die mit einem Paddel bewaffnet auf ihren Brettern stehen: »They are no surfers. Everybody makes fun of them.« Das überrascht mich nicht, denn die Paddler sehen wahrhaftig reichlich uncool aus. Vielleicht bereiten sie ja auch nur ihre Bewerbung zum Gondoliere im Venetian in Las Vegas vor.

Nachdem sich Scott ausgetobt hat, möchte ich bei laufender Kamera von ihm wissen, ob dies nun wie erhofft das beste Surfen dieses Winters war.

»No, last night was«, antwortet er und sieht dabei dennoch unglaublich glücklich aus, »but that was the surf of the moment. And it was a very good moment.« Kurz nach unserer Rückkehr in die WG kreuzt Lauren auf, was bedeutet, dass wir uns zusammensetzen und plaudern. Scott erzählt vom Surfen und dass ich

ihn heute schon den ganzen Tag über filme, was er »inspirierend« findet. Ich hoffe derweil leise, dass die Aufnahmen überhaupt verwertbar sind und wechsle daher schnell das Thema indem ich mich erkundige, wie hoch eigentlich die Haigefahr beim Surfen ist. Scott meint, dass er beim Surfen noch nie mit einem Hai in Kontakt gekommen ist und das Thema von den Medien überspitzt und viel zu panisch dargestellt wird. Lauren erzählt daraufhin, dass sie einmal dachte, dass sich ein Hai ihr und ihrem Board nähert, als sie gerade darauf saß. Panisch versuchte sie zu entkommen, um dann festzustellen, dass die Flosse zu einem Delfin gehörte. Krass. Scott und ich regen uns über Trolleys und den Krach, den diese blöden Rollkoffer verursachen auf, reden von diesem und jenem und schließlich von Football. Heute ist nämlich Super Bowl Sunday und ich ahne bereits, dass weder Scott noch Lauren irgendein Interesse daran haben. Ich interessiere mich zwar auch nicht dafür, möchte diesen Feiertag aber dennoch nicht komplett verpassen. Schließlich wird darüber auch in Deutschland immer so berichtet, als sei es neben dem 4. Juli der wichtigste Tag im amerikanischen Kalender. Meine Vermutung bewahrheitet sich. Glücklicherweise versteht Scott, worauf ich hinaus will und fragt Casey, ob ich mit ihm kommen kann, um das Spiel zu sehen.
»Sure«, nickt Casey, »but you have to confess!«
Hä? Ich muss gestehen? Was denn?
»Confess that you didn't surf for the first time the day before yesterday.«
Ach, das geht runter wie Öl.
Caseys Kumpel wohnt in der Pittsfield Lane, einem engen Sträßchen, das vom Pierpoint Boulevard in Richtung Meer abgeht. Es sind nur wenige Meter bis zum Strand, wo wir uns wenige Minuten vor dem Anpfiff noch kurz den Sonnenuntergang ansehen.
Die Jungs – wir sind zu viert – feiern keine wilde Super-Bowl-Party, sondern schauen sich das Spiel der San Francisco 49ers gegen die Baltimore Ravens ganz entspannt im Wohnzimmer an. Kaum sitze ich, merke ich, dass ich unfassbar müde bin. Da rächt sich wohl die kurze Nacht. Ich kenne die meisten Regeln zwar nicht, steige aber dennoch relativ schnell dahinter, wie dieses Spiel ungefähr funktioniert. Zu Beginn des dritten Viertels erhöhen die Außenseiter aus Baltimore auf 28:6. Nachdem ich bis hierhin schon hart gegen die Müdigkeit angekämpft habe, denkt sich mein Körper nun offensichtlich: »Das Spiel ist gelaufen und ich mache auch nicht länger mit.«
Also schlafe ich ein. In den Augen so manch eines Amerikaners sicherlich Blasphemie. Als ich wieder halbwegs wach werde, bemerke ich am Spielstand, dass ich rein gar nichts verpasst habe. Es steht immer noch 28:6. Den Jungs ist mein kurzes Nickerchen offensichtlich aufgefallen: »Look who's awake again!«
»Yeah, sorry. The night was short. Feels like I really slept, but I obviously didn't miss anything.«
»Yes, you did«, widersprechen mir die Jungs.

»But it's still 28:6.«
»There was a blackout … for half an hour.«
Bitte, was? Die Jungs erklären mir, dass ich soeben einen historischen Moment verpennt habe. Für 34 Minuten sind im Stadion von New Orleans die Lichter ausgegangen. Das Spiel musste unterbrochen werden, was es in nunmehr 47 Jahren Super Bowl noch nie gegeben hat. Ich überlege kurz, was Günther Jauch und Marcel Reif wohl bei einem Stromausfall eingefallen wäre, schaffe es aber nicht, eine schmissige Verbindung zwischen dem Super-Bowl-Blackout und meinem eigenen aus meinen müden Hirnwindungen zu pressen. Vermutlich auch besser so. Stattdessen wird darüber diskutiert, ob dies tatsächlich ein Unfall war oder ob da nicht einer im Auftrag der 49ers den Stecker gezogen hat. Schließlich wurden die bis zum Stromausfall ganz schön vermöbelt.
Scott ruft an und fragt, ob Lauren und er mich abholen sollen. Sie wollen mit mir in eine Bar gehen und sich mit einer Freundin von Lauren und Scotts Bruder Patrick nun doch ebenfalls den restlichen Super Bowl angucken. Wenig später holen sie mich ab und bringen mich nur zwei Straßen weiter in den Social Tap. Laurens Freundin heißt Dannica und Scotts kleiner Bruder hat einen Schnurrbart. Ich mag beide.
Der Laden ist natürlich voll. Allerdings nicht zu voll, sodass wir problemlos noch einen freien Tisch ergattern können. Wenig verwunderlich hält hier fast jeder zur Mannschaft aus San Francisco. Umso erstaunlicher ist hingegen, dass die Fans wieder Hoffnung haben: Es steht nur noch 28:26. Dem Stromausfall sei Dank? Am Ende gewinnt die Mannschaft von der Ostküste knapp mit 34:31. Mein erster Super Bowl, live in Amerika. Ein Erlebnis, das ich wohl nicht ewig mit mir herumtragen werde. Auch egal. Dafür sind wir mittlerweile alle ordentlich knülle. Irgendwer – ich glaube Dannica – hat nicht so fleißig mitgetrunken und kann noch fahren. Laurens Auto lassen wir vernünftigerweise stehen. Während wir auf irgendwen auf dem Parkplatz warten, schaut Lauren offenbar die falsche Frau an. Zumindest wird sie plötzlich von einer in Rage geratenen Assitussi aus dem parkenden Auto neben uns angebrüllt: »What's up, bitch?«
Wenn ich mich nicht irre, antwortet Lauren: »Uhm, fuck you?«, während Scott, Patrick und ich uns kaputtlachen. Wir nehmen noch eine weitere Freundin mit und fahren zu Dannicas Wohnung. *Party on.* Während ich dies so schreibe, bezweifle ich langsam, dass wir nur mit einem Auto gefahren sind. War da noch ein Taxi im Spiel? Wir werden es niemals erfahren.
Dannica ist alleinerziehende Mutter eines drei- bis fünfjährigen Sohnes, der es offensichtlich ein wenig gruselig findet, dass die Wohnung plötzlich voller Leute ist. Ich finde es wiederum unheimlich, dass die mir namentlich unbekannte und erst beim Aufbruch hinzugekommene Freundin tatsächlich versucht, mich aufzureißen. Mich, der ich kaum noch geradeaus laufen kann und schon wieder unerbittlich gegen die Müdigkeit ankämpfen muss. Scott schnappt sich meine

Kamera und fotografiert drauf los. Sein liebstes Motiv ist Laurens Hintern, wie ich einige Tage später beim Kopieren der Fotos auf meinen Rechner feststelle. Dannica überlegt den halben Abend über, woher sie mich kennt. Dann endlich fällt es ihr wieder ein: Ich sehe aus wie der Sänger von Iron and Wine. Ich sollte mich mal wieder rasieren.
Ich mache schließlich den verhängnisvollen Fehler und setze mich aufs Sofa. Und schwupp, schnarche ich. Wie ich später per »Foto-Lovestory« in Erfahrung bringen kann, setzt sich meine neue Flamme neben mich und kopiert meinen lässig sitzenden Schlafstil, bei dem ich beide Arme elegant hinter meinem Kopf verschränke, die Beine übereinanderschlage und seltsamerweise auf manchen Bildern grinse. Nach und nach verändert sie allerdings ihre Pose und legt ihre Beine über die meinen. Dann legt sie sich um und ... Weitere Fotos gibt es nicht. Während ich diese Bilder betrachte, erinnere ich mich noch dunkel, dass ich Scott später am Abend sogar fragte, ob ich missbraucht wurde. Angeblich nicht.
Ich wache erst wieder auf, als sämtliche Lichter verloschen und die Gäste abgehauen sind. Alle Gäste? Nein, Patrick, Scotts unterhaltsamer Bruder ist noch da und pennt ebenfalls im Wohnzimmer. Von alleine werde ich übrigens nicht wach: Patrick will sich ein Glas Wasser einschenken, schmeißt dabei jedoch einen Haufen Stifte mit lustigen Blinklichtern vom Tresen auf den Boden. Da die Lichter auf Druck reagieren, fangen sie sofort an, blau und rot zu blinken. »Jesus fucking Christ«, höre ich Patrick leise fluchen. Fünf Sekunden später schmeißt er Geschirr auf den Boden: »Jesus *fucking* Christ!«

Clash of the bromances
Tag 87: Montag, 4. Februar 2013

Lauren und Scott haben nicht bei Dannica übernachtet. Wie ich erst jetzt mitbekomme, befindet sich die Surfer-WG auch nur eine Ecke weiter. Lauren und Scott schlagen vor, zum Frühstück ins Cajun Kitchen Cafe in die Main Street zu fahren. Scott bestellt sich ein Omelettfrühstück namens »Scott's«, das angeblich nicht nach ihm benannt wurde. Ich hege ernste Zweifel. Scott hat übrigens die letzten Tage nahezu vegan gelebt. Er mag die Idee. Das Beeindruckendste an Patricks Frühstück ist in meinen Augen die Zugabe von Ketchup.
Meine Kreditkarte funktioniert wieder! Also möchte ich die Runde einladen, die sich jedoch geschlossen und vehement dagegen wehrt.
Nach dem Frühstück holen wir Laurens Auto vorm Social Tap ab und fahren wieder zurück in die WG. Für mich heißt es, ein Zugticket klarzumachen. Verdammt, ist das traurig. Ich würde liebend gerne noch viel länger bei diesen, mir in kürzester Zeit so sehr ans Herz gewachsenen Menschen bleiben. Doch ich muss weg, denn – und das schmerzt nicht nur beim daran Denken, sondern

sogar schon beim Niederschreiben – heute ist mein vorerst letzter kompletter Tag in Amerika. Morgen endet diese großartige Reise. Ich könnte heulen, spare es mir aber lieber für den tatsächlichen Abschied auf. Ich verdränge die traurigen Gedanken. Es wird gesprochen und es wird gelacht. Außerdem bin ich von drei Sonnenscheinen umgeben: Lauren ist ein Schatz, Scott sowieso der Beste und Patrick cool und ulkig, was Jesus fucking Christ noch mal auch an seinem blöden Schnurrbart liegt. Wir alle sollten uns vor der Macht der Person in Acht nehmen, die es geschafft hat, den Schnauzer als hip zu verkaufen! Direkt darauf folgt der Mensch, der es vermochte, Leute davon zu überzeugen, sich ihre Ohrläppchen mit Tunneln bis zu den Schultern zu weiten. Doch ich schweife ab ... oder lenke mich vielmehr ab. Ich will nicht zurück nach Deutschland.

Ich möchte gerade meinen Rechner einschalten, als sich Lauren und Scott verschwörerisch vor mich stellen: »We'll drive you.«

Ich verstehe nicht. Das heißt, ich verstehe schon, aber ... Das meinen die doch nicht ernst? Ich bin so überrascht, dass ich nicht mehr weiß, ob ich: »What?«, »Are you serious?«, »You gotta be crazy«, »Pardon?«, »Huh?«, oder was auch immer antworte. Bis Los Angeles sind es 100 Kilometer! Noch nicht einmal Spritgeld will Lauren, deren Wagen wir für die Fahrt nehmen. Sie wollte sowieso mal wieder ihren Bruder in Santa Monica besuchen, begründet sie ihre Weigerung. Wo bin ich hier nur gelandet? Ich liebe diese beiden!

Wir fahren über den Highway 1, also die Küste entlang. Ein letztes Mal genieße ich die Aussicht auf den Pazifik. Wir treffen Laurens Bruder zum Mittagessen im Huckleberry auf dem Wilshire Boulevard. Es ist das erste Mal, dass Scott und er sich sehen. Dementsprechend ist der Fokus auch auf den potenziellen Schwager in spe gelegt – was allerdings ausschließlich von Laurens Bruder ausgeht, der Scott Fragen über Fragen stellt. Da will jemand offensichtlich herausfinden, ob der neue Freund auch gut genug für die kleine Schwester ist. Ich denke Scott schlägt sich mehr als gut, habe aber den Eindruck, dass Laurens Bruder von Scotts beruflicher Karriere weniger angetan ist. Er selbst kommt recht erfolgreich rüber – was auch immer er macht.

Bevor ich morgen Nachmittag abhebe, werde ich meine letzte Nacht in den Staaten mit Ford zelebrieren. Dessen Situation scheint sich leicht verbessert zu haben: Er hat einen Job in einem Restaurant in Venice ergattern können und möchte sich schnellstmöglich hocharbeiten. Der Fleiß und Eifer des Ford Odin Folliard. So kenne ich ihn. Momentan ist er noch immer pleite, da er seinen Lohn erst am Dienstag ausgezahlt bekommt. Heute hat er glücklicherweise frei. Er schreibt, dass wir ihn in Hollywood treffen sollen. Ich bin schon sehr gespannt, ihn wiederzusehen. Scott und Lauren wissen, wer Ford ist, da ich den beiden in den letzten Tagen vermutlich jede Geschichte meiner Reise zum Besten gegeben habe. Und Ford, der mich über mehr als 20 Tage begleitet hat, war bekanntlich bei vielen dieser Erlebnisse und Abenteuer von tragender Bedeutung. Außerdem ist er einfach ein Freak, über den man reden und von dem man schwärmen *muss*. Dementsprechend freue ich mich auch, ihn nach fast drei Wochen noch einmal zu Gesicht zu bekommen, bevor ich abhauen muss. Wir parken den Wagen in der Las Palmas Avenue, einer Seitenstraße des Sunset Boulevard. Wo genau wir Ford treffen sollen, hat er uns noch nicht mitgeteilt. Darüber hinaus braucht er noch ein Weilchen bis Hollywood. Somit bleibt Lauren, Scott und mir noch Zeit, um den Sunset Boulevard zu erkunden. Wir kommen an einem Schaufenster vorbei, hinter dem sich eine wahrlich ulkig erscheinende Religionsgemeinschaft eingemietet hat: *Eckankar, the Religion of the Light and Sound of God*. Im Fenster hängt in einem goldenen Rahmen die Beschreibung, wie man das »HU« singt: »With eyes open or closed, take a few deep breaths to relax. Then begin to sing ›HU‹ in a long drawn out sound like this: ›HU-U-U-U-U‹. Take another breath and sing ›HU‹ again. Continue for one to twenty minutes. Sing ›HU‹ with a feeling of love and it will gradually open your heart to God.«

Nachdem wir nicht ganz 20 Minuten lang voll Liebe: »HU-U-U-U-U« gesungen haben, zieht es uns 600 Meter weiter in einen äußerst coolen und äußerst großen Plattenladen. Bei Amoeba Music gibt's eigentlich alles. Ich checke die Punk-Abteilung und kaufe mir neue Kopfhörer. Somit kann ich zum Glück im Flieger endlich wieder Musik hören.

Wir beschließen, auf Ford im Cat & Fiddle, einer Bar an der Ecke Sunset und Schrader Boulevard, zu warten. Und diesmal zahle ich, worauf ich schon beim Betreten der Bar bestehe. Wenig später betritt Ford die Szenerie. Obwohl er die Bar mit einem breiten Lächeln und auf seine unnachahmliche Weise betritt – die man am ehesten vielleicht als laut polternd, aber höchst charmant bezeichnen könnte –, erkenne ich eine Veränderung bei ihm: Sein Vollbart ist gewachsen und ich bilde mir ein, ihm ansehen zu können, dass er viel zu wenig Schlaf bekommt. Er wirkt leicht aufgedunsen, wie erkältet. Vielleicht ist er ja auch tatsächlich nur erkältet. Wie dem auch sei: *Ford is in the house!*

Wir drücken uns herzlich und strahlen um die Wette. Ich mache meine drei Freunde miteinander bekannt und lade auch Ford zu einem Drink ein. Ich finde es toll, dass wir tatsächlich alle beisammensitzen. Ford ist neugierig und möchte wissen, was wir gemeinsam erlebt haben. Also antwortet ihm Scott, berichtet davon, wie wir uns kennengelernt haben, vom Surfen, Fallschirmspringen, Pogotanzen, davon, dass ich den Super-Bowl-Blackout verschlafen habe, von den Hot Springs, dem kalten Fluss und dem mysteriösen »Serendipity-Hippie«. Wir schwelgen gemeinsam in unseren Erlebnissen und lassen uns gegenseitig noch einmal wissen, wie cool und inspirierend der jeweils andere ist.

»We had a perfect time together«, schließt Scott ab.

Ford, der uns aufmerksam zugehört hat, schaut zunächst Scott noch einen kurzen Moment in die Augen, bevor er seinen Blick zu mir wandern lässt: »So did you guys also have sort of a *bromance*? Is there a reason for me to be jealous?«

Obwohl Ford speziell bei der zweiten Frage bis über beide Ohren grinst, reagie-

ren Scott und ich seltsamer- und amüsanterweise tatsächlich so, als wären wir ertappt worden: »Uhm … well …«
Scott fängt sich schneller wieder und beschwichtigt taktisch hervorragend: »But Dennis talked a lot about you – if that makes it feel better for you.«
Ich glaube, dass dies die schönste vollkommen absurde Situation seit Langem ist. Das Aufeinandertreffen von Ford, dem Lauten und Scott, dem Bescheidenen: *Clash of the Bromances!*
Es kommt der Moment, der schließlich kommen musste: Es wird emotional, denn Lauren und Scott verabschieden sich. Schon faszinierend, wie sehr einem Menschen in so kurzer Zeit vertraut und wichtig werden können. Wer weiß, was in meiner letzten Woche in den Staaten passiert wäre, wenn ich nicht Lauren, Kevin und Scott auf der Promenade begegnet wäre? Die Kreditkarte hätte nicht funktioniert, weswegen ich im schlimmsten, vermutlich aber auch realistischsten Fall auf der Straße hätte pennen müssen. Wahrscheinlich hätte ich mich erkältet und nicht tauchen, sondern nur dumm auf dem Boot herumsitzen können. Das bereits bezahlte Geld hätte ich aller Wahrscheinlichkeit nicht zurückbekommen. Und wie wäre ich überhaupt an Essen gekommen? Der »perfekte Tag« hätte nie stattgefunden. Ja, die komplette Zeit seit Chris' unverschämter Ausladung hätte dermaßen in die Hose gehen können, sodass ich möglicherweise nur Chris verflucht, ihm die Schuld gegeben und meine Reise auf absolut unwürdige Weise beendet hätte. Ich kann Lauren und im Speziellen Scott gar nicht genug danken. Welch wunderbare Menschen!
Als die beiden weg sind, grinst mich Ford fett an. Da ist etwas, dass er mir unbedingt mitteilen will. Es springt mich regelrecht an.
»What's up?«, frage ich ihn daher. Und schon platzt er: Er jauchzt, dass er kurz davor war, Scott und mir aus Spaß eine Szene zu machen, sich letztlich aber doch dazu entschieden hat, es besser sein zu lassen, da er nicht weiß, ob Scott ebenfalls darüber hätte lachen können. Er kennt ihn ja nicht. Nun, da wir alleine sind, will er mir seine Szene natürlich nicht länger vorenthalten: »So you guys had a bromance, too. Yeah? Well, awesome! Wet suit, hot springs … Dennis, what happened? WHAT HAPPENED?«, regt er sich gekünstelt auf und steigert sich weiter in die Szene. Als Scott ihm antwortete, dass ich viel von ihm geredet habe, hätte er Scott am liebsten angebrüllt: »Ah, yeah? Why? Did he yell my name in bed? Did he scream my name when he came? He always did so with me, bitch!«
Ah, Ford! Was hat er mir gefehlt! Ich muss mich am Tresen festhalten, um nicht vor Lachen vom Barhocker zu kippen, und ich bin mir absolut sicher, dass auch Lauren und Scott sich kaputtgelacht hätten. Zu schade, dass er sich zurückgehalten hat.
Ich stelle Ford die Frage, die mir schon die ganze Zeit auf der Zunge liegt: Wo schläft er? Die Geschichte, die ich daraufhin zu hören bekomme, erstaunt mich zutiefst und bezeugt aufs Neue, dass man mir nicht mehr mit dem Gerücht der

amerikanischen Oberflächlichkeit kommen soll: Ford musste sein Handy aufladen und ins Internet. Also betrat er mit seinen Koffern einen Laden namens MacHollywood, einem Apple-Spezialisten, schräg gegenüber der Bar, in der wir gerade sitzen. Die Betreiber des Ladens hatten kein Problem damit, sein Telefon aufzuladen. Ins Internet durfte er auch.
»Solange es nicht für immer ist«, meinte der eine.
»Eigentlich ist es auch egal, wenn es für immer ist«, erwiderte der andere.
Wenige Tage später kam Ford wieder und bat erneut darum, sein Handy aufladen zu dürfen. Als er zum dritten Mal anrückte, fragte ihn einer, was für ein komischer Vogel er überhaupt sei, dass er ständig mit Koffern den Laden betrete, um sein Handy aufzuladen. Ford erklärte den Jungs seine Situation, die dafür vollstes Verständnis zeigten: »Wer nach L.A. zieht und dabei nicht auch mal obdachlos ist, ist kein wahrer Künstler.«
Diese These erhielt Zustimmung von allen Seiten im Laden. Einer der Angestellten lud Ford daraufhin dazu ein, auf der geschlossenen Ladefläche seines Trucks auf dem Privatparkplatz hinter dem Laden zu pennen. Er könne den Wagen problemlos dort stehen lassen und stattdessen morgens mit dem Roller zur Arbeit fahren. Seitdem steht der Wagen mit einem unverriegelten Fenster auf dem Parkplatz und bietet Ford ein Obdach.
Mir steht der Mund noch immer offen, als wir den Parkplatz erreichen. Wegen ein paar kiffender Kiddies, die sich auf dem Parkplatz vor Cops und zu neugierigen Blicken verstecken, kann Ford das unverriegelte Fenster nicht öffnen, um sein Gepäck im Wagen zu verstauen. Niemand darf sehen, dass das Fenster offen ist und Ford in den hinteren Teil des Wagens gezogen ist. Die Kids haben ihr Pfeifchen fertig geraucht und hauen ab, als sich die Hintertür des Ladens öffnet und einer der »Macianer« aus ihr heraustritt. Er grüßt uns freundlich und lässt erst einmal eine äußerst dicke Pfeife kreisen. Halleluja. Die Tür öffnet sich erneut und Fords »Landlord« betritt den Parkplatz. Wie ich mich nun selbst davon überzeugen kann, ist nicht nur das, was Ford mir kurz zuvor über ihn erzählt hat, sondern der ganze Mensch offensichtlich total lieb: Er erteilt uns die Erlaubnis, dass auch ich heute Nacht im Auto übernachten darf. Da wegen Ford und dessen Gepäck die Ladefläche bereits ziemlich voll ist, schließt er mir für die Nacht sogar die Fahrerkabine auf und benimmt sich dabei wie ein Gastgeber, der uns seine Wohnung vorstellt. Unfassbar nett.
Gegen 18 Uhr verschwindet Ford noch einmal für eine Zeit lang. Ich nutze dies, um ein letztes Telefonat mit Cari zu führen …
Ich habe eine Abschieds-SMS an alle in meinem amerikanischen Handy gespeicherten Kontakte geschickt. So ziemlich jede Person, die ich in den letzten drei Monaten kennenlernen durfte, antwortet darauf und verabschiedet sich von mir. Die vielleicht schönste SMS bekomme ich gegen 21 Uhr von Scott und Lauren: »We already miss you so much! We are so blessed to have you be part of our lives. Remember all the great times and how much you're loved in

California! Stay safe and groovy!«
Als Ford wiederkommt, räumt er aus unerfindlichen Gründen zunächst einmal sein komplettes Gepäck aus dem Wagen. Ich bin mit meinen Gedanken woanders, denke an den Abflug, die vergangenen drei Monate, Cari ... Ich bekomme also nicht wirklich mit, was er mir da erzählt und vorführt. Dann wird mir offenbar, dass er sehr melancholisch, fast schon fertig wirkt. Der Arme lebt nun schon seit über einem Monat auf der Straße. Daher unterbreche ich ihn und bitte ihn, seinen Kram wieder ins Auto zu packen, da wir jetzt essen gehen werden. Ich lade Ford in ein thailändisches Restaurant ein, was ihn köstlich amüsiert: »Yeah, yeah, yeah! Let's make your last supper in America a typical American one: Let's go to a Thai restaurant!«
Ich schlage vor, dass wir auch woanders hingehen können, wenn er keine Lust auf Thai hat und ich diesen Abend schließlich ihm und seinen Wünschen widmen möchte. Er schüttelt vehement den Kopf: »Thai is just fine.«
Im Restaurant dauert es nicht lange, bis alle mitbekommen haben, dass Ford und ich anwesend sind – was natürlich ausschließlich an Ford liegt. Der möchte nämlich den Namen vom Kellner wissen, ein paar Vokabeln lernen, Fotos von mir machen und sich mit dem Nachbartisch unterhalten. Ein Leben ohne Ford kann eigentlich nur langweiliger werden. Als wir uns noch für ein Bierchen in den Innenhof des W Hotel an der Ecke Hollywood und Vine verziehen, hebt er seine Flasche und verkündet: »This is a friendship for a lifetime.«
Das wäre nur allzu schön.

Der traurigste Passagier der Welt
Tage 88 & 89: Dienstag & Mittwoch, 5. & 6. Februar 2013

An meinem letzten Morgen an der Westküste schlurfe ich zu 7-Eleven. Ich habe die Hoffnung, mithilfe meiner Kreditkarte an ein wenig Cash zu kommen, da ich für die letzten paar Stunden, die ich noch hier sein werde, keine Auszahlung an einem Geldautomaten mehr vornehmen möchte. Mir wurde gesagt, dass dies bei 7-Eleven möglich sei, was sich leider als Fehlinformation entpuppt. Ganz umsonst ist der Spaziergang zum Markt dann allerdings doch nicht. Nein, ich bekomme noch einmal eine Show der besonderen Art zum Abschied präsentiert: Als ich gerade an der Kasse stehe, betritt ein äußerst aggressiv wirkender Typ den Laden, der eine Frau im Gepäck mit sich zieht.
»Don't you recognize her? She's coming here every fucking day to buy cigarettes!«, blökt er die Kassiererin unmittelbar an. Die Kassiererin mustert die Mitgeschleppte kurz und schwenkt ihren Blick irritiert wieder zurück zum Berserker. Unerwartet und kleinlaut meldet sich die angezerrte Lady zu Wort: »No, it's the other one.«
Dabei deutet sie auf die zweite Angestellte, die nun ebenfalls eine Miene auflegt,

die irgendwo zwischen großer Irritation und ansetzender Panik einzuordnen ist. Bei mir setzt gleichfalls das Kopfkino ein: Zieht der Bluthund gleich eine Knarre und mäht uns alle nieder? Wäre ein super Ende für einen Film ... oder ein Buch. Müsste dann eben nur wer anderes aufschreiben, was nicht das Einzige wäre, was ich an einem gewaltsamen Tod mit 29 unlustig fände.

»Don't you recognize her? She's coming here every fucking day! Every. Fucking. Single. Day!«, wendet sich der »Schlächter von Hollywood« an die wahre Schuldige. Oje, gleich sind wir alle tot. Und warum? Weil Kassiererin Nummer 2 irgendeine jeden Tag aufkreuzende Raucherin nicht erkennt? Jeden. Einzelnen. Scheiß. Tag! Wenn ich doch wenigstens kapieren würde, weshalb *ich* gleich nicht mehr sein werde. Oh, du grausame Ironie des Schicksals: Serendipity, Serendipity, warum hast Du mich verlassen?

Die Schuldige spitzt zögerlich ihre Lippen. Ja, sie setzt zum Reden an. Ist das gut? Na, immerhin dürfte es zur Aufklärung der Hintergründe unserer bleigetränkten Hinrichtung beitragen. Doch es kommt nicht so weit, denn unser Mörder unterbindet ihren zaghaften Versuch der Rechtfertigung mit einer Aktion, die locker auch vom berüchtigten Bösewicht Richter Doom, der Cartoonfigur in Gestalt von Christopher Lloyd aus »Falsches Spiel mit Roger Rabbit« stammen könnte: Er streckt der Frau einen Arm entgegen, lässt seine vier Finger mehrfach und schnell hintereinander auf den Daumen klatschen und bellt dabei stakkatoartig und in einer fies hohen Tonlage: »Da, da, da, da, da, da, da!« Er beendet seine oral ausgestoßene Maschinengewehrsalve, indem er wieder zurück in seine natürliche Tonlage verfällt und nahezu bedächtig lang gezogen: »Fuck. You. Fuck. You«, hinterher schiebt. Das ist so herrlich doof, dass ich immerhin mit einem Grinsen im Gesicht in die ewigen Jagdgründe eingehen werde. Ein Moment der Stille entsteht. Im filmischen Hollywood gäbe es nun drei Möglichkeiten der Fortsetzung. Entweder zieht der Killer nun seine zwei abgesägten Schrotflinten aus der Hose und ballert uns alle über den Haufen oder aber die Kassiererin meldet sich noch einmal zu Wort, wird aber bereits in der ersten Silbe unterbrochen, da der Killer plötzlich seine zwei abgesägten Schrotflinten aus der Hose zieht und uns alle über den Haufen ballert. Die dritte Möglichkeit wäre natürlich das unerwartete Auftauchen einer Figur à la Jack Bauer. Jack Bauer würde dem Killer entweder nonchalant ein Loch in den Schädel knallen oder ihn zunächst nur außer Gefecht setzen, nach dem Verbleib seiner Frau, der Kollegin oder der Atombombe fragen und ihm dann einen Kopfschuss verpassen. Happy End. Happy End? Nein, denn mit der dritten Variante rechne ich am wenigsten. Dies ist nicht die Traumfabrik Hollywood, sondern die böse Realität dieser Stadt, die sich im Haus mit der Nummer 6660 des Sunset Boulevard abspielt. Ein Happy End rückt in weite Ferne. Also kehren wir schnell wieder in die Realität zurück. Zurück in den Moment der Stille, in dem meine Augen sich wie bei einem Tischtennismatch zwischen dem Killer und der uns alle in den Tod reißenden Kassiererin hin- und herbewegen. Es ist die wegen was auch immer beschuldigte Kassiererin, die die Ruhe vor dem Sturm unterbricht. Sie setzt zum Reden an, während ich innerlich in Zeitlupe bereits: »No!«, brülle und auf die Hand des Vollstreckers starre. Da bewegt sich noch nichts. Also wieder zurück zur Kassiererin, deren Mund sich öffnet. Ihre Unterlippe bewegt sich nach oben und schmiegt sich an die obere Kauleiste. Was will sie nur sagen? Schnitt. Die Zeitlupe weicht der reellen Geschwindigkeit und von der Großaufnahme der Lippen schneiden wir in die Halbtotale. Links steht der bedrohliche Killer mit seiner Raucherin, rechts die beiden Ladys vom 7-Eleven.

»Fuck you, too«, entgegnet die Kassiererin trocken, woraufhin der Killer den Arm der Tante neben sich greift, die Tür öffnet und den Laden mit ihr verlässt. Ende der Szene. Wir leben noch – seltsamerweise. Die Kassiererinnen schalten wieder auf Arbeitsalltag um und selbst der Mann, der beinahe zum »Schlächter vom Hollywood« wurde, erscheint mir ob des Dampfablassens recht selig von dannen zu schreiten. Die tumbe Frau an seiner Seite hat meiner Beobachtung nach ganz allgemein den Schuss nicht gehört, weswegen ich an ihr keine emotionalen Veränderungen ausmachen kann.

»What the fuck?«, frage ich mich selbst, als ich den Laden verlasse. Unterstützt wird meine Verwunderung durch einen Typen, der vor mir die Straße überquert und lauthals »Asshole! Asshole!«, brüllt. Wer damit gemeint ist? Keine Ahnung. Der Mann brüllt es halt einfach. Was sind das heute nur für absurde Aggressionen? Liegt es an mir? Verbreite ich womöglich negative Schwingungen, weil ich keinen Bock habe, in wenigen Stunden in den Flieger zu steigen?

Als ich den Wagen, in dem Ford und ich übernachtet haben, wieder erreiche, wacht auch Ford langsam auf. Mir fiel ja gestern bereits auf, dass er schlecht aussieht. Dies bestätigt sich nun, denn der Arme fühlt sich krank. Er macht keine große Sache daraus, doch ich kann ihm deutlich ansehen, dass es ihm gar nicht gut geht. Gemeinsam machen wir uns für die Morgenwäsche und Kaffee auf den Weg zum nächsten Starbucks auf dem Hollywood Boulevard, als wir an einer Schule vorbeikommen. Eine Lautsprecheransage der weiblichen Direktorin hallt durch die Straße. Sie spricht den »Pledge of Allegiance«, das amerikanische Treuegelöbnis, welches jeden Morgen in den Schulen der USA von den Schülern abverlangt wird. Somit bekomme ich dieses zweifelhafte Phänomen amerikanischer Erziehung an meinem letzten Tag also auch noch zum ersten Mal mit. Dieser Morgen fühlt sich wahrlich strange an.

Als ich bei Starbucks in der Schlange vor der Toilette stehe, komme ich mit einer Frau ins Gespräch, der ich in aller Kürze meine Abschiedskassette drücke. Sie ist beeindruckt, dass es mir in den Staaten so gut gefallen hat, was mich dazu animiert, ihr Beispiele amerikanischer Freundlichkeit zu nennen. Als ich ihr gleich zu Beginn mitteile, wie toll ich es finde, dass sich einfach jeder beim Busfahrer bedankt, unterbricht sie lachend meine Ausführungen: »That has to be a West Coast thing. I'm from New York and you can believe me that no one

will ever say: ›Thank you‹, to the bus driver.«
Gegen zehn Uhr heißt es Abschied nehmen. Als ich von Ford ein letztes Foto mache, bittet er mich um meine Kamera, um auch ein letztes Bild von mir zu machen. Obwohl ich lächeln möchte, spiegelt sich in diesem Foto meine ganze Traurigkeit wider. Ich finde Abschiednehmen zum Kotzen. Noch schlimmer ist es, wenn man weiß, dass man etwas erlebt hat, das man so nie mehr wiederholen kann. Ich hoffe so sehr, dass Fords Ankündigung der letzten Nacht wahr wird. Dass dies der Beginn und nicht das Ende einer wunderbaren Freundschaft ist.
»This *is* a friendship for a lifetime«, zitiere ich daher meinen so lieb gewonnen Freund, als wir uns ein letztes Mal fest umarmen.
»I love you, man!«, spricht mir Ford ins Ohr.
»Thank you so much for everything. Good luck, my friend. I love you, too.«
Wir lösen die Umarmung und bevor ich auch nur auf die Idee komme, die eine oder andere Träne loszulassen, schneidet Ford auch schon eine doofe Grimasse und zappelt lustig vor mir herum. Ich wünsche diesem grandiosen Menschen nur das Allerbeste.
Ich nehme an der Ecke Hollywood und Highland die Red Line zur Metro Center Station in der 7th Street. Dort wechsle ich in die Silver Line, die beim Staples Center – in dem beispielsweise die Lakers und die Clippers ihre Heimspiele austragen – den Untergrund verlässt und mich überirdisch zur Harbor Freeway Station führt. Hier nehme ich die Green Line zur Aviation/LAX Station, von wo aus Busse die letzten Meter zum Flughafen fahren.
Als ich auf den Bus warte, fällt mir plötzlich ein, dass ich noch immer das Gras mit mir herumschleppe, das ich in Vegas in meinem Rucksack gefunden habe und dessen Herkunft ich mir noch immer nicht erklären kann. Schlau wie ich bin, bemerke ich, dass Marihuana eine jener Sachen ist, die man nicht im Rucksack haben sollte, wenn man ein Flugzeug besteigen will. Praktischerweise hat man direkt neben der Busstation eine runde Mauer errichtet, hinter der man sich sehr praktisch verstecken kann. Wahrscheinlich steht diese Mauer nur da, um Typen wie mir eine letzte Zuflucht vor dem Flughafen zu bieten. Denn kaum habe ich es mir hinter der Mauer gemütlich gemacht, gesellt sich auch schon ein Schwarzer zu mir, der sich einen Joint ansteckt.
»So this is the smoking area?«, heiße ich ihn willkommen, proste ihm mit meinem Pfeifchen zu und feuere mein schon sehr trockenes Gras an. Das Zeug ist so trocken, dass ich mich frage, ob es überhaupt Gras ist oder ob mir irgendwer Petersilie geschenkt hat. Habe ich mit irgendwem über Petersilie philosophiert? Wohl kaum. Ich komme mit dem Kollegen ins Gespräch, erkläre ihm, dass in wenigen Minuten drei der vielleicht besten Monate meines Lebens enden und ich Gras im Rucksack gefunden habe, dessen Herkunft ich mir nicht erklären kann. Währenddessen stopfe ich mir Pfeifchen Nummer drei oder vier, was den Guten sichtlich beeindruckt. Dass das Zeug überhaupt keine Wirkung mehr hat, verschweige ich ihm daher.

»I'm C-Bone Jones«, stellt er sich vor, als ich mir mein fünftes und letztes Pfeifchen reinziehe. Ich scheine C-Bone mit meinem Turbokonsum wirklich sehr zu imponieren, weswegen er seinen Rucksack aufmacht und mir seine CD »Best of C-Bone Jones« schenkt, die er vermutlich eigentlich auf der Straße Passanten verkauft: »It will be an honor for me if you take that to Germany.«
Ich bedanke mich herzlich, schüttle seine Hand und lasse ihn im Gegenzug wissen, dass es mir eine Freude war, meine letzte Unterhaltung auf dieser Reise mit ihm geführt haben zu dürfen.
Mein Flug hat 40 Minuten Verspätung, was den Abflug nur unnötig in die Länge zieht. Ich schwelge in den Erinnerungen der letzten Monate, werde jedoch ständig von einem äußerst merkwürdigen Schmerz in der Brust abgelenkt. Was ist das denn? Klischee? Kann ich mich nun schon psychisch so runterziehen, dass mir mein Herz tatsächlich schmerzt? Das ist ja lächerlich. Der Schmerz wird mich tatsächlich noch einige Tage begleiten. Internetrecherchen ergeben, dass es sich nicht um mein Herz, sondern wahrscheinlich um den großen oder kleinen Brustmuskel handelt. Ich überlebe es auf jeden Fall.
Ich sende Cari meine letzte SMS und betrete die Maschine. Um 14:50 Uhr hebt die Maschine mit dem traurigsten Passagier der Welt an Bord ab.
Als wir gegen Mitternacht pazifischer Zeit den europäischen Kontinent erreichen, fliegen wir dem farbenfrohen Sonnenaufgang entgegen. Europa liegt unter einer Schneedecke. Es ist kalt und grau. Nach einem Stopp in Amsterdam fliege ich um 14 Uhr mitteleuropäischer Zeit am Berliner Fernsehturm vorbei. Als ich in Tegel am Gepäckband stehe, kann ich die Jungs beobachten, die das Gepäck darauf wuchten. Jetzt wundere ich mich auch nicht mehr darüber, dass ab und an Koffer komplett verbeult oder aufgeplatzt auf den Bändern liegen.
Ich fahre mit dem Bus Richtung Alexanderplatz. Niemand, der das Vehikel verlässt, bedankt sich beim Fahrer. Am Hauptbahnhof halten wir ein wenig länger. Eine Frau eilt auf den Bus zu. In der einen Hand hält sie die Hand ihres Sohnes, in der anderen eine Zigarette. Schwer atmend erreicht sie die offene Tür und fragt den Fahrer, wie lange er noch stehen bleibt.
»So lang wie se die Zijarette roochen.«
»Ach, das ist ja nett! Dann rauche ich die noch fertig«, freut sich die Frau und zieht lächelnd an ihrem Klimmstängel.
»Denn nehm'se aba den nächsten Bus!«, bellt der Fahrer, verschließt mit einem Mal die Tür und fährt los. Die Frau schaut uns entsetzt hinterher und mir wird in diesem Moment eines klar: Ich bin wieder zurück.

Epilog

Hier endet meine Reise. Meine Reise, die mich durch fünf Staaten der USA führte und auf der ich hoch erfreut feststellen durfte, dass so ziemlich jedes böse Vorurteil, das man in Europa gegenüber der amerikanischen Bevölkerung hat – zumindest an der Westküste –, für'n Arsch ist. Die Menschen der Westküste sind freundlich, hilfsbereit, kommunikativ, gut gelaunt, positiv eingestellt und optimistisch. Das sind Tugenden, die mir in Deutschland teilweise fehlen. Daher hatte ich mir bei meiner Rückkehr vorgenommen, das eine oder andere davon hinüberzuretten, beizubehalten und anderen Menschen mitzugeben. Mit 16 oder 17 lernte ich einen Holländer kennen, der Mitglied in einer buddhistischen Gemeinschaft oder Sekte war. Wir sind uns nur dreimal über den Weg gelaufen. Das letzte Mal, als ich mit meiner Schulklasse mit dem Zug fahren wollte, aber mein Geld zuhause vergessen hatte. Mein Religionslehrer wollte mir kein Geld für das Ticket vorstrecken und mich vom Ausflug ausschließen. Die Logik habe ich bis heute nicht verstanden, denn das Geld hätte er im Notfall auch von meinen Eltern zurückverlangen können. Jeroen bekam die Diskussion mit, kam auf den ehemaligen Pfarrer und mich zu, zückte seinen Geldbeutel und sagte, dass er das Ticket für mich bezahlen möchte. Der Lehrer schaute nur irritiert, während ich versuchte Jeroen davon zu überzeugen, dass dies nicht nötig sei. Schließlich war er wieder auf dem Weg zurück nach Holland und die Wahrscheinlichkeit, ihm jemals das Geld zurückzahlen zu können, sehr gering. Jeroen gab mir damals etwas mit, woran ich heute noch gerne denke und was zu einer kleinen Lebensphilosophie wurde: »Du musst mir das Geld nicht zurückgeben. Aber wenn du einmal siehst, dass jemand Hilfe benötigt, dann hilf ihm. Das ist gut für dein Karma und die Welt wäre ein besserer Ort, wenn jeder Mensch so handeln würde.«

An der Westküste hatte ich das Gefühl, dass dort sehr viele Menschen diese oder eine ähnliche Philosophie bewusst oder unbewusst verinnerlicht haben. Mittlerweile habe ich selbst einige Couchsurfer bei mir aufgenommen. Ich habe mich in Berlin eine Zeit lang bei den Busfahrern bedankt, rufe aber mittlerweile meine Danksagungen nicht mehr quer durch den Bus. Das wahllose Grüßen von Passanten habe ich mir ebenso wieder abgewöhnt. Dafür habe ich mich an meinem 30. Geburtstag mal für eine Stunde zu einer Gruppe Obdachloser am Alexanderplatz gesetzt und mit ihnen ein Bier getrunken. Außerdem stand ich eines Abends vor dem Magnet Club und hielt einen Zettel in der Hand, auf dem stand, dass ich der Person, die mir eine gute Geschichte erzählt, mein zweites Ticket schenke. Tragisch war hingegen, dass niemand auf diesen perfekten Handel eingehen wollte, weswegen ich mir schließlich einen sympathisch aussehenden Mexikaner schnappte, der gerade Flyer verteilte und ihn dazu zwang, mir seine Story zu erzählen. Die Geschichte war total blöd, seine Freude über das Ticket, den frühen Feierabend und die Entsorgung der restlichen Flyer hin-

gegen super.
Diese Reise begleitet mich nun schon so lange, wie noch nie eine Reise zuvor. Ich habe lange an diesem Buch gearbeitet, was sehr anstrengend, aber auch wunderschön war, da ich den Trip in meinem Kopf noch einmal Tag für Tag erleben durfte. Meine Reise, bei der ich Menschen wie dem Seahorse Captain, Fantastic Mr. Fox, Keegan und Joshua, Rain, Casey und Alex, Rachel und Lucas, Ezana, Lauren und wie sie alle heißen, begegnen durfte. Ich freue mich wahnsinnig darüber, meinen alten Freund Leo nach unendlich langer Zeit wiedergesehen zu haben. Allen voran möchte ich aber jene vier Personen nennen, die meine Erlebnisse am meisten prägten und die demnach auch Hauptfiguren in einem Großteil meiner Geschichten sind: Ford, Brian, Scott und Cari ... vier der tollsten Menschen, die ich jemals kennenlernen durfte.
Ich habe noch mit vielen meiner Gefährten Kontakt. Es macht mich sehr glücklich, zu wissen, was meine amerikanischen Freunde machen und wie es ihnen geht: Leo schrieb mir wenige Wochen nach meiner Rückkehr, dass er sein Leben komplett umkrempeln möchte. Er hat endlich seinen Job gekündigt und wenig später direkt einen neuen, viel besseren bekommen. Nun sitzt er nicht mehr in einer Großraumbürowabe, sondern hat sein eigenes Domizil mit Wänden und Ruhe.
Ford verbrachte noch einige Monate obdachlos in Los Angeles. Mittlerweile lebt er wieder in Illinois und hat ein Dach über seinem Kopf. Er hat sich einen grässlichen Bart und seine Haare wachsen lassen. Von der Schauspielerei hat er nicht abgeschworen und plant nach wie vor, für die neuen Star-Wars-Filme gecastet zu werden.
Rain ist plötzlich zu einem gefragten Model für Damen- und aufgrund ihrer Statur interessanterweise auch für Herrenmode avanciert und postet nahezu täglich auf Facebook neue Fotos von Modenschauen und Shootings.
Scott und Lauren sind zwar kein Paar mehr, aber nach wie vor gute Freunde. Scott hat im Sommer wieder Waldbrände bekämpft und wird vermutlich tatsächlich ab nächster Saison mit dem Fallschirm ins Feuer springen, um es mittendrin zu bekämpfen. Derzeit bereist er mit seinem besseren Wagen, den er offensichtlich doch nicht verkauft hat, die Westküste.
Brian schien sich bis Januar 2014 komplett von der Sesshaftigkeit verabschiedet zu haben und suchte vermutlich hartnäckig nach einer neuen Heimat. Seine Mails zu dechiffrieren ist nahezu unmöglich, jedoch schwer amüsant. Eine Nachricht bestand aus Abenteuern mit Elchen und Bären in irgendwelchen verschneiten Bergen. Er habe Avalon in der Nähe von Oregon und Nevada entdeckt und sah eine Rakete in den Himmel fliegen. Okay? Er hat zwischendurch einen Monstertruck besessen, mit dem er dennoch im Schnee stecken geblieben ist und plant, mich eines Tages in Berlin zu besuchen. Da ich weiß, wie viele seiner Pläne er in die Tat umsetzt, mache ich mir allerdings wenig Hoffnung. Es sieht so aus, als habe er Spaß, was mich sehr freut. Jetzt ist er wieder in Portland,

hat eine Freundin und angeblich keinen Bart mehr.
Und Cari? Mit Cari habe ich den regelmäßigsten Kontakt. Sie hat sich inzwischen ihr Gras-Tattoo auf den Knöchel stechen lassen und lebt nun in einer WG mit fünf anderen Mädels. Zwei von ihnen haben mich in Berlin besucht. Ansonsten veranstaltet das »Boathouse«, wie sie ihr neues Domizil getauft haben, regelmäßig Open Mic Nights, zu denen Dutzende Besucher in den Keller der Mädels-WG strömen, um ihre Künste vorzuführen.
Laut Cari scheint Joshua alias »Landlord Freedom« wieder auf freiem Fuß zu sein. Zumindest hat sie ihn auf der Straße gesehen. Er trug kurze Haare und sah ihrer Meinung nach obdachlos aus. Sie schwang sich auf ihr Fahrrad und fuhr – ihn böse anfluchend – davon. Ihr Geld, um das er sie betrogen hatte, hat sie nie wiedergesehen.
Lustigerweise hat Cari mittlerweile sogar meine Eltern kennengelernt, die ein halbes Jahr nach mir einen Trip entlang der Westküste starteten und dabei für einige Tage Portland besuchten. Entgegen meiner ausdrücklichen Order haben sie Cari leider nicht nach Deutschland entführt.
Ich bin so dankbar! Dankbar für all die Erlebnisse mit diesen tollen Menschen in diesem wunderschönen Teil unserer Erde. Und ich hoffe, dass die Erinnerungen niemals vollends verblassen mögen und ich vielen oder wenigstens einigen von ihnen irgendwann wieder begegnen werde.
Dies waren drei Monate, die ich nie vergessen werde. Vielleicht waren es sogar die besten Monate meines Lebens. Meines bisherigen Lebens! Denn zum Abschluss meines Berichts erlaube ich mir, den Schattenkönig aus Walter Moers »Die Stadt der Träumenden Bücher« frei zu zitieren: »Hier fängt meine Geschichte erst an…«

Es lebe das Leben!

Let Your Light Shine in the World

Band 1
Kaffee, Kiffer, Killerkatzen
Hawaii

Die finanziellen Mittel sind stark begrenzt, sodass meine Freundin Rebekka und ich – ohne ein Hotel gebucht zu haben – 2004 ins Paradies fliegen, um dort auf Biofarmen zu arbeiten. Wir werden nicht nur mit Zombiekatzen und der »Church of the Holy Smoke« konfrontiert. Wir sehen auch Delfine, Vulkane sowie den inoffiziell höchsten Berg der Welt, erfahren, dass man unsere Namen auf hawaiianisch mit Kenika und Lepeka übersetzt und werden unter Polizeiandrohung von einer Kaffeefarm vertrieben. Wir trampen mit einem ehemaligen Rotarmisten, kiffenden Hippies, einem von seiner Frau verlassenen Polizisten und trinken in der Karaoke-Bar der lebenden Loser das ein oder andere Bier ...

Band 2
Anarchistenherz
Kuba

Im Frühling 2007 reisen Rebekka und ich für acht Wochen mit dem Rucksack durch Kuba, um festzustellen, dass der sogenannte tropische Sozialismus erschreckend wenig mit Sozialismus zu tun hat.
Wir reisen von Stadt zu Stadt, wo wir bei Kubanern zu Hause wohnen. Wir lernen Humberto kennen, dessen Sohn zehn Jahre in der Todeszelle saß und nun auf seine Begnadigung durch Fidel Castro hofft. Ich tauche in der wunderschönen Schweinebucht und werde wegen meiner blonden Haare von halb Santiago de Cuba angeschnorrt. Mit knapp 90 Kubanern quetschen wir uns stundenlang in ein »Guagua«, einen Bus, in den im »deutschen Normalfall« maximal 20 Leute reinpassen würden.Wir erleben Apartheid, verbringen einen Tag bei und mit den Taíno-Indianern, heizen in illegalen Taxis mit über 100 km/h über Feldwege, werden von einem Hotelangestellten des Diebstahls bezichtigt und müssen in einer düsteren Spelunke Mojitos für alle anwesenden Kubaner zahlen.
Aber auch dies sind nur ein paar wenige Beispiele für eine unvergessliche und sehr anstrengende Reise zweier Pflanzenfresser durch das (noch?) sozialistische Kuba ...

Band 3
Curry-Competition
Thailand

Von Februar bis April 2010 bereise ich mit Rebekka Thailand. Auf unserer Reise lernen wir den Schriftsteller Klaus Sebastian kennen, der gerade ein gefundenes Affenbaby adoptiert hat. Wir nächtigen im On On Hotel, das Leonardo DiCaprio mit dem Film »The Beach« weltberühmt gemacht hat, lernen im Giant Guest House in Chiang Mai gleichgesinnte Backpacker kennen und leben in Bungalows, auf dessen Dächern ab und an mal Affen herumspringen. Am thailändischen Neujahrsfest begrüßen wir das Jahr 2554 und liefern uns eine viertägige Wasserschlacht mit Tausenden Einheimischen und »Farangs«, wie die westlichen Ausländer im Land des Lächelns genannt werden. Ich tauche im Koh Similan Nationalpark, dessen Unterwasserwelt zu den zehn schönsten Tauchspots der Welt zählt, und lerne neue »exotische« Möglichkeiten kennen, mir den Hintern abzuputzen. Bei einem einwöchigen Abstecher nach Kambodscha bestaunen wir die historischen Tempelanlagen von Angkor und in Kuala Lumpur die modernen Petronas Towers. In Bangkok landen wir in der Demomeile der sogenannten Rothemden, deren Ruf nach Demokratie Thailand im schlimmsten Fall in einen Bürgerkrieg reißen wird. Und das sind nur einige Stationen auf der achtwöchigen Reise durch den paradiesischen Südosten Asiens und der Suche nach dem besten Curry der Welt …

»Curry-Competition« ist Dennis Knickels dritter Reisebericht, aber der erste, der als Buch veröffentlich wurde. Auf 256 Seiten erfährt man alles Wichtige über Thailand und seine Menschen und über das Reisen mit Rucksack: witzig und informativ. So spannend wie ein Roman und so nützlich wie ein Reiseführer. Zudem bietet das Buch in seiner ersten Auflage noch 68 Seiten mit farbigen Fotos, handgezeichnete Landkarten, die wichtigsten thailändischen Vokabeln und einen Restaurant-Index. Eine preiswertere zweite Auflage ohne Fotos und mit geringerem Umfang ist in Planung.

Die komplette »Let Your Light Shine in the World«-Reihe mit unzähligen Fotos, Videos und Landkarten gibt es auf www.dennisknickel.com

Danke

Neben den im Epilog bereits erwähnten Menschen bedanke ich mich auch bei Demian, Heather, Joey, Rey, Mark, Jesus Freak Justin, Scotts Bruder Patrick, Scotts WG, bei den Streetkids aus Santa Barbara, Maydel, Fallschirm-Brandon, meinem Tauchbuddy David und allen anderen, hier nicht namentlich erwähnten Menschen, denen ich auf meiner Reise begegnen durfte.

Ich bin sogar dankbar, die Wege von Joshua/Jeshua, dem »Anti-Backpacker« Cedric oder Jim Carreys bösem Zwilling Ken gekreuzt zu haben. Denn auch merkwürdige Menschen können einem Trip wahrlich eine gewisse Würze verleihen. Letztlich muss ich sogar Chris danken, denn schließlich war er die Triebfeder meiner Reise.

Ganz besonders bedanken, möchte ich mich bei meinen unermüdlichen Lektoren: Indra Henning, Henry Mann sowie Inge und Wolfgang Knickel.
Großer Dank gebührt auch dem Gestalter des Buchdeckels Yannick Rohsmann sowie Tim Stieffenhofer, dem Fotografen des Titelfotos, und Maryl Vogel, die sich der Farbbearbeitung angenommen hat.

Quellen

Bureau of Reclamation, Chloride Chamber of Commerce, »The Coit Family« (F. W. Chapman), Divorce Saloon International, Inc., Divorce Nevada Style, Eater, Forbes, Guardians of The City, Heart Attack Grill, Hollywood Heritage, Inc., IMDb, Las Vegas Review-Journal, movie-locations.com, National Park Service, National Parks Traveler, The Pershing Square Building, SFgenealogy, Süddeutsche Zeitung, Suite 101, Urban Dictionary, US Forest Service, vegas4locals.com, The Virtual Museum of the City of San Francisco, Wikipedia, Yosemite Hikes

Informationen zum Buchdeckel

Design: Yannick Rohsmann
Farbbearbeitung: Maryl Vogel
Fotocredits: Tim Stieffenhofer: Dennis Knickel
Jon Sullivan: Half Dome © Public Domain
Dennis Knickel: alle weiteren Fotos